U0895714

中文社会科学引文索引数据库（CSSCI）2017～2018年来源集刊

中国国际法年刊

2016

Chinese Yearbook of International Law

中国国际法学会　主办

《中国国际法年刊》编辑委员会名单

目　录

特　载

在中国国际法学会 2016 学术年会上的致辞
（2016 年 5 月 7 日）………………………………… 李适时 / 3

论　文

制度主义国际关系理论与国际法原理 ……………… 徐崇利 / 13
国际法二元结构的理论与实践探析 ……… 何志鹏　孙　璐 / 40
中国对外关系法在国家法律体系中的地位 ………… 赵建文 / 78
网络空间国际法强国论纲 ………………………… 黄志雄 / 116
武器跨国转让的限制：关于《武器贸易条约》缔约国
核心义务的分析 ………………………………… 李　滨 / 143
论环境权语境下发展权的实现 …………………… 张爱宁 / 172
国家缔结的双边投资协定对港澳特别行政区的适用问题
——澳门世能公司诉老挝政府一案评析 ……… 伍俐斌 / 206
“一带一路”倡议下平衡保护投资者与东道国
权益的法律思考 ………………………… 杜新丽　张　建 / 232
国际投资协定的一般例外条款评析 ……………… 张智勇 / 263
自由贸易区协议下的环境争端解决机制 ………… 边永民 / 297

述　评

G20 杭州峰会与 WTO 的发展 …………………… 杨国华 / 325
走向多边投资协议之路

——中国视角 ………………………………………… 漆　彤 / 348
英国退欧:欧盟法律制度的反思 …………………… 商　震 / 373
贸易协议司法审查中法律与外交政策的平衡
——欧洲法院欧盟-摩洛哥贸易协议案判决
评析 ………………………………………………… 程卫东 / 397
国际法的碎片化与整合:以欧洲人权法院的解释
实践为例 ………………………………………… 范宇文 / 426
难民甄别中原在国转移保护原则的路径之争:
新西兰和英国实践的互动与交锋 ……………… 晁　译 / 453

书　评

1961年《维也纳外交关系公约》的权威解读
——评依琳·登扎教授的《外交法》(第四版)
…………………………………………………… 包毅楠 / 485

纪念专栏

曾令良教授国际法学术思想评述 ……… 陈卫东　李寿平 / 503

活动综述

中国国际法学会2016年工作综述 …………………… 张爱宁 / 523
联合国国际法委员会第68届会议情况
…………………………………… 纪小雪　曾思琪　徐　驰 / 538
《国际刑事法院罗马规约》第15届缔约国大会 …… 何　亮 / 551
亚洲国际法学会召开区域会议 ……………………… 曾思琪 / 555
《巴黎协定》批约及生效进程 …………… 顾孜华　王亦寒 / 557
联合国气候变化马拉喀什会议 ………… 顾孜华　王亦寒 / 559
中国国际法学会与香港国际仲裁中心联合举办
"海洋争端解决国际法研讨会" …………………… 刘　洋 / 562
2016年国际法院司法工作新进展 ………………… 王　佳 / 565

国际刑事法院 2016 年工作综述 ………… 解 阳 刘雨晴 / 582
特设国际刑事法庭 2016 年综述
…………………………… 陈加勤 宋 可 徐晋阳 / 611
大陆架界限委员会对沿海国二百海里外大陆架
划界案的审议 ………………………………… 贾 宇 / 637
国际海底管理局 2016 年工作进展综述 …………… 张 丹 / 654
国际海洋法法庭 2016 年审理案件的新进展 ……… 密晨曦 / 662
2016 年联合国生物多样性大会综述 ……………… 朱贞艳 / 670

文件资料

推进落实《巴黎协定》 共建人类美好家园
——张高丽副总理在《巴黎协定》高级别签署仪式开
幕式上的讲话 ………………………………………… 685
互联网与中国司法
——最高人民法院副院长、世界法学家协会第二副主
席陶凯元大法官在世界法学家协会 2016 年会议
上的发言 ……………………………………………… 687
外交部副部长、亚非法协第 54 届年会主席刘振民在亚非
法协第 55 届年会开幕式上的致辞 ………………… 692
外交部副部长刘振民在“中国 - 亚非法协国际法交流与
研究项目”图片展招待会上的致辞 ………………… 695
外交部副部长刘振民致“中国 - 亚非法协国际法交流与
研究项目”第二期培训班的贺信 …………………… 698
外交部副部长刘振民致国际法院前院长史久镛法官 90
华诞的贺辞 …………………………………………… 701
中国代表、外交部条法司司长徐宏在第 71 届联大关于
“国际法院的报告”议题的发言 …………………… 705

中国代表、外交部条法司司长徐宏在第71届联大六委关于“国际法委员会第68届会议工作报告”议题的发言(一) …… 707
中国代表、外交部条法司司长徐宏在第71届联大六委关于“国际法委员会第68届会议工作报告”议题的发言(二) …… 711
中国的空间外交:政策与实践
——外交部条法司副司长马新民在“联合国外空会议50周年”高级别论坛上的发言 …… 716
外交部条法司副司长马新民在“联合国利用天基技术进行灾害风险管理国际会议”开幕式上的发言 …… 723
外交部条法司副司长马新民在厦门大学国际法高等研究院国际法研修班开幕式上的发言 …… 726
亚洲国际法学者如何为国际法的逐渐发展和编纂做出更大贡献
——亚洲国际法学会副会长、外交部条法司副司长马新民在亚洲国际法学会区域会议开幕式上的发言 …… 730
外交部条法司副司长马新民等在国家管辖范围以外海域生物多样性国际协定谈判预备委员会第一次和第二次会议上的发言:在预备委员会第一次会议上的发言 …… 734
在预备委员会第二次会议上的发言 …… 739
中国代表团团长、北极事务特别代表高风在第四届北极圈论坛一般性议题下的发言 …… 745
中国代表团团长、驻维也纳联合国办事处代表史忠俊大使在第59届联合国外空委会议一般性议题下的发言 …… 748
中国代表团团长、驻维也纳联合国办事处代表史忠俊大使在《联合国打击跨国有组织犯罪公约》第八次缔约方会议上的发言 …… 751
中国出席国际海底管理局第22届会议代表团团长常驻国

际海底管理局代表牛清报大使在一般性议题下的发言 …… 755
中国代表团团长、外交部条法司参赞郭晓梅在《烟草控制框架公约》第七届缔约方大会上的一般性发言 …… 759
中国观察员代表团团长、外交部条法司参赞胡斌在《国际刑事法院罗马规约》第15届缔约国大会上的发言 …… 763
中国代表、外交部条法司参赞胡斌在亚非法协第55届年会一般性辩论议题下的发言 …… 765
中国代表、外交部条法司代表徐峰在亚非法协网络空间国际法工作组会议上的发言 …… 768
中华人民共和国和俄罗斯联邦关于促进国际法的声明 …… 772

《中国国际法年刊》稿约 …… 775

Contents

· Special Feature ·

Seizing the Opportunities Industriously and Responding the Challenges Appropriately ································ Li Shishi 3

· Articles ·

Institutionalism International Relations Theory and Principles of International Law ···················· Xu Chongli 13

An Inquiry into the Theory and Practice of the Dual Structure of International Law ········ He Zhipeng, Sun Lu 40

The Status of Chinese Foreign Relations Law in National Legal System ···································· Zhao Jianwen 78

Towards a Great Power of International Law in Cyberspace ·· Huang Zhixiong 116

Restrictions on Transnational Arms Transfer: on the Core Obligations of States Parties to the Arms Trade Treaty ··· Li Bin 143

On the Realization of the Right to Development under the Context of Environmental Rights ·········· Zhang Aining 172

Applicability of Bilateral Investment Treaties Concluded by Chinese Central Government to Hong Kong and Macao: Comments on the Case of Sanum Investments Limited v.

The Government of the Lao People's Democratic Republic ······ Wu Libin 206

Legal Consideration on the Balanced Protection between Investors and Public Interests of Host Countries under the One Belt One Road Initiative ······ Du Xinli, Zhang Jian 232

On the General Exceptions Clause of International Investment Agreements ······ Zhang Zhiyong 263

Environmental Dispute Settlement under Free Trade Agreements ······ Bian Yongmin 297

· Notes and Comments ·

Hangzhou Summit of G20 and Development of WTO ······ Yang Guohua 325

Towards a Multilateral Investment Agreement —A Chinese Perspective ······ Qi Tong 348

Brexit: Reflections on the Legal System of the EU ······ Shang Zhen 373

Balancing Law and Diplomacy Policy in Judicial Review of Trade Agreements by the CJEU —Comments on the CJEU's Case of EU-Morocco Trade Agreement ······ Cheng Weidong 397

Fragmentation of International Law and Integration through Interpretation: A Case Study of European Court of Human Rights ······ Fan Yuwen 426

Debates on the Approach of Internal Relocation Principle in Refugee Status Determinations: A Comparative Study on the Practice of New Zealand and United Kingdom ······ Chao Yi 453

· Book Review ·

An Authoritative Commentary on the 1961 Vienna Convention on Diplomatic Relations
—A Review of Eileen Denza's *Diplomatic Law*(Fourth Edition) ········· Bao Yinan 485

· Commemorative Column ·

Professor Zeng Lingliang's academic thoughts on international law ········· Chen Weidong, Li Shouping 503

· Institutions and Activities ·

The Overview of the Work of the Chinese Society of International Law in 2016 ········· Zhang Aining 523
The 68th Conference of the UN International Law Commission ········· Ji Xiaoxue, Zeng Siqi, Xu Chi 538
The 15th Session of the Assembly of the State Parties to the Rome Statute of the International Criminal Court ········· He Liang 551
Regional Conference Convened by the Asian Society of International Law ········· Zeng Siqi 555
Ratification and Entry into Force of the Paris Agreement ········· Gu Zihua, Wang Yihan 557
The Overview of the UN Conference on Climate Change in Marrakesh ········· Gu Zihua, Wang Yihan 559
Seminar on Ocean Dispute Settlement Co-convened by the Chinese Society of International Law and the Hong Kong International Arbitration Centre ········· Liu Yang 562
New Development of the Judicial Work of the International Court of Justice in 2016 ········· Wang Jia 565

The Overview of the Work of the International Criminal Court in 2016 ······························ Xie Yang, Liu Yuqing 582
The Overview of the Work of ad hoc International Criminal Tribunals in 2016 ······ Chen Jiaqin, Song Ke, Xu Jinyang 611
Deliberation on the Limits of the Continental Shelf beyond 200 Nautical Miles by the UN Commission on the Limits of the Continental Shelf ································ Jia Yu 637
New Development of the Work of the International Seabed Authority in 2016 ································ Zhang Dan 654
The Development of the Cases before the International Tribunal for the Law of the Sea in 2016 ········· Mi Chenxi 662
The Overview of the United Nations Conference on Biodiversity in 2016 ······························ Zhu Zhenyan 670

· Documents and Materials ·

特　　载

在中国国际法学会 2016 学术年会上的致辞

（2016 年 5 月 7 日）

中国国际法学会会长　李适时

各位老师、同学们、同志们：

大家上午好！

中国国际法学会 2016 学术年会今天开幕了。这是中国国际法学界的年度盛会，也是国际法学习、研究和实务工作者相互碰撞、深度沟通的重要平台。我相信，在大家共同努力下，这次年会定能展现出我国国际法研究的最新成果，并为应对和解决我国外交实践中面临的突出问题提出建设性意见。在这里，我谨代表中国国际法学会，向各位与会者表示热烈欢迎，向为筹办工作付出辛勤劳动的吉林大学师生表示衷心感谢！

本次年会的主题是“国际法的运用与发展：中国的机遇与挑战”。当今世界新机遇新挑战层出不穷，国际形势继续发生深刻复杂变化，推进人类和平与发展的崇高事业仍然任重而道远。站在中国国际法事业发展的角度看，国际局势发生的重大变化给我们的研究和实践提出了新的要求，这可以从两个层面来理解和把握。

在全球层面，世界多极化、经济全球化、文化多样化和社会信息化持续推进，对各国内政外交产生了深刻影响。经济上，世界经济深度调整，复苏缓慢，新的跨地区投资和贸易合作机制正在酝酿,全球经济、金融秩序加速调整演变。安全上,地缘冲突、局部动荡此起彼伏,国际反恐局势严峻,环境、网络、卫生防疫等非传统安全问题频发。政治上,大国博弈加剧,发展中国家群体性崛起趋势明显,各国争夺制度性权力的竞争日益激烈。总体来看,需要全球合作、共同解决的挑战增多,实现以国际法为基本准则的全球治理为更多国家所认同。在一些领域,国际法规则有所完善,约束力有所增强,调整范围有所扩大,履约机制有所增多。

在中国对外关系层面,随着我国对国际事务参与程度的空前加深,国际利益和国际责任空前增长。经贸领域,“一带一路”、自由贸易区战略的实施和推进,以及亚洲基础设施投资银行、金砖国家新开发银行的成立和运行等,对我国制定并履行跨国经贸合作规则的能力和保护海外利益的能力带来挑战。安全领域,领土、领海争端不断,“三股势力”沆瀣合流,国家领土主权和人民生命财产安全受到挑战。人权领域,西方继续对我国发动人权“攻势”,利用国际舆论施压。总体来看,“法律战”“舆论战”成为外交博弈重要手段,我国运用国际法设置国际议题和打造中国话语的能力面临重大考验。

习近平总书记指出,要审时度势,努力抓住机遇,妥善应对挑战,统筹国内国际两个大局,推动全球治理体制向着更加公正合理方向发展,为我国发展与世界和平创造更加有利的条件。中国始终是世界和平的建设者、全球发展的贡献者和国际秩序的维护者,致力于与世界各国一道,用实际行动创造一个奉行法治、公平正义的未来。面对复杂的国际局势,我国选择了坚持开放发展,并更加注重国际法在国际竞争中的战略性作用。我国将开放发展作为指导未来发展的五大核心理念之一,写入国民经济与社会发展“十三五”规划,充分展现了中国永不关上对外开放大门的决心。在对内治理上,我国实现经济平稳增长,不断加强民主法治建设,完善保障民生措施,探索出了适应中国国情的发展道路;在对外交往中,我国秉持义利相兼、以义为先的义利观,主动承担国际义务,积极履行大国责任,展现出了与世界各国共同发展的决心意志。近年来,中国提出的构建人类命运共同体、以合作共赢为核心的新型国际关系等一系列主张,为国际法治建设贡献了新的价值目标;中国主导的各项国际经济、金融合作机制逐步成型,在可持续发展、气候变化、国际金融等领域作出了新的有益尝试;中国主办"和平共处五项原则与国际法的发展"国际研讨会、亚非法协第 54 届年会以及出资设立中国 - 亚非法协国际法交流与研究项目等一系列活动,为推动国际法治合作开辟了新的渠道。总之,如何更好实现国家对外战略,提出中国倡议、发挥中国作用、做出中国贡献,是每一位国际法学人都需要深入思考的重大课题。

同志们,自菲律宾单方面提起"南海仲裁"案以来,随着仲裁庭对该案的审理,南海"法律战"日趋激烈,菲方意欲利用国际法挑起南海事端、谋取本国利益,一些国家则趁机搅动南海局势、挑战中国南海权益,使南海局势不断恶化升级,成为外交、地缘政治、法律等方面的综合博弈。这是这些年来中国在国际法问题上面临的少有严峻挑战。对全体中国国际法同仁来说,全力以赴应对挑战,既是责任,也是考验,我们要敢于担当,应当而且可以有所作为。近期,在中国国际法学会的组织推动下,有不少同仁围绕南海仲裁案撰写文章、发表意见、阐述观点、批驳谬误,做了大量工作,取得了较好成效。这次年会专门安排南海仲裁案专题,希望大家聚焦问题、深入研讨、主动发声,充分发表真知灼见。利用这个机会,我就国际法研究和运用谈几点认识,与大家共同探讨。

一要着力加强国际法基础研究。随着综合国力的提升,中国的大国定位越来越清晰。大国之间的竞争已经不再限于资源、战略要地或者市场的竞争,核心是规则制定权的竞争。参与国际规则制定和国际公共产品供给,积极承担国际责任和义务,推动国际秩序民主化、法治化,既是中国特色大国外交的应有之义,也是国际社会对中国的普遍期待。适应这一要求,当前中国国际法理论研究的一个重要任务,就是沉下心来深入研究国际法的本质、功能、原则、价值等基础问题,掌握国际法的造法方式,把握国际形势发展规律、国际法与国际政治的互动规律,准确定位中国角色和核心利益,进而立足国情提出中国特色的国际法理论主张。同时,要深入了解各国诉求和共同利益,了解各国内外政策形成机制和作用模式,把握国际舆论传播规律、国际法与国内法的互动规律,努力让世界接受中国的国际法治主张。要加强对国际法律制度和研究成果的推介,在推介过程中应更加注重其理论基础和产生过程。同时要加强对中国国际法实践经验的总结,更加擅长使用通用的国际法语言来包装具有中国特色的国际法理论学说,构建中国特色的国际法话语体系。就南海问题而言,在坚持突出我国对南海主权的历史依据和历史性权利的同时,应不断强化基于一般国际法的法理阐述,对菲方和西方法理上的偏执谬误针锋相对地进行质疑和驳斥。实践证明,国际法基础研究越扎实、越深入,理论积淀就越深厚,提出的主张和观点就越成体系、越接地气、越有底气、越有说服力。也只有这样,才能真正持续不断地培养出国家长远发展所需要的,在世界上有着广泛影响力的国际法学大家。而要做到这些,国际法学人特别是青年学者应当具备"苦其心志,劳其筋骨"的意志,树立"独上高楼,望尽天涯路"的情怀。

二要着力创新国际法应用研究。加强国际法应用研究,促进国际法研究与中国外交实践的紧密结合,既是我国外交事业发展的客观需要,也是我国加强涉外法律工作的必由之路。近年来,我国国际法学科日益成熟,研究水平不断提高,应用研究已成为趋势,充分体现了国际法学界对中国问题的持续关注。需要引起重视的是,应用研究应避免止步于对中国外交所面临问题的被动回应,陷于"头痛医头、脚痛医脚"的局面。我理解,应用研究要在扎实的理论基础之上"向前看""向远处看",注重顶层设计,注重长远谋划,统筹协调各方面各层面,避免"东一榔头、西一棒子",拿出对实现国家战略真正有用的学术成果,拿出解决外交实际问题的可行方案。在研究方法上,要鼓励实证研究,坚持理论与实践相结合;要支持基于学科融合的研究模式,突破国际公法与国际私法、国际经济法的分野,综合运用法学、经济学、政治学、社会学、史学等学科知识和研究思路开展研究;要推动融入大数据时代,借"互联网+"创新学术研究方法,定性和定量分析相结合,提高国际法研究成果的实用性和说服力。在研究内容上,要做好战略性、前瞻性研究,充分考虑中国对国际社会现状的理解和前景的谋划,充分认识国家决策在国际法作用机制中的关键作用,着重加强战略分析,在把握未来国际发展趋势的基础上,对攸关国家根本利益的重大问题预先作出研判。总之,应针对当前和今后一个时期国家对外战略和外交实践需求,设定若干事关国家核心利益的重大课题,开展中长期跟踪研究,逐步形成有创见、有分量、有价值的研究成果,既未雨绸缪,又随时管用。

三要着力促进国际法研以致用。众所周知,理论研究只有服务于实践需要,才是有生命力的、可持续的。我国学习和从事国际法研究实践工作的人数并不少,但一直存在两个突出问题,一是未能形成有效的整体优势,二是未能建立起有效的研以致用机制。这两个问题影响到国际法研究成果的转化和运用,影响到国际法学者整体作用的发挥,这与我国日益上升的大国地位很不相称,与维护和发展国家利益的要求很不相适应,必须下决心破解。我体会,要从两个方面下大气力。对于外交部等有关部门、高等院校、科研机构和国际法学会来说,应采取有力措施,建立健全引领国际法人才辈出、推动国际法学者发挥作用的体制机制。对于国际法学人来说,应转变研究思路,勇于并善于促进研究成果为国家所用、为实践所用。具体到南海问题上,打南海问题法律战、舆论战,要积极整合力量、搭建平台、提供条件,充分让国际法学者发挥作用,从中国视角阐述南海问题的历史经纬和是非曲直,将中国的观点、论据和声音发出去,防止对我国不利的西方观点成为国际南海舆论的唯一信息来源和"主旋律",防止舆论清一色、一边倒,达到促进对南海问题更客观认知的目的。可以通过咨询委员会、专家顾问团队、委托课题研究等形式,组织学者从法律、外交和舆论等不同角度为解决南海问题提供专业意见和支持,同时加强涉南海及海洋事务专业智库建设,推动有条件的大学增设相应专业。可以采取走出去、请进来等方式,支持中国学者更多地参加国内国际研讨会,加强双边或多边交流,或举办南海问题国际研讨会,让中国学者主动发声。还可以组织国际法、海洋、地理、历史等方面专家学者,精心制作并及时推出信息翔实、内容全面、观点鲜明的涉及南海的图书、地图等资料,为对外交涉和传播提供有力支持。在方式上,可以借用现有的国际平台,善用现行的游戏规则,并尽量贴近国际思维和视角。比如,可利用推特、脸谱等国际社交媒体,积极设置议题,传播中国在南海问题上的国际法观点和主张。又如,可借鉴西方学者关于国际司法滥权、扩权趋势等研究成果,引用西方国家对国际法管辖权的质疑及相关案例,驳斥西方涉南海问题以《国际海洋法公约》取代一切法理的逻辑漏洞,等等。总之,要通过各方面坚持不懈的努力,推动形成研以致用的良性循环,推动我国国际法教学研究实践水平的整体提升。

同志们,本次年会表决通过了修订后的学会章程,这是自2005年以来首次对学会章程作出较大幅度修改,是完善学会工作机制的一件大事,有利于学会适应新形势新要求更好地实现持续、健康、长远发展。我还非常高兴地注意到,向年会投稿并参加年会活动的青年学者和国际法学生人数持续增多,投稿质量持续提高;特别是许多常务理事拨冗前来,并在各项议程中担当重要职责、发挥重要作用。学会是由全体会员组成的学术集体,是我们自己的组织,希望大家始终保持对学会工作的关注和对学会活动的热情,凝心聚力,群策群力,为学会的更好发展贡献自己的智慧,不断提升学会的国际国内影响力,使学会真正成为沟通国际法理论界和实务界、连接中国和世界国际法学界的桥梁纽带,充分发挥学会在服务国家对外战略中的重要作用。

同志们,我们处在中国国际法事业大发展的时代,也是中国国际法事业面临大挑战的时代，迫切需要每一位国际法同仁切实树立起使命感、责任感、紧迫感，为实现国家对外战略，提出全球治理的“中国方案”不懈努力。我坚信，只要我们全体国际法学人齐心协力，中国的国际法研究定能实现突破，国际法人才定能不断涌现，国际法事业定能再创佳绩！

最后，预祝本次年会圆满成功，祝愿大家一切顺利！

谢谢！

论　　文

文 分

制度主义国际关系理论与国际法原理

徐崇利*

摘要:制度主义是晚近兴起的与新现实主义、建构主义相并列的三大主流国际关系理论之一。制度主义国际关系理论中的"国际制度"涵括国际法律制度,故该理论可为国际法学者提供丰富的交叉学科研究原理。在制度主义诸说中,理性主义和功能主义相结合的理论占据主流地位,但作为该说之要义的功能主义理论仅可用以解释国际制度为何产生的"需求侧"之原理,对国际制度如何产生的"供给侧"之说明则付诸阙如,或许需要引入其他国际关系理论加以弥补。

关键词:国际关系理论;制度主义;国际法

一、导　论

进入20世纪80年代,全球化尤其是经济全球化趋势开始加速,各国之间的相互依赖不断加强。90年代初期"冷战"结束,国际关系趋于缓和,和平与发展成为世界的主题。在这一历史背景下,越来越多的国际关系理论学者对以往占据统治地位的新现实

* 厦门大学法学院教授,博士生导师,法学博士。

主义学派提出了挑战,其中的制度主义学派是最有力的挑战者。在制度主义国际关系理论中,涵括了丰富的国际法原理,其对从交叉学科的角度理解国际法,具有重要的启发意义。

在具体阐述制度主义国际关系理论与国际法原理之前,首先要厘清制度主义理论与另一同以理性主义为基础的主流国际关系理论——新现实主义的区别,以及国际制度与国际法的关系问题。

晚近,随着制度主义的兴起,其与新现实主义形成了国际关系理论中的第三次论争。泛言之,新现实主义认为,国际权力结构是国际关系的决定因素,该派的奠基人是美国学者沃尔兹(Kenneth N. Waltz);[①]而制度主义强调的是国际制度在国际关系中的作用,其最主要的代表人物是美国学者基欧汉(Robert O. Keohane)。尽管如此,两大学说也共享一些基本的假定:国际社会处于无政府状态;国家是国际关系的主要行为体;国家在国家关系中是理性和自利的,并且是统一的单位;国家体系决定国家的行为。然而,作为挑战新现实主义的一个学派,制度主义与前者在以下各方面是相互对立的。

第一,国家福利 v. 国家安全。新现实主义与制度主义虽都认为国家安全和经济福利是国家的目标,但前者注重国家安全,而后者强调的是个人福利。新现实主义只把经济分析作为其有关国家安全理论、观点和实证的来源和手段;而制度主义则将经济问题作为国际关系研究的主题之一,将之擢升至"高度政治"之列。

第二,低度政治 v. 高度政治。[②] 正因为新现实主义以国家安全为目标,所以其更关注安全、裁军等"高度政治";而制度主义以个人福利为目标,因此更多地涉及经济、环境等"低度政治"领域。

---

① 有关新现实主义与国际法原理的述评,参见徐崇利:《新现实主义国际关系理论与国际法原理》,载刘志云主编:《国际关系与国际法学刊》(2016 第 6 卷),厦门大学出版社 2016 年版,第 1 ~ 53 页。

② 在国际关系理论中,通常把国家安全视为国际关系中的"高度政治"(high politics),而把国际经济关系、世界生态环境等问题归为"低度政治"(low politics)。

第三,互动过程 v. 权力结构。制度主义和新现实主义都是"体系理论",但所关注的国际体系的构成要素不同。国际体系由结构、单元和单元之间的互动三要素构成。新现实主义强调结构(国家间的权力结构),把单元(国家)之间的互动归入单元层次,并通过理论的简约化舍弃掉了这样的互动。制度主义认为,国际权力结构一旦形成,不易发生变化。于是,决定国际体系的要素便是单元之间的互动,即在国家之间的互动中产生了国际制度;而国际制度反过来又可塑造国家之间的互动模式。①

第四,国际合作 v. 国际冲突。制度主义和新现实主义对国际社会"无政府状态"的性质和结果认识不同。后者认为,在无政府状态下的国际社会,各国之间的冲突普遍存在,是国际关系的主旋律;而后者认为,国际社会虽处于无政府状态,但各国之间存在共同的利益以及相互合作的基础,国际制度可以促进国家之间合作的形成,从而形成制度化的国际秩序。

第五,相互依赖 v. 国家自主。新现实主义主张,无政府状态对国家行为的一个重要影响是,国家将产生保护其自主性的动机。国家不希望本国在经济上过分依赖其他国家,以免自己的安全受到威胁;而制度主义认为,国家之间的相互依赖会形成"一荣俱荣,一损俱损"的效应,从而促成国家之间的合作,减少发生战争的可能性。

第六,相对收益 v. 绝对收益。新现实主义认为,因国家之间存在着相对收益分配的问题,故国际合作如果不是不可能发生,也是难得一见,尤其是在"高度政治"领域更是如此;而制度主义认为,国家更加关注的是绝对收益,只要合作能给各国带来共赢,国际合作就有可能会发生,尤其是在"低度政治"领域。

总而言之,新现实主义认定国际制度是国际权力结构的产物,

---

① [美]小约瑟夫·奈:《理解国际冲突:理论与历史》,张小明译,上海人民出版社 2002 年版,第 55 ~ 57 页。

而主流的制度主义认为国际制度是为克服不确定性和交易成本高等国际合作障碍而产生的。正如美国学者克拉斯纳(Stephen Krasner)所指出的那样:"国际安排的本质反映的是国家权力的分配,而不是解决市场无法解决的问题。"①对于国际制度的作用限度,新现实主义主张权力结构是国际关系中的唯一因变量,对国际合作持怀疑和消极的态度,即使在有限的合作范围内存在国际制度,也只不过是一种插入变量,对国家行为只起到边缘性的约束作用。相应地,新现实主义对国际法在国际关系中角色的认识也是有限度的。概言之,该说认为国际法不过是国际权力结构的"仆从",甚至只是国际关系中的一种"虚假承诺"。② 而制度主义学派主张,权力不再是国家行为的惟一目标,全球相互依赖、相互合作正逐步成为国际关系的主旋律。国际制度是一种影响国家行为的基本的和独立的建构,甚至是国际关系中最重要的变量;国际制度限定了国家行为的选择范围,从这个意义上说,国家行为的选择实际上是一种"制度选择"。理所当然,在制度主义学派中,国际法在国际关系中的地位也得到了提升。

二、"国际制度"的概念及其与国际法关系之辨析

对于"国际制度"(international regime)的概念,国际关系理论学界始终存在着争议。③ 被较为普遍接受的是克拉斯纳提出的定义,即国际制度是指"在一定国际关系领域组织和协调国际关系的

---

① S. D. Krasner, "Global Communications and National Power: Life on the Pareto Frontier", (1991) 43 *World Politics*, p. 234.

② See J. Mearsheimer, "The False Promise of International Institutions", (1994/1995) 19 *International Security* 5, pp. 5 – 49.

③ 与"国际制度"相关的另一概念是"国际机制"(international institution)。有关这两个概念的内涵与外延,学界均有争议,但在许多情况下,二者基本上是同义的。

默示的或明示的原则、准则、规则和决策程序。”其中，“原则”(principles)指“关于事实、原因和公正的信念”，构成最高等级的规范；“准则”(norms)是“以权利、义务界定的行为标准”。可见，“准则”较之“原则”更加具体；最为具体的是“规则”(rules)，其为“对行为的专门令行禁止”，属于操作层面上的细则；而“决策程序”(decision-making procedures)是指“做出和贯彻集体决定的主导做法”。“决策程序”并不一定比“规则”更为具体，只是一种不同意义上的运作规程。在这四类规范中，“原则”和“准则”体现国际制度的基本特征，其变化会导致国际制度性质的改变。当然，同样的“原则”及“准则”可以有许多与之相一致的“规则”和“决策程序”；然而，“规则”和“决策程序”的变化只是国际制度内部的变化，不会损及国际制度的性质。① 例如，贸易自由化和非歧视待遇原则分别构成关贸总协定的“原则”和“准则”，二者如发生变化，关贸总协定就不再是关贸总协定了；而关税税则和争端解决机制则分属于“规则”和“决策程序”，即使二者有变，关贸总协定依然是关贸总协定。

对于克拉斯纳这个定义的批评主要集中在，其含义比较模糊，无法对构成国际制度的四个要素之间的关系作出明确的说明，尤其是“准则”的概念难以清晰地区别于“原则”和“规则”。简言之，该定义强调国际制度的制度化规范，而缺乏操作层面上的考虑。尽管如此，实际上，西方国际关系理论学界并不否认国际法存在于国际制度的范畴之内，且在国际制度的四大构成要素中，都包含了相应的国际法规范。例如，1944 年签订的《国际货币基金协定》确立了国际货币金融领域的支付自由化“原则”。该国际条约的一个关键“准则”包含着这样的禁止性内容，即一国不能为了一己私利而采取单边手段操纵本国汇率。在战后相当长的一段时间里，

---

① S. D. Krasner, “Structural Causes and Regimes Consequences: Regimes as Intervening Variable”, (1982) 36 *International Organization* 185, pp. 187 - 190.

这项“准则”主要是通过“钉住汇率”(“规则”)以及汇率发生变化时的磋商程序(“决策程序”)得以实现的。①

虽然国际关系理论界都承认国际法是国际制度的一个种类,但需要厘清的是,国际法律制度区别于非法律性国际制度的基本特征是什么?

早在20世纪90年代初,美国知名国际关系理论学者利普森(Charles Lipson)就探讨了为何在国际关系中存在非正式国际协议的问题,但利普森对正式国际协议和非正式国际协议的区分,与国际法律制度和非法律性国际制度的区分并非一致。在利普森看来,正式国际协议相当于国际条约,非正式国际协议包括行政协定、未生效的条约、换文、联合声明、最后公报、协商记录、谅解备忘录,以及口头协定,乃至默示协议。值得注意的是,在这里,首先,利普森没有明确论述正式国际协议和非正式国际协议的界定标准,他探讨的不是两类协议的区别问题,而是不同形式的协议在国际关系中的作用。其次,被利普森视为正式国际协议的国际条约是狭义的。而《维也纳条约法公约》第2条第1款第1项规定:“称‘条约’者,谓国家间所缔结而以国际法为准之国际书面协定,不论其载于一项单独文书或两项以上相互有关之文书内,亦不论其特定名称如何”。据此,条约并非一定要采取书面形式,口头协议并没有被排除在条约概念之外;条约的名称也不影响条约的性质,声明、联合公报、换文、谅解备忘录都可以成为条约的名称。由此可见,不单是利普森定义的正式国际协议,且其指出的有关非正式国际协议,都可归入国际条约的范畴,从而被视为国际法的渊源。最后,利普森没有论及作为国际法重要渊源之国际习惯的归类问题,即国际习惯到底属于正式国际协议还是属于非正式国际协议

---

① [美]罗伯特·基欧汉:《霸权之后:世界政治经济中的合作与纷争》,苏长和、信强、何曜译,上海人民出版社2006年版,第70页。

中默示协议中的一种？[①]

进入21世纪,美国国际关系理论学界跨学科研究国际法的一批有影响的学者曾在著名的国际关系刊物——《国际组织》的特刊(2000年第3期暨夏季号)上以"法制化与世界政治"为题,撰写系列论文专门探讨机制主义下的国际关系法制化问题。[②] 他们提出了界定国际法律规则的三要素:(1)"义务性"(obligation),即规则应对行为体具有拘束力,而且这种法律上的拘束力并非来自强迫、互惠或道德的考虑。(2)"确定性"(precision),指的是规则应以非模糊的方式设定命令性、授权性或禁止性行为规范。因在国际层面上往往缺乏有权解释的机构,故强调规则的确定性尤其重要。(3)"授权性"(delegation),指独立的第三方(包括司法机构、仲裁机构及行政组织等)有权执行、解释或在争端解决过程中适用规则,以及可能有权进一步制定规则。在确定上述三要素的基础上,这些美国学者主张,在对一国际规则进行分析之后,如得出的结论为该国际规则不具有"义务性""确定性"和"授权性",则其不属于国际法律规则的范畴,如各国间达成的"君子协定"等。[③]

笔者认为,在上述三要素中,"义务性"应该说是区分国际法律规则和非国际法律规则的重要标准;而"确定性"和"授权性"只是从外在的方面巩固规则的"义务性":"确定性"是从规则的形式上保证规则效力的顺利发挥;"授权性"则是从实施的层面上支持规则的落实。然而,"确定性"和"授权性"本身并非区分国际法律规则与非国际法律规则的标准:抽象的规则(如"条约必须信守原则")亦可为国际法律规则,而不是非国际法律规则;反之,具体的

---

① 参见 C. Lipson, "Why Are Some International Agreements Informal?", (1991) 45 *International Organization* 495, pp. 495 – 538。

② 这些学者包括 R. O. Keohane, J. Goldstein, D. Snidal, K. W. Abbott, A. Moravcsik, Anne-Marie Slaughter, M. Kahlei, L. L. Matin, K. J. Alter, B. A. Simmoms, F. M. Abbott, E. L. Lutz, and K. Sikkink 等。

③ See K. W. Abbott *et al.*, "The Concept of Legalization", (2000) 54 *International Organization* 401, pp. 401 – 419.

规则(如作为国际通例而不是国际习惯的那些规则)不一定就是国际法律规则,而只是非国际法律规则。众所周知,国际间普遍缺乏对各国具有强制性管辖权的国际司法机构,故缺乏"授权性"并不妨碍某一规则成为国际法。

从国际法理论来看,对于国际法律规则的识别,主要有自然法学派、实证法学派和政策定向学派。按照自然法学派的观点,国际法律规则可以演绎自然人的正当理性,是判断国家行为善恶的标准。美国学者阿伦(Anthony Clark Arend)认为,依自然法理论,无法将国际法律规则与国际道德规范区别开来;对于国际法律规则的确定,应取实证法学派和政策定性学派之长,舍二者之短,采取"权威性－有效性"检验标准,即一个国际规则只有同时具有"权威性"和"有效性",才构成国际法律规则。在这里,阿伦借鉴了美国"政策定向学派"("纽黑文学派")"权威性"和"有效性"两个核心概念,但与之不同,主张这两大判断要素针对的是规则,而非决策过程;且在依该两大要素进行判断时,只以国家为对象,而将非国家行为体排除在外。由此,阿伦认为,"权威性"是指国家必须认为遵守某一国际规则是基于法定义务,即该项国际规则具有上述美国国际关系理论学界跨学科研究国际法的那些学者主张的"义务性";而"有效性"是指一国际规则必须得到各国普遍践行。

将"权威性－有效性"检验标准用于对国际习惯法的判断,与实证法学派并无二致。其中的"权威性"等于实证法学派主张的国际习惯法构成要素中的主观要素——各国的"法律确念",而"有效性"等于其中的客观要素——各国的一致实践。例如,要判断外国船舶可无害通过一国领海之规则是否构成国际习惯法,首先要看各国是否具有允许外国船舶无害通过本国领海的实践;其次还要看各国允许外国船舶无害通过本国领海是否认为此乃承担了法律上的义务。

然而,将"权威性－有效性"标准用于检验国际条约,就不是那么简单了。实证法学派认为,国际条约是经各国明示同意形成的,除非经各缔约国约定废止,否则始终构成国际法。阿伦认为,条约一旦生效,就可以推定其为国际法,因为各缔约国批准条约的行为说明它们承认该条约具有“权威性”,同时也表明它们愿意在实践中实施其规定,即该条约具有“有效性”。然而,与实证法学派有所不同的是,阿伦主张,随着时间的推移,一项条约整体上或其中的有关条款可能会失去“权威性”和“有效性”,缔约国不再有据以约束自己行为的意愿,此时,该条约就失去了国际法的属性。当然,缔约国偶发的违约行为不足以推翻条约的国际法性,只有多数缔约国实质性未履行条约义务,才说明该条约或有关条款已经普遍缺乏“权威性”和“有效性”,在国际法上已经名存实亡。①

笔者认为,以“权威性”或“义务性”检验标准识别国际法律规则是确当的。在国内社会,识别一项规则是否为法律规则,只要察其是否由立法机关制定,并由国家强制力保证实施即可,至于守法者是否认为此类规则具有法律性质,并非使之成为法律规则的必要条件。但在无政府状态下的国际社会,既无世界立法机构,也无据以保证法律实施的超国家力量,国际法由各国共同制定,并通过国家的自助得到实施。然而,必须看到的是,国家除了共同制定国际法律规则外,也共同制定非国际法律规则。由此,仅凭各国共同制定规则这一客观行为是无法区别其制定的是国际法律规则,还是非国际法律规则。为了使国际法律规则能够区别于非国际法律规则,必须引入主观标准,即各国必须从主观上认定该项规则具有法律属性,即“权威性”或“义务性”,只有这样,该项规则才能成为国际法律规则。

正因“权威性”或“义务性”构成了区分国际法律规则和非国际法律规则之标准,故其得到了国际法学界和国际关系理论界的共同承认。

---

① 以上阿伦的观点,参见 A. C. Arend, *Legal Rules and International Society*, Oxford University Press,1999。

至于“有效性”之因素,笔者主张,其并不能用以界分国际法律规则与非国际法律规则。判断一项规则是国际法律规则,还是非国际法律规则,只能从立法层面看该项规则的性质,而不能依据该项规则制定出来之后的实施状况。在国内社会,不能说只有那些得到普遍遵守的法律才是法律,那些未得到有效实施的法律就不是法律。在国际社会,也是如此。

既然国际制度的概念涵盖国际法,那么所有关于国际制度的一般理论也可直接适用于国际法。然而,以往以国际制度为主要分析取向的国际关系学者一直论及国际法,这实际上等于没有挖掘国际法作为一种特殊国际制度的应有价值。值得注意的是,随着全球化的日益深入,在经济、环保、人权等领域,国际条约大量增加,国际关系的法制化进程有进一步加快的趋势。在此背景下,晚近西方国际关系学界开始越来越重视国际法的特有价值。这种倾向可从两位美国学者的一段学术对话中窥见一斑。1993 年,美国著名的以国际关系理论分析国际法的学者斯劳特(Anne-Marie Slaughte)在《美国国际法学刊》上撰文批评制度主义学派的领军人物基欧汉,称基欧汉“重新发现了国际法(但又拒绝承认其意义)。”①对此,2000 年,基欧汉在其代表作——《霸权之后:世界政治经济中的合作与纷争》(1984 年英文版的中译版)一书的“中文版前言”中承认“……《霸权之后》一书对国际制度的法制化问题重视得不够。该书只强调国际制度是有价值的,但是制度的价值是根据其法制化程度而定的,也就是说,规则所具有的义务性和确定性,以及在多大程度上解决冲突的权力能够授权给第三方来实施。”接着基欧汉又回应道“……我们应研习国际法,并注意国际

① Anne-Marie Slaughter, “International Law and International Relations Theory: A Dual Agenda”, (1993) 87 *American Journal of International Law* 205, p. 219.

法学家是怎样思考国际制度的。”[①]其间，两位学者还和美国国际关系理论学界的一些其他学者对国际关系的法制化问题共同展开研究，发表在上述《国际组织》的特刊(2000 年第 3 期暨夏季号)上的专论就是他们在这方面初步研究成果的集中体现。

三、国际制度的理性选择与功能主义学理要义

主流的国际制度理论实际上是自由主义、理性主义和功能主义的合成。理性主义表明国家具有进行合作的偏好；功能主义说明国际制度有用，可以克服国家间合作的障碍。亦即，理性主义和功能主义证明了国家之间有开展合作的目的和实现合作的手段。但是，其前提都是建立在国家间能够实现合作的假定之上的，而这个假定需由自由主义来证明。因此，主流的制度主义又称“新自由制度主义”，其最主要的代表人物应首推美国国际关系理论大师基欧汉。[②] 有关自由主义(理想主义)与国际法原理，可参见另文，[③]此处不再赘述，本文只述及主流制度主义的理性选择和功能主义理论，尤其是其中的功能主义理论构成该说之要义。

(一)国际制度的理性选择基础

按照理性选择理论，每个国家都是利己的主体，在自有能力和环境的制约下，根据自身利益来创造安排的最优化。国际制度是

① 转引自[美]罗伯特·基欧汉：《霸权之后：世界政治经济中的合作与纷争》，苏长和、信强、何曜译，上海人民出版社 2006 年版，第 24 ~ 25 页。本文作者对该段引文中“legalization”“obligation”“precision”及“delegation”等词的中译作了相应的改动，特此说明。

② 高尚涛：《国际关系理论基础》，时事出版社 2009 年版，第 101 页。

③ 详见徐崇利：《传统主义国际关系理论与国际法原理》，载《外交与法律》2016 年第 1 期。

国家对国际体系日益复杂化所作出的有目的的理性回应的结果。① 理性选择理论认为,国家对结果的偏好是给定的,而且在长时期内是稳定的,不会随着国家之间的互动而改变。

理性选择理论是建立在对国家的两个基本假设基础之上的:其一,国家的有限理性。按照新制度经济学的观点,人的理性是有限的,受制于两个方面:一是外在约束,是指人们面临的环境是复杂的和不确定的,因此所获得的信息也是不完全的;二是内在约束,是指人对环境的计算能力和认识能力是有限的,不可能无所不知。统观之,有限理性表现为个人准确无误地接受、储存、检索、传递和处理信息的能力在水平和储量上都受到了限制。与个人一样,国家的理性也是有限的。基欧汉认为,在理性的有限性方面,相对于个人和公司,政府有过之而无不及,因为政府组织更为庞大,目标更为多样,成败也更难权衡。② 其二,国家的机会主义倾向。按照新制度经济学的观点,人总是有损人利己、投机取巧的意向。这种意向变成具体的行为,就是机会主义行为,如撒谎、偷窃和欺骗等。在国际关系中,国家同样具有机会主义倾向。例如,马基雅维利指出,对君主而言,“因为他要保持国家,常常不得不背信弃义……随时顺应命运的风向和事物的变幻情况而转变。”③此外,按照新制度经济学的观点,国家的有限理性和机会主义倾向又会导致交易成本的出现。

总之,新古典经济学是建立在传统“经济人”之假设基础上的,即人是在不损害他人利益的前提下追求自身利益的最大化,而且交易是无摩擦、无成本的;而新制度经济学是建立在“契约人”

① 参见[英]马克·威廉姆斯:《国际经济组织与第三世界》,张汉林等译,经济科学出版社2001年版,第31页。

② 详见[美]罗伯特·基欧汉:《霸权之后:世界政治经济中的合作与纷争》,苏长和、信强、何曜译,上海人民出版社2006年版,第138~139页。

③ 转引自[美]尼科洛·马基雅维利:《君主论》,潘汉典译,商务印书馆1985年版,第85页。

之假设基础上的，即人是在有限理性的前提下，为减少机会主义的风险，而以最小化成本进行交易的人。主流的制度主义国际关系理论传承于新制度经济学，其对国家的假设也是以“契约人”为基础的。一些学者就将基欧汉的国际制度理论称为“契约主义（或功能主义）”理论。①

（二）国际制度的功能主义要义

既然在国际关系中，国家的理性是有限的，且具有机会主义倾向，并存在交易成本过高等问题，由此，即使合作能给各国带来共同利益，可能也会因无法协调它们的行动而无法达到目的，从而造成国际政治市场的失灵。而功能主义理论作为主流的制度主义国际关系理论的另一理论基础，认为国际制度具有的各种功能恰恰有助于克服国际合作中的这些障碍，即通过改变国家在自利基础上作出决策的环境为促进国际合作做出贡献，②于是，对国际制度的需求便开始产生。可以说，共同利益的存在与国际制度的作用之结合构成了制度主义理论基础之要义（如下图示③）。

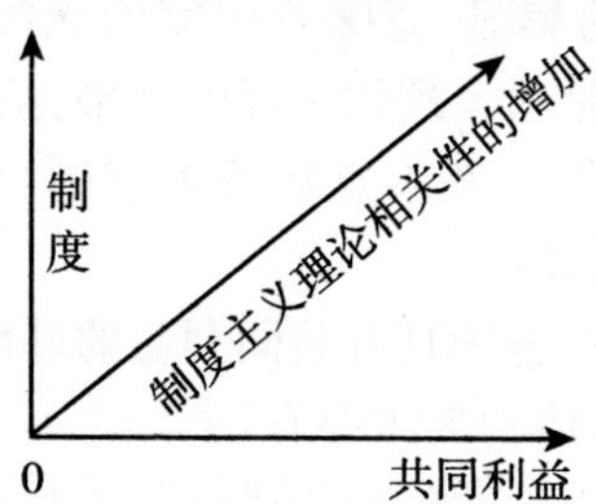

① A. Hasenclever, P. Mayer and V. Rittberger, *Theories of International Regimes*, Cambridge University Press, 1997, p. 27.

② A. L. Herbert, “Cooperation in International Relations: A Comparison of Keohane, Haas and Frank”, (1996) 14 *Berkeley Journal of International Law* 222, p. 228.

③ 该图示见 R. O. Keohane, *International Institutions and State Power*, Boulder: Westview Press, 1989, p. 3。

功能主义理论产生于“二战”之后,最初是关于国际组织的理论,同时也可以作为研究国际制度的一般理论。该理论认为,现代国家的功能已从原来的维护个人政治权利,转向促进个人福利的实现。在各国之间相互依赖日益加深的情况下,个人福利的实现越来越有赖于国际市场。于是,仅靠各国政府各自具有的功能已经不够,只有发挥国际组织及国际制度的作用,才能有效地促进个人福利的实现。制度主义在继受了功能主义有关国际组织及国际制度功能之于国际合作意义的理论的同时,也舍弃了功能主义的一些主张。舍弃之处主要有:功能主义认为,国际组织及国际制度的功能主要表现在贸易、运输、通信等技术性领域。这些技术性领域国际合作的加强、功能“溢出”的结果,将有利于防止各国在军事利益方面的冲突。制度主义虽然也强调国际制度在经济、环境等“低度政治”领域的作用,但认为其理论也可直接适用于国家安全等“高度政治”领域的合作,没有必要明确区分权力和福利领域,①此其一。其二,功能主义试图打破“国家故恋”(state fixation)情结,主张国家不能满足促进个人福利的需要以及国际组织及国际制度作用的彰显,意味着国家的无能和衰弱。② 而制度主义认为,国际制度是国家理性选择的结果,虽然国际制度产生后将制约国家的行为,但这并不意味着国家的“终结”,国家仍然是国际关系的主要行为体。

制度主义认为,在各国具有共同利益的基础上,能够促成国际合作之国际制度的具体功能主要有:③

第一,国际制度为国家之间提供连续谈判的机会、监督的信息

① O. Keck, “The New Institutionalism and the Relative-Gains-Debate”, in F. R. Pfetsch (ed.), *International Relations and Pan-Europe: Theoretical Approaches and Empirical Findings*, Münster: Lit Verlag, 1993, p. 43.

② B. Rosamond, *Theories of European Integration*, Palgrave, 2000, p. 34.

③ W. J. Aceves, “Institutionalist Theory and International Legal Scholarship”, (1997) 12 *American University Journal of International Law & Policy* 227, pp. 227 – 256.

和惩罚的措施,使国家之间可以建立长期的关系,在互惠的基础上进行重复博弈。如为一次性博弈,一个国家可能就会选择欺诈,使自己获益,而对方并没有进行报复的机会;相反,如为重复博弈,即使一个国家在一次博弈中欺诈得手,也只能使自己获得一时的好处,对方可能会在下一次博弈中报复。更为严重的是,对方可能会就此对己方失去信任,进而停止合作,从而将给该国的长远利益造成巨大损失。由此可见,国际制度可以加大所谓的"未来效应"(shadow of the future),促进合作的长期进行。同时,国际制度通过对国家行为提供评估的标准和评估的场所等,有利于国际社会公知国家的声誉,从而鼓励国家为了未来的声誉而保持诚实。

第二,一个制度嵌套在更大的制度框架中,或几个制度安排结合成"一揽子"制度,①这样就会形成问题之间的联系。在分议题谈判的情况下,一方在一项议题上获益,而另一方在该议题上受损,交易将不可能达成,国际合作就无法实现;反之,如采取议题挂钩,一方在一个议题上的损失,可以在另一个议题上得到弥补,交易就可能成功,故议题挂钩有利于促进国际合作。此外,议题挂钩有利于实现"交叉报复",即一个国家违反其中的一个制度,其他国家会在另一个制度项下实行报复,从而使该违约国在另一制度项下的重要目标无法实现,由此将抑制违约情况的发生。

第三,国际制度可以减少国家之间的交易成本,包括与协议谈判、监督和实施有关的交易成本。首先,国际制度为谈判提供了事先的框架,使各国无须每次就这些框架进行谈判,从而节省了谈判的费用和时间;其次,国际制度通过提供组织机构、管理人员和场所,可以减少协议的维持成本,从而有利于协议的监督和实施,等等。

第四,国际制度有助于弥补国家之间因交易产生的"合同不完

① 关于"嵌套式"(nested)制度联系模式和"集束式"(clustered)制度联系模式的论述,详见[美]奥兰·扬:《世界事务中的治理》,陈刚玉、薄燕译,上海人民出版社2007年版,第156~160页。

全”问题。出于国家的有限理性和交易成本高等原因,国家之间的协议不可能详列所有的条款。国际制度作为一种预先建立的比较完备的框架,可以填补国家之间协议的缺漏之处;尤其是通过国际制度建立相应的机制和机构(如国际裁判机构),可以明确国家之间协议条款的含义,乃至处理新出现的问题。

第五,国际制度能够促进国家自我实施协议的行为。国际制度可为分散的各种行为提供“聚焦要点”。当一个原则或规则首先达成独特的均衡而其他原则或规则没有予以清晰的反对回应时,该第一个原则或规则就会适用,并可能会进一步形成“路径依赖”,从而强化由此类原则或规则构成的国际制度的自我实施。首先,在新制度设立成本高或原制度运作费用固定的情况下,如继续使用原制度,随着产出的增加,则单位成本就会递减;其次,国际制度的运用可能产生“网络效应”,即制度越被普遍采用,其带来的效用就会越大或成本就会越低;再次,国际制度可能具有“协调效应”,即采取一项制度的国家容易与其他也采用同样制度的国家相一致,从而有利于相互合作的开展;又次,国际制度可使国家适应新预期,制度越加流行,就越会强化人们相信其会进一步存续;最后,国际制度形成的“沉没资本”也会促进国家自我实施的行为。在这种情形下,即使一个国家破坏或退出国际制度可能获得一定的好处,但其在该国际制度上已作的“投资”将无法收回,而建立替代的新制度又需要高成本和花费很长时间。由此可见,废止现行的国际制度可能会得不偿失。

第六,国际制度可以明晰产权。产权不明晰会实质性地阻碍国家之间的合作。从短期来看,产权模糊带来的不稳定,导致国家之间需要花费成本谈判产权的归属;如果这种不稳定性得不到解决,那么国家之间就会产生争议,乃至演变成冲突。进一步来看,产权模糊会造成无效率的结果,因为模糊的产权会阻碍资源的合理分配。国际制度有助于明确产权,因为在制度的建立过程中,各国需要谈判相互间的权利与义务,从而使它们对产权的界分有更好的理解;而且各国会在这样的理解基础上,制定出具体的条款,为日后的交易减少不确定性,并提供稳定的预期。同时,国际制度还可能建立相应的争端解决机制,为各国在争议出现时厘清产权。

第七,国际制度可以促成资源的汇聚。国际制度以及相应的国际组织具有收集、提炼、交流和散发信息的功能,并提高谈判各方的政策透明度。无疑,信息和透明度的增加有利于促进各国之间的协调;有利于减少对其他国家意图及其采取行动的猜疑和误判;以及有利于识别违约行为,从而有利于监督、制裁和防止违约行为的发生,等等。此外,国际制度以及相应的国际组织还可为各国提供专家服务、技术援助等其他资源。各个国家在信息和其他各种资源的提供上,都会以维护自身利益为归依;而国际制度以及相应的国际组织具有相当程度的独立性,并且“术业有专攻”,因此所提供的信息和资源往往具有连续性、中立性和专业性的特点。

第八,国际制度可提供监督和管理机制。对国家行为实行监督和管理,减少欺诈现象的发生,有利于促进国家之间合作的顺利开展。根据国际制度可以建立相应的监督和管理机构及程序,尤其是提供必要的信息。有效监管国家行为的一大关键因素是信息的充裕:一个国家在做出战略决策前,都需要了解对方以往的行为;如果违约行为不能被发现,就会激励违约国继续为之;违约行为以及违约程度的确定,也是受害方实施适当报复的前提。

第九,国际制度可提供争端解决机制。尽管国际制度拥有监督和管理机制,但有时争端仍然是难以避免的,这些争端可能源于原来协议的模糊性、情势的变化或新情况的出现。由此,争端解决对维持国际合作具有重要意义。国际制度可通过建立调解、斡旋、调停、仲裁乃至司法制度,解决国家之间的争端。在争端解决过程中,惩罚非常重要。如果违约行为得不到惩罚,那么就会泛滥成灾。国际制度可规定相应的惩罚机制,其中的惩罚手段可包括政治的、经济的和外交的;惩罚的方式包括取消给予违约方的互惠待遇,或中止或终止违约方的缔约国资格或成员国资格,或使违约方在国际社会的声誉受损,等等。不同于各个国家实施单边制裁,通过国际制度有时可以对被制裁方施加集体压力。

第十,国际制度可以鼓励弱国参与合作。弱国可能会因缺乏应有的能力和资源而无法参与协议的谈判、监督或争端解决过程,乃至无力保证协议在本国国内得到实施。国际制度可以为弱国提供技术、信息和专家等资源的援助,并帮助它们进行能力建设,从而为这些消极的国家提供合作的动力。有时,即使弱国有了参与合作的可能,也会因担心强国滥用其优势地位而使它们无法从合作中获益。国际制度可使合作方提供的互惠更有保障,从而减少不平等权力关系破坏合作稳定的可能性。

总之,国际制度有助于提供信息,并塑造结果预期,保持各国之间关系的稳定性和连续性,减少欺诈,从而促进国际合作。国际制度因有利于克服国际合作的障碍而产生;而在产生之后,国际制度又具有制约国家行为的作用,因为国际制度对国家构成了激励因素和成本,从而改变了国家的确念和追求自身利益的方式。首先,违反国际制度会招致其他国家的制裁和报复,并给自己带来声誉上的损失,由此将产生直接的成本;其次,国家在国际制度的建立和维持过程中已经投入了大量的"沉没成本"(sunk cost),一旦"另起炉灶",创制新的国际制度,成本将更为高昂。

四、国际制度的理性选择和功能主义学理之验证

当然,有关国际制度的理性选择和功能主义理论也可适用于对国际法的分析,因为国际法的功能就是要"使人类行动符合可预测的模式,从而使预计的行动能够在手段和目的之间的理性关系

中前进。”[①]具体而言，一方面，制度主义学派的理性选择理论也适用于国际法。基欧汉曾指出：“理性选择理论明确说明了新的至少是更为精确的因果机制，其对重要难题提出的是经常性的和精巧的解决方法。国际法和国际制度的研究因有这样的创造性工作而变得更好。”[②]施劳特也认为，国际制度理论“用理性选择语言重新发现了国际法”。[③] 美国学者戈德史密斯和波斯纳主张：“政治科学学者用理性选择工具对国际关系的许多方面做了相对深度的探索，并提出了许多有用的研究日程。我们相信理性选择理论能够同样用以阐释国际法。”[④]另一方面，制度主义学派的功能主义理论也同样适用于国际法。当然，如前所述，较之于非法律性国际制度，国际法具有“权威性”的特点，依功能主义理论分析，这些特点更有利于维持各国之间合作关系的稳定性和长期性。就功能主义理论对国际法的适用，可以证之以《全面禁止核试验条约》和从关贸总协定到世贸组织协定的发展历程。

1. 功能主义理论与《全面禁止核试验条约》

经过两年的艰苦谈判，1996 年 9 月，联合国大会通过了《全面禁止核试验条约》（以下简称《禁止核试条约》）。美国学者阿瑟维斯（William J. Aceves）认为，《禁止核试条约》规定了程序机制、核查机制和争端解决机制，这些机制减少了国家之间发生欺诈的可能性，从而有效地促进了在禁止核试验方面的国际合作，验证了功能主义理论对国际法律制度产生的适用性。[⑤]

---

① M. Barkun, *Law without Sanction: Order in Primitive Societies and World Community*, New Haven: Yale University Press, 1968, p. 154.

② R. O. Keohane, "Rational Choice Theory and International Law: Insights and Limitation", (2002) 31 *The Journal of Legal Studies* 307, p. 318.

③ Anne-Marie Slaughter, "International Law and International Relations Theory: A Dual Agenda", (1993) 87 *American Journal of International Law* 205, p. 220.

④ J. L. Goldsmith and E. A. Posner, *The Limits of International Law*, Oxford & New York: Oxford University Press, 2005, p. 7.

⑤ W. J. Aceves, "Institutionalist Theory and International Legal Scholarship", (1997) 12 *American University Journal of International Law & Policy* 227, pp. 265 – 266.

其一是程序机制。该机制意在促进重复博弈,减少交易成本,发展自我执行的行为和建立清晰的产权。首先,《禁止核试条约》通过以下两方面制度促进了重复博弈:一是该条约本身是无期限条约。当然,缔约国可以退出,但必须提前6个月作出通知;二是依据该条约成立了全面禁止核试验条约组织(以下简称禁止核试组织),该组织有例行会议制度和协商程序。这些制度确立了条约的长期义务,并促进了国家惯常化行为模式的形成。其次,《禁止核试条约》通过以下制度减少了交易成本,并促进了国家的自我执行行为。禁止核试组织(包括缔约国大会、执行理事会和技术秘书处)负责协调各缔约国条约项下的行为,通过提供中心组织和行政职员,降低了交易成本。该条约的核查机制减少了每个国家自己监督条约实施的必要性。此外,该条约还提供了一种指导,使得各国可以依据条约规定的以及禁止核试组织后来发展的规范和规则协调它们的行动,从而促进自我实施的行为。最后,《禁止核试条约》通过明文规定缔约国各自的权利义务,明确了产权;同时规定各缔约国不得对条约做出保留以及确立争端解决机制对权利的保障,使得产权的明确性得到延续和保证。

其二是核查机制。该机制的功能是收发信息、促进透明度和监督条约的遵守,也许是《禁止核试条约》最有意义的组成部分。为了有效地发挥核查机制的效能,《禁止核试条约》建立了双边和多边的核查机制:国际核查制度提供了监督条约遵守的多边机制;禁止核试组织技术秘书处负责对缔约国收集和分发与条约遵守有关的信息。此外,通过协商和澄清程序、现场检查、信任建设措施以及授权使用国家核查技术手段等,核查制度建立了双边条约遵守的监督机制。

其三是争端解决机制。《禁止核试条约》建立了相互联系的两种争端解决机制:一方面是有关该条约适用和解释的争端解决制度;另一方面缔约国还可以就争端诉诸禁止核试组织和国际法院等其他争端解决途径。此外,《禁止核试条约》还建立了制裁机制，包括可以限制违约方在该公约项下的权利或特权。如果违约行为损害该公约的目标和宗旨，那么，缔约国大会可以建议采取与国际法相符的集体制裁措施。

2. 功能主义理论与关贸总协定/世贸组织协定

从关贸总协定到世贸组织协定的发展，强化了多边贸易法律体制促进国际合作的功能，全面体现了制度主义学派的功能主义理论。

从界定国际法的要素来看，较之原来的关贸总协定，世贸组织协定的"权威性"或"义务性"得到了强化。传统的关贸总协定带有浓厚的"外交或政治导向"色彩，被认为是"软法"；而世贸组织协定则体现了"法律导向"的特点，对成员方具有更强的内在法律拘束力。同时，世贸组织协定"权威性"或"义务性"的加强，也表明了履行其义务的严肃性，如违反将更为严重地损害一国在国际社会的声誉。可见，较之于后期规则失灵的关贸总协定，世贸组织协定强化了成员方自我实施的行为，以及更有利于防止强权对互惠关系的破坏等，这些都有助于减少多边贸易合作中的欺诈，促进成员方形成更为稳定的预期。

如前所述，国际法律规则所具有的"确定性"和"授权性"可以强化其"权威性"或"义务性"。首先，从"确定性"来看，原来的关贸总协定发展到后期，规则越来越模糊，灰色领域不断扩大，例外条款屡遭滥用等，以致出现了纲纪废弛的现象。世贸组织协定收紧了贸易自由化的义务，使多边贸易纪律更加严明。这样更有利于成员方履行协定，明晰产权，减少各成员方的交易成本，以及对违约行为进行评估和监管。其次，从授权性来看，原来关贸总协定的争端解决机制实行缔约方"协商一致原则"，只要任何一个缔约方（包括被诉方）反对，争端解决机制就没办法启动和继续进行，实为一种没有"牙齿"的制度；而世贸组织争端解决机制本质上是一种司法机制或准司法机制，采取强制管辖、"反向一致原则"以及"交叉报复"等制度。世贸组织争端解决机制的强化，更有利于抑制违约现象的出现,并可进一步明确产权。此外在实践中,世贸组织专家组和上诉机构采取“司法能动主义”,扩大适用于世贸组织协定解释的法律渊源,也有助于解决“合同不完全”的问题。

此外,世贸组织的组织特点和世贸组织有关制度的建立,较之原来的关贸总协定,也强化了其促进多边贸易合作的功能。诸如:

其一,世贸组织采取“一揽子协议”的谈判方式,将不同的议题挂钩,促进了谈判最终获得成功。假如不同的议题分别由各国不同的部门负责谈判,那么那些利益受损的部门必然不愿接受谈判的结果;相反,不同的议题在世贸组织内实行议题挂钩,各国政府就会统合各相关部门,打破部门界限和本位主义,以国家整体利益为重,树立“一盘棋”的观念,协同决定谈判的策略,包括以牺牲一个部门的局部利益为代价来换取谈判总体目标的实现。① 同时,“一揽子协议”谈判方式也扩大了世贸组织的管辖领域,不仅囊括了传统上关贸总协定涵盖的货物贸易,而且将服务贸易、知识产权保护等议题也纳入其中。在货物贸易领域,将规制范围扩大到了与贸易有关的投资措施,并使农产品和纺织品贸易回归总协定等。此外,世贸组织的管辖范围还进一步扩大到其他经济领域,发展成一个“经济联合国”;一些社会议题(如环境政策和劳工标准等)也可能陆续进入世贸组织的谈判范围。随着世贸组织管辖领域的扩大,再加上世贸组织争端解决机制已引入的“交叉报复”机制,世贸组织授权的报复将更为有效,从而有助于抑制违约现象的发生。

其二,世贸组织已成为一个成员方众多的国际经济组织。截至2016年7月29日,世贸组织已有164个成员方。② 拥有如此众多的成员方表明,一个国家加入世贸组织可以与世界上绝大多数

① ［美］罗伯特·基欧汉:《霸权之后:世界政治经济中的合作与纷争》,苏长和、信强、何曜译,上海人民出版社2006年版,第111~112页。

② 参见世贸组织官网,https://www.wto.org/english/thewto_e/whatis_e/tif_e/org6_e.htm,最后访问日期:2017年3月10日。

有贸易机会的国家按照世贸组织规则进行自由贸易,从而产生了“网络效应”。同时,在实行“协商一致”的谈判方式下,众多成员方谈判达成新协议的成本和难度也相当之大。世贸组织多哈回合屡陷困境,就是明证。这说明成员方已经在世贸组织协定中形成“沉没资本”。无论是“网络效应”,还是“沉没资本”,都会强化成员方自我实施世贸组织协定的行为。此外,世贸组织庞大的成员方也容易形成对违约方的集体压力。

其三,原来的关贸总协定只是一个临时性的协定,不是一个正式的国际组织,其内部机构也不够发达。世贸组织是一个正式的国际组织,为各成员方提供了持续谈判的场所,即反复博弈的机会。同时,世贸组织还建立了比较完备的内部机构,包括部长会议、总理事会、总干事及秘书处。在总理事会下,还分设了货物贸易理事会、服务贸易理事会和与贸易有关的知识产权理事会。世贸组织提供的这些组织框架、管理人员和场所,有利于减少世贸组织协定的谈判和维持成本,各成员方在其中进行交流、磋商、辩论等,有助于形成共识,促进成员方自我实施的行为。此外,这些组织机构也聚集,并为成员方提供了大量的信息、专家以及技术等资源。

其四,世贸组织除了建立比较有力的争端解决机制,还引入了贸易评审制度,定期对成员方执行世贸组织协定的情况进行评审,并提出改善的建议,由此可以降低违约的激励。

其五,世贸组织还为发展中国家提供特殊的能力建设服务和技术援助等,从而为它们开展贸易合作注入动力。

五、国际法的制度主义国际关系理论分析之简评

毋庸置疑,在所有的国际关系理论中,制度主义为国际法提供的原理至少在量上是最多的。这是因为:首先,制度主义重视国际制度和国际法在国际关系中的作用。当然,一个重视国际法的国

际关系理论能够提供大量的有关国际法的原理。其次,制度主义是一种专门关于国际制度的理论,而在其他的国际关系理论中,有关国际制度的理论只是其中的一部分。同样,一个专门关于国际制度的理论能够为国际制度中一种的国际法提供大量的原理。最后,制度主义关注经济、环境等“低度政治”领域,而恰恰是在这些“低度政治”领域,晚近国际法最为发达。因此,制度主义理论在解释“低度政治”领域发达的国际法之原理便有了用武之地。

然而,国际法虽属于国际制度,但无疑具有区别于非国际法律制度的特性。对于国际法的此等特性尤其是其在国际关系中的独特作用,制度主义国际关系理论迄今为止未予深耕,也许这是借制度主义国际关系理论一家之言,乃至所有的国际关系理论从根本上力所不能企及的,需要国际法学与国际关系理论展开更为宽广和深入的交叉学科研究。

具体到主流的制度主义理论,其乃理性选择和功能主义的结合。该说主张,国际合作必须建立在共同利益基础之上;但仅有共同利益,尚不足以促成国际合作,因为国际合作还面临着信息不完全、欺诈威胁以及交易成本高等障碍;而国际制度恰恰具有克服这些障碍的功能,故得以产生。然而,主流的制度主义理论也存有不可克服的内在局限性。

其一,理性选择并非对国家行为的唯一解释,即关于国家行为的理性主义解释是不完全的。国家在国际关系中的行为可能有自利考虑的一方面;另一方面,观念的影响也不容忽视。犹如世贸组织体制,其“规则”和“决策机制”的形成当然是各国利益折冲樽俎的结果,但贸易自由化理念作为“原则”实际上界定了世贸组织体制的基本样态。基于理念主义的建构主义国际关系理论对新现实主义和制度主义的批判,①矛头所指恰恰就是后两者在理性主义

① 有关建构主义与国际法原理的述评,详见徐崇利:《“建构主义”国际关系理论与国际法》,载中国国际法学会主办:《中国国际法年刊》(2002/2003),法律出版社2006年版,第173~186页。

本体论上的缺失,从而形成了国际关系理论史上的第四次论争。

其二,虽然功能主义理论构成制度主义主流学说之要义,但该理论对国际制度产生的解释难免陷入无法周全之困境。

首先,功能主义只是从国际制度具有促进国家间合作之效用的角度说明国际制度"为何"得以产生的机理,而无法从另一角度解释国际制度"如何"产生的难题。具言之,国际制度的最终产生,除有国家的"需求"之外,还应有"供给"的可能。显然,功能主义充其量仅仅是从"需求侧",而没有从"供给侧"为国际制度的产生提供应有的解释。另外,国际制度的产生除兼有"供给"和"需求"之外,还需经各国之间的具体谈判方能成就,而功能主义也不是一种关于制度谈判的理论。

其次,功能主义理论旨在说明国际制度是如何产生的,而对于国际制度尤其是与之相应的国际组织在创制之后的作为和效用如何,则缺乏必要的解释力。①

再次,功能主义是一种"事后理论",其逻辑是国际制度因对其功能的需求而产生,由此,就会产生这样一个问题:在国际制度还没有创制出来之前,如何验证其功能的有效性呢? 对于该问题,功能主义的答案只能是,其所关心的不是国际制度的功能已经实际有效,而是相信其创制出来后将会有效。这种仅仅立基于"预测"的回答,势必大大削弱了功能主义理论对国际制度产生的说服力。

又次,按照功能主义理论,国际制度是因为具有促进国家之间具体交易之效用而产生的。这是否意味着,在"实体内容厚实"之国际制度之下,还有一种"实体内容单薄"的规定具体交易内容的专门协议。国际制度与这种专门协议之间的关系,犹如新制度经济学或法经济学中"制度"(或"法律")与"合同"之间的关系。在

---

① M. Barnett and M. Finnemore, *Rules for the World: International Organizations in Global Policies, Preface*, Ithaca, N. Y.: Cornell University Press, 2004, p. xiii.

国内社会,“法律”是立法机关制定的,而合同是当事人之间签订的,二者泾渭分明。而“无政府状态”下的国际社会则不同,普适的国际制度和具体的专门协议都是国家之间订立的,二者如何区分则是功能主义理论尚未释明的一个问题。

最后,根据功能主义理论,国际制度是为促进国家之间专门协议的达成而产生的,然而,国际制度本身也是一种协议,也需要在国家之间的合作中产生。于是,便产生了这样一个问题,作为一种国家之间的协议,国际制度在产生过程中本身又是如何克服信息不充分、交易成本高和欺诈等合作障碍的呢？功能主义理论没有解决这一无穷递归、循环论证的问题。①

主流的制度主义国际关系理论在理性选择和功能主义两大本据上存在的上述缺陷,同样反映在其对国际法的分析上,甚至是“有过之而无不及”。例如,如前文所示,国际法律制度区别于非国际法律制度的根本要素是其所具有的“权威性”(“义务性”)。无可否认的是,国际法的这种“权威性”(“义务性”)在相当程度上来自于国家对国际法的“法律确念”;而对于这种归属于观念之范畴的“法律确念”的存在,以理性主义为本体论的制度主义国际关系理论是根本无法解释的。又如,即使有“需求”,如无“供给”,国际法仍然无以生成。然则,国际法律制度相比非国际法律制度具有更加强大、更为持久的拘束力,这也是一个不争的事实。鉴于此,各国对于国际法律制度的创制比之对于非国际法律制度的创制,定然更为审慎,对利益的考量也更加计较。要言之,国际法律制度产生的难度事实上要大于非国际法律制度的产生。缘于此,将缺乏“供给侧”之解释的制度主义主流学说中的功能主义理论运用于有关国际法生成问题的分析,其在这方面说明力的缺失也更加彰显。对于主流制度主义学说以理性选择和功能主义理论分

① A. Hasenclever, P. Mayer and V. Rittberger, *Theories of International Regimes*, Cambridge University Press,1997,pp. 37 – 44.

析国际法存在的这些缺失,需要引入其他国际关系理论予以弥补,进言之,更加有赖于其他国际关系理论与国际法学的交叉学科研究。

Institutionalism International Relations Theory and Principles of International Law

Xu Chongli

Abstract: Institutionalism is one of the three main schools of international relations theory, along with neorealism and constructivism. The concept of "Institution" in Institutionalism covers International Legal Institution, providing lawyers with rich interdisciplinary analysis of International Law. Among various theories of institutionalism, the leading one is the joint of rationalism and functionalism. However, this leading theory is often used to explain the "demand side" of why international institutions emerge, yet failing to explore the "supply side" of how international institutions are generated. This leaves room for other international relations theories to make supplement.

Key Words: international relations theory; institutionalism; international law

国际法二元结构的理论与实践探析*

何志鹏　孙　璐**

摘要：国际法的二元结构是基于普遍性和特殊性两种思想观念而对国际法的性质、功能、价值存在不同理解而导致的范式差异。这种二元结构在法学理论领域可以涵摄为自然法学派和实证法学派，在国际关系理论领域可以涵摄为自由主义和现实主义，具体映射在对于国际法重大理论与实践前沿问题提出的不同解释和解决方案。国际法的二元结构是国际法不断发展革新的结果。由于国际法领域的绝大多数理论争议和实践难题都来自此种二元结构，而国际关系目前的阶段和状态又使得国际法无法摆脱和超越此种二元结构，故而二元结构有资格构成现代国际法的核心命题，是划定国际法观念的坐标，为衡量国际法律问题的理论分歧和实践基点提供了基本尺度。

---

* 此项研究受到教育部人文社科重点研究基地项目“提升中国话语权与国际法律制度变革”（16JJD820010）、吉林大学青年学术领袖项目（国际法的中国理论 2012FRLX10）的支持，成文阶段得到了清华大学车丕照教授和浙江大学赵骏教授的鼓励和批评建议，特致谢忱。

** 何志鹏，法学博士，“2011 计划司法文明协同创新中心”、吉林大学法学院教授，武汉大学国际法研究所、吉林大学理论法学研究中心研究人员。孙璐，吉林省社会科学院副研究员。

关键词：国际法；二元结构；普遍性范式；特殊性范式；主权国家；核心命题

一、问题的提出

国际法存在诸多令人迷惑之处。例如，1945 年《联合国宪章》第二条第四款所规定的"不得使用威胁或武力"的原则，即使被视为应适用于一切国家，仍然被屡屡破坏。国际法体系中有很多维护国际法独立与完整、保护人权、环境、促进经济交往的规范，但现实中的遵行情况却长期欠佳。1947 年《关税与贸易总协定》、1994 年《建立世界贸易组织的马拉喀什协定》确立了一系列保障发展、促进民生的目标，①却经常被国家以自利的动机抛掷和违背；从 1972 年开始，联合国历次环境、可持续发展方面的会议都会确立保护环境、维护资源的承诺，②但在真正的国际交往中，国家之间因为碳排放的具体额度旷日持久地谈判，进展缓慢。2014 年克里米亚公投要求独立，西方世界一片反对之声；但 2010 年国际法院针对科索沃单方宣布独立做出的咨询意见，则认为符合国际法。③那么，以公投代表的"自决权"在国际法上到底有没有明确的界

① The General Agreement on Tariffs and Trade (entered into force on 1 January 1948), Preamble; Agreement Establishing the World Trade Organization, Preamble.

② 主要文件包括《联合国人类环境会议的宣言》(《斯德哥尔摩宣言》，1972 年 6 月 16 日)；1992 年《里约环境与发展宣言》《21 世纪议程》《联合国气候变化框架公约》(1992 年 6 月 3 日 ~ 14 日)；《约翰内斯堡可持续发展宣言》《可持续发展世界首脑会议执行计划》(2002 年 9 月 2 ~ 4 日)；《我们希望的未来》(A/RES/66/288，2012 年 6 月 20 日 ~ 22 日)。

③ Accordance with International Law of the Unilateral Declaration of Independence in Respect of Kosovo, Advisory Opinion, I. C. J. Reports 2010, p. 403, para. 123(3).

限？有人提出了国际法人本主义的观念，[①]这究竟仅仅是一种美好的畅想还是国际法正在不断丰富的现实？2017年年初，美国特朗普新政府上台伊始就采取了严格的移民政策，并引起了社会舆论的强烈震荡，[②]引发了人们的思考：究竟是一个国家的领土、经济、文化安全更重要，还是人们的自由迁徙权利更重要？所有这些国际法上的前沿困惑和理论争议都没有得到令人满意的解答。

而就当代的国际法而言，上述这些或者全局或者局部但都属于重大疑难的争议问题，归根结底都源于国际法最深层、最基本的境况描述，这种境况可以被称为"国际法的二元结构"。[③] 本文就试图揭示此种现实状况，并分析其具体表现及出现原因，揭示这一状况对于理解国际法律问题的理论与现实意义。

二、范式张力：国际法二元结构的内涵外延

国际法的二元结构是当今国际法的一个重要特征。为了对其进行分析和评价，首先有必要揭示其内涵，展示其表现。

---

① 相关分析，参见张晓京：《论国际法的人本主义理念》，载《湖北社会科学》2006年第11期；曾令良：《现代国际法的人本化发展趋势》，载《中国社会科学》2007年第1期；何志鹏：《全球化与国际法的人本主义转向》，载《吉林大学社会科学学报》2007年第1期；高岚君：《国际法与人本秩序的建构》，载《河北法学》2008年第12期；李良才：《人权理念对国际法价值取向的人本化改造》，载《甘肃联合大学学报》(社会科学版)2009年第1期；刘笋：《国际法的人本化趋势与国际投资法的革新》，载《法学研究》2011年第4期；Evan J. Criddle and Evan Fox-Decent, *Fiduciaries of Humanity: How International Law Constitutes Authority*, Oxford University Press, 2016; Susan Tiefenbrun, *Decoding International Law: Semiotics and the Humanities*, Oxford University Press, 2010; Theodor Meron, *The Humanization of International Law*, Leiden: Martinus Nijhoff Publishers, 2006.

② 对此，美国国际法学生联合会(ILSA)在2017年年初不无遗憾地宣称，由于此种政策，有些国家的杰赛普国际法模拟法庭参赛队将无法得到赴美参赛的签证；但美国司法机构则宣布此种政策不合法。

③ 本文所阐述的国际法二元结构存在于国际法的目标、价值诸方面，与单纯分析国际法与国际关系的"二元论"并不相同。关于二元论，参见 Peter Malanczuk, *Akehurst's Modern Introduction to International Law*, London: Routledge, 7th ed., 1997, pp. 63–64。

(一)国际法二元结构的内涵

国际法的二元结构,简单地说是指这样一种状况:国际法律系统在参与者[①]方面必须同时考虑国际机制、国家和公民。因而,国际法规则和运行在很多时候体现出“国家利益”与“人类共同利益”之间的紧张关系;呈示出“人权”与“主权”之间的紧张关系;表征为“国际体制”与“国家任意”之间的紧张关系;具象为“永久和平”的理想主义普遍规则和矛盾纷争以及现实主义特殊意志之间的冲突。[②]

国际法的二元结构可以被描述为国际法的权力结构:国际社会处于无政府状态,没有超越国家之上的权力。国际法的二元结构也可以被描述为国际法的运行模式:国际法是平位法,靠国家的自觉和国家之间的横向监督来获得遵守和实施,国际法的运行主要基于国家之间的主体间性。国际法的二元结构还可以被描述为国际法的理念紧张关系,也就是国际法的价值究竟应如何定位,在不同的主体、不同的阶段看来,国际法最终追求的目标可能是不统一的。

此外,国际法的二元结构还可以被描述为国际法的动力对立。一方面,在相当长的时间内,国际法都要靠国家的力量来维护国际社会的共同价值,靠国家的意志促动国际社会的共同利益;但另一方面,国家最基本的追求还是对于权力的追求,对于自身安全和存

---

① 传统上,国际法采用“主体”(subject)的概念,但围绕着个人、非政府组织能否成为主体,存在着很多的争议。所以有学者建议采用“参与者”(participant)这个概念。Rosalyn Higgins, *Problems and Process: International Law and How We Use It*, Oxford University Press, 1993, p. 39.

② 这种观念上的冲突由来已久。例如,康德与黑格尔虽然同属德国古典哲学的集大成者,在国际问题上,康德就比较理想主义,试图确立国际机构、认可普世原则,维护世界和平;而黑格尔则坚持国家至上,认为超国家权力为不可能,战争很难避免。相关论述参见[德]康德:《永久和平论》,载[德]康德:《历史理性批判文集》,何兆武译,商务印书馆1990年版,第105~130页;[德]黑格尔:《法哲学原理》,范扬、张企泰译,商务印书馆1961年版,第347~348页。因此,这种纷争也可以称为“康德范式”与“黑格尔范式”之间的紧张关系。

续的追求。这种为自身利益的努力能否最终造福于全世界,应答一些社会力量(如ICRC)对于人类命运的关切,仍然是一个不明晰的问题。正是由于这种不同维度观察到的困境,很多时候国际法不得不面对一些困惑和尴尬。

(二)国际法二元结构体现为范式间的张力

国际机制的建立和运行可能采取两种范式:(1)以全球利益为中心,以世界共同发展、全球道德准则为目标的国际法认识方式,以约束国家、确立共同规范为手段,引领和带动国家,去确立一套强有力、可执行的、所有国家都遵守的国际法制度体系,可称为"普遍性范式";(2)以主权国家为中心,以国家完整和独立为目标的国际法认知方式,以尊重国家、维护国家尊严为手段,仅仅提供一个国家之间协调与合作的平台,从而形成较弱式劝导性国际法,可称为"特殊性范式"。

这两种不同的范式会带来不同的结果:在普遍性范式下,国际法直接穿透国家疆域,直接处理世界事务,国家处于配合、服从和执行的地位,国际法处于相对强势的状态。在特殊性范式下,国际法仅仅是国家之间的协调性规则,因而必然是以国家为本位的,国家在其中具有较强的支配权,国际法处在相对弱势的状态。无论是理论形态的国际法,还是实践形态的国际法,都广泛而复杂地存在上述两种范式的争论和选择,在不同的时期、不同的领域可能会有所偏重,但总体上处于紧张状态,国际法的二元结构也就此展现出来。

这种二元结构必然影响国际法治的理念和体系。在理论架构上,国际法的二元结构深入渗透于下面的问题中:在本体论层面,引导着国际法的普遍性与特殊性之争,即究竟认为国际法是普适于所有国家的"万国公法""全球法",还是基于主权国家同意与认可的"国家间规则";是否存在各国普遍承认的"基本原则"或者"强行法"? 或者简言之,有没有"普遍国际法"? 在方法论层面,强调人类的普遍观念,认为国际法可以惩恶扬善、超越国家、裁断政府,还是强调尊重国家选择,主张通过国际法去劝说国家形成协议？在价值论层面,决定是更看重人类共同尊严与关切的"道德范式",还是更看重国家的利益与意志的"主权范式"。在认识论层面,体现为国际法应当是国际社会统一的理论、话语体系,还是有可能存在国别的、区域的特殊理论和话语。

同时,在很多具体的实践问题上,例如武力使用的条件与程序、经济发展的手段与模式、环境保护的义务与合作、极地的开发和利用等方面,国际社会还广泛地存在争论,国际法势必在二元结构的不同观点、理念、主张的争论中辩证发展。①

(三)国际法二元结构的现实形态

由上文的初步阐述可知,国际法的二元结构在理论架构和实践问题都有广泛而多样的映射,必然表现为不同环节多种不同的观念和主张。以国际法的运行过程观察,至少带来以下几个环节的困境:

1. 立法困境。在立法实践论争的层面,国际法的二元结构存在于包括下述纷争和问题的论辩机理中:在气候变化谈判的进程中,究竟以全球整体环境的维系和改良为标准,还是以各国的经济发展为基本考量？所谓的"可持续发展"在法律上应当如何转化为界定国际关系行为体特别是国家权利义务的基本标尺？在经济交往的领域,应当更加注重经济贸易的自由发展,从而实现"比较

① 有关分析,参见吴慧:《"北极争夺战"的国际法分析》,载《国际关系学院学报》2007年第5期;梁咏:《对南极地区的国际法展望与中国立场:人类共同遗产的视角》,载《法学评论》2011年第5期;胡炜、徐敏:《关于国际法与武力使用的几点思考》,载《世界经济与政治》2004年第1期;李薇薇:《国际恐怖主义与国际法上的使用武力》,载《华东政法学院学报》2003年第5期;欧阳鑫:《从全球环境保护论国际法原则的演变》,载《中国法学》1986年第5期;秦天宝:《浅论国际环境法对现代国际法的发展》,载《东方法学》2008年第5期;张相君:《海洋环境利益与经济发展利益在国际法上的冲突与协调》,载《汕头大学学报》(人文社会科学版)2012年第1期。

优势”的充分实现,还是注重各国自身的利益,采取反倾销、反补贴、保护措施等一系列手段?在国际经济规则的设定中,是应当更加倡导自由经济贸易交往,还是维护国家的经济安全?① 进而,在国际经济合作的规范和体制格局上,应当更加重视全球性的体系建构,还是采用双边的区域架构,增加国际经济法律体制的碎片化?在海洋、空间的利用上,应当更加重视人类的共同利益,促进全球公正,还是更加注重各国的自由探索开发,推进大国的竞争?在维护世界和平的领域,应当注重武器的控制和削减,从而在全球的范围内提升人的安全,还是应当维持和强化国家的军备,从而保持军事力量之间的均衡?

2. 守法困境。在守法的环节中,国际法的二元结构转化为国际法理论和实践中最常见的“主权优先”或者“人权优先”的争论。其中最为明显的是,在人权保护的事项上,究竟应当尊重各国的自主选择还是确立世界共同的标准?“人权高于主权”还是“主权高于人权”?在一个国家出现内乱的时候,应当更注重人民的自决、独立,还是国家的统一、领土完整?如何认识“保护的责任”?这是因为人们在寻找世界各国的共同价值的时候,很难在“人”这个价值载体之外设立出其他的有别于国家的载体。所以,全球利益归根结底是全球人民的利益,全球价值的根基也在于“人的价值”,这一点在文艺复兴时期就初步显露出来,又在启蒙思想家的著作中被充分阐述,②以至于延续到当代世界,成为各

---

① Henry Dunckley, *The Charter of the Nations: Or, Free Trade and Its Results. An Essay on the Recent Commercial Policy of the United Kingdom*, Charleston: Nabu Press, 2010, originally published in 1854.

② 例如普芬道夫认为,自然法就来自人们的同情心,这种观点也被孟德斯鸠所接受,得出了自然法是人与人之间的和平、工作和友善的结论。Samuel Pufendorf, *On the Duty of Man and Citizen According to Natural Law*, Michael Silverthorne (trans.), James Tully (ed.), Cambridge University Press, 1991, p. 33; Charles de Secondat, Baron de Montesquieu, *The Spirit of the Laws*, Anne M. Cohler, Basia Carlyn Miller, and Harold Samuel Stone (trans. and ed.), Cambridge University Press, 1989, pp. 6-7.

国都接受的观念,①也就是《联合国宪章》序言中所提到的"大自由"。所以,全球中心的价值取向可以解读成:以人的自由、权利、福利、全面发展为目标,建立起可以穿透主权国家结构的、监督和约束国家的、直接保护人权的强有力的国际体系。由此可知,人权优先的观念与全球本位是一致的,主权优先的观念与国家本位是一致的,都存在于国际法的二元结构之中。

3. 执法困境。在国际法监督和执行的环节,国际法的二元结构体现为权利的最终享有与义务的最终承担。简言之,国际执法过程究竟是关注国家的行为,还是关注个人的行为?是将国际法视为给国家确立权利和自由的规范,还是要求国家负担起责任去维护个人权利和自由的规范?也就是说,在法律没有明文规定的时候,应当以国家权利本位的立场执行法律,还是以国家义务本位的思路去执行法律?在国家义务的履行过程中,是不是存在着一定要各国去遵守的强行法?具体的问题则涵盖:为什么在现代国际法体系中,国际赔偿责任,即使由代表国家的私人行为导致,也由国家承担?而国际刑事责任,即使明显由国家作出决定(如侵略),也由个人承担?与前面讨论的守法困境相联系的,包括联合国安理会在内的各个国际组织是否有权利推行"保护的责任"?在难民权利和国家安全之间,国际法究竟应当如何确立一个适当的导向?在武装冲突的进程中,把握"比例原则"究竟是更倾向于对武装冲突参与方有利的"军事必要",还是倾向于对平民和民用目标更为有利的"区分原则"?这些问题在国际法的具体操作层面上经常不断涌现,并根据不同的价值基点而给出不同的解释和指引。

4. 司法困境。在司法的实体问题考虑环节,其关注的问题与

① 从中国的政治观念看,古典知识分子就有一个普遍的"天下"概念,近代孙中山提出"民权、民主、民生"的"三民主义",共产党更是始终主张"为人民服务",当代领导人同样明确地认为,国家、法治的目标是人民的幸福。参见习近平:《谈治国理政》,外文出版社 2014 年版,第 4 ~ 5、140 ~ 141 页。

前述问题多有重合,在此不再赘述。国际法的二元结构在这一环节的个性体现为国际司法管辖的权限、法律选择、运行模式和司法裁断的效力问题,而其具有特色的是管辖权和法律适用两个方面。在管辖权方面,最有典型意义的是国家豁免制度。不仅从绝对豁免走向相对豁免的历史过程体现出了从国家范式向个人范式迈进的趋势,就当前普遍认可的相对豁免而言,值得研讨的问题还包括:如何认识国家豁免的限度?如果基于强迫劳动等理由在一国法院起诉另一国,该国家是享有豁免,还是应承担此种对人类共同体的义务?在法律适用方面,是否应当承认甚至鼓励国际司法机构可以不经国家的认可而直接根据共同理性而形成"速成国际法"?国际法的各种规则之间是否超越国家的同意而具有内在的位阶?为什么会出现国际软法?如何认识习惯国际法中的"持续反对原则"?国际法中是否已经形成了明确的"强行法"?对于诸如此类问题的观察不难看出,国际法的"二元结构"在很大程度上引致并强化了国际法的不确定性,使国际法的具体适用和救济存在诸多不可预见的发展前景。

概言之,所有上述一系列表面上跨越国际法各个领域、整个进程的问题,无论是比较抽象的问题,还是比较具体的困惑,实质上都必然要基于国际法二元结构这一最基本境况来认识、判定和选择,二元结构体现于当代国际法的全部,贯穿于国际法的始终,成为国际法系统的认知纽结。

三、定位分歧:国际法二元结构的深层原因

国际法二元结构的张力深刻存在于国际法的定位和终极目标的确立上。从根源和实质上看,二元结构的紧张状态就来自如何看待国际法的性质:是将国际法看成一种"国家间的法",还是将国际法看成"超国家的法"。这种根源上的区别会进而体现到国际法的性质、功能、价值方面的不同观点和立场之上。

(一)普遍性范式下的国际法观念

支持普遍性范式的人(以下简称普遍论者)认为国际法的存在是因为人类共有的理性,这种理性反映在国家间的关系上就是国家之间必然共同认可、接受和遵守一系列规则。所以,他们在国际法的概念上,更喜欢"万国公法"(*jus gentium*)[1]或者"全球法"(global law)这样的语汇,在国际法的渊源上,他们更倾向于认可"一般国际法",也就是世界各国共同认可的准则。他们认为,国家遵守国际法是因为国际法的正当性(legitimacy,或者道德深度上的合法性),国际法也应当向这种合法性努力。[2] 在国际法规则的发展上,他们认为编纂国际习惯具有高度的必要性,国际规则就是要确立世界各国的共同行为准则,实现世界大同的理想。在确立国际规则、国际组织与机构的时候,他们都是积极的倡导者,[3]他们认为只有建立起共同遵守的规则,才能形成一个良好的世界秩序。[4] 他们深刻质疑那些以国家利益为出发点的人,认为这样的观念和选择最终就破坏了人类为了共同未来而努力的机会。他们很少去考虑某一个国家的或者某几个国家的具体情况,而更愿意用"全球共同价值""国际共同体""人类尊严"或者类似的术语表达一种超越国家的普世关怀。在这个谱系中,有的学者倡导将共和作为国际法的基本原则,[5]有的学者主张将团结树立为国际

---

① 严格地说,*jus gentium* 是古罗马的万民法,而并不是处理国家之间关系的。格劳秀斯在他所处的时代已经注意到了这一点。

② Thomas M. Franck, *The Power of Legitimacy Among Nations*, New York: Oxford University Press, 1990, pp. 8 – 15.

③ 在国际法的发展史上,国际联盟、联合国、国际刑事法院、一系列的人权条约都是这种理念催生的。

④ David Held, *Global Covenant*, Cambridge: Polity Press, 2004, chapter 10.

⑤ M. N. S. Sellers, *Republican Principles in International Law: The Fundamental Requirements of a Just World Order*, London: Palgrave Macmillan, 2006.

法的基本原则,[①]还有的学者主张国际法应当以可持续发展为基本原则。[②] 有的学者从功能的角度去看待国际法的宪政主张。[③] 国际法的宪政倾向,在很大程度上代表了人们出于理论推演和实践,意味着从法律的角度对于全球治理观念的重塑。[④] 在国际法不成体系的背景下把现有的国际关系系统理解成为"宪法",[⑤]就体现了普遍主义者的美好愿望。他们认为国际法就是要实现一种全球统一的秩序,所以他们支持国际法呈现出一种宪政秩序的主张,认为国际法应当在人权的基础上形成一种规范位阶(normative hierarchy),[⑥]并期待国际法的良好运作,维护世界和平,实现全球治理。

(二)特殊性范式下的国际法观念

支持特殊性范式的人(以下简称特殊论者)认为,国际法的存在之基是国家的认可,没有国家的认可,不可能存在对该国有约束力的规则。所以,在国际法的概念上,他们强调国家的接受;在国际法的渊源上,他们认为应当更多注重国家签订并批准的条约,注

---

① Rüdiger Wolfrum and Chie Kojima (eds.), *Solidarity: A Structural Principle of International Law*, Springer, 2010.

② Christina Voigt, *Sustainable Development as a Principle of International Law: Resolving Conflicts between Climate Measures and WTO Law* (Leiden: Martinus Nijhoff, 2009).

③ Jeffrey L. Dunoff and Joel P. Trachtman, "A Functional Approach to International Constitutionalization", in Jeffrey L. Dunoff and Joel P. Trachtman (eds.), *Ruling the World? Constitutionalism, International Law, and Global Governance*, Cambridge University Press, 2009, pp. 3 – 35.

④ David Kennedy, "The Mystery of Global Governance", in Jeffrey L. Dunoff and Joel P. Trachtman (eds.), *Ruling the World? Constitutionalism, International Law, and Global Governance*, Cambridge University Press, 2009, pp. 37 – 68.

⑤ Andreas L. Paulus, "The International Legal System as a Constitution", in Jeffrey L. Dunoff and Joel P. Trachtman (eds.), *Ruling the World? Constitutionalism, International Law, and Global Governance*, Cambridge University Press, 2009, pp. 69 – 109.

⑥ Ian D. Seiderman, *Hierarchy in International Law: The Human Rights Dimension*, Antwerp-Oxford: Intersentia Publishers, 2001; Erika de Wet and Jure Vidmar (eds.), *Hierarchy in International Law: The Place of Human Rights*, Oxford University Press, 2012.

重基于国家实践和认同的习惯;他们更强调国际法是不成体系的,非常警惕未经国家审慎考量就宣称的习惯,也不愿意接受一些陌生的一般法律原则。他们更加深刻、直观地感受到国际关系的利益斗争的重要性,所以更多从国家的个体利益和意志的角度来看待国际法,以国家主权为起点来考虑国际法的制定和运行,所以是国家优先观念的坚持者,注重国际法的主权本位和国家中心。他们认为,国际法不可能仅仅是概念推理,①而不顾及背后的国家立场和利益。在谈判和签署全球性条约时,他们往往更多考虑的是国家利益、国家接受能力和执行能力,而很难被“全球利益”“人类共同体的共同未来”或者“地球村”这样的美好辞令所打动。在国际法的实施进程中,他们会认真考虑此种行为是否有利于实现国家意志,是否有助于提升国家利益、扩展国家影响,②而不会高度重视“人道灾难”“全球良知”等宏大的词汇。他们会冷静地看待国际法律体制的功能和效果,③他们评估一项国际法律义务的主要依据是此种义务对于国家会产生何种影响,并基于评估的结论做出是否接受此项义务的选择。如果评估认为参加某项国际条约或者某个国际组织对于本国而言利大于弊,则选择加入;如果弊大于利,则无论表面上看起来如何具有吸引力,都不会加入。④ 在当今的后殖民时代,虽然

---

① 关于概念法学及其谬误,参见杨仁寿:《法学方法论》(第 2 版),中国政法大学出版社 2013 年版,第 3 ~ 7 页。

② 摩根索认为,国际法的力量是薄弱的,只有在符合国家的政治利益与各国之间的需求时,国际法才会起作用。Hans J. Morgenthau, *Politics among Nations*, 7th ed., Kenneth W. Thompson and David Clinton (rev.), New York: McGraw Hill, 2005, pp. 284 - 286.

③ Raymond Aron, *Peace and War: A Theory of International Relations*, Daniel J. Mahoney and Brian C. Anderson (intro.), Piscataway: Transaction Publishers, 2003, pp. 703, 710 - 711.

④ 美国倡导了国际联盟的建立,却没有加入国际联盟;美国没有批准《联合国海洋法公约》《经济、社会、文化权利国际公约》《消除对妇女一切形式歧视的国际公约》《儿童权利公约》的事实,都是这一立场的有力证据。美国议会拒绝批准 1947 年建立国际贸易组织的《哈瓦那宪章》才导致了《关税与贸易总协定》临时生效的事实也是这样的例子,而且在世界贸易组织(WTO)即将成立的时候,美国国会仍然就 WTO 是否会影响美国的主权举行听证会,都是此种思想的证明。

发达国家主张其主导的国际法具有普适性,但是发展中国家更注重主权、独立。[①] 采取特殊性范式的,除了一些现实主义的国际关系学者、实证主义的国际法学者,还包括很多国家的政府(特别是大国政府)、政府的外交官员。当今,对于国际法碎片化时代基本原则的位置、国际机制中持续的不确定性、国际法律人格、武力使用、美国的集体安全文化、恐惧秩序到遵从秩序等国际法理论领域的问题,特殊论者都积极关注并有所贡献。[②]

国际法的二元结构在很大程度上也决定了国际法实施过程中的双重标准。有些时候,一个国家会站在普遍性范式的立场上,认为另一个国家必须采取某种态度和措施从而维护国际社会的整体利益;而在另外一些时候,特别是在涉及本国利益的问题上,国家就会采取特殊性范式,即基于相对主义的态度,认为相关的规则与其本身并没有明确的联系,本国必须首先维护其国家利益、国家主权。所以,在普遍性范式的立场之下,会产生出人道干涉、全球性机制这些相对带有理想主义色彩的机制和体制;相反,在特殊性范式的立场之下,就会主张本国利益优先、强调主张国际法必须基于本国的同意,就会更注重国家主权的重要意义,强调不干涉内政,强调尊重一个国家政府和人民自身对于制度文化的选择而不应强行求同。

(三)国际法二元结构在不同学术领域的涵摄

当我们明晰国际法的二元结构就是国际法的普遍性范式和特殊性范式之间的紧张关系之后就不难发现,这种二元结构的核心问题是如何看待主权国家、国家政府的位置。也就是说,国际法的二元结构,根本上源于国家在国际法上身份的二重性。这种二重性可以在与国内法体系的比较中明显地观察出来:国内法的“权

① Antony Anghie, *Imperialism, Sovereignty and the Making of International Law*, Cambridge University Press, 2004, pp. 204 – 207.

② Anthony Carty, *Philosophy of International Law*, Edinburgh University Press, 2007.

力-权利"分层是明确的,法律的功能相对清晰;国际法的"权力-权利"分层更为复杂,法律的功能有不同的解释可能。国际法二元结构充分地揭示了国际法与国内法的差异。国家体制可以被表述为一种单纯的"政府权力-公民权利"的互动关系;而国际关系中,则呈现出一种"国际机制-国家权力"和"国家权力-公民权利"三方面并存的互动关系。此时,究竟是以国家主权与独立为核心价值目标,还是以人的自由和尊严为核心价值目标,在很多时候是国际法必须严肃对待并且不能回避的问题,而这一问题又牵涉国际法的定位。

法治的观念,其实是基于一种人性恶的假设并进而注重制度安全的策略选择进行设计的。法治的精髓,除了法律至上就是控制权力。在国内社会,这一要求很容易理解,控制的必然就是政府的权力,通过限制政府权力,避免其滥用来保护人民的权利。但是到了国际社会,情况就有所不同。因为国际关系中由国际社会契约而形成一层不太成熟的国际社会权力;国家作为国际关系的基本行为体、国际法的主要主体则具有政府的权力,这一权力在国内宪法和法律体系中是终极的,而在国际社会则经常被视为一个中间层,也就是接受和履行国际法,转化为国内法予以执行,在此之下有人民在各自国家应享有的基本人权。① 如果说法律的要义在于维护个体的权益的话,在国内法体系中,维护个人的权益免受政府任意使用权力而遭受侵害是毋庸置疑的;但是在国际法律系统中,国家是传统上广泛认可的"个体",而且它也确实可以在国际法律体之中主张其自身的独立、平等不受外来的侵害;但同时相对各国内部的公民而言,国家又回归到国内法的体系,成为权力的主体,决定着处于该国管辖之下的公民的权利。此时,应保障各国的主权不受国际社会(或者打着国际社会旗号的)权力的侵犯,或是

① Joseph Raz, "Human Rights without Foundations", in Samantha Besson and John Tasioulas, *The Philosophy of International Law*, Oxford University Press, 2010, pp. 321 - 337.

保障各国人民的权利不受该国政府滥用权力的侵害,就是国际法上的一个重要问题。[①]

在这种情况下,究竟是更看重国家作为权利的主张者在国际法律机制中的地位,赋予其权利、维护其利益,还是更看重国家作为权力的拥有者在国际法律机制中的地位,约束其行为、确立其维护公民权利的义务,在某些情况下就成为一个不容回避的选择。也就是说,在国际法律治理结构中,更相信国家的力量,依赖国家进行治理,还是更相信超国家、国家间的力量,依赖超国家组织、国家间机制来治理?不同选择决定了对于国际法的观点和立场,不同立场之间的差异、争论和矛盾,就构成了国际法的二元结构。因而,这种二元结构同样可以看作国际一致和国家自主之间的矛盾,或者国家本位与全球本位之间的分歧,民族主义与国际主义之间的矛盾。

在法学理论的立场上,普遍性范式和特殊性范式可以分别涵摄自然法学派和实证法学派。[②] 从根本上说,国际法二元结构可以归结为对法学基本问题的理解:法律究竟是人类体悟到的共同规范,还是在实践中发展出来的可能存在多种差异的规范?对于这一问题的回答,就需要求助于自然法学派和实证法学派这两种法学基本认知的模式。[③] 由此推知,国际法中的普遍性范式在很大程度上反映为自然法的国际法观,[④]由于自然法学派的普适性观念,所以普遍主义者一般是自然法学派的追随者,他们的理论分析很

---

① 张乃根教授称主权与人权的关系涉及国际法的基本原则问题,参见张乃根:《国际法原理》,复旦大学出版社 2012 年版,第 58 ~ 61 页。笔者认为,这是一个非常有见地的论断。

② Malcolm N. Shaw, *International Law*, Cambridge: Cambridge University Press, 2014, p. 35; Peter Malanczuk, *Akehurst's Modern Introduction to International Law*, London: Routledge, 7th ed., 1997, pp. 15 – 17.

③ Mark C. Murphy, "Natural Law Theory"; and Brian H. Bix, "Legal Positivism", in Martin P. Golding and William A. Edmundson (eds.), *The Blackwell Guide to the Philosophy of Law and Legal Theory*, Hoboken: Blackwell Publishing, 2005, pp. 15 – 49.

④ 关于自然法思想对国际法的影响的论述,参见史彤彪:《自然法思想对西方法律文明的影响》,中国人民大学出版社 2011 年版,第 194 ~ 234 页。

自然地涵盖国际法律秩序的问题。当代自然法学派的主要著作《自然法与自然权利》《为自然法辩护》等都分析了国际法律秩序的问题。[①] 而特殊性范式则应对实证法学派,由于实证法学派对现实、逻辑严整性和实践经验的重视,更多对国际法的存在和功能持保留态度,[②]特别是其主张在研究时应当尽量"价值无涉",反对用激情来替代理性,反对用伦理道德来掩盖规范和程序。这些恰恰是特殊性范式非常关注的问题,所以特殊主义者一般是实证法学派的追随者。

在国际关系理论的立场上,国际法二元结构则涵摄到自由主义(理想主义)和现实主义的分野。理想主义相信人性的可改善性,认为在国际格局的构划上,可以反复试错,进而确立合作的正当性;进一步试错,确立国际制度的正当性。未来,人类必可以共同认可人的利益和尊严,进而实现人类的"共同善"。现实主义从根本上怀疑这一观点,认为世界城邦仅仅是乌托邦,主权国家一定会为权力而斗争,通过斗争而获取安全,通过斗争而赢得发展。如果我们按照德国古典哲学家论著的脉络进行研读,国际法二元结构的纷争也可以称为"康德范式"与"黑格尔范式"之间的紧张状态。康德对于国际法思想具有卓越的贡献,为后世的国际法思想提供了很有益的启发。[③] 康德就比较理想主义,试图确立国际机

① John Finnis, *Natural Law and Natural Rights*, Oxford: Oxford University Press, 2nd ed., 2011, pp. 150 - 156, 240 - 245; Robert P. George, *In Defense of Natural Law*, Oxford University Press, 1999, pp. 228 - 245.

② See e. g., H. L. A. Hart, *The Concept of Law*, With a Postscript edited by Penelope A. Bulloch and Joseph Raz, Oxford University Press, 2nd ed., 1994, pp. 213 - 237.

③ Charles Covell, *Kant and the Law of Peace: A Study in the Philosophy of International Law and International Relations*, London: Palgrave Macmillan, 1998; Amanda Perreau-Saussine, "Immanuel Kant on International Law", in Samantha Besson and JohnTasioulas (eds.), *The Philosophy of International Law*, Oxford University Press, 2010, pp. 33 - 51. On the Social Background and Intellectual Basis of Kant's Thoughts on International Order, see Georg Cavallar, *Kant and the Theory and Practice of International Right*, Cardiff: University of Wales Press, 1999, pp. 44 - 60.

构,认可普世原则,维护世界和平;[①]而黑格尔则坚持国家至上,认为超国家权力为不可能,战争很难避免。[②]

当然,特别需要说明的是,国际法的普遍性范式和特殊性范式并不总是相互对立、相互矛盾的。它们也有着相互促动并且彼此统一的可能。具体而言,国家在国际交往中会发现,如果不关注别国的利益,而只一味自私,则自己的利益也很难保障;最后,进入了国家彼此为害的恶性循环之中。如20世纪20~30年代的经济危机与关税大战引致了席卷全球的灾难。同样,如果不考虑国家的利益,而只考虑世界大同式的人类理想,最终也无法得到国家的支持。例如一些环境协定、烟草公约的无力性就是很好的证明。国家利益和世界利益之间的关系,可以延续亚当·斯密的判断,"社会在每个个人为自己的利益而努力的过程中增加福利",推论出国际社会的普遍福利在每个国家为自己的富强而努力的过程中而显现。但是,这也需要国家妥善地界定自己的利益和生存之道。如果将彼此利益看成可以兼容的、可以通过合作而获得的,则这两种范式就有共生的可能。反之,如果坚持看成此消彼长的零和博弈,

---

① [德]康德:《永久和平论》,载[德]康德:《历史理性批判文集》,何兆武译,商务印书馆1990年版,第105~130页;需要说明的是,康德在理想中为国际社会设定的规范里也有不干涉内政的原则,参见Immanuel Kant,"Perpetual Peace:A Philosophical Sketch",in H. S. Reiss (ed.),*Kant:Political Writings*,Cambridge University Press,2nd ed.,1991,p. 96. 但问题在于,如果国家政府已经成为康德心中的"永久和平"的障碍,是否可以干涉就会是一个必须面对的问题。学者分析,康德的观点在这里必须解释成为相对的,可以干涉。Georg Cavallar,*Kant and the Theory and Practice of International Right*,Cardiff:University of Wales Press,1999,pp. 81-93. 同样的问题也出现于罗尔斯的《万民法》。他所理解的万民法的八条原则中的第四(不干涉)、第五(除自卫外不得使用武力),John Rawls,*The Law of Peoples:With "The Idea of Public Reason Revisited"*,Cambridge,Massachusetts:Harvard University Press,1999,pp. 37-39;GaryChartier,*Radicalizing Rawls:Global Justice and the Foundations of International Law*,London:Palgrave Macmillan,2014,pp. 81-86. 问题在于,在与他所倡导的基本价值,即人权出现冲突的时候,国际社会应当如何选择?鉴于罗尔斯思路的基础是倾向于人权,所以我们可以推论,虽然他一再倡导宽容,但他会认为人权优于国家独立。

② 相关论述参见[德]黑格尔:《法哲学原理》,范扬、张企泰译,商务印书馆1961年版,第347~348页。Charles Covell,*The Law of Nations in Political Thought:A Critical Survey from Vitoria to Hegel*,London:Palgrave Macmillan,2009,pp. 191-193.

国家只能通过斗争和竞争获得利益，则两个范式之间共同协调的可能性就会降低。这使我们联系到国际关系理论中的建构主义。建构主义者不赞同现实主义偏向于物质层面的威胁和强制的方式，偏向于观念层面的讨论和规劝。① 但正如建构主义的主要倡导者亚历山大·温特所说明的那样，同样是文化，可能是霍布斯式的，也可能是洛克式的，或者康德式的。所以，建构主义不是一个对于国际社会的形态做出论断的理论，它仅仅试图揭示，观念和认同是可以塑造的。那么，国家之间基于“交往理性”的协商劝导会产生“我了解你的观点，但仅此而已”还是“我理解和认同你的观点”，建构主义尚未给出答案。因而，可以说建构主义国际关系理论是一种半成品理论，或者是讨论程序和进程的理论。

四、伦理进化：国际法二元结构的历史形成

从国际法的进化中，我们能够体会到相关的思想和主张消长的过程，而国际法的理念始终体现着国际社会的发展主题。② 国家中心主义和全球中心主义在国际法中同时并存的这种二元结构是国际法发展到当前历史阶段的必然产物。

（一）国际法初步呈现时期的“普遍性推想”

虽然西方古来即存“有社会即有法律”③的谚语，但是不同发

① Wayne Sandholtz and Alec Stone Sweet, “Law, politics, and international governance”, in Christian Reus - Smit (ed.), *The Politics of International Law*, Cambridge University Press, 2004, p. 238.

② For a brief review of the history of international law, see David Armstrong, Theo Farrell, and Hélène Lambert, *International Law and International Relations*, Cambridge University Press, 2nd ed., 2012, pp. 38 - 73; Stephen C. Neff, “A Short History of International Law”, in Malcolm D. Evans (ed.), *International Law*, New York: Oxford University Press, 4th ed., 2014, pp. 3 - 28.

③ “*Ubi societas, ubi ius.*” Bryan A. Garner (ed. in Chief), *Black's Law Dictionary*, Danvers, MA: Thomson Reuters, 10th ed., 2014, p. 1965.

展程度的社会、不同成熟程度的法律显然差异巨大。在国际法的雏形阶段,整个国际关系处于法制化的幼稚状态,国家之间真正操作国际法的机会和实践国际法的场合比较少。古希腊的国际关系已经相当发达,但主要的理念是弱肉强食,原则和规则范围甚少,偶有一些也主要集中在战争方面。古代罗马法虽然留下了"万民法"的概念,但属于跨越行政/文化区域民众之间的规则,相当于现在的国际私法。中世纪结束前的欧洲,形成了一个教权、王权、封建主的权力分层切割的状态,国王之上,需要效忠于教皇;向下,必须容忍封建主有自己的税收体制和军队等大权。这种情况在大航海的时代依然持续。处于亚洲东方的中国,在中华文化圈内形成了华夷体制,一种以朝贡为形式、以文化纽带为内核的国际关系,没有形成现代意义上的国家。东西方国家之间的交往也没有什么成型的、规范化的经验,这样国际法的研究者也就没有太多可用的资料。①

在此条件下,很难形成基于实践的研究,所以自然法的思想和罗马法的原则占据了主流的位置,②学者们大多只是凭着自己的良知和感悟去向壁虚构,靠头脑中的直觉来理解国际问题,想象和论断国际社会的存在方式和发展方向。在这种情况下,他们更多想到的是人类共同的理性,普世的道德准则。③ 例如,格劳秀斯(Grotius)认为,自然法是普遍的、最高的,是解决国际问题的真正

① Peter Malanczuk, *Akehurst's Modern Introduction to International Law*, London: Routledge, 7th ed., 1997, pp. 10 – 13; Martin Kintzinger, "From the Late Middle Ages to the Peace of Westphalia", in Bardo Fassbender and Anne Peters (eds.), *The Oxford Handbook of the History of International Law*, Oxford University Press, 2012, pp. 607 – 627.

② Charles Covell, *Hobbes, Realism and the Tradition of International Law*, London: Palgrave Macmillan, 2004; T. J. Lawrence, *The Principles of International Law*, Boston: D. C. Heath & Co. Publishers, 1909, p. 8.

③ Andrew Clapham, *Brierly's Law of Nations*, Oxford University Press, 7th ed., 2012, pp. 16 – 19.

基础,也是国际法的戒律。① 自然法进一步反映在人法和神法上,人法进一步分为相对特别的市民法和相对普遍的万民法。② 洛克认为,自然法是更高权力植入人们心中的法则,每个人按照心中的光亮就能掌握。这种法和人们的一致同意是不同的。③ 由于知识与观念的传承性,即使在国际法实践逐渐增长的时代,这种朴素的"自然国际法"观念依旧持续很久。法泰尔(Vattel)认为,自然法创造了人类和国际社会,所以国家间关系必须首先遵守"自然国际法"(natural law of nations)。④ 法泰尔还曾经专门撰文讨论过"自然法是否可以不需政治法律的辅助就带领世界达于至善",并且给出了肯定回答。⑤ 德国"启蒙运动之父""普鲁士自然法"的主要代表人物克里斯蒂安·托马西乌斯(Christian Thomasius)认为,尽管国际法确实存在着一些实证法的内容,但是根本上是自然法,因为国家之间并没有共同的立法者。⑥ 普芬道夫(Samuel Pufendorf)基

---

① Hugo Grotius and Martine Julia van Ittersum (ed. & intro.), Gwladys L. Williams (trans.), *Commentary on the Law of Prize and Booty*, Indianapolis: Liberty Fund, 2006;自然法是普适的且至高无上的,pp. 54 - 55, 346 - 347;自然法是决定国际问题的真正基础,pp. 16 - 17;自然法是万国法的认知对象,p. 55。

② Hugo Grotius and Richard Tuck (ed. & intro.), John Morrice (trans.), *The Rights of War and Peace*, Indianapolis: Liberty Fund, 2005, pp. 150 - 166.

③ John Locke, Mark Goldie (ed.), *Political Writings*, Cambridge University Press, 1997, pp. 81 - 88, 106 - 116.

④ Emer de Vattel, "Disseratation on This Question: Can Natural Law Bring Society to Perfection without the Assistance of Political Laws" (T. J. Hochstrasser trans.), in Emer de Vattel, BélaKapossy and Richard Whatmore (eds. & intros.), *The Law of Nations*, Indianapolis: Liberty Fund, 2008, pp. 773 - 781.

⑤ Emer de Vattel, Béla Kapossy and Richard Whatmore (eds. & intros.), *The Law of Nations*, Indianapolis: Liberty Fund, 2008, pp. 68 - 73.

⑥ Christian Thomasius and Thomas Ahnert (ed. trans. & intro), *Institutes of Divine Jurisprudence, with selections from Foundations of the Law of Nature and Nations*, Indianapolis: Liberty Fund, 2011, pp. 618 - 619.

于罗马法对于自然法和国际法进行了更进一步的分析。[①]

但即使在这样的情况下,他们也要面对有限的实践来回答一些问题:如何解释他们所设想的具有普适性的规则和现实中仅在欧洲适用,在亚洲、非洲、美洲等地区却未能适用,或者适用不同性质的规则的现象? 为此,他们试图拿出"文明国家"和"野蛮地区/人民"(barbarians)这一区分尺度来解决人们心中的困扰,弥合理论上的普遍性和现实中的特殊性之间的矛盾。[②] 此时,国际法的二元结构远非明显,自然法学者一统国际法理论天下的事实就充分地证明了这一点。当然,也有不同的思考,例如托马西乌斯指出,作为国际法的自然法是永恒的,人为地区分文明国家和野蛮国家的做法不能解决问题,使问题变得更加复杂,是不符合自然法的。[③]

(二)国际法稳定发展时期的"特殊性考察"

随着国际交往越来越多样和立体,国际实践越来越丰富。1648 年的威斯特伐利亚和会及作为成果的系列和约是古典国际

---

① 普芬道夫认为,法律就是道德基本律令,适用于人,也适用于国家。Samuel Pufendorf, *On the Duty of Man and Citizen According to Natural Law*, Michael Silverthorne (trans.), James Tully(ed.), Cambridge University Press, 1991, pp. 33 – 38; Samuel Pufendorf, *Two Books of the Elements of Universal Jurisprudence*, Trans. William Abbott Oldfather(1931), Thomas Behme(rev.), Thomas Behme(ed. & intro.), Indianapolis: Liberty Fund, 2009;一个有趣的现象是,21 世纪初,中国法学界如雨后春笋般重视他的前一本小书,并反复出版。参见[德]萨缪尔·普芬道夫:《人和公民的义务》,张淑芳译,陕西人民出版社 2009 年版;[德]萨缪尔·普芬道夫、詹姆斯·图利编:《论人与公民在自然法上的责任》,迈克尔·西尔弗索恩英译,支振锋中译,北京大学出版社 2010 年版;[德]塞缪尔·普芬道夫:《人和公民的自然法义务》,鞠成伟译,商务印书馆 2010 年版;[德]萨缪尔·普芬道夫:《论人和公民的自然法义务》,祝杰、韦洪发译,吉林人民出版社 2011 年版。

② L. C. Green and Olive P. Dickason, *The Law of Nations and the New World*, The University of Alberta Press, 1989, pp. 39 – 62.

③ Christian Thomasius, Thomas Ahnert (ed. trans. & intro), *Institutes of Divine Jurisprudence, with selections from Foundations of the Law of Nature and Nations*, Indianapolis: Liberty Fund, 2011, pp. 619 – 620.

法的里程碑。这些和约不仅确立了政教分离、主权国家的合法性，而且确立了一些国家间关系的基本原则，特别是领土、外交、和平解决争端。这些原则为国际关系和国际法的发展奠定了坚实的基础，以至于人们长期认为国际社会处于“威斯特伐利亚体系”之中。1815 的维也纳和会在此基础上巩固了“大国均衡”和“集体安全”的机制，确立了一种维持欧洲和平的规范体系。而 1794 年英美《杰伊条约》开启的通过第三方解决争端的路径，丰富了和平解决国际争端的菜单。19 世纪出现的国际组织，不断完善的战争法规，为国际法添加了很多与时俱进的新因素：国际条约的数量越来越多，国际协调机制逐渐建立，国际争端解决机制日益健全，国际法所处理的问题领域不断增加。特别值得关注的是，随着第一次世界大战之后国际联盟的建立，国际组织机构趋向完善，集体安全的机制更加常规化。一系列具体而鲜活的实践远远超出了人们的想象，也给人们的研究积累了很多重要的材料。①

在这种背景下，普遍论者的观点越来越缺乏解释能力，所以特殊论者的话语优势就变得明显：他们看重国家之间的实际行为，特别是在实践交往中形成的规范；②以往罗马法可以作为国际法的渊源，③后来就仅限于一些基本的原则和领土取得方面残存的制度了。这一阶段，国际社会还没有进展到去关心一个国家内部事务的程度，而是满足于维护国家之间和平与安全的共存，因而主权者的意志上升到主要地位、主导地位，主权原则是国际法的至上原则，不干涉内政是国际法普遍认可的戒律。边沁基于实证主义的

① Heinz Duchhardt, "From the Peace of Westphalia to the Congress of Vienna", in Bardo Fassbender and Anne Peters (eds.), *The Oxford Handbook of the History of International Law*, Oxford University Press, 2012, pp. 628 - 653.

② Antoine Yves Goguet, *The Origin of Laws, Arts, and Sciences, and Their Progress among the Most Ancient Nations*, Edinburgh: Alex. Donaldson and John Reid, 1761, pp. 7 - 70.

③ 作为国际法渊源的罗马法, see Robert Phillimore, *Commentaries upon International Law*, Philadelphia: T. & J. W. Johnson, 1854, pp. 265 - 282。

国际法观念自1780年开始就受到了后继学人的认可和追随。[①] 19世纪以后,特殊性的主张以实证法的表现形式开始走上前台,并且发挥越来越显著的作用,进而成为国际法的主流范式。[②] 国际法的规则不再来源于直觉,而是来自实践经验。[③] 在英语世界里还存在着一个困境,那就是law这个术语既包括自然界的、无法违抗的规律和法则,也包括人为的、可能被违背和破坏的规则和法律。前者是科学的领地,后者是社会、政治、法学探讨的对象。在实证法学上升的时候,就需要解释清楚人为法和自然法的区别。[④] 实证法学者考察各国在彼此交往过程中的行为,[⑤]并由此归纳作为国际法主要渊源的习惯,对国际法各个领域的问题都通过研讨条约和实践来揭示一种切实存在并被认可的规则(*lex lata*),而很少谈国际法的应然去向(*lex ferenda*)。

不过单纯追随实践、注释实践的理论不仅自身缺乏生命力,而且也失去了对实践进行审视和批判的功能,实践难以从理论那里得到有益的启示,所以难免走向歧路,这种歧路非常容易将人类社会推向悲惨的境地。1919年以后的国际法就是典型的例证。毋宁说,此时国际联盟的建立徒具国际关系理想化的躯壳,却没有真正体现这些理想的具体规则予以填充:无论是国际法的实体领域

---

① Jeremy Bentham, *An Introduction to the Principles of Morals and Legislation*, Oxford: At the Clarendon Press, 1879, reprinted based on 1823 corrected edition, pp. 326 - 327;不同的观点,参见 Lord Arundell of Wardour, *Tradition: Pricipally with reference to Mythology and the Law of Nations*, London: Burns, Oates, & Company, 1872, pp. 5 - 7。

② Miloš Vec, "From the Congress of Vienna to the Paris Peace Treaties of 1919", in Bardo Fassbender and Anne Peters (eds.), *The Oxford Handbook of the History of International Law*, Oxford University Press, 2012, pp. 670 - 671.

③ T. J. Lawrence, *The Principles of International Law*, Boston: D. C. Heath & Co. Publishers, 1909, pp. 10 - 25.

④ John Westlake, *Chapters on the Principles of International Law*, Cambridge: At the University Press, 1894, pp. 4 - 6.

⑤ 例如,在中日甲午战争之后,就有学者总结相关的实践规则,并作为国际法的资料出版。Sakuyé Takahashi, *Cases on International Law during the China-Japanese War*, Cambridge: At the University Press, 1899.

还是程序领域，都缺乏足够的符合相关理想的制度设计，最终使国际关系经历了二十年危机，[①]也使国际法陷入了混乱的深渊。[②]

(三)国际法实质革新时期的“二元性摇摆”

国际法理想缺乏的深渊集中体现在第二次世界大战中的一系列事件和情势。针对犹太人的大屠杀、南京大屠杀等骇人听闻的惨剧，人们不禁疑惑：因为没有有效约束战争的规范，战争就是合法的吗？日本入侵东北的“九一八事变”、全面侵华的“卢沟桥事变”，列强的容忍也使人们追问：不存在超越国家实践的伦理规则对国家的行为进行评判吗？由此就会催生理论的突破和创新，所以自然法又在20世纪中叶复兴和发展。一方面是由于单纯强调主权者意志的至高性所带来的灾难性影响，特别是第二次世界大战期间的种族灭绝政策；另一方面是由于国际法体制自身发展和丰富所导致的内在需求。20世纪中叶以后，特别是联合国建立起来之后，国际法的关注领域发生了一次缓慢但相当实质性的突破。[③] 从规范的角度看，不仅作为国际法传统问题的条约、外交、海洋制度逐步编纂完善，而且作为国际法新兴事务的人权、经济、环境制度迅速形成和丰富；从组织的角度看，联合国作为一个“集团机构”，以其核心的大会、安理会、经社理事会、秘书处、法院（还包括在历史上具有重要影响的托管理事会）为龙头，带动一系列的专门机构以及联系机构，形成了一个庞大的组织网络。而欧洲、美

① Edward H. Carr, *The Twenty Years' Crisis*: 1919 - 1939, London: Macmillan, 2nd ed., 1946, pp. 11 - 21, 170 - 180. 该书的扉页援引了培根的一段话：“Philosophers make imaginary laws for imaginary commonwealths, and their discourses are as the stars which give little light because they are so high。”这一引用实际上是对当时设计的不切实际的国际法律体系的一种忧虑，也表明了大多数人只相信国家间的实力对比而不相信空泛原则的社会心态。

② Peter Krüger, “From the Paris Peace Treaties to the End of the Second World War”, in Bardo Fassbender and Anne Peters (eds.), *The Oxford Handbook of the History of International Law*, Oxford University Press, 2012, pp. 680 - 686, 691 - 697.

③ Rebecca MM Wallace and Olga Martin-Ortega, *International Law*, London: Sweet & Maxwell, 7th ed., 2013, p. 6.

洲、非洲、亚洲涌现出来的区域性国际组织更是使国际法的网络体系立体化发展。在人权和经济等领域司法运作的尝试,使得原来单纯的国内政策问题也落入国际法过问的范围。如果说以往的国际法主要处理领土问题、海域纠纷、国家之间由于不法行为而导致的求偿、战争守则和战后和平秩序的重建等纯粹的国家间问题,那么新发展的国际法则在经济、环境、人权等领域开始为国家的治理方式确立纪律。当然,这一趋势并不是在“二战”以后突然产生的,“一战”以后出现的国际劳工组织已经在这方面提供了很好的经验。但国际劳工组织的功能毕竟是局限的,20 世纪中叶以后的主权交互性影响广泛,意义深远。

此时,国际法就从国家间关系的“共存法”,向渗透到国家管理行为、关注国家内部事务的“合作法”甚至“全球法”发展。一些学者提出了“没有政府的治理”的观点。由此而形成的国际法新格局就是既关心着传统的国家间关系,又关心着全球共同利益的架构;它既在传统的框架内认可和强调国家主权、不干涉内政的重要性,又在新扩张的领域主张全球共同的道德、理念和发展。后者使得国际法初成时期的理论资源又获得了新的生命力,国际法由此进入实质性的二元结构之中,在两种理论和主张之间反复摇摆、不断修正、曲折前进。

值得一提的是,中国最初理解和接受国际法是将其作为世界通行规则而认识的,①但是随着对于国际事务参与的增加,我们越来越多地感受到了国际法背后的政治力量,认识到了“公法”不必然带来“公正”的事实。与美洲发展中国家的学者一样,②中国更

① 国内学者对于清朝末期丁韪良主持翻译亨利·惠顿的《国际法要旨》(*Elements of International Law*)并努力将其解释成为“诸国通行者,非一国所得私也”的目的进行了较为令人信服的分析,参见张用心:《〈万国公法〉的几个问题》,载《北京大学学报》(哲学社会科学版)2005 年第 3 期。

② H. B. Jacobini, *A Study of the Philosophy of International Law as Seen in Works of Latin American Writers*, Leiden: Martinus Nijhoff, 1954.

注重国际法背后的国家力量与国际法隐含的国家利益。中国今天还面临着疆独和藏独等一系列的风险,所以会追问那些全球治理的主张者,其所倡导的究竟是幻想的“全球利益”还是真实的“全球利益”? 他们的全球治理路径是否仅仅只是乌托邦,他们所宣称的普世价值是否会带来霸权主义的流毒,那些以全球利益之名推销的观念是否仅仅有利于少数国家,而非实现世界公正。有趣的是,也有学者把自然法的传播与国家利益联系起来进行研究,①体现了普遍性话语和特殊性目标之间的内在关系。正如人们对于国际社会发展动因的追问那样:国际法的产生基础到底是自然状态还是商业社会性?② 这些客观的事实和观念的锤炼提升了中国的反思性。所以,尽管在某一时期,中国曾经有普遍性范式占据主导地位的时候,总体上中国对国际法仍然持特殊性立场。

五、制约权衡:国际法二元结构的现实必要

当前,虽然很多对于国际法理论的探索和总结,还没有直接展示和研讨全球普遍性和国家特殊性这样一对核心矛盾,当然更没有使用国际法的二元结构这一术语,但已经触及了一系列的关键问题:有的学者提出,当代的“新中世纪”需要一场新的“文艺复兴”,全球治理的理论和国际法的实践就承担了这一功能,③就是

① Martine Julia Van Ittersum, *Profit and Principle: Hugo Grotius, Natural Rights Theories and the Rise of Dutch Power in the East Indies*, 1595 - 1615, Leiden & Boston: BRILL, 2006.

② Charles Covell, *Kant and the Law of Peace: A Study in the Philosophy of International Law and International Relations* , London: Palgrave Macmillan, 1998; Benedict Kingsbury and Benjamin Straumann, “State of Nature versus Commercial Sociability as the Basis of International Law: Reflections on the Roman Foundations and Current Interpretations of the International Political and Legal Thought of Grotius, Hobbes and Pufendorf”, in Samantha Besson and John Tasioulas (eds.), *The Philosophy of International Law*, Oxford University Press, 2010, pp. 33 - 51.

③ Jörg Friedrichs, “The Neomedieval Renaissance: Global Governance and International Law in the New Middle Ages”, in Ige F. Dekker and Wouter G. Werner (eds.), *Governance and International Legal Theory*, Leiden: Martinus Nijhoff, 2004, pp. 3 - 36.

典型的普遍性国际法话语模式。这种二元结构被越来越多地认识到的时候,深刻了解各种范式的功能局限就显得非常必要了。

(一)国际法普遍性范式的风险

普遍论者为我们描述了全球契约、全球道德重建、全球治理的美好蓝图,但大多并没有什么具体的、可操作的方案。他们的论述很少认真考虑一个国家自身的境况究竟如何,也未能认真分析国家的需求以及形成一项新的体制所面临的高昂交易成本、艰难博弈过程、复杂的集体行动逻辑,①特别是经历这一过程之后达成结果的公正性。他们愿意畅想和倡导一种理想,并为之乐观努力,风雨无阻。因而,普遍论者首先面对的风险就是空有理想却没有实现的具体方案和操作建议,这会导致这些美好的理想如泡沫般付诸东流。哈贝马斯面对不公平的全球化状况,能做的仅仅是呼吁人们关注,却拿不出建设性的措施。② 当今国际法的实践中,国际刑事法院可能是罗尔斯的"万民法"理念以及全球共同司法正义理想的一个实验。③ 但是,在现实的生活中,我们能说国际刑事法院的实践已经实现了普遍正义的理想吗?甚至,这种理想能够实

---

① Victor Peskin, "An Ideal Becoming Real? The International Criminal Court and the Limits of the Cosmopolitan Vision of Justice", in Roland Pierik and Wouter Werner (eds.), *Cosmopolitanism in Context: Perspectives from International Law and Political Theory*, Cambridge University Press, 2010, pp. 195 – 217.

② Jürgen Habermas, *The Postnational Constellation: Political Essays*, Max Pensky (trans., ed. & intro.), Cambridge, Massachusetts: The MIT Press, 2001, pp. 67 – 83.

③ 罗伯特·基欧汉在其名著《霸权之后》中提到了国家之间关系的交易成本, Robert O. Keohane, *After Hegemony: Cooperation and Discord in the World Political Economy*, Princeton, New Jersey: Princeton University Press, 1984, pp. 83, 87 – 92; 奥尔森对于集体行动的逻辑进行了分析,认为越大的群体,越难以做出一致的决定; Mancur Olson, *The Logic of Collective Action: Public Goods and the Theory of Groups*, Cambridge, Massachusetts: Harvard University Press, 1971, pp. 53 – 57; 国家之间关系的博弈论是当今国际政治经济学的一个焦点问题。Andrew H. Kydd, *International Relations Theory: The Game-Theoretic Approach*, Cambridge University Press, 2015, esp. pp. 6 – 7.

现吗?[①] 同样,由于缺少妥当的程序安排,所以全球环境法的良好设想都很难变成现实中的国际环境秩序。[②] 显而易见,这些表面美好的理想如果缺乏坚实可靠的实现路径,就只能昙花一现、转瞬即逝。

普遍论者所提出的国际法发展主张所面临的更大问题是,这些很有吸引力和感染力的主张有可能在现实的世界中被远不那么理想的机制所操纵和利用,蜕变成为暴政的工具和强权者的旗帜。当具有推动国际社会前进潜质的理论出现之后,某些大国非常倾向于以自身的利益和立场为轴心,按照它们自己的意愿来改装普遍论者的美好理想,使之沦为维护大国权利和意志的工具。例如,在 21 世纪初兴起的"保护的责任"的理论,主张人权应当高于主权,国际社会在一国政府不能很好地保护该国人权的时候,可以出面采取行动,予以干涉。[③] 这种主张表面上是一种国际社会超越主权国家维护个人权利与尊严的普遍性逻辑架构,但是作为全球正义理念在国家间人权关系的表现,干涉行为面临着侵犯国家主权的风险。[④] 西方大国 2011 年在利比亚借着这个"壳"所生的"蛋"却并没有真正达到保护人权的目的。人们看到的仅仅是利比亚政府被推翻,利比亚人民生活在一个更加混乱,安全和利益无

---

① Victor Peskin, "An Ideal Becoming Real? The International Criminal Court and the Limits of the Cosmopolitan Vision of Justice", in Roland Pierik and Wouter Werner (eds.), *Cosmopolitanism in Context: Perspectives from International Law and Political Theory*, Cambridge University Press, 2010, pp. 195 – 217.

② Ellen Hey, "Global Environmental Law and Global Institutions: A System Lacking 'Good Process'", in Roland Pierik and Wouter Werner (eds.), *Cosmopolitanism in Context: Perspectives from International Law and Political Theory*, Cambridge University Press, 2010, pp. 45 – 72.

③ ICISS, *The Responsibility to Protect*, 2001; 一份简要评述, see James Crawford, *Brownlie's Principles on Public International Law*, Oxford University Press, 8th ed., 2012, pp. 755 – 757。

④ Kok – Chor Tan, "Enforcing Cosmopolitan Justice: the Problem of Intervention", in Roland Pierik and Wouter Werner (eds.) *Cosmopolitanism in Context: Perspectives from International Law and Political Theory*, Cambridge University Press, 2010, pp. 155 – 175.

法得到有效保障的社会之中。

(二)国际法特殊性范式的问题

与普遍论者的理想倾向相对,绝大多数作为实证主义国际法学者的特殊论者都对国际法的理想主义路向心存警惕。那些普遍性的激进理想设计很可能意味着社会的剧烈变革,将人们带到狂热之中,最终相关的国家和民众就会受到损失。伊恩·布朗利是一个注重实践而很少讨论纯理论的律师和学者,因而也就很少谈国际法的理想。他对未经国际社会的审慎商讨就动用武力的行为持坚定反对的态度,这不仅体现在为国际法院审理的尼加拉瓜诉美国案所作的陈述上,①也体现在北约打击南联盟时所提供的证词上。② 特殊论者也并非心中就没有正义的观念,没有未来发展的理想,只是在现有的条件下会更加侧重考虑国际法的局限和弱点,而不是乐观地认为国际法可以完成所有的人类价值目标。此种情况就非常类似于一个医生承认现代的诊断和医疗手段无法治愈所有的疾病,并不意味着这个医生就没有人文关怀,就不愿意治好病人。特殊主义者不宣扬理想、不诉诸道德,并不等于没有理想、没有道德。

但是,特殊性范式往往使国际体制趋于保守,退回国家原子主义,国家之间容易陷入交往困难。特殊性范式充分尊重国家的自主权能,信任一国政府治理自身秩序的能力。但这里存在一个法治观念上的悖论:当一国政府处于一国之内的时候,人们常常会说权力容易滋生腐败,所以必须对权力进行监督,所以要求政务公开,要求政府在阳光下运行、在法律下执政,要求控制政府的权力。可是,当一国政府走出国门之后,在国际法上就迅速发生了评价态

① I. C. J. Pleadings, Militariy and Paramilitary Activities in and against Nicaragua, Nicaragua v. United States of America, Vol. V, pp. 225 – 229.

② Ian Brownlie, *Principles on Public International Law*, Oxford University Press, 7th ed., 2008, pp. 742 – 745.

度与机制的转变,变成了一个几乎被法律所完全认可的行为体:国家之遵行那些它经过考量后认可的规则,它的行为在国际法上一般是不受质疑的(国家行为主义)。虽然现代国际法初步呈现了国家承担责任的实践和规范的雏形,①但除非国家认可,否则此种责任很难落实。因为在国际法庭起诉国家、要求其承担责任需要国家的概括性或者特别的认可。② 而在一个国家的国内法庭起诉另外一个国家,被诉国可以(可以不是必须,国家是可以放弃这个资格的)借助世界各国都接受的主权豁免规则而避免出庭应诉,因而也就无法执行。可见,一个关涉主权国家行为的案件,除非该国自己接受管辖和执行,否则无法对其判断和处罚。哈泽尔·福克斯认为,从国家主权豁免的制度里可以看到国际法秩序的基本原则问题,③就是基于这样的认识。至于国家出现了犯罪行为而应予刑事处罚的状况,国际社会更是不愿意冒犯国家的尊严对其动用刑法,而只针对国家内部的个人予以惩处。这个例子说明,如果国际法强调国家的自主性、国家利益的至上性,个人的利益很可能被忽略、被无视、被侵害,这样的国际法体系在很多时候特别是在极端情况下不能给人的跨国流动和交往提供安全保障,所以是保守的,是阻碍社会进步的。在国家之间不合作的时候,国际安排就陷入囚徒困境,在风险社会中无所作为。很多人评价现实主义的国际关系理论,认为其是悲观的、不利于国际社会的合作与交流,其原因就在于此。

---

① Draft Articles on the Responsibility of States for Internationally Wrongful Acts, Report of the ILC on the Work of its Fifty-third Session, UN GAOR, 56th Sess., Supp. No. 10, p. 43, UN Doc A/56/10(2001).

② 国际法院规约的成员国可以通过事前允诺概括认可的方式使得法院获得案件管辖权,也可以通过签署或加入载有国际法院审理相关争议条款的条约使法院获得案件管辖权,还可以在争议后签署特别协议认可法院管辖权,*Statute of the International Court of Justice*, arts. 35 – 38。

③ Hazel Fox and Philippa Webb, *The Law of State Immunity*, Oxford University Press, 3rd ed., 2013, pp. 6 – 7.

(三)国际法二元结构与国际法的辩证发展

普遍性范式和特殊性范式不是国际法的研究方法的简单差异,而是国际法基本观念的巨大分歧,是理解国际法方式的两个端点(或称极)。这两个端点对于当代国际法来说又是不可或缺的,在这两极之间的运动是国际法理论与实践存在和发展的重要进程。国际法的二元结构虽然导致了国际法经常在美好理想构划和现实力量薄弱之间不断地摇摆,但在主权国家长期作为国际关系主要行为体的大背景下,这是国际法不能摆脱、无法超越的困境。正是因为任何一种范式本身都存在着非常明显的缺陷,才导致了这样的结果:一旦单纯、片面地强调其中的任何一个方面、任何一极,而抛弃了另外一种范式,都有可能导致国际法处于极性发展的风险之中。

这样国际法就不得不面对着如此悖论:国际法主要是国家之间的法,然国际法过强则无国家,国家过强则无国际法。具体而言,强化了国际法,就可能要求各国政府完全服从国际法的规定,使得国家变成了国际法律体系与世界公民之间的"中间层"、执行层,这也就消解了现代意义上的国家概念,变成了一个"世界联邦"之下的州,等于没有了拥有主权的国家;反之,如果强化了国家,完全讲究国家的独立自主,就可能导致国际法必须基于国家的意愿,国家不赞成、不同意的规范就无法对该国产生约束力,主权固然得到了维护,但国际法就退化成了国家强力的仆从,也就等于没有了国际法。

从实践的角度看,国际人权制度的"极性状态"是二元结构的集中反映。在一般情况下,国际人权机制处于特殊性范式的主导下,充分注重国家的核心地位,国际社会仅仅是接受国家报告并提供建议,很少有具备实质约束力的行动。关于人权内容与维护方式的观念分歧也只能采取调和态度,而不能给出普遍性的回答。但是,一旦一个地区的人权出现了问题,普遍性范式就走向上风,

“人道灾难”“失败政府”的观点会推动一些国家、组织进行干涉，最终可能引致政府颠覆事件的发生。这种极弱和极强的状态，实际上意味着国际法还没有找到其恰当的存在方式。类似的情况存在于自决权的领域，科索沃和克里米亚的变局给世界各国带来很多值得深思的情势，传统的世界霸权在国际事务中的广泛干预使得人们忧虑，妥当地处理好这种特殊范式和普遍范式的关系是国际法的长期重心。

从历史发展的基本脉络上看，国际法实践的进步是在普遍论和特殊论这两种范式的斗争中实现的，并且体现为螺旋式的上升。其基本表现是，基于普遍论者的理想提议，人们开始为国际法设计制度；这种制度在订立和实践中被特殊论者质疑和否定，理想开始考虑现实的具体状况，进行现实化的修正，进而形成更为适度的、相对中庸的制度。在国际社会出现新的挑战和风险，既有的制度无法跟上人类生活场景的进步和知识、思想的进步知识，普遍论者会提出新的理想建议，上述的进程重新出现。这就是国际法的辩证发展之路。

六、发展价值：国际法二元结构的潜在契机

本文所揭示的国际法的二元结构，其自身不能解答国际法上的理论争议和现实困惑，却有利于我们认识国际法的重大争论、实践前沿和理论疑难，有助于解释何以出现争议，为我们提供了一个简明的参照体系，让我们比较容易地看到所有复杂的、高度技术性的论证背后的立场与价值取向，使我们可以认清相关主张的实质和争论的焦点。这种焦点的廓清有助于明确基本分歧，并在不同的事项上寻求不同的解决方案。

（一）国际法的二元结构奠定理解国际法的核心命题

国际法二元结构概念的提出，有助于对国际法所处的现状有

更为清晰和清醒的认识,了解国际法所处的基本语境和具备的基本形态,避免对国际法做出过于理想主义、过于浪漫的理解。国际法的二元结构是国际法的基本矛盾、主要纽结、核心命题,普遍体现在国际法理论研究和实践论证的各个方面。国际法的二元结构存在于绝大多数国际法理论争议和实践分歧之中,但这并不是说所有的国际法问题都必然涉及这种二元结构。在国际法的基本概念和常识方面、国际法操作的技术层面,都不因普遍论者还是特殊论者而存在不同的认识。① 到了国际法根本性问题的环节,这种二元结构的存在就具有了理论尺度的意义。

如果说,以往的国际法理论总是没有找到一个基本的症结、一个所有的纷争都必须涉及而难以绕开的原点的话,普遍论和特殊论这对基本矛盾就处在国际法理论体系的中心线上。国际法的普遍论和特殊论这对基本矛盾,演化出千变万化的国际法理论问题。国际法二元结构的解释与阐发,为国际法理论的体系化提供了一个有机整合的起点,为讨论国际法具体问题找到了一套坐标体系,使得人们能够追根溯源,在一个基本的共识前提下展开讨论,它也可能为理解国际法律纷争、解释国际法提供一套理论工具,推动着人们不断辨别正误,摆脱偏执。

(二)国际法的二元结构确立了划分国际法观念的理论坐标

由上述阐释可知,普遍性范式未必不联系现实规则和实践,但是他们更愿意用这些规则和实践去论证国际法正在向他们认同的理想进步,将国际法的所有发展描写成一个向既定目标进发的几

---

① 这就解释了为什么所有的国际法通论系国内著作都有一些共同的内容,这些概念和基本原则是国际法讨论的共同语言。关于国际法构成世界各国外交人员共同知识背景、共同思维方式、共同语言的探讨,参见 Vaughan Lowe, *International Law*, Oxford University Press, 2007, p. 22。

近宿命的进程;[①]或者用理想去评判和分析现有的规则,说明其不够完善和妥当的方面。特殊性范式也触及理想,但他们更多考虑的是,哪些理想是在国际政治、经济、文化关系中通过合理的手段和过程可以实现于当代国际法系统的,哪些是无法达到的,哪些甚至可能被误用、滥用,最后遗祸于世。国际法各个领域的理论都会在这两个范式中有所倾向,故而形成了国际法的理论谱系。

很多法学家、国际政治学家和国际法学家都认为,国际法是法学学科中一个缺乏理论的部门;是国际问题研究中理论相对匮乏的一个领域,甚至被称为法理学中的消失点。[②] 尽管国际法中存在实证法与自然法的不同阐释,形式主义的观念和过程的认知,与国内法关系一元论、二元论的不同理解,[③]国际法仍然缺少真正意义上的"原问题"或者"元理论",从而也就缺乏自身的基本范畴,没有理论起点。很多探寻国际法之法理学的论著其实都仅仅是借助国际关系的一些理论来研讨国际法的问题。[④] 这样也就很难形成体系化的理论,整个国际法看起来就是一些未能有序整合的规则杂芜地排列在一起,处于理论化的初级阶段。所以,国际法的理论化进程需要一个核心的基本命题,通过这个命题,人们能够看到

---

① 例如亨金在《国家如何行为》一书中,就把国际社会的发展描述成从武力到外交、从外交到法律的进程。亨金还曾断言绝大多数国家在绝大多数情况下遵守了绝大多数的国际法,这个基于良好愿望但没有实证基础的猜测也是国际法普遍性范式的一个反映。Louis Henkin,*How Nations Behave*,*Law and Foreign Policy*,New York:Columbia University Press,2nd ed.,1979,p.47.

② China Mieville,*Between Equal Rights*:*A Marxist Theory of International Law*,Leiden:Brill,2005,pp.9 – 16.

③ Malcolm N. Shaw,*International Law*,Cambridge University Press,2014,pp.39 – 46;China Mieville,B*etween Equal Rights*:*A Marxist Theory of International Law*,Leiden:Brill,2005,pp.16 – 43.

④ 例如 Phillip R. Trimble,"International Law,World Order,and Critical Legal Studies",(1990) 42 *Stanford Law Review* 811;Anne Marie Slaughter Burley,"International Law and International Relations Theory:A Dual Agenda",(1993) 87 *Ameriacn Journal of International Law*. 205;徐崇利:《构建国际法之"法理学"——国际法学与国际关系理论之学科交叉》,载《比较法研究》2009 年第 4 期。

国际法的核心问题、原初问题、根本问题,能够抓住理解国际法的关键,寻到国际法理论纷争和实践困境的纽结。可以预见,国际法将长期处于这个二元结构中而不能摆脱或者超越。只要仍然是国际关系,而非世界城邦(cosmopolitan),这种二元结构就会伴随着国际法曲折障碍的前进中存在下去,而不会归于沉寂;只要是国际法,而非人类法、全球法,这种二元结构就不会消弭。国际法的妥当存在的要旨就是寻求特殊性和普遍性之间的契合点,寻找到国家利益与世界利益、民族独立与世界统一、主权意志与超主权需求之间的黄金分割点,确立切实可行的运行机制。

(三)二元结构揭示了国际法的话语价值

从实践的角度看,国际法的二元结构更凸显了国际法行为体掌握国际法话语的重要意义。在国内法的框架下,当然也存在着公平与效率、个体自由与整体秩序之间的价值张力,不过这种张力一般而言最多只涉及国家与公民两个层次,很多时候只在一个层次内存在平衡的问题。而具有二元结构的国际法经常在国际、国家、公民三个层次确立取向不同的关系,而国际体制与国家体制之间又都存在着前述的公平与效率、个体自由与整体效率的价值张力,这明显就使情况变得复杂。这种复杂性加剧了国际法的“未定”性质,也就是说,对于绝大多数重要问题、疑难问题,都可能拿出两套价值观差异很大但同时都具有伦理正当性的话语体系。例如,在人权和主权之间,不同的观点分歧在于究竟是应当更加关注国家在处理个人方面问题上的自由,还是国家之内的个人在工作和生活上的自由。这种分歧体现在反恐采取的具体措施上,体现在国家之间对于犯罪嫌疑人的引渡如何实施,体现在是否废除死刑等一系列问题。恐怖主义者是否享有、具体享有哪些、如何享有基本人权,就是我们需要考虑的问题。“反恐战争”“预防性自卫”就是从国家利益角度呈现的概念,“人道灾难”“关塔那摩”则是从个人权利角度体现的辩论视角。

同样的问题呈现在维护和改善世界环境与保证国家的经济发展、维护跨国贸易、投资从业者的权利与维护国家的经济管理职能及经济安全之间的张力上。在不同的事件中,关注哪一层、抓住哪一点为国家的利益和立场辩护,就是一个高度显示战略思维和战术技巧的选择。在战略上确定分析问题的层次和方向,在战术上组织逻辑和证据,就能够形成价值导向清晰、逻辑严谨的法律话语体系。所以,清楚认识国际法的二元结构,准确把握在二元结构中的立足点,通过选择和平衡形成有效的国家利益表达话语,是国际行为体在当今实践中的重要策略。尤其对于国家而言,从公众普遍认可,具有良好意象的法律维度来阐释其立场,充分把握和熟练使用法治这一在国内外都受到支持和认可的文化观念,有助于体现积极促动法治的国家心态,对于显示国家形象、提升国家声誉尤为重要。走在民族复兴之路,日益紧密和丰富地参与全球治理的中国显然也非常需要充分利用这一维度,以加强中国的软实力。

七、结　论

国际法声称普遍价值,却无往不存在于国家利益的夹缝之中。"分化的世界中的国际法"这个词汇最为简洁和准确地描绘出了国际法的这种二元结构。大概只有在国家之间没有利益冲突,政府之间完全可以和谐相处的时候,国际法的这种二元结构才会真正消弭。可以预期,这个理想会和中国古人所描述的"大同"、马克思主义所构想的"共产主义"同期实现,而在那个时候,国家在我们现在所理解的意义上已经消亡,"国际法"这个概念也就失去了它历史和当前的含义。这也就意味着,国际法的二元结构将长期,或者从严格概念的意义上,永远处于人类生活的境况之中,是国际法难于摆脱的特征。

在这样的前提下,需要关注的是如何有效地利用国际法的这种二元结构。从理论上讲,它会成为一个重要的矿脉,学者们可以用来研判一个观点、一个做法的立足点与意义;从实践上讲,国际关系的行为体可以用来找到自身的立场,提出自身的理念和目标。对于中国而言,可以更为清楚地认识国际法的地位和作用,更深刻地体悟和掌握用全球命运的措辞表达中国立场和利益的要求与技术。例如,在英法美等国提议针对叙利亚问题进行干涉之时,中国即可说明这种人道利益或人权利益的多重性,阐明叙利亚国家主权的真实性、合法性、正当性,并可以在适当的机会揭示西方国家利用虚构的人权利益达到其扩充本国集团私利的虚伪性。而在美国针对移民、难民等问题进行大范围的闭锁国门之时,中国即可阐明国际移民、难民作为世界共同利益的伦理价值及合法意义,主张其政策对于本国利益的片面追求伤害了国际法的进步和国际社会的文明。由此尽快使中国成为一个善于在世界舞台上表达自身话语的国际法强国。

An Inquiry into the Theory and Practice of the Dual Structure of International Law

He Zhipeng, Sun Lu

Abstract: The dual structure of international law means the tension of different paradigms of international law based on the notion of either universality or particularity on the nature, function and value of international law. This dual structure, reflecting different interpretations and solutions in major theoretical and practical issues in international law, can be taken as natural law school and positive law school in the field of legal theory, and can be taken as liberalism and realism in the field of international relations theory. The dual structure of international law is the result of the historical development and innovation of international law. Since the vast majority of theoretical disputes and practical problems in international law arise from this dual structure, the current stage and state of international relations make international law unable to escape and surpass such a structure, therefore, the dual structure can be qualified as the core proposition of modern international law, and defined as the basic point to delineate international law notions, as well as the basic scale to measure theoretical divergence and practice in international legal issues.

Key Words: international law; dual structure; universal paradigm; special paradigm; sovereign state; core proposition

中国对外关系法在国家法律体系中的地位

赵建文*

摘要：国际法，无论是国际条约还是习惯国际法，并入或转化为中国国内法，进入中国法律体系，表现为中国对外关系法。中国对外关系法由适用于中国对外关系的国际法和中国的相关国内法组成。在已经明确宣布的中国法律体系的七个法律部门中没有对外关系法。现有的关于对外关系的法律法规被分别归入明确宣布的七个法律部门。这实际上与没有确定国际法在中国法律体系中的地位和没有充分认识对外关系的法治的重要性分不开。从性质和构成上看，中国缔结的国际条约和适用于中国对外关系的习惯国际法和规制中国对外关系的国内法在整体上不属于现已明确宣布的任何法律部门。中国对外关系法有坚实的宪法基础和特殊的规制对象。中国是数以百计的多边条约、数以万计的双边条约的当事国。在无条约明确规定的情况下，中国在对外关系中适用习惯国际法。中国已经有了一定数量的对外关系的法律法规。事实上，对外关系法早已具备作为中国法律体系的法律部门的条件。确认对外关系法的法律部门地位，对于通盘考虑中国对外关系法律体系的建设，加快对外关系的法治

* 中国社会科学院国际法研究所研究员，博士生导师。

进程,全面贯彻依法治国基本方略,推进建立更加公正合理的国际秩序,都具有重要意义。

关键词:对外关系法;国家法律体系;法律部门

国际法在中国法律体系中的地位问题主要是效力层级问题,但也有部门法的地位问题。本文论述国际法在中国法律体系中的部门法地位问题。国际法经由并入或转化的途径进入中国法律体系,在性质上就变成了中国的对外关系法,同渊源于中国国内法的对外关系法一起,共同构成一个独立的法律部门。然而,在全国人大已经明确宣布的中国特色社会主义法律体系的七个法律部门(宪法相关法、民法商法、行政法、刑法、经济法、社会法、诉讼与非诉讼程序法)中,没有对外关系法。① 但是,从宪法基础、规制对象、渊源及其同其他部门法的关系来看,对外关系法实际上已经是中国特色社会主义法律体系的一个法律部门。确认对外关系法的部门法地位,具有重要的理论和现实意义。

一、中国对外关系法的宪法基础

1949 年中华人民共和国成立,中国的对外关系翻开了崭新的一页。《中国人民政治协商会议共同纲领》总纲部分第 11 条和第七章第 54 ~ 57 条规定了新中国外交政策的原则。1954 年、1975 年和 1978 年宪法也都有关于对外关系的规定。1982 年《中华人民共和国宪法》(以下简称《宪法》)规定了对外关系的基本制度,奠定了中国对外关系法的宪法基础。

① 法言:《符合实际需要的法律部门——话说中国特色社会主义法律体系的形成》(九),载《中国人大》2011 年第 14 期。

(一)《宪法》有关对外关系的主要内容

1.《宪法》序言有关对外关系的主要内容

《宪法》序言第1~6自然段扼要地记述了中国的历史变迁,其中包括中国在国家地位和对外关系方面的历史演变轨迹。人们从这些记述可以感受到中国对外关系在古代的辉煌,近代的屈辱,现代的成就,未来的机遇和挑战。[①]《宪法》序言载明,中国是"历史最悠久""创造了光辉灿烂的文化"的国家之一,1840年以后"逐渐变成半殖民地、半封建的国家""中国人民为国家独立、民族解放和民主自由进行了前仆后继的英勇奋斗""推翻了帝国主义、封建主义和官僚资本主义的统治""战胜了帝国主义、霸权主义的侵略、破坏和武装挑衅,维护了国家的独立和安全,增强了国防。"

《宪法》序言第10自然段表明,中国人民政治协商会议是"有广泛代表性的统一战线组织",在"对外友好活动"中将进一步发挥重要作用。这实际上是人民政协从事"公共外交"的宪法依据。

《宪法》序言第12自然段前两句表明了对外关系的重要性:"中国革命和建设的成就是同世界人民的支持分不开的。中国的前途是同世界的前途紧密地联系在一起的。"历史经验表明,中国与外部世界的关系,事关中国的前途命运。历史上的闭关锁国留下了落后挨打的沉痛教训。新中国成立之初,被帝国主义国家孤立和封锁,遭受了无可弥补的历史性损失。中国的独立自主地位和改革开放成就的取得,与对外开放、广泛的对外互利合作关系的建立有不可分割的联系。

《宪法》序言第12自然段接着表述了中国的对外政策、处理对外关系的法律原则和基本目标:"中国坚持独立自主的对外政策,坚持互相尊重主权和领土完整、互不侵犯、互不干涉内政、平等互利、和平共处的五项原则,发展同各国的外交关系和经济、文化交

---

① 李谋盛:《应重视我国历朝对外关系的研究》,载《法学评论》1995年第3期。

流;坚持反对帝国主义、霸权主义、殖民主义,加强同世界各国人民的团结,支持被压迫民族和发展中国家争取和维护民族独立、发展民族经济的正义斗争,为维护世界和平和促进人类进步事业而努力。"这是中国坚持独立自主的对外政策,坚持和平共处五项原则的宪法保障,是中国对外关系的历史经验的结晶,适合当前和未来中国发展对外关系的需要。

宪法序言的上述内容,在2006年8月中央外事工作会议上得到了新的诠释。会议强调:"中国坚定不移地走和平发展道路,永远不称霸,既通过维护世界和平来发展自己,又通过自身的发展来促进世界和平,努力实现和平的发展、开放的发展、合作的发展、和谐的发展。坚持走和平发展道路,是中国特色社会主义的本质要求,是我国独立自主的和平外交政策的应有之义,符合我们党和国家一贯坚持的对外大政方针,符合我国人民的根本利益,符合中华民族爱好和平的历史文化传统,符合人类进步的时代潮流。要加强同世界各国和平共处、互利合作,恪守和平共处五项原则,积极营造和平稳定的国际环境、睦邻友好的周边环境、平等互利的合作环境、互信协作的安全环境、客观友善的舆论环境。要把中国人民的根本利益与各国人民的共同利益结合起来,把我国的对外政策主张与各国人民的进步意愿结合起来,以合作谋和平,以合作促发展,以合作解争端。"①2014年中央外事工作会议重申:"必须坚持独立自主的和平外交方针,走和平发展道路,维护国际正义,推动国际关系民主化,倡导互利共赢,推进经济外交,共同应对全球面临的诸多挑战,促进人类文明进步事业的发展,不断开创我国对外工作新局面。"②

① 《中央外事工作会议在京举行:坚持和平发展道路,推动建设和谐世界》,载《人民日报》2006年8月24日,第1版。

② 《中央外事工作会议在京举行:习近平发表重要讲话》,载《人民日报》2014年11月30日,第1版。

2.《宪法》第一章(总纲)有关对外关系的规定

《宪法》总纲中关于民主、法治等国家基本制度的规定是对外关系法的基础。此外,至少还有如下与对外关系直接相关的规定。

《宪法》第18条规定:“中华人民共和国允许外国的企业和其他经济组织或者个人依照中华人民共和国法律的规定在中国投资,同中国的企业或者其他经济组织进行各种形式的经济合作。在中国境内的外国企业和其他外国经济组织以及中外合资经营的企业,都必须遵守中华人民共和国的法律。它们的合法的权利和利益受中华人民共和国法律的保护。”这里所指的在“中国境内”的“各种形式的经济合作”,包括以“三资企业”形式进行的合作。在《中外合资经营企业法》《中外合作经营企业法》和《外资企业法》关于立法目的的表述中,都包括扩大“国际”或“对外”经济合作和技术交流。这些形式的中外企业或个人之间的合作关系,反映着中国与外方合作者所隶属的国家之间的合作关系。中外投资保护协定、中外避免双重征税和偷漏税协定就是这种合作关系的法律表述。中国在“入世”过程中,根据《与贸易有关的投资措施协定》等“WTO协定”修改“三资企业法”,保证外方合作者在中国享有国民待遇和最惠国待遇,以中国法律的形式,保证了中国与其他WTO成员方的经济合作关系。

《宪法》第24条的内容包括国家提倡在人民中进行“爱国主义”和“国际主义”的教育。“爱国主义与国际主义相结合”是中国人民应当具备的对待对外关系的胸怀、立场或态度,是国家处理对外关系过程中的立法、行政和司法问题的重要指导思想。作为具有优秀历史文化传统的新兴社会主义国家,中国发展对外关系并不仅仅是为了自身利益。中国在当前和未来的对外交往中,一定能够“把中国人民的根本利益与各国人民的共同利益结合起来”,为“维护世界和平和促进人类进步事业”做出更大贡献。[①]

《宪法》第 29 条规定,中国的武装力量的任务是“巩固国防,抵抗侵略,保卫祖国”等。国防问题在战时可能涉及宣战或媾和及其他对外关系问题,在平时也有对外军事合作与交流问题。《国防法》第 8 条、第 10 条、第 11 条根据宪法的规定细化了对外宣布战争状态等问题。该法第 65～67 条专门规定了“军事交流与合作”等“对外军事关系”问题。

《宪法》第 32 条规定:“中华人民共和国保护在中国境内的外国人的合法权利和利益,在中国境内的外国人必须遵守中华人民共和国的法律。中华人民共和国对于因为政治原因要求避难的外国人,可以给予受庇护的权利。”在华外国人待遇问题包含着对外关系问题,其中主要是中国与外国人的国籍国的关系问题。在引起外交保护的情况下,外国人待遇问题所蕴含的国家关系的性质会更加清晰地表现出来。

3.《宪法》第二章(公民的基本权利和义务)涉及对外关系的规定

《宪法》第 33 条第 1 款规定“凡具有中华人民共和国国籍的人都是中华人民共和国公民。”国籍和国籍法是适应国家对外关系和国民的对外交往的需要而产生的。双重或多重国籍问题牵涉更多国家的对外关系。没有对外关系的国家是不需要国籍法的。国籍法本质上是对外关系法,尽管有关国籍问题的国际条约并不全面规定国籍问题,而是重点规定国籍的积极和消极冲突问题。

《宪法》第 33 条第 3 款规定“国家尊重和保障人权。”《宪法》第二章规定的中国“公民”的基本权利和义务,如果从“人权”的角

---

① 任何国家在对外关系中都面临着如何处理爱国主义(国家主义、民族主义)与国际主义(世界主义、人类主义)的关系问题。例如,“美国对待国际法的态度以及国际法在美国国内的实际效力等问题,现在是且将继续是在国际主义和国家主义观点的争论和斗争中进行的现实主义的政治抉择。”参见万鄂湘主编:《国际法与国内法关系研究》,北京大学出版社 2011 年版,第 230 页。

度看,也有对外关系的因素。"国家尊重和保障人权"不仅是中国宪法的要求,也是人权领域的习惯国际法和中国缔结的国际人权条约的要求。中国直接根据人权条约或根据从人权条约转化而来的中国国内法履行人权条约的义务,就国家与公民的关系而言,属于对内关系。但是,中国应接受国际社会其他国家或其他缔约国的监督,应接受条约机构的审议和联合国人权理事会的普遍定期审议,所以又有对外关系的一面,相关的国际条约和转化这些条约的国内立法也有对外关系法的性质。美国等西方国家的人权外交由来已久。它们早已将人权问题作为对外关系问题对待。

根据《宪法》第 36 条,"中华人民共和国公民有宗教信仰自由……宗教团体和宗教事务不受外国势力的支配。"《宗教管理条例》第 4 条规定:"各宗教坚持独立自主自办的原则,宗教团体、宗教活动场所和宗教事务不受外国势力的支配。宗教团体、宗教活动场所、宗教教职人员在友好、平等的基础上开展对外交往;其他组织或者个人在对外经济、文化等合作、交流活动中不得接受附加的宗教条件。"中国宗教团体和教职人员的对外交往,属于民间关系。但要实现"不受外国势力的支配",可能直接或间接地涉及中国与有关"外国势力"所属国的关系。况且,宗教信仰问题作为人权问题也涉及对外关系。1998 年美国国会通过的《国际宗教自由法》是美国国会现已通过的 92 件对外关系法中的第 73 件。根据该法,美国设立了国务院国际宗教自由办公室、美国国际宗教自由委员会、关于国际宗教自由的总统特别助理等机构或职位,负责从事在全球范围报告宗教自由问题、认定所谓严重违反宗教自由的"特别关注国"以及有选择地实施制裁等活动,目的是"推行所谓以信仰为基础的外交"。①

《宪法》第 50 条规定,"中华人民共和国保护华侨的正当的权

① 徐以骅:《宗教在当前美国政治与外交中的影响》,载《国际问题研究》2009 年第 2 期。

利和利益”。中国与中国侨民的关系,是国家的内部关系。但是,保护华侨正当权益是对外关系问题,是中国与华侨所在国即东道国的关系问题。若通过我国在华侨所在国的领事机关保护华侨正当权益,必须在国际法许可的限度内进行,必须遵守对我国和华侨所在国有效的多边、双边领事条约,必须通过与华侨所在国的合作来进行。

4.《宪法》第三章(国家机构)关于对外关系的规定

《宪法》在国家机构部分明确规定了我国的对外关系机构及其职权。

(1)全国人民代表大会及其常委会的对外关系职权

根据《宪法》第62条、第67条,全国人民代表大会有“决定战争和和平的问题”的职权;全国人民代表大会常务委员会有“决定驻外全权代表的任免”“决定同外国缔结的条约和重要协定的批准和废除”“规定外交人员的衔级制度”“在全国人民代表大会闭会期间,如果遇到国家遭受武装侵犯或者必须履行国际间共同防止侵略的条约的情况,决定战争状态的宣布”等职权。尽管没有《宪法》的明文规定,全国人大及其常委会有与外国议会及国际议会或议员组织开展“议会外交”的职权。除批准和废除条约外,上述职权都是全国人民代表大会及其常委会的非立法职权。

(2)国家主席的对外关系职权

《宪法》第81条规定:“中华人民共和国主席代表中华人民共和国,进行国事活动,接受外国使节;根据全国人民代表大会常务委员会的决定,派遣和召回驻外全权代表,批准和废除同外国缔结的条约和重要协定。”

(3)国务院的对外关系职权

根据《宪法》第89条,国务院行使“管理对外事务,同外国缔结条约和协定”“保护华侨的正当的权利和利益”等对外关系职权。

5.《宪法》第四章(国旗、国歌、国徽、首都)与国家的对外关系

《宪法》第四章的规定与对外关系有关。首都是中国中央外

交机构和外国使馆的所在地。国旗、国歌、国徽体现国家的精神和尊严,是有了在对外交往场合使用的需要后才产生的。就起源而言,没有对外关系,就没有国旗、国歌和国徽。在中国,直到1866年,随着对外关系的发展,清政府的对外关系部门才组织设计中国国旗,1881年才首次在海外使用。[①] 所以,《国旗法》《国徽法》也在一定程度上具有对外关系法的性质。

(二)《宪法》涵盖的对外关系范围

《宪法》序言宣布,"中国坚持独立自主的对外政策"。这里的"对外政策"实际上是"对外关系政策"的简称。《宪法》第89条关于国务院"管理对外事务"的规定中的"对外事务"与对外关系的含义相近。

《宪法》是在邓小平同志亲自指导下起草的。[②] 他的话对于理解《宪法》中的对外关系是有帮助的。在《邓小平文选》中多次提到"对外关系""对外政策"或"对外关系政策"。1980年,邓小平同志在谈到处理兄弟党的关系的原则时指出,"一个党和由它领导的国家的对外政策,如果是干涉别国内政,侵略、颠覆别的国家,那末,任何党都可以发表意见,进行指责。我们一直反对苏共搞老子党和大国沙文主义那一套。他们在对外关系上奉行的是霸权主义的路线和政策。"[③]同年,他在讲到党和国家领导制度的改革需要肃清封建主义残余时,明确指出包括肃清"对外关系中的闭关锁

---

① 据1888年9月30日清政府制定的《北洋海军章程》记载,"同治5年(1866年)总理各国事务衙门初定中国旗式,斜幅黄色,中画飞龙。"但很少为外国人所知。光绪7年(1881年)驻英公使曾纪泽率领从英国购买的挂有中国龙旗的超勇、扬威两舰从英国出发经大西洋、印度洋开到中国。这是中国龙旗第一次在海外航行中使用。参见戚超英:《清朝国旗小考》,载《社会科学战线》1986年第4期。

② 王汉斌:《邓小平同志亲自指导起草一九八二年宪法》,载《中国人大》2004年8月25日。

③ 中共中央文献编辑委员会编辑:《邓小平文选》(第2卷),人民出版社1994年版,第319页。

国、夜郎自大”的残余。[①] 1982 年 9 月 18 日，在《宪法》的制定过程中，邓小平同志在谈到党的十一届三中全会之后提出了“新的正确的政策”时，说包括“对外关系政策”。[②] 1989 年，他在会见苏联领导人戈尔巴乔夫谈到中国与美国、日本、苏联关系的调整以及中国确定收回香港时，说这是他在“对外关系方面的参与”。[③]

《宪法》序言第 10 自然段提到的中国人民政治协商会议的“对外友好活动”，是半官方的对外关系。《宪法》序言第 12 自然段中关于“中国革命和建设的成就是同世界人民的支持分不开”“加强同世界各国人民的团结”的表述，包含中国政府与外国人民的关系和中国人民与外国人民的关系。《宪法》序言第 12 段中要求“发展同各国的外交关系和经济、文化的交流”，指的是发展国家或政府间的关系，其中的“外交关系”实际上是指相对于经济和文化关系而言的传统外交关系，与《维也纳外交关系公约》所指的外交关系基本一致。《宪法》第 67 条中的“外交人员的衔级制度”中的“外交”一词也是在这样的意义上使用“外交”一词。

这说明，《宪法》中所包含的对外关系概念包括国家对外的传统外交关系，也包括经济、文化及其他各方面的关系；包括国家或政府关系，也包括半官方甚至非官方的关系。

二、中国对外关系法的对象

对外关系法有特定的对象：对外关系。自人类社会出现国家并立的政治格局以来，特别是全球性国际社会形成以来，各国的生存和发展就与对外关系不可分割地联系在一起。人类社会越向高

① 中共中央文献编辑委员会编辑：《邓小平文选》（第 2 卷），人民出版社 1994 年版，第 334 页。

② 同上书，第 10 页。

③ 中共中央文献编辑委员会编辑：《邓小平文选》（第 3 卷），人民出版社 1993 年版，第 295 页。

级阶段发展,国家的对外关系越发达,种类越丰富。

(一)对外关系的种类

1. 从主体上看,对外关系包括中国与其他主权国家的关系、与政府间国际组织的关系、与某些非政府实体的关系。

中国与其他主权国家之间的关系,是传统的对外关系。中国与绝大多数国家建立和保持外交关系,互相在对方首都设立使馆,派遣和接受使馆人员,履行通常的外交职能;中国还与有需要的国家专门建立领事关系,在对方国家有关城市设立领事馆,履行保护本国国民和促进两国商务关系等职责。中国与未建交国没有使领馆这样的正常外交途径或便利,但不可能没有任何往来关系。例如,中国与未建交国有贸易和人员往来,中国因参加联合国维和行动而派遣维和部队赴未建交国利比里亚、海地执行维和任务。此外,中国与巴勒斯坦这样的尚未被联合国接纳为成员国的类似国家的政治实体有着类似国家间对外关系。中国与西撒哈拉等尚未决定最终政治地位的非自治领土的关系也属于国家的对外关系。

中国与政府间国际组织的关系。中国是联合国的创始成员国,是国际货币基金组织、国际复兴开发银行等具有联合国专门机构地位的所有国际组织的成员国,是世界贸易组织的成员国。中国成为任何一个国际组织的成员国,就根据该组织的章程与该组织及其成员国建立了一定的法律关系。例如,中国加入 WTO,就根据各项 WTO 协议与该组织及其成员方建立了权利和义务关系,包括利用 WTO 争端解决机构解决贸易争端的权利和接受该机构的管辖和裁决的义务。对于中国是东道国的国际组织来说,如国际竹藤联盟、上海合作组织和亚太空间合作组织,中国与这些组织及其成员国之间还有因东道国身份而产生的权利和义务关系。中国是国际刑事法院、美洲国家组织等国际组织的观察员国,依照各该组织的组织法参与这些组织的部分会议或活动。即使对于中国不是正式成员国也不是观察员国的国际组织来说,中国与它们也可能有一定的往来关系,特别是中国在申请成为有关国际组织的观察员国或正式成员国时是这样。例如,早在1985年11月关贸总协定理事会根据中国的申请决定给予中国关贸总协定理事会观察员地位之前,1982年11月中国政府就派团列席关贸总协定缔约方大会以及与该组织有关机构沟通。

中国与某些非政府国际组织的关系。例如,2005年《中华人民共和国政府和红十字国际委员会协议》规定,红十字国际委员会在北京设立东亚地区代表处,该委员会及其代表处在华享有与其国际法上的独特地位相应的特权与豁免。再如,按照2005年《中华人民共和国政府和博鳌亚洲论坛谅解备忘录》,该论坛作为非政府国际组织在华也享有一定的豁免和便利措施。①

中国政府及有关组织与外国非政府组织、外国民众的关系。中国政府开展"公共外交"活动与外国非政府组织或外国民众发生交流关系。

"民间外交"关系也是中国对外关系的组成部分。在中日关系正常化之前,中日两国间的民间外交发挥了重要作用。例如,1958年3月5日中国国际贸易促进会与日本国会议员促进日中贸易联盟、日本国际贸易促进协会和日本日中输出入组合缔结了《中日贸易协定》,促进了中日两国间贸易的发展,加强了两国人民的友谊。②

2. 从所涉对外关系机关及其职务、特权与豁免来看,对外关系包括国家间外交关系、领事关系,国家与国际组织之间的外交关系。有关此类关系的多边条约主要是:《维也纳外交关系公约》《特别使团公约》《维也纳领事关系公约》《联合国国家及其财产司法管辖豁免公约》《联合国特权与豁免公约》《联合国专门机构特

① 段洁龙主编:《中国国际法实践与案例》,法律出版社2011年版,第34页。

② 世界知识出版社编:《中华人民共和国对外关系文件集》,世界知识出版社1959年版,第261页。

权与豁免公约》《关于国家在其对普遍性国际组织关系上的代表权的维也纳公约》。

3. 从所涉实体领域看,对外关系包括对外政治与安全、经济、社会及文化关系。

对外政治及安全关系。例如,中国坚持与邻为善的方针,缔结《中日和平友好条约》《中蒙友好合作关系条约》《中俄睦邻友好合作条约》,加入了《东南亚友好合作条约》,不断巩固和发展同周边国家的睦邻友好合作关系;中国依照《联合国宪章》与其他会员国形成的集体安全关系,依照《上海合作组织宪章》与有关会员国形成的区域安全合作关系。

对外经济关系。中国努力与世界各国建立互利共赢的经济合作关系。中国作为国际货币基金组织、世界银行集团、世界贸易组织的成员国,在国际货币金融、贸易投资领域中的地位越来越重要。中国加入世界贸易组织以来,成功融入多边贸易体系。中国通过《多边投资担保机构公约》、与 100 多个国家缔结的中外双边投资保护协定和中国国内法为外国投资者提供越来越充分的投资保护和便利。例如,《外资企业法》第 5 条规定:“国家对外资企业不实行国有化和征收;在特殊情况下,根据社会公共利益的需要,对外资企业可以依照法律程序实行征收,并给予相应的补偿。”随着经济全球化和中国与其他国家的经济联系的深入发展,引发了中国国内法域外适用的需要。《反垄断法》第 2 条规定:“中华人民共和国境内经济活动中的垄断行为,适用本法;中华人民共和国境外的垄断行为,对境内市场竞争产生排除、限制影响的,适用本法。”

对外社会关系。中国是国际劳工组织、世界卫生组织、世界气象组织等社会领域的联合国专门机构的成员国。中国与其他国家在社会领域的合作关系日益广泛深入。中国在人权、环境、卫生、司法等社会领域缔结的一系列条约,为中国的对外关系增添了新的内容。就人权领域而言,中国政府根据国际人权条约承担了尊重、保护和实现在中国领土范围内、中国政府管辖范围内的一切人的人权的国际义务。这就使人权问题不再是从前那样的纯粹的国家内政问题,而是涉及中国与其他缔约国的关系、与条约机构的关系、甚至可以说与整个国际社会的关系的问题。同样道理,中国根据国际环境条约承担的应对气候变化等国际环境义务,也都进入了对外关系的范围。为了共同防止和惩治犯罪、相互执行法院判决或仲裁裁决、调查取证等需要,中国缔结了一系列司法协助条约,建立了国际司法合作关系。中国根据《亚太空间合作组织公约》与其他成员国在对地观测、灾害管理、环境保护、卫星通信和卫星导航定位等方面有合作关系,根据《上海合作组织成员国政府间救灾互助协定》与其他成员国有在边境地区减灾救灾合作关系,根据世界卫生组织《国际卫生条例》《烟草控制框架公约》与世界卫生组织及其成员国有国际卫生合作关系。

对外文化关系。中国是联合国教科文组织的成员国。在多边和双边条约基础上,中国对外的教育、科学和文化合作关系日益增强。中国与大多数国家缔结了政府间文化合作协定,与多种多样的国际文化组织保持着密切的合作关系。[①] 中外教育、科技合作关系也正在蓬勃发展。

4. 从所涉空间范围看,对外关系包括发生在中国管辖范围、外国管辖范围和国家管辖范围以外区域的关系。地球表面的陆地、水域及其底土和上空,以及外层空间及其天体,在国际法上已经解决了归属问题,从而也解决了管辖的问题。中国的陆地和海洋领土与邻国的界限、中国管辖海域与公海或国际海底区域的界限、中国领空与外层空间的界限,是中国是否享有主权、主权权利或属地管辖权的分界线。中国对自己的领土或管辖范围享有的主权或主权权利及应承担的相关义务,在外国领土上享有的主权豁免或其他

① 张红:《中国文化年——与世界聊聊中国故事》,载《人民日报海外版 》2012 年 1 月 28 日,第 6 版。

权利及应承担的相关义务,在国家管辖范围以外区域,即在公海、国际海底区域、南极北极的有关区域、外层空间及其天体,享有的权利和应承担的义务,实际上都是中国与其他国家或与作为整体的国际社会的权利和义务关系。《领海及毗连区法》《专属经济区和大陆架法》规定了相关的对外关系事项。中国政府在冲之鸟礁问题上反对日本政府以该礁为基点主张专属经济区和大陆架,实际上是反对日本侵占公海和国际海底区域。这表面上是中日关系问题,实际上是日本不依照国际法处理其与国际社会的利益关系,中国依照国际法维护国际社会在公海和国际海底区域共同利益的问题。

5. 从关系性质看,对外关系主要是公法领域的关系,但也涉及特殊的私法领域的关系。民法商法案件的诉讼或仲裁管辖权、法律适用、司法判决或仲裁裁决的承认与执行问题,是因规制私法关系而产生,但与国家对外关系分不开。这些问题的有效解决,大都有赖国家间缔结和履行多边或双边条约。

6. 从发生时间来看,对外关系主要是发生在和平时期的关系,也可能是发生在战时的关系。如果中国遇到战争或大规模武装冲突,出现战争状态,中国与交战国的关系就成为敌对状态的关系,中国与其他国家可能由于战时中立而发生一定的权利义务关系。

7. 从发生原因来看,对外关系可以分为因国际合法行为所产生的关系和因国际不法行为所产生的关系。对外关系的发生,既可以是因国际合法行为所产生的关系,同时也可以是基于国际不法行为所产生的关系。联合国国际法委员会在对其 2001 年通过的《国家对国际不法行为的责任条款》第二部分"一国国际责任的内容"评注的第 1 段指出:"第二部分的重点是由于一国犯下国际不法行为而产生的新的法律关系。"委员会在对该部分第 29 条"继续有责任履行"的评注的第 2 段又指出:"国际不法行为发生以后,在责任国和责任国应该向其履行国际义务的一个或数个国家之间产生了一系列新的法律关系。"要终止这种"新的法律关系",正常的途径是权利救济，也就是责任国履行赔偿责任。当年的日本侵华战争所产生的这种法律关系，本应通过日本充分履行赔偿义务而终止，但“中华人民共和国政府宣布：为了中日两国人民的友好，放弃对日本国的战争赔偿要求”，也就不再可能通过日本政府履行充分赔偿的义务而终止。

（二）对外关系是自成一类的社会关系

对外关系是相对于各种各样的国内关系而言的。在中国领土内或中国管辖范围内并且发生在中国政府与中国公民或法人之间，以及发生在中国公民或法人相互之间的社会关系，是国内关系。发生在中国领土或管辖范围以外、在中国政府与外国政府或外国人之间、中国人与外国政府或外国人之间的各种各样的社会关系，是对外关系。

对外关系具有区别于各种各样的国内关系的鲜明特点。对外关系本质上是不同国家的利益关系，区别于我们国家内部的利益关系；对外关系受外方意志的制约，不是我们自己国家的意志能够完全决定的关系；对外关系直接或间接地受国际法的制约，是可能引起国际争端并进而引起国际法上的国家责任的关系。

一个国家的法律体系中不同的部门法，根源于作为法律规制对象的社会关系的客观性质差别。这就是说，“划分法律部门的标准是不同性质的社会关系”。[①] 这是“划分法律部门的根本标准”。[②] 各种社会关系是有共性的也是有特殊性的。相对于作为整体的社会关系和他种社会关系而言，每种社会关系的特殊性又是此种社会关系的共性。对外关系是区别于各种国内关系的自成一类的社会关系。

---

① 佟柔：《划分法律部门的标准是不同性质的社会关系》，载《湖北财经学院学报》1982年第1期。

② 张文显：《建立社会主义民主政治的法律体系——政治法应是一个独立的法律部门》，载《法学研究》1994年第5期。

三、中国对外关系法的渊源

在历史上,如果对外关系这种同质的社会关系大量地经常地发生,发展到需要依法处理的时候,就催生了从"无法可依"到"有法可依"的转变,各国国内法中就会出现关于对外关系的规定。近代以来,各国宪法都不同程度地规定了缔约、宣战等对外关系事项,并且产生了对外关系的单行法和国际条约。如果对外关系法足够发达,自成体系,就会形成部门法。

各国的对外关系法都不外国际法和国内法两个渊源。根据《美国对外关系法第三次重述》,"美国对外关系法由两部分组成:(1)对美国适用的国际法;和(2)对美国的对外关系有实质重要性或其他实质影响的国内法。"①欧洲联盟对外关系法是欧盟各国共同的对外关系法,也相当于这样两大部分:一是欧洲共同体/欧洲联盟与第三国或国际组织缔结的双边或多边条约;二是欧洲联盟的共同外交和安全政策。②

(一)对外关系法的国际法渊源

从国际法渊源看,中国缔结的国际条约,适用于中国对外关系的习惯国际法,在性质上就表现为中国的对外关系法。

1.作为中国对外关系法渊源的国际条约

国际条约是各国对外关系法的渊源,可以直接并入各国的法律体系加以适用。1980年《联合国国际货物销售合同公约》第1条第1款关于该公约的适用范围的规定是:"本公约适用于营业地在不同国家的当事人之间所订立的货物销售合同:(1)如果这些

---

① American Law Institute, *Restatement of the law, the Foreign Relations Law of the United States*, American Law Institute Publishers, 1990, p. 7.

② [英]弗兰西斯·斯奈德:《欧洲联盟法概论》,宋英编译,北京大学出版社1996年版,第139~140页。

国家是缔约国;或(2)如果国际私法规则导致适用某一缔约国的法律。”尽管该公约规定的事项并不完全是典型意义上的对外关系,该公约缔约国认为可以将该公约视为各缔约国法律的一部分加以适用的意思是清晰的。这表明国际条约是可以与国内立法一样在国内法院作为案件的判决依据的。

历史上,中国曾深受不平等条约之害。在那时,履行不平等条约“是为了避免国家权益遭致更严重的损失”的无奈之举。① 不过,旧中国缔结的条约,并非都是不平等条约。② 根据1949年《中国人民政治协商会议共同纲领》第55条的规定,新中国对旧政府缔结的条约,应“按其内容,分别予以承认,或废除,或修改,或重订。”③“这表明新中国的外交要新起炉灶,结束旧中国的不平等外交。”④新中国在平等的基础上缔结了大量的多边和双边条约。⑤

① 李育民:《近代中外关系与政治》,中华书局2006年版,第110、152~153页。

② 在王铁崖先生编选的《中外旧约章汇编》中,从中国近代史上与外国缔结的第一个条约,1689年康熙年间的《中俄尼布楚条约》,到1949年8月25日中国意大利《关于贸易关系之换文》,共收集到1182件旧约章,大部分是双边条约或其他双边协议。其中,有《尼布楚条约》那样的平等地划定中俄两国边界,互惠地规定了边境贸易和人员往来,以及逃亡人员的缉拿送还等事项的平等条约;有在外国侵略者的威逼之下缔结的江宁条约、马关条约、辛丑条约那样的丧权辱国,导致深重灾难的几十个特别不平等的条约;有相当数量的是规定经济、文化、技术等方面的交流或合作的条约,如借款合作修铁路、兴办电报、航空、开矿办厂等事项——外方“确实从中国得到了巨额利息、利润等好处,但从当时中国贫穷落后、受外来侵略等具体情况出发”,客观地看待此类条约,不能一概否定其历史作用。参见牛创平、牛冀青:《近代中外条约选析》,中国法制出版社1998年版,前言部分。

③ 为了审查旧条约,中华人民共和国中央人民政府外交部成立了以周鲠生、董希白、梅汝璈等组成的条约委员会,制定了审查中外旧条约的五年计划。根据计划,1952年首先对中英间的双边条约进行了审查。审查结果是,中英间从1842年江宁条约(南京条约)到1948年中港金融协定,共213项条约,没有一个是可以全部承认或值得加以修改的。旧中国政府与其他国家缔结的双边条约,也几乎全部废除。

④ 杨公素著、张植荣修订:《当代中国外交理论与实践》,励志出版社2002年版,第37页。

⑤ 中华人民共和国外交部条约法律司将中国缔结的条约分为政治、法律、边界、边境问题、经济、文化、科学技术、农林、渔业、卫生保健、邮政电信、交通运输、战争法规和军事等14类,从1957年开始,连续编选自新中国成立以来缔结的国际条约及有条约性质的对外关系文件,作为《中华人民共和国条约集》由法律出版社连续公开出版。另外,中华人民共和国外交部条约法律司从1987年起,连续编选《中华人民共和国多边条约集》并予以公开出版。

(1)多边条约

多边条约可以用来规定多个国家乃至绝大多数国家共同关心的对外关系问题。多边条约可能存在是否公平的问题,但很难证明多边条约有平等还是不平等的问题。对旧中国缔结的多边条约,新中国不可能单方面决定废除、修改或重订,只有承认或不承认的权利,以及在承认一项多边条约时对允许保留的条约或条款提出保留的权利。如果新中国宣布予以承认,就产生了国际法上的条约继承的效力,被继承的条约就并入了中国法律体系,成为中国的对外关系法一部分。新中国承认了旧中国政府在 1949 年 10 月 1 日之前缔结的部分多边条约。例如,在朝鲜战争期间,1952 年 7 月 13 日中国外长发表声明,宣布承认 1925 年 6 月 17 日在日内瓦签订的《关于禁用毒气或类似毒品及细菌方法作战协定书》和 1949 年 8 月 12 日在日内瓦以中国名义签署的《改善战地武装部队伤者病者境遇之公约》《改善海上武装部队伤者病者及遇船难者境遇之公约》《关于战俘待遇之公约》以及《关于战时保护平民之公约》。再如,1984 年 6 月 11 日中国外长致函国际劳工局局长,承认中国国民政府对 1928 年《制订最低工资确定办法公约》和另外十三个劳工公约的批准。

1971 年 10 月 25 日联合国大会 2758 号决议承认中华人民共和国政府在联合国代表中国的合法权利。1949 年 10 月 1 日至 1971 年 10 月 25 日,台湾当局以中国名义缔结多边条约的行为在国际法上是无效的,有关条约是不对中国产生效力的。如果中国愿意受条约的拘束,便适用加入程序成为条约当事国。1961 年《维也纳外交关系公约》、1963 年《维也纳领事关系公约》、1969 年《维也纳条约法公约》等重要的造法性条约,中国都是适用加入程序成为条约当事国的。

对中国有效的多数多边条约,是中国政府代表中国参加谈判、在开放签署的时间内签署并且适用批准或核准程序表示同意受其拘束的条约。例如,1978 年《消除对妇女一切形式歧视公约》、

1992 年《联合国气候变化框架公约》和《生物多样性公约》。对于中国未签署的多边条约,中国适用加入或接受程序成为当事国。例如,1999 年 3 月中国加入 1978 年《国际植物新品种保护公约》,2003 年 10 月中国加入 1976 年《东南亚友好合作条约》。

有些多边条约允许缔约国在表示同意受条约之拘束时根据条约本身的规定或国家国际条约法的条约保留制度提出保留。对于中国提出保留予以排除的条款或内容,对我国不适用。中国政府于 1975 年 11 月 25 日交存《维也纳外交关系公约》的加入书时,对公约第 14 条和第 16 条有关教廷使节的规定、第 37 条第 2 ~4 款有关使馆行政技术人员、服务人员和私人服务员的特权与豁免的规定提出了保留,不承认这些人享有公约规定的特权与豁免。有些国家对中国使馆的相应人员实行对等限制。1980 年 9 月 15 日我国撤回了对该公约第 37 条第 2 ~4 款的保留。

(2)双边条约

双边条约大多是用来解决双边关系中的具体问题的,在数量上远远多于多边条约。新中国成立前旧中国政府被迫接受的不平等条约,几乎都是双边或准双边条约。新中国成立后废除的也都是此类条约。

为了规制双边关系,中国与每个建交的国家都有数量不等的双边条约或具有双边条约性质的双边文书。例如,中美两国有大量的双边条约,用来规定两国的领事关系、粮食贸易、教育交流合作、文化合作、科学技术合作、民用航空运输、海洋运输、水力发电和水资源利用、自然保护交流与合作、加强气候变化和能源及环境合作、对所得避免双重征税和防止偷漏税、刑事司法合作、考古材料和古迹雕塑和壁上艺术品进口限制、建造外交和领事馆舍的施工条件等事项。中美之间的三个公报,即 1972 年《上海公报》、1979 年《建交公报》和 1982 年关于解决售台武器问题的《八一七公报》,以双边条约的形式确立了中美关系的政治和法律基础。

在没有明确的习惯国际法规范,也无多边条约规制的事项上,要卓有成效地合作,只有通过双边条约来解决。如引渡问题。对于普通犯罪,目前根据习惯国际法各国没有引渡的义务,又很难达成有关引渡的普遍性多边条约,只有通过双边条约或双边合作的途径来有效解决。中外引渡条约及其他形式的刑事司法协助条约是中外刑事司法协助的主要依据。

(3)国家单方声明

与条约相关的一个问题是国家的单方行为。

根据2006年联合国国际法委员会第58届会议通过的《适用于能够产生法律义务的国家单方声明的指导原则》,各国有可能在国际上受自己的单方行为的约束,特别是受严格意义上的单方行为——国家出于创立国际法义务之意图的以正式声明形式做出的单方行为的约束。例如,根据2007年6月18日联合国人权理事会题为《联合国人权理事会的体制建设》的第5/1号决议第1段,"各国做出的自愿保证和承诺,包括申请入选人权理事会时所做出的保证和承诺",同《联合国宪章》《世界人权宣言》和有关国家缔结的人权文书并列为普遍定期审议的依据。根据上述"指导原则",做出这样的声明或承诺的国家不能任意撤销已经对其创立了法律义务的单方声明或承诺,但符合1969年《维也纳条约法公约》第62条所载之习惯规则所指的情事变迁等理由的除外。

国家应受这类声明所产生的国际义务的约束,与应受国际条约义务约束类似。在这个意义上,国家的这类声明或承诺具有对外关系法的性质。例如,在核武器问题上,"中国是唯一公开承诺不首先使用核武器、不对无核武器国家和无核武器区使用或威胁使用核武器的核国家。"[①]像中国做出这样承诺的声明,应当归入中国对外关系法的范畴。

国际常设法院在1933年关于东格陵兰案的判决中,国际法院

① 国务院新闻办公室:《中国的和平发展》(白皮书),载《人民日报》2011年9月7日,第14版。

在1974年关于核试验案的判决、1996年关于《防止和惩治种族灭绝罪公约》适用案的判决和2002年关于逮捕证案的判决中，都把国家单方行为作为判决依据之一。国际法院在2006年2月3日关于刚果境内武装活动案的判决中指出："国际法的一个既定规则是，国家元首、政府首脑和外交部长，仅凭借其行使职责就应视为代表国家；行使职责包括代表该国履行具有国际承诺效力的单方行为"。"在现代国际关系中越来越多的情况是，在特定领域代表国家的其他人员，可由国家授权而就其权限所属事项做出声明，从而约束国家。例如，技术部委主管，甚至某些官员在对外关系上行使其权限内的权力，这可能是真实的。"①

2. 作为对外关系法渊源的习惯国际法

习惯国际法，又称一般国际法，是通过国际实践确立的国际法。

习惯国际法是我国对外关系法的必不可少的渊源。首先，有些对外关系事项，如关于国家或政府的承认与继承，国家对其国际不法行为的责任，目前不存在普遍适用的国际条约，习惯国际法发挥主要作用。其次，即使是有普遍适用的国际条约的领域，如海洋法，外交关系法，也无法将所有相关问题都在条约中作出规定。对于条约没有规定的事项，还是要以习惯国际法为依据。1982年《联合国海洋法公约》序言申明："确认本公约未予规定的事项，应继续以一般国际法的规则和原则为准据。"最后，至今尚无所有国家都是当事国的普遍性条约，对于非条约当事国来说，只能适用习惯国际法。在对外关系中，对于中国不是当事国的条约所规定的事项只能适用习惯国际法。即使我国是某项普遍性条约的当事国，在处理与非当事国的关系时，也只能适用习惯国际法。例如，在1969年《维也纳条约法公约》于1980年1月27日生效之前，国

① 关于刚果境内的武装活动案（新申诉书：2002年）（刚果民主共和国诉卢旺达）2006年2月3日的判决（法院的管辖权和申诉的可受理性问题），第46、47段。

际社会缔结条约普遍适用习惯国际法。在 1997 年 9 月 3 日该公约对中国生效(1997 年 5 月 9 日全国人大常委会通过我国加入该公约的决定)之前,我国缔结条约只能适用习惯国际法。由于并非所有国家都是该公约的当事国,我国与该公约的非当事国之间缔结条约,仍然只能适用习惯国际法。

习惯国际法作为整体构成中国对外关系法的渊源。与条约不拘束第三国或第三方不同,习惯国际法对所有国家有效。即使是刚刚独立的国家,也必须接受和遵守习惯国际法。因此可以说,所有适用于国家对外关系的习惯国际法的原则规则都是中国对外关系法的组成部分。所以,中国"应在宪法中规定习惯国际法为我国法律的一部分……其意义不仅在于将习惯国际法纳入我国的法律体系之中,更重要的是最大限度地保证了我国法律体系的统一和完整"。[①]

习惯国际法中的一般国际法强制规范(强行法)和构成对整个国际社会的义务的规范都是各国处理对外关系都必须严格遵守的规范。(1)国际法院在巴塞罗那电力公司案中规定,国家对整个国际社会的义务是当代国际法上衍生于禁止侵略行为和种族灭绝行为的义务,衍生于包括免于奴役和种族歧视在内的有关人的基本权利的原则和规则的义务。[②] 如果一个国家违背此类义务,所有其他国家都有权对行为国提出责任问题。(2)2001 年国际法委员会在有关《国家对国际不法行为的责任》第 26 条的评注中指出:"已被明确接受和承认的强制性规范包括禁止实施侵略、灭绝种族、奴役、种族歧视、危害人类罪行和酷刑,以及自决权。"如果一个国家违背此类强制规范,会产生特别严重的后果。

---

① 万鄂湘主编:《国际法与国内法关系研究》,北京大学出版社 2011 年版,第 485 页。

② *Barcelona Traction, Light and Power Company*, Limited, Second Phase, I. C. J. Reports 1970, p. 3, at p. 32, para. 34.

(二)中国对外关系法的国内法渊源

1. 对外关系法的国内法渊源包括中国国内法的各个层级的渊源

从对外关系的实践看,为了履行根据国际条约承担的义务,有时需要通过转化的方式把国际条约的规定纳入中国法律体系,从而需要制定国内法。中国在"入世"前后的一系列立法活动就属于这种情况。有些对外关系事项,虽有条约,但需要根据中国的具体情况加以补充,需要制定国内法,如中国的外交特权与豁免、领事特权与豁免的立法。有些对外关系事项,没有明确的习惯国际法规则,没有可以适用的多边或双边条约,需要制定国内法,如出入境管理法。

与中国特色社会主义法律体系相一致,中国对外关系法是以宪法规定为基础,以法律为主干,以行政法规、地方性法规为重要组成部分的部门法。这就是说,中国法律体系的各个层级的渊源,都是对外关系法的国内法渊源。当然,地方性法规,包括特别行政区的立法,不能超越法律或中央政府的授权。

司法解释或指导性司法判例实际上能够或多或少地发挥对外关系法的补充渊源的作用。

2. 中国对外关系立法已初具规模

目前,中国对外关系法的立法已初具规模,形成了自己的体系。这里仅列举中国主要的对外关系立法,尽管涉外行政法规、地方涉外法规、相关司法解释的数量要比法律大得多。

在国际公法所涉关系领域,我国制定了《缔结条约程序法》《外交特权与豁免条例》《领事特权与豁免条例》《驻外外交人员法》《国籍法》《护照法》《出境入境管理法》《海关法》《进出境动植物检疫法》《国境卫生检疫法》《领海及毗连区法》《专属经济区和大陆架法》《引渡法》《外国中央银行财产司法强制措施豁免法》以及《刑事诉讼法》《民事诉讼法》《行政诉讼法》关于对外关系的章节或条款。

在国际私法(冲突法)所涉领域,在解决民事商事法律冲突方面,我国制定了《涉外民事关系法律适用法》。在商法领域,《海商法》《民用航空法》等法律中有专门的法律适用章节或条款。

在国际经济法所涉领域方面,我国制定了《对外贸易法》《进出口商品检验法》《中外合资经营企业法》《中外合作经营企业法》《外资企业法》《外商投资企业和外国企业所得税法》。

这些从中国国内法渊源产生的规范我国对外关系的法律、行政法规和地方性法规,以及从国际法渊源产生的习惯国际法的原则规则、中国缔结的数以百计的多边条约和数量巨大的双边条约,在中国宪法之下形成了中国对外关系法的法律部门。

从渊源的情况来看,规制某种社会关系的法律要形成部门法,需要经过由少到多、由简单到系统的积累或发展过程。“在出现了足够数量的法律法规并且这些法律法规的规范对象是同质的并与其他法律部门规范对象是可区分的,出于研究的方便,将其划分为新的法律部门,殆无疑义。”①

在全球化背景下,中国的国内事务与对外关系的联系日益密切,中国对外关系法的地位和作用将更加突出。习近平总书记在2014 年中央外事工作会议上讲话指出:“我国已经进入了实现中华民族伟大复兴的关键阶段。中国与世界的关系在发生深刻变化,我国同国际社会的互联互动也已变得空前紧密,我国对世界的依靠、对国际事务的参与在不断加深,世界对我国的依靠、对我国的影响也在不断加深。我们观察和规划改革发展,必须统筹考虑和综合运用国际国内两个市场、国际国内两种资源、国际国内两类规则。”②他这里提到的“国际国内两类规则”中的“国际规则”最重要的应当是对外关系法,“国内规则”应当主要是对外关系法以外

① 叶卫平:《略论科技法的价值目标》,载《科技与法律》2007 年第 5 期。

② 《中央外事工作会议在京举行——习近平发表重要讲话》,载《人民日报》2014 年 11 月 30 日,第 1 版。

的其他法律规则。

四、中国对外关系法是独立的法律部门

从对象和渊源来看,对外关系法作为一个独立的法律部门是有充分的法理依据和实践依据的。这一点可以从对外关系法与其他法律部门的关系来做进一步分析。

(一)对外关系法与宪法相关法的关系

2008 年 2 月中国国务院新闻办公室发布的《中国的法治建设》白皮书在对外介绍中国的法律体系时,是把《领海及毗连区法》《专属经济区和大陆架法》《外交特权与豁免条例》《领事特权与豁免条例》《缔结条约程序法》《外国中央银行财产司法强制措施豁免法》等法律放在宪法相关法中的。

2011 年 10 月中国国务院新闻办公室发布的《中国特色社会主义法律体系》白皮书概括地指出了宪法相关法的内涵和外延:"宪法相关法是与宪法相配套、直接保障宪法实施和国家政权运作等方面的法律规范,调整国家政治关系,主要包括国家机构的产生、组织、职权和基本工作原则方面的法律,民族区域自治制度、特别行政区制度、基层群众自治制度方面的法律,维护国家主权、领土完整、国家安全、国家标志象征方面的法律,保障公民基本政治权利方面的法律。"①这里所称的"维护国家主权、领土完整"的法律,属于对外关系法,白皮书明确提到的法律名称包括"缔结条约程序法、领海及毗连区法、专属经济区和大陆架法"。②

国务院法制办公室编选出版的《法律法规全书》除将上述两项白皮书提到的法律归入宪法相关法外,还将《国籍法》《对外使

① 国务院新闻办公室:《中国特色社会主义法律体系》(白皮书),载《人民日报》2011 年 10 月 28 日,第 14 版。

② 同上。

用国徽图案的办法》也归入宪法相关法。①

《领海及毗连区法》和《专属经济区和大陆架法》关于划定我国的领海、毗连区、专属经济区和大陆架范围的规定以及关于我国相关海域的权利、义务和责任的规定,大都是转化国际条约或习惯国际法的内容,规制的是中国与相邻相向国家或与国际社会各国的关系,并不完全符合"与宪法相配套、直接保障宪法实施"的宪法相关法的主要特征。这从以下法律的相关条款可以得到证明:《领海及毗连区法》第 6 条规定"外国军用船舶进入中华人民共和国领海,须经中华人民共和国政府批准";第 10 条规定"外国军用船舶或者用于非商业目的的外国政府船舶在通过中华人民共和国领海时,违反中华人民共和国法律、法规的,中华人民共和国有关主管机关有权令其立即离开领海,对所造成的损失或者损害,船旗国应当负国际责任";《专属经济区和大陆架法》第 2 条第 3 款规定"中华人民共和国与海岸相邻或者相向国家关于专属经济区和大陆架的主张重叠的,在国际法的基础上按照公平原则以协议划定界限";第 14 条规定"本法的规定不影响中华人民共和国享有的历史性权利"。

《领事特权与豁免条例》和《外交特权与豁免条例》的第 1 条都明确规定,确定相关特权与豁免,目的是便于外国驻中国使馆或领馆"代表其国家有效地执行职务",并不是我国的国家机关执行的职务。这两个条例所规定的特权与豁免不是外交人员或领事人员的个人权利,而是以派遣国使馆或领馆人员的身份享有的特权。这两个条例规定的是中国作为外国外交或领事人员的接受国与其派遣国之间的关系,与宪法的实施并无直接关系。

《国籍法》《缔结条约程序法》《对外使用国徽图案的办法》符合宪法相关法的主要特征。《缔结条约程序法》包括全国人大常委会决定批准或废除条约、国家主席根据全国人大常委会的决定

① 参见国务院法制办公室编:《法律法规全书》,中国法制出版社 2016 年版。

批准或废除条约的规定,与宪法的实施直接相关。《国籍法》规定中国国籍的取得和丧失问题、《对外使用国徽图案的办法》规定我国的国家机关对外使用国徽图案的办法,也与宪法实施直接相关。如果对外关系法尚不发达,从整体上看不构成法律部门,暂时把它们放在"宪法相关法"之中比放在其他法律部门更有道理。问题在于对外关系纷繁复杂,绝大部分对外关系法并不具有"宪法性"。从整体上讲,对外关系法是不应当放在"宪法相关法"的部门之中的。

并入我国法律体系的习惯国际法,比如关于国际承认和继承的规则,并入我国法律体系的国际条约,如《联合国宪章》《上海合作组织宪章》等多边条约,数量巨大、内容多样的双边条约,很难都归入宪法相关法的范围。

(二)对外关系法与行政法的关系

根据《中国特色社会主义法律体系》白皮书,"行政法是关于行政权的授予、行政权的行使以及对行政权的监督的法律规范,调整的是行政机关与行政管理相对人之间因行政管理活动发生的关系"。从整体上看,对外关系法不属于行政法。

《法律法规全书》把《驻外外交人员法》《出境入境管理法》《海关总署关于外国驻中国使馆和使馆人员进出境物品的规定》《境内外国人宗教活动管理规定》《涉外海洋科学研究管理规定》《考古涉外工作管理办法》《国境卫生检疫法》《关于外国人在我国旅行管理的规定》等法律、法规归入行政法的范畴。

《海关总署关于外国驻中国使馆和使馆人员进出境物品的规定》是外交特权与豁免问题,不是规制中国"行政机关与行政管理相对人之间因行政管理活动发生的关系",明显不属于行政法的范围。《涉外海洋科学研究管理规定》最主要的是关于专属经济区和大陆架的科研管理问题,主要是国际法上的海洋权利和义务问题。

个别地看,把《入境出境管理法》放在行政法之中是有一定道理的,因为该法规定的是我国行政机关与中国国民以及外国人之间的管理关系。2012 年 6 月 30 日,全国人大常委会将《中国公民出境入境管理法》与《外国人入境出境管理法》合并,通过了既适用于中国公民也适用于外国人的《出境入境管理法》。尽管中国公民出入境或外国人出入中国国境属于中国行政机关与中国公民或外国人之间的管理关系,但同时也是中国与有关国家的关系问题。即使《出境入境管理法》具有行政法的性质,也是属于对外关系法与行政法的交叉情况,仍然可以归入对外关系法的范畴。同样道理,《驻外外交人员法》具有行政法的特征,但更应归入对外关系法。以上提到的其他涉外法律法规的情况也大体如此。

(三)对外关系法与经济法的关系

对外关系法中的国际经济法与经济法交叉,但更属于对外关系法。

《法律法规全书》列入经济法范畴的《对外贸易法》《反倾销条例》《反补贴条例》《保障措施条例》等贸易管理法律法规与"WTO协定"的衔接可以说明此类法律法规的对外关系法性质。《对外贸易法》总则中规定的我国处理对外贸易关系的主要原则包括:"根据国际条约或互惠对等原则给予其他国家最惠国待遇、国民待遇等不歧视待遇;中国可以针对其他国家或地区对中国的歧视性待遇采取相应措施。"《中国特色社会主义法律体系》白皮书在介绍"经济法"时指出,"中国积极履行在世界贸易组织框架内承担的义务……根据世界贸易组织规则完善了贸易救济制度以及海关监管和进出口商品检验检疫制度"。这是明显的对外经济关系问题。正因为对外贸易和对外投资法具有突出的对外关系性质,在美国、欧盟的法律体系中都是放在对外关系法之中的。有些国家的外交部和商务部是合二为一的。

《法律法规全书》列入经济法范畴的《濒危野生动植物进出口管理条例》《核出口管理条例》《导弹及相关物项和技术进出口管理条例》《外国民用航空器飞行管理规则》《深海海底区域资源勘

探开发法》等法规与我国承担的条约义务相关,具有突出的对外关系意义。

(四)对外关系法与诉讼与非诉讼程序法的关系

对外关系法与诉讼与非诉讼程序法有交叉。《中国的法治建设》白皮书、《法律法规全书》都把《引渡法》列入“诉讼和非诉讼程序法”。《引渡法》既有程序性规定也有实体性规定,从整体上看应当归入对外关系法。《刑事诉讼法》《民事诉讼法》《行政诉讼法》,都有直接涉及对外关系的条款。《刑事诉讼法》第 16 条规定:“对于外国人犯罪应当追究刑事责任的,适用本法的规定。对于享有外交特权和豁免权的外国人犯罪应当追究刑事责任的,通过外交途径解决。”第 17 条规定:“根据中华人民共和国缔结或者参加的国际条约,或者按照互惠原则,我国司法机关和外国司法机关可以相互请求刑事司法协助。”《民事诉讼法》第 237 条规定:“对享有外交特权与豁免的外国人、外国组织或者国际组织提起的民事诉讼,应当依照中华人民共和国有关法律和中华人民共和国缔结或者参加的国际条约的规定办理。”

(五)对外关系法与其他部门法的关系

国际私法(冲突法)在其不够发达的时候,大都是放在民法商法之中的,后来逐渐产生了国际私法(冲突法)法典。无论包含在民法商法中还是以国际私法法典形式出现,都是为了解决国家间的法律冲突,最终都是国家对外关系问题。从海牙国际私法会议主持缔结的国际私法条约来看,国际私法实际上是解决私法领域或私法所涉及的对外关系问题的法律。

在《刑法》中有对外关系条款。《刑法》第 9 条规定:“对于中华人民共和国缔结或者参加的国际条约所规定的罪行,中华人民共和国在所承担条约义务的范围内行使刑事管辖权的,适用本法。”第 11 条规定:“享有外交特权和豁免权的外国人的刑事责任,通过外交途径解决。”

社会法也有涉及对外关系的内容。例如,《社会保险法》第97条规定:“外国人在中国境内就业的,参照本法规定参加社会保险。”

目前,我国的涉外案件的审判工作已经逐渐从其他审判庭分离出来,由涉外审判庭专门审理。

从对外关系法与其他各个法律部门的关系来看,都存在交叉现象,但从整体上讲,对外关系法不属于任何其他法律部门。对外关系法的内容与其他法律部门交叉的事实,不足以否定对外关系法的法律部门地位。将对外关系法拆分到其他法律部门之中,理论上是不科学的,实践上不利于对外关系的法治建设。对外关系错综复杂,需要进行整体的研究,需要通盘考虑和处理立法、行政和司法问题,从而需要作为一个法律部门来对待。这样做的好处,如果从系统论的理论来说,是可以达到“最优化”或“最大值”的法律部门划分方案。[①]

五、中国对外关系法的国内法完善

承认中国现行法律体系中存在的大量对外关系法律法规已经形成部门法的客观事实,重视中国对外关系法在我国法律体系中的地位和作用,补上中国对外关系法的立法、执法和司法的短板,提高中国对外关系法的理论和实践水平,对深入贯彻依法治国基本方略、全面建设法治国家具有重要意义。

(一)补齐对外关系法的“短板”

“中国对外关系法亟待完善。中国对外关系法还存在一系列

---

① 李剑华:《法律部门的划分标准新探——〈法国民法典〉和系统方法给我们的启示》,载《法学评论》1987年第3期。

问题”,如“对外投资、对外援助、口岸、开发区、领事保护等领域无法可依”“对外贸易、国籍、在华外国人管理等领域的法律法规比较原则笼统”,等等。①

我国的对外关系立法缺少提供全球公共产品的立法,尽管我国已有相当丰富的实践。2016 年 7 月,美国国会通过了《全球食品安全法》,并经奥巴马总统签署正式成为法律。该法规定,美国政府设立全球食品安全特别协调员,成立新的紧急食品援助基金以加强对极度贫困人口的紧急援助,以及通过与美国大专院校在农业科学和研究方面的合作,针对饥荒频仍地区创立新的粮食种植发展计划。

中国的对外关系立法大都是通用型的,如《缔结条约程序法》,没有特殊的或国别的对外关系立法。在美国,“国会在对外事务领域制定了大量的法律”,其中既有各财政年度的授权法和拨款法中的有关条款,也有专门为某一国家的问题制定的法律。②美国国会有关美国与部分或单个国家的关系的立法,如《美国以色列合作法》《加强与巴基斯坦的伙伴关系法》《美国与印度核合作法》《乌克兰的主权、完整、自由和经济稳定法》《伊朗威胁减缓与叙利亚人权法》《北朝鲜的制裁和政策增强法》等。在美国国会的对外关系立法中,至少有三项是专门针对中美关系的:1906 年在《中国设立(领事)法院法》(已废除),1979 年《与台湾关系法》,2000 年《中美确立永久性正常贸易关系法》。多年来,美国以《与台湾关系》为依据处理中美关系,我们没有与之对应的国内法。为了依法进行对外合作与斗争,中国也应当在必要时制定针对某类或某个国家的对外关系法。

我国最高人民法院有关对外关系法的司法解释和具体判例或“指导性案例”较少。相比之下,“在美国有‘法官立法’的传统,即

---

① 刘仁山:《论作为“依法治国”之“法”的中国对外关系法》,载《法商研究》2016 年第 3 期。

② 孙昂:《美国对外事务法律机制》,国际文化出版公司 2010 年版,第 65 页。

法官也可以创制法律规范";"美国联邦法院特别是联邦最高法院,曾在对外事务领域的许多方面做出过具有较大影响的判决"。①

(二)完善对外关系法的体系

我国的对外关系法的立法是分散的,尚未形成完整的体系。

美国的对外关系法可以说是有体系的。美国法学会《美国对外关系法重述》是总结整理美国对外关系法的司法实践的权威成果。《美国对外关系法第三次重述》包括以下九个部分:国际法及其与美国法的关系;国际法主体;国际协议;管辖权和判决;海洋法;环境法;自然人和法人保护;国际经济关系的若干法律;违反国际法的救济。② 可能由于冲突法适用于美国与其他国家之间的法律冲突,也适用于美国各州之间的法律冲突,也可能是由于另有《冲突法重述》,国际私法(冲突法)问题没有列入对外关系法的范围。

欧洲联盟对外关系法是联盟各成员国共同的对外关系法。欧盟对外关系法在内容框架方面,在政策和行动目标方面是相对完整的和成体系的。

根据《里斯本条约》,欧盟对外关系法的内容框架是:欧盟对外行动的一般性条款;共同商业政策;与第三国的发展合作、经济、财政和技术合作;人道主义援助;限制性措施;国际协议的缔结和履行;欧盟与国际组织及第三国的关系以及欧盟使团;团结条款。

根据《里斯本条约》,欧盟应确定并实行共同政策及行动,以及应在国际关系所有领域为高水准合作而努力,以便:(1)捍卫欧盟的价值、根本利益、安全、独立和完整;(2)巩固与支持民主、法治、人权和国际法原则;(3)依据《联合国宪章》之目标和原则,《赫尔辛基最后文件》的原则以及《巴黎宪章》的目标——包括有关外

---

① 孙昂:《美国对外事务法律机制》,国际文化出版公司2010年版,第172、192页。

② American Law Institute, *Restatement of the Law, Third, Foreign Relations Law of the United States*, Volumes 1 and 2, St. Paul. MNN. : American Law Institute Publishers, 1987.

部边界的目标,维护和平、预防冲突、加强国际安全;(4)本着消除贫困的首要目标,促进发展中国家可持续的经济、社会和环境发展;(5)鼓励所有国家融入世界经济,其中包括逐步废除对国际贸易的限制;(6)为保证可持续发展,帮助发展国际措施以维护和提高环境质量,以及全球自然资源的可持续管理;(7)在遭受自然或人为灾害时,向有关民众、国家和地区提供援助;以及(8)促进以更强有力的多边合作和良好的全球治理为基础的国际体制。

(三)正确处理国际法与中国国内法的关系

各国的对外关系法都不同程度地涉及国际法与国内法的关系问题。国际法与中国国内法的关系问题,是中国对外关系法的重大问题。

国际法与中国国内法的关系问题,主要是国际条约与中国国内法的关系问题。中国是1969年《维也纳条约法公约》的当事国。根据该公约第26条、第27条的规定,"凡有效之条约对各当事方有拘束力,必须由各当事国善意履行""当事国不得援引其国内法规定为理由而不履行条约"。中国的条约实践完全符合该公约的上述规定。尽管《宪法》《立法法》以及《缔结条约程序法》没有关于条约在中国法律体系中的效力地位的一般规定,但有一系列法律、行政法规作了条约效力优先于中国国内法的明确规定。例如,《民法通则》第142条规定,"中华人民共和国缔结或参加的国际条约同中华人民共和国的民事法律有不同规定的,适用国际条约的规定"。《民事诉讼法》第236条规定,"中华人民共和国缔结或者参加的国际条约同本法有不同规定的,适用该国际条约的规定"。在《行政诉讼法》(第72条)、《海商法》(第268条)、《领事特权与豁免条例》(第27条)、《外交特权与豁免条例》(第27条)等法律中都有条约优先的规定。另外,有些法律,如《对外贸易法》,没有条约优先条款,但关于条约的规定体现了信守条约的原则。例如,该法第24条规定:"中华人民共和国在国际服务贸易方面根据所缔结或者参加的国际条约、协定中所作的承诺,给予其他缔约方、参加方市场准入和国民待遇。”当然,条约在中国法律体系中优先于中国国内法的地位是以条约不违反中国宪法为前提的。

在中国缔结的所有国际条约中,从总体上讲,世界贸易组织各项协定对中国国内法的影响最为广泛和深入。《马拉喀什建立世界贸易组织协定》第 16 条第 4 款规定了世界贸易组织各项协定与成员国国内法的关系:“每一成员应保证其法律、法规和行政程序与所附各协定对其规定的义务相一致。”世界贸易组织各项协定对成员国所规定的义务,是条约义务,是国际法义务。要求成员国保证国内法与这些条约义务相一致,就是要求成员国按照条约优先的原则,正确处理国际法与国内法的关系。中国在“入世”前,依据“WTO 协定”的要求进行了大规模法律法规的制定、修改和清理工作,“入世”后为履行入世承诺和 WTO 争端解决机构的裁决不断地对中国相关法律进行修改和完善。[①] 例如,为履行美国诉中国影响知识产权保护和执行措施案的裁决,中国修改了著作权法第 4 条以及《知识产权海关保护条例》第 27 条第 3 款,以保证中国法律与《与贸易有关的知识产权协定》等世界贸易组织协定对中国规定的义务相一致。

国际法与中国国内法的关系,还包括习惯国际法与中国国内法的关系。从 1969 年《维也纳条约法公约》第 53 条关于“条约在缔结时与一般国际法强制规范抵触者无效”的规定和第 64 条关于“遇有新一般国际法强制规范产生时,任何现有条约之与该项规范抵触者即成为无效而终止”的规定可以推知,与习惯国际法中的一般国际法强制规范(强行法)相抵触的国内法在国际关系中是无效的。除此之外,中国国内法应当与习惯国际法的原则规则做一致的解释。

在这方面,《美国对外关系法第三次重述》第 114 条款关于

---

① 李适时:《入世以来,中国贸易法律制度和机制都调整些什么?》,载《国际市场》2004 年第 1 期。

“参照国际法和国际协议解释美国联邦成文法”的规定是可以借鉴的。该条的规定是:“如果妥当可能,一项美国成文法应当作不与国际法或美国的国际协议相冲突的解释。(1)(a)一项国会法案取代一项先前的国际法规则或作为美国法的一项国际协议的条款,如果该法案取代该先前的规则或条款的目的是清晰的,或如果该法案和该先前的规则或条款不能适当地调和;(b)一项国际法规则或国际协议条款被美国国内法取代并不解除美国的国际义务和违背此项义务的后果。(2)一项变成有效美国法的美国的条约的条款取代国内法的或美国的条约的任何先前存在的不一致的条款。(3)一项国际法的规则或美国的国际协议的条款,如果与美国宪法不一致,在美国不发生法律效力。”①

关于国际法治,习近平主席指出:“我们应该共同推动国际关系法治化……‘法者,天下之准绳也。’在国际社会中,法律应该是共同的准绳,没有只适用他人、不适用自己的法律,也没有只适用自己、不适用他人的法律。”②习主席还指出:“各国以联合国宪章为基础,就政治安全、贸易发展、社会人权、科技卫生、劳工产权、文化体育等领域达成了一系列国际公约和法律文书。法律的生命在于付诸实施,各国有责任维护国际法治权威,依法行使权利,善意履行义务。法律的生命也在于公平正义,各国和国际司法机构应该确保国际法平等统一适用,不能搞双重标准,不能‘合则用、不合则弃。’”③

随着国际法的日益丰富和中国缔结的双边和多边条约不断增加,中国承担的国际义务会越来越多。在国际条约或习惯国际法要求中国履行的国际义务与中国国内法不相符合时履行国际义

① American Law Institute, *Restatement of the law*, *Third*, *Foreign Relations Law of the United States*, Volumes 1 and 2, St. Paul. MNN.: American Law Institute Publishers, 1987, p. 62.

② 习近平:《弘扬和平共处五项原则,建设合作共赢美好世界——在和平共处五项原则发表60周年纪念大会上的讲话》,载《人民日报》2014年6月29日,第2版。

③ 习近平:《共同构建人类命运共同体——在联合国日内瓦总部的演讲》,载《人民日报》2017年1月20日,第2版。

务,正确处理国际法与我国国内法的关系,有利于取信国际社会,增强软实力,符合我国尊重、维护和推进国际法治的一贯立场,符合国际法,符合我国的长远利益,符合构建人类命运共同体的需要。依据国际法处理中国国内法与国际法的关系,有利于中国掌握对外关系的主动权,有利于营造保障和平与发展的国际法治环境,在推动实现国际关系法治化方面作出中国的应有贡献。

"法律体系是动态的、发展的、开放的"。[①] 2011 年 3 月 10 日吴邦国委员长宣布,"以宪法为统帅,以宪法相关法、民法商法等多个法律部门的法律为主干,由法律、行政法规、地方性法规等多个层次的法律规范构成的中国特色社会主义法律体系已经形成"。这里的"等"字为现已明确的七个部门之外确立法律部门"预留了论证的空间","具有科学蕴意和发展眼光"。[②] 中国法律体系的法律部门数量不是静止不变的。从法律体系的法律部门划分理论和实践情况看,对外关系法实际上已经作为中国法律体系的法律部门存在了。明确宣布对外关系法是我国法律体系的一个法律部门,不过是对事实情况的确认而已。展望未来,中国特色社会主义法律体系将更加完善,对外关系法作为与其他明确宣布的法律部门并驾齐驱的法律部门将更加发达。

The Status of Chinese Foreign Relations Law in National Legal System

Zhao Jianwen

Abstract: When the National People's Congress Standing

① 李适时:《为完善中国特色社会主义法律体系而不懈努力》,载《中国人大》2011 年第 3 期。

② 张建田:《再论军事法应当作为中国特色社会主义法律体系的部门法》,载《法学杂志》2011 年第 8 期。

Committee declared the establishment of the socialist system of laws with Chinese characteristics in March 2011, it explicitly referred 7 branches of laws without mentioning foreign relations law. Actually the Chinese foreign relations law has a strong constitutional foundation. It consists of rules of international law that apply to China, and domestic laws that have substantial significance for foreign relations. It cannot be subsumed by any other legal branches that have been explicitly pronounced. In fact, the Chinese foreign relations law has satisfied all the conditions required for a legal branch. If the Chinese foreign relations law were to be scattered among different legal branches, it would be unscientific in theory and disadvantageous for the construction of the rule of law in foreign relations practice. The legal system is dynamic, developing and open-ended. It will be of great significance to establish the status of the Chinese foreign relations law as a separate legal branch. This will be beneficial for the systemic construction of Chinese foreign relations law, promote the rule of law development in foreign relations.

Key Words: foreign relations law; national legal system; legal branches

网络空间国际法强国论纲*

黄志雄**

摘要：随着网络空间对人类生活产生越来越大的影响，近年来，国际法在网络空间治理中的作用日益受到重视，国际规则博弈已成为网络空间的一个焦点问题。我国实施网络强国战略，必然需要建设网络空间国际法强国，积极、深度参与网络空间国际规则的制定和适用。由于网络问题在我国受到的高度重视和网络空间国际法尚处于起步阶段等因素，我国建设网络空间国际法强国面临着难得的机遇。与此同时，国际法适用于网络空间这一新领域时存在的新问题和不确定性以及我国在相关理论、实践、人才培养等方面的欠缺，也使我国面临着巨大的挑战。我国应当从形象塑造、理论研究、实践引领、制度建设和人才培养等方面着手，大力加强网络空间国际法强国建设，在相关国际规则的形成中有效地体现我国的话语权和影响力。

关键词：网络空间国际法；国际法强国；国际规则制定；话语权

互联网对人类生活所产生的深远影响，无疑已经超过了此前

---

* 本文是作者主持的国家社科基金重大项目“中国参与网络空间国际规则制定研究”（批准号：16ZDA074）的阶段性成果。

** 国家高端智库武汉大学国际法研究所教授、2011 国家领土主权与海洋权益协同中心研究人员，《塔林手册》2.0 版国际专家组成员，亚非法律协商组织网络空间国际法工作组报告员。

人类历史上的任何一项科技发明。正因如此,网络空间治理现已成为各国普遍关注的一个重要问题,国际法在网络空间治理中的作用尤其受到重视。对中国而言,2016 年 3 月正式通过的《中华人民共和国国民经济和社会发展第十三个五年规划纲要》(以下简称“十三五规划”)不仅明确提出要“实施网络强国战略”,还要求“积极参与网络、深海、极地、空天等领域国际规则制定”,[①]从而吹响了建设网络空间国际法强国的号角。[②] 为此,本文将在梳理网络空间国际规则博弈的现状和问题的基础上,对我国建设网络空间国际法强国的重要意义、面临的机遇和挑战以及需要着重解决的问题加以探讨。

一、国际规则博弈已成为网络空间的焦点问题

网络空间现已成为陆地、海洋、空气空间、外层空间之后的人类生活“第五空间”(fifth domain)。此前的历史表明,每一次人类活动领域向新的空间拓展,都必然需要在该空间确立和形成相应的国际法律制度,用国际法律规则来指引、规范各国的相互交往关系。海洋法、空气空间法、外层空间法等相关领域的国际法发展都验证了这一点。

不过,相较于 20 世纪国际法在空气空间和外层空间领域的迅

① 《中华人民共和国国民经济和社会发展第十三个五年规划纲要》(2016 年 3 月 17 日新华社授权播发),新华网,http://news.xinhuanet.com/ziliao/2016-05/23/c_129006906.htm,最后访问日期:2017 年 2 月 13 日。

② 关于“国际法强国”的内涵和标准,何志鹏教授从国际法理论、国际法实践、国际法人才和国际法教育四个方面进行了探讨。参见何志鹏:《走向国际法的强国》,载《当代法学》2015 年第 1 期。

速发展,[①]网络空间的国际法规则显得“姗姗来迟”。在20世纪后期互联网发展和网络空间形成之后的较长时间内,倡导网络空间自我规制和“自由放任”、反对国家主权适用于网络空间的“去主权化”观念十分盛行,[②]这不仅使国家和政府管制发挥的作用十分有限,也在客观上导致了这一阶段网络空间国际法的发展未受重视。

但是,20世纪90年代中后期以来互联网的普及和网络用户群的扩大,导致各种不法行为和安全威胁增多,国家不得不通过制定各种国内法规和政策参与到网络空间治理中。国际关系和国际秩序开始向网络空间延伸:一方面,国际法的产生和发展以主权国家彼此交往形成的国际关系和整个国际社会的存在为社会基础,[③]这为国际法在网络空间的适用提供了必要的前提;另一方面,网络空间跨越国界、全球联通的特点,决定了各国必须通过国际法规则来共同应对网络空间治理中的有关问题。例如,在网络空间,即便一国对其国民利用其领土范围内的网络基础设施从事的网络行为加以监控和管理,往往也会产生超出该国领土之外的效果和影响。由此而来的问题是:国家主权及相应的管辖权应当如何适用于网络空间?这些问题涉及国际社会的整体利益和有关

① 以外层空间法的发展为例,从1957年苏联发射第一颗人造地球卫星、将人类带入空间时代,到1963年《各国探索和利用外层空间活动的法律原则宣言》的通过,乃至1967年《关于各国探索和利用外层空间包括月球与其他天体活动所应遵守原则的条约》的制定,短短十年内外层空间法的基石就得以奠定。参见贺其治、黄惠康主编:《外层空间法》,青岛出版社2000年版,第4~11页。

② 美国网络活动家约翰·巴洛1996年发表的《网络空间独立宣言》,就是这一观念的突出表现。该宣言以网民代言人的姿态向世界各国政府声称:“你们在我们中间不受欢迎。你们在我们居住的地方没有主权。你们没有道义上的权利来统治我们;你们也不拥有我们确实需要害怕的执行手段。网络空间不存在于你们的边境之内。”John Barlow, “A Cyberspace Independence Declaration”, 8 February 1996, http://w2.eff.org/Censorship/Internet_censorship_bills/barlow_0296.declaration(last visited March 13, 2016).

③ 梁西主编、曾令良修订主编:《国际法》(第3版),武汉大学出版社2011年版,第5页。

国家的权利义务,无法由各国通过其国内立法单独解决,而有赖于各国共同制定和遵守国际法的有关规则。

正因如此,21 世纪头 10 年以来,国际法在网络空间的发展态势趋于明朗化,国际法在网络空间治理中的作用日益受到各国的重视。例如,在 2011 年出台的《网络空间国际战略》中,美国奥巴马政府较早提出了"网络空间法治"的概念,并强调国际法适用于网络空间。① 中国政府也在多个重要国际场合中,大力倡导"我们需要一个国际法治的网络空间……法治应当成为网络治理的基本方式。"②尤其值得一提的是,联合国信息安全政府专家组在 2013 年 6 月达成的一份共识性文件中,指出国际法特别是《联合国宪章》的适用,对国际维持和平与稳定及促进创造开放、安全、和平与无障碍的信息和通讯技术环境至关重要。③ 这表明网络空间的秩序构建离不开国际法规则的适用已成为国际社会普遍接受的观念。

不过,与国际关系和国际法的大多数领域相比,国际法在网络空间的适用仍处于起步阶段,各主要国家对于网络空间国际法规则的制定和适用存在一系列分歧,这主要体现在:

第一,规则形式之争,即网络空间的国际法规则,是应当首先立足于既有国际法规则(主要是习惯国际法)在网络空间的适用,还是应当强调为这一新的虚拟空间"量身定制"新的国际法规则

① The White House, "International Strategy for Cyberspace: Prosperity, Security, and Openness in a Networked World", May 2011, http://www.whitehouse.gov/sites/default/files/rss_viewer/international_strategy_for_cyberspace.pdf, p. 9 (last visited on February 15, 2017).

② 《中国代表在中美互联网论坛上的发言》,载中国国际法学会主办:《中国国际法年刊》(2013),法律出版社 2014 年版,第 666 页。

③ United Nations General Assembly, *Report of the Group of Governmental Experts on Developments in the Field of Information and Telecommunications in the Context of International Security*, A/68/98 (24 June 2013), para. 11, paras. 19 - 20. 联合国信息安全政府专家组全称为"国际安全背景下信息和通讯领域的发展政府专家组",由中国、俄罗斯、美国、英国等主要国家的代表组成,具有广泛的国际代表性,并且在网络空间国际法规则的制定中发挥着越来越重要的作用。

(特别是达成新的国际条约)? 美国等西方国家作为现有国际秩序的主导者,力图把由它们主导制定的既有国际法规则推行到网络空间。[①] 中国、俄罗斯等国并不一概反对既有国际法在网络空间的适用,但也多次提出制定维护网络安全、限制网络军备竞赛、打击网络恐怖主义等国际法规则的倡议。[②] 值得注意的是,由于各国对适用既有国际法还是通过发展条约或习惯制定新规则存在较大的分歧,由相关国际组织、互联网行业、非政府组织等倡导的非约束性"软法"规则发挥着日益重要的作用。在此方面,联合国信息安全政府专家组通过的共识性文件就是一个突出的例证。

第二,规则内容之争,即应当主要通过哪些领域、何种内容的国际法规则来确立网络空间的国际秩序? 美国等西方国家一方面通过主张国际人权法在网络空间的适用,来为其鼓吹"互联网自由"的政策提供法律支持;另一方面则力图凭借其强大的政治、经济和军事实力,通过国家责任法上的反措施乃至在"自卫权"旗号下采取单边军事行动,来应对外部网络威胁、维护本国网络安全。[③] 中国及其他一些国家则强调国家主权原则在网络空间的适用,认为《联合国宪章》所确立的国家主权、不干涉内政、禁止使用武力以及和平解决争端等原则是确保网络空间国际秩序公正合理

---

① See e. g. The White House, "International Strategy for Cyberspace: Prosperity, Security, and Openness in a Networked World", May 2011, http://www. whitehouse. gov/sites/default/files/rss_viewer/international_strategy_for_cyberspace. pdf, p. 9 (last visited on February 15, 2017).

② 中国外交部:《信息安全国际行为准则》(以下简称《准则》)(2015 年 1 月修订本), 2015 年 1 月 13 日, 外交部网站, http://www. fmprc. gov. cn/mfa_chn/ziliao_611306/tytj_611312/zcwj_611316/P020150316571763224632. pdf, 最后访问日期:2017 年 2 月 13 日。该准则在 2011 年 9 月由中国、俄罗斯、塔吉克斯坦和乌兹别克斯坦向联合国大会共同提交(2013 年 3 月, 哈萨克斯坦和吉尔吉斯斯坦加入准则共同提案国), 目前是一项各国自愿遵守、没有法律约束力的文件。

③ Harold Koh, "International Law in Cyberspace: Remarks as Prepared for Delivery by Harold Hongju Koh to the USCYBERCOM Inter-Agency Legal Conference Ft. Meade, MD, Sept. 18, 2012", (2012) 54 *Harvard International Law Journal Online* 1, pp. 1 – 12.

的基石。[①]

第三,规则制定模式或场所之争。西方国家力推“多利益相关方”网络空间治理模式,并为此打造了“伦敦进程”等围绕网络空间秩序构建开展对话和辩论的国际议程。[②] 中俄等国则强调:联合国是当今世界最具代表性和权威性的国际组织,是网络国际治理和网络国际规则制定的最佳场所;中国支持进一步发挥联合国的主渠道作用,乐见在联合国框架下各国正在进行的关于信息安全国际行为准则、打击网络犯罪、国际电联有关网络管理授权等问题的探讨取得积极成果。[③]

关于国际社会围绕国际法适用于网络空间问题存在的分歧和博弈,一个深层次的原因是有关国家在意识形态、价值观以及现实国家利益等方面的差异乃至对立,并由此形成了美国为首的西方发达国家阵营和中国、俄罗斯为代表的新兴国家阵营之间的对立。另外,人类对网络空间这一新领域的认识还相对有限,在现实世界形成的国际法规则能否适应网络空间秩序构建的需要,还有待通过进一步的观察和国家实践来确认。

但应当看到,主张国际法适用于网络空间反映了网络空间国际秩序构建的客观需要,也提升了包括中国在内的国际社会对网络空间国际规则的重视。正因如此,在联合国框架内,联合国信息安全政府专家组继 2013 年通过的共识性文件后,又在 2015 年进一步就国际法如何适用于信息和通讯技术应用以及负责任国家行

---

① 参见《中国代表在中美互联网论坛上的发言》,载中国国际法学会主办:《中国国际法年刊》(2013),法律出版社 2014 年版,第 666 页。

② 发起于 2011 年的“伦敦进程”,迄今为止已先后在伦敦(2011 年)、布达佩斯(2012 年)、首尔(2013 年)和海牙(2015 年)召开了四次网络空间国际会议,对网络空间国际治理有着不可忽视的影响力,但同时在代表性和民主性等方面有着较为严重的缺陷。相关详情可参见黄志雄:《2011 年“伦敦进程”与网络安全国际立法的未来走向》,载《法学评论》2013 年第 3 期。

③ 参见《黄惠康司长在网络问题布达佩斯国际会议上的发言》,载中国国际法学会主办:《中国国际法年刊》(2012),法律出版社 2013 年版,第 718 页;《中国代表在中美互联网论坛上的发言》,载中国国际法学会主办:《中国国际法年刊》(2013),法律出版社 2014 年版,第 668 页。

为规范的确立等问题达成新的共识。[①] 在西方主导下编写的《网络战塔林手册》在2013年出版并产生了较大影响,试图继续构建和平时期网络空间国际法体系的《塔林手册2.0版》也已经在2017年2月出版。[②] 近两年来,网络空间国际规则问题在二十国集团安塔利亚峰会、七国集团伊势萨摩峰会、金砖国家果阿峰会以及其他各种多边和双边场合都备受关注。显然,网络空间的大国博弈正越来越"聚焦"于相关国际法规则的制定和适用,而且在一些领域的共识有所增强。

二、网络空间国际法强国是我国网络强国战略的重要基石

在中国自1994年获准接入互联网以来的二十多年中,互联网在中国得到了长足的发展。截至2016年12月底,我国网民规模达7.31亿人。[③] 目前,中国互联网是全球第一大网,网民人数最多,联网区域最广。中国已经成为网络空间的核心利益攸关方之一,网络空间对我国的经济发展、社会稳定和国家安全都有着极大的重要性。[④]

---

① United Nations General Assembly, *Report of the Group of Governmental Experts on Developments in the Field of Information and Telecommunications in the Context of International Security*, A/70/170(22 July 2015), paras. 13, 28.

② Michael Schmitt(ed.), *Tallinn Manual on the International Law Applicable to Cyber Warfare*, Cambridge University Press, 2013; Michael Schmitt(ed.), *Tallinn Manual 2.0 on the International Law Applicable to Cyber Operations* –, Cambridge University Press, 2nd ed., 2017.

③ 中国互联网络信息中心:《中国互联网络发展状况统计报告》(2017年1月),第33页,载http://www.cnnic.net.cn/hlwfzyj/hlwxzbg/hlwtjbg/201701/P020170123364672657408.pdf,最后访问日期:2017年2月13日。

④ 例如,2013年6月美国国家安全局承包商雇员爱德华·斯诺登叛逃引发的"棱镜门"事件,使得"没有网络安全就没有国家安全"的观念日益得到广泛接受。关于美国对全球和中国进行秘密监听的行径,参见互联网新闻研究中心编著:《美国是如何监视中国的——美国全球监听行动记录》,人民出版社2014年版,第2页。

正是在这一背景下,中国政府提出了建设网络强国的宏伟战略。2014 年 2 月 27 日,习近平总书记在中央网络安全和信息化领导小组第一次会议上指出:"要从国际国内大势出发,总体布局,统筹各方,创新发展,努力把我国建设成为网络强国。"[①]上述讲话,初步勾勒出建设网络强国的愿景和目标。2016 年 3 月 16 日由十二届全国人大四次会议批准的"十三五规划",正式将"实施网络强国战略"纳入这一未来五年中国经济社会发展的纲领性文件。[②]

"十三五规划"并未对"网络强国"的内涵加以明确阐述。不过,该文件第一次明确提出要"积极参与网络、深海、极地、空天等领域国际规则制定",凸显了参与网络空间国际法规则制定、建设网络空间国际法强国对于实施网络强国战略的重要意义。2016 年 10 月 9 日,习近平总书记在主持第三十六次中共中央政治局集体学习时,对网络强国建设提出了六个"加快"的要求:加快推进网络信息技术自主创新,加快数字经济对经济发展的推动,加快提高网络管理水平,加快增强网络空间安全防御能力,加快用网络信息技术推进社会治理,加快提升我国对网络空间的国际话语权和规则制定权,朝着建设网络强国目标不懈努力。[③] 这一重要讲话,进一步阐明了"网络强国"的基本内涵,即实施网络强国战略不仅意味着我国需要逐步成为网络技术强国、网络经济强国、网络管理强国、网络防御强国、网络应用强国,还应当通过提升网络空间国际话语权和规则制定权,成为网络空间国际法强国。质言之,建设

① 《习近平主持召开中央网络安全和信息化领导小组第一次会议,李克强、刘云山出席》,载人民网,http://politics.people.com.cn/n/2014/0227/c1001-24486430.html,最后访问日期:2017 年 2 月 13 日。

② 《中华人民共和国国民经济和社会发展第十三个五年规划纲要》(2016 年 3 月 17 日新华社授权播发),载新华网,http://news.xinhuanet.com/ziliao/2016-05/23/c_129006906.htm,最后访问日期:2017 年 2 月 13 日。

③ 《中共中央政治局就实施网络强国战略进行第三十六次集体学习》,载中央政府网,http://www.gov.cn/xinwen/2016-10/09/content_5116444.htm,最后访问日期:2017 年 2 月 15 日。

网络空间国际法强国,是实施网络强国战略的核心要素和重要基石。

中国实施网络强国战略,就必须成为网络空间国际法强国,这主要是因为:

第一,在"硬实力"层面,网络空间国际法对于网络空间治理、网络资源分配和国家利益的实现发挥着越来越关键的作用。

正如何志鹏教授所说,国际法作为国际社会的行为规则和指南,其表面是对国家权利和义务的静态配置,在深层却是一种力量的博弈和利益的划分;"如果能够占据国际法的主动权,就能够在规则的制定、实施的过程中,更多地体现自己的利益、维护自己的利益、实现自己的利益。"①

围绕网络空间国际秩序构建产生的分歧和规则博弈,与各国现实国家利益的争夺密切相关。随着互联网发展为各国以信息化方式运作的金融、商贸、交通、通信、军事、思想文化等系统的神经中枢,信息网络正在成为与土地及其他有形资本一样重要的权力资源,对国家实力、国家安全和国际关系发展起着关键性作用。②而在网络空间确立和适用何种国际法规则,直接关涉各国对信息网络资源的控制和支配以及国家利益的实现。

以当前备受关注的网络主权为例,这一概念涉及的焦点问题之一,就是国家在多大程度上有权依法管理互联网、包括对相关网络信息、数据进行监管和内容审查。早在2010年"谷歌退出中国事件"后,中国政府就在《中国互联网状况》白皮书中提出:"互联网是国家重要基础设施,中华人民共和国境内的互联网属于中国主权管辖范围,中国的互联网主权应受到尊重和维护。"③中国与

---

① 何志鹏:《走向国际法的强国》,载《当代法学》2015年第1期。

② 申琰:《互联网与国际关系》,人民出版社2012年版,前言第1~3页。

③ 中国国务院新闻办公室:《中国互联网状况白皮书》(2010年6月8日),载新华网,http://news.xinhuanet.com/politics/2010-06/08/c_12195221.htm,最后访问日期:2016年10月17日。

俄罗斯等六国共同向联合国大会提出的《信息安全国际行为准则》,也重申与互联网有关的公共政策问题的决策权是各国的主权,强调各国有责任和权利依法保护本国信息空间及关键信息基础设施免受威胁、干扰和攻击破坏。①

第二,网络空间国际法与一国在网络空间事务中的"软实力"息息相关,它在很大程度上决定着该国在网络空间博弈中的话语权和主导权。

在当今世界,国际法已经成为各国开展交往、建章立制、定纷止争的通行话语。"国际法……已经被视为一个国家文明与软实力的主要标志。越是具有世界性影响的大国,就越是会有效地使用国际法的话语来表达自己的立场、维护自己的利益、体现自己的愿望、实现自己的构想。② 换言之,塑造和影响国际法规则的能力,已成为一国在国际事务中不可或缺的'软实力'"。

尽管网络空间国际法还是一个方兴未艾的新领域,但它对各国在网络空间国际秩序中的话语权和主导权产生的影响,已经得到充分体现。近年来各国对网络空间国际法规则的高度重视,原因之一就是试图以此来争夺网络事务中的话语权和主导权。2011年5月在其《网络空间国际战略》中率先打出"网络空间法治"旗号的美国政府,无疑更加深谙此道。2012年9月,时任美国国务院法律顾问的高洪柱(Harold Hongju Koh)在发表关于"网络空间的国际法"演讲时直言不讳地提出:推动在网络空间遵守国际法,是美国"巧实力"策略的体现。③

---

① 中国外交部:《信息安全国际行为准则》(2015年1月修订本),载外交部网站,http://www.fmprc.gov.cn/mfa_chn/ziliao_611306/tytj_611312/zcwj_611316/P020150316571763224632.pdf,最后访问日期:2017年2月13日。

② 何志鹏、孙璐:《中国与国际法治的完善:历史分析与未来评估》,载《法治研究》2015年第3期。

③ Harold Koh, "International Law in Cyberspace: Remarks as Prepared for Delivery by Harold Hongju Koh to the USCYBERCOM Inter-Agency Legal Conference Ft. Meade, MD, Sept. 18, 2012", p. 10.

如前所述,中国政府始终旗帜鲜明地支持网络空间的国际法治,主张法治应当成为网络治理的基本方式。在 2012 年网络空间布达佩斯会议上,中国代表团团长、时任外交部条法司司长的黄惠康提出:"'无规矩不成方圆'。当今世界是一个以规则为基础的世界,网络空间虽是虚拟空间,同样必须遵循公平、合理的规则。"①无疑,未来我国还亟须增强有效利用网络空间国际法这种通行话语的"软实力",以此在网络事务中占据道义制高点、赢得制度性话语权,使自己的利益和诉求得到国际社会的认同和支持。

第三,网络空间国际法是我国回应西方国家在网络领域的抹黑和打压、扭转在网络博弈中的被动局面的重要工具。

美国等西方国家将网络空间作为西方意识形态和价值观的传播渠道,在"互联网自由"的旗帜下积极推行"网络外交",对坚持不同意识形态和社会制度的国家进行抹黑和打压。例如,中国的互联网监管措施、所谓的黑客攻击问题和"网络经济间谍"问题以及网络产品和服务安全管理措施,都成为过去几年中西方国家反复对中国进行指责和施压的借口。值得注意的是,西方国家对中国的种种施压和指责,虽然主要着眼于意识形态和价值观层面的抹黑,却主要是通过主导和塑造相关国际法规则来对中国进行施压。② 换言之,网络空间国际法规则正在被西方国家用作为推销"中国网络威胁论"的主要工具和手段。

中美两国围绕"网络经济间谍"问题的规则攻防,就是一个耐人寻味的例证。近年来,一些西方国家的政府和媒体大肆渲染来

---

① 《黄惠康司长在网络问题布达佩斯国际会议上的发言》,载中国国际法学会主办:《中国国际法年刊》(2013),法律出版社 2014 年版,第 718 页。

② 对以上问题的讨论可分别参见:黄志雄、万燕霞:《论互联网管理措施在 WTO 法上的合法性——以"谷歌事件"为视角》,载孙琬钟主编:《WTO 法与中国论丛》(2011 年卷),知识产权出版社 2011 年版,第 277 ~ 294 页;黄志雄:《论间谍活动的国际法规制——兼评 2014 年美国起诉中国军人事件》,载《当代法学》2015 年第 1 期;姜丽勇、张博:《中美银行业信息技术安全之争——棱镜门后的信息安全与 WTO 规则》,载《法律与新金融》2015 年第 1 期。

自中国的网络黑客攻击,甚至指责中国政府和军队从事通过互联网窃取外国公司商业机密的所谓“网络经济间谍”行为。美国政府无视“棱镜门”事件后其大规模网络监控和窃密行为在国际社会受到的广泛谴责,极力对其网络情报活动和所谓网络经济间谍加以区分,主张前者符合国际法而后者违反国际法,并在2014年5月以从事“网络经济间谍”为由起诉5名中国军人。① 此后,2015年9月中美两国首脑在美国华盛顿会晤期间,双方达成了以下共识:“中美双方同意,各自国家政府均不得从事或者在知情情况下支持网络窃取知识产权,包括贸易秘密,以及其他机密商业信息,以使其企业或商业行业在竞争中处于有利地位。”②此后,包括2015年10月中英首脑会晤等双边场合以及二十国集团安塔利亚峰会、七国集团伊势萨摩峰会等多边场合都以公报的形式作出了类似表述。这表明,美国政府所推动的对网络经济间谍和其他间谍活动的“两分法”区别对待,至少已经在政治层面得到主要大国的接受(尽管这在国际法上并没有任何依据)。美国政府还试图在2016~2017年的新一届联合国信息安全政府专家组内,推动将“各国不应通过网络手段窃取知识产权、商业机密和其他敏感商业信息用于获取商业利益”确立为一项新的负责任国家的行为规范。③ 美国通过主导对“网络经济间谍”问题的国际规则制定,较为成功地摆脱了“棱镜门”事件后在国际舆论和道义上的不利状况,并使中国在外交和国际法上承受了更大压力。相反,中国关

---

① 关于2014年美国起诉5名中国军人事件相关国际法问题的分析,可参见黄志雄:《论间谍活动的国际法规制——兼评2014年美国起诉中国军人事件》,载《当代法学》2015年第1期。

② 《习近平访美中方成果清单发表》(2015年9月26日),载人民网,http://politics.people.com.cn/n/2015/0926/c1001-27637282.html,最后访问日期:2017年2月13日。

③ Christopher Painter,“Cybersecurity:Setting the Rules for Responsible Global Behavior”(Testimony before Senate Foreign Relations Committee Subcommittee on East Asia, the Pacific, and International Cybersecurity, Washington, DC, May 14, 2015), http://www.state.gov/s/cyberissues/releasesandremarks/243801.htm(last visited February 13,2017).

注、谴责美国网络监控问题在国际法规制方面却进展不大。这在一定程度上说明,中国在当前的网络空间国际法规则制定中仍处于相对弱势地位,这恰恰是我国目前在网络空间国际博弈中总体处于被动局面的重要原因之一。反过来说,我国如果不能够有效参与和影响新规则的制定和确保现有规则得到正确适用,就不可能从根本上扭转我国的这种被动局面。

由此可见,努力成为网络空间国际法强国,是我国建设网络强国的必由之路。随着国际法律规则的竞争越来越多地成为网络空间大国竞争的焦点,在网络空间国际法领域无所作为,必将导致我国在网络空间国际博弈中处于"被动挨打"的局面。反之,只有进一步提高参与国际法规则制定的主动性和自觉性,加快提升我国在网络空间领域的国际话语权和规则制定权,努力建设网络空间国际法强国,才能为我国实施网络强国战略奠定坚实的基础。

三、建设网络空间国际法强国面临的机遇与挑战

建设网络空间国际法强国不仅是网络强国战略的重要基石和支撑,也是我国建设国际法强国这一总体目标的重要组成部分。作为国际法强国的"子集"之一,网络空间国际法强国与其他领域(如海洋法、外层空间法)国际法强国的建设一样,在国际法理论、国际法实践、国际法人才和国际法教育等方面必然会存在着若干共性的问题。[①] 但不应忽视的是,与其他国际法领域相比,网络空间国际法强国建设也面临着一些特殊的机遇和挑战。客观、清醒地认识这些机遇和挑战,对于建设网络空间国际法强国有着重要

① 相关一般性阐述可参见何志鹏:《走向国际法的强国》,载《当代法学》2015 年第 1 期。

的指导意义。

（一）机遇

尽管网络空间国际法这一新领域主要是在2010年以来才开始受到较大关注，但从网络空间在国内外的发展现状来看，我国建设网络空间国际法强国，至少面临着三大难得的机遇。

第一，我国在网络领域已经拥有较为可观的“硬实力”，这为相关“软实力”的提升创造了良好的条件。

和平与发展时代的降临，使得文化软实力逐步取代经济军事硬实力而成为国际竞争的战略“制高点”。[①] 但无可否认的是，一个国家的硬实力仍然是提升该国软实力的物质基础和重要条件。国家越是具备了强大的硬实力，该国的软实力就越有可能产生更大的影响力和吸引力。

从一国对网络空间内网络技术的垄断、关键设施的控制、核心资源的分配等方面来衡量，美国凭借其超群的技术能力以及拥有的巨大网络空间资源，迄今为止占据着无可置疑的实力优势。[②] 不过，中国互联网在过去20多年来从无到有、从小到大、从弱到强，快速崛起和急起直追的态势非常明显。知名学者方兴东甚至认为，全球网络格局经历了“美国绝对主导”“美国主导”“中国开始崛起”“中国崛起”等几个阶段后，现已进入“中美两强博弈”阶段（见下表）。[③]

---

① 张殿军：《硬实力、软实力与中国话语权的建构》，载《中共福建省委党校学报》2011年第7期。

② 参见李杨：《大数据时代中美网络空间博弈探究》，载《世界经济与政治论坛》2016年第6期。

③ 方兴东：《中国互联网激荡20年》，载《互联网经济》2016年第12期。

中国互联网发展阶段与特征

阶段	史前阶段	第一阶段	第二阶段	第三阶段	第四阶段
阶段名称		互联网 1.0	互联网 2.0	互联网 3.0	网络空间时代
大致时间	1994 年以前	1994 ~ 2001 年	2002 ~ 2008 年	2009 ~ 2014 年	2015 ~ 2024 年
阶段特征	科研阶段	商业化阶段	社会化阶段	即时化阶段	网络空间阶段
突出属性	学术属性	媒体属性	社交属性	即时属性	网络空间属性
中国网民数临界点	无	3%(3370 万人,2001 年)	22%(3 亿人,2008 年)	50%(7 亿人,2015 年)	70%(10 亿人,2024 年)
全球网民数临界点	0.4%(1600 万人,1995 年)	8.6%(5.7 亿人,2002 年)	23.9%(15.8 亿人,2008 年)	40%(30 亿人,2015 年)	65%(50 亿人,2024 年)
商业创新	邮件	门户、B2C	博客、视频、SNS	微博、微信	变革各行各业
制度创新	科研机构	产业部门	九龙治水	意识形态主导	网络空间治理
文化创新	国际交流	网络媒体	个人媒体		
中国领军企业或应用	邮件	新浪、搜狐、网易、8848 等	百度、阿里、腾讯等	微博、微信、余额宝等	腾讯、阿里、百度等
全球领军企业	AOL、Compuserve 等	Netscape、Yahoo、Amazon 等	Google、Yahoo、eBay 等	Facebook、YouTube、Twitter 等	Google、Apple、Facebook 等
全球基本格局	美国绝对主导	美国主导	中国开始崛起	中国崛起	中美两强博弈

中国互联网的快速发展和“硬实力”的增长,使我国积极参与网络空间国际治理、赢得更大的国际话语权和制度性权利成为可能。

第二,中国政府和社会各方面对网络空间治理问题高度重视,这为我国建设网络空间国际法强国营造了良好的外部环境。

随着网络空间对人类生活的方方面面产生日益深刻的影响,"没有网络安全就没有国家安全,没有信息化就没有现代化"[①]已经在我国成为社会共识。特别是2014年2月由习近平总书记任组长的中央网络安全和信息化领导小组成立以及2016年"十三五规划"正式提出"实施网络强国战略"以来,从各级政府到普通民众,对于网络空间治理和发展的关注达到了前所未有的程度,这足以成为我国建设网络空间国际法强国的巨大动力。

具体就网络空间国际法而言,我国的重视程度也不断加大。除了前述"十三五规划"的相关阐述和习近平总书记在2016年10月9日政治局集体学习时的重要讲话外,习近平总书记在2015年12月举行的第二届世界互联网大会上呼吁"推动制定各方普遍接受的网络空间国际规则","完善网络空间对话协商机制,研究制定全球互联网治理规则",在国内外引发了强烈反响。[②] 中国政府在2016年12月出台的《国家网络空间安全战略》中,也提出要"支持联合国发挥主导作用,推动制定各方普遍接受的网络空间国际法规则"。[③] 从官方文件到最高领导人讲话,在较短时间内如此频繁地强调对网络空间国际法规则制定的重视,这在国际法的其他领域似乎尚无先例。显然,这也是我国建设网络空间国际法强国的宝贵"东风"。

第三,网络空间国际法规则正处于发展的起步阶段,这为我国深度参与和积极影响网络空间国际法提供了前所未有的契机。

---

① 《习近平:把我国从网络大国建设成为网络强国》,载新华网,http://news.xinhuanet.com/politics/2014-02/27/c_119538788.htm,最后访问日期:2017年2月15日。

② 《习近平在第二届世界互联网大会开幕式上的讲话》(2015年12月16日,乌镇),载新华网,http://news.xinhuanet.com/world/2015-12/16/c_1117481089.htm,最后访问日期:2017年2月15日。

③ 《〈国家网络空间安全战略〉全文》,载新华网,http://news.xinhuanet.com/politics/2016-12/27/c_1120196479.htm,最后访问日期:2017年2月13日。

由于种种历史原因,中国在国际法的大多数领域长期扮演着国际法规则的"被动接受者"角色,很少能够在规则形成阶段就参与相关国际规则的制定、反映自身的利益和诉求。例如,尽管 20 世纪 80 年代以来我国经贸实力显著增强,并最终在 2001 年加入世界贸易组织,但在为现有国际经贸规则奠定基础并催生世界贸易组织的乌拉圭回合谈判(1986 ~ 1994 年)中,中国只是作为观察员列席谈判,实际影响十分有限。①

而在网络空间国际法领域,尽管国际社会已经就国际法适用于网络空间达成共识,但在从网络主权、管辖权到网络攻击的国家责任、网络空间的人权保护等一系列问题上,相关国际法规则和制度尚未成型,各国在这一领域基本处于同一起跑线上。因此,我国完全有可能在网络空间国际法的形成阶段充分发挥影响力,真正成为规则的制定者和主导者。随着近年来网络空间国际立法进程开始"提速",上述机会稍纵即逝,我国必须把握这一良机。

(二)挑战

必须看到,在建设网络空间国际法强国的征程上,我国也面临着诸多问题和挑战。这些问题和挑战,有的是与其他国际法领域相同或相似的,有的则是在网络空间国际法领域更为突出的。

第一,我国在相关理论、实践、人才培养等方面都不足以满足建设网络空间国际法强国的需求。

尽管中国国际地位的提高,要求我国尽快成为一个国际法强国,但客观现实是,我国在国际法理论、实践、人才培养等诸多方面都与真正的国际法强国有着不小的差距。以国际法高端人才培养为例,我国从事国际法教学研究的人员数量堪称世界第一,但是真正具有国际影响力的国际法"大家"并不太多;我国每年发表的国际法论文数量不在少数,但是真正能够用于国家外交决策参考的

① 参见曾令良:《世界贸易组织法》,武汉大学出版社 1996 年版,第 62 ~ 72 页。

并不太多;我国每年毕业的国际法学生数以千计,但是真正投身国际法事业,学以致用的并不太多。[①]

我国建设网络空间国际法强国,与我国的国际法底蕴之间有着类似"毛"与"皮"的依附关系:如果我国具有深厚的国际法底蕴,对于建设网络空间国际法强国来说就能够收到"水涨船高"之效;反过来说,由于"我们从来没有形成过具有引领地位的国际法理论,也没有丰富的国际法实践,而且还没有形成国际法的理论能力和实践能力,同时也远远没有形成一个良好的国际法人才队伍和国际法人才培养机制",[②]这势必导致我国在建设网络空间国际法强国时,不得不在理论和实践积淀、人才培养等方面面临"捉襟见肘"的困境。

第二,国际法在网络空间这一新领域的适用还存在很多新问题和不确定性,这对我国运用和塑造国际法的能力是一个很大的挑战。

网络空间常被称为陆地、海洋、空气空间和外层空间之外的"第五空间",但与陆地、海洋、空气空间、外层空间等有形物理空间不同,网络空间是人类利用现代科学技术"缔造"的一个新的非物理空间。同时,网络空间的物质基础、活动者乃至虚拟信息都与现实世界有着复杂的重合和互动关系。网络空间的这些独特属性,必然会对国际法的适用提出很多新问题。[③] 例如,以国家对特定领土的控制为基础形成的国家主权,是否及如何适用于互联互通、"全球一网"的网络空间?对于这类问题的回答,"传统智慧"未必足以胜任,往往需要各国运用创新性思维,共同探讨最

---

① 李适时:《加快培养国际法高端人才——在中国国际法学会2013年学术年会上的致辞》(2013年5月25日),载中国国际法学会主办:《中国国际法年刊》(2013),法律出版社2014年版,第3~4页。

② 何志鹏:《走向国际法的强国》,载《当代法学》2015年第1期。

③ Julie Cohen, "Cyberspace as/and Space", (2007) 107 *Columbia Law Review* 212, pp. 213–215.

佳方案。无疑,这会对我国运用和塑造国际法的能力提出更大的挑战。

总之,相比其他大多数国际法领域,我国建设网络空间国际法强国既存在更大的机遇,也面临更大的挑战。我国政府和学界需要以时不我待的危机感、只争朝夕的紧迫感和舍我其谁的使命感,投入到推动我国早日成为网络空间国际法强国的事业中。

四、建设网络空间国际法强国的中国对策

随着国际关系和国际秩序向网络空间的延伸,网络空间的国际法治成为人类的共同目标。如何发挥国际法在网络空间治理中的作用,不仅直接关涉我国的重大现实利益和未来发展空间,也关涉到国际社会能够在网络空间建立什么样的国际秩序、如何共同分享网络技术给人类带来的繁荣和福祉,对未来影响深远。所有这些,都与我国能否发展成为一个网络空间国际法强国、为网络空间秩序构建作出更大贡献有关。

当务之急,我国政府应在战略层面对建设网络空间国际法强国的重要性和复杂性有着充分的认识,并通过认真研究网络空间国际法的发展态势和最新动向,更加深入地参与到网络空间国际对话和立法进程中,积极影响相关国际规则的制定和适用,充分反映自身的利益和主张。我国尤其应当注意的几个方面如下:

(一)进一步树立我国作为负责任网络大国的国际形象

中国是网络黑客攻击的主要受害国之一。但是,一些西方国家的政府和媒体出于树立"假想敌"的需要,在互联网监管、网络黑客攻击等方面对中国妄加指责,不断炒作所谓的"中国网络威胁论",同时通过对我国提出的网络主权观进行曲解和"妖魔化",渲染我国政府倡导的网络主权原则将侵犯网络空间言论和信息自

由、威胁网络空间的互联互通。[①] 这些对中国国际形象的大肆抹黑,对中国参与网络空间国际对话和规则制定产生了较为严重的消极、负面影响。

中国政府应当利用各种多边、区域和双边渠道,更加积极有为地对外开展网络外交,从法理和事实层面驳斥西方国家对中国的无端指责,化解"中国网络威胁论"。例如,我国可以援引联合国信息安全政府专家组、塔林手册 2.0 版等国际机制和国际文件达成的相关成果,对网络主权与我国倡导的"网络空间命运共同体"概念之间的辩证统一关系作出有说服力的阐释,表明我国的网络主权观符合大多数国家的共识和实践,以此驳斥对我国网络主权观的种种曲解。

与此同时,我国也应当在国内继续大力奉行"依法治网",加快改革和完善互联网管理体制;加大力度打击各种网络犯罪和黑客攻击,加强打击网络犯罪国际合作。这些举措,将有助于我国在国际法治博弈中占据道义制高点,进一步树立中国作为负责任的网络大国的国际形象,从而增强我国的话语权和影响力,使我国有关网络空间国际法治的主张得到最大限度的宣扬和接受,从而为我国建设网络空间国际法强国扫清障碍。

(二)大力加强网络空间国际法领域的理论研究

我国深度参与网络空间国际法规则制定、建设网络空间国际

---

① 例如,美国国务院法律顾问布莱恩·依根(Brian J. Egan)2016 年 11 月 10 日在美国加州大学伯克利分校发表关于"国际法与网络空间的稳定"的演讲时,不点名地批评"一些国家往往是以反恐或'打击暴力极端主义'为名,援引国家主权概念作为对网络信息内容进行过度管制的依据,包括进行审查和限制获取。有时,一些国家也试图凭借国家主权的概念来免受外部的批评。"他强调,各国对本国境内使用互联网的限制必须符合该国的国际人权法义务,保护"言论自由"、信息自由流动以及互联网的自由与开放。See Brian J. Egan, "International Law and Stability in Cyberspace", www. justsecurity. org/wp-content/uploads/2016/11/Brian-J. -Egan-International-Law-and-Stability-in-Cyberspace-Berkeley-Nov – 2016. pdf (last visited on February 12,2017).

法强国,必须在准确定位我国国家利益的基础上,善于运用法律的逻辑、法律的话语来表达、反映我国的利益和诉求,用法治的思维来传播中国话语,提出中国主张,形成中国方案。所有这些,都必然要求我国政府和学界共同加强网络空间国际法领域的理论研究。事实上,在当前的网络空间博弈中,国际法学者和智库的作用十分突出,在西方主导下编写的 2013 年《网络战塔林手册》和 2017 年《塔林手册 2.0 版》就是一个例证。

与西方国家相比,我国在网络空间国际法领域的现有研究力量较为分散、单薄,难以形成合力;高水平团队和有国际影响力、能够在国际场合发出中国声音的领军人物尤为缺乏,这一现状亟须改变。应当通过政府的支持、引领和学界自身的努力,大力加强网络空间国际法领域的研究队伍建设,吸引一批具有扎实的国际法功底、开阔的国际视野和良好的国际交流能力的学者投入到这一领域的研究中来。同时,可以考虑重点建设 2 ~ 3 家有较强实力和较好前期基础的国家级专业智库,以此为基础加强高水平团队建设和领军人物培养,使之能够带动、整合相关研究力量,共同加强网络空间国际法前沿问题的理论研究,为该领域的中国方案提供坚实的理论支撑。

笔者认为,网络空间国际法领域的理论研究,固然要重视网络空间使用武力、打击网络犯罪国际合作法律框架构建、数据跨境流动与隐私保护标准等前沿热点问题,但更需要把握“一个中心、两个基本点”。“一个中心”就是网络主权问题,该问题不仅是我国在网络空间国际法和国际治理方面的核心主张,也将是整个网络空间国际法和国际秩序的基石。谁能够掌握网络主权问题的话语权和主导权,谁就能够在网络空间秩序构建和规则博弈中占据“制高点”。尽管我国政府倡导的“网络主权”已经在国际上引发较大关注,但国家主权适用于网络空间的理论依据是什么?“网络主权”包含哪些具体内涵?其确立和适用的标准是什么?如何认识和处理网络主权和网络人权的关系?这些问题,都有待于通过深入、扎实的理论研究加以回答,以加强其说服力和影响力,从而为我国参与网络空间国际法规则制定提供坚实的理论支撑。①

"两个基本点"就是网络空间国际法与现实世界已有国际法的联系与区别,以及中国与其他国家(特别是主要网络大国)在网络空间国际法领域主要问题上的主张之间的联系和区别。这两个问题,对于我国参与网络空间国际法规则的制定、建设网络空间国际法强国具有方向性和根本性的意义。前一问题的实质在于如何看待网络空间的特殊性和现有国际法在网络空间的可适用性。这既是网络空间国际法理论研究中的焦点和难点问题之一,也是中国无可回避的一个重大理论问题。中国政府和学界亟须通过深入研究,在这一问题上提出更多建设性主张并得到国际社会的普遍接受。后一问题的实质在于如何看待中国与其他国家(特别是主要网络大国)在网络空间利益与诉求的一致性与歧异性。只有认清了这一问题,才能在网络空间国际法领域提出既符合我国国情和现实需要,又符合国际社会的共同认知和网络空间的发展规律的政策主张。

(三)加强网络空间国际法领域的实践引领

国际法作为国际关系中的行为准则,始终要在国家(特别是主要大国)的交往和博弈的实践中不断发展、变革。中国作为网络空间的核心利益攸关方之一,不应满足于一般性地参与网络空间国际法规则制定,而应当立足于通过实质性地引领国际议题、主导规则内容、影响相关国际规则的制定和形成,使有关规则真正反映和维护本国利益。

近年来,我国在联合国及其他国际场合对于参与网络空间国

① 目前,我国国际法学界对这一问题公开发表和有分量的研究成果尚不多见,国际关系学界的相关尝试。参见郝叶力:《网络世界的原则性与灵活性——三视角下网络主权的对立统一》,载《网络空间研究》2016 年第 6 期。

际法规则制定日益积极,并通过举办乌镇世界互联网大会等方式来加强我国的国际话语权。我国在亚非法律协商组织推动对网络空间国际法议题的讨论,在一定程度上体现了我国议题设定能力和规则主导能力的增强。① 在中国政府倡议下,亚非法律协商组织在 2014 年第 53 届年会上第一次将该问题列为正式议题,并在 2015 年第 54 届年会上决定设立网络空间国际法工作组,由中国政府推荐的中国籍专家成功当选为该工作组报告员。该工作组不仅是亚非法律协商组织目前唯一的一个正式工作组,也是现有政府间国际组织中唯一一个关于网络空间国际法的常设磋商合作机制。2016 年 5 月和 2017 年 2 月,该工作组已经成功举行了两次会议,并计划继续通过开展专题研究、举办会间会等形式,凝聚各成员国共识,提升亚非国家在网络空间国际法规则制定方面的影响力。②

但与西方国家相比,我国在网络空间国际法的实践能力方面仍存在较大差距,制约着我国有效参与网络空间国际法规则的制定。未来我国在议题设定上应当“有攻有防”,即着眼于推动制定网络反恐、打击网络犯罪等方面规则,防范西方国家将有关使用武力、人权保护等方面的既有国际法规则加以扩大解释并适用于网络空间;在谈判场所上应当“区分主次”,充分发挥在乌镇世界互联网大会、上海合作组织、亚非法协等机制内的话语权和影响力,以此引领谈判议题、引导规则内容;在规则形式上应当“软硬兼施”,既重视国际条约、国际习惯法等“硬法”规则,也要高度关注

---

① 亚非法律协商组织根据 1955 年万隆会议决定于 1956 年成立,是亚非两大洲在国际法领域唯一的政府间国际组织,目前有 46 个成员国和 2 个观察员国。该组织的宗旨是在国际法领域为各成员国政府提供咨询,为亚非国家在共同关心的法律问题上进行合作提供论坛,从而指导亚非国家的法律实践,推动国际法的逐步发展与编纂。关于该组织的相关信息可参见:http://www. aalco. int/Scripts/default. asp,最后访问日期:2017 年 2 月 15 日。

② AALCO, *Second Meeting of the Open-Ended Working Group on International Law in Cyberspace, from 9 – 10 February*, 2017: *Report*, http://www. aalco. int/Working% 20Group% 20Report% 202017. pdf (last visited on February 15, 2017).

国际组织决议、非约束性行为准则等“软法”的重要影响。[①] 中国政府还可通过翔实的法律论证和说理，以白皮书形式出台一份关于网络空间国际法治的立场文件，系统、全面地阐述对于网络空间国际法的基本主张和立场。[②]

（四）完善与网络空间国际法强国相关的机制体制建设

网络空间国际法规则制定中的话语权和影响力提升和网络空间国际法强国的建设，既受制于一国经济、军事等方面的“硬实力”，同时也有赖于一国制度、观念等“软实力”的增强。这种软实力，必须通过持续的能力和制度建设方能得以形成。其中，特别应当注重的是通过政府、学界、企业等方面的资源整合和力量配置，形成优势互补、供需对接、高效协作、有序运转的机制体制。

目前，我国政府部门的相关机制体制尚不健全，多头管理、职能交叉、权责不一、效率不高等问题仍然存在。此外，学者与政府部门之间的“旋转门”制度尚未建立，联系、协作以及相关学术成果转化渠道较为有限，不利于二者优势互补。为此，我国需要优先考虑加强跨部门间的整合，推动相关机制体制的完善，加强政府部门（如中央网信办、公安部、工信部）等之间的职能协调和优化。还可借鉴外交部近年来已经成立的国际法咨询委员会、海洋法咨询委员会等专家咨询、交流机制，由外交部牵头设立“网络事务咨

① 美国等西方国家大力推动的“网络空间负责任国家行为规范”，本质上就是一种非约束性的软法规范。See e. g. Christopher Painter, “Cybersecurity: Setting the Rules for Responsible Global Behavior” (Testimony before Senate Foreign Relations Committee Subcommittee on East Asia, the Pacific, and International Cybersecurity, Washington, DC, May 14, 2015), http://www.state.gov/s/cyberissues/releasesandremarks/243801.htm (last visited on February 13, 2017).

② 与中国政府在“南海仲裁案”后针对仲裁裁决发表的“立场文件”不同，此处的立场文件意在通过宣示中国政府立场来影响网络空间国际法规则的制定和形成。前一立场文件可见《中华人民共和国政府关于菲律宾共和国所提南海仲裁案管辖权问题的立场文件》（2014 年 12 月 7 日），载新华网，http://news.xinhuanet.com/world/2014-12/07/c_1113547390.htm，最后访问日期：2017 年 2 月 15 日。

询委员会”,作为吸收网络领域(特别是网络空间国际法领域)专家学者制度化、常态化地参与决策咨询、实务工作和国际对话的机制,进而形成政府和学界优势互补、供需对接、高效协作、有序运转的机制体制。

(五)采取得力措施加强网络空间国际法领域高端专业化人才培养

当代国际竞争归根结底是人才的竞争。正如中国国际法学会李适时会长所说:“没有一批能够抢占国际法制高点的高端人才,没有一批能够提出真知灼见的高端人才,中国国际法学界就只能永远跟在别人后面跑。”[①]同样地,如果我国在网络空间国际法领域没有一支高端专业化人才队伍,建设网络空间国际法强国就只能是“空中楼阁”。

为了加强相关工程和技术人才培养,国务院学位委员会在2015 年批准设立了“网络空间安全”一级学科,一些高校还纷纷设立网络安全学院。但在网络空间国际法领域,院校课程设置不够科学、培养路子针对性不足等问题还较为突出,这使得加强相关高端专业化人才培养仍然任重而道远。因此,我国一方面要通过脱岗学习、定期和不定期培训等多种形式,进一步提高相关实务部门业务主管人员的业务素质;另一方面要未雨绸缪,依托 2012 年启动的涉外卓越法律人才培养计划、2015 年国务院学位委员会批准设立的“网络空间安全”一级学科以及国家建设高水平大学公派研究生项目等平台,加快培养一批通法律、擅外交、会外语、懂(网络)技术、能够代表中国参与相关国际法规则制定的高端复合型人才。由实务部门和相关智库开展合作,不定期举办“网络空间国际法学者和实务人员高端培训班”和“网

① 李适时:《加快培养国际法高端人才——在中国国际法学会 2013 年学术年会上的致辞》(2013 年 5 月 25 日),法律出版社 2014 年版,第 4 页。

络空间国际法青年学子培训班”,也是加快该领域人才培养值得尝试的渠道。

五、结　论

当前,国际格局和国际秩序进入一个发展、变革和调整的新时期,各国日益重视利用国际法来争夺国际秩序的主导权和国际关系的道义制高点。在网络空间,主要大国围绕新秩序、新规则的博弈表现得尤为明显。网络强国战略的提出,要求我国加快建设网络空间国际法强国,在网络空间国际法规则博弈中抢占有利地位。为此,我国应当把握好在网络领域“硬实力”增强、政府和社会高度重视、网络空间国际法尚处于起步阶段等难得的机遇,同时直面自身在国际法领域理论研究、人才培养等方面存在的不足、在新领域和新问题上运用及塑造国际法的能力有所欠缺等挑战,敢于担当,迎难而上。事实上,建设网络空间国际法强国不仅是我国的重大国家利益所在,也是我国为促进网络空间良好国际秩序的国际责任和使命所在。

Towards a Great Power of International Law in Cyberspace

Huang Zhixiong

Abstract: With the increasing influence of cyberspace on the life of mankind, in recent years, more and more attention has been paid to the role of international law in the governance of cyberspace, and international competition on crafting relevant international rules has become a focal issue in cyberspace. Since the Chinese government has endorsed the strategy of building a cyber power, China should actively engage in international rule making and application in cyberspace. Thanks to such factors as the great attention being paid to cyber issues in China and the fact that international law in cyberspace is still in its infancy, China now faces unique opportunities to develop itself into a great power of international law in cyberspace. Meanwhile, due to the novelty and uncertainties of issues relating to application of international law in cyberspace, as well as China's inadequacies in the theory, practice and training of talents in the field of international law, China is also faced with great challenges. For that purpose, China should devote itself to improving its international image, enhancing theoretical research and relevant practice, updating institutional arrangements, and speeding up the training of talents, so as to strengthen China's discourse power and influence as a great power of international law in cyberspace.

Key Words: international law in cyberspace; great power of international law; international rule-making; discourse power

武器跨国转让的限制：关于《武器贸易条约》缔约国核心义务的分析

李　滨*

摘要：《武器贸易条约》旨在通过明确武器跨国转让的限制条件，避免不负责任的武器贸易活动造成严重违反国际人权法和人道法的后果。为此，条约为缔约国设置了核心义务，主要体现在禁止武器跨国转让和武器出口风险评估的规定上。但在条约的实施上，缔约国仍保留有较大的自主决定权，使得条约核心义务的履行存在较大不确定性。从国际法的发展来看，《武器贸易条约》旨在为武器跨国转让设置人道底线，具有进步意义。但是，在人的安全、国家安全这些影响武器贸易的正当性判断的价值规范上，国际社会还没有达成普遍共识，由此可能在实践中阻碍条约宗旨和目的的实现。《武器贸易条约》的出现为反思国际法的发展提供了实例。

关键词：武器贸易；核心义务；《武器贸易条约》

《武器贸易条约》（The Arms Trade Treaty，以下简称条约）于2014年12月24日生效，已有130个国家签署，84个国家交存了

---

* 北京师范大学法学院教授。

批准书。我国参与了条约谈判进程,目前正研究签署和批准该条约的问题。[①]条约是在大规模杀伤性武器之外,第一个规范常规武器贸易活动的国际条约。[②]它旨在于全球范围内限制常规武器的获取途径,明确了国家基于履行国际人权法和人道法的要求,必须停止武器出口的具体情形,[③]这些禁止出口的情形适用于该国政府和它管辖范围内非国家实体从事的武器出口活动。条约将缔约国承担的国际人权法与人道法义务与武器贸易联系起来,明确规定了缔约国的核心义务,其目标是使武器贸易的商业性质受到人道底线的限制。当然,条约能否实现该目标,最终将取决于缔约国和国际社会的共同努力。在这方面,条约为进一步观察和思考"现代国际法的人本化发展趋势"[④]提供了有价值的研究样本。

一、条约的产生背景

常规武器,特别是轻小武器便于获得和使用,是现今国际社会各种暴力冲突中应用的主要武器。单纯追求商业利益不负责任的武器贸易,往往会使常规武器借助黑市交易或其他规避措施流入有组织犯罪集团,如从事贩毒、人口贩卖的犯罪组织及恐怖主义分子,从而在一些国家加剧社会动荡和治安恶化,最终受害者是无辜平民、妇女及儿童等社会弱势群体。仅从杀伤力上来比较,常规武器远低于大规模杀伤性武器、核武器,但从其被滥用所造成的负面

---

① 《常驻联合国代表团孙磊参赞在 2016 年联合国裁审会实质性会议一般性辩论中的发言》,载外交部网站,http://www.china-un.org/chn/hyyfy/t1353765.htm,最后访问日期:2016 年 8 月 7 日。

② 《武器贸易条约》第 2 条将常规武器划分为八个类别,但没有对常规武器给出定义。通常认为,常规武器是指排除在生物、化学、放射性和核武器这些大规模杀伤性武器以外的各种武器。

③ 朱文奇:《缘何制定武器贸易条约》,载《法制日报》2013 年 4 月 9 日,第 10 版。

④ 曾令良:《现代国际法的人本化发展趋势》,载《中国社会科学》2007 年第 1 期。

后果来看,常规武器却是"真正的具有大规模杀伤性"的武器。[①]自卢旺达种族仇杀事件以来,常规武器的泛滥与人道主义危机之间的联系开始受到普遍关注。联合国大会在 2006 年通过的 61/89 号决议明确指出:"缺乏常规武器进出口和转让共同国际标准是冲突、流离失所、犯罪和恐怖主义的促成因素"。[②]对常规武器的跨国转让进行有效控制,防止它们流入黑市、国内从事武装冲突的派别组织、海盗、恐怖分子,以及其他罪犯手中,成为很多国家和地区十分关注的问题。长期以来,国际社会对常规武器的控制侧重于使用,强调的是在何种条件与情形下可以或不应当使用常规武器。对于武器的供给,主要是在裁军条约的框架下,针对大规模杀伤性武器或某些特定武器,根据个案加以专门禁止或限制。国际社会越来越认识到,控制武器的使用尚不足以维护国际和平,减少人类因武器遭受的损失与痛苦,控制的重心由武器的使用逐步过渡到武器的转让上来,目的是要防止武器流入不应当获得它的那些人手中。但是,对于谁不应当获得武器这一问题长期以来没有形成共识,由此通过制定一项国际公约解决武器转让的流向问题,成为国际社会在常规武器管制问题上能否取得进展的关键。[③]

从国际贸易的角度来看,个人或私人实体从事的跨国常规武器贸易与国家间的武器转让不同,前者曾长期受到自由贸易理念的主导,被认为不应受到国家权力的限制。在 1907 年第二次海牙和平会议上,主流观点曾认为应当在武器贸易上把国家与私人区分开来,并确立了中立国有义务不向交战国提供武器的原则,但该国际义务并不适用于私人开展的武器贸易活动。"一战"以后,私

---

① Mike Bourne, *Arming Conflict*: *The Proliferation of Small Arms*, New York: Palgrave Macmillan, 2007, p. 3

② 联合国大会决议:《推动拟订一项武器贸易条约:建立常规武器进出口和转让共同国际标准》,2006 年 12 月 6 日,A/RES/61/89(2006),序言第 5 段。

③ Andrew Clapham *et al.* (eds.), *The Arms Trade Treaty*: *A Commentary*, Oxford: Oxford University Press, 2016, p. 8.

人武器贸易不受约束的国际共识逐步改变,一些国家开始倡导制定有关武器贸易的国际公约,希望由国际条约来明确各国政府对私人武器贸易进行管制的标准和方式,包括以政府授权或批准为主要形式的武器出口管制措施。但是,自巴黎和会以来,国际社会制定有关武器跨国转让国际条约的尝试,均因无法协调国家间的利益冲突而失败。20 世纪 30 年代起,一些国家先后在国内法上建立出口管制制度,由政府对私人的武器交易进行管控,武器出口管制逐渐成为推行政府政策的工具。①

与常规武器不同,国际社会针对大规模杀伤性武器、核武器是通过裁军或出口管制制度来进行控制或约束,但它们强调的是通过武器出口管制维护国家安全和全球安全,在很大程度上"折射出国家间的战略利益竞争"。②相比之下,条约的宗旨是要在武器贸易与人的安全之间实现联结,将人的安全作为武器贸易的重要限制条件。条约并不在国家层面上限制武器的研发与生产,不以减少常规武器总量为目的,而是通过明确缔约国的核心义务,预防和减少不负责任的武器贸易给普通人造成伤害,在常规武器贸易的国际秩序中确立以人的安全为基本内容的伦理底线。正因如此,认为该条约是联合国集体安全体制在推进全球裁军方面的进一步尝试,③具有一定片面性。

条约出现前,国际社会已经针对常规武器、轻小武器的非法贸易问题开展合作,但实际效果并不理想。1991 年起,联合国裁军事务厅建立了常规武器登记册,由国家自愿提交其常规武器进出口情况的国家报告,提高常规武器跨国转让的透明度,进而在军备

① David R. Stone, "Imperialism and Sovereignty: the League of Nations' Drive to Control the Global Arms Trade", (2000) 35 *Journal of Contemporary History* 213, p. 230.

② 吴兴佐、徐飞彪:《国际出口管制体系的实质与前景》,载《现代国际关系》2005 年第 9 期。

③ 李雪平:《联合国集体安全体制发展的重要里程碑——〈武器贸易条约〉述评》,载《国际法研究》2014 年第 1 期。

问题和国防政策上建立相互信任。该登记制度显然还不能有效预防或限制常规武器的非法贸易。2001 年 7 月联合国小武器和轻武器大会通过了《从各个方面防止、打击和消除小武器和轻武器非法贸易的行动纲领》,但该纲领存在着管控机制不健全、标准不统一、监管不充分、数据不准确、法律不清晰等多方面问题。[①]预防和打击轻小武器非法贸易的国际实践呈现出不断弱化、缺乏活力的趋势。此外,于 2003 年 9 月 29 日生效的《联合国打击跨国有组织犯罪公约》附有《枪支议定书》,该议定书规定缔约国有义务将非法制造和销售武器及其零部件和弹药的行为作为刑事犯罪予以制裁。我国是《联合国打击跨国有组织犯罪公约》的缔约国,但尚未批准《枪支议定书》。该公约及其议定书的宗旨是在打击跨国有组织犯罪方面建立国际合作,而不是将武器贸易作为一项合法贸易活动来进行约束与规制。与上述国际实践和一些国家与地区采取的相关措施[②]相比,条约在管控武器贸易方面为缔约国制定了更高的共同标准,它明确要求常规武器的跨国转让应当遵守国际人权法和人道法,在国家安全之外,强化了以人的安全为价值取向的人权与人道法律规则的约束。

通过参加条约,缔约国对常规武器的出口管制应当与它承担的人权与人道法国际义务保持一致。为此,条约为缔约国设置了两项核心义务:一是第 6 条关于禁止出口的规定,二是第 7 条关于风险评估的规定。这两项义务的性质不同:前者作为禁止性规定具有明显的强制性,后者作为预防性规定,为出口国留有自由裁量余地,有较大灵活性。条约第 1 条将“防止和消除常规武器非

① 赵裴:《轻小武器出口国际管制机制的现状与问题》,载《现代国际关系》2009 年第 7 期。

② 如 1998 年西非国家达成搁置生产、进口与出口小型武器的协议(West African Arms Moratorium on the Manufacture, Importation and Exportation of Small Arms of 1998);2010 年中非国家达成了控制轻小武器、弹药及相关零部件的公约(Central African Convention for the Control of Small Arms and Light Weapons, their Ammunition, Parts and Components That Can be Used for Their Manufacture, Repair or Assembly)。

法贸易”作为条约的宗旨和目的,虽然它没有对“非法贸易”给出明确定义,但应当认为,违背上述两项核心义务即构成“非法贸易”。

二、缔约国的核心义务之一:禁止武器出口的情形

根据条约第2条,“武器贸易”被赋予广泛的含义,它与“转让”具有同等含义,包括武器的进出口、转口、转运和中介活动,这意味着,是否基于商业或营利目的,并不是界定“贸易”的标准,本文也将武器贸易与武器的跨国转让视为同义。同时,根据第1条第3款,不改变所有权归属的跨国移动,如一国将武器运送给位于本国领域外的本国军队使用,不构成转让的情形。条约第6条规定了禁止出口,此外也存在其他应当禁止出口的情形。

(一)条约第6条

条约第6条包括三款,分别对应三种禁止出口的情况:(1)出口许可与安理会作出的武器禁运决议相冲突;(2)出口许可违背缔约国参加的其他国际协议,其中特别强调了有关常规武器交易与非法转让的协议;(3)出口国知道出口武器或其组成部分将被用于犯下灭种罪、危害人类罪、严重违反《1949年日内瓦四公约》、攻击平民或民用目标,以及出口国参加的其他国际公约规定的战争罪的情形。

第一种禁止出口情形,实际上重申了《联合国宪章》第25条关于成员国应当遵守安理会根据宪章第七章作出制裁决议的规定。这方面比较典型的例子,是安理会关于利比亚问题决议中有关武

器禁运的规定。[①]事实上，卡扎菲政权被推翻之前西方国家曾解除对利比亚的武器禁运，这助长了利比亚的国内武装冲突，同时也使利比亚成为当今全球非法武器贸易的主要发源地。另一个典型事例是，2015 年安理会通过的关于解决伊朗核问题的第 2231 号决议，在核武器与相关材料之外，也作出了常规武器出口的限制性规定。决议要求所有国家在与伊朗进行常规武器及相关材料、资金、技术等方面的进口或出口时，应当以安理会在个案基础上的特别授权为前提。[②]此外，安理会曾先后对南非、卢旺达、达尔富尔地区，以及安哥拉、布隆迪、利比里亚、塞拉利昂等国家和地区作出武器禁运的制裁决议，也都提到了保护人权和维护国际人道法。但总的来讲，安理会在作出上述武器禁运决议时，并没有清晰和具体详细的标准可循。[③]必须指出的是，对于存在地区冲突以及侵犯人权或人道主义危机的国家和地区，安理会能否及时做出制裁决议，常常受到各种政治因素的左右，这使得它在有效遏制非法武器贸易上的作用受到限制。例如，2011 年叙利亚危机以来安理会未能通过涉及叙利亚武器禁运的决议，有关国家对叙利亚的武器出口也没有停止。因此，在禁止武器出口方面，仅依赖安理会是不够的。

第二种禁止出口情形，是武器出口可能违背其他国际协议的情形，这里所说的“其他国际协议”必须是缔约国已缔结或参加的国际协议。该限定的目的是要避免将其他国际协议的适用范围不适当地扩大到非缔约国，即一国不能因为加入条约，而自动受到它没有参加的那些禁止武器转让的国际协议的约束。根据大多数国家的理解，这里所指的其他国际协议，特别应包括有

---

① 安理会决议，S/RES/1970(2011)，第 9、10 段。

② 安理会决议，S/RES/2231(2015)，附件 B 第 5、6 段。

③ Zeray Yihdego, *The Arms Trade and International Law*, Oxford and Portland: Hart Publishing, 2007, p. 253.

关人权保护的国际条约。[①]条约在这里虽然只提及其他国际协定,但从其宗旨和目的来解释,并不应排除有关人权和人道的习惯国际法规则。

第三种禁止出口情形,被认为是条约中最重要的规定,[②]即当武器将用于犯下灭种罪、危害人类罪、战争罪时就应当被禁止出口。条约将战争罪界定为"严重违反《1949 年日内瓦四公约》的行为,实施针对受保护民用物品或平民的袭击或其作为缔约国的国际文书所规定的其他战争罪"。该表述在理解上可能会引发某些分歧,其中,在"实施针对受保护民用物品或平民的袭击"这一部分中采用了"受保护"(protected as such)的提法,这是目前国际人道法中未曾出现过的。比如,1977 年《日内瓦公约》第一附加议定书第 51 条(2)规定:"平民居民本身以及平民个人,不应成为攻击的对象",其中并没有上面"受保护"的提法。对于这个差异,一种观点认为,条约第 6 条中"受保护"的表述,其目的是将直接参与敌对行动的平民排除在外;同时,"受保护"提法所具有的这种排除性效果只适用于平民,而不适用于民用物品。[③]不过,该问题意义重大且涉及条约的解释,需要在今后的实践中来解决。

这里最容易引起争议的,是第三种禁止出口情形中缔约国的预见标准。该款使用了"如果缔约国在批准时了解到"武器和物项将用于犯下灭种罪、危害人类罪、战争罪的表述,其中"了解到"

---

① United Nations General Assembly, *Official Records*, 67th session, 2 April 2013, A/67/PV. 71, p. 20.

② 该款规定为:"如果缔约国在批准时了解到第 2 条第(1)款所述常规武器或第 3 条或第 4 条所述物项将用于犯下灭绝种族罪、危害人类罪、严重违反《1949 年日内瓦四公约》的行为,实施针对受保护民用物品或平民的袭击或其作为缔约国的国际文书所规定的其他战争罪,则缔约国不得批准武器或物项的转让。"

③ Stuart Casey-Maslen, Gilles Giacca and Tobias Vestner, "Academy briefing No. 3: The Arms Trade Treaty (2013)", https://www.geneva-academy.ch/joomlatools-files/docman-files/Publications/Academy%20Briefings/ATT%20Briefing%203%20web.pdf (last visited on February 6, 2017).

(has knowledge)可能被解释为实际知道。一种观点认为,在涉及上述三种严重国际罪行时,"了解到"的含义必须与个人犯下上述罪行的构成要件中的主观要件相一致,即应当解释为"明知"或"实际知道"。该观点的主要依据是《国际刑事法院罗马规约》第30条第3款,该款对"了解到"(knowledge,know)解释为清楚知悉(awareness)相关情况。然而,不同的观点则主张,国家在决定是否批准武器出口时的主观预见标准,不应混同于个人犯下国际罪行时的主观要件标准,这是因为:国际法上不存在将国家的一般违法行为与犯罪行为相区分的做法;同时,结合条约的目的与宗旨,以及该款后半句"将(would)用于犯下灭绝种族罪、反人类罪……"的表述意味着可能性,所以应将本款中的"了解到"解释为包括"应当知道"的情形。①

(二)其他禁止武器出口的情形

条约在序言部分重申了武器贸易应当遵守的若干重要国际法原则,也涉及禁止性规定。其中包括《联合国宪章》第2条第4款禁止使用武力或武力威胁的规定,第2条第7款的"不干涉原则",等等。在条约起草过程中,对于是否应禁止向国家以外的非政府武装团体转让武器曾存在较大分歧。条约最终文本中回避了该问题,但根据已有的国际实践,特别是国际法院在尼加拉瓜军事行动案中所指出的,一国对其他国家反政府武装提供包括转让武器在内的支持行动,将会违背具有习惯国际法地位的不干涉原则。②或者说,不干涉原则在特定情形下要求一国禁止向非政府武装团体出口武器。比较复杂的问题是,一国的私人实体向其他国家反政府武装出口武器时,该出口国在何种情形下将会违反不干涉原则,

① Brian Wood and Rasha Abdul-Rahim, "The Birth and the Heart of the Arms Trade Treaty", (2015) 12 *SUR International Journal of Human Rights* 15, p. 18.

② Military and Paramilitary Activities in and against Nicaragua (Nicaragua v. United States of America), Merits, Judgment, I. C. J. Reports 1986, p. 14, para. 292.

还必须结合具体事实来分析。

此外,一些学者通过一般国际法关于不法行为国家责任和“共谋”概念的解释,认为武器出口国在知晓进口国严重违反国际人权法和人道法时仍旧出口或允许私人出口武器的,出口国须承担违反国际人权法的国家责任。由此,进口国的人权保护状况应当成为出口国在决定武器出口时必须考虑的因素。①条约已将前述情形直接规定为条约义务,在该条约的框架下,不必再借助不法行为的国家责任原则来反推武器出口国应承担的义务,特别是国际人权法下的义务。

三、缔约国核心义务之二:以人权和人道法为内容的风险评估

当不存在必须禁止武器出口的情形时,缔约国还应当根据风险评估机制对是否出口作出合理判定。第 7 条第 1 款要求缔约国在决定是否批准武器出口时,应当以客观和非歧视的方式,综合考虑各种相关因素,对拟出口的武器及其部件是否促进或破坏和平与安全作出评估;同时,对出口武器及部件是否会被用于犯下或有助于犯下以下行为作出评估:严重违反国际人道法的行为,严重违反国际人权法的行为,根据出口国作为缔约国的、与恐怖主义有关的国际公约或议定书构成的犯罪行为,根据出口国作为缔约国的、与跨国有组织犯罪有关的国际公约或议定书构成的犯罪行为。

第 7 条规定的风险评估机制,旨在扭转“不负责任的”武器出口实践,②将国际人道法和人权法纳入风险评估的范围,这是一些

① Annyssa Bellal, “Arms Transfer and International Human Rights Law”, in Stuart Casey-Maslen, *Weapons under International Human Rights Law*, New York: Cambridge University Press, 2014, pp. 453 – 454.

② Jesse Clarke, “Irresponsible Arms Trade and the Arms Trade Treaty”, (2009) 103 *American Society of International Law Proceedings* 331, p. 331.

国家和地区,特别是欧盟在推动条约磋商过程中取得的最主要成就。[①]风险评估机制涉及两个重要问题,一是风险的内涵与判断标准,二是风险评估的具体实施。

(一)风险的内涵与判断标准

武器出口是一把“双刃剑”,它既可能促进也可能破坏和平与安全,可能被滥用而造成消极后果,具体表现为严重违反国际人道法和国际人权法的行为、恐怖主义犯罪、跨国有组织犯罪等。根据第7条第3款,[②]出口国只有在采取了缓解风险的措施,并确定武器出口有造成消极后果的“高于一切(overriding)的风险”时,才不得批准出口。“高于一切的风险”意味着,出口国可以在武器出口可能导致的各种积极和消极后果之间进行比较权衡。由此不排除下面这种可能:出口国预见到出口武器可能造成违反国际人道法和国际人权法的后果,即便如此,它仍可以经过权衡,以出口最终有助于促进和平与安全为由予以批准或许可。

对此,一些批评意见指出,作为风险评估的对象,第7条并没有继续使用“国家安全”的狭隘提法,而是代之以更宽泛的“和平与安全”;同时,允许出口国在和平与安全与国际人道法和国际人权法之间进行平衡的做法是错误的,因为只有遵守国际人道法和国际人权法才能真正实现和平与安全。简言之,“高于一切的风险”规定是条约最严重的漏洞。[③]条约在起草过程中曾有建议使用“重大(substantial)风险”的表述,但由于美国的强烈反对,条约最

---

① Iulian Romanyshyn,“Explaining EU Effectiveness in Multilateral Institutions:The Case of the Arms Trade Treaty Negotiations”,(2015)53 *Journal of Common Market Studies* 875,p. 880.

② 第7条第3款原文如下:“在进行这一评估并考虑到可采取的缓解措施之后,如出口的缔约国确定存在涉及第1款下消极后果的高于一切的风险,则出口缔约国不得批准出口。”

③ Ray Acheson,“Starting Somewhere:The Arms Trade Treaty,Human Rights and Gender Based Violence”,(2013)22 *Human Rights Defender* 17,p. 18.

终文本才采用了“高于一切(overriding)的风险”。这一改变明显提高了禁止出口的风险门槛。有意思的是,美国的立场得到了一些国家的支持,因为它们担心“重大风险”的表述会给出口国留下过于宽泛的自由裁量权,成为任意限制武器出口的借口,从而加大出口国和进口国之间在武器供求关系上的不平等性,不利于依赖武器进口的国家。事实上,武器贸易与国际人道法和国际人权法之间的“连接”同样离不开进口国的支持,而一些进口国基于自身需要可能在一定程度上阻碍风险评估机制的实施与完善。在这方面,第 8 条规定进口国有义务向出口国提供适当和相关的信息,以便后者作出是否许可出口的决定。

对于第 7 条“高于一切的风险”的规定,需要在实践中进一步明确其判断标准。例如,联合国裁军事务厅在其发布的条约实施指南中指出,缔约国有权决定一项出口促进和平与安全的积极后果超过它可能造成的消极后果;不过,“高于一切的风险”也可以被理解为对消极后果发生可能性的判断,即它是指消极后果发生可能性的最高级。后面这种解释的合理性在于,它实际上否定了将武器出口的积极影响与消极后果相互衡量的做法,使武器出口可能造成的消极后果成为阻却出口的绝对标准。该实施指南进一步指出,缔约国在对“高于一切的风险”进行评估时,应当完整遵守条约的全部条款,而且缔约国必须在通过可信的渠道获得客观信息,全面适用条约设定的各个标准,均衡考量所有相关事实的基础之上作出决定。①总之,风险评估机制留给各缔约国较大的自由裁量权,相应地,缔约国应本着更大的善意原则来具体实施,避免由于任何片面做法而导致评估机制目标落空。

(二)风险评估的具体实施

风险评估包括以下三个层次:首先,以客观和非歧视的方式对

---

① United Nations Office for Disarmament Affairs, “ATT Implementation Toolkit”, https://www.un.org/disarmament/convarms/att/(last visited on September 16,2016).

潜在的各种风险作出分析;其次,考察是否存在可利用的风险减缓措施,包括针对出口武器及物项被转作他用的风险减缓措施;最后,在对前两者进行全面衡量的基础上作出是否出口的决定。这里的最终判断标准是,是否存在产生第7条列举的各种消极后果的"高于一切的风险"。从整体上看,风险评估的具体实施在很大程度上依赖缔约国的国内措施。风险评估过程中涉及的一些重要概念目前还主要由国内法来界定,如条约第7条提到"严重违反国际人道法""严重违反国际人权法"等情形,但它既没有明确"国际人道法""国际人权法"的内容或范围,也没有对"严重违反"这些法律的具体情形给出判断标准。事实上,对于何为"严重违反国际人权法"或"严重侵犯人权"这样的情形,国际法上还没有普遍接受的定义,它既可以侧重于遭受侵犯的权利的性质,也可以指权利遭受侵犯的具体情形或程度。①对此,条约第14条规定,各缔约国应采取适当措施,执行为实施本条约而制定的国内法律法规。这表明,有必要通过达成国际共识,明确风险评估中涉及的各种要素的评价标准,缩小缔约国的"国家自由评判余地"。一个可能的完善或解决途径,是利用条约第17条规定的缔约国会议制度,由缔约国磋商并通过有关条约实施的具体建议,对条约中的一些重要问题作出澄清或提供具体判断标准,以及对条约某些条款的解释作出决议。②

第7条中提到的"严重违反国际人道法""严重违反国际人权法"的行为,将在很大程度上受到国际和区域人权机构、国际刑事法庭与法院的影响,它们提出的建议或作出的判决对于上述概念的界定具有重要借鉴意义。一种观点认为,应当采用低标准来界定"严重违反国际人权法""严重违反国际人道法"的行为,这意味着它们的范围应当比国际罪行更为广泛。具体而言,可以从受侵

① Annyssa Bellal, "Arms Transfer and International Human Rights Law", pp. 469 – 470.

② 第17条第4款(b):"审议并通过关于本条约的执行和运作的建议,尤其是促进其普遍性的建议";第17条第4款(d):"审议与本条约的解释有关的问题"。

害的权利、侵害的性质与程度等诸多方面来衡量"严重"与否。不仅如此,武器贸易对经济、社会和文化权利的消极影响,也应当作为风险评估的内容。①显然,该主张突出了人权保障在风险评估中的地位,符合条约的宗旨与目的。

为了帮助缔约国有效实施风险评估机制,一些非政府组织也提出了供各国参考的方案,其中包括进行风险评估时应当考虑的若干要素,例如进口国是否为一系列国际人权公约的缔约国,是否设立了独立人权机构来调查侵犯人权的情形并提供相应救济,进口国的人权教育状况,进口国国内社会治安与犯罪状况,是否曾发生过严重违背国际人权法和人道法的情形,是否在国内法上已经将严重违反国际人道法的情形规定为犯罪,以及是否存在有罪不罚的情形,等等。②另外,联合国裁军事务厅也公布了帮助缔约国实施条约的措施指南,③供各国在完善国内出口风险评估制度时借鉴采纳。

四、条约核心义务履行中的国家自主评判余地

条约在规定了缔约国核心义务的同时,也为缔约国如何具体履行这些义务保留了较大裁量余地。除了前面提到的风险评估之外,缔约国履行条约义务的自主性还体现在条约其他条款之中。

① Takhmina Karimova, "Academy Briefing No. 6: What Amounts to 'a Serious Violation of International Human Rights Law'?", https://www.geneva-academy.ch/joomlatools-files/docman-files/Publications/Academy%20Briefings/Briefing%206%20What%20is%20a%20serious%20violation%20of%20human%20rights%20law_Academy%20Briefing%20No%206.pdf (last visited on February 6, 2017).

② Amnesty International, "How to Apply Human Rights Standards to Arms Transfer Decisions", http://www.amnesty.org.uk/sites/default/files/how_to_apply_human_rights_standards_to_arms_transfer_decisions.pdf (last visited on 16 September, 2016).

③ United Nations Office for Disarmament Affairs, "ATT Implementation Toolkit", 2016.

例如，第 5 条关于条约实施的一般规定中，强调了各国应建立和维持国家管制制度，包括一份国家管制清单，以便实施条约的规定。这是一项具体和可操作的规定，但条约并非要建立一个统一的管制制度和清单，而是要求各国根据本国情况建立本国的管制制度和管制清单。缔约国在履行核心义务方面享有的这种自主性，与人权条约实践中的“自由判断余地原则”很近似，它允许各缔约国根据本国的具体情况对条约条款作出灵活解释并加以实施，同时，这种自主性也受到条约机构的监督。正如对人权机制下“自由判断余地原则”的作用存在争议，[①]缔约国裁量余地对条约目的实现的影响也需要进一步分析。这既涉及条约本身的实施机制问题，也涉及条约之外其他国际机制可能对条约实施产生的影响。

（一）条约自身实施机制存在的问题

条约为缔约国保留了较高程度的自主性。一方面，这是因为不同国家在武器贸易上的立法与政策存在较大差异，以条约的方式统一各国相关立法的可能性很低。比如在对私人能否持有和买卖武器的问题上，美国就担心条约会对国内私人的合法武器交易造成限制，其结果是，条约最终回避了能否向非政府实体转让武器的规定。另一方面，留给缔约国较大自主决定权，也是为了尽可能获得最大多数国家支持的策略，通过降低国际义务的门槛而使武器贸易国际机制的建立变得更为容易。但是，一些分析对条约能否有效遏制不负责任的武器贸易，实现将武器贸易与人权和人道主义相结合的目的，提出了疑问和不同观点。有的批评意见认为，条约的监督和执行机制对缔约国的约束力太弱，不能有效预防和制裁缔约国违反条约义务的武器出口行为。虽然条约第 17 条规

---

① 孙世彦：《欧洲人权制度中的“自由判断余地原则”述评》，载《环球法律评论》2005 年第 3 期。

定,缔约国大会的职能之一是负责审查条约实施情况,但这种审查能否真正做到督促缔约国履行义务尚存疑问。[①]条约的实施最终依赖于缔约国之间的相互合作,而信任与信赖是国际合作的固有内涵,也是善意履行条约义务原则的具体内容。[②]实际上,一国在决定如何履行条约义务时,往往会出于对等性的考虑,关注其他缔约国履行条约义务的忠实程度,一国很难在其他缔约国违反条约义务的情形下仍然有忠实履行义务的意愿,这就会在缔约国之间形成某种囚徒困境。简言之,条约目的的实现取决于缔约国在相互信任与信赖的基础上善意履行条约义务,但是,目前的条约实施机制并没有将建立相互信任与信赖作为优先事项。

条约实施机制"软化"更为深层的原因是,武器出口同时涉及人的安全(human security)与国家安全这两种不完全重合的价值取向。当人的安全作为优先考量因素时,往往要求国家限制武器的出口,当武器可能流入私人手中时更是如此;相反,当国家安全作为优先考虑因素时,武器出口即便有可能对普通平民造成损害,但最终有利于出口国或进口国的国家安全时,武器跨国转让就不应受限制。不同国家在人的安全与国家安全两种价值取向上会存在不同认识。例如,一种观点认为,人的安全概念的兴起,是在新的历史条件下对范围广泛的各类新安全威胁的一种直接反应,也是对以国家为中心的、内容狭隘并且以军事手段为重点的安全理念与安全战略的一种替代或矫正。简言之,人的安全既强调单独个人的安全,也是以人类共同价值为基础,具有超越国家安全的优先地位。[③]相反的观点则主张,所谓安全关切的主体从国家到个人的范式转换,过度贬低了主权国家在应对各类安全挑战中的积极

① William Thomas Worster, "The Arms Trade Treaty Regime in International Institutional Law", (2015) 36 *University of Pennsylvania Journal of International Law* 995, p. 1135.

② Nuclear Tests (Australia v. France), Judgment I. C. J. Reports 1974, p. 268, para. 46.

③ Gerd Oberleitner, "Human Security: A Challenge to International Law?", (2005) 11 *Global Governance* 185, p. 190.

作用，严重忽视或背离了现代世界体系仍然是民族国家体系这个基本现实，人的安全与国家安全既可能相互冲突也可以互补兼容，因此，应根据不同威胁的性质合理选择安全手段与策略。①在这个问题上，条约并没有明确其立场，而是以妥协的方式留给各缔约国自主地作出判断。以美国为例，它虽然支持将保障人的安全作为条约宗旨，但又将国家安全利益置于人的安全之上，在任何可能涉及国家安全的事务上，美国不愿接受多边体制的约束，这是美国不批准条约的最主要理由。②但是，条约会在多大程度上影响到美国的国家安全，这仍是一个值得探讨的问题。一些分析指出，美国国内出口管制的法律规定十分健全，并不是阻碍加入条约的原因。事实上，反对该条约的主要还是美国国内的利益集团。③这说明，国家安全也可能成为被利用的政治借口。此外，在条约起草过程中，美国也曾强调，对那些可能发生灭种罪行的国家或地区，可以通过向遭受灭种威胁的族群、非政府实体提供武器来提高其防御和抵抗能力。对此，加拿大明确表示反对，认为美国的做法可能适得其反，给国家安全、地区安全带来更加严重的威胁。④同样地，在保障人的安全与使用武力解决武装冲突实现和平之间也存在难以协调的矛盾。这方面最为现实的例子是叙利亚武装冲突的情形。一方面，联合国大会通过决议谴责发生在叙境内攻击平民的严重

---

① 石斌：《“人的安全”与国家安全——国际政治视角的伦理论辩与政策选择》，载《世界经济与政治》2014 年第 2 期。

② Mark Bromley, Neil Cooper and Paul Holtom, “The UN Arms Trade Treaty: Arms Export Controls, the Human Security Agenda and the Lessons of History”, (2012) 88 *International Affairs* 1029, p. 1041.

③ Rachel Stohl, “Putting the Arms Treaty into Context: Perspectives on the Global Arms Trade, Existing Arms Trade Initiatives, and the Role of United States”, (2009) 103 *American Society of International Law Proceedings* 331, p. 336.

④ Zeray Yihdego, “The Arms Trade Treaty and Human Security: What Role for NSAS?”, in Cedric Ryngaert and Math Noortmann (eds.), *Human Security and International Law: The Challenge of Non-State Actors*, Cambridge: Intersentia, 2014, p. 145.

违背国际人道法的情形;[①]另一方面,在安理会内部,由于在使用武力及如何解决人道危机的问题上存在重大分歧,对是否应禁止向叙利亚输出武器及其他武力支援等这些政治敏感问题,始终不能作出决议。其结果是,有关国家可以继续自主地决定是否向叙输出武器。这种缺乏协调一致的做法,显然不利于缓和冲突、保障人的安全。

总之,不同国家的安全观及相应的政策导向在短期内难以协调一致,这是条约在实施核心义务问题上留给缔约国较为宽泛的裁量余地的根本原因。它使得不同缔约国在履行条约义务的程度与效果上保持一定差距,这成为影响条约目的实现的重要障碍。条约实施机制的进一步完善,依赖于缔约国在人的安全与国家安全的关系问题上达成共识,这将是一个需要不断推动的进程。

(二)其他国际机制的影响

条约在明确缔约国核心义务时,明确指向或援引了有关人权和人道的国际法规范,这是改变国际法"碎片化"现象的一种尝试,即"通过条约之间的相互援引,来实现在不同的领域内发展起共同或趋同的法律标准"。[②]条约将国际人权法和人道法所确立的国家义务"移植"到武器贸易领域,也反映出国际法发展进程中的"人权主流化"(human right-mainstreaming)趋势。这种趋势具体表现为:一是人权成为各种活动的目的和价值,处于优先考虑的位置;二是强调人权具有可操作性,要求通过具体措施实现和促进人

① United Nation General Assembly, *International, Impartial and Independent Mechanism to Assist in the Investigation and Prosecution of Those Responsible for the Most Serious Crimes under International Law Committed in the Syrian Arab Republic since March* 2011, A/RES/71/248, 21 December 2016.

② Anne Peters, "The Refinement of International Law: From Fragmentation to Regime Interaction and Politicization", (2016) 19 *Max Planck Institute for Comparative Public Law & International Law (MPIL) Research Paper Series* 1, p. 14.

权。[①]对于"人权主流化"或者国际法的"人权化"趋势可能存在不同理解或利益诉求,但一般认为它要求对现有的国际法规则加以改造、完善或作出新的解释,以适应国际人权法和国际人道法的规范要求。[②]在这一背景下,条约应当采取更为开放的态度,以使国际人权法和国际人道法的发展对条约的实施产生更为直接的影响。例如,缔约国在实施条约规定的核心义务时应当接受或参考联合国相关机构,特别是安理会与人权理事会,以及国际刑事法庭与法院对"严重违反国际人权法""严重违反人道法"具体情形所做的定义与判断。例如,人权理事会 2013 年 9 月 27 日通过了第 24/35 号决议"转让武器在武装冲突中对人权的影响",其中专门提到条约,并在第 3 段中指出:"促请所有国家在它们根据适用的国家程序和国际义务与标准判定此种武器很有可能被用来犯下或造成严重违反或践踏国际人权法或国际人道法的行为时,不要将武器转让给武装冲突参与方"。在联合国框架下,人权理事会的普遍定期审议制度,也可以延伸到审查已批准条约的联合国成员国实施该条约义务的情况。相对于由人权条约设置的专门审查制度而言,普遍定期审议制度具有普遍性和补充性的特点,它以避免审查活动的"政治化"倾向为目标,[③]这使得它能够更为客观、中立地评价对缔约国在从事武器贸易活动时,是否遵守了国际人权法和人道法的义务。

此外,在对缔约国裁量余地进行约束方面,联合国人权理事会还可以采取某些有针对性的措施,例如,将武器贸易对人权保障与遵守国际人道法的影响作为理事会优先专题任务,以启动相关的

---

① 张万洪:《论人权主流化》,载《法学评论》2016 年第 6 期。

② Menno T. Kamminga and Martin Scheinin (eds.), *The Impact of Human Rights Law on General International Law*, Oxford: Oxford University Press, 2009, p. 4.

③ Maximilian Spohr, "United Nations Human Rights Council, Between Institution-Building Phase and Review of Status", in A. von Bogdandy and R. Wolfrum (eds.), (2010) 14 *Max Planck Yearbook of United Nations Law* 170, p. 179.

调查与评估工作,由此形成的结论和建议,条约缔约国应当主动接受或予以参考。目前,“对冲突、暴力和不安全状况中人权问题的早期预警和保护”已经是人权理事会的优先专题任务。根据该优先专题任务的宗旨,存在武装冲突、暴力和不安全状况的国家与地区所涉及的武器贸易,以及它对地区安全和基本人权保障的影响,可以成为该优先专题任务的组成内容,作为有针对性的调查和评估的对象。除此之外,针对严重违反国际人权法与人道法的情势,由联合国相关机构组建的以调查和事实发现为主要职能的专门委员会(Commissions of Inquiry and Fact-finding Missions on International Human Rights and Humanitarian Law),它们从事的调查和事实发现活动,也可以用来考察特定国家、地区武器贸易与严重违反国际人权法和人道法情形之间的联系。尽管这些委员会的调查结论或建议没有直接的法律约束力,但条约缔约国在履行条约的核心义务时也应予以顾及。

目前,条约生效时间不长,条约规定的缔约国大会能否充分发挥监督条约实施的功能,还有待进一步观察。在这种情况下,国际人权机制能够发挥补充性的导向作用,间接地推动缔约国履行条约下的核心义务,在一定程度上对缔约国的裁量余地施加限制。条约之外的人权机构与机制在实现条约目的方面的作用不应被忽视,国际社会应当积极推动条约与国际人权机制之间的良性互动。当然,人权条约机构存在着效率不高和扩权严重的问题,防止人权条约机构滥权,已成为改进人权条约监督制度需要重视和研究的问题。[①]在这种情况下,有必要进一步探索条约实施与人权监督机制之间互动与配合的具体方式或途径。

另外需要指出的是,条约在起草阶段,由于对是否采取协商一致方式通过条约的做法存在分歧,最后才在联合国大会框架下以

① 宋冬:《国际法履行监督制度的实践及发展趋势》,载《法律与外交》2016 年第 1 期。

投票方式通过,这在一定程度上减损了条约效力的普遍性。[①]但目前联合国大会已经通过有关决议,呼吁各国积极参加条约,并通过技术、财政援助来推动条约的普遍适用和有效执行,[②]这表明联合国大会对于提升该条约在国际社会的影响也具有不可忽视的积极作用。

无论是条约本身的实施机制,还是条约以外的其他国际机制对条约目的实现的贡献,从根本上讲,取决于所有利益相关主体特别是各国政府,在武器贸易与人道底线之间所作的价值判断与选择。从这个意义上讲,条约的实施凸显出法律规范与伦理规范之间的关系问题,特别是在跨国武器贸易的伦理限制上,国际法究竟能否发挥效用。

五、跨国武器贸易的伦理限制:进步抑或停滞

条约的进步意义在于,与武器贸易有关的国家行为,如出口许可、管制措施等,虽然仍被视为国家主权行为,但当国家参加该条约后,就要在武器贸易活动上受到国际人权法和人道法规范的约束与限制。将武器贸易与缔约国的人权和人道国际法义务紧密联系起来,这使得条约呈现出人权条约的特征。[③]条约的出现,使国际人权法和人道法在国际法体系整合方面所发挥的“核心规范框架(core normative structure)”作用得以具体化。[④]或者说,条约从

---

① Yasuhito Fukui, “The Arms Trade Treaty: Pursuit for the Effective Control of Arms Trade”, (2015) 20 *Journal of Conflict & Security Law* 301, p. 308

② 联合国大会:《武器贸易条约》, A/RES/69/49, 2014 年 12 月 2 日, 第 3、4 段。

③ International Commission of Jurists, “The Arms Trade Treaty: A Human Rights Treaty?”, http://www.icj.org/the-arms-trade-treaty-a-human-rights-treaty/ (last visited on October 4, 2016).

④ Aiofa O'Donoghue, *Global Constitutionalism in the Constitutionalisation of International Law*, Cambridge: Cambridge University Press, 2014, p. 96.

武器贸易的对人的安全可能造成的后果这一角度来规范武器的跨国转让,使得国际人权法和人道法的效力在武器贸易的情形下得以具体化。当然,这也可以视为国际社会在通过制定条约来推动国际人权法和人道法发展。

条约关于缔约国核心义务的规定,使得人的安全具有了伦理价值与法律规范的双重性质。从国际法体系化发展的角度来看,人的安全作为一项法律规范,它与武器贸易之间的相互联结在常规武器贸易是否应受到人的安全的限制这个问题上,避免了所谓"法律不明"的情况。特别是国际法院"威胁使用或使用核武器的合法性"咨询意见案以来,有关国际法完整性的问题受到关注。[①]相比之下,条约显然强调了国际法的体系化和完整性,将武器贸易与国际人权法和人道法相互联结,这就与国际法委员会提出的通过国际法不同部门之间的体系整合来促进国际法发展活力的观点相吻合,[②]有助于解决所谓国际法不成体系的问题。进言之,条约关于缔约国核心义务的规定实际上为跨国武器转让设置了人的安全的限制,确立了武器贸易与人的安全之间在法律上的规范等级关系,对于国际法的发展具有进步意义。相对于国际法院在"威胁使用或使用核武器的合法性"咨询意见案中,关于使用核武器与国际人道法之间相互关系的分析,这种进步性尤为明显。在该咨询案中,国际法院一方面指出使用核武器几乎不可能与国际人道法的要求相协调;但另一方面则认为,它没有充分的根据以确切的方式断定使用核武器必然与国际人道法的原则、规则相冲突。[③]这一相互矛盾的分析结论,实际上回避了在使用核武器与国际人道法

---

① 尹海新:《国际法院"威胁使用或使用核武器的合法性"咨询意见案评析》,载《国际法研究》2015 年第 2 期。

② 国际法委员会:《国际法不成体系问题:国际法多样化和扩展引起的困难》(国际法委员会研究组的报告),A/CN. 4/L. 682,2006 年 4 月 13 日,第 15 段。

③ Legality of the Threat or Use of Nuclear Weapons, Advisory Opinion, I. C. J. Reports 1996, p. 226, para. 95.

之间谁具有优先地位的"等级关系"问题。国际法院在核武器可能给人类造成极为严重危害的背景下,仍然没有肯定国际人权法和人道法的优先性,相比之下,对于危害后果远低于核武器的常规武器,条约则明确肯定了国际人权法和人道法的优先地位,使遵守国际人权法和人道法成为合法跨国武器贸易的必要条件。

条约确立了国际人权法和人道法的优先地位,然而也暴露出一些值得关注的缺陷。条约以人的安全作为武器贸易的伦理底线,但没有合理兼顾其他相关的规范价值,特别是没有直面当不同规范价值之间存在紧张关系或冲突时,应当如何化解的问题。上文提到,在常规武器的跨国贸易问题上,国家安全与人的安全常常被视为相互平行的两种价值取向。对此,各国做出的优先选择不尽相同,如何在国际层面上协调这两种规范价值,条约并没有给出明确答案。对于该问题,国际法院在"威胁使用或使用核武器的合法性"咨询意见案中的分析同样具有一定启示意义。法院认为,在当时的国际法整体框架下,对于国家依据《联合国宪章》关于自卫权的规定,为了生存而使用核武器是否合法的问题,并不能得出确切结论。①这实际表明在国家自卫权与国际法其他原则与规则,特别是国际人道法之间,并不能以形式上的规范等级关系来界定。这种法律上的不确定性,当然与使用或威胁使用核武器这种极为例外的国家实践有关,但问题的根源在于许多规范价值之间的冲突并不能通过"效力等级"的方式来化解,这正是一些建构主义国际关系学者提出的难以协调的道德或伦理困境。②在武器贸易领域也存在着相同的问题:在某些特定情况下,以武力实现和平、维护国家安全和保障人的安全之间存在矛盾时,能否以牺牲人的安

---

① Legality of the Threat or Use of Nuclear Weapons, Advisory Opinion, I. C. J. Reports 1996, p. 226, para. 97.

② Richard Price, "Moral Limit and Possibility in World Politics", in Richard Price (ed.), *Moral Limit and Possibility in World Politics*, Cambridge: Cambridge University Press, 2008, p. 52.

全作为代价,基于有利于实现和平、国家安全的理由使用武力、从事武器的跨国转让?条约尽管在序言第五段提到了确认各国在武器贸易方面正当的“政治、安全、经济和商业利益”,但它实际上反对将国家安全作为高于人的安全的规范价值。不过,由于国际社会对二者的关系还没有达成普遍共识,对于那些在传统上强调国家安全的国家而言,该条约被认为过于强调了人的安全,成为这些国家特别是俄罗斯①、美国②,以及中国③等国家尚未加入或批准该条约的重要原因。进一步而言,条约确认了人的安全的价值优先性,但并不当然将其置于所有规范中的最高位阶。由此引出的问题是,当那些未在条约中明确的规范与人的安全产生冲突时,国际社会应该如何取舍。从这个意义上讲,条约虽然提出但又回避了的问题是,如果不确立一个效力等级,不确定人的安全作为一种规范具有最高效力等级的话,那么应如何避免人的安全被其他规范所“侵蚀”或“减损”。

就武器贸易而言,在人的安全和国家安全之间的取舍并不只是政治选择,其正当性最终取决于道德或伦理的价值判断。近年来,一些提倡实用主义国际法观念的学者甚至认为,在关涉国家安全利益的问题上,法律规范本身根本不可能对国家产生有效约束。

---

① Stephen Blank and Edward Levitzky,“Geostrategic Aims of the Russian Arms Trade in East Asia and the Middle East”,(2015) 15 *Defence Studies* 63, p. 63.

② 刘毅强:《〈武器贸易条约〉流产幕后:美国临阵倒戈》,载《中国经济周刊》2012 年第 40 期。

③ 投票程序之后,中国代表王民大使在发言中解释了弃权的原因:“中方不赞成在联大强行达成事关国际安全及各国安全的多边军控条约,对这种做法可能成为今后多边军控谈判的不良先例感到十分担忧。我们应坚持通过谈判以协商一致方式达成各方都能接受的条约。只有这样,才能确保条约将来得到普遍支持和有效落实”。第 67 届联合国大会会议文件,A/67/PV. 71,第 15 页。《常驻联合国副代表王民大使在联大表决‘武器贸易条约’决议草案后的解释性发言》,载中华人民共和国常驻联合国代表团网站,http://www. china-un. org/chn/hyyfy/t1027811. htm,最后访问日期:2016 年 8 月 7 日。

相反,是法律规范以外的其他社会规范在决定着国家的选择与行动。[①]这似乎意味着国际法本身在伦理价值判断上具有局限性。从价值判断的选择困境这个角度来看,条约的回避做法是否为真正意义上的进步,还是将政治选择及伦理价值判断的分歧仅仅以条约的形式简单机械地呈现出来;或者说,在人的安全与国家安全的问题上,条约究竟是推动了国际法的发展还是反映出某种停滞不前,值得进一步思考。

六、结 语

综上,条约的有效性,即能否将常规武器跨国转让的人道底线确立为一项普遍的条约义务,至少受到两方面的挑战:一方面,一些重要的武器出口大国还没有参加条约,对这些国家而言,只能通过对其他条约条款的解释或者通过证明存在相关国际习惯法规则,以间接的方式来论证常规武器贸易应受到国际人权法和人道法的约束。例如,通过解释《1949 年日内瓦四公约》共同第 1 条[②]、"马腾斯条款",以及《公民权利和政治权利公约》的核心条款等,可以得出如下结论:国家在管制常规武器的跨国转让时,负有确保人道法得到遵守的国际义务,以及一般习惯法含义下的人权保障义务。[③]另一方面,对于已经参加条约的国家而言,在条约的实施上仍保留了较大的自由评判余地,条约实施机制的软化给缔约国留下较高的自主性,这会在相当程度上减损条约的实际效力。[④]因

---

① Michael J. Glennon, *The Fog of Law, Pragmatism, Security, and International Law*, Chicago: Stanford University Press 2010, p. 129.

② 该条规定:"各缔约国承诺在一切情况下尊重本公约并保证本公约之被尊重"。其中保证公约被尊重的规定,可以被解释为国家有义务基于人道的原因限制或禁止武器出口。

③ Zeray Yihdego, *The Arms Trade and International Law*, Oxford and Portland: Hart Publishing, 2007, p. 271.

④ Laurence Lustgarten, "The Arms Trade Treaty: Achievements, Failings, Future", (2015) 64 *International and Comparative Law Quarterly* 569, p. 599.

此,武器跨国转让的人道底线问题可能最终重新回落到各国国内法的层面。

从表面上看,各种政治和经济原因影响着缔约国对条约核心义务的善意履行,阻碍了国际人权法和人道法在武器贸易场合下的效力和影响。更深层的原因是,在武器贸易的人道底线这一具有实质性的伦理或道德问题上,国际社会还远未达成共识,进而阻碍了以共识为基础的国际法规则的形成。但是,武器贸易与人的安全之间的联系是客观存在的,无法否认对武器跨国转让的国内立法与实践加以限制约束的必要性。从这个角度来分析,条约反映出国际法如何发展的问题,特别是国际人权法和人道法向国际法不同领域扩张与延伸的问题。一种观点认为,相对于体现价值观的道德或伦理规范而言,国际法本身只是一种实在规则,说到底是道德或伦理规范决定了国际法规则的发展与变迁,“把国际法看作一种社会事实,比用‘正义’或‘实质规范’来表述它更为贴切”。[①]这种观点强调了道德或伦理规范与国际法之间的差异并将其区分开来,同时主张存在着那些决定了国际法的具有普遍性的道德或伦理规范。然而,结合武器贸易的实践来看,特别是在国家安全、人的安全这些具有规范意义的概念理解上,以及武器贸易与国家安全、人的安全之间相互关系的判断上,至少在武器贸易这个具体问题的微观层面而言,还很难说存在某种共同的伦理或道德观。进一步而言,假如人的安全、人权、人道这些价值规范在宏观层面或终极意义上具有普遍性,那么当对这些价值规范的认识下降到微观层面时,就会产生利科所说的普遍主义与情境主义之间的冲突,但是“它们之间的冲突不属于同一个道德层面,而是来自不同的道德层面,即人们认为存在的普遍性义务与受到多样性文

---

① H. Patrick Glenn,“The Ethic of International Law”,in Donald Earl Childress III(ed.), *The Role of Ethics in International Law*,Cambridge:Cambridge University Press,2012,p. 258.

化影响的地方智慧这两个不同层面之间”。[①]条约的实例表明，就国际法的发展特别是人权法和人道法的发展而言，应解决的关键问题是国际社会如何在属于微观层面“情境化的”道德或伦理观上达成共识。显然，在对于人权法和人道法的普遍性的认识上并不存在分歧。相反，当人权法和人道法的普遍义务下降到武器贸易的层面时，认识与行动分歧就明显起来。

那么，在微观层面上建立道德或伦理共识是可能的吗？对这一问题的思考将不可避免地引起更多的问题：在国际社会里，某种特殊的道德标准究竟能否被看作普遍的道德正义标准？对多元化的道德或伦理观究竟应该是统合，还是基于承认政治权力和利益上的冲突与矛盾是客观存在的，从而认同法律体系所达到的不过是各种不同利益之间的妥协和平衡？假如我们接受这种观点，即与道德所追求的正义是绝对的、普遍的不同，法律所追求的正义是利益中的平衡，那么结合武器贸易的具体实践而言，这就意味着一个符合正义要求的关于武器贸易人道底线的国际法规则也应当建立在利益平衡与妥协的基础之上。正如哈贝马斯所说的：“有效的只是所有可能的相关者作为合理商谈的参与者有可能同意的那些行动规范”。[②]然而，假如国内法层面上立法的有效性或正当性是通过商谈性的民主原则得以确立的，那么国际社会是否存在这种意义上的民主原则却是有疑问的。比如，武器贸易可能对人的安全带来危害，但是国家之外的私人由于不是一般意义上的国际法主体，因而无法参与到这种商谈过程中来，普通平民的安全利益在现有国际法框架下还要依赖于国家的保护，这就使得国际法规则的正当性无法通过真正意义上的利益平衡与妥协来得到保障。一方面，条约强调维护人的安全，一些非政府组织也积极推动了条约

① Paul Ricœur, *Reflections on the Just*, *translated by David Pellauer*, Chicago: The University of Chicago Press, 2007, p. 248.

② [德]哈贝马斯：《在事实与规范之间——关于法律和民主法治国的商谈理论》，童世骏译，三联书店出版社2003年版，第132页。

的磋商谈判,但除此之外,现有的国际法结构并没有为普通平民提供涉及自身安全利益的"合理商谈"的途径;另一方面,条约确认了人的安全这种价值规范的优先性,但又没有赋予其最高位阶地位,从而使它有可能与其他价值规范产生紧张与冲突。实际上,上述两种情形之间相互呼应并存在内在的联系。由此,进一步值得探讨的问题是,商谈性民主原则的缺失,究竟是"国际社会"的固有特征,还是缘于国际法自身,例如关于国际法主体,国家主权、国际法的效力根据等这些基本理念所造成的"结构性"局限?如果是后者的话,那就意味着国际法本身抑制了商谈性民主原则,进而成为损害其自身正当性和有效性的根源。条约的出现表明,国际法的发展在一定程度上需要突破它自身的结构性局限。

Restrictions on Transnational Arms Transfer: on the Core Obligations of States Parties to the Arms Trade Treaty

Li Bin

Abstract: The Arms Trade Treaty aims to avoid the grave violation of international human rights law and international humanitarian law that resulted from irresponsible arms trade activities, through setting restrictions on cross-border arms trade. For that purpose, the Arms Trade Treaty imposes some core obligations on its State Parties, including the prohibition of arms export under certain situations, and the requirement of risk assessment on arms export. Nevertheless, from the treaty implementation perspective, State Parties are left with significant autonomy in their decision-making, thus causing uncertainty to the enforcement of the core obligations. In the development of international law, the Arms Trade

Treaty represents a progress given its objective of preserving the baseline of humanity in the field of transnational arms transfer. However, the international community has not reached a universal consensus on the value norms guiding states' judgment on the legitimacy of arms trade, which are, in particular, human security and national security. It follows that the realization of the Treaties' objective and purpose would be impeded in practice. The emergence of the Arms Trade Treaty offers a concrete example for re-thinking the development of international law.

Key Words: arms trade; core obligations; Arms Trade Treaty

论环境权语境下发展权的实现

张爱宁*

摘要:发展权是一项不可剥夺的人权,但发展权的实现要受环境权的制约。不能因环境权在国际人权法中尚无明文规定的事实就否定其作为应有人权的属性。国家和国际社会的实践证明,环境权已经具备了成为一项国际人权法习惯规则的物质要素和心理要素。将环境权确立为一项人权,使环境权获得与发展权同等重要的地位,有利于通过保障环境权实现人类可持续发展。可持续发展原则是基于保护人类赖以生存环境目的而设计的实现发展权的必由路径,它不仅包括"代际公平",亦应包括"代内公平",后者是前者"可持续"的保证。共同但有区别的责任原则是发达国家和发展中国家之间在发展进程中实现人类环保目标公平现实的国际合作范式。中国解决经济发展与环境保护的矛盾,要切实践行科学发展观,依法理政、严格司法,充分保障公众的环境信息知情权、环境决策参与权和环境损害获得救济权。

关键词:人权;发展权;环境权;代内公平;科学发展观

发展权利是一项不可剥夺的人权。由于这种权利,每个人和所有各国人民均有权参与、促进并享受经济、社会、文化和政治发展。在这种发展中,所有人权和基本自由都能获得充分实现。

---

* 外交学院国际法系教授。

人的发展权利意味着充分实现民族自决权，包括在国际人权两公约有关规定的限制下对他们的所有自然资源和财富行使不可剥夺的完全主权。

——1986 年《联合国发展权利宣言》第 1 条

“发展”是指“经济、社会、文化和政治的全面进程”，①然而在环境权语境下谈发展，则更多涉及的是如何在实现经济增长的同时保护和保全环境，以实现可持续发展。

人类在创造出前所未有的经济增长和物质财富的同时，也对其赖以生存的自然环境造成了严重损害，并因此威胁着人类作为生物物种的将来。酸雨成灾、臭氧层破坏、生物多样性锐减、土壤沙化加速、淡水资源枯竭、海洋生态危机、森林面积急剧减少、突发性环境污染事故、危险废物对水、土壤、空气的污染……当人类经过艰苦卓绝的努力，正在为取得的发展成果沾沾自喜之时，却“突然”发现日益恶化的环境正在吞噬着他们的奋斗成果。人们越来越清楚地认识到，发展成果的享有与安全、洁净、健康和可持续的环境不可分割。一个空气、水、土壤被污染、生态遭到破坏的环境是与令人满意的生活条件和个性发展相矛盾的，并且环境变得越糟，人类受到的损害就越大；如果环境损害超过一定限度，不仅发展本身变得毫无意义，甚至人类文明都将不复存在。

上述思考促使人们关注经济发展与环境保护的协调问题，发展权利的实现路径与人类福祉之间的关系问题。

一、发展与环境的关系

许多发展形式损害了它们所立足的环境资源，从 1972 年斯德哥尔摩联合国人类环境会议开始，发展与环境的关系问题成为国际社会一直以来持续关注的问题，近几年更成为中国社会普遍关

① 1986 年《发展权利宣言》，序言第 2 段。

注的焦点。

(一)发展是优先事项

在人类衣食住行等基本要求没有解决之前,孤立地奢谈环境权是没有意义的,特别是对发展中国家而言。1972 年联合国人类环境会议通过的《联合国人类环境宣言》承认,"为了保证人类良好的生活和工作环境,为了在地球上创造对改善生活质量所必要的条件,经济和社会发展是非常必要的。"[①]1991 年发展中国家环境与发展部长级会议通过的《北京宣言》也指出,"必须充分承认发展中国家的发展权利,保护全球环境的措施应该支持发展中国家的经济增长与发展""发展中国家有权根据其发展与环境的目标和优先顺序利用其自然资源"。[②]

(二)发展导致环境问题

资源损耗和环境污染往往是经济发展的副产品,经济和生产活动总得开发资源、排放煤烟、倾倒废物、排放废水,如果没有一定的环境政策干预,一个国家的整体环境质量或污染水平在经济发展初期将随着国民收入的增加而恶化或加剧。[③] 以日本为例,日本在 20 世纪 50 ~ 60 年代经历了前所未有的经济增长,但工业污染也日趋严重,冶金和石化行业的大气污染致使工厂附近居民的呼吸系统疾病患者比例居高不下,相继发生的富山骨痛病事件、新潟水俣病事件、熊本水俣病事件、四日市烟害事件被斥为"震惊世界的四大公害事件"。20 世纪 60 年代末,日本被世人冠以"公害列岛"之称。[④]不仅日本,其他发达国家在工业化过程中同样也经

---

① 1972 年《联合国人类环境会议宣言》,原则 8。

② 1991 年《发展中国家环境与发展部长级会议北京宣言》第 3、5 段。

③ 黄应龙:《论环境权及其法律保护》,载徐显明主编:《人权研究》(第 2 卷),山东人民出版社 2002 年版,第 405 页。

④ 肖剑鸣:《比较环境法》,中国检察出版社 2001 年版,第 100 页。

历了不同程度的严重环境损害，比利时1930年马斯河谷烟雾事件、美国1943年洛杉矶光化学烟事件和1948年多诺拉烟雾事件、英国1952年伦敦毒雾事件等，皆是震惊世界的公害事件。几十年后的中国，也正在以自己的经济快速增长过程，佐证着发达国家工业化过程中环境污染的历史。

如果不加干预，经济发展对环境的损害一般会经历以下几个阶段：个别居民的健康或文化生活因个别原因造成的环境污染受到损害→大量居民的生命和安全因大面积环境污染而受到威胁→人造废弃物远远超过大自然自我净化能力致使生态环境遭到毁坏→生存危机到来。

（三）环境问题的解决最终要依靠发展

1972年《联合国人类环境宣言》承认，“在发展中国家，环境问题大半是由于发展不足造成的”。[①] 四十多年后的2016年，联合国人权理事会在《人权与环境》决议中依然确认，“必须实现发展权，才能公正地满足今世和后代的发展和环境需要。”[②]

根据“环境库兹涅茨曲线”假说，一方面，经济增长意味着更大规模的经济活动，在需要更多资源投入的同时，也带来更多的污染排放，因而对环境质量产生负的规模效应；另一方面，经济增长通过清洁能源以及新技术的使用、产业结构的优化升级等，对环境质量产生正的技术进步效应和结构效应。一般说来，在大规模工业化阶段，规模效应超过技术效应和结构效应，环境质量随着经济增长不断恶化；在后工业化阶段，技术效应和结构效应超过规模效应，环境质量随着经济增长逐步改善。归纳起来，这三类效应共同决定了环境质量与经济增长之间的U形曲线关系：环境质量随着

① 1972年《人类环境发展宣言》第4段。

② Human Rights Council, *Human Rights and the Environment*, A/HRC/RES/31/8 (2016).

经济增长呈先恶化后改善的趋势。[①] 环境库兹涅茨曲线假说不难理解。理论上,它反映了经济发展的自然进程。现实中,如果没有一定的环境政策干预,一个国家的整体环境质量或污染水平在经济发展初期将随着国民收入的增加而恶化或加剧;当国民经济发展到较高水平时,环境质量的恶化或污染水平的加剧速度开始保持平稳,进而随着国民收入的增加而渐渐好转。这是因为,这一时期随着生活水平的提高,人们必然会对安全、洁净、健康和可持续的环境有更强烈的要求,会对政府和企业施加压力,迫使政府和企业采取环保措施,而国力的增强也使得国家有能力加大投入治理和保护环境,使得环境权得以实现。[②] 之前欧美日等发达国家的经济发展和工业化就经历了这样一个过程。

二、环境权是一项人权吗

环境权似乎已被视为理所当然。但到目前为止,在联合国范围内并没有承认环境权是一项人权,国际社会也没有一项具有法律约束力的普遍性人权文件确立这样一项权利。

环境与人权之间的联系在世界范围内获得关注始于 1972 年《联合国人类环境宣言》。该宣言原则 1 宣称:“人人有在一种能够过尊严和福利生活的环境中,享受自由、平等和适当生活条件的基本权利。”联合国人权机构从 1989 年开始考虑环境与人权之间的关系,1994 年联合国人权委员会特别报告员法特玛·祖赫拉·克森蒂妮(Fatma Zohra Ksentini)在她起草的最后报告中包括了一

---

① 马向东、王悦生:《“环境库兹涅茨曲线”拐点到来了吗》,载《人民日报》2012 年 10 月 18 日,第 23 版。

② 以中国为例,“十一五”时期,全国环境污染治理投资达 1.4 万亿元,相对“十五”期间的投资增速为 66.68%。“十三五”期间,环境保护投资预计在 6 万亿元到 10 万亿元。载中国水网,http://www.h2o-china.com/news/232053.html,最后访问日期:2017 年 2 月 10 日。

个《人权与环境原则》(草案),提出"所有人拥有享受一个安全、健康和生态健全的环境的权利"。[①] 虽然联合国人权委员会审议了该报告,但并没有通过或核准该原则草案。[②] 2012 年,联合国人权理事会任命约翰·H. 诺克斯教授为与享有安全、洁净、健康和可持续环境相关的人权义务问题独立专家,其在同年 12 月提交给联合国人权理事会的初次报告中指出,"联合国没有承认一项对健康环境的人权。联合国人权委员会和后来的人权理事会以及其他联合国人权机构和机制继续研究了人权与环境的相互作用问题,但它们关注的主要是环境与已被承认人权之间的关系。换言之,它们的重点不是宣布'健康环境权'这样一项新的权利,而是所谓的'绿色人权',即研究和突出既有人权与环境的关系。"[③]

尽管环境权作为一项法定权利在国际人权法中尚缺乏明文支持,但笔者认为,环境权作为人权一览表中的一项新的权利应该是具有充分法理依据的。

(一)环境权是一项应有权利

无论国际人权法中是否出现环境权的概念,人们对于环境权利的需要与对他项基本人权的需要一样,都是人所固有与生俱来的,这一需求是客观存在的,不会因为实在法没有赋予或被实在法剥夺而消失。1948 年《世界人权宣言》这类影响深远的人权文献在这方面的沉默是可以理解的,虽然我们人类从来都知道自己对环境的依赖,但却是刚刚开始意识到我们的各种活动会对环境造成多大的破坏以及因此对我们自己造成的损害,因此为减缓环境

---

① Final report prepared by Mrs. Fatma Zohra Ksentini, Special Rapporteur, *Human Rights and the Environment*, E/CN. 4/Sub. 2/1994/9, p. 22, Principle 2.

② Report of the General Assembly, *Report of the Independent Expert on the Issue of Human Rights Obligations Relating to the Enjoyment of A Safe, Clean, Healthy and Sustainable Environment*, A/HRC/22/43(2012), p. 6, para. 16.

③ Ibid.

的退化所作的努力仍然处于初级阶段。[①] 总之,缺乏法律规定可能是因为各种主观上的原因,但无论出于哪种原因,都很难拒绝这样一项权利——人人有权生活在一个安全、洁净、健康和可持续环境之中的权利。这是一种基本的道德上的权利,是现存的包含着明示环境质量要求的人权规范,如生命权、健康权、适当生活水准权、文化权等权利的逻辑结果。[②]

如果说生命权是所有他项人权的前提,那么一个适宜人类生存的环境,则是生命的载体。安全的食物、干净的饮用水、清洁的空气,是维持生命的最基本要素。对生命权的侵犯不仅仅是暴力地灭绝生命,生命或许不会因为暴力而失去,却可能由于环境的慢性毒害而灭绝。退一步讲,即使地球环境能够维持人类生存,但现代人所要求的生命权决不仅仅是动物般的生存,而是要有尊严地活着。这意味着一个没有空气、水、土壤污染的环境,意味着河流、湖泊、海洋、湿地、野生动植物、生态系统与宇宙的平衡。同样,个人的健康状况直接决定着其生命质量,而环境对健康的影响不言而喻。健康权要求国家采取措施保护公民免受有毒环境的危害,并提供有益于人类身心健康的环境产品。[③] 总之,不仅生命权、健康权如此,其他公民权利、政治权利,经济、社会和文化权利,都包括对自然环境保护和保全的要求,否则就失去了享有这些权利的空间和物质前提,而这些要求的所有内容都被浓缩为一项人人有权生活在一个安全、洁净、健康和可持续环境之中的权利。

环境权问题的产生再次印证了人权是一个历史范畴,其内容不是静止不变的,它将随着人类社会的进步不断得到丰富和发展;环境权与其他各项人权包括公民权利、政治权利、经济、社会和文

① Report of the General Assembly, *Report of the Independent Expert on the Issue of Human Rights Obligations Relating to the Enjoyment of A Safe, Clean, Healthy and Sustainable Environment*, A/HRC/22/43(2012), p. 4, para. 7.

② 徐显明主编:《人权研究》(第2卷),山东人民出版社2002年版,第398页。

③ 张爱宁:《国际人权法专论》,法律出版社2006年版,第488页。

化权利一样，都是普遍的、相互依赖的和不可分割的。

(二)环境权具备了成为国际人权法习惯规则的物质要素和心理要素

《联合国人类环境宣言》《里约环境与发展宣言》《世界自然宪章》等规定环境权的文件①虽属"软法"性质，不具有法律约束力，但考虑到通过这些文件的会议与会国的普遍性，可以看出国际社会对环境保护这一重大问题所普遍持有的政治和道德态度，以及在此基础上所达成的高度共识。② 国际社会成员虽然从法律上没有遵守这些文件所确定的原则的义务，但实践中这些原则已为大多数国家所接受，或规定在国内法中，或为本国司法实践所确认转化为具有法律拘束力的习惯法规范，或被采纳到国际条约中对缔约国产生法律拘束力。

全世界几乎每一个国家都制定了旨在控制、减少污染，管制有毒物质和保护自然资源的国内法。③ 1976 年，葡萄牙是第一个在宪法中增加了"享有健康和生态平衡的人类环境的权利"的国家，此后有 90 多个国家在本国宪法中增加了类似权利。④ 美国联邦法院曾在若干场合宣布在当前国际习惯法中存在一项受保护的清洁

---

① 参见 1972 年《联合国人类环境宣言》第 1 条原则，1982 年《世界自然宪章》第 23 条原则，1992 年《里约环境与发展宣言》第 1 条原则。

② 1972 年联合国人类环境大会有 133 个国家的 1300 多名代表出席会议；1992 年联合国环境与发展大会有 180 多个国家派代表团出席会议，103 位国家元首或政府首脑亲自与会并讲话，与会的还有联合国及其专门机构等 70 多个国际组织的代表。

③ Report of the General Assembly, *Report of the Independent Expert on the Issue of Human Rights Obligations Relating to the Enjoyment of A Safe, Clean, Healthy and Sustainable Environment*, A/HRC/22/43(2012), p. 4, para. 8.

④ Report of the General Assembly, *Report of the Independent Expert on the Issue of Human Rights Obligations Relating to the Enjoyment of A Safe, Clean, Healthy and Sustainable Environment*, A/HRC/22/43(2012), p. 5, para. 12.

或健康的环境权。①

尽管国际上还没有一个具有法律约束力的普遍性人权文件将环境权确立为一项人权,但我们仍然可以从一些重要国际人权公约中找到此项权利的要素。这些公约中业已确立的人权标准,如生命权、健康权、适当生活水准权等,潜在地包含了对环境的要求,从而使得环境问题得以纳入人权领域获得发展。以适当生活水准权为例,《经济、社会和文化权利国际公约》第 11 条第 1 款规定:"本公约缔约各国承认人人有权为他自己和家庭获得相当的生活水准,包括足够的食物、衣着和住房,并能不断改进生活条件。"②从环境的角度考虑,适当生活水准的权利要求国家确保空气、食物和水应更少的被污染,人们的生活、工作以及所有其他的活动应更少地暴露于污染的环境。现在,全世界已有 165 个国家是《经济、社会和文化权利国际公约》的缔约国。

在区域一级,《欧洲人权公约》虽然没有规定环境权,但欧洲人权法院在 1994 年洛佩斯·奥斯特拉诉西班牙(Lopez Ostra v. Spain)案中已经裁定,认为严重的环境恶化构成对《欧洲人权公约》第 8 条所保护的尊重家庭和私生活权利的侵犯。③ 1998 年联合国欧洲经济委员会主导下起草的《关于在环境事务方面获得信息、公众参与决策和获得公正的公约》提到"今代和后代的每一个人在适合其健康和幸福的环境中生活的权利"(第 1 条)。在非洲和美洲人权制度中,环境权均获得了确认。1981 年《非洲人权和人民权利宪章》规定,"各国人民均有权享有一个有利于其发展的普遍良好的环境"(第 24 条);《美洲人权公约 1988 年附加议定

① [挪]艾德等:《经济、社会和文化权利》,黄列译,社会科学出版社 2003 年版,第 349 页。

② 类似的条款还有《世界人权宣言》第 25 条第 1 款,《经济、社会和文化权利国际公约》第 12 条第 2 款,《儿童权利公约》第 24 条第 2 款第 3 项,《国际劳工组织关于独立国家土著和部落人民的第 169 号公约》第 7 条第 3 款、第 4 款。

③ 国际人权法教程项目组:《国际人权法教程》(第 1 卷),中国政法大学出版社 2002 年版,第 471 页。

书》规定,“每个人都有在健康的环境中生活的权利”(第 11 条第 1 款)。2003 年,非洲联盟通过的《非洲人权和人民权利宪章关于非洲妇女权利的议定书》中规定,妇女“有在健康和可持续环境中生活的权利”(第 18 条)。类似的还有,2004 年《阿拉伯人权宪章》确认了健康环境权利,将其作为确保幸福和体面生活的享有适足生活水准权的一部分(第 38 条)。2012 年,东南亚国家联盟通过的《人权宣言》确认了“享有安全、洁净和可持续环境的权利”,将其作为适足生活水准权的一部分[第 28(f)段]。

上述国家和国际社会的实践表明,环境权具备了成为一项国际人权法习惯规则所需的物质要素和心理要素。

(三)定义困难不应成为否定环境权人权属性的理由

在法律上给出一个科学的一般性的环境权定义是困难的。环境本身是中性的,谈到环境权的文件通常都在环境一词前加上诸如“洁净的”“健康的”“适宜的”“满意的”“生态平衡的”“可持续发展的”之类的修饰语。即使将环境权定义为“享有安全、洁净、健康和可持续环境的权利”,也还需要进一步明确。由于所期待的环境质量难以用一般的法律语言界定,因此有关“环境权”的定义不仅要由法律专家研究,在许多情况下,需要自然科学家、科技人员,以各种规则如生态标准,作为对传统法律定义和规则的补充。① 即使是这样,也不是所有的问题都能够通过简单的关于权利的语言来解决,因为环境保护准确的质和量的范围不容易转化成法律术语。②

但是环境权定义的困难不应成为否定环境权作为一项人权的理由。在人权一览表中,对某些人权而言下定义是容易的,而对另

---

① [斯里兰卡]C. G. 威拉曼特里主编:《人权与科学技术发展》,张新宝等译,知识出版社 1997 年版,第 233 页。

② [法]亚历山大·基斯:《国际环境法》,张若思编译,法律出版社 2000 年版,第 480 页。

一些人权加以定义则非易事,但这并不影响后一类权利的实现。以人身自由和安全权为例,《世界人权宣言》(第3条)、《公民权利和政治权利国际公约》(第9条)、《欧洲人权公约》(第5条)、《美洲人权公约》(第7条)和《非洲人权和民族权宪章》(第6条)均确立了此项权利。但何为"人身自由"、何为"安全",其内涵是难以界定的。通过一些程序性的人权,如"任何人不得加以任意逮捕或拘禁","非依法律所确定的根据和程序,任何人不得被剥夺自由",[①]"任何被逮捕的人,在被逮捕时应被告知逮捕他的理由,并应被迅速告知对他提出的任何指控",[②]"任何因刑事指控被逮捕或拘禁的人,应被迅速带见审判官或其他经法律授权行使司法权力的官员,并有权在合理的时间内受审判或被释放",[③]"任何因逮捕或拘禁被剥夺自由的人,有资格向法庭提起诉讼,以便法庭能不拖延地决定拘禁他是否合法以及如果拘禁不合法时命令予以释放",[④]"任何遭受非法逮捕或拘禁的受害者,有得到补偿的权利"[⑤]等程序性规定,就可以把"人身自由和安全权"这一不易表达的抽象概念具体化。当国家机构损害个人的人身自由和安全权时,由于这些程序性人权的存在和良好运转,人身自由和安全权就可以得到保障。同理,环境权也可以通过某些业已确立的、被广泛接受的、不直接涉及环境内涵问题的程序性人权获得实现,这些权利包括:(1)个人对环境信息的知情权;(2)个人对环境决策的参与权;(3)个人有权就环境问题诉诸有管辖权的机构。事实上,许多有关环境保护的国内法和国际文件都规定了这些程序性的权利。[⑥]

将环境权确立为一项人权,有利于对环境权的尊重、保障和实

① 1966年《公民权利和政治权利国际公约》第9条第1款。

② 1966年《公民权利和政治权利国际公约》第9条第2款。

③ 1966年《公民权利和政治权利国际公约》第9条第3款。

④ 1966年《公民权利和政治权利国际公约》第9条第4款。

⑤ 1966年《公民权利和政治权利国际公约》第9条第5款。

⑥ 张爱宁:《国际人权法专论》,法律出版社2006年版,第490页。

现。人的权利多种多样,但并非所有的权利都是人权,人权只是人所拥有的众多权利的一个组成部分,而非权利这个类概念本身。人权与人之其他权利的关系是:人权是人所享有的权利中最基本的权利,是其他一切权利关系的基础,如果人权都不能到尊重和保护,其他权利就更无从谈起。把"人权"从权利中剥离出来,并确定人权的首要价值,有利于人们更好地认识人权、尊重人权,也有利于在社会资源匮乏的情况下,集中资源确保人权。因此,将环境权确立为一项人权,意味着国家负有更大的责任和义务保障民众实际享有环境权;将环境权确立为人权,置于与发展权同等地位,有利于强化环境要求对发展模式的制约作用,在环境权许可的限度内实现发展权;作为人权的环境权可以补充和强化其他各项受保障的人权,完善今代人类的人权,也是实现后代人类人权的必要前提条件。

三、可持续发展原则:环境权对发展权的制衡

环境权实际上起着调控享有发展权程度和经济发展模式的作用。人们很早就认识到了发展的权利与环境保护的权利之间的冲突。因此,1972 年《联合国人类环境宣言》在承认发展必要性的同时,也指出了各国开发自然资源的主权权利和保护环境不受损害的责任两者之间应实现恰当的平衡,"发展中国家必须致力于发展工作,牢记他们的优先任务和保护及改善环境的必要"。①

在生产力落后的国家和地区,经济发展被视为优先事项是可以理解的,但在强调发展权的同时,不应忽视环境权,更不能以"先污染后治理"的陈旧思路指导本国的经济决策。环境污染和破坏容易,治理和恢复却很难,有些甚至是不可逆转的。对于发达国家很早以前犯下的错误,发展中国家应引以为戒。无论如何,经济发

① 联合国:《联合国人类环境会议宣言》,A/CONF. 48/14/Rev. 1(1972),第 4 段。

展对环境的危害不应超过环境的承载能力,甚至危及人类的生存。在这方面,“可持续发展”概念恰当地表达了发展权与环境权之间所应达至的平衡。

(一)可持续发展的内涵

1987年,世界环境与发展委员会将“可持续发展”的概念纳入国际议程。委员会在题为《我们共同的未来》的报告中,对“可持续发展”定义如下:“满足当代人类需要的同时又不损及后代人类满足其自身需要的能力的发展。”①“可持续发展”包含了两层含义:(1)当代人类的发展不应损害后代人类发展所需依赖的自然生态基础。对于自然资源的开发和利用必须控制在合理、适度的范围内,以保持其再生和不断利用的能力。(2)发展是目标,可持续性的发展只是改变发展方式,而不是制止或限制发展。1992年《里约环境与发展宣言》进一步发展了“可持续发展”概念,指出人类处于普受关注的可持续发展问题的中心;②为了实现可持续发展,环境保护工作应是发展进程的一个整体组成部分。③

由于“可持续发展”概念较好地表达了经济发展与环境保护之间所应实现的平衡,已成为经济发展过程中国际环境保护的首要目标和核心价值观念,被认为是在一个相当长的时期内指导国际组织、国家、团体和个人在环境和发展领域里行为的一般准则。④

---

① 世界环境与发展委员会:《我们共同的未来》,王之佳等译,吉林人民出版社1997年版,第10页。

② 联合国:《里约环境与发展宣言》,A/CONF. 151/26(Vol. I)(1992),原则1。

③ 联合国:《里约环境与发展宣言》,A/CONF. 151/26(Vol. I)(1992),原则4。

④ 2002年国际法协会第70届会议通过的《新德里可持续发展国际法原则宣言》指出,“可持续发展的概念在各类国际和国内法律文件内已得到充分认可,包括国际和国内的条约法和判例法”。《新德里可持续发展国际法原则宣言》第1段。在国际法院1997年匈牙利/斯洛文尼亚 Gabcīkovo-Nagymaros 项目案的判决中,威拉曼特里(C. G. Weeramantry)法官在其个别意见中强调,可持续发展原则不仅是一个概念,而且本身就是一个当代国际法公认的原则。联合国:《国际法院判决书、咨询意见和命令摘要》(1997~2002年),ST/LEG/SER/1/Add. 2,第9页。

(二)"代际公平"

可持续发展首先是人类物种自身的可持续。因此,环境权的主体不仅包括今世当代人,而且包括未来世代人。人类只有一个地球,当代人的发展不能以剥夺和削弱后代人的可持续发展手段为代价。

美国国际法学会副会长爱蒂丝·布朗·魏伊丝教授(Edith Brown Weiss)1984年提出"代际公平"理论。根据该理论,地球的环境处于为后世人的托管之下,当代人既有与前代人享有相同环境质量的权利,同时也负有保持地球环境质量,以使其不比从前代人手里接管时更坏的状态传递给下一代人的义务。[①] 联合国可持续发展委员会法律专家报告指出,代际公平理论反映了这样一种观点,即当代今世作为受托人为未来世代管理地球,同时也作为受益人享有为自己的利益而使用它的权利。联合国人权委员会特别报告员法特玛·祖赫拉·克森蒂妮(Fatma Zohra Ksentini)在其1994年提交的有关人权与环境的最后报告("森蒂尼报告")中也指出,"所有人都享有足以满足当代人合理需求的环境权,然而这种权利不得损害后代人满足其合理需求的权利"。[②] 在1995年新西兰诉法国核试验案中,国际法院因为该案的核试验是在地下而不是1974年案中的大气核试验而拒绝行使管辖权。威拉曼特里法官在他的反对意见中争辩说,国际法院有义务保护未来世代的权利。"既然内国法院可以作为一个无法为自己主张权利的婴儿的信托人,那么本法院也应当把自己看成未来世代利益的信托人。新西兰主张其权利受到影响,这不仅仅与当代生存的人有关,还包括了新西兰人民未出生的后裔的权利。这些权利是一个国家既有

---

① 王曦:《国际环境法的可持续发展原则》,载《法学评论》1998年第3期。

② Final report prepared by Mrs. Fatma Zohra Ksentini, Special Rapporteur, *Human Rights and the Environment*, E/CN. 4/Sub. 2/1994/9, p. 23, Principle 4.

权利也有义务加以保护的。"[①]在 1996 年以核武器相威胁或使用核武器的合法性的咨询意见案中,国际法院以鉴于国际法的现状及其掌握的事实为理由得出结论:"国际法院不能确定地断定,在自卫的极端情况下,即在国家生存本身处于危险之中的情况下,以核武器相威胁或使用核武器是合法还是非法。"威拉曼特里法官在其反对意见中明确指出:"使用核武器会不可逆转地损害未来各代人享受环境的权利。"[②]

在 2012 年联合国可持续发展大会上,各国再次重申了它们的承诺,"确保为我们的地球及今世后代,促进创造经济、社会、环境可持续的未来。"[③]

(三)"代内公平"

"代内公平"即当代内部的公平和公正关系,包括发达国家与发展中国家之间以及国家内部人与人之间更公平的发展机会以及更公正的收入分配。[④]

全球化加剧了贫富差距,[⑤]但全球化和经济增长所带来的环

---

① [美]爱蒂丝·布朗·魏伊丝:《公平地对待未来人类:国际法、共同遗产与世代间衡平》,汪劲、于方、王鑫海译,法律出版社 2000 年版,第 5 页。

② 联合国:《国际法院判决、咨询意见和命令摘要》(1992～1996 年),ST/LEG/SER. f/1/Add. 1,第 105～115 页。

③ 联合国可持续发展大会成果文件:《我们希望的未来》,A/CONF. 216/L. 1(2012),第 1 段。

④ [荷]尼科·斯赫雷弗:《可持续发展在国际法中的演进:起源、涵义及地位》,汪习根等译,社会科学文献出版社 2010 年版,第 154 页。

⑤ 2016 年年初,国际发展及救援非政府组织乐施会(Oxfam)发布的不平等研究报告指出:占全球总人数 1% 的富人群体所拥有的财富可能超过其余 99% 全球人口财富的总和。但乐施会在 2017 年初发布的最新不平等主题报告《99% 民众的经济》认为:全球不平等危机加大,富人和穷人之间的鸿沟比我们之前所担心的更大。全球 8 个顶级富豪拥有的财富相当于全球较贫穷的一半人口(36 亿人)财富的总和。在 1988 年至 2011 年间,全球最不富有的 10% 人口的年人均收入增长了 65 美元,而最富有的 1% 人口的收入增长则是前者的 182 倍,增长了 1.18 万美元。世界上最大的 10 家企业的总收入加起来比 180 个国家的财政收入总和还多。参见"2017 年的第 16 天,告诉你一个坏消息:全球不平等危机加剧",载香港乐施会,Oxfam,http://www.chinaventure.com.cn/cmsmodel/news/detail/308135.shtml,最后访问日期:2017 年 01 月 16 日。

境污染后果更多时候是由弱势群体或穷国来承受的，这就更加剧了国家之间和一国内部人与人之间的不平等。富人和权贵拥有足够的经济手段和能力，自行创造一个相对独立的、健康的和生态平衡的生活环境，而穷人和其他弱势群体则没有这种可能。他们被迫生活和居住在污染严重的地方，消费廉价但受过污染的食品；他们“宁愿”选择在剧毒工厂中工作而不是关闭工厂失去工作；他们没有能力利用法律手段保护自己的权利，即使存在着这样的法律手段。个人之间如此，国家之间也是这样。

地球是人类的公共空间，其内资源的使用或分配，包括向其内输入的物质，亦应体现公平、公正，这也是“代内公平”的应有之义。但是“代内公平”概念在国际法律文件和国际司法实践中几乎没有体现。[1] 发展中国家主张“代内公平”，而发达国家则倾向于排斥，在这方面，温室气体排放谈判是个明显的例子。发展中国家主张在一个确定的历史时期内以人均累计碳排放配额为单位，根据各国人口数量分配每个国家碳排放总配额，但发达国家反对。发达国家主张以某年为基准，以国家为单位分配各国碳排放总配额，此后各国逐年减少温室气体排放量。这意味着，发达国家既不同意发展中国家国民与其本国国民享有排放温室气体同样配额的权利，也不愿意承担本国的历史排放责任。从历史上看，现在大气中温室气体浓度与发达国家近百年工业化过程中不受限制的排放有着直接的因果关系，但到了发展中国家努力发展经济的时代，便遭遇了发达国家以应对气候变化为由提出的温室气体总量减排方案，而不考虑其应承担的历史责任。如果以“减排”作为谈判议题，并由此构建国际责任体系，势必回避了各国对历史排放应承担的责任和排斥了人均排放主张所体现的平等，其实际效果是控制了发展中国家未来碳排放总量，最终限制的是发展中国家

---

① [荷]尼科·斯赫雷弗：《可持续发展在国际法中的演进：起源、涵义及地位》，汪习根等译，社会科学文献出版社2010年版，第154页。

的发展权。

综上,如果人权是普遍的,如果业经确立的生命权、健康权、财产权、文化权和拥有适当生活水准等的各项人权要在全球人口中的大多数而不是一小部分中实现,那么“代内公平”的要求是正当的。另外,尽管发达国家和发展中国家、富人和穷人,在发展和环境问题上存在利益冲突,却没有单独属于哪一方的胜利。无论是环境污染还是大面积贫困,都不是某一个主权国家自己单独的事情,环境污染和气候变化没有国界,而大面积贫困必然导致动荡和各种国际问题。因此,“代内公平”是人类可持续发展所必需的,是实现“代际公平”的条件。此外,尽管“代内公平”概念在国际法律文件和国际司法实践中没有体现,但我们显然可以从“国家主权平等”“民族自决”等国际法基本原则,“平等”“不歧视”等人权原则,以及“法律面前人人平等”等诸多被各国法律制度普遍接受的一般法律原则中推导出“代内公平”概念的正当性及其法理依据。

四、共同但有区别的责任原则:发展进程中实现人类环保目标现实可行的国际合作范式

国际合作是国际法的一项基本原则,当然也适用于国际环境法领域,问题是如何合作。考虑到地球生态系统的整体性和导致全球环境退化的各种因素,共同但有区别的责任原则仍然是目前发达国家和发展中国家之间在解决全球环境问题上公平且现实的国际合作范式,尽管发达国家对此多采取回避或架空态度。

(一)共同但有区别责任原则的法理基础

对发展中国家给予积极区别对待或优惠待遇的原则在国际人

权法、世界贸易组织法和国际海洋法中早已得到确认。[①] 国际环境法也使用了“共同但有区别的责任”一词,用以确认发达国家和发展中国家在全球环境保护方面的不同责任。[②] 1985 年《保护臭氧层维也纳公约》和 1987 年《关于消耗臭氧层物质的蒙特利尔议定书》分别指出,在保护臭氧层活动中应“考虑到发展中国家的情况和特殊需要”,[③]“必须做出特别安排,满足发展中国家的需要,包括提供额外的资金和取得有关技术”,[④]这实际上就是提出了发达国家和发展中国家在共同解决全球环境问题的合作过程中承担“共同但有区别的责任”的主张。此后“共同但有区别的责任”作为一条重要原则写入 1992 年《联合国气候变化框架公约》:“各缔约方在为实现本公约的目标和履行其各项规定而采取行动时,除其他外,应以下列作为指导:(1)各缔约方应当在公平的基础上,并根据它们共同但有区别的责任和各自的能力,为人类当代和后代的利益保护气候系统。因此,发达国家缔约方应当率先对付气候变化及其不利影响。(2)应当充分考虑到发展中国家缔约方尤其是特别易受气候变化不利影响的那些发展中国家缔约方的具体需要和特殊情况,也应当充分考虑到那些按本公约必须承担不成比例或不正常负担的缔约方特别是发展中国家缔约方的具体需要和特殊情况”。[⑤] 1992 年《里约环境与发展宣言》不仅接受了共同但有区别的责任这一概念,而且进一步将其扩大应用到整个环境领域:“各国应本着伙伴精神,为保存、保护和恢复地球生态系统的健康和完整进行合作,鉴于导致全球环境退化的各种不同因素,各国负有共同的但是又有区别的责任。发达国家承认,鉴于其社会

① 参见《经济社会和文化权利国际公约》第 2 条,《儿童权利公约》第 28 条,《关贸总协定》第 18 条及第 4 部分,以及 1982 年《海洋法公约》的多处规定。

② [荷]尼科·斯赫雷弗:《可持续发展在国际法中的演进:起源、涵义及地位》,汪习根等译,社会科学文献出版社 2010 年版,第 156 页。

③ 1985 年《保护臭氧层维也纳公约》,前言。

④ 1987 年《关于消耗臭氧层物质的蒙特利尔议定书》,前言。

⑤ 1992 年《联合国气候变化框架公约》,第 3 条第 1 款、第 2 款。

对全球环境造成的压力和它们掌握的技术和资金,它们在追求可持续发展的进程中负有责任。”①

在国际环境法中实行共同但有区别的责任原则主要是基于以下思考:第一,关于共同的责任。人类只有一个地球,地球环境质量恶化将危及所有国家的利益,所以保护地球环境是人类共同的责任。第二,关于有区别的责任。发达国家和发展中国家在此方面立场并不相同。发展中国家主张发达国家应承担主要责任,发展中国家承担次要责任。主要理由:首先,从公平的角度考虑,历史上西方工业化国家的发达是与严重环境污染联系在一起的。由于无视对环境的影响,发达国家在近百年的工业化过程中一直得益于某种潜在的补贴。而对于发展中国家来说,多数国家才刚刚开始工业化进程,还需要相当长的一段时间继续发展经济,维持目前的产业结构。但由于发达国家的早期污染行为透支了发展中国家现在的污染“空间”,发展中国家现在已不能选择成本较低但对环境危害较大的发展模式。即使是现在的后工业化阶段,发达国家的青山绿水、蓝天白云,部分原因是得益于将其本国众多高能耗、高污染行业转移到发展中国家的结果。发达国家消费的大量来自发展中国家的质优廉价的商品,是以发展中国家承受环境污染为代价的。② 因此发达国家应就现在的全球环境保护承担更多的责任,应向发展中国家提供财政和技术援助。这样做并非出于慷慨或恩惠,而是发达国家本来就应付出的环境成本,有人称之为“环境债务”。发展中国家对于它们现在选择有利于全球环境的

① 1992 年《关于环境与发展的里约热内卢宣言》,原则 7。

② 以碳排放为例,1990 年到 2008 年间,签署《京都议定书》的发达国家碳排放稳定了下来,但发展中国家的碳排放翻了一倍。造成反差的部分原因在于,发达国家将碳排放压力转移到了发展中国家,即碳集中商品的生产在发展中国家,最终消费地却是在发达国家。数据显示,1990 年到 2008 年间,发达国家通过贸易累积向发展中国家转移了 160 亿吨二氧化碳排放。这一数字超过了发达国家自身减排的二氧化碳。管克江:《“污染天堂”与“与邻为壑”》,载人民日报网,http://cpc.people.com.cn/pinglun/n/2012/0724/c78779-18582294.html,最后访问日期:2016 年 12 月 24 日。

发展模式所需付出的机会成本,有道义上和法律上的权利向发达国家要求补偿。其次,从现实性考虑,发展中国家无论从财政方面还是技术方面,都还无力采取与发达国家相同的环保措施。而发达国家雄厚的经济实力和先进的环保技术,使其有能力为解决全球环境问题承担更多的义务,并且也只有发达国家首先采取实质性的步骤后全球环保行动才有意义。因此,从现实情况考虑,为了保证全球环保的成功,发达国家负有特别的义务向发展中国家提供财政和技术援助。

(二)共同但有区别的责任原则在某些对环境有重大潜在威胁的经济活动中的适用

即使没有明确的条约义务,在某些经济活动领域,在关涉人类根本利益的至关重要的环境问题上,各国都应一秉善意地进行国际合作。在此过程中,发达国家要有担当、负责任、不唯利是图,发展中国家要避免急功近利鼠目寸光。

1. 国际贸易对环境的不良影响

贸易自由化改善了人们的生活水平,但不加规制的国际贸易会对环境造成不可弥补的损失,至少是非常严重的损失,特别是对于那些贫困和落后国家。趋于自由化的贸易会导致生产的扩大,意味着消耗更多的自然资源,并因此增加了污染;更多的贸易也意味着更多的运输,由此带来环境的退化;贸易自由化还便利了某些发达国家中对环境有不良影响的企业转移到对环境管理较松的发展中国家。

环境权对国际贸易的要求就是从根本上杜绝有害人类健康和破坏生态环境的产品的交易,从而达到保护人类和环境的目的。WTO 的首要目标是贸易自由化,但为了避免其对全球环境的不利影响,WTO 在其目标里包含了对环境保护的要求。1993 年《建立世界贸易组织的协定》前言宣布,各国应确保“依照可持续发展的目标最佳地利用全球资源,同时保护环境”。WTO 没有专门的协议处理环境问题,但在 WTO 的诸多具体协定中包含了多个所谓的“绿色条款”(green clauses),以保护人类生命和安全、保护动植物健康和生命、保护自然资源和环境。例如,1994 年《关贸总协定》第 20 条第 2 款、第 7 款,1994 年《贸易的技术壁垒协定》第 2 条第 2 款,《与贸易有关的知识产权协定》第 2 条、第 27 条第 2 款,《服务贸易总协定》第 14 条,以及《实施卫生和植物检疫措施的协议》《农业贸易协议》(环境项目不需要消减补贴),《补贴与反补贴协议》(为适应新的有关环境的法律,允许进行补贴,数量可达到公司成本的 20%)等。在 WTO 规则体系之外,目前全世界约有两百多个国际协议处理各种环境问题,被称为多边环境协议(multilateral environmental agreements, MEAs)。[①] 其中的某些协议包含可能影响贸易的规定,[②]这其中包括 1973 年《濒危物种国际贸易的公约》、1987 年关于保护臭氧层的《蒙特利尔议定书》及其后来的系列修正案、1989 年《控制危险废物越境转移或处置的巴塞尔公约》,以及 1998 年《关于在国际贸易中对某些危险化学品和农药采用事先知情同意程序的公约》等。

2. 国际投资引发的环境问题

对环境有重大影响的产业从环境保护高标准的国家向低标准国家转移引起的国际投资趋势的变化是不可避免的,而全球化则便利了这类国际资本的流动。某些发达国家企业利用一些发展中国家为获取较大经济利益,热衷于吸引外资、重视技术和设备而忽视安全和环境保护,环境立法不够严谨和完善、法律限制不存在或不可能强制执行的状况,把一些污染密集型产业、最危险的工厂,甚至一些发达国家几乎不允许设立的产业转移到发展中国家。即所谓的“工业重新布局”——把污染企业从受控制区域向不受控制区域转移,被称为“污染天堂”理论。一些发展中国家在引进投

① 边永民:《含贸易措施的多边环境协议与 WTO 之间的关系》,载《当代法学》2010 年第 1 期。

② 参见世界贸易组织秘书处编:《贸易走向未来》,法律出版社 1999 年版,第 84 页。

资产业的同时,也引进了新的污染源。由于发展中国家环境保护力量薄弱,缺乏相应的环保意识、科技人员、设备和财力,引进的污染源往往会造成比在发达国家大得多的危害,有些危害对发展中国家来说甚至可能是灾难性的。震惊世界的印度博帕尔毒气泄漏惨案就是这样一个例子。1984 年美国联合碳化物公司(Union Carbide Corporation)设在印度中央邦首府博帕尔农药工厂的甲基-异氰酸盐泄漏。一小时之内,整个城市上空有毒气体浓度超过安全标准 1000 多倍。这次事故使储气罐内 45 吨剧毒气体泄漏殆尽。仅 2 天内就有 2500 余人丧生,另有 60 万人受毒气不同程度的伤害。到 1994 年死亡人数已达 6495 人,还有 4 万人濒临死亡。[①] 成为世界史上最为严重的有毒化学品泄漏污染事件。直至今日,当地居民的患癌率及儿童夭折率,仍然因这场灾难而远高于印度其他城市。[②] 在中国,根据日本《世界》杂志中的数据,1991 年外商在中国投资设立的生产企业共 11515 家,其中属污染密集型产业的企业高达 3953 家,占 29%。[③]

3. 有毒或危险废物越境转移对环境的损害

危险废物的越境转移自 20 世纪 80 年代以来成为国际社会关注的重大环境问题。如果废物生产国的法律规定非常严格,使得在本国处理废物非常昂贵,废物就可能被运送到法律规定不太严格或对法律实施的监督不那么有效的国家。当然,某些国家为获得报酬也愿意接受来自外国的废物,而没过多地考虑这些废物所带来的危险,尤其是发展中国家。海运企业将工业化国家的废物运往愿意以收取报酬接受这些危险废物的发展中国家,由于发展中国家一般缺乏处置危险废物的技术和手段,很难对输入的危险

---

① 《1984 年 12 月 3 日 震惊世界的印度博帕尔毒气泄漏惨案》,载人民网,http://www.people.com.cn/GB/historic/1203/4125.html,最后访问日期:2017 年 1 月 10 日。

② 京同:《高污染产业涌向中国》,载《太平洋学报》1995 年第 1 期。

③ 中国社会科学院工业经济研究所:《中国工业发展报告》,经济管理出版社 2005 年版,第 40 页。

废物进行妥善处理,因此极易发生污染进口国环境、危害当地居民人身健康和安全的重大事件。1988 年,防止歧视及保护少数小组委员会在其提交给联合国人权委员会的一份"关于危险产品和废物处理问题"的决议草案中提议:应当要求生产毒性和危险废物国家的政府禁止向那些没有技术能力以合理保障环境的方式处理这种废物的国家出口这些废物,并采取措施确保不在它们的国家和世界其他国家危害人权和生态系统。[①] 同年,联合国大会通过决议,敦促所有国家采取必要法律和技术措施制止此种毒性和危险废物的非法交易,[②]尤其是敦促生产此种产品和废物的国家尽一切努力,在最大可能的限度内,依照无损环境健全的处置方式,将其处置和解决在出产国国内。[③] 1989 年联合国环境规划署主持制定并经 1995 年缔约方大会修改的《关于控制危险废物越境转移或处置的巴塞尔公约》(以下简称《巴塞尔公约》),以法律的形式进一步禁止向发展中国家转移废物,并增加了禁止出口的废物清单。《巴塞尔公约》并不是完全禁止危险废物的越境转移,而是控制这种转移并要求支付费用,因为即使不立即禁止危险废物的国际移动,但如对其进行控制并要求费用,企业就会减少危险废物的转移或合理处置危险废物。另外,更重要的是,《巴塞尔公约》是具有法律约束力的条约,它给缔约国施加了法律义务。截止到 2017 年 1 月 30 日,该公约已经有 185 个缔约国。

4. 极端危险的活动或重大技术风险对环境的潜在威胁

"极端危险的活动"或"重大技术风险"是指那些对环境具有潜在的非常危险的活动或技术,它们可能产生(在有些情况下已经

① [美]爱德华·劳森:《人权百科全书》,董云虎等译,四川人民出版社 1997 年版,第 1291 页。

② 联合国文件大会第 84 次全体会议:《根据第二委员会的报告通过的决议》,A/RES/43/212,第 1 段。

③ 联合国文件大会第 84 次全体会议:《根据第二委员会的报告通过的决议》,A/RES/43/212,第 4 段。

产生）无法弥补的环境损害。它们是随着制造业、运输业、外空活动的发展和使用危险产品以及某些非常危险的科学、技术试验，特别是那些活体试验出现的。这方面的例子如2015年中国天津市滨海码头危险品爆炸事故、2011年日本福岛核电站泄漏事故、1986年苏联切尔诺贝利核电站爆炸事故、1986年瑞士巴塞尔市桑多兹化工厂仓库失火剧毒物污染莱茵河事件、1976年意大利塞维索ICMESA厂二恶英泄漏事故、1967年大型油轮托莱·坎荣号（Torrey-Canyon）在英格兰海域触礁原油泄漏事件、1956年日本九州熊本县氮肥株式会社向海洋倾倒甲基汞事件等。[①] 经济发展的主要动力是新技术，但这种技术也可能有极大的潜在危险性，造成蹂躏自然、污染环境的后果。譬如，随着生物科技迅猛发展和基因技术利用的重大突破，各类转基因生物活体被释放到环境中，有可能对生物多样性构成潜在风险和威胁，并对生态环境稳定性造成破坏。由于科学家赋予了转基因生物某些全新的性状，增强了它们与其他生物的生存竞争能力，转基因生物因此可能成为某一地区新的优势物种——“入侵生物”，使得当地本来生命力就很纤弱的个体或物种加速从地球上消失。[②] 并且转基因生物的重组基因可能会打破自然界物种的界限，进而打乱生物进化进程。现在自然界生物生存的竞争可以说处于一种动态平衡状态，一旦这个平衡体系中的制约因素被改变，就可能发展成为另外一种完全不同的平衡体系，甚至彻底失控。[③] 此外，近些年饱受争议的转基因食品对人类健康和安全的影响问题一直是人们内心挥之不去的阴霾。

---

① 张爱宁：《国际人权法专论》，法律出版社2006年版，第495页。

② 高崇明、张爱勤：《生物伦理学十五讲》，北京大学出版社2004年版，第77～78页。

③ 张爱宁：《从生命科学的发展看当前国际人权法面临的挑战》，载《人权》2010年第3期。

五、发展权与环境权的冲突与平衡:中国的实践

当下中国,经过改革开放近四十年的快速发展已经成为世界第二大经济体。在创造了世界经济发展史奇迹的同时,中国也付出了巨大的环境代价。化学工业迅猛发展,广泛使用新型技术革新成果,能源方面大量使用煤炭石油,广泛使用塑料和化学制品、大规模开发资源等,致使工业排放物、废弃物大量增加,并且在质的方面明显恶化,水质污染、土壤污染、空气污染、生态破坏、特别是近几年频频大面积出现的重度雾霾,引起公众对生命、健康和生活质量的普遍担心和忧虑。

经济快速增长带来的严重环境损害和生态系统退化,促使中国对自身的经济发展模式进行深刻反思。毋庸置疑,就中国目前所处的发展阶段而言,发展经济仍是第一要务,只有发展经济,才能拥有充分的物质基础,实现国家繁荣富强,人民幸福安康。但是如果经济活动消耗资源的速度超过资源本身及其替代品的再生速度,如果向环境排放废物的数量超过环境的自净能力,则无异于竭泽而渔。因此,只有经济社会发展与环境保护相协调,在可持续的环境中谋求发展,才能实现中华民族的永续发展。基于上述思考,中国在努力发展经济的同时,正在采取一系列措施,大力控制、减少和治理环境污染。

(一)政治层面:践行科学发展观从严治党依法理政

中国共产党在2003年十六届三中全会上提出了科学发展观,并在第十七次全国代表大会将其写入党章,是对之前中国经济发展模式反思的结果。科学发展观的基本内涵是,“坚持以人为本,树立全面、协调、可持续的发展观,促进经济社会和人的全

面发展”。[①] 在这里,可持续的发展观就是要促进人与自然的和谐,实现经济发展和人口、资源、环境相协调;坚持走生产发展、生活富裕、生态良好的文明发展道路,保证一代接一代地永续发展。[②]

在科学发展观的指导下,2012 年,中国共产党第十八次全国代表大会把生态文明建设纳入中国特色社会主义“五位一体”总体布局,要求树立生态文明理念,把生态文明建设融入经济建设、政治建设、文化建设、社会建设各方面和全过程,努力建设美丽中国,实现中华民族永续发展。[③] 2013 年,中国共产党十八届三中全会提出,对领导干部实行自然资源资产离任审计,建立生态环境损害责任终身追究制。[④] 2014 年,中国共产党十八届四中全会强调,要按照全面推进依法治国的要求,用严格的法律制度保护生态环境;建立重大决策终身责任追究制度及责任倒查机制。[⑤] 2016 年,中国共产党十八届五中全会进一步提出“坚持创新发展、协调发展、绿色发展、开放发展、共享发展”的发展新理念,[⑥]为中国经济发展指明了方向。

“绿色发展”就是必须坚持节约资源和保护环境的基本国策,坚持可持续发展,坚定走生产发展、生活富裕、生态良好的文明发展道路,加快建设资源节约型、环境友好型社会,形成人与自然和谐发展的现代化建设新格局,推进美丽中国建设,为全球生态安全

---

① 参见《中共中央关于完善社会主义市场经济体制若干问题的决定》,2003 年 10 月 14 日。

② 《中共中央组织部有关负责人就〈党政领导干部生态环境损害责任追究办法〉(试行)答记者问》,载新华网,http://news.xinhuanet.com/politics/2015-08/17/c_1116282518.htm,最后访问日期:2016 年 12 月 17 日。

③ 胡锦涛:《坚定不移沿着中国特色社会主义道路前进　为全面建成小康社会而奋斗——在中国共产党第十八次全国代表大会上的报告》,2012 年 11 月 8 日。

④ 《中共中央关于全面深化改革若干重大问题的决定》,2013 年 11 月 12 日。

⑤ 《中共中央关于全面推进依法治国若干重大问题的决定》,2014 年 10 月 23 日。

⑥ 《中国共产党第十八届中央委员会第五次全体会议公报》,2015 年 10 月 29 日。

做出新贡献。[①] 从环境因素的视角考量,这意味着中国经济的发展应做到以下几点:(1)要放缓速度。中国经济增长的速度将从高速增长转向中高速增长,因为环境资源"受不了"像过去那样高速增长,自然资源和环境构成了经济增长的绝对极限,物质的消费不可能无限制地增长。(2)要优化结构。随着资源环境约束强化,要素投入和能耗污染较少的行业会脱颖而出。(3)要转变理念。目前,PM2.5 值时时牵动着中国人的神经。高楼多了、钱包鼓了,清澈的河水、洁净的空气却成了奢侈品,越来越多的人认识到这不是我们追求的现代化。从盼温饱到盼环保、从求生存到求生态,民众对绿色发展的呼声越来越高。只有绿色发展,才是永续发展。[②] 以此为指导,今天的中国经济发展正面临着一次以放缓经济增长速度、优化产业结构、更新发展理念,促进产品质量换代升级为特征的转变增长模式的变革。现在,"绿色""低碳""环保""再循环""可持续",这些曾经时髦的字眼,不仅正在变成寻常百姓的关注热点和生活态度,也成为政府官员政绩考核、职位升迁的硬指标。

2015 年,中共中央办公厅、国务院办公厅印发《党政领导干部生态环境损害责任追究办法(试行)》,规定在地方党政领导班子成员选拔任用工作中,应当按规定将资源消耗、环境保护、生态效益等情况作为考核评价的重要内容,对在生态环境和资源方面造成严重破坏负有责任的干部不得提拔使用或转任重要职务。[③] 对损害生态环境"终身追责",对违背科学发展、造成生态环境和资源严重破坏的责任人,不论是否已调离、提拔或者退休,都必须严格追责。[④] 对情节较轻的给予诫勉、责令公开道歉;情节较重、严

---

① 《中国共产党第十八届中央委员会第五次全体会议公报》,2015 年 10 月 29 日。

② 参见《中国经济新方位》,载《人民日报》2016 年 12 月 14 日,第 1 版。

③ 2015 年《党政领导干部生态环境损害责任追究办法(试行)》,第 9 条。

④ 《新华时评:终身追责倒逼"关键少数"敬畏绿水青山》,载新华网,http://news.xinhuanet.com/politics/2015-08/17/c_1116282541.htm,最后访问日期:2016 年 12 月 17 日。

重的给予组织处理、党纪政纪处分;涉嫌犯罪的,移送司法机关依法处理。[①] 2016 年,中共中央、国务院决定对两起调查发现的江苏华达钢铁有限公司生产销售“地条钢”、河北安丰钢铁有限公司未批先建边批边建钢铁项目进行严肃处理和严厉问责。一是责成江苏、河北两省政府向国务院做出深刻检查。二是给予江苏省一副省长行政记过、河北省一副省长行政警告处分。江苏、河北两省分别对 111 名责任人和 27 名责任人进行问责。三是责令江苏省对全省生产销售“地条钢”、新增钢铁产能等违法违规行为进行彻底整治,责令河北省限期拆除安丰公司原有全部老旧 1000 立方米以下高炉、100 吨以下转炉。四是在全国范围内公开通报华达公司、安丰公司违法违规行为查处情况。五是国务院将组织开展对煤炭、钢铁、水泥、玻璃等行业落后产能的专项督查和清理整顿。[②]

(二)法律层面:完善相关立法严格司法

中国从 1979 年颁布第一部环境保护法,到目前已经形成了包括 32 部法律、48 部行政法规、85 件部门规章在内的资源节约和环境保护法律体系。[③] 特别是近几年,中国有关环境保护的立法和执法力度显著加强。

2011 年,全国人大常委会通过《中华人民共和国刑法修正案(八)》,将刑法第 338 条“重大环境污染事故罪”修改为“污染环境罪”;将“违反国家规定,排放、倾倒或者处置有放射性的废物、含传染病病原体的废物、有毒物质或者其他有害物质”这些行为承担刑事责任的结果要件,从之前的“造成重大环境污染事故,致使公私财产遭受重大损失或者人身伤亡的严重后果”,修改为现在的

---

① 2015 年《党政领导干部生态环境损害责任追究办法(试行)》,第 10 条。

② 《党中央国务院严肃查处两起钢企违法违规事件确保政令畅通 令行禁止》,载新华网,http://finance.ifeng.com/a/20161226/15103702_0.shtml,最后访问日期:2016 年 12 月 26 日。

③ 中华人民共和国国务院新闻办公室:《发展权:中国的理念、实践与贡献》,人民出版社 2016 年版,第 41 页。

"严重污染环境"。这实际上是大大降低了破坏环境行为的刑事入罪门槛。

2014 年,全国人大常委会修订了 1989 年颁布的《中华人民共和国环境保护法》。新《环境保护法》条文从原来的 47 条增加到 70 条,法律的可执行性和可操作性大大增强,被称为"史上最严的环保法""一部长牙齿的法律"。新法特点如下:(1)创新理念。将"推进生态文明建设、促进经济社会可持续发展"列入立法目的;将保护环境确立为基本国策;将"保护优先"列为环保工作第一基本原则;突出强调经济社会发展要与环境保护相协调——过去是强调环境保护与经济发展相协调,一个顺序的改变意味着理念、观念的重大变化。(2)完善制度。包括建立资源环境承载能力监测预警制度;环境与健康监测、调查与风险评估制度;划定生态保护红线制度;生态保护补偿制度;环保目标责任制和考核评价制度;污染物排放总量控制制度;排污许可管理制度;环境监察制度;信息公开和公众参与制度等。(3)强化保障。针对环保领域"违法成本低、守法成本高"的突出问题,加大对违法行为的处罚力度:对违法排放污染物企业,政府相关部门可以查封、扣押设施设备;在经济处罚方面,可按日罚款,上不封顶;对相关责任人可以行政拘留,构成犯罪的可以追究刑事责任;对负有连带责任的第三方机构(环境监测服务、环境影响评价、治污设施运行维护机构等),可追究其连带责任;对没有完成总量减排目标、环境质量改善目标的地区,可以实施区域限批;对污染环境、破坏生态、损害社会公共利益的行为,有关社会组织可以提起公益诉讼。①

根据最高人民检察院通报,2013 年 6 月至 2014 年 5 月,全国检察机关共批准逮捕涉嫌污染环境罪案件 459 件 799 人,起诉 346 件 674 人,相比 2012 年至 2013 年同期的批准逮捕 56 件 116 人,起

① 参见《中华人民共和国环境保护法》(2014 年修订)、《新〈环境保护法〉将保护环境确立为国家的基本国策》,载中国网,http://news.china.com.cn/2014-06/04/content_32567376.htm,最后访问日期:2017 年 2 月 4 日。

诉49件145人,办案数量大幅度提升;①2015年1月至11月,全国检察机关依法批准逮捕污染环境案件犯罪嫌疑人上升至1340人。② 2014年7月3日,最高人民法院宣布设立环境资源审判庭,截至2016年4月,共受理各类案件632件,审结533件。自2016年4月开始,该审判庭开始办理以环境保护主管部门为被告的二审和申请再审环境资源行政案件。③

上述信息表明,中国正在依法加大对环境违法行为的打击和惩治力度。法律是社会变革的强有力工具,但法律不能孤立地存在和发挥作用。在环保领域,从有法可依,有法必依,到执法必严,违法必究,中国还有很长的路要走。在这个过程中,公民的环保意识、政府的决心和产业政策、企业的社会责任等多重因素要共同作用。

(三)社会层面:提升公众环保意识保障公众的充分参与和监督

公众的环保意识、充分参与和监督环境保护,是德国④、日本⑤、英国⑥等发达国家治理环境污染取得成功的重要经验。为

---

① 《用制度保证天蓝地绿水净(〈改革热点面对面〉)——谈生态文明制度建设》,载《人民日报》2014年9月1日,第15版。

② 孙莹:《最高检:去年有1300多人因污染环境犯罪被批捕》,载央广网,http://www.ce.cn/xwzx/gnsz/gdxw/201602/27/t20160227_9142944.shtml,最后访问日期:2017年2月2日。

③ 罗书臻:《为美丽中国而前行:最高人民法院环境资源审判庭成立两周年综述》,载中国法院网,http://www.chinacourt.org/article/detail/2016/07/id/2044527.shtml,最后访问日期:2016年12月27日。

④ 邬晓燕:《德国生态环境治理的经验与启示》,载《当代世界与社会主义》2014年第4期。

⑤ 华义:《治理污染,日本做了些什么——访日本环境问题专家冈崎雄太》,载新华网,http://news.sciencenet.cn/htmlnews/2016/12/363998.shtm,最后访问日期:2017年1月21日。

⑥ 中国科学技术信息研究所:《英国伦敦雾霾治理措施及启示》,载人民网,http://scitech.people.com.cn/n/2014/0303/c376843-24514293.html,最后访问日期:2016年12月3日。

此,保障公众的环境信息知情权、环境决策参与权和环境损害获得救济权尤为重要。

1. 公众的环境信息知情权。技术进步使人类能够更多地获得信息,也能使国家对信息进行更为严密的控制,当然也可以使信息轻而易举瞬间在公众中扩散,从而放大虚假消息传递所造成的危险。公众有权知道环境的真实状态,包括提前被告之环境危险的权利。政府、企业、研究机构,或任何其他人对重要环境信息保守秘密,或不完全披露之,无疑是对人权的侵犯,当信息对人类生存至关重要时尤为如此。[①] 根据《人权和环境原则》(草案),这些信息应是及时的、清楚的、可理解的和可使用的,而且不会对申请者造成不适当的经济负担。1992 年联合国环境与发展大会通过的《21 世纪议程》在第 23 章也指出,个人、团体和组织应能够获得政府掌握的关于环境和发展的资料,包括已经或可能对环境产生重大影响的产品和活动的资料,以及有关环境保护事务的资料。但是,上述建议性文件中所主张的知情权在有法律拘束力的条约中被大大地弱化了。《气候变化框架公约》第 6 条规定,各缔约方应在其各自的能力范围内,在国内,必要时在地区内,根据国家法律法规,鼓励和促进公众获得资料和参与。

2. 公众的环境决策参与权。《里约环境与发展宣言》原则 10 规定:"环境问题最好通过在相应层次上所有相关公民的参与来处理。"即个人能够参与影响其环境的决策,不仅包括具体措施,也包括一般规划。包括参与对环境造成影响的事项的决策活动,对拟议活动对环境的影响进行预先评估等。人们通过参加决策、制定政策及控制各种活动,是保护环境免受一切政策制定倾向之消极影响的方法之一。

3. 公众环境损害获得法律救济权。公众有权因遭受环境伤害

---

① [斯里兰卡]C·G. 威拉曼特里编:《人权与科学技术发展》,张新宝等译,知识出版社 1997 年版,第 238 页。

或此类威胁,在行政或司法程序中获得有效救济和赔偿,[①]包括便利参与公益诉讼和在遭受环境损害的情况下获得有效救济的权利。

为保障实现公众的上述权利,2014 年修订的《中华人民共和国环境保护法》新增加了第五章“信息公开和公众参与”,确立了“公民、法人和其他组织依法享有获取环境信息、参与和监督环境保护的权利”。规定各级政府及其他负有环境保护监督管理职责的部门要依法公开环境信息;完善公众参与程序,为公众参与和监督环境保护提供便利;要及时向社会公布违法者名单。重点排污单位要如实向社会公开其主要污染物排放情况,以及防治污染设施的建设和运行情况。对依法应当编制环境影响报告书的项目,建设单位应向可能受影响的公众说明情况,充分征求意见;除涉及国家秘密和商业秘密的事项外,环境影响报告书应当全文公开。公众有权举报污染环境和破坏生态行为;对污染环境、破坏生态,损害社会公共利益的行为,相关社会组织可以向人民法院提起公益诉讼。[②]

有了新环保法的赋权,中国的民间环保组织立即行动起来。2015 年 3 月,环保组织中华环境保护联合会将山东德州一家排污企业告上法庭。被告由于超标向大气排放烟粉尘、二氧化硫和氮氰化物,被法院判决赔偿损失 2198 万元人民币。该案被誉为“新环保法公益诉讼首案”。[③] 2017 年 1 月,中华环境保护基金会诉中化重庆涪陵化工有限公司环境公益诉讼案,在重庆市三中院立案。在该案中,原告请求法院依法判令被告立即停止环境侵害行为,赔偿从 2014 年 4 月至其停止侵害期间因超标排放污水、废气产生的环境治理费用,赔偿被污染地区生态环境从受到损害至恢复原状期间

---

① 《人权与环境原则》(草案)第 20 段。

② 参见《中华人民共和国环境保护法》(2014 年修订)第 53 ~ 58 条。

③ 《山东一企业长期超标排污 环保组织起诉索赔 3 千万》,载人民网,http://sd.people.com.cn/n/2015/0320/c166192 - 24224060.html,最后访问日期:2017 年 1 月 11 日。

的服务功能损失,并在国家级媒体向社会公众公开赔礼道歉。[①]

六、结 语

传统发展观更多是看到人类福祉对经济增长依赖的一面,却忽略了一个明显的事实——有时候经济增长不一定带来人的安全和幸福。相反,在某些情况下或在世界某些地方,经济发展本身反而成为个人生命、健康和安全的威胁。[②]“人民的福祉是最高的法律”,[③]历史经验和教训让我们认识到:“人是发展的主体,人应成为发展权利的积极参与者和受益者”。[④] 发展是手段而不是目的,发展应以人为本,发展是为了人类获取更高的安全和更大的幸福,而不能本末倒置,以牺牲人的安全和幸福的方式换取发展。鉴于此,虽然在经济发展的某一阶段可能存在着发展与环境之间的紧张关系——经济的快速增长导致环境问题的产生,而对环境的严格保护在短期内又制约着经济的发展;[⑤]但以长远的眼光看,经济发展与环境保护应是对立统一的关系,二者相互制约,相辅相成,发展将带来环境问题的最终解决,良好的环境反过来促进经济的可持续发展。就终极目标来看,发展经济和保护环境皆是为了人类的福祉。

---

① 《中华环境保护基金会诉中化涪陵公司公益诉讼立案》,载新华网,http://news.xinhuanet.com/legal/2017-01/20/c_129454825.htm,最后访问日期:2017年1月21日。

② 许多经济活动会对土著人民带来特别大的危险。土著民族认为天然气和石油公司、伐木者、采矿者以及企业家是“死亡幽灵”,因为这些人会丢下有毒的遗留物,污染这些民族视为生命之源的河水和森林。这些土著民族自有一套卫生保健和采集食物的系统,但是这些系统非常脆弱,如果他们所处的生态环境遭到破坏则很容易威胁到这些系统。这些土著民族对其他地方的常见和可治疗的疾病没有免疫力,与外界的人接触经常会造成疾病传染,引发流行病。《离群索居的土著民族》,载联合国网,http://www.un.org/chinese/events/tenstories/06/story.asp?storyID=200,最后访问日期:2017年2月19日。

③ [英]洛克:《政府论》(下篇),瞿菊农、叶启芳译,商务印书馆1964年版,第100页。

④ 1986年《发展权利宣言》第2条。

⑤ 李艳芳:《论环境权及其与生存权和发展权的关系》,载《中国人民大学学报》2000年第5期。

On the Realization of the Right to Development under the Context of Environmental Rights

Zhang Aining

Abstract: The right to development is an inalienable human right, but its realization should be balanced by environmental rights. The fact that environmental rights are not stipulated explicitly in international human rights treaties cannot deny their nature as human rights. The practice of states and international communities proves that environmental rights have met the requirement to become customary international law. Treating environmental rights as human rights and giving the same weight as that of the right to development will contribute to realizing the human sustainable development. The principle of sustainable development is the only way to implement the right to development for protecting the environment on which humans depend, it includes not only inter-generational equity but also intra-generational equity. The principle of common but differentiated responsibility is the practical model of international cooperation to achieve human being's environmental goal in the process of development. To resolve the conflict between economic development and environment, it is necessary for China to practice the scientific outlook of development. It is also essential to guarantee the rights of individuals to take part in the formulation of environmental policy, the rights of access to environmental information and access to court and effective remedy.

Key Words: human rights; right to development; environmental rights; intra-generational equity; scientific outlook of development

国家缔结的双边投资协定对港澳特别行政区的适用问题

——澳门世能公司诉老挝政府一案评析

伍俐斌*

摘要：中国不承认香港、澳门在回归前属于殖民地，移动条约边界规则不适用于港澳地区回归。中国政府向联合国秘书长就条约适用于港澳特区事宜发出的照会表明，除国防、外交性质的条约以外，中国缔结的条约并不自动适用于港澳。这一基本立场获得了国际认可。在澳门世能公司诉老挝政府仲裁案中，中国驻老挝大使馆和外交部向老挝政府发出的照会是对中老两国在缔结《中老双边投资协定》时缔约原意的阐释和澄清，意在证明两国原意是该协定不适用于港澳地区；《澳门基本法》不能作为不履行条约义务的理由，但可以作为确定《中老双边投资协定》不适用于澳门地区的证据。为避免再次发生类似争议，中央政府应根据基本法对中外双边投资协定在港澳地区的适用问题尽早予以澄清。

关键词：双边投资协定；特别行政区；投资仲裁；澳门基本法；条约适用

* 中山大学港澳珠江三角洲研究中心博士后人员。

一、问题的提出

2012年,澳门世能投资有限公司(Sanum Investments Limited,以下简称世能公司)援引中国和老挝于1993年签订的《关于鼓励和相互保护投资协定》(以下简称《中老双边投资协定》)以老挝政府为被申请人提起仲裁。[①] 世能公司是2005年7月14日根据澳门特别行政区法律成立的公司。2007~2008年期间,世能公司在老挝投资了多家游戏厅和赌场,声称其在老挝的投资超过8500万美元。它认为老挝政府吊销经营许可证和征收歧视性税款的做法违背了《中老双边投资协定》的多项义务,于是提起仲裁。该案的仲裁机构是荷兰海牙常设仲裁院(Permanent Court of Arbitration),仲裁地是新加坡。2013年12月,仲裁庭在新加坡作出管辖权裁决,认为澳门世能公司属于《中老双边投资协定》的合格投资者,可以援引《中老双边投资协定》寻求法律保护。[②] 但在2015年1月,新加坡最高法院原诉庭(以下简称原诉庭)进行司法复核后决定撤销仲裁庭的管辖权裁决,其理由是《中老双边投资协定》不适用于澳门地区。[③] 随后,澳门世能公司就原诉庭撤销仲裁庭管

---

① *Sanum Investments Limited v. The Government of the Lao People's Democratic Republic*, Notice of Arbitration, 14 August 2012, PCA Case No. 2013 – 13, available at: http://www.italaw.com/sites/default/files/case-documents/italaw3234.pdf (last visited on March 22, 2016).

② *Sanum Investments Limited v. The Government of the Lao People's Democratic Republic*, Award on Jurisdiction, 13 December 2013, PCA Case No. 2013 – 13, para. 300, http://www.italaw.com/sites/default/files/case-documents/italaw3322.pdf (last visited on March 22, 2016).

③ *Government of the Lao People's Democratic Republic v. Sanum Investments Ltd.*, Judgment, 20 January 2015, High Court of the Republic of Singapore, [2015] SGHC 15, http://www.italaw.com/sites/default/files/case-documents/italaw4107.pdf (last visited on March 22, 2016).

辖权裁决的判决向新加坡最高法院上诉庭(以下简称上诉庭)提出上诉。2016 年 9 月,上诉庭推翻原诉庭的判决,判决《中老双边投资协定》适用于澳门地区。①

事实上在世能公司诉老挝政府一案之前,还有另外一起类似的案例。2006 年香港居民谢业深(Tza Yap Shum)因其控股的一家秘鲁鱼粉生产企业与秘鲁税务当局发生纳税纠纷而依据 1995 年的中秘《关于鼓励和相互保护投资协定》(以下简称《中秘双边投资协定》)以秘鲁政府为被申请人向解决投资争端国际中心(以下简称 ICSID)申请仲裁。② 秘鲁认为谢业深作为香港居民无权援引《中秘双边投资协定》。2009 年,ICSID 仲裁庭作出管辖权裁决,认为谢业深属于《中秘双边投资协定》的合格投资者,可以援引该协定。③ 这是第一个涉及中国的 ICSID 案件,也是第一个由中国公民作为申请人的 ICSID 案件,还是中外双边投资协定能否适用于香港地区的第一案。然而 ICSID 的管辖权裁决受到了内地一些学者的批评,理由之一是根据"一国两制",香港居民不是《中秘双边投资协定》的合格投资者,无

① *Sanum Investments Ltd. v. Government of the Lao People's Democratic Republic*, Judgement, 29 September 2016, Court of Appeal, [2016] SGCA 57, http://www.singaporelaw.sg/sglaw/laws-of-singapore/case-law/free-law/court-of-appeal-judgments/18618 - sanum-investments-ltd-v-government-of-the-lao-people-s-democratic-republic (last visited on October 17, 2016).

② See *Tza Yap Shum v. The Republic of Peru*, Award, 7 July 2011, ICSID Case No. ARB/07/06, http://www.italaw.com/sites/default/files/case-documents/ita0882.pdf (last visited March 22, 2016).

③ See *Tza Yap Shum v. The Republic of Peru*, Decision on Jurisdiction and Competence, 19 June 2009, ICSID Case No. ARB/07/06, http://www.italaw.com/sites/default/files/case-documents/ita0880.pdf (last visited on March 22, 2016).

权援引该协定。[①] 但是有外国学者则认为香港地区、澳门地区、台湾地区都是中华人民共和国领土的一部分,中国中央政府签订的双边投资协定当然适用于港澳台地区。[②]

在这两起案件中,最为关键的争议就是国家缔结的双边投资协定即《中秘双边投资协定》和《中老双边投资协定》是否适用于香港地区和澳门地区。[③] 在世能公司诉老挝仲裁案中,综合世能公司、老挝政府、仲裁庭、原诉庭和上诉庭各方的立场来看,主要的争议焦点集中在以下几点:一是本案应适用 1978 年《关于国家在条约方面的继承的维也纳公约》(以下简称《条约继承公约》)第 15 条的一般性规则(移动条约边界规则)还是例外性规则? 二是本案应适用 1969 年《维也纳条约法公约》(以下简称《条约法公

---

① See An Chen,"Queries to the Recent ICSID Decision on Jurisdiction Upon the Case of Tza Yap Shum v. Republic of Peru:Should China-Peru BIT 1994 Be Applied to Hong Kong SAR under the 'One Country Two Systems' Policy?",(2009)10 *The Journal of World Investment & Trade*,pp. 829 – 864. 厦门大学法学院主办的《国际经济法学刊》曾专门就该案刊发多篇论文,例如陈安:《对香港居民谢业深诉秘鲁政府案 ICSID 管辖权裁定的四项质疑——〈中国 – 秘鲁 BIT〉适用于"一国两制"下的香港特别行政区吗》,载《国际经济法学刊》2010 年第 17 卷第 1 期;王海浪:《谢业深诉秘鲁政府案管辖权决定书兼评简评——香港居民直接援用〈中国 – 秘鲁 BIT〉的法律依据》,载《国际经济法学刊》2010 年第 17 卷第 1 期;高成栋:《中外 BITs 对香港特区的适用争议及其解决——以谢业深诉秘鲁政府案为例》,载《国际经济法学刊》2010 年第 17 卷第 1 期;陈辉萍:《ICSID 仲裁庭扩大管辖权之实践剖析——兼评谢业深案》,载《国际经济法学刊》2010 年第 17 卷第 3 期。

② See Nils Eliasson, "Investor-State Arbitration and Chinese Investors: Recent Developments in Light of the Decision on Jurisdiction in the Case Mr. Tza Yap Shum v. the Repubic of Peru", (2009) 2 *Contemporary Asia Arbitration Journal*, pp. 368 – 370; Stephan Wilske, "Protection of Taiwanese Investors Under Third Party Bilateral Investment Treaties? -Ways, Means and Limits of Treaty Shopping", (2011) 4 *Contemporary Asia Arbitration Journal*, pp. 159 – 161.

③ 例如,仲裁庭认为《中老双边投资协定》是否适用于澳门地区是管辖权问题的核心问题。如果不适用,仲裁庭就没有管辖权。参见 *Sanum Investments Limited v. The Government of the Lao People's Democratic Republic*, Award on Jurisdiction, 13 December 2013, PCA Case No. 2013 – 13, para. 205。不过,因为国际商事仲裁具有保密性特征的原因,对于香港谢业深诉秘鲁政府仲裁案仲裁双方各自主张的细节,笔者无法通过公开途径获得。故本文在论述过程中主要援引澳门世能公司诉老挝政府一案的有关材料。

约》)第 29 条(关于条约领土适用范围)的一般性规则还是例外性规则？三是《澳门基本法》是否可以作为《中老双边投资协定》不适用于澳门地区的理由？于是,本文拟从以上争议焦点出发,探讨国家缔结的双边投资协定能否适用于港澳地区的问题。

二、移动条约边界规则不适用于港澳回归

世能公司和老挝政府均认为《条约继承公约》第 15 条适用于本案,仲裁庭、原诉庭和上诉庭也基于该条对本案进行了分析。世能公司认为本案应适用第 15 条的一般性规则即移动条约边界规则,因此《中老双边投资协定》适用于澳门地区;但老挝政府认为本案应适用第 15 条的例外性规则,从而《中老双边投资协定》不适用于本案。在本案的最终裁决中,移动条约边界规则适用于澳门回归中国,成为了上诉庭作出判决的主要依据。上诉庭的理由是:移动条约边界规则是习惯国际法规则,对所有的国家均有拘束力;《中老双边投资协定》是否适用于澳门地区,应适用与国家继承相关的规则即移动条约边界规则;根据该项规则,当中国在 1999 年 12 月 20 日对澳门恢复行使主权时,《中老双边投资协定》开始自动适用于澳门地区。[①] 本部分将集中讨论移动条约边界规则是否适用于港澳回归。

在国际法上,因国家分离、分立、合并、新国家独立或其他与领土变更有关的各种情况,都会引起关于条约及条约以外事项的继承的法律问题。与条约继承相关的国际法规则主要是习惯国际法规则和条约法规则。其中,与条约继承相关的条约法规则——《条约继承公约》在 1978 年获得通过,并于 1996 年生效,但中国还不是该公约的缔约国。不过,公约很大程度上是对习惯国际法规则

---

① *Sanum Investments Ltd. v. Government of the Lao People's Democratic Republic*, Judgement, 29 September 2016, Court of Appeal, [2016] SGCA 57, paras. 47 – 49.

的反映,[①]可以用于解决条约的继承问题。

《条约继承公约》对因领土变更引起的条约继承的各种情形均规定了相应的规则。该公约第 15 条(对领土一部分的继承)规定:"一国领土的一部分,或虽非一国领土的一部分但其国际关系由该国负责的任何领土,成为另一国领土的一部分时:(1)被继承国的条约,自国家继承日期起,停止对国家继承所涉领土生效;(2)继承国的条约,自国家继承日期起,对国家继承所涉领土生效,但从条约可知或另经确定该条约对该领土的适用不合条约的目的和宗旨或者根本改变实施条约的条件时,不在此限。"从第 15 条的规定来看,与该条有关的条约继承的情形有两种:一国领土的一部分成为另一国领土的一部分;或者,某一领土不是负责其国际关系的国家的领土的一部分,一国取代该国负责该领土的国际关系。与该条一般性规则相对应的关于条约继承的习惯国际法规则是移动条约边界规则(moving treaty frontiers rule)。[②] 移动条约边界规则是条约继承规则的重要内容之一,是指当某一领土之上的主权发生变化而不涉及国家合并、分离等新国家成立的情况时,该

① 参见贾兵兵:《国际公法:和平时期的解释与适用》,清华大学出版社 2015 年版,第 123 页。ILC, *Yearbook of the International Law Commission*, 1974, Vol. II, Part One, pp. 208 - 209; Michael Akehurst, *A Modern Introduction to International Law*, London: Allen & Unwin, 1987, p. 159; Malcolm N. Shaw, *International Law*, Cambridge University Press, 6th ed., 2008, p. 959; Roda Mushkat, "Hong Kong and Succession of Treaties", (1997) 46 *The International and Comparative Law Quarterly*, p. 181.

② ILC, *Yearbook of the International Law Commission*, 1974, Vol. II, Part One, p. 208. 在世能公司诉老挝政府一案中,当事双方和上诉庭均认为《条约法公约》第 29 条和《条约继承公约》第 15 条的一般性规则都是对移动条约边界规则的反映。但这种观点是存在问题的,正如仲裁庭所言,《条约继承公约》第 15 条与领土主权的变动相关,只有它才能被描述为移动条约边界规则;而《条约法公约》第 29 条与领土主权的变动无关,它阐述了国际法上关于条约领土适用范围的一条基本原则。See *Sanum Investments Limited v. The Government of the Lao People's Democratic Republic*, Award on Jurisdiction, 13 December 2013, PCA Case No. 2013 - 13, paras. 53 - 54, 81, 225; *Sanum Investments Ltd. v. Government of the Lao People's Democratic Republic*, Judgement, 29 September 2016, Court of Appeal, [2016] SGCA 57, para. 47.

领土自动脱离被继承国的条约体系而进入继承国的条约体系。它包括积极和消极两方面:积极方面是指继承国的条约自继承开始之时起自动适用于所涉领土;消极方面是指被继承国的条约自继承开始之时起自动停止适用于所涉领土。[①] 就时间因素而言,移动条约边界规则在继承开始之时就予以适用。[②] 第 15 条被认为是对移动条约边界规则的最权威阐述。[③] 根据这一原则性规定,当继承开始之时,被继承国的条约失效而继承国的条约生效。[④]

国际实践中不乏适用移动条约边界规则的例子。1898 年美国吞并夏威夷后便宣布它所缔结的条约开始适用于夏威夷。[⑤] 阿尔萨斯—洛林原属法国,于 1871 年因普法战争被割让给德国,后又依据 1919 年《凡尔赛和约》从德国归还给法国。之后德国缔结的条约不再适用于阿尔萨斯—洛林,而法国缔结的条约开始适用于这一地区。[⑥] 当纽芬兰成为加拿大领土的一部分后,加拿大的条约开始适用于纽芬兰;1952 年,当厄立特里亚成为埃塞尔比亚的一部分后,埃塞尔比亚的条约开始适用于厄立特里亚;当法国和葡萄牙的占领地归入印度后,印度的条约开始适用于这些地方;当荷兰向印度尼西亚移交西伊里安后,印度尼西亚的条约开始适用于这一地区。[⑦]

那么,《条约继承公约》第 15 条所反映的移动条约边界规则是否适用于港澳回归中国的情况呢?部分学者认为中国对香港地

---

① ILC, *Yearbook of the International Law Commission*, 1974, vol. II, Part One, p. 208.

② 李薇薇:《〈公民权利和政治权利国际公约〉适用于香港的法理依据》,载《法学杂志》2012 年第 4 期。

③ Shawn B. Jensen, "International Agreements Between the United States and Hong Kong Under the United States-Hong Kong Policy Act", (1993) 7 *Temple International and Comparative Law Journal*, p. 181.

④ 肖锋、王娟:《目前适用于香港的条约之继承》,载《甘肃政法学院学报》1995 年第 2 期。

⑤ Malcolm N. Shaw, *International Law*, Cambridge University Press, 6th ed., 2008, p. 974.

⑥ Ibid., p. 974.

⑦ ILC, *Yearbook of the International Law Commission*, 1974, Vol. II, Part One, p. 209.

区、澳门地区恢复行使主权是恢复失地的表现,恢复失地是现代国际法所承认的一种领土变更方式,一国对自己失地的恢复,意味着原来占领该地的国家对该地所负的国际关系责任将转而由恢复失地国担负,[①]因此中国对港澳恢复行使主权也会引发有关条约的继承问题,移动条约边界规则可以适用于中国恢复对港澳行使主权的情况。

但是,中国政府不承认关于香港问题的三个不平等条约,历来主张香港和澳门自古属于中国领土的一部分,港澳回归不是收回主权,而是恢复行使主权。[②] 同时,中国也不承认香港地区和澳门地区是英国和葡萄牙的殖民地,并在20世纪70年代采取措施将港澳从联合国"非殖民地化特别委员会"的"殖民地名单"中去除。因而在法律性质上,香港地区、澳门地区不属于殖民地,这一点已为联合国所确认。换言之,中国不承认香港地区、澳门地区的回归是从英国、葡萄牙的领土变为中国的领土,不承认香港地区、澳门地区的回归会产生国家继承关系;而且即使香港地区和澳门地区在回归前确实分别由英国和葡萄牙负责其国际关系,也不承认香港地区、澳门地区属于殖民地(非自治领土)。因此,港澳回归不属于《条约继承公约》第15条所指发生条约继承的情形,移动条约边界规则不适用于港澳回归中国的情况。

根据上述结论,就世能公司诉老挝政府一案而言,移动条约边界规则不适用于该案。换言之,该案不能依据移动条约边界规则来确定《中老双边投资协定》的适用性问题。上诉庭适用关于国家继承的国际法规则——移动条约边界规则来裁决本案是存在问题的,它没有考虑澳门"不是殖民地,且为联合国所确认"这一事实。

---

① 王晨:《香港回归中国际法的运用》,载《当代法学》2003年第7期;陈华、朱炎生:《论国家对国际条约的继承——兼谈1997年后我国涉及香港的国际条约继承问题》,载《南昌大学学报》(社会科学版)1995年第4期。

② 参见《中英联合声明》第1条和《中葡联合声明》第1条。

三、适用一般性规则还是例外性规则

除《条约继承公约》第15条外,世能公司和老挝政府均认为《条约法公约》第29条适用于该案。《条约法公约》第29条规定:"除条约表示不同意思,或另经确定外,条约对每一当事国之拘束力及于其全部领土。"第29条是关于条约领土适用范围的一般规则,条约对在缔约国主权之下的任何领土都有约束力,同时条约对不再属于缔约国主权之下的领土则没有约束力。[①]

《条约法公约》第29条也是习惯国际法规则的体现。在1969年的维也纳缔约大会上,该条是最无争议的条款之一,97个国家对该条投了赞成票,没有反对票和弃权票,也没有任何针对该条的保留或者解释性声明。[②] 因此,第29条关于条约领土适用范围的规则是普遍接受的规则。该条也反映出条约是否适用于当事国的全部领土是当事国可以依据意思自治原则通过协议决定的问题,但是如果当事国没有明示或默示的不同意思,就应当认为条约适用于当事国的全部领土。[③]

虽然世能公司和老挝政府均认为《条约法公约》第29条适用于该案,但对于究竟是适用该条的一般性规则还是例外性规则则有截然不同的观点。条约适用于当事国全部领土是关于条约领土适用范围的一般性规则。按照一般性规则,香港和澳门是中国的领土,国家缔结的条约自然应适用于两地。但是第29条同时规定了例外性规则,即"条约表示不同意思,或另经确定"。这样的规定是必要的,因为有些国家是联邦制国家,各邦也有缔约权;有些

---

① ILC, *Yearbook of the International Law Commission*, 1974, vol. II, Part One, p. 208.

② Olivier Corten and Pierre Klein(eds.), *The Vienna Conventions on the Law of Treaties: A Commentary*, New York: Oxford University Press, 2011, p. 732.

③ 参见李浩培:《条约法概论》,法律出版社2003年版,第308页。ILC: *Yearbook of the International Law Commission*, 1964, Vol. II, p. 12.

国家即使是单一制国家,个别地区也有高度自治权。[①] 第 29 条规定的例外性规则实际有两个:一是条约表示不同意思;二是另经确定不同意思。[②] 值得注意的是,《条约继承公约》第 15 条也规定了移动条约边界规则的例外情形,即"从条约可知或另经确定该条约对该领土的适用不合条约的目的和宗旨或者根本改变实施条约的条件"。可见第 15 条规定的两个例外——"从条约可知"和"另经确定"几乎与第 29 条相同,但通过对比两个条文也可以发现《条约继承公约》第 15 条对例外的限制性条件要严于《条约法公约》第 29 条,即第 29 条的例外情形要宽于第 15 条。鉴于第 29 条和第 15 条一脉相承的特性,通过考察第 29 条的例外情形也就可以基本确定第 15 条的例外情形。[③]

先来考察第一个例外——"条约表示不同意思"。除"不同意思"外,该项例外包含了两个关键词,即"条约"和"表示"。首先,如何确定"条约"的意涵呢?第 29 条的英文表述是:"Unless a different intention appears from the treaty or is otherwise established, a treaty is binding upon each party in respect of its entire territory"。"the treaty"与"a treaty"显然是指同一个 treaty,即"条约表示不同意思"中的"条约"就是指当事国之间的条约,条约不适用于当事国的全部领土这一"不同意思"应在当事国之间的条约中予以规定。其次,应如何"表示"不同意思呢?国际法委员会在关于该条

---

① 参见李浩培:《条约法概论》,法律出版社 2003 年版,第 308 ~ 309 页。

② "另经确定"是在国际法委员会 1966 年草案中新增加的,并将之前 1964 年草案中的"相反意思"(unless the contrary appears from the treaty)改为"不同意思"(unless a different intention appears from the treaty)。参见 ILC, *Yearbook of the International Law Commission*, 1966, Vol. II, p. 213。

③ 国际法委员会也认为《条约继承公约》第 15 条与《条约法公约》第 29 条是密切联系的,参见 ILC, *Yearbook of the International Law Commission*, 1974, Vol. II, Part One, p. 208。世能公司诉老挝政府案的仲裁庭认为第 15 条与第 29 条是一枚硬币的两面,第 15 条的例外性规则要严于第 29 条,参见 *Sanum Investments Limited v. The Government of the Lao People's Democratic Republic*, Award on Jurisdiction, 13 December 2013, PCA Case No. 2013 - 13, paras. 225 - 231。

的评注中指出,条约是被推定适用于当事国主权之下的全部领土的,如果当事国无意使条约适用于其全部领土,它就必须通过明示或者默示的方式清楚表达该项意图。[①] 换言之,“表示”的方式包括明示和默示两种方式。明示的方式是指直接在条约中予以规定,默示的意思表示则是从条约的标题、前后文或其他用语、条约的区域性质以及条约的准备资料等推断而出。[②]

对于如何确定“条约表示不同意思”,已有相当多的国际实践可供参考。例如,海峡群岛(the Channel Islands)和马恩岛(the Isle of Man)在1950年前属于英国的本土领土,在英国的条约实践中没有被特别提及过;但在1950年后这些岛屿获得了高度的自治权而不再被认为属于英国的本土领土,也就改变了英国的条约实践。对于只适用于本土领土的条约,英国要么仅以“大不列颠和北爱尔兰”名义缔结条约,要么在条约中对领土适用范围限定为“大不列颠和北爱尔兰”,如果海峡群岛和马恩岛希望被这些条约所包括,英国就会在条约中专门提及这些岛屿。对于一般性的条约,只有在没有任何迹象显示条约不适用于英国负责国际关系的所有领土时,它才以“联合王国”(United Kingdom)的名义缔结条约,如果条约不适用于海峡群岛和马恩岛,这些岛屿会被专门提及且排除。[③] 对于海外领土,越来越多的实践表明除非在条约中明确表明或者可从条约推断出条约不适用于海外领土,否则条约都是自动适用于缔约国的所有领土包括海外领土。常设国际法院在东格陵兰岛案中指出:“长期以来丹麦事实上已经对整个格陵兰岛行使主权。丹麦强调经其他条约当事国同意,在丹麦缔结的一系列条约中包含一个条款明确排除条约适用于格陵兰岛。这一做法从1782年就已开始。在这些条约中,有关的约文是相当特别的,例如1862年丹麦与美国之间的条约第6条规定本条约不适用于丹麦北部属

① ILC, *Yearbook of the International Law Commission*, 1964, Vol. II, p. 13.

② 参见李浩培:《条约法概论》,法律出版社2003年版,第309页。

③ ILC, *Yearbook of the International Law Commission*, 1964, Vol. II, p. 13.

土,即不适用于冰岛、法罗群岛和格陵兰岛。”[①]随着加拿大、澳大利亚和新西兰的自治地位不断提高,英国从 1880 年开始在其缔结的双边和多边条约中明确规定条约不适用于海外领土。如果没有这样的排除性规定,条约被认为是自动适用于这些海外领土的。[②]从上述条约实践可以看出,当事国如果有意排除条约对某一部分领土的适用,要么是在条约中明确限定条约的领土适用范围,要么是直接规定条约不适用于某一领土。

那么中外双边投资协定是否有其领土适用范围仅限于内地或者不适用于港澳地区的规定呢？在中国与 120 多个国家已经缔结的双边投资协定中,只有中国与俄罗斯在 2010 年缔结的《关于促进和相互保护投资协定》的议定书明确排除了对港澳地区的适用。该议定书规定:“除非缔约双方另行商定,本协定不适用于中华人民共和国香港特别行政区和中华人民共和国澳门特别行政区。”其他双边投资协定均无此项规定。如在中国和西班牙《关于促进和相互保护投资的协定》中“‘领土’一词系指缔约一方的领土,包括领土、领海及其领空,以及缔约一方根据其国内法和国际法,在其领海以外行使主权和/或管辖权的专属经济区和大陆架”。在中国和乌兹别克斯坦《关于促进和保护投资的协定》中“‘领土’一词:(一)在中华人民共和国方面,系指中华人民共和国领土(包括陆地、内水、领海及领空),以及根据中国法律和国际法,在领海以外中华人民共和国拥有以勘探和开发海床、底土及其上覆水域资源为目的的主权权利或管辖权的任何区域。”香港和澳门属于中华人民共和国领土的一部分,从这些双边投资协定对“领土”的定义来看,除中俄双边投资协定外均未排除协定在港澳的适用。因此,除非有明确规定,中外双边投资协定并不包含协定不适用于港澳的“不同意思”。

① *Legal Status of Eastern Greenland*, Series A/B44, Permanent Court of International Justice, Judgment of 5 April 1933, p. 51.

② ILC, *Yearbook of the International Law Commission*, 1964, Vol. II, p. 14.

不过,在中国与老挝的双边投资协定中既没有对“领土”专门界定,也没有明确排除适用于港澳地区。因此,《中老双边投资协定》本身既不能确定它适用于澳门地区,也不包含表示它不适用于澳门的“不同意思”。①

接下来考察第二个例外——“另经确定不同意思”。“另经确定”这一表述是相当模糊的,甚至使规则和规则的例外之间的区别变得难以区分,也容易引发争议。② 国际法委员会对“另经确定”没有做出专门的解释,既有的条约实践也很少见。这也是世能公司诉老挝政府一案中争议最为激烈的地方。在仲裁阶段,老挝政府认为中国政府1999年向联合国秘书长就1999年12月20日后国际条约适用于澳门特别行政区事宜发出的照会(以下简称“1999年照会”)是“另经确定”《中老双边投资协定》不适用于澳门的第一个证据;③但世能公司认为“1999年照会”处理的只是多边条约对澳门的适用问题,而《中老双边投资协定》属于双边条约,因此“1999年照会”不能用来确定《中老双边投资协定》不适用于澳门地区。④ 世

---

① 世能公司诉老挝政府一案的仲裁庭、原诉庭和上诉庭均持这一观点,认为不能从《中老双边投资协定》本身发现不适用于澳门的第一个例外——“条约表示不同意思”。参见 *Sanum Investments Limited v. The Government of the Lao People's Democratic Republic*, Award on Jurisdiction, 13 December 2013, PCA Case No. 2013 - 13, paras. 270 - 277; *Government of the Lao People's Democratic Republic v. Sanum Investments Ltd.*, Judgment, 20 January 2015, High Court of the Republic of Singapore, [2015] SGHC 15, para. 63; *Sanum Investments Ltd. v. Government of the Lao People's Democratic Republic*, Judgement, 29 September 2016, Court of Appeal, [2016] SGCA 57, para. 55。

② Olivier Corten and PierreKlein, *The Vienna Conventions on the Law of Treaties: A Commentary*, p. 737.

③ *Sanum Investments Limited v. The Government of the Lao People's Democratic Republic*, Award on Jurisdiction, 13 December 2013, PCA Case No. 2013 - 13, paras. 57 - 67.

④ Ibid., paras. 95 - 101.

能公司的立场得到了仲裁庭、原诉庭和上诉庭的认可。[①] 但是在原诉庭审查仲裁裁决阶段,老挝政府向原诉庭提供了"另经确定"《中老双边投资协定》不适用于澳门地区的第二个证据——中国驻老挝大使馆出具的《中老双边投资协定》不适用于澳门地区的照会(以下简称"大使馆照会"),而这一证据最终成为了原诉庭撤销仲裁庭裁决的关键证据。在上诉阶段,老挝政府向上诉庭出具了"另经确定"《中老双边投资协定》不适用于澳门地区的新证据(第三个证据)——中国外交部向老挝外交部发出的照会(以下简称"大使馆照会")。但这一证据没有被上诉庭采信,并进而推翻了原诉庭的判决。

首先,关于老挝提出的"另经确定不同意思"的第一个证据——"1999 年照会"。[②] 该照会包括正文四个条文和两个附件,正文第 1 条、第 2 条、第 3 条处理的均是多边条约对澳门的适用问题;附件一所列的是中国是当事方且自 1999 年 12 日 20 日起适用于澳门的多边条约;附件二所列的是中国不是当事方但自 1999 年 12 月 20 日起继续适用于澳门的多边条约。因此,从该照会的正文第 1 条、第 2 条、第 3 条和附件来看,其的确处理的是多边条约对澳门的适用问题。但照会正文第 4 条是一个兜底条款,声明"未列入本照会上述附件的、中华人民共和国是当事方或将成为当事方的其他条约,如决定将适用于澳门特别行政区,中华人民共和国政府将另行办理有关手续"。如何理解第 4 条中的"其他条约",它是仅指多边条约,还是包括了双边条约?如果包括双边条约,那么就可以推断出《中老双边投资协定》在中国政府未另行办理有

① *Sanum Investments Limited v. The Government of the Lao People's Democratic Republic*, Award on Jurisdiction, 13 December 2013, PCA Case No. 2013 - 13, paras. 206 - 210; *Government of the Lao People's Democratic Republic v. Sanum Investments Ltd.*, Judgment, 20 January 2015, High Court of the Republic of Singapore, [2015] SGHC 15, paras. 94 - 98; *Sanum Investments Ltd. v. Government of the Lao People's Democratic Republic*, Judgment, 29 September 2016, Court of Appeal, [2016] SGCA 57, paras. 93 - 94.

② See *Multilateral Treaties Deposited with the Secretary-General*, Vol. 1, ST/LEG/SER. E/26, pp. VIII - X.

关手续前将不适用于澳门地区,老挝政府的立场就应获得支持;如果仅指多边条约,不包括双边条约,那么世能公司的立场应获得支持。其实并无必要纠结于第4条中的“其他条约”是仅指多边条约,还是包括了双边条约,而是应从整体上理解“1999年照会”。“1999年照会”(及中国政府1997年向联合国秘书长就国际条约适用于香港特别行政区事宜发出的照会,以下简称“1997年照会”)体现了中国政府对于条约(无论多边条约还是双边条约)适用于澳门地区(及香港地区)的基本立场:除外交、国防性质的条约以外,中国政府缔结的条约并不自动适用于港澳地区。并且,联合国秘书长还应中国政府要求,将“1997年照会”和“1999年照会”的内容通知了联合国其他会员国和联合国各专门机构,其他国家或国际机构对此并未表示异议;换言之,中国政府的立场得到了国际社会的认可或者默认。这种认可或者默认在国际法上具有法律效力,即相当于承认了对方行为的合法性。① 于是对于双边条约而言,中国政府与有关当事国的合意是该条约并不自动适用于港澳地区。例如,在香港回归后曾有国家和国际组织向中国政府询问有关双边条约对香港地区的适用事宜,中国政府作出解释后,有关国家和国际组织并未表示质疑。② 港澳回归以后中国政府缔结条约的实践也进一步印证了这一立场,如在港澳回归后中国政府对于新加入的国际公约,通常由全国人大常委会在条约批准书中作出声明是否适用于香港地区、澳门地区。③ 这种声明再次表

① [英]劳特派特修订:《奥本海国际法》(第8版上卷第2分册),王铁崖、陈体强译,商务印书馆1989年版,第308页。

② 参见饶戈平、李赞:《国际条约在香港的适用问题研究》,中国民主法制出版社2010年版,第146页。

③ 可参见2008年《全国人大常委会关于批准〈移动设备国际利益公约〉和〈移动设备国际利益公约关于航空器设备特定问题的议定书〉的决定》、2010年《全国人大常委会关于批准〈制止核恐怖主义行为国际公约〉的决定》、2014年《全国人大常委会关于批准〈上海合作组织反恐怖主义公约〉的决定》、2015年《全国人大常委会关于批准〈多边税收征管互助公约〉的决定》等。

明中国政府认为它所缔结的条约并不自动适用于港澳地区。总而言之,"1997 年照会"和"1999 年照会"以及中国政府在港澳回归后在条约领土适用范围方面的实践表明除外交、国防性质的条约以外,中国政府缔结的多边和双边条约并不自动适用于港澳地区。这一立场获得了其他国家和国际组织的认可或者默认,属于《条约法公约》第 29 条所指"另经确定"即条约不适用于当事国全部领土的不同意思。

就新加坡而言,2007 年新加坡最高法院原诉庭在李显龙诉香港远东出版公司诽谤案中裁决《中华人民共和国和新加坡共和国关于民事和商事司法协助的条约》(以下简称《中新民商事司法协助条约》)不能自动适用于香港。[①] 在裁决中原诉庭还特别提到"1997 年照会",将其作为《中新民商事司法协助条约》不自动适用于香港的证据。[②] 并且,新加坡外交部也认为《中新民商事司法协助条约》不能自动适用于香港。[③] 因此,新加坡最高法院原诉庭和上诉庭在世能公司诉老挝政府一案中认定"1999 年照会"不涉及双边条约而是仅处理了多边条约对澳门的适用问题,不仅没有尊重中国政府一贯以来的条约实践和国际社会共识,也违背了新加坡法院之前的判决和新加坡政府在这一问题上的立场。

其次,对于老挝政府提供的第二个证据("大使馆照会")和第三个证据("外交部照会"),老挝政府认为"大使馆照会"构成《中老双边投资协定》的嗣后协定(subsequent agreement)。按照《条约法公约》第 31 条第 3 款甲项,有关《中老双边投资协定》适用范围

① *Lee Hsien Loong v. Review Publishing Co Ltd. and Another and Another Suit*, [2007] SGHC 24, paras. 105 – 122, http://www.singaporelaw.sg/sglaw/laws-of-singapore/case-law/free-law/high-court-judgments/13132-lee-hsien-loong-v-review-publishing-co-ltd-and-another-and-another-suit-2007-2-slr-453-2007-sghc-24 (last visited on December 26, 2016).

② *Lee Hsien Loong v. Review Publishing Co Ltd. and Another and Another Suit*, [2007] SGHC 24, paras. 116 – 117.

③ Ibid., para. 71.

的解释应参照这一嗣后协定。[①] 世能公司反对这一说法,但原诉庭最终认可了老挝政府的立场。"大使馆照会"成为了原诉庭撤销仲裁裁决的关键证据。那么,"大使馆照会"究竟写了什么?根据原诉庭的裁决书,"大使馆照会"的主要内容是:"根据《澳门基本法》,中国中央人民政府授权澳门特区政府有权缔结和适用投资协议。中央人民政府缔结的双边投资协定原则上不适用于澳门,除非在征询澳门特区政府意见之后,且与另一缔约国协商之后。因此,《中老双边投资协定》不适用于澳门,除非中国和老挝将来就此达成协议。"[②]在原诉庭看来,中国驻老挝大使馆所代表的是中国政府的立场,于是《中老双边投资协定》的缔约国中国和老挝都不认为该协定适用于澳门,因此,《中老双边投资协定》不能适用于本案。[③]

在上诉庭阶段,老挝政府出具了第三个证据——"外交部照会"。该照会声明"根据《澳门基本法》,中央政府缔结的双边投资协定原则上不适用于澳门"。但上诉庭根据国际法中的"关键日期"(critical date)理论,[④]认为本案的关键日期是世能公司与老挝政府争端固化的日期即2012年8月14日仲裁开始的日期,对于在关键日期之后提出的证据,上诉庭将不予采信。[⑤] 据此,上诉庭

---

① *Government of the Lao People's Democratic Republic v. Sanum Investments Ltd.*, Judgment, 20 January 2015, High Court of the Republic of Singapore, [2015] SGHC 15, para. 64.

② Ibid., para. 40.

③ Ibid., paras. 77 – 78.

④ "关键日期"是国际法上的一个重要概念,经常出现于国际司法实践中。在国际常设法院1928年帕尔马斯岛案中,胡伯法官第一次提出"关键日期"概念[参见 *Island of Palmas Case* (*Netherland*, *USA*), 4 April 1928, Report of International Arbitral Awards, Vol. 2, p. 866]。"关键日期"理论在国际法院的实践中多次采用,并被用来决定各方提供证据的可采性[参见 *Sovereignty over Pulau Ligitan and Pulau Sipadan* (*Indonesia/Malaysia*), Judgment of 17 December 2002, I. C. J. Report 2002, p. 682, para. 135; *Territorial and Maritime Dispute between Nicaragua and Honduras in the Caribbean Sea* (*Nicaragua v. Honduras*), Judgment of 8 October 2007, I. C. J. Report 2002, pp. 35 – 36, para. 117]。

⑤ *Sanum Investments Ltd. v. Government of the Lao People's Democratic Republic*, Judgement, 29 September 2016, Court of Appeal, [2016] SGCA 57, paras. 64 – 67.

拒绝采信"大使馆照会"和"外交部照会",理由是该两项照会在本案的关键日期之后提出,不应赋予证据效力。①

上诉庭拒绝采信"大使馆照会"和"外交部照会"的做法值得商榷。"在国际法上,关键日期的意义不仅意味着排除关键日期之后的事实或行为对权利主张的效力,也意味着当关键日期前后法律发生变化时,排除关键日期之后的法律。"②简言之,与关键日期有关的要素有两项:案件事实和法律规则。对于世能公司诉老挝政府一案,案件事实部分已经清楚,争议焦点在于本案应适用的法律规则——《中老双边投资协定》的领土适用范围。按照关键日期理论,如果有关的法律规则在关键日期之后发生变化,应排除关键日期之后的法律规则。在时间节点上,"大使馆照会"(2014 年 1 月 9 日)和"外交部照会"(2015 年 11 月 18 日)确实晚于世能公司与老挝政府之间仲裁开始的日期(2012 年 8 月 14 日),但问题是这两个照会是否使体现于《中老双边投资协定》的法律规则发生了变化,它们是否属于新的法律规则?如果回答是肯定的,那么上诉庭不采信这两个照会就并无不当;否则,上诉庭的做法就是错误的。《中老双边投资协定》在性质上是双边条约。条约基于当事国的合意而产生,它对当事国权利义务的规定都是建立在当事国同意的基础之上。当条约中的某些事项规定不明或者模糊时,应推断当事国的原意进行澄清。③ 因此,当条约对其领土适用范围的规定不明确时,应根据当事国的原意予以确定。"大使馆照会"和"外交部照会"因老挝政府的请求而发出,虽然出现于上诉庭确定的关键日期之后,但它们既不是中国和老挝之间新的条约

① Sanum Investments Ltd. v. Government of the Lao People's Democratic Republic, Judgement, 29 September 2016, Court of Appeal, [2016] SGCA 57, paras. 100 - 122.

② 张新军:《法律适用中的时间要素——中日东海争端关键日期和时际法问题考察》,载《法学研究》2009 年第 4 期。

③ See Jan Klabbers, *The Concept of Treaty in International Law*, Hague: Kluwer Law International, 1998, p. 65.

规则,也没有修改《中老双边投资协定》,而是关于中老两国在缔结《中老双边投资协定》时缔约原意的阐释和澄清。[①] 简言之,两个照会没有改变《中老双边投资协定》中的原有规则,它们只不过是对原有规则的解释。并且,两个照会秉承了前文所述中国政府对于条约对港澳适用问题的一贯实践和国际社会共识,也与新加坡政府的立场相一致,这也更加佐证了它们是对《中老双边投资协定》的解释,而不是修改或创设规则。反过来,如果这两个照会与中国政府的实践和国际社会共识不符,倒是可以认为它们改变了原有的规则,使有关的法律规则在关键日期之后发生了变化,从而应当被排除。因此,上诉庭拒绝采信"大使馆照会"和"外交部照会"的做法是存疑的,是没有充分的说服力的。

概言之,《中老双边投资协定》既没有对"领土"做专门的界定,也没有明确排除适用于港澳,从而不能从协定本身确定它是否适用于澳门地区,也就是说无法从协定本身判定可以适用《条约法公约》第29条的第一个例外(条约表示不同意思)。但是,"1999年照会"和中国政府在条约对港澳适用问题上的一贯以来的实践和国际社会对这一事项的共识可以作为"另经确定"《中老双边投资协定》具有不适用于澳门的"不同意思"的证据;"大使馆照会"和"外交部照会"是对《中老双边投资协定》的解释,没有修改或创设规则,它们也可以作为"另经确定"《中老双边投资协定》"不同意思"的证据,理应被上诉庭采信。因此,世能公司诉老挝政府一案应适用《条约法公约》第29条的例外性规则。

① 原诉庭在阐述其对于"大使馆照会"的理解时有类似的解读,See *Government of the Lao People's Democratic Republic v. Sanum Investments Ltd.*, Judgment, 20 January 2015, High Court of the Republic of Singapore, [2015] SGHC 15, para. 77。

四、基本法能否作为理由

在世能公司诉老挝政府案中,老挝政府还将《澳门基本法》作为"另经确定"《中老双边投资协定》具有"不同意思"的证据,即将《澳门基本法》作为否认《中老双边投资协定》适用于澳门地区的理由。[①] 但世能公司和仲裁庭均认为《澳门基本法》属于国内法,根据《条约法公约》第27条,国内法不能作为排除国际条约义务的理由,[②]上诉庭也持相同的立场。[③] 那么,《澳门基本法》究竟能不能作为"另经确定"《中老双边投资协定》具有"不同意思"的证据?对这一问题的回答,得从《条约法公约》第27条及有关的国际实践说起。

《条约法公约》第27条(国内法与条约之遵守)规定:"一当事国不得援引其国内法规定为理由而不履行条约。"从该条可知,条约缔约国不能援引国内法规避条约的约束力或者作为不履行条约义务的正当理由。[④] 从另一个侧面而言,如果一缔约国不履行条约义务,它必须以国际法作为理由,即条约的约束力完全由国际法决定。菲茨莫里斯认为:"它是国际法的重要原则之一,活跃于国际法的整个体系并适用于国际法的各个分支,包括条约法。没有它,国际法不能产生作用,因为国家可以以国内法为由随意逃避国

① *Sanum Investments Ltd. v. The Government of the Lao People's Democratic Republic*, Award on Jurisdiction, 13 December 2013, PCA Case No. 2013 - 13, paras. 67 - 68.

② *Sanum Investments Ltd. v. The Government of the Lao People's Democratic Republic*, Award on Jurisdiction, 13 December 2013, PCA Case No. 2013 - 13, paras. 102 - 103, para. 257.

③ *Sanum Investments Ltd. v. Government of the Lao People's Democratic Republic*, Judgement, 29 September 2016, Court of Appeal, [2016] SGCA 57, paras. 79 - 80.

④ Olivier Corten and Pierre Klein, *The Vienna Conventions on the Law of Treaties: A Commentary*, New York: Oxford University Press, 2011, p. 689.

际义务。”[①]常设国际法院在“关于在但泽的波兰国民待遇案”的咨询意见中指出:“一国不能以本国宪法来反驳另一国,借以逃避国际法或生效条约下的义务。”[②]第27条还被认为是对习惯国际法规则的反映。国际法院在“刑事事项互助的若干问题案”中指出:“《条约法公约》第27条反映了习惯国际法规则。”[③]

国内法是一个庞杂的体系,不同的国家可能会有不同的理解,那么第27条所指的“国内法”究竟包括哪些方面呢?第27条使用的用语是“国内法”(internal law)而不是“国内立法”(internal legislation),意在表明“国内法”的概念是宽泛的,它包括整个国内法律体系,而不是仅限于立法机关的立法,行政机关和司法机关创立的规则也包括在内。换言之,一国不能援引它的国内法规则——无论这些规则是由立法机关,还是由行政机关、司法机关创设——作为不履行对它有约束力的条约义务的理由。[④]联邦制国家经常以宪法障碍为由不履行某些条约义务,但是这样的做法也是不被允许的。即使条约涉及在联邦成员单位的执行,联邦制国家也不能以联邦宪法禁止干涉成员单位自治权或者联邦宪法缺乏明确规定为其不履行条约义务进行辩解。[⑤]比利时曾试图以国内法律秩序为由,为其不履行欧共体指令进行辩解。但欧共体法院指出,成员国国内法包括源于联邦制安排的种种困境不能构成不

---

① Gerald Fitzmaurice, "The General Principles of International Law Considered from the Standpoint of the Rule of Law", (1957) 92 *Collected Courses of the Hague Academy of International Law*, pp. 85 - 86.

② PCIJ, *The Treatment of Polish Nationals and Other Persons of Polish Origin or Speech in the Danzig Territory*, Series A/B44, Permanent Court of International Justice, Advisory Opinion of 4 February 1932, p. 24.

③ ICJ, *Certain Questions of Mutual Assistance in Criminal Matters* (*Djibouti v. France*), Judgment, I. C. J. Report 2008, p. 222, para. 124.

④ Olivier Corten and Pierre Klein, *The Vienna Conventions on the Law of Treaties: A Commentary*, New York: Oxford University Press, 2011, pp. 692 - 693.

⑤ Olivier Corten and Pierre Klein, *The Vienna Conventions on the Law of Treaties: A Commentary*, New York: Oxford University Press, 2011, p. 693.

履行共同体指令的理由。[①] 芬兰、奥地利、瑞典等其他成员国也强调,无论比利时国内法对条约签署和批准做何种安排,只有比利时才是条约缔约方并对其他缔约国承担执行条约的义务。[②]

从《条约法公约》第 27 条和相关国际实践可以得出一个初步结论:在国际关系中,条约当事国不能以国内法作为其不履行条约义务的理由,否则便要承担对其他当事国的国际责任。《香港基本法》和《澳门基本法》无疑属于国内法,"一国两制"也属于国内宪法性安排,它们的国内法性质决定了中国政府不能将其作为不承担与港澳有关的条约义务的理由。事实上,如果中国政府缔结的条约适用于港澳或者港澳单独对外缔结条约,均由中国政府承担最终的履约责任,中国政府从未以港澳基本法或者"一国两制"为由"逃避"有关的条约义务。[③] 在世能公司诉老挝政府一案中,中国政府不是案件当事方,不存在中国政府以国内法为由不履行条约义务的问题。根据《中老双边投资协定》,老挝政府承担了保护在老挝投资的投资者的条约义务。在通常情况下,老挝政府不能以其国内法为由而不履行保护外国投资者的义务。

同时从《条约法公约》第 27 条和相关国际实践还可以得出另外一个结论,即第 27 条与"履行条约义务"相关。这是一个履约阶段的问题。但是《中老双边投资协定》是否适用于澳门地区是一个条约领土适用范围的问题,这个问题虽然规定在《条约法公约》第 29 条,在第 27 条之后,但从条约的缔结过程来看,这是一个条约当事国在谈判过程中应予解决的问题,属于缔约阶段的问题。

---

① *Commission of the European Communities v. Kingdom of Belgium*, the Court of Justice of the European Community, Judgment of 6 July 2000, Case C – 236/99, pp. I – 5677.

② Olivier Corten, Pierre Klein, *The Vienna Conventions on the Law of Treaties: A Commentary*, p. 694.

③ 参见饶戈平:《香港特区对外事务权的法律性质和地位》,载饶戈平主编:《燕园论道看港澳》,北京大学出版社 2014 年版,第 22 页;马新民:《香港特区适用、缔结和履行国际条约的法律和实践:延续、发展与创新》,载饶戈平主编:《燕园论道看港澳》,北京大学出版社 2014 年版,第 87 页。

换言之,适用第 27 条的前提条件之一是条约当事国确定了该条约的领土适用范围;在该条约的领土适用范围之内,条约当事国不能以国内法为由不履行条约义务。对于《中老双边投资协定》而言,它的领土适用范围特别是是否适用于澳门地区应由中老两国政府确定;只有在确定了它是否适用于澳门地区的问题之后才会产生第 27 条的适用问题。如前文所述,由于《中老双边投资协定》缺乏相应的规定,不能从协定本身得出它是否适用于澳门地区的结论,而是应通过其他因素确定中老两国是否有将协定适用于澳门地区的意图。在本案中,老挝政府、"大使馆照会"和"外交部照会"均提到《澳门基本法》可作为"另经确定"《中老双边投资协定》不适用于澳门地区的证据,这是为了确定《中老双边投资协定》的领土适用范围问题,即为了解决本应在缔约阶段予以明确而未明确的问题;只有在这个问题解决之后,才会产生适用第 27 条的问题。世能公司、仲裁庭和上诉庭的立场混淆了分别处在缔约阶段和履约阶段的不同问题,"提前"适用了第 27 条。

五、结论和进一步的思考

综上所述,澳门世能公司诉老挝政府一案至少引发了三个方面的问题:一是移动条约边界规则(《条约继承公约》第 15 条)的适用性问题。与内地多数学者认为移动条约边界规则不适用于港澳回归的观点不同,仲裁双方、仲裁庭和原诉庭都认为移动条约边界规则适用于港澳回归,特别是上诉庭还主要依据移动条约边界规则对本案作出了判决。二是条约领土适用范围规则(《条约法公约》第 29 条)的一般性规则和例外性规则的适用性问题。这方面的证据包括"1999 年照会""大使馆照会"和"外交部照会"。其中"大使馆照会"促使原诉庭认为本案应适用第 29 条和第 15 条的例外性规定,从而撤销了仲裁庭的裁决,但上诉庭则根据"关键日期"理论拒绝采信"大使馆照会"和"外交部照会",从而撤销了原诉庭的判决。三是基本法能否作为否认《中老双边投资协定》自动适用于澳门的理由。

对于以上三个问题,本文通过分析发现:首先,中国政府从不承认香港、澳门分别属于英国、葡萄牙的领土或殖民地,港澳回归不存在领土转移的情形,因此《条约继承公约》第15条所载的移动条约边界规则不适用于港澳回归的情形。其次,"1999年照会"(及"1997年照会")体现了中国政府对于条约适用于港澳的基本立场,并获得了国际认可;"大使馆照会"和"外交部照会"是对《中老双边投资协定》的解释,没有修改或创设规则。这三个照会可以作为"另经确定"《中老双边投资协定》"不同意思"的证据。因此,世能公司诉老挝政府一案应适用《条约法公约》第29条的例外性规则。最后,履行条约义务与确定条约领土适用范围是处于条约不同阶段的两个不同问题。只有先确定了条约的领土适用范围,才能产生履行条约义务的问题即《条约法公约》第27条的适用问题。《澳门基本法》作为"另经确定"《中老双边投资协定》不适用于澳门的证据,是为了确定《中老双边投资协定》的领土适用范围问题。但世能公司、仲裁庭和上诉庭的立场混淆了分别处在缔约阶段和履约阶段的不同问题,"提前"适用了第27条。

另外,随着港澳参与国家"一带一路"建设,越来越多的港澳投资者将前往中国境外投资,与东道国发生投资纠纷的概率会增加。然而,港澳地区单独对外签署的双边投资协定并不多。截至目前,香港地区单独对外缔结了19个双边投资协定,缔约对方绝大部分为欧洲发达国家,仅泰国为亚洲发展中国家;[①]澳门地区仅与葡萄牙、荷兰单独缔结了双边投资协定。[②] 可见,港澳地区对外缔结的

① 其中与智利之间的双边投资协定属于双方自由贸易协定的一部分,但尚未生效。参见香港特别行政区律政司:《促进和保护投资协定列表》,载 http://www.doj.gov.hk/sc/laws/table2ti.html,最后访问日期:2017年3月12日。

② 澳门特别行政区法律改革及国际法事务局:参见 http://www.dsrjdi.ccrj.gov.mo/gb/tratadoscn.asp,最后访问日期:2017年3月12日。

双边投资协定不仅数量少,而且更少与“一带一路”沿线发展中国家缔结有此类协定,显然不足以保护港澳投资者的投资权益。这就必然要求港澳特区政府应积极与沿线国家洽签双边投资协定。但“一带一路”涉及 60 多个国家,由香港和澳门分别与这些国家洽签双边投资协定,可能超出港澳特区的承受能力,而且也不是短期内可以实现的。与此同时,中国中央政府已与 128 个国家缔结了双边投资协定,[①]几乎涵盖了“一带一路”沿线国家。因此,港澳投资者援引国家缔结的双边投资协定保护其投资利益的可能性在增加。

由于国家缔结的双边投资协定几乎没有对是否适用于港澳作出明确的规定,尽管可以从中国政府的一贯立场和国际社会共识等角度来论证这些协定不能自动适用于港澳,但围绕中外双边投资协定究竟能不能在港澳适用的争议仍然不可避免并可能增加。因此,中央政府应当对中外双边投资协定在港澳的适用问题尽早予以澄清,毕竟双边投资协定的数量仅占中央政府缔结的双边条约的一小部分,处理起来相对较容易一些。[②] 对于已经签订的双边投资协定,中央政府可根据《香港基本法》第 153 条、《澳门基本法》第 138 条的规定,征询特区政府对中外双边投资协定是否适用于港澳的意见,然后与协定另一方当事国进行协商,就双边投资协定对港澳的适用问题共同作出安排。对于未来将要缔结的双边投资协定,宜在协定中直接规定是否适用于港澳。除双边投资协定以外,中央政府还缔结了大量的其他性质的双边条约。对于这些不同性质的双边条约在港澳的适用问题,同样应引起注意,对其是否能适用于港澳宜及早作出安排。

---

① Unite Nations Conference on Trade and Development, *Full list of Bilateral Investment Agreements Concluded*, 1 *June* 2013, available at: http://unctad.org/sections/dite_pcbb/docs/bits_china.pdf(last visited on March 22,2016).

② 据统计,仅仅截至 2011 年年底,中国缔结的双边条约约 22000 项,这个数字以每年 700 项的速度递增。参见马新民:《香港特区适用、缔结和履行国际条约的法律和实践:延续、发展与创新》,载饶戈平主编:《燕园论道看港澳》,北京大学出版社 2014 年版,第 67 页。

Applicability of Bilateral Investment Treaties Concluded by Chinese Central Government to Hong Kong and Macao: Comments on the Case of Sanum Investments Limited v. The Government of the Lao People's Democratic Republic

Wu Libin

Abstract: China holds that Hong Kong and Macao were not colonies before their returns, and thus the moving treaty frontiers rule is not applicable to the returns of Hong Kong and Macao. The notes issued by Chinese government to the United Nations Secretary General on the matter of treaty application to Hong Kong and Macao have made clear that treaties concluded by Chinese Central Government, except those for national defence or diplomacy, do not automatically apply to Hong Kong and Macao. This position is internationally known and recognized. In the arbitrational case of *Sanum Investments Ltd. v. Government of the Lao People's Democratic Republic*, the notes issued by China's Embassy in Laos and Ministry of Foreign Affairs to the Lao Government serve as interpretation and clarification of the original intention of treaty parties at the time of conclusion of China-Laos BIT, denying the applicability of China-Laos BIT to Hong Kong and Macao. The Basic Law of Macao is also a good evidence of the non-applicability of China-Laos BIT to Macao. To avoid similar disputes in the future, Chinese government should expressly clarify whether BITs concluded by the Central Government could be applied to Hong Kong and Macao.

Key Words: bilateral investment treaty; special administrative region; investment arbitration; Basic Law of Macao; treaty application

“一带一路”倡议下平衡保护投资者与东道国权益的法律思考

杜新丽　张　建*

摘要：“一带一路”倡议的落实，需要充分结合中国当前国际投资地位转型的现实。传统的投资争端解决与投资条约文本，其核心宗旨在于强调保护投资者单方利益，在一定程度上不合理地牺牲了东道国的社会公共利益。当前，投资仲裁中平衡保护东道国与投资者权益开始成为投资法的新议题。本文在剖析保护公共利益的内在法理的基础上，探索利益平衡的实体法与程序法路径，从而保障“一带一路”倡议的持久发展。

关键词：投资仲裁；“一带一路”；权益保护；双边投资协定

一、引　言

早在2001年，联合国即预言21世纪是“海洋世纪”，①构建并落实以国际海洋权益保护与海洋资源争夺为核心的海洋战略，将成为争夺国际竞争制高点的关键环节。以美国为主导，分别发起于2002年的《跨太平洋伙伴关系协议》(Trans-Pacific Partnership

* 杜新丽，中国政法大学国际法学院教授，博士生导师。张建，中国政法大学国际法学院博士研究生。

① 杨国桢：《海洋世纪与海洋史学》，载《东南学术》2004年第S1期。

Agreement,TPP)及 2011 年的《跨大西洋贸易与投资伙伴协议》(Trans-Atlantic Trade and Investment Partnership,TTIP),以海洋版图为基础,以整合地缘经贸及政治优势、追求高度自由化全球贸易规则为目标,对国际格局的影响力不容小觑,正在逐步印证联合国世纪之初的预言。[①] 中国作为新兴经济体中的发展中大国,于 2013 年提出建设“丝绸之路经济带”与“21 世纪海上丝绸之路”的“一带一路”倡议合作构想。2015 年,国家发改委等部门为了充分落实“一带一路”倡议,联合发布了《推动共建丝绸之路经济带和 21 世纪海上丝绸之路的愿景与行动》(以下简称《愿景与行动》),既在宏观上彰显了我国追求与沿线国家合作与共赢的理念,又在微观上为国家间贸易、投资、金融、服务等全方位深度合作铺就了路基,得到了丝路沿线亚、欧、非多国的积极响应与认可。

应当说,在落实“一带一路”倡议的政策选择过程中,中国作为主导国家,必须充分考虑到我国既是“引进来”战略下的资本输入大国,又是“走出去”战略下的资本输出大国的混同身份。[②] 这意味着,在丝路合作背景下制定与适用投资规则,需要充分平衡海外投资者的私人权益与东道国的社会公共利益,弥合二者之间潜在与显性的冲突。而实践中,传统的投资保护协定核心在于“吸引与保护外资”,对于东道国则更多体现为责任与义务,这在一定程度上导致了争端双方的利益保护失衡,尤其体现在双边投资协定(bilateral investment treaty,BIT)的规则制定、投资者与国家间投资

① 尽管美国新任总统特朗普上台以后宣布退出 TPP,但该协定所确立的一系列新的原则与规则对未来国际经济贸易关系的发展仍然具有重要意义。

② 根据商务部统计数据显示,2014 年度我国的对外投资总规模高达 1400 亿美元,该数据比中国同期利用外资的规模高出约 200 亿美元。我国实际上已成为资本净输出国,这反映开放型经济发展到较高水平的普遍规律,是我国从经贸大国迈向经贸强国的重要标志。参见 http://cppcc. people. com. cn/n/2015/0122/c3494826427470. html,最后访问日期:2017 年 2 月 21 日;另外,根据联合国贸发会《2015 年世界投资报告》数据显示,2014 年中国吸引外资的总量达到全球第一位,中国对外投资的总量达到全球第三位。参见 http://unctad. org/en/PublicationsLibrary/wir2015_en. pdf,最后访问日期:2017 年 2 月 21 日。

争端解决中。众所公认的是,由于跨国投资主体双方的特殊性,投资者相对于东道国国家而言,双方的法律地位不对等是个事实。从这个角度来讲,投资法倾斜保护投资者权益有其基础所在;但任何法律的价值取向无不以公正为要,矫枉过正的后果会导致投资争端解决中置东道国的利益于不顾,甚至以牺牲东道国涉及生态环境、公民健康、劳工人权等关系国计民生的公共利益为代价片面保护投资者的经济权益,并进而引发了部分发展中国家对国际投资仲裁的信任危机。[①] 基于这种考量,为防患于未然,在落实与推进"一带一路"倡议过程中,论证在投资仲裁中引入东道国社会公共利益保护的法理基础问题、分析现行国际投资仲裁实践中的失衡现状及其成因、探索平衡保护东道国利益与投资者利益的实现路径问题,意义颇为重要,而这也正是本文写作的立意所在。

二、国际投资仲裁中利益保护失衡的现状及成因分析

相较于国际经济贸易关系的其他领域,跨境基础设施与能源投资合作中所面临的公私利益冲突尤其明显:一方面,外国投资者希望东道国政府对长期的、资本密集型的高风险投资从法律层面作出明确且稳定的保护承诺;另一方面,东道国渴望对关键行业保留和维持足够的管理与控制权,在法定的政策空间范围内介入行业管控。那么,如何平衡双方的利益冲突,理应成为国际投资法的一项关键议题,同时也是"一带一路"倡议推进背景下的重要考

① 由于 ICSID 主导的投资仲裁过分强调投资者单方权益保护,导致部分发展中国家纷纷退出 1965 年《解决国家与他国国民间投资争端公约》,如玻利维亚于 2007 年退出、厄瓜多尔于 2009 年退出、委内瑞拉于 2012 年退出,参见余劲松:《国际投资条约仲裁中投资者与东道国权益保护平衡问题研究》,载《中国法学》2011 年第 2 期。

量。[①] 然而,从早期制定的国际投资条约文本与 21 世纪初期的国际投资仲裁实践来看,单方偏重投资者权益保护、漠视东道国社会公共利益的情况屡见不鲜。引起投资者与东道国利益保护失衡的成因可主要归结于几个方面:首先,国际投资条约的过度"自由化"使投资者与东道国的法律地位不对等;其次,投资仲裁庭未能合理运用条约解释权;最后,投资仲裁的部分制度设计自始被赋予商事仲裁的色彩。

(一)利益保护失衡的现状

对投资者与东道国争端解决(Investor-State Dispute Settlement, ISDS)机制发展现状的认知需要同时关注立法与实践层面。当代,国际投资协定已成为国际投资法治的重要渊源。据联合国贸易与发展会议(UNCTAD)统计,截至 2015 年 12 月,全球共签订国际投资协定 3304 项,其中包括 2946 项双边投资协定以及其他含有投资条款的条约(TIPs)。[②] 从分布上审视,早期投资协定的签约实践基本上以发达国家为主导。这一点似乎不难理解:资本最初的流向更多地体现为从发达国家流向发展中国家,而传统意义上投资保护协定的核心在"保护",受益人主要在于投资者,协定文本越恢弘,结构越复杂,规范越具体,条款越严谨,对投资者权益保护水平就越高,资本输出国从谈判中所获得的利益也就越明显,而对东道国而言则意味着对外资实施保护的法定义务。尽管不少投资协定文本也同时倡导"促进"与"鼓励"投资,但却少见相关的义务性规范,缔约国未"鼓励"投资并不构成义务的违反,也没有相关拘束力的法律后果。换言之,"鼓励与促进相互投资"往往仅描绘了双方的共同愿景,BIT 的精髓不是"鼓励

① Eric De Brabandere and Tarcisio Gazzini, *Foreign Investment in the Energy Sector: Balancing Private and Public Interests*, Leiden: Brill Nijhoff Publisher, 2014, pp. 21 - 25.

② UNCTAD, World Investment Report 2016—Investor Nationality: Policy Challenges, United Nations Publication, pp. 101 - 103.

与促进”投资,而旨在制止缔约国恶意侵害投资者权益,毋宁说东道国更多地通过“保护”来间接实现“鼓励与促进”目标的实现。[①] 恰如有学者所提出的,更为密集的条约体系对东道国而言可能意味着更高的风险,导致国家将无法灵活地管理外国投资,在相关管制措施的采取上也不得不三思而后行。[②] 事实也正是如此,投资条约无论从实体抑或程序均以投资者利益为中心,基本上忽视了东道国的权益保护。

投资条约仲裁的实践,也同样折射出将投资者私人权益优先于东道国公共利益的趋向,这尤其体现在涉及东道国环境保护、公共卫生健康、人类文化遗产等相关案件中。例如,在 Santa Elena 诉哥斯达黎加案中,仲裁庭拒绝了对东道国哥斯达黎加的国际环境保护义务的审查,并认为:“尽管因环境保护而征用投资者的土地可以被视为公共目的,因而可能是合法的,但是因此种原因导致投资者财产被没收的事实,不影响对此征收进行赔偿的性质和方法,即出于环境保护目的而征收财产,并不改变对此种征收必须给予充分赔偿的法律性质,来源于保护环境的国际义务对充分赔偿并无影响。”[③]再如,在 Azurix 公司诉阿根廷案中,投资者获得了阿根廷首都的供水和水处理项目,运营不久后被市民指出水质差且水压低的问题,当地政府建议市民避免饮用该公司的处理水并减少洗澡次数,Azurix 公司以阿根廷政府违反 BIT 造成损失为由提请 ICSID 仲裁,仲裁庭不考虑公共目的,即以阿根廷违反协定中的

---

① 温先涛:《〈中国投资保护协定范本〉(草案)论稿(一)》,载《国际经济法学刊》2011 年第 4 期。

② 张庆麟主编:《公共利益视野下的国际投资协定新发展》,中国社会科学出版社 2014 年版,第 1 页。

③ Santa Elena v. Costa, *ICSID Case No. ARB*/96/1(*Award*), Feb. 17, 2000. 参见张光:《论国际投资仲裁中非投资国际义务的适用进路》,载《现代法学》2009 年第 4 期。

“公平公正待遇”为由裁决其赔偿 1.65 亿美元。①

值得肯定的是,国内外学界已经逐步意识到这类现状的存在,相关问题在 2005 年之后开始越来越受到关注。② 但在探讨投资仲裁机制革新之前,有必要先对投资条约仲裁中利益保护失衡的原因加以反思。

(二)利益保护失衡的成因分析

第一,国际投资条约的过度“自由化”。20 世纪 90 年代,新自由主义经济思潮开始投射到投资法领域,主要扮演资本输出国角色的发达国家集团,为了寻求确保资本自由跨国流动的稳定法制环境,致力于革新国际投资规则,维系乃至扩张其投资利益。当发达国家试图在经济合作与发展组织(OECD)的框架下构建《多边投资协定》(MAI)的计划搁浅后,以 BIT 及自由贸易协定(FTA)投资章节为基础的双边及区域性投资规则却得到了相当强劲的发展。新兴的投资规则以营造充分自由化的跨境投资环境为目标,向投资者承诺了高水平的投资待遇标准及国际化的争端解决机制。但值得注意的是,完全的、去规制的自由主义,其价值取向以片面追求开放式经济和经济增长率为要素,强调私人财产权保护至上,倡导过度的市场化、私有化、自由化,在某种程度上导致社会的单向度发展。在这种价值理念的引导下,国际投资条约对投资者与东道国的权利义务配置并不完全对等,通常片面强调对投资者权益的保护,苛求东道国提供全方位、高水平保护,同时尽可能收缩政府规制权,不可避免地使投资协定几乎无例外地偏向投资

---

① Azurix v. Argentine Republic, *ICSID Case No. ARB*/01/12, December 8, 2003. 参见张光:《论国际投资仲裁中投资者利益与公共利益的平衡》,载《法律科学》(西北政法大学学报)2011 年第 1 期。

② See Kevin P. Gallagher and Elen Shrestha, *Investment Arbitration and Developing Countries: A Re-Appraisal*, *Global Development and Environment Institute Working Paper No.* 11 - 01;石慧:《投资条约仲裁机制的批评与重构》,法律出版社 2008 年版,第 10 页。

者单方,实质不公正的问题暴露无遗。[①] 同时,投资规则的过度自由化还导致仲裁庭对“投资”定义的泛化,几乎涵盖了直接投资、间接投资乃至所有具有经济价值与交易功能的合同,东道国承受的义务范围被放大。[②] 但另一方面,投资自由化的过度扩张致使东道国正常的外资管理权力受到侵蚀,并对其发展权产生消极效果。东道国国民开始呼吁环境权、健康权、劳工权等社会利益在国际投资法制中的实现。而国民对东道国的施压不仅成为“卡尔沃主义”[③]在拉丁美洲复活的根源,也迫使资本输出国开始反思并矫正现行的 BIT 规则体系,为高度自由化的投资条约导致的权益失衡问题寻求出路。

第二,仲裁庭自由裁量权的滥用。[④] 仲裁庭应当是其本身权限的决定人[⑤],这一点无论是就案件实体法律问题的审理而言,抑或从自裁管辖权原则的程序角度来讲都毋庸置疑。但是,投资条约并未明确自由裁量权行使的边界,也未言及如何行使自由裁量权,这便赋予了仲裁庭更为宽松的决定空间。实践中,更多案件中裁量权行使的结果偏袒了私人投资者:在程序方面,最惠国待遇条款开始被仲裁庭扩张适用于争端解决事项,导致东道国不得不服从于国际裁判机构的管辖而无法借助国内救济;在实体方面,对投资协定中诸如“公平公正待遇”“征收与补偿”“投资准入”等相对

---

① 韩秀丽:《后危机时代国际投资法的转型——兼谈中国的状况》,载《厦门大学学报》(哲学社会科学版)2012 年第 6 期。

② 季烨:《国际投资条约中投资定义的扩张及其限度》,载《2008 年全国博士生学术论坛论文集》,第 274 ~ 283 页。

③ 阿根廷原外交部长卡尔沃主张:在一国领域内进行投资活动的外国人同该国国民有受到同等保护的权利,但不应要求更多的保护及优惠;投资者在东道国遭受侵害时,应依赖所在国当地政府解决,不应由外国人的母国出面要求金钱上的补偿。由此提炼的“卡尔沃主义”实质在于维护国家主权原则,提倡外国人与本国人平等待遇,反对外国人特权地位。参见王传丽主编:《国际经济法》(第 4 版),中国政法大学出版社 2012 年版,第 258 页。

④ 李武健:《国际投资仲裁中的社会利益保护》,载《法律科学》(西北政法大学学报)2011 年第 4 期。

⑤ 1965 年《解决国家与他国国民间投资争端国际公约》第 41 条。

模糊而不确切的条款，仲裁庭的裁量权使得法律解释前后不一，甚至自相矛盾，这也对东道国社会公共利益的维持和保障产生了消极影响。

第三，条约解释奉行私人权益不可侵犯的取向。东道国与投资者之间的投资仲裁机制作为一种独立的争端解决方式，正式确立于1965年的《解决国家与他国国民间投资争端的公约》（以下简称《华盛顿公约》）。依据该公约所创设的解决投资争端国际中心（以下简称中心或ICSID）将投资争议定义为广义上的商事纠纷而尽量避免投资争端解决的政治化，而相配套的投资仲裁程序则滥觞于历史更为久远的国际商事仲裁。众所周知，商事仲裁得以萌芽并发展，与政治国家与市民社会的二元界分息息相关，尤其是中世纪“商人法”（Lex mercatoria）更是成为仲裁早期重要的裁判依据。[①] 尽管仲裁逐步从原始的、基于道德规范约束的仲裁向现代的依靠法律强制力保障实施的形态转变，但其内核仍在于就当事人的商事权利义务纠纷进行裁断，在这一过程中，平等主体的私人权益保护属于仲裁的内在价值之一。这一点也影响到了投资争端的解决，具体体现在投资条约法律解释方法中贯彻了私人权益神圣不可侵犯的取向。例如，Siemens公司诉阿根廷案的仲裁庭认为：本仲裁庭受到投资条约的名称及其序言中所阐明的宗旨的指导，缔约方的目的是明确的，即在于为投资和私人企业投资活动创造有利条件。[②] 再如，SGS诉菲律宾案的仲裁庭提出：在条约解释涉及不确定问题时，作出有利于投资的解释是合法的。[③] 从这些案例来看，在解释投资条约时维护投资者私权成为了仲裁庭的重

---

① 杜新丽主编：《国际民事诉讼与商事仲裁》，中国政法大学出版社2009年版，第149页。

② *Siemens AG v. Argentina*, ICSID Case No. ARB/02/8, Decision on Jurisdiction, August 3, 2014.

③ *SGS. S. A. v. Philippines*, ICSID Case No. ARB/02/6, Decision of the Tribunal on Objections to Jurisdiction, January 29, 2004.

要使命,而是否牺牲以及多大程度上牺牲东道国的公共利益则在所不论,条约解释的主体似乎失却了其本该履行的中立角色。

第四,投资仲裁的"商事仲裁化"。与传统国际商事仲裁解决私人利益纠纷有所不同,公共利益的考量贯穿在投资仲裁的各环节,尤其在基础设施建设、农林牧副渔、水电供给、油气能源等领域,投资者与东道国之间的争端不仅聚焦于东道国的管制措施,还牵涉该项措施背后所隐含的环境、卫生、劳工、人权、税收等密切关乎国计民生的目的。① 但事实上,近些年来国际投资仲裁应有的特殊性被漠视,而逐渐被"商事仲裁化",这也是构成东道国利益保护失衡的关键诱因之一。具体而言:其一,投资仲裁中,部分仲裁庭有意无意地将东道国与投资者之间的争端视为平等主体之间的商事纠纷,将投资者抬升到与主权国家"并驾齐驱"的地位,忽视了东道国经济主权因素的存在。例如在 Ethyl 诉加拿大案中,仲裁庭认为,"在存疑情况下,对主权的限制应当作限缩解释的观念早就被《维也纳条约法公约》废弃了。"②但事实上《维也纳条约法公约》调整的是主权国家间的条约关系,以此为论据来限制投资东道国对投资者行使主权措施的合理性值得怀疑。③ 其二,在保密性与透明度问题上,投资仲裁与商事仲裁二者差异最为明显。④ 商事仲裁相较于诉讼的优势之一即体现在对商业信息的保密性,而投资仲裁关系国计民生,除东道国与投资者双方当事人之外,为切实保障非当事方公众的利益诉求,有必要提出透明度的披露要求。但事实上,相当一部分投资仲裁中强调的是商事仲裁的保密性要求,使得仲裁程序中排除了案外第三方的利益诉求。事实上,

---

① 于湛旻:《公共利益与国际投资仲裁程序性改革》,载《国际经济法学刊》2011 年第 1 期。

② *Ethyl Corporation v. Government of Canada*, UNCITRAL, Award on Jurisdiction, June 24, 1998.

③ 蔡从燕:《国际投资仲裁的"商事化"与"去商事化"》,载《现代法学》2011 年第 1 期。

④ [德]Karl-Heinz Böckstiege:《商事仲裁与投资仲裁:当今两者差异几何?》,傅攀峰译,载《仲裁研究》2014 年第 2 期。

东道国的公众、非政府组织、投资者母国作为投资仲裁裁决的利害相关方,应当有资格对仲裁中的具体问题提出质疑及抗辩,但仲裁透明度的缺失阻却了这类主体对程序的参与权。只允许投资者与东道国政府作为仲裁申请人与被申请人参与争端解决,漠视东道国公民的诉求及投资者母国缔结条约时的真实意思表示,不但违背公共利益的价值观念(如人权或广义上的可持续发展),而且也是致使投资争端解决中利益失衡的关键原因之一。

三、投资仲裁中保护东道国社会公共利益的法理基础

从长远来看,中国在落实与推行"一带一路"倡议的进程中,亟待克服国际投资条约制定与投资仲裁实践中普遍存在的利益保护失衡现象。具体来讲,即在强调保护外国投资者权益的同时,也要顾及东道国社会公共利益的实现,使国际投资法的天平避免向投资者方向过度倾斜,而应尽可能使两端回归平衡并保持稳定。之所以强调利益保护的平衡性,首先,在于东道国对外国投资者及其投资的管理权是国家经济主权的必要部分;其次,在保障外国投资者财产权益的同时,要把握东道国政府权力背后潜在的东道国公众的私权,对外国投资的保护矫枉过正,不仅触及东道国经济主权,且对其社会发展竖立了一把"达摩克利斯之剑";最后,提出东道国公共利益的保护,也是实现投资协定"去政治化"的必经环节。

(一)国家经济主权原则与国家管理权职能的保障

国家主权原则是国家独立自主处理本国内外事务而不受他国干涉的权力基础,而其内涵之一即在于国家的经济自主权,突出体现为国际投资法治中对外资的管理权。"二战"之后,缘于主权国家对经济、社会领域干预权力的扩大和对社会福利的关注,各国在

相关领域制定了大量强制性的、必须予以适用的法律规范,诸如竞争法、外汇管制法、劳动与社会保障法、环境法等尤为明显,以期在这些传统上仅仅体现私人利益的领域凸显并维护国家及社会的整体权益。[①] 对外国投资者而言,尽管这类强制性规范可能对其投资权益构成不利影响,但基于属地管辖权的优越性,东道国对外资施以适当的管制措施有其充分的合法性基础,投资者的私人权益并不能当然地凌驾于东道国社会公共利益的基础之上。换言之,平等主体间的私人交易通常无法突破公共利益保护的维度,作为投资者与东道国之间的投资关系也同样不能轻易逾越公共利益的防线。

(二)东道国公众及非政府组织对公共利益的诉求

从近代迈向现代社会的法治文明,与罗马法中的"个人主义－利己主义"相吻合,"权利"概念构成了这个世界的核心。实际上我们通常所称的权利是"权利"(Berechtigung)意义的法权,以与法律秩序上的法权即"法律"(Objektives Recht)相区分。如拉德布鲁赫所言,从私法角度来观察经济关系,无非是两个私主体之间的平衡正义,却忽视了各种经济关系中的最大利益人:公众。[②] 现代的投资仲裁同样存在这一问题,尽管以 ICSID 为代表的投资仲裁机制意图实现外国投资者与东道国投资争端解决的非政治化,但对私人财产权的一味倾斜保护,不仅于争端另一当事方的东道国无益,而且忽视了东道国背后所潜在的公众对社会法益的诉求。与早期的通过国家之间炮舰外交或外交保护方式解决投资争端相比,投资仲裁从一个极端走向了另一个极端,海外投资者的利益诉求从幕后走向前台的同时,有被无限制夸大的趋势,这恐怕与各国最初的愿景背道而驰。

① 徐冬根:《国际私法趋势论》,北京大学出版社 2005 年版,第 393 页。

② [德]拉德布鲁赫:《法学导论》,米健译,中国政法大学出版社 2013 年版,第 114 页。

（三）投资协定“去政治化”、实现法治化的必经途径

2008 年的国际金融危机使得新自由主义者倡导的过度市场化、私有化和自由化所导致的不公正和不平等问题暴露无遗，从而使得绝对自由化的、脱离规制的新自由主义被宣告破产。有宪法学者专门考证，全世界各国的宪法规范修订中普遍存在一种趋势，即在维护公民个人基本权利不受侵犯的同时，开始兼顾社会利益、公共福利，作为调研样本的世界 142 个国家的宪法文本中存在公共福利条款的有 85 个，比例达到 59.9%。[①] 国际投资协定中如仍旧单纯强调投资者利益，反而会透露出发达国家作为资本输入方在谈判博弈中占主导地位的“政治痕迹”。而引入公共利益条款，实为现代法治的内在要求在投资法领域的外化，旨在协调东道国公共利益与投资者私人利益的矛盾与冲突。在二者之中，对私人利益的保护始终作为原则，而对公共利益的保护则是例外，“各国在矫正过度保护外资的同时，注意扩张本国的政策空间”[②]，但二者的平衡并非平分秋色，而是存在不可突破的逻辑顺位。因而，投资协定引入公共利益条款并不会对“保护外资”的基本目标构成颠覆性的威胁，这种引入反倒是促使投资争端解决去政治化、实现法治化的必然要求。

从这些视角来思考，国际投资法中确有引入东道国公共利益保护进而平衡投资各方权益的必要。“治病先治本”，为扭转失衡现状，要从问题背后的根源上寻求解决之道。经过梳理现有研究成果、仲裁的实证案例、投资协定签约的实践，在归纳及思考的基础上，本文主张综合运用实体法与程序法路径来为利益保护问题提供具体方案。

---

① ［荷］亨克·范·马尔塞文、格尔·范德·唐：《成文宪法：通过计算机进行的比较研究》，陈云生译，北京大学出版社 2007 年版，第 111 页。

② 韩秀丽：《后危机时代国际投资法的转型——兼谈中国的状况》，载《厦门大学学报》（哲学社会科学版）2012 年第 6 期。

四、投资协定中引入东道国公共利益保护的实体法路径

进入21世纪以来,各国吁求在投资条约的制定与解释过程中引入保护东道国公共利益的实体条款,进而改变原有的、不受限制地对投资者进行单方面保护的过度自由化趋势。[①] 主要途径包括:在投资协定中引入"可持续发展"及"公共利益例外条款",以便为东道国行使合法管理权留出必要的裁量空间;对投资者确立适当的企业社会责任;尽可能清晰地阐明投资条约及其具体条款的适用范围,并构建导向性的解释方向,防范投资者滥用抽象待遇条款解释上的模糊性而主张不合理的高水平保护;在间接征收的认定标准上,关注东道国具体投资管制措施的效果,追问其动因与目的。这些具体的方案设计,均有助于从实体上促成东道国的公共利益诉求合法化。

(一)在投资协定中引入"可持续发展"理念及"公共利益例外条款"

在现行多数投资协定中,片面追求国际投资自由化以及经济利益单向度增长的目标,是造成投资者与东道国利益失衡的原因之一。为了改变这种状况,有观点认为应在投资协定序言中引入"可持续发展"的理念,充分调和经济、社会、文化、环境等各项要素在跨境投资关系中的潜在冲突。[②] 对于"可持续发展",最早的定义源自1987年世界环境及发展委员会所发表的《布伦特兰报告书》,其中指出,可持续发展是既满足当代人的需求,又不损害后代

---

① Wenhua Shan, *The Legal Protection of Foreign Investment: A Comparative Study*, Oxford: Hart Publishing, 2012, pp. 68 – 69.

② Robert Echandi and Pierre Sauve, *Prospects in International Investment Law and Policy: World Trade Forum*, Cambridge: Cambridge University Press, 2013, pp. 318 – 319.

人满足其需求的能力的发展。而中国为推行“一带一路”倡议所颁布的《愿景与行动》文件中亦明确规定:所追求的目标并非单纯的经济发展,而是在投资贸易中突出生态文明理念,加强生态环境、生物多样性和应对气候变化合作,共建绿色丝绸之路;合作的基础并非片面强调中国自身经济利益与战略利益的实现,而是旨在沿线国家间打造政治互信、经济融合、文化交流、文明共建的利益共同体。足可见可持续发展的原则与“一带一路”所倡议的发展理念高度契合,通过在投资协定序言中引入可持续发展的要义,对平衡东道国公共利益与投资者利益将产生有效的指导作用。①

在引入可持续发展理念的基础上,亦可考虑就现行 BIT 项下东道国的投资保护义务设置必要的例外条款。如此,通过“安全阀”的方式为东道国国家安全与公共利益的维护预留法律空间,实为利益平衡的有效手段。就其功能而言,投资协定中的例外条款旨在避免外资保护的条约义务成为妨碍东道国履行经济管理职能的“拦路虎”,当缔约国面临经济、社会危机或其可持续发展的目标受损时,有权实施必要的投资管理措施,以维护东道国公共利益。这意味着,即使此类措施对外国投资者的投资造成消极影响,也可以援引例外条款作为正当化事由实现“免责”或“减轻责任”,进而打消东道国的顾虑,使其无须负载过于不合理的条约义务,真正实现公共福祉。例如 2012 年美国《双边投资协定范本》第 12 条与第 13 条分别强调了缔约方在环境与劳工方面的强制性义务:缔约方不得以任何减损或放弃其环境法的方式来吸引外资;不得以削弱

---

① 可持续发展的元素在国际投资协定中可具体体现为三类模式:其一,在序言中一般性地提及“可持续发展目标”或规定“本协定不得为促进或保护投资而损害其他重要价值,如环境、劳工、健康、安全”;其二,以美国 2012 年 BIT 范本为代表的新型投资协定在条款设置上呈现多元化,在寻求投资自由与投资保护的同时,以环境保护、健康安全、劳工标准、根本安全、金融审慎等非经济价值为目的的规定逐步成为常备条款;其三,在传统 BIT 条款的设置上合理调整投资保护义务,例如在认定征收、定义投资、解释公正公平待遇时尊重东道国合法的管制空间。参见宁红玲、漆彤:《“一带一路”倡议与可持续发展原则——国际投资法视角》,载《武大国际法评论》2016 年第 1 期。

或减损国内劳动法所提供的劳工保护的方式来鼓励外资。[①] 再如,中国与东盟之间2009年签订的投资协定不仅引入了与GATT第20条基本相同的适用于整个条约的一般例外条款,而且参照了GATT第14条,在第17条中专门规定了国家安全例外条款。[②] 2011年中国与乌兹别克斯坦重订的BIT第6条第3款还特别规定了"间接征收的公共利益例外",当缔约一方采取旨在保护公共健康、安全及环境等在内的正当公共福利的非歧视的管制措施时,不构成间接征收。[③] 这些均在一定程度上为"一带一路"倡议落实过程中投资规则的构建提供了有益的经验。

(二)在投资协定中确立投资者社会责任条款

与前一类策略通过赋予东道国权利的方式相对应,在投资协定中引入投资者社会责任条款也不失为权益平衡的可选方案。企业社会责任的概念最早由奥利弗·谢尔登(Oliver Sheldon)于1924年提出,以区别于企业对生产经营各利益当事方所承担的私人义务。[④] 1974年联合国经济与社会理事会拟定《跨国公司行动守则》,开始将跨国公司这类特殊主体的社会责任问题提上日程。而1997年美国经济优先领域委员会以民间组织身份起草的《社会责任国际标准》(以下简称SA8000)则明确强调企业的产品不仅

---

① 2012 U. S. Model Bilateral Investment Treaty, http://www. state. gov/documents/organization/188371. pdf, last visited on August 28th, 2015.

② Agreement on Investment of the Framework Agreement on Comprehensive Economic Cooperation Between the People's Republic of China and the Association of Southeast Asian Nations, http://investmentpolicyhub. unctad. org/Download/TreatyFile/2596, last visited on March 11th, 2017.

③ Agreement Between the Government of the People's Republic of China and the Government of the Republic of Uzbekistan on the Promotion and Protection of Investments, http://investmentpolicyhub. unctad. org/Download/TreatyFile/3357, last visited on March 11th, 2017.

④ 刘俊海:《公司的社会责任》,法律出版社1999年版,第2页。

具有经济价值，还应当具备社会价值，具体体现为对劳工权利的尊重。[①] 2008 年加拿大与秘鲁之间的自由贸易协定不仅在序言中鼓励投资者践行社会责任标准，而且第 810 条还设定了具体义务："每一方都应该鼓励其境内或者其管辖范围内的投资者自愿地将国际认可的公司社会责任标准纳入到投资者公司的内部政策中，比如缔约方签署与认可的声明与原则。这些原则与标准包括劳工、环境、人权、公共关系以及反腐败等方面的原则。缔约方因此要提醒投资者自愿将这些原则纳入到公司内部决策的重要性。"[②] 这类条款的引入实际上为缔约国设定了义务，通过投资者母国与东道国之间的力量博弈而间接起到了平衡投资者与东道国权益保护的效果。

（三）针对投资条约中的特定条款构建导向性的解释趋向

如前所述，在投资协定中单方面赋予投资者倾斜性保护而规避东道国的国内法律体系，其中潜在的不合理性影响到了仲裁庭在争端解决过程中对条约中具体条款的法律解释。因而，从投资协定角度适当平衡双方权益的另一种方法在于为条约的解释设定导向性的方向。据笔者统计，在丝绸之路 65 个沿线国家中，中国与其中 52 个国家订有 BIT，其中部分早期签订的 BIT 面临到期重订与升级换代的契机，另一部分则刚刚生效不久，不宜贸然改订。[③] 总的来讲，全面修订所有 BIT 的可能性不大，且成本较高。

---

① 王传丽主编：《国际经济法》（第 4 版），中国政法大学出版社 2012 年版，第 18 ~ 19 页。

② Canada-Peru Free Trade Agreement, Chapter Eight: Investment, http://www.sice.oas.org/TPD/AND_CAN/Final_Texts_CAN_PER_e/index_e.asp, March 11th, 2017 last visited.

③ 截至 2016 年 12 月 12 日，中国尚未与文莱、伊拉克、约旦、巴勒斯坦、孟加拉国、阿富汗、马尔代夫、尼泊尔、不丹、黑山、波黑、拉脱维亚、阿尔巴尼亚这 13 个丝路沿线国家签订 BIT。参见中华人民共和国商务部条约法律司：《我国对外签订双边投资协定一览表》，载 http://tfs.mofcom.gov.cn/article/Nocategory/201111/20111107819474.shtml，最后访问日期：2017 年 1 月 10 日。

相比之下,缔约方之间就特定问题发布联合解释声明,或者在条约重订过程中增设条约解释的一般原则,将为平衡权益保护提供可行的思路。例如,在 BIT 的序言或目标中除保留对投资者的保护外,同时规定缔约方有相互尊重主权及平等互利、保护环境、促进可持续发展等"软性条款"。应当注意,这类"软性条款"尽管更多地体现为宣示性倡导而非强制性义务,但是却有助于为 BIT 具体条款的法律解释奠定"公共利益的基调"。① 除却此类"软性条款",尤其有必要在投资协定中澄清两类特殊条款的确切含义。

第一,公平公正待遇条款。

绝大多数投资协定都要求东道国对来自其他缔约国的投资者给予"公平公正待遇"。② 如果单纯从"公平""公正"等抽象概念上分析,这一标准所确立的保护水平似乎令人难以捉摸,但从各类投资协定的宗旨与目标来看,该标准的适用方式却是清楚的。为使投资保护最大化,这一待遇往往被仲裁庭解释为赋予投资者广泛而客观的保护,以至于有学者质疑其对东道国投资监管机构的权力形成了过度制约。③ 从以往判例来看,该条款的内涵被仲裁庭解释得过于丰富,外延也相当宽泛。在 ATM 公司诉刚果民主共和国案中,仲裁庭提出投资东道国根据公平公正待遇而负有注

---

① 需注意的是,有观点误以为由于中国在对外投资的过程中主要充当资本输出国的角色,因此主要应当强调保护投资者,无需刻意突出东道国公共利益,强调利益平衡反而会对我国海外投资者形成制约,违背我国的利益和立场。笔者认为,这实际上是对"一带一路"战略下中国对外经贸合作立场的误解。事实上,中国资本"走出去"不单纯以"自我"为中心,而是以共建、共商、共享为纲要,中国崛起也不走西方国家侵略和掠夺的老路,不是竞争霸权、我赢你输,而是尊重沿线国家的核心利益和重大关切。参见习近平:《迈向命运共同体,开创亚洲新未来》,载《人民日报》2015 年 3 月 29 日,第 2 版。更何况,强调仲裁庭以利益平衡的方法解释条约,并不必然损及投资者固有的权利及待遇,而是限制仲裁庭在解释条约时过分偏袒投资者,应当基于公平理念平等保护当事人双方。只有平衡利益保护,才能使投资仲裁趋于合理化,使"一带一路"战略取得长期稳定、合作共赢、包容性增长的效果。参见张光:《中外双边投资协定中公共利益保护条款之立法设计》,载《国际经贸探索》2014 年第 3 期。

② 杜新丽:《中外双边投资保护协定法律问题研究》,载《政法论坛》1998 年第 3 期。

③ Charles H. Brower, "Investor-State Disputes under NAFTA: A Tale of Fear and Equilibrium", (2001) 29 *Pepperdine Law Review* 43, pp. 81 – 82.

意义务，即应当采取必要措施以确保对投资安全的充分保护，而不得援引东道国国内法来减损该义务。[①] 在 Methanex 公司诉美国案中，仲裁庭提出正当程序也属于《北美自由贸易协定》(以下简称 NAFTA)第 1105 条第 1 款所确立的"公平公正待遇"要素。[②] 在 Tecmed 诉墨西哥案中，仲裁庭则阐明公平公正待遇要求缔约方根据善意原则不得影响投资者考虑进行投资的基本预期。[③] 这些案例反映出来的倾向实际上离不开仲裁庭偏重保护投资者的条约解释趋向，似乎同 GATT 时代专家组处理环保 - 贸易纠纷时只顾及多边贸易体制的稳定性和对贸易自由化利益的维护而忽略环境利益的模式如出一辙。为了矫正这种立场，平衡东道国与投资者的利益，有学者构想了一种独立的条约解释机制：在谈判 BIT 时设立负责条约解释的专家小组，小组成员除具备专业素养与法律知识外，还要有维护公共利益的意识。目前 NAFTA 授权自由贸易委员会发表权威条约解释声明的方式正是这种构想的初步实践。[④]

第二，最惠国待遇条款。

投资协定中对外资实施保护的另一种重要方式体现为，对外国投资者的投资待遇不低于东道国(即"国民待遇原则")或任何其他国家(即"最惠国待遇原则")的国民和公司在同等情况下所享有的优惠。这类保护标准不同于以"公平公正待遇""国际最低

---

① *Amercian Manufacturing &Trading, Inc. V. Democratic Republic of Congo*, ICSID ARB/93/1, February 21, 1997.

② *Methanex Corporation v. United States of America*, UNCITRAL Final Award, August 3 2005.

③ *Tecmed SA v. Mexico*, Case No. ARB(AF)/00/2, Award, May 29 2003.

④ 2016 年以来，印度也积极展开谈判，寻求与 BIT 伙伴国发布联合解释声明，对其所缔结的现行有效的 72 项 BIT 相关条款作出解释，其中广泛涉及投资者的定义、投资的定义、公正公平待遇、征收及补偿、最惠国待遇、国民待遇、保护伞条款、投资争端解决等，其中多数内容与国际仲裁实践的最新发展脉络相接轨。See Sarthak Malhotra, *India's Joint Interpretive Statement for BITs: An Attempt to Slay the Ghosts of the Past*, at http://www.iisd.org/itn/2016/12/12/indias-joint-interpretive-statement-for-bits-an-attempt-to-slay-the-ghosts-of-the-past-sarthak-malhotra/, 最后访问日期：2017 年 1 月 8 日。

待遇”为内容的绝对待遇标准,由于是相对于给予其他投资的待遇,而被统称为相对待遇标准。[①] 传统上,最惠国条款以实体权利为基础。例如投资东道国在石油行业给予法国投资者以税收优惠,则英国投资者可以依据投资协定中的最惠国待遇条款主张享有与法国人同等的优惠,被东道国拒绝时也可以依据最惠国待遇条款向仲裁庭主张因歧视而遭受的损害赔偿。[②] 但是在晚近的投资仲裁实践中,却出现了将最惠国待遇条款扩张适用于程序事项的案例,1997 年 ICSID 受理的 Maffezini 诉西班牙案即为经典案例。

在该案中,Maffezin 是阿根廷公司,其在西班牙投资设立了销售化学品的企业。根据西班牙与阿根廷之间的 BIT,与东道国发生投资争端后,只有“争端提交东道国国内法院后或从期间开始计算之日起满 18 个月没有对诉求作出决定”,投资者方可提交国际仲裁。但事实上,Maffezini 在争端发生后未满 18 个月即直接向 ICSID 申请仲裁。西班牙政府提出管辖权异议,抗辩 ICSID 没有管辖权。但 Maffezini 却试图根据西班牙与阿根廷之间 BIT 中的最惠国待遇条款,援引对投资者更为有利的西班牙与智利之间 BIT 中的争端解决条款,因为西班牙与智利之间的 BIT 仅仅规定经过 6 个月的协商期后投资者即可申请国际仲裁。最终,仲裁庭听取了 Maffezini 将 BIT 中的最惠国待遇条款适用于程序事项的主张,进而援引西班牙与智利的 BIT 确定其享有管辖权。[③]

中国在最惠国条款的适用过程中面临着两个难题:其一,正如 Maffezin 仲裁案所显现出来的,外国投资者能否将最惠国条款扩展适用于程序性事项,将原本不应由 ICSID 仲裁管辖的案件交付

① 王传丽主编:《国际经济法》(第 4 版),中国政法大学出版社 2012 年版,第 249 页。

② Alan Redfern, Martin Hunter, Nigel Blackaby and Constantine Partasides, *Redfern and Hunter on International Arbitration*, Oxford: Oxford University Press, 5th ed., 2009, p. 504.

③ *Emilio Agustin Maffezini v. Kingdom of Spain*, ICSID Case No. ARB/97/7, January 25, 2000.

ICSID 仲裁？其二，有些双边投资条约将由 ICSID 仲裁的事项限定为涉及征收和国有化而引起的补偿款额争端，那么外国投资者可否依据条约中的最惠国条款来扩展 ICSID 仲裁庭的管辖范围？事实上，为了明确缔约时的意图，英国缔结的部分双边投资条约中已经对于最惠国待遇条款的适用范围作了相当具体而明确的限定，如 1996 年英国与阿尔巴尼亚 BIT 第 3 条："为免生疑义起见，缔约双方确认，本条第 1、2 款规定的最惠国待遇适用于本协定第 1 至 11 条的规定。"这种方式可以使最惠国条款的适用范围不至于成为"脱缰的野马"而无限扩张，也为当事人规避"用尽当地救济原则"设定了限度。

（四）东道国间接征收认定标准宜采取"效果兼目的标准"

20 世纪 90 年代以来，东道国为实现经济调整计划或解决社会发展问题而采取的相关措施频频被外国投资者指控为"间接征收"，该类指控一度成为投资争议的焦点。① 例如在 Metalclad 公司诉墨西哥案中，仲裁庭指出：NAFTA 所指征收，不仅包括以公开、蓄意、被普遍认可的方式对投资者的财产进行剥夺，例如，直接没收、强制将所有权转移给东道国等行为，而且也包括隐蔽地或频繁地对投资者的财产使用进行干预的行为。对后一类征收而言，由于其对投资者的财产使用权或投资者拥有合理预期的经济利益产生了剥夺效果，因此亦应当置于国际投资法的调控范围内，以确保国家经济管制权的行使不超出必要的限度。②

在判定东道国的管制措施是否构成间接征收的标准上，主要有两类方法。第一类方法重点在于措施的影响以及对投资的干预程度，为公共目的如环境原因或政策改变而采取的措施既不影响其性质，也不

① 张光：《论国际投资仲裁中投资者利益与公共利益的平衡》，载《法律科学》（西北政法大学学报）2011 年第 1 期。

② *Metalclad Corporation v. United Mexican States*, ICSID Case No. ARB (AF)/97/1, Award, August 30, 2000.

影响东道国及时、充分、有效的补偿义务。该方法被称为“单独效果说”(sole effect),是目前仲裁实践与学界中的主导观点。[①] 第二类方法考察东道国征收的目的或动机,为增进公共福利或保护公共利益而采取的管制措施,只要符合比例原则的限制,则不应当认定为征收。该方法被称为“原始目的标准”,在一定程度上赋予东道国采取投资措施方面更宽的裁量空间。[②]

客观审视,两类方法都存在问题:第一类方法倾斜保护投资者利益,但忽视东道国采取行为的背后目的,或有褫夺东道国对外资实施正当管理的经济主权之虞,将东道国自身的公共利益完全架空;第二类方法虽赋予东道国以公共目的管理外资的正当理由,但并不排除东道国政府滥用该标准的可能性,一旦其以公共利益之名行征收之实,则该项方法就可能沦为东道国侵害外资的托词。在平衡东道国公共利益与外国投资者投资利益的价值取向指引下,部分仲裁庭开始逐步引入“效果兼目的标准”,[③]即仲裁庭在判定东道国政府管制措施是否构成间接征收时,不妨先就效果进行判定,如东道国行为确实在相当程度上剥夺了投资者对其财产的预期经济利益或有关能力,则进一步考察东道国采取措施是否具有正当化的公共目的,以及该项措施之采取是否不可替代、措施与目的之间是否成比例、关联性强弱等。在“一带一路”倡议的具体实践中,中国既存在大量的海外基础设施建设投资,也将持续引入外资,折中方法的采取在确保维护投资者权益的基础上,给予了国家以目的进行抗辩的机会,对沿线国家间投资仲裁具有适当性与合理性。

---

① *Compañía del Desarrollo de Santa Elena SA v. Republic of Costa Rica*, see Alan Redfern, Martin Hunter, Nigel Blackaby and Constantine Partasides, Redfern and Hunter on International Arbitration, pp. 500 – 501.

② C. Schreuer, "*The Concept of Expropriation under the ECT and Other Investment Protection Treaties*", Clarisse Riberio (ed.), Investment Arbitration and the Energy Charter Treaty, New York: JurisNet Publisher, 2006, p. 138.

③ See *Tecmed SA v. Mexico*, Case No. ARB(AF)/00/2, Award, May29, 2003.

五、公共利益保护与投资仲裁体制改革的程序法改革

如前文所述，以 ICSID 为代表的 ISDS 机制在 20 世纪末以来获得了充分的发展，在解决投资者与东道国争端方面发挥了无可替代的作用。但近年来，由于对投资者与东道国利益保护失衡的状况日渐暴露、欠缺有效的投资裁决上诉机制、对立裁决与平行程序不断、透明度缺失、对条约的解释缺乏持之以恒的立场等多方面因素共同作用，主要的投资东道国对 ISDS 的认可度有所下降，甚至有学者指出国际投资仲裁陷入了合法性与正当性“危机”。① 其实例不仅有拉丁美洲国家先后退出《华盛顿公约》、澳大利亚在《贸易政策声明》中宣称在其未来签订的 BIT 中排除国际投资仲裁条款等，也出现了欧盟所提出的投资法庭体系试图对 ISDS 进行全面取代。考虑到新的投资争端解决机制尚未成熟，且其正当性尚在进一步论证中，②“一带一路”推进过程中所涉投资争端仍然需要借助既有的投资仲裁加以解决。为了在现行投资仲裁机制的程序法改革中引入公共利益，有必要将以下举措纳入丝路沿线国家的投资争端解决中。首先，需限制投资仲裁庭无限扩张管辖权，正确解释用尽当地救济条款与岔路口条款③的含义。其次，可允许非争端当事方以“法庭之友”身份参与仲裁程序，代表东道国社

---

① 郭玉军：《论国际投资条约仲裁的正当性缺失及其矫正》，载《法学家》2011 年第 3 期。

② 欧盟所提出的投资法庭体系已先后于 2015 年欧盟与越南 FTA 与 2016 年加拿大与欧盟 FTA 中得以落实，并纳入谈判 TTIP 争端解决条款的制度设计提案中，但其能否得到普遍推广并替代 ISDS 体系，却备受质疑。参见叶斌：《欧盟 TTIP 投资争端解决机制草案：挑战与前景》，载《国际法研究》2016 年第 6 期；黄世席：《欧盟投资协定中的投资者—国家争端解决机制——兼论中欧双边投资协定中的相关问题》，载《环球法律评论》2015 年第 5 期。

③ 岔路口条款（Fork in the Road Clause）是指 BIT 中以专门条款规定争议发生后，投资者有权在东道国当地救济与国际仲裁之间进行选择，一旦做出选择即为终局，该条款实质上使东道国丧失了当地救济的机会，投资者轻而易举就将纠纷提交国际仲裁机构。

会公众的利益对仲裁事项发表意见。最后,需充分意识到投资仲裁程序所涉利益的混合性,并把握其与商事仲裁的差异,强化投资仲裁的透明度,合理披露必要的案件信息,为东道国公民及非政府组织申请参与程序提供条件。

(一)限制仲裁庭管辖权的无限扩张

ICSID 仲裁庭历来有扩大管辖权之实践,其惯用的手法就是对条约进行扩大解释。从早期的 Alcoa 诉牙买加案、Holiday Inns 诉摩洛哥案、Amco Asia 诉印度尼西亚案,到晚近的 SPP 诉埃及案、谢业深诉秘鲁案,ICSID 扩大管辖权的实证案例比比皆是。《华盛顿公约》第 25 条第 1 款规定:中心的管辖适用于缔约国(或缔约国向中心指定的该国的任何组成部分或机构)和另一缔约国国民之间直接因投资而产生并经双方书面同意提交给中心的任何法律争端。[①] 据此,ICSID 行使管辖权需满足三项条件:争端系直接因投资而引起;当事人双方需为一缔约国与另一缔约国国民;需双方书面同意提交中心管辖。根据自裁管辖权原则,仲裁庭有权自行解释第 25 条并认定自身是否拥有案件管辖权,以致实践中不仅出现了"保护伞条款"[②]"岔路口条款",而且在管辖权认定问题上极尽解释之能事。例如通过 Alcoa 诉牙买加案将合同纠纷解释为"投资争端"、[③]通过 SOABI 诉塞内加尔案将"另一缔约国国民"解释为包括了缔约国国民控制的海外非缔约国公司、[④]通过 Amco 诉印度尼西亚案将"双方同意仲裁"扩大解释为包含了尽管投资

---

① Convention on the Settlement of Investment Disputes between States and Nationals of Other States, https://icsid. worldbank. org/en/Documents/resources/2006% 20CRR _ English-final. pdf, last visited on March 11th, 2017.

② 保护伞条款(Umbrella Clause)是指 BIT 中以专门条款规定缔约国应遵守其对另一缔约方国民或公司所作出的任何承诺,该条款实质上把合同性争议提升为条约性争议来扩大 ICSID 管辖权。

③ *Alcoa Minerals of Jamaica, Inc. v. Jamaica*, ICSID Case No. ARB/74/2.

④ *Société Ouest Africaine des Bétons Industriels v. Senegal*, ICSID Case No. ARB/82/1.

协议无仲裁条款但外资准入申请书有仲裁条款的情形,[①]凡此种种,不一而足。

但实际上,ICSID的管辖问题不是单纯的程序问题,东道国社会公共利益的保护在国内当地救济中通常可以得到更为充分的考量,而扩张国际仲裁的管辖权会将东道国的国家行为无限度地置于国际仲裁庭的审查下。为凸显投资双方权益保护的平衡,有必要对ICSID的管辖权要件加以严格解释。例如2005年CMS公司诉阿根廷案中,仲裁庭提出应当区分基于合同的诉求与基于公约的诉求,只有在诉诸国际仲裁之前当事方之间的相同争端已经被提交东道国国内法院或行政法庭,"岔路口条款"才予以适用。再如SGS诉巴基斯坦案中,原告代理人即提出根据瑞士与巴基斯坦BIT中保护伞条款的约定,违反个别投资合同的行为升格或者转化为违反条约的行为。仲裁庭却认为,将数量众多和内容各异的合同义务都转换为国际公法上的国家义务显然不妥当。[②] 此外,限制ICSID管辖权扩大的另一策略,即参照美国2004年BIT范本:一方面,在同意ICSID仲裁前,要求用尽当地救济,尽可能将案件控制在自己手中,避免由仲裁庭随意摆布;另一方面,考虑建立上诉机制,由统一的机构来审查仲裁庭对管辖权的裁定,从而保证裁决的一致性。[③]

(二)引入"法庭之友"以适当采纳非当事方的合理意见

法庭之友(Amicus Curiae)是指"对案件中的疑难法律问题陈述意见并善意提醒法庭注意某些法律问题的临时法律顾问或协助

---

① *Amco Asia Corporation and others v. Republic of Indonesia*, ICSID Case No. ARB/81/1.

② *SGS v. Pakistan*, ICSID Case No. ARB/01/13, Decision of the Tribunal on Objections to Jurisdiction, August 6 2003.

③ 陈辉萍:《ICSID仲裁庭扩大管辖权之实践剖析》,载《国际经济法学刊》2010年第3期。

法庭解决问题的人”。[①] 在投资者与东道国之间的投资争端仲裁案件审理中,最为常见的法庭之友是关注某类社会问题的非政府组织(Non-governmental Organizations,NGOs),这类组织形式上免受政府干预且并不行使政府公权力,其不仅包括慈善组织及非营利组织,而且涵盖了商会、工会、教会等。[②] 允许代表东道国公民或社会利益的非政府组织以“法庭之友”的身份向仲裁庭提供来自于非当事方的中立意见或法律见解,不仅是投资仲裁向公众公开的具体途径之一,而且有助于使得真正反映社会公共利益的立场得以彰显。在实践中,最早引入法庭之友的投资仲裁案件当属2001年依据《北美自由贸易协定》(以下简称NAFTA)提起的Methanex诉美国案。[③] 仲裁庭根据《联合国国际贸易法委员会仲裁规则》第15条,判定自身有权力接受“法庭之友”提交的材料,采纳了国际可持续发展研究所和地球正义组织作为第三方提交的材料。ICSID同年受理的UPS诉加拿大案[④]的仲裁庭也借鉴了此种途径。2006年修订的ICSID仲裁规则第37条应各界呼吁,并考虑到实践需求,已经纳入了“法庭之友”制度。该条第2款规定:在当事人双方协商后,仲裁庭可以允许非争端当事方的个人或实体就争端所涉事项提交书面意见。但仲裁庭应确保非当事方的意见不至于破坏仲裁程序或给任何当事方构成歧视对待。[⑤] 但是一

① 薛波主编:《元照英美法词典》(缩印版),北京大学出版社2013年版,第69页。

② Nicole Bürli, *Third-party Interventions before the European Court of Human Rights: Amicus Curiae, Member-State and Third-Party Interventions*, Dissertation der Rechtswissenschaftlichen Fakultät der Universität Zürich, 2014, pp. 7 – 8.

③ *Methanex Corporation v. United States of America*, UNCITRAL(NAFTA).

④ *United Parcel Service of America Inc. v. Government of Canada*, UNCITRAL (NAFTA).

⑤ 值得关注的是,自2016年10月起,ICSID启动了新一轮的仲裁规则与调解规则的修订工作。相比2006年颁布的旧版规则,新规则致力于尽可能简化投资争端解决的程序、减少时间与费用成本、提升仲裁与调解的效率。此外,新规则将着力于平衡投资者与东道国的利益,以确保投资仲裁机制的持续性、完整性、公平性。参见 https://icsid. worldbank. org/en/Pages/News. aspx? CID = 202,最后访问日期:2016年11月24日。

旦“法庭之友”普遍适用于各类投资仲裁，则显然会减损投资仲裁本身对作为当事方的投资者的吸引力。[①] 从这个角度讲，个案中是否采纳第三方意见以及以何种方式采纳，显然需要基于各方面因素的考量。

有学者称，“法庭之友”制度虽有助于仲裁庭作出符合社会公正价值愿望的裁决，但其源自英美法系对抗制诉讼的传统；而中国民事诉讼及商事仲裁立法中却不存在完全相同的对应物，因此其与中国国内法制体系相抵触，能否适用于中国投资者参与的国际投资仲裁，值得反思。[②] 也有观点从制度功能的角度出发，提出中国仲裁立法可以从主体资格、程序规则和内容范围等方面借鉴法庭之友制度，规范专家法律意见书的运作，完善中国的司法民主体制。[③] 笔者认为，中国国内立法及仲裁实践中尚不存在“法庭之友”制度，这的确是实然状态，但这却并不能构成在中国投资者或政府参与的国际仲裁中运用“法庭之友”的根本障碍。原因在于，平衡保护投资者与东道国权益的中心并不在于将域外制度在中国国内法律体系中进行移植，而是基于国家投资战略及投资利益，为改良及优化“一带一路”背景下的投资仲裁程序提供建言，如果想当然地以国内法中不存在相应制度条款来排斥投资仲裁中已经存在的合理实践，实际是故步自封，无疑与国际主流趋势背道而驰。

（三）增强“透明度”以维护公众对仲裁案件的知情权

前已述及，投资者与东道国之间的投资仲裁不仅涉及缔约双方的权利义务分配及经济利益博弈，而且潜在的东道国公众所代

---

① Eugenia Levine, "Amicus Curiae in International Investment Arbitration: The Implications of an Increase in Third-Party Participation", (2011) 29 *Berkeley Journal of International Law* 200, p. 202.

② 邱星美：《制度的借鉴与创制——“法庭之友”与专家法律意见》，载《河北法学》2009年第8期。

③ 肖永平、李韶华：《美国法庭之友制度的价值纬度与实证研究》，载《东方法学》2011年第4期。

表的社会公共利益往往牵涉其中。但是因投资仲裁的“商事化”痕迹所附带的保密性成为阻碍更多利益相关方参与仲裁的直接障碍。近几年,投资仲裁因欠缺必要的公开性与透明度而颇受诟病,甚至成为引发投资仲裁合法性危机的“导火索”之一。[①] 实践中,越来越多的投资仲裁非当事方呼吁信息披露,要求提升仲裁透明度,以维护权益为目标允许公众参与决策、发表意见。2013 年 7 月,联合国国际贸易法委员会发布了《投资者与国家间基于条约仲裁透明度规则》(以下简称《透明度规则》)。根据该规则的第 1 条第 1 款规定,《透明度规则》应适用于依照 2014 年 4 月 1 日及之后订立的投资条约,在《联合国国际贸易法委员会仲裁规则》(以下简称《UNCITRAL 仲裁规则》)下提起的投资仲裁程序;第 1 条第 2 款则规定,如果仲裁程序是依照在该日期之前订立的投资条约,但当事国与投资者或其所属国同意适用《透明度规则》者,该规则亦得以适用。除第 7 条规定的例外情形,双方必须将仲裁程序启动的信息、仲裁通知、申请书、答辩书、证据清单及非争议方及第三人所提交之书面材料、庭审笔录、裁决书等通过存储处公诸于众。[②] 2014 年 12 月,联合国大会通过了《投资者与国家间基于条约仲裁透明度公约》(以下简称《毛里求斯公约》),该公约于 2015 年 3 月 17 日在毛里求斯路易斯港开放供各国签署。该公约的第 2 条扩张了《透明度规则》的适用范围,规定凡是本公约缔约国之间的投资者与东道国仲裁,无论是否根据《UNCITRAL 仲裁规则》进行,都应适用《透明度规则》,除非缔约国在加入本公约时提出了保留。《毛里求斯公约》与《透明度规则》一道,既考虑到在这些仲裁中的公共利益,也考虑到公平、高效地解决争议对于当事方的利

---

① 李武健:《国际投资仲裁中的社会利益保护》,载《法律科学》(西北政法大学学报)2011 年第 4 期。

② Dimitrij Eculer, Markus Gehring and Maxi Scherer, *Transparency in International Investment Arbitration: A Guide to the UNCITRAL Rules on Transparency in Treaty-Based Investor-State Arbitration*, Cambridge: Cambridge University Press, 2015, pp. 74 – 75.

益,受到国际法学界的广泛重视。

但是从“一带一路”沿线国现有的仲裁制度来看,却形成了鲜明的反差。2016 年 4 月,中国国际经济贸易仲裁委员会发布了《“一带一路”沿线国家国际仲裁制度研究报告》,该报告从丝路沿线 65 个国家中选取了埃及、阿联酋、俄罗斯、法国、哈萨克斯坦、毛里求斯、泰国、新加坡等八国作为样本,采用横向比较、国别研究的方法,从仲裁机构、仲裁协议、仲裁地、法律选择、仲裁规则、国际裁决的承认与执行等方面进行了综合评估。[①] 根据调研统计,在八个样本国家中,除了法国与新加坡的仲裁立法与实践对透明度原则有所要求,[②]其他国家的仲裁制度均保留仲裁程序与仲裁裁决绝对保密的原则。[③] 显然,“一带一路”沿线相当一部分国家作为国际仲裁的后发国家,其投资仲裁规则与实践仍然受制于既有的商事仲裁保密化模式,而透明度的缺失,不仅使投资者因对投资法制环境的不熟悉而徒增了法律风险,且客观上剥夺了东道国公众及非政府组织参与仲裁程序伸张社会公共利益诉求的机会。事实上,在“一带一路”倡议的实施过程中,中国政府主要充当着投资

① 参见 http://www. ccpit. org/Contents/Channel _ 3528/2016/0414/630990/content _ 630990. htm,最后访问日期:2017 年 1 月 5 日。

② 2017 年《新加坡国际仲裁中心投资仲裁规则》是 SIAC 首次专为投资者与东道国仲裁而制定的特别程序,其中第 38 条就投资仲裁中的信息公开作了一般性的规定,可公开的信息限于当事人的国籍、仲裁庭成员的身份与国籍、据以启动仲裁程序的投资条约、法令或其他文件、仲裁程序的启动日期、程序是否已经终止抑或仍在审理中。此外,SIAC 可将仲裁庭的推理摘要、程序令、关于仲裁员回避的决定等进行披露。参见 http://www. siac. org. sg/images/stories/articles/rules/IA/SIAC% 20Investment% 20Arbitration% 20Rules% 20 - % 20Final. pdf,最后访问日期:2017 年 1 月 10 日。

③ 例如《哈萨克斯坦国际仲裁中心仲裁规则》明确规定:当事人提起仲裁申请、程序进展情况、仲裁庭开庭审理案件,均不得在新闻媒介予以披露,裁决结果也不公布。仲裁庭主席、副主席、仲裁员和仲裁庭秘书处职员在未经当事人及其继承人同意的情况下,不得泄露已知的与处理的纠纷有关的任何信息,否则就可能构成哈萨克斯坦《行政违法法》中的违法行为而承担罚金等法律责任。此外,2011 年《开罗国际商事仲裁区域中心仲裁规则》第 40 条、2008 年《迪拜国际金融中心仲裁法》第 14 条、《迪拜国际金融中心—伦敦国际仲裁院仲裁中心仲裁规则》第 30 条等也有类似规定,也不区分商事仲裁或投资仲裁,均予以适用。

者母国以及资本输出国的角色,由于投资者母国在投资者与东道国的仲裁程序中不是当事人而是属于案外第三方,因此一旦奉行绝对化的仲裁保密模式,将阻却中国政府在本国投资者诉沿线东道国的仲裁中发表观点、表达意见。但另一方面,相当一部分国际投资仲裁庭的管辖权源自投资者母国与东道国签订的 BIT,听取非争端当事方的另一缔约国政府的意见又实属必要。① 为了扭转这种局面,充分借鉴国际上投资仲裁透明度的规则,对增强其他投资者跨境投资的信心及确保东道国社会主体的知情权皆有裨益。②

六、余论:"一带一路"倡议下投资仲裁的利益平衡

当下,中国的国际资本流动开始从引进外资向资本输入与输出并重转变,"一带一路"倡议的落实,使中国面临跨境投资形式多元化、投资争端解决地位转型的挑战,也为中国重塑国际投资法的话语权,推动国际经济秩序向更加公平、透明的方向发展带来了契机,堪称机遇与挑战并存。为了应对挑战,在成为国际投资"双料大国"的同时,中国对外缔结投资协定的立场有必要作出适当的调整,既不宜单纯要求投资者海外权益的片面保护,也不能对资本输入国的公共利益视而不见。在提出及推行"一带一路"对外投

① 例如在 Sanum 诉老挝仲裁案中,中国政府虽然不是案件当事人,但是对于中国内地政府缔结的投资条约是否适用于澳门特别行政区这项关键问题,中国驻老挝大使馆发表了独立的法律意见。由于中国政府是《中国 - 老挝 BIT》的缔约方,应当有权发表观点。但如果仲裁庭奉行商事仲裁的绝对保密模式,未引入透明度的原则,拒绝案外人介入程序,则与我国政府的立场相悖。See *Sanum Investment Limited v. The Government of The Lao People's Democratic Republic*, Award on Jurisdiction, PCA Case No. 2013 - 13.

② 当然,对国际投资仲裁程序是否遵循透明度的法律标准,仲裁庭仍然应当听取当事人的意见,毕竟当事人意思自治原则是各类以仲裁方法解决争端的基础,这一点不容轻易突破,参见于健龙:《论国际投资仲裁的透明度原则》,载《暨南学报》(哲学社会科学版)2012 年第 9 期。

资战略的过程中,中国积极扮演并践行着负责任大国的角色,着力与沿线国家共同打造互利共赢的"命运共同体",在投资协定中引入对公共利益的实体保护,进而平衡投资者与东道国的法律权益,不仅符合中国当前的国家利益,而且从长远来看,也与丝路战略可持续运转的目标不谋而合。据统计,自 1984 年中国与瑞典签订第一项 BIT 以来,截至 2017 年 1 月,我国已签署了 129 项双边投资协定以及 19 项含有投资条款的国际条约,数量上仅次于德国(135 项)。[①] 同时,截至 2017 年 1 月,中美双方已经就 BIT 谈判工作展开了 26 轮磋商(启动于 2008 年),中欧双方已经就 BIT 谈判工作展开了 13 轮磋商(启动于 2013 年),谈判工作已经取得了基本共识,并进入了"深水区"。这些投资协定的签订无疑对中国国际投资环境的改善、外商投资立法的国际化起到了一定的推动作用。在前文提到的《愿景与行动》这份文件中,中国政府明确将政策沟通、基础设施互联互通、贸易投资、资金融通、民心相通五大方面作为重点合作领域。其中,油气能源合作、电力跨境输送、洲际海底光缆建设、空中卫星通讯规划等项目都是直接关系国计民生的公共行业,外资的注入不仅直接引发对海外投资者权利加以保护与救济的讨论,也同时伴随着投资东道国国家管制权力的实现。如何把握二者之间的张力与平衡,是摆在沿线国家间的重大现实问题。从"一带一路"的主要战略布图分析,投资争端的解决很大程度上需要依赖于既有的《华盛顿公约》体系与双边投资协定体系,因而对现有投资体制的改良愈发显得必要。在投资仲裁中实现利益保护的平衡,既有赖于本文所论及的实体法与程序法路径,也离不开丝路沿线各国的合作与共识。可以肯定的是,"一带一路"投资问题的妥当处理将为投资法治的现代化开创新的可能。

① http://investmentpolicyhub.unctad.org/IIA/IiasByCountry#iiaInnerMenu,最后访问日期:2017 年 1 月 11 日。

Legal Consideration on the Balanced Protection between Investors and Public Interests of Host Countries under the One Belt One Road Initiative

Du Xinli, Zhang Jian

Abstract: The implementation of the One Belt One Road Initiative should consider China's evolving role in current international investment. The traditional investment treaties and practices on investment disputes settlement mechanism tend to overemphasize the protection of the interests of investors at the cost of the interests of host states. Balancing the interests between the host states and investors has become a hotspot issue all around the world. This article attempts to explore various possible means, both substantive and procedural, to pursue the balance of interests, aiming to facilitate the enduring development of One Belt One Road Initiative.

Key Words: Investment Arbitration, One Belt One Road, Protection of Interests, Bilateral Investment Treaty

国际投资协定的一般例外条款评析*

张智勇**

摘要：为了维护国家的规制权，国际投资协定近年来开始引入类似 GATT 第 20 条和/或 GATS 第 14 条的一般例外条款。不过，国际投资协定中的一般例外条款与 GATT 第 20 条和/或 GATS 第 14 条并不完全一样，不同国际投资协定的一般条款也存在差异。国际投资协定的一般例外条款要真正实现维护国家规制权的目的，既需要完善条款的设计和解释，也需要改革现行的投资者 – 国家争端解决机制。

关键词：国际投资协定；一般例外条款；规制权；公共利益；投资者 – 国家争端解决机制

国际投资协定的例外条款，①也称不予排除的措施（non-

* 本文系国家社科基金项目"国际投资协定例外条款的法律问题研究"（16BFX200）的阶段性成果。

** 北京大学法学院副教授。

① 国际投资协定的主要法律渊源是双边投资协定（BIT）。不过，近年来的自由贸易协定（FTA）中也包含了投资的议题，条款的内容与体例与 BIT 类似。此外，还有一些国际条约或协定也涉及国际投资的相关领域。WTO 框架下的服务贸易总协定（GATS）所界定的商业存在服务提供模式也与投资相关。《能源宪章条约》则有关于能源投资的内容。出于研究的需要，本文将国际投资协定的范围主要限定在 BIT 和包含投资内容的 FTA。此外，一些国家也有其自身的 BIT 范本。虽然 BIT 范本并非现行有效的 BIT，但也会反映在这些国家对外签订的 BIT 之中。在本文中，出于叙述的便利，在提及国际投资协定时，也会使用相关国家 BIT 范本进行阐述。

precluded measures, NPM)条款,是东道国基于国家安全或公共利益采取规制措施并免除投资协定义务的法律依据。近年来,出于维护国家规制权(the right to regulate)的考虑,国际投资协定开始引入类似关贸总协定(GATT)第 20 条①和/或服务贸易总协定(GATS)第 14 条的一般例外条款(general exceptions clause)。②虽然相关国际投资协定中的一般例外条款存在着差别,但其共同之处都在于维护缔约方基于保护公共道德、公众健康和环境等原因而采取规制措施的权利,也是允许缔约方偏离投资协定的所有

① 在 WTO 成立后,之前的 1947 年 GATT 经修改后成为了 1994 年 GATT 的组成部分。本文中除非另有说明,提及 GATT 时为 1994 年 GATT。GATT 第 20 条规定如下:本协定不得解释为阻止缔约方采取或实施如下措施,只要这些措施不在情况相同的国家之间构成武断或不合理的歧视手段或成为对国际贸易的伪装的限制:(a)为保护公共道德所必需的措施;(b)为保护人类、动植物的生命或健康所必需的措施;(c)与黄金或白银的进出口有关的措施;(d)为保证与本协定不相抵触的法律或法规得到遵守而采取的必要的措施,包括与海关执法、按第 2 条第 4 款和第 17 条实行垄断、保护专利权、商标权和版权以及防止欺诈行为有关的措施;(e)与监狱劳工产品有关的措施;(f)保护具有艺术、历史或考古价值的国宝的措施;(g)与保护可用尽的自然资源有关的措施,如果此类措施对国内生产或消费实施同样的限制;(h)为履行任何政府间国际商品协定下的义务而采取的措施,只要该商品协定符合提交缔约方全体(在 WTO 成立后缔约方全体应理解为部长会议)且缔约方全体没有不予批准的标准,或该商品协定曾提缔约方全体且缔约方全体没有不予批准;(i)作为政府稳定计划的一部分,在国内原材料的国内价格被压低于国际价格的期间,为确保国内加工产业对该原材料的所必需的数量,而对国内原材料的出口在一段期间内实施的限制;但此类限制不应为促进国内产业出口或为国内产业提供保护而实施,也不得背离本协定关于非歧视的规定;(j)在产品存在普遍或局部供应短缺时,为获取或分配产品所必要的措施;但此类措施应符合所有缔约方均有权取得该产品的国际供应的公平份额的原则,且与本协定的其他条款相抵触的此类措施,应在导致其实施的条件不存在时立即停止适用。

② GATS 第 14 条规定:本协定不得解释为阻止 WTO 成员采取或实施如下措施,只要这些措施不在情况相同的国家之间构成武断或不合理的歧视手段或成为对服务贸易的伪装的限制:(a)为保护公共道德或维护公共秩序所必需的措施。(b)为保护人类、动植物的生命或健康所必需的措施。(c)为保证与本协定不相抵触的包括与下列事项有关的法律或法规得到遵守而采取的必要的措施:(i)防止欺骗或欺诈做法或处理服务合同的违约情况;(ii)与个人资料的加工和散播相关的个人隐私保护和个人账户与记录秘密的保护;(iii)安全。(d)与第 17 条不一致的措施,只要差别待遇是为了保证对其他成员的服务或服务提供者平等和有效地课征或收取直接税。(e)与第 2 条不一致的措施,只要差别待遇是源于避免双重征税协定或该成员受约束的其他协定或安排中的避免双重征税条款。

义务而非某一具体条款下义务的法律依据。不过,国际投资协定的一般例外条款要起到维护国家规制权的作用,其条款设计和解释需要注意哪些问题?国际投资协定的一般例外条款要实现维护国家规制权的目标,是否也需要改革现行的投资者—国家投资争端解决机制(Investor-to-State Dispute Settlement,ISDS)?本文拟在论述国际投资协定引入一般例外条款的背景与实践的基础上,对这些问题进行初步的探讨。

一、国际投资协定引入一般例外条款的背景与实践

(一)国际投资协定引入一般例外条款的背景

外国直接投资能够为东道国带来资金、技术并促进其经济发展。为了吸引外资,自20世纪60年代欧洲出现双边投资协定(BIT)以来,对外资提供保护一直是国际投资协定的主要特点。[①]不过,国际投资协定并非是对外资给予绝对的保护,东道国仍有权对外资予以规制。联合国大会于1974年12月12日通过的《各国经济权利和义务宪章》第2章第2条指出,每个国家有权对其管辖范围内的外国投资以及跨国公司的活动进行管理,并有权对外国

① Anna Joubin-Bret, Marie-Estelle Rey and Jörg Weber, "International Investment Law and Development", in Marie-Claire Cordonier Segger, Markus W Gehring and Andrew Newcombe (eds.), *Sustainable Development in World Investment Law*, Netherlands: Kluwer Law international, 2011, p. 19.

财产进行国有化或征收。[①] 因此,规制权(the right to regulate)是一国的主权体现,国际投资协定中也有允许东道国采取规制措施并免除协定义务的例外条款。比如,美国和阿根廷的BIT第11条规定:"本协定不应排除任何缔约方为维护公正秩序、履行维护或恢复国际和平与安全或保护其自身的根本安全利益而采取必要的措施"。该条规定也称为安全例外。[②] 事实上,即使缔约方国家在国际投资协定中做出对其行使规制权的限制,也不意味着其规制权的完全丧失。[③]

不过,随着投资者—国家争端解决机制的建立,[④]外国投资者自20世纪90年代以来借助ISDS机制来挑战东道国规制措施的

---

① 其具体条文为:每个国家有权:(1)按照其法律和规章并依照其国家目标和优先次序,对在其国家管辖范围内的外国投资加以管理和行使权力。任何国家不得被迫对外国投资给予优惠待遇;(2)管理和监督其国家管辖范围内的跨国公司的活动,并采取措施保证这些活动遵守其法律、规章和体例及符合其经济和社会政策。跨国公司不得干涉所在国的内政。每个国家在行使本项内所规定的权利时,应在充分顾及本国主权权利的前提下,与其他国家合作;(3)将外国财产的所有权收归国有、征收或转移。在收归国有、征收或转移时,应由采取此种措施的国家给予适当的补偿,要考虑到它的有关法律和规章以及该国认为有关的一切情况。因赔偿问题引起的任何争议均应由实行国有化的国家的法院依照其国内法加以解决,除非有关各国相互同意根据各国主权平等并依照自由选择方法的原则寻求其他和平解决的方法。

② 在安全例外的表述方面,美国等国缔结的BIT采用的是"根本安全利益"(essential security interest),德国BIT采用"公共安全",还有的采用"国际和平与安全"。参见余劲松主编:《国际投资法》(第4版),法律出版社2014年版,第257页。

③ 比如,尽管国际投资协定为征收设立的条件,但征收的权利本身并不受到影响。*See* Rudolf Dolzer and Christoph Schreuer, *Principles of International Investment Law*, Oxford: Oxford University Press, 2nd ed., 2012, p. 98.

④ 1965年的《解决国家与他国国民之间投资争议公约》(也称《华盛顿公约》)建立了解决投资争端国际中心(ICSID),专门处理缔约国和另一缔约国国民之间直接因投资而产生的法律争议。此后,ISDS机制逐渐成为了国际投资协定的标准内容。ISDS机制的核心是通过国际仲裁来处理外国投资者和东道国之间的投资纠纷。投资协定中的仲裁机制(treaty-based investment arbitration)包括机构仲裁和临时仲裁两类。在机构仲裁方面,ICSID则是国际投资协定所经常选择的机构。在临时仲裁方面,国际投资协定也通常规定仲裁庭采用联合国国际贸易法委员会(UNCITRAL)所颁布的仲裁规则(UNCITRAL arbitration rules)。

案件开始不断增加。[①] 与此同时,经济的发展也带来了环境保护和公共健康等方面的问题,国际社会也越来越关注吸引外国投资与可持续发展的关系。[②] 但是,国际投资协定中的现行条款难以被东道国作为出于维护公共道德、公众健康和环境等等公共利益而采取规制措施的法律依据。例如,安全例外条款适用于国家处于危机状态的特殊情况,直接关系到国家的主权与安全,而国家出于环境保护和可持续发展采取的规制措施则属于经济和社会中的常态问题。再如,尽管有的国际投资协定中有环境方面的规定,但并非严格意义上的缔约方可基于环境保护采取与投资协定不符措施的例外条款。以北美自由贸易协定(NAFTA)第 1114 条为例。该条第 1 款规定:"本章规定不得解释为阻止缔约方采取、维持或实施任何与本章其他规定相符的措施,如果缔约方认为该措施是为确保其境内的投资活动以对环境密切关注的方式进行所适当的。"该条第 2 款也指出缔约方认识到通过放松国内健康、安全或环境措施来吸引投资是不合适的。但是,第 1 款"与本章其他规定相符"的表述实际上限制了缔约方采取环境规制措施,第 2 款的表述则是宣示性的,并没有赋予缔约方确定的权利。在 Matalclad 案中,第 1114 条的规定并没有阻止仲裁庭得出墨西哥的措施违反了 NAFTA 第 1105 条(最低待遇标准)和第 1110 条(征收与补偿)下

---

① 1990 年 ICSID 关于亚洲农产品公司诉斯里兰卡案的仲裁裁决(Asian Agricultural Products Ltd. (AAPL) v. Republic of Sri Lanka, ICSID Case No. ARB/87/3, Award, 27 June 1990)被认为是 ISDS 机制下的第一个案例。See UNCTAD, *World Investment Report* 2015, p. 124.

② 可持续发展经常被引用的定义是:满足当前需求的发展,而不以削弱后代满足其需求的能力为代价。可持续发展应当考虑的要素包括:经济发展、社会发展以及环境保护。See Markus Gehring and Andrew Newcombe, "An Introduction to Sustainable Development in World Investment Law", in Marie-Claire Cordonier Segger, Markus W Gehring and Andrew Newcombe (eds.), *Sustainable Development in World Investment Law*, Netherlands: Kluwer Law international, 2011, p. 6.

的义务的结论。[①] 虽然仲裁庭的裁决随后被法院部分撤销,但法院依然支持了仲裁庭认定墨西哥的措施构成了未给予投资补偿的征收从而违反 NAFTA 义务的结论。[②]

因此,正如联合国贸发会议(UNCTAD)所指出的,当前的国际投资协定可能导致东道国在外国投资的规制方面失去灵活性。[③] 因此,在实践中,相关国家也开始采取一系列措施来维护其规制权,其中的一个举措就是在国际投资协定中引入类似于 GATT 第 20 条和/或 GATT 第 14 条的"一般例外"条款。

(二)国际投资协定引入一般例外条款的实践

根据 UNCTAD 的统计,在国际投资协定中为实现可持续发展

---

① 美国公司 Matalclad 通过其在墨西哥的子公司收购了另一家墨西哥公司,准备在墨西哥建立一个危险废弃物填埋场。该项目于 1993 年 1 月获得了墨西哥联邦政府的批准。但是,填埋场所在的地方政府却拒绝颁发建设许可。根据 NAFTA 第 11 章的 ISDS 机制组成的仲裁庭按照 ICSID 的附件便利规则(Additional Facility Rules)审理了案件,裁定墨西哥违反了 NAFTA 第 1105 条(最低待遇标准)和第 1110 条(征收与补偿)下的义务。虽然 NAFTA 第 1114 条有关于环境措施的条款,但仲裁庭认为其结论并不受第 1114 条的影响,因为墨西哥联邦政府对该项目的许可表明其认为项目是符合环境要求的。See Matalclad Corporation v. The United Mexican States, ICSID Case No. ARB(AF)/97/1, Award, 30 August 2000, paras. 98, 101, 112.

② 在 NAFTA 签署时,墨西哥和加拿大都不是《华盛顿公约》的缔约方(加拿大于 2013 年 11 月 1 日批准加入《华盛顿公约》,该公约于 2013 年 12 月 1 日起对加拿大生效)。因此,NAFTA 选择采用了 ICSID 附加便利规则。附加便利规则适用于:在一个争端当事方并非缔约方或缔约方国民的情况下,解决投资争端所适用的调解或仲裁程序;在至少一个争端当事方是缔约方或缔约方国民的情况下,解决非直接产生于投资的争端所适用的调解或仲裁程序、事实查明程序。不过,根据附件便利规则作出的仲裁裁决不适用《华盛顿公约》第 53 条和第 54 条关于裁决承认和执行的规定(第 54 条要求缔约方将根据《华盛顿公约》作出的裁决视同该国法院的最终判决),是受仲裁地法院监督的。Matalclad 案的仲裁地是加拿大温哥华,因此墨西哥政府请求加拿大不列颠哥伦比亚省最高法院撤销该仲裁裁决。法院认为,仲裁庭认定墨西哥违反 NAFTA 第 1105 条和第 1110 条义务的三个理由中,有两个是以 NAFTA 第 18 章的第 1802 条的透明度为基础的,但 NAFTA 关于投资的第 11 章并没有关于透明度的规定,因此仲裁庭存在越权裁定(decisions beyond the scope of the submission to arbitration)的情况。关于加拿大法院的判决,See United Mexican States v. Metalclad Corp., 2001 BCSC 664。

③ UNCTAD, *International Investment Rule-making: Stocktaking, Challenges and the Way Forward*, UNCTAD Series on International Investment Policies for Development, 2008, pp. 3–4.

而引入保护规制权的条款已成为一个趋势。[①] 不过,现行国际投资协定中的一般例外条款与 GATT 第 20 条和 GATS 第 14 条并不完全一样,各投资协定在一般例外条款也存在着差别。

在立法技术方面,有的国际投资协定采取了并入 GATT 第 20 条和/或 GATS 第 14 条的做法,有的则是采用了与 GATT 第 20 条和/或 GATS 第 14 条的类似用语。比如,欧盟和加拿大 2016 年 10 月底签署的《全面经济和贸易协定》(CETA)第 28 章的标题为"例外"(exception),其第 28.3 条为一般例外(general exceptions)。[②] 第 28.3 条明确规定将 GATT 第 20 条并入 CETA,适用于第 8 章(投资)和第 2 章(货物的国民待遇和市场准入)等章节。第 28.3 条进一步明确 GATT 第 20 条(b)项允许缔约方采取的措施包括为保护人类和动植物生命或健康而采取的必要的环境措施,GATT 第 20 条(g)项允许缔约方采取的措施也适用于保护可用竭的自然资源的措施。中国和东盟的投资协议则采取了使用与 GATT 第 20 条和 GATS 第 14 条类似用语的做法。该协议第 16 条的标题为"一般例外",规定了两款例外情形。第一种情形为:在此类措施的实施不在情形类似的缔约方、缔约方的投资者或投资者的投资之间构成任意或不合理歧视的手段,或构成对任何一方的投资者或其设立的投资的变相限制的前提下,本协议的任何规定不得解释为阻止任何成员采取或实施以下措施:(1)为保护公共道德或维护公共秩序所必需的措施。(2)为保护人类、动物或植物的生命或健康所必需的措施。(3)为使与本协议的规定不相抵触的法律或法规得到遵守所必需的措施,包括与下列内容有关的法律或

① 在 1962 ~ 2011 年的 1372 个 BIT 中,有 12% 包含了保护人类和动植物生命健康或保护可用竭的自然资源的一般例外条款,但在 2012 ~ 2014 年的 40 个 BIT 中,这一比例则上升到了 58%。See UNCTAD, *World Investment Report* 2016, p. 114.

② CETA 涉及货物贸易、服务贸易和投资等方面的内容,其第 8 章是关于投资的规定。CETA 第 28 章是关于协定管辖内容的总体性的例外规定。第 28 章除了一般例外之外,还有资本流动和支付保障措施例外(第 28.4 条)、国际收支例外(第 28.5 条)、国家安全例外(第 28.6 条)、税收例外(第 28.7 条)、信息披露例外(第 28.8 条)、文化例外(第 28.9 条)等。

法规:第一,防止欺骗和欺诈行为或处理服务合同违约而产生的影响;第二,保护与个人信息处理和传播有关的个人隐私及保护个人记录和账户的机密性;第三,安全。(4)旨在保证对任何一方的投资或投资者公平或有效地课征或收取直接税。(5)为保护具有艺术、历史或考古价值的国宝所采取的措施。(6)与保护不可再生自然资源相关的措施,如这些措施与限制国内生产或消费一同实施。

就一般例外条款的体例而言,对于包含投资章节的自由贸易协定(FTA)来讲,有的将一般例外作为适用于整个协定管辖事项(包括货物贸易、服务贸易和投资)的条款而设计(如 CETA),有的则是在投资章节中专门规定只适用于投资的一般例外条款。比如,中国和澳大利亚的自由贸易协定第 9 章是关于投资的,该章第 8 条为"一般例外",其内容与中国和东盟投资协议的第 16 条近似。

此外,国际投资协定的一般例外条款的具体内容与 GATT 第 20 条和/或 GATS 第 14 条并不完全一样,各投资协定之间也存在差异,即使是一国与不同缔约方之间的国际投资协定中也是如此。比如,CETA 关于投资的一般例外是以 GATT 第 20 条为基础的,而中国和东盟的投资协议第 16 条规定的第一类例外情形则是综合了 GATT 第 20 条和 GATS 第 14 条的相关内容。中国和东盟的投资协议第 16 条除了第一种例外情形外,还规定了金融审慎例外,①但金融审慎例外并不属于 GATT 第 20 条和 GATS 第 14 条本身的内容,而是 GATS 金融服务附件的规定。② 对此,有的国际投

① 其条文是:对于影响提供金融服务的措施而言,WTO 协议附件 1B GATS 关于金融服务的附件第 2 款(国内规制),经必要调整后并入本协议,构成协议的一部分。

② GATS 关于金融服务的附件第 2 款允许 WTO 的成员基于审慎监管的原因而采取相应措施(taking measures for prudential reasons),包括保护投资者、存款人采取的措施,以及为保证金融体系的统一和稳定而采取的措施,即使这些措施与 GATS 不符。

资协定制定了专门的金融服务例外条款。[①]再如,中国和加拿大的BIT 第 33 条的标题为"一般例外",其第 2 款的内容与 GATT 第20 条类似,第 6 款也有类似于 GATS 第 14 条(c)项关于信息披露的规定。但是除此之外,第 33 条还包括了文化例外、金融审慎例外、安全例外等方面的内容,这比中国和东盟之间的投资协议第16 条的范围更加广泛。

国际投资协定的一般例外条款存在上述差异主要是下列因素导致的:

首先,国际投资领域没有类似于贸易领域 WTO 那样的多边体制。BIT 以双边为主,而包含投资章节的 FTA 虽然也有数个国家作为缔约方的例子,[②]但仍是区域性的。因此,各国在缔结国际投资协定时并没有一个多边的基准。由于一国与不同国家的经济关系和投资流动存在差异,其缔约对手也有各自的诉求,各投资协定的条款当然不会完全一致。此外,由于各投资协定的缔约时间也存在先后,这也会导致投资协定的条款存在差异。

其次,贸易协定和投资协定分属两个自成一体的体系。尽管WTO 下的多边贸易体制有一些规则涉及了投资,但其出发点是消除对贸易具有扭曲作用的投资措施,并非建立一个专门的投资体制。[③] BIT 以及包含投资章节的 FTA 则旨在建立一个全面的投资体制,涵盖了投资保护、投资自由化和投资争端解决等方面的内

① 比如,美国 2012 年 BIT 范本第 20 条允许缔约方可为保护投资者、存款人的利益或维护金融系统的统一和稳定而采取针对金融服务的审慎措施,并采取非歧视的、普遍适用的货币、信贷或汇率政策。

② 比如,我国和东盟国家之间的自由贸易区有 11 个成员。

③ 比如,《TRIMs 协定》只是禁止 WTO 成员采用与 GATT 第 3 条和第 11 条不一致的与货物贸易有关的投资措施,并未将双边投资条约(BIT)中的国民待遇引入到贸易体制,影响服务贸易的投资措施也不受该协议管辖。在服务贸易领域,尽管《服务贸易总协定》(GATS)是第一个包含投资规则的多边框架,但其第 16 条关于市场准入和第 17 条关于国民待遇的要求属于 WTO 成员具体承诺的范畴。WTO 成员的服务提供者能否在另一成员境内通过商业存在提供服务,要看该另一成员的具体承诺表中是否允许该种服务提供方式以及是否存在市场准入和国民待遇的限制。

容。在 WTO 体制下,货物贸易和服务贸易的多边规则是由 GATT 和 GATS 来统辖的,且 GATS 的出现要晚于 GATT,因此 GATT 和 GATS 也需要分别规定例外条款。由于服务一般是无形的,具有即时产生和即时消费的特点,因此 GATS 第 14 条的一般例外并不涉及自然资源的问题,但也会涉及相关服务是否符合当地公共道德和公共利益的问题。相比之下,投资规则是在一个协定之中,[①] 也没有关于涉及货物和服务产业的投资类别的划分,投资领域的一般例外条款是一个统一适用的条款。

最后,贸易和投资的特点也决定了国际投资协定的一般例外条款可以参照贸易协定的一般例外条款,但不会完全一致。产品生产过程可能会产生环境问题和导致自然资源的枯竭,而某些产品的使用也可能危及人类或动植物的生命健康。产品的制造主体可能是国内企业,也可能是外商投资企业,而产品的使用者也会包括国内和国外的用户。因此,贸易和投资都会涉及环境、公众健康等公共利益问题,国际投资协定的一般例外条款是可以借鉴 GATT 第 20 条和 GATS 第 14 条的。不过,外国投资者在东道国生产的产品如果只在当地销售而不出口的话,GATT 规则是无法约束的。需要指出的是,产品的生产方法可能是导致环境等问题的原因,但 GATT/WTO 的实践表明,一国不得以其他国家的产品未满足其本国的环保标准(包括产品生产方法和过程)为理由而禁止其他国家产品的进口,也不得寻求在其他国家执行本国的规则,即使是出于保护健康或自然资源的目的。[②] 因此,国际投资协定的一般例外条款对于东道国基于保护公共道德、公共秩序和公共健康和环境等原因而采取规制措施就更为重要。这也不难理解 CETA 第 28.3 条强调 GATT 第 20 条(b)项和(g)项下允许缔约方采取的措施包括必要的环境措施和适用于保护可用竭的自然资

① 有的投资协定正文后还会有就某些问题进行专门说明附加的议定书,该议定书也是投资协定的组成部分,比如我国和德国的 BIT。

② WTO, *Understanding the WTO*(5th edition, 2015), pp. 69 – 70.

源的措施。

此外,国际投资协定中既有例外条款的体例也决定了其内容与 GATT 第 20 条和 GATS 第 14 条的差异。在引入一般例外条款之前,国际投资协定中的例外条款除了安全例外,通常还有税收例外(taxation-carve-out or taxation exception)条款。税收例外条款是 20 世纪 60 年代后开始出现在国际投资协定之中的。[①] 税收例外条款指向的税收措施主要是直接税(所得税)措施。缔约方在投资协定中写入税收例外条款,是不希望将投资协定的义务适用于它们根据避免双重征税协定和国内法而采取的税收措施。[②] 因此,在已有税收例外条款的情况下,国际投资协定的一般例外条款一般不会包含类似于 GATS 第 14 条(d)项和(e)项的税收例外的内容。

综上所述,国际投资协定的一般例外与 GATT 第 20 条和 GATS 第 14 条是有差别的。但也有共同之处,其目的都在于维护缔约方基于保护公共道德、公共秩序和公共健康等原因而采取规制措施的权利,也都是允许缔约方偏离投资协定的所有义务而非某一具体条款下义务的法律依据。[③] 不过,国际投资协定写入类似于 GATT 第 20 条和/或 GATS 第 14 条的一般例外条款后,如何才能真正实现维护国家规制权的目的?本文接下来将进行探讨。

---

① Matthew Davie, "Taxation-Based Investment Treaty Claims", (2015) 6 *Journal of International Dispute Settlement* 202, p. 211.

② 在 UNCTAD 看来,有以下几方面的原因:(1)一些国家为了最大限度地保护税收主权而倾向于通过单独的税收协定来解决税收问题;(2)缔约方可通过税收协定给予来自另一国的投资在对等减让的基础上以更优惠的税收待遇,而不需要担心其他国家基于 BIT 的最惠国待遇条款来主张同样的待遇;(3)税收问题的复杂性决定了也不适宜纳入与 BIT 一样的待遇条款。See UNCTAD, *Taxation*, UNCTAD Series on Issues in International Investment Agreement, 2000, p. 36.

③ UNCTAD 在其世界投资报告中也将"一般例外"界定为 GATT 或 GAT 类型的旨在为保护合法公共目的而采取措施的条款(GATT-or GATS-type General Exceptions for Measures Aimed at Legitimate Public Policy Objectives)。See UNCTAD, *World Investment Report* 2014, p. 120.

二、国际投资协定一般例外条款作用之实现:条款的设计与解释

国际投资协定引入一般例外条款的目的在于维护缔约方的规制权。但是,缔约方也不应滥用规制权而歧视外国投资或是损害外国投资者的正当权益。一般例外条款的设计应当在维护国家规制权和保护投资者正当权益之间实现平衡。正如 UNCTAD 所指出的,国际投资协定的一般例外条款应当注意如下几个方面:列举缔约方基于哪些公共政策而采取的规制措施可以适用例外条款;缔约方采取的规则措施应当是为实现前述公共政策目标所必需的;缔约方采取的措施应当是非歧视的,且不构成伪装的投资限制措施。①

(一)一般例外条款的适用范围

在这方面,现行国际投资协定的一般例外条款没有实质区别,基本都明确适用于缔约方基于公共健康、公共秩序和环境保护等公共政策目标(public objectives)而采取的规制措施。不过,投资协定如果在序言和协定正文中进一步明确国家的规制权,显然是更好的选择。比如,CETA 第 8.9 条第 1 款明确表明缔约方保留其规制权和为实现合法的公共目标(如公共健康、安全、环境、公共道德和文化多样性)而采取措施的权利。该条第 2 款进一步明确缔约方通过修改法律等措施实施规制权,即使对投资的利润(包括预期利润)产生了负面影响,也不构成缔约方对协定义务的违反。这就能够在产生争议时为仲裁庭解释协定提供清晰的指导。②

此外,为了维护缔约方的规制权,国际投资协定还应当对征收

---

① UNCTAD, *World Investment Report* 2015, pp. 140 – 141.

② European Commission, *Investment Provisions in the EU-Canada Free Trade Agreement (CETA)*, February 2016.

(特别是间接征收)与规制措施的界限做出划分。东道国对外国投资的国有化或征收是外国投资者面临的政治风险之一,而国有化或征收又是国家主权的体现。为了平衡国家主权和外国投资者的利益,国际法上对国有化或征收限定了如下条件:国有化或征收应基于公共目的;以非歧视的方式进行;通过正当法律程序;给予补偿。①

经过"二战"后的国有化浪潮后,国家通过国有化或征收措施来直接取得外国投资所有权的做法已经很少见了。与此同时,间接征收(indirect expropriation)开始为国际社会所关注。在间接征收的做法下,尽管国家并没有取得外国投资的使用权或将其占有,但具有与直接征收类似或等同的效果。② 间接征收问题的出现有这样两方面的因素:一是国际投资条约注重保护外国投资者的权利,他们能够直接挑战东道国的行为;二是国家对经济的干预越来越频繁,且国家的管制措施对私人投资者的经济利益产生了负面影响。③

不过,间接征收的认定远比直接征收复杂,一个突出的问题是如何划清间接征收与规制权之间的界限。理论上讲,国家出于公共目的或利益而采取的规制措施,是国家主权和职能的体现。尽管这些措施会影响外国投资者的利益,但原则上不构成征收,也不需要给予补偿。Saluka 案的仲裁庭指出:国际法承认国家无须对外国投资者补偿,如果国家正常行使其规制权力并善意和非歧视地为实现公共福利而采取措施。④ 与之相对,对外国人财产的征收原则是需要补偿的。⑤

---

① UNCTAD, *Expropriation*, UNCTAD Series on Issues in International Investment Agreement II, 2012, p. 1.

② UNCTAD, *Expropriation*, p. 12.

③ UNCTAD, *Expropriation*, p. 2.

④ Saluka v. the Czech Republic, UNCITRAL Arbitration, Partial Award, 17 March 2006, para. 255.

⑤ 国际投资协定并没有针对间接征收规定有别于直接征收的补偿规则。不过,在理论上对间接征收的补偿标准存在三种学说。参见蔡从燕、李尊然:《国际投资法上的间接征收问题》,法律出版社 2015 年版,第 52 ~ 56 页。

从国际投资协定的实践来看,一般都明确国家规制措施原则上不属于间接征收。[①]为了进一步界定国家规制措施和间接征收的界限,一些国家也在其投资协定或范本中专门通过关于征收的附件来做进一步说明。以美国2012年BIT范本为例,在关于征收的附件中,认定间接征收应基于个案的事实进行审查,并考虑如下因素:(1)政府措施的经济影响,但是只是因为政府措施对投资的价值造成了负面影响本身不足以认定其构成间接征收;(2)政府措施对明确的投资合理预期的干预程度;(3)政府措施的特征。此外,除了极其特殊的情况以外,政府基于保护公众健康、公共安全或环境的合法目的而采取的非歧视规制措施不构成间接征收。这也为现实中的国际投资协定所借鉴。[②]

(二)采取必要的规制措施

国际投资协定的一般例外条款要求缔约方所采取的规制措施应当是为维护公共利益所必要(necessary)的。这涉及两个问题,一是该措施是否为必要的,由谁来判定?二是判定措施是否为必要的要素是什么?

1. 自行判定和非自行判定的区分

如果例外条款中有“缔约方认为必要的措施”的表述,理论上可将其归入自行判定的类型(self-judging);如果没有“缔约方认为必要的措施”的表述,则为非自行判定(non self-judging)的类型。

以安全例外为例,阿根廷-美国BIT第11条由于没有缔约方认为必要的表述,仲裁庭认为属于非自行判断的条款。缔约方可

---

① 比如,哥伦比亚和印度2009年的BIT第6.2条c项规定:缔约方基于保护公共健康、安全和环境等目的而采取的非歧视规制措施并不构成国有化或征收;在极其特殊的情况下,除非这些措施如此严厉以至于不能够被合理地认为是基于为实现其目标而善意实施的。

② 比如,我国和新西兰2008年的自由贸易协定关于征收的附件(附件13)也有类似的规定。

以援引该条进行抗辩时，仲裁庭也有权审查缔约方的措施。[①] 不过，也有观点认为安全例外条款在本质上属于自行判定条款，仲裁庭没有考虑缔约方的真实意图：国家安全直接关系一个国家的主权和利益，从缔约方的真实意图看，很难认定缔约方会将如此重大的事项交由第三方来审查。是否危及国家安全也只有当事国自己最清楚，当事国应最有权根据自己的判断来采取其认为必要措施，这不应属于第三方判断的事项。置身事外的当事方事后所做的任何判断都无法取代当事国在紧急情况时的判断和决策。[②] 在实践中，出于澄清缔约方意图的考虑，美国2004年的BIT范本第18条增加了"缔约方认为"(it considers)的措辞。[③] 美国2012年的BIT范本第18条也维持了这样的表述。

不过，即使是自行判定的安全例外条款，仲裁庭也有审查缔约方措施的理由。[④] 首先，虽然安全问题具有一定的政治性(political nature)且一国对其安全利益有自身的判定，但国际法庭(如国际法院、欧盟法院和欧洲人权法院)并不认为这会构成它们行使涉及安全利益的案件的管辖权的法律障碍。其次，根据《维也纳条约法公约》第26条，缔约方应当善意(good faith)履行条约义务，仲裁庭应有权审查缔约方的措施是否符合这一要求。最后，这也是平衡投资者保护和国家自由行动的需要。

上述讨论也适用于一般例外条款。虽然一般例外条款适用的情形与安全例外不同，但安全利益和保护公共道德、公共健康和环境都关乎国家利益，而且各国之间的情况也是不同的。因此，除非在协定中明确规定了相应的核准程序或明确排除了不能采取某些

---

① 参见CMS案裁决第373段以及LG&E案裁决第212段。

② 参见余劲松：《国际投资法》(第4版)，法律出版社2014年版，第258页。

③ 其条文为：本协定不能解释为排除任何缔约方为履行与维护或恢复国际和平与安全的义务相关，或与保护其自身根本安全利益相关而采取其认为必要的措施。

④ William W. Burke-White and Andreas Von Staden, "Investment Protection in Extraordinary Times: The Interpretation and Application of Non-Precluded Measures Provisions in Bilateral Investment Treaties", (2008) 48 *Virginia Journal of International* 307, pp. 377 - 379.

措施,[①]缔约方应是其自身公共利益的判定者。当然,为了明确缔约方的规制权,在一般例外条款中加入“缔约方认为必要”的表述也是可取的。不过,即使是自行判定的一般例外条款,也不能完全排除仲裁庭对缔约方规制措施的审查,除非投资协定将此类争议明确排除适用 ISDS 机制,但国际投资协定一般并不采用这种做法。[②] 如果仲裁庭不能审查缔约方的规制措施,也会产生缔约方滥用一般例外而规避投资协定义务的情况。事实上,借鉴 GATT 第 20 条和 GATS 第 14 条的国际投资协定的一般例外条款也要求缔约方的措施应当是为维护公共理由所必要的,也不能在情形类似的缔约方、缔约方的投资者或投资者的投资之间构成任意或不合理歧视的手段,或构成对任何一方的投资者或其设立的投资的变相限制。因此,问题的关键在于,仲裁庭不能代替缔约方决定采取何种措施,但仲裁庭有权裁定缔约方的措施是否符合协定所规定的采取规制措施的要件。

2. 何为“必要”的措施

既然缔约方的规制措施与公共利益相关,仲裁庭就需要审查缔约方援引一般例外条款时是否存在真正的公共利益。在 ADC v. Hungary 案中,该案涉及匈牙利和塞浦路斯 BIT 第 4 条(征收)的适用,该条设立的征收的要件之一为基于公共利益(public interest)。仲裁庭指出,满足公共利益的要件需要存在真正的公共利益(genuine interest of the public)。如果只是提及“公共利益”就能神奇地满足“公共利益”要件要求的话,BIT 的这一规定就没有

---

① 以《国际货币基金协定》为例。接受《国际货币基金协定》第 8 条义务的成员国未经国际货币基金组织批准,不得限制经常性国际交易的支付与转移的义务。

② 以 CETA 为例,根据其第 8.18 条,ISDS 机制适用于缔约一方的投资者主张另一缔约方违反如下义务的争议:(1)在投资的扩展、经营和投资的处置等方面违反投资非歧视待遇;(2)违反投资保护义务条款且投资者遭受损失的情况。因此,CETA 中的 ISDS 机制并非适用于涉及协定所有条款的争议,比如投资者不能就其投资未获得市场准入而产生的争端而适用 ISDS 机制。但是,投资者认为东道国以一般例外为理由采取的规制措施实质上违反了投资待遇和保护义务时,仍可诉诸 ISDS 来解决。

意义了。[①]虽然一般例外和征收分别为投资协定的两个不同的条款,但二者都存在"公共利益"的要件,ADC 案仲裁庭的观点也同样适用于一般例外条款。作为投资协定一般例外条款模型的 GATT 第 20 条和 GATS 第 14 条也是如此。在中国出版物和音像制品案中,该案的专家组指出 WTO 成员以 GATT 第 20 条(a)项的公共道德为理由采取背离 GATT 义务的措施应当是"必要"(necessary)的。对于中国管制出版物和音像制品进口和销售的措施,专家组采取了三个步骤来审查是否为必要的。首先,专家组考察了中国采取的措施和声称的措施目标之间的关系(通过避免含有禁止性内容的出版物在中国境内销售来保护公共道德)。其次,专家组分析了措施目标的重要性和中国措施的保护水平。最后,专家组对中国采取的背离其义务的各项措施进行了如下分析:措施对实现所追求的目标所做的贡献;措施对贸易的限制性影响;"贡献程度""限制性影响"和"保护公共道德属于非常重要的政府利益及中国采取了高水平保护的事实"三个因素之间的权衡和平衡(weighing and balancing)。[②]

不过,在审查其成员的措施是否为必要时,GATT/WTO 的案例还会考查是否存在其他限制性影响更小的替代措施。关贸总协定时期的泰国香烟案就是一个例子。虽然专家组认为采取减少香烟消费的措施符合 GATT 第 20 条(b)项下保护人民健康的目标,但仍裁定泰国实际采用的限制香烟进口许可证方法的做法并非属于第 20 条(b)项要求的"必要措施",因为还有其他与总协定义务并不抵触的替代方案(如调节香烟的销售价格)。[③] 在中国出版物

① ADC Affiliate Limited and ADC & ADMC Management Limited v. The Republic of Hungary, ICSID Case No. ARB/03/16, Award of the Tribunal, October 2, 2006, para. 432.

② China-Measures Affecting Trading Rights and Distribution Services for Certain Publictions and Audiovisual Entertainment Productions, Report of the Panel, WT/DS363/R, 12 August 2009, paras. 7.751 - 7.793, 7.828.

③ Thailand-Restrictions on Importation of and Internal Taxes on Cigarettes, Report of the Panel adopted on 7 November 1990, DS10/R - 37S/200.

和音像制品案中,上诉机构也认为,当 WTO 成员采取限制非常严格的措施时,应确保该措施是仔细设计的,并结合其他相关因素确认实施该措施的必要性是大于(outweigh)措施所带来的限制性影响的。[①]

WTO 争端解决机构采用的上述做法,在理论上也被称为"相称"(proportionality)或"比例"原则。相称原则源于国内行政法和宪法,也为国际法院、欧盟法院等机构所采用。[②] 有观点认为,相称性的评估至少涉及三个步骤:首先,仲裁庭应审查相关措施是否与其设定的目标或公共利益相关;其次,审查是否存在限制更小的措施(less restrictive means,LRM);最后,审查措施是否符合相称性,即措施所带来的成本是否过度或与目标要实现的利益是否相称。[③] 在实践中,有的国际投资的案例也采用了类似的做法。比如,在 Tecmed 案中,仲裁庭指出,要根据相称原则来审查东道国的措施是否在保护投资者利益和维护东道国公共利益之间是适当的。[④] 在 Continental 案中,仲裁庭认为阿根廷 - 美国 BIT 第 11 条来源于美国友好通商航海条约(FCN)范本,而这样的条款在 1947 年 GATT 第 20 条也有体现,因此参考 GATT/WTO 的案例更合适。[⑤]

理论上讲,国际投资领域采用相称原则来审查缔约方的规制

---

① China-Measures Affecting Trading Rights and Distribution Services for Certain Publictions and Audiovisual Entertainment Productions, Report of the Appellate Body, WT/DS363/AB/R,21 December 2009,para. 310.

② Benedict Kinsbury and Stephan Schill, "Public Law Concepts to Balance Investors' Rights with State Regulatory Actions in the Public Interest-the Concept of Proportionality", in Stephan Schill(ed.), *International Investment Law and Comparative Public Law*, Oxford:Oxford University Press,2010,pp. 80 – 85.

③ Jürgen Kurtz,"Adjudging the Exceptional at International Investment Law",(2010)59 *International and Comparative Law Quarterly* 325,p. 366.

④ Technicas Medioambientales Tecmed S. A. v. The United Mexican States, ICSID Case No. ARB(AF)/00/2, Award, May 29,2003, para. 122.

⑤ Continental Casualty Co. v. Argentine Republic, ICSID Case No. ARB/03/9, Award, 5 September,2008, para. 192.

措施是否必要并无不当。缔约方的规制措施属于公法性质的。既然在国内法律制度中能够进行司法审查,那么 ISDS 机制下的仲裁庭也不应存在理论上的例外。不过,在贸易领域考查是否存在对贸易限制效果更小的措施要相对容易。就 GATT/WTO 的理念来讲,关税措施要比数量限制的影响更小。① 但是,在投资领域,要确定对投资限制效果更小的措施则相对困难。如果缔约方的规制措施是普遍适用而非针对特定行业的,其对不同行业或投资者的影响也会不同。即使规制措施只影响某些行业的外国投资者,且投资者因规制措施受到的影响容易计算出来(如对其利润和预期利润的影响和测算),但公共利益却是难以量化或通过金钱价值来衡量的。此外,缔约方可以采取的规制措施即便存在多个选项,但具体选择哪种措施以及哪种一定会奏效,缔约方在决策时并不是能够很容易做出判断的。在措施的选择方面,不同国家以及国际组织也会有不同的观点。比如,在东南亚金融危机时,泰国执行了国际货币基金组织的救助方案(包括实行紧缩的货币和财政政策),但付出了两年紧缩和 GDP 下降近 35% 的代价。2003 年的独立评估办公室对国际货币基金组织在应对印尼、韩国和巴西资本危机的方案的评估报告也指出,国际货币基金组织虽然认识到了银行部门的脆弱性,但低估了其严重性及可能导致的宏观经济风险。②

因此,在投资领域审查是否存在限制更小的措施并不能作为一个不可或缺的条件,而是应当根据缔约方所追求的目标来衡量,也不应以事后的效果作为评判是否相称的唯一指标。相称审查应

① 理论上讲,关税和数量限制都具有阻碍国际贸易的壁垒作用。但相比之下,关税具有透明度,能清楚地反映保护的程度,并且允许产品的竞争,有利于最有效的生产者的产品的进入。但是,最有竞争力的产品却不一定会得到配额或许可证。事实上,许可证或配额等方式还会产生腐败。此外,GATT/WTO 作为关税减让的谈判场所,关税水平通过减让谈判得以降低并通过最惠国待遇原则多边化。因此,GATT 第 11 条将取消数量限制作为一个基本原则进行了规定。

② 参见[马来西亚]沈联涛:《十年轮回:从亚洲到全球的金融危机》,杨宇光、刘敬国译,上海远东出版社 2009 年版,第 110 ~ 113、142 页。

当关注的是缔约方做出的决策是否符合了正当法律程序,以及结合下面将要讨论的另一个条件,即是否构成了不符合投资协定义务的对外国投资者的歧视或是伪装的投资限制。

(三)非歧视的规制措施

从 GATT/WTO 的实践来看,WTO 成员援引 GATT 第 20 条或 GATS 第 14 条时,其采取的措施还应当符合这两条句首的要求,即不在情况相同的国家之间构成武断或不合理的歧视手段或成为对国际贸易的伪装的限制。上诉机构在美国汽油案中指出:为了适用 GATT 第 20 条,相关措施必须属于(a)~(j)项的情形,同时满足该条句首的条件。① 在美国虾案中,上诉机构也指出:第 20 条句首是为了防止 WTO 成员滥用该条的例外。②

对于借鉴 GATT 第 20 条和 GATS 第 14 条的国际投资协定的一般例外条款来讲,在审查缔约方的规制措施时,显然也要进行类似的分析。不过,WTO 关于认定其成员的措施是否为 GATT 第 20 条和 GATS 第 14 条句首所不允许的歧视或伪装的限制的实践并不当然能够适用于国际投资协定。一方面,WTO 体制和国际投资协定适用的对象不同,前者适用于产品,后者适用于投资者及其投资。另一方面,国际投资协定的一般例外条款以及协定的体例结构也是与 WTO 不同的。在国际投资的实践中,虽然还没有适用一般条款的案例,但有的仲裁庭在涉及投资协定其他条款的案件中也拒绝适用 WTO 的案例。Occidental 的仲裁庭指出,WTO 案例涉及相同产品(like product),而 BIT 中强调的是"类似情况(in like situations)",不能同等对待。Methanex 案的仲裁庭逐条分析了 NAFTA 各章的条文,并与 WTO 的用语相比较,得出的结论

---

① United States—Standards for Reformulated and Conventional Gasoline, Report of the Appellate Body, WT/DS2/AB/R, 29 April 1996, p. 22.

② United States-Import Prohibition of Certain Shrimp and Shrimp Products, Report of the Appellate Body, WT/DS58/AB/R, 12 October 1998, para. 120.

是NAFTA各章用语与WTO非常类似,但唯独第11章(投资)不同。仲裁庭认为这是NAFTA的缔约方有意为之,故对第11章提及的类似情况做有别于WTO的自主的解释。①

此外,国际投资协定的一般例外条款是缔约方偏离协定所有义务的法律依据,当然也包括投资协定下的最惠国待遇、国民待遇和公正与公平待遇等条款下的义务。这些投资待遇条款一般没有各自的例外规定,或者例外规定不涉及一般例外条款下的公共利益的情况。② 在缔约方的规制措施影响到投资者的待遇时,也应以审查缔约方的措施是否违反了这些待遇条款为适用一般例外条款的前提。因此,相关投资待遇条款中的歧视的理解对于适用一般例外条款也是有关联的。

三、一般例外条款作用之实现:ISDS机制的改革

需要指出的是,一般例外条款是否能够起到维护缔约方规制权的作用,还有待实践的检验,或者说要看ISDS机制下的仲裁庭如何适用和解释一般例外条款。迄今为止,尚未有关于一般例外条款的案件。不过,既有的一些案例表明,现行ISDS机制存在着一些问题。尽管相关案例尚未涉及一般例外条款,但现行ISDS机制的问题是具有共性的,也会影响到一般例外条款的解释与适用。因此,为了维护缔约方的规制权,也需要考虑对现行ISDS机制进行改革。

---

① 参见单文华、[美]娜拉-伽拉赫:《中外投资条约研究》,魏艳茹、李庆灵译,法律出版社2015年版,第171页。

② 以我国和德国的BIT第3条为例,前3款分别是关于公正与公平待遇、国民待遇和最惠国待遇的规定,第4款则指出,该条第1~3款所述的待遇,不应解释为缔约一方有义务将由下列原因产生的待遇、优惠或特权给予缔约另一方投资者:(1)任何现存或将来的关税同盟、自由贸易区、经济联盟以及共同市场的成员;(2)任何双重征税协定或其他有关税收问题的协定。

(一)现行 ISDS 机制的问题

客观地讲,ISDS 机制通过排除投资者本国政府的介入,具有使投资争议的解决非政治化的作用。[①] 不过,近年来 ISDS 机制招致了一些批评。个别国家甚至采取了退出《华盛顿公约》或者在投资协定中不规定 ISDS 机制的做法。[②]

对于 ISDS 机制(特别是仲裁方式)的批评主要集中在如下几个方面:

首先,东道国的规制权受到了限制。这种观点认为:国际仲裁给予了外国投资者在东道国司法体系之外挑战东道国措施或决定的渠道,如果东道国规制社会经济活动的措施或决定被裁定违反了投资协定,东道国的规制权就被剥夺了。[③]

其次,即使是同一个投资协定,不同的仲裁庭也会对相同的条款做出不同的解释,或者基于相同的事实得出不同的结论。这就导致了投资协定条款解释的不确定性,也无法为将来的案件中适用这些协定提供可预见性。[④] 譬如,在阿根廷经济危机所引发的一系列仲裁案中,阿根廷以其与美国之间的 BIT 第 11 条的安全例外作为其采取的一系列措施的抗辩。CMS 案的仲裁庭认为,阿根

---

① 在历史上,主要为发达国家及其投资者寻求使用来解决投资者与东道国之间的投资争议方法,有外交保护和外国法院诉讼。外交保护是投资者母国出面解决投资者与东道国争端的做法。外国法院诉讼则是由投资者在东道国以外的法院对东道国提起诉讼。发达国家及其投资者对这两种方法的滥用,遭到发展中国家的普遍反对。参见余劲松:《国际投资法》(第 4 版),法律出版社 2014 年版,第 375、406 ~ 416 页。

② 例如,玻利维亚、厄瓜多尔和委内瑞拉退出了《华盛顿公约》。澳大利亚和新西兰的更紧密经济关系贸易协定的投资议定书没有规定投资者—东道国争端解决机制。参见王彦志:《投资者与国家间投资争端仲裁机制的废除:国际实践与中国立场》,载中国国际法学会主办:《中国国际法年刊》(2012),法律出版社 2013 年版,第 455 ~ 489 页。

③ Reinhard Quick, "Why TTIP Should Have an Investment Chapter Including ISDS", (2015) 49 *Journal of World Trade* 199, p. 200.

④ UNCTAD, *Reform of Investor-State Dispute Settlement: In Search of a Roadmap*, IIA Issues Note, No. 2, June 2013, p. 3.

廷虽然陷入了经济危机,但并未出现经济和社会全面崩溃的局面,因此不能援引第 11 条免责,应给予外国投资者补偿。[①] 但是,LG&E 案的仲裁庭则认为阿根廷在 2001 年 12 月 ~ 2003 年 4 月的经济状况已经导致了最高程度的社会秩序混乱并威胁到了阿根廷的根本安全利益,阿根廷可根据第 11 条免责,无须对投资者予以补偿。[②]

最后,仲裁缺乏透明度和上诉机制。大多数的仲裁是不公开审理的。尽管 ICSID 公布了大多数裁决,但也没有公开所有的裁决和当事人的陈述。尽管 ICSID 有仲裁撤销程序,但适用范围有限。ICSID 的撤销委员会也面临无法撤销或纠正裁决的情况,即使其认为仲裁裁决存在明显的法律错误。[③] 而且,撤销委员会同

---

① CMS Gas Transmission Company v. Argentine Republic, ICSID Case No. ARB/01/8, Award of the Tribunal(12 May 2005), paras. 281, 355, 468, 469, 471.

② LG & E Energy Corp., LG&E Capital Corp. and LG & E International Inc. v. Argentine Republic, ICSID Case No. ARB/02/1, Decision on Liability(3 October 2006), paras. 229 – 238.

③ 《华盛顿公约》第 52 条第 1 款规定,任何一方当事人可基于下列一个或几个理由向秘书长提出书面申请,要求撤销仲裁裁决:(1)仲裁庭的组成不适当;(2)仲裁庭明显超越其权限;(3)仲裁庭成员存在腐败行为;(4)严重违背仲裁基本程序;(5)裁决未陈述其所依据的理由。在 CMS 案中,仲裁庭还根据联合国国际法委员会编撰的国家对国际不法行为的责任条款(Articles on Responsibility of States for Internationally Wrongful Act)来审查阿根廷的相关措施是否满足了该条款第 25 条的要件。第 25 条第 1 款规定:一国不得援引危机情况作为排除其不符国际法义务的不法行为的理由,除非:(1)该国的根本安全利益面临严重和迫在眉睫的危险,而该国采取的行为是保障其根本安全利益所唯一可行的方法;(2)该国的行为并不严重损害该国负有的义务的国家或国际社会的根本利益。该条第 2 款还规定:在任何情况下,一国不得援引危机情况作为排除其不法行为的理由,如果(1)该国承担的国际义务排除其援引危机情况的可能性;或(2)该国自身的行为导致了危机情况。仲裁庭认为阿根廷应对金融危机的措施并非唯一的方案,而是有替代方案的。因此,第 25 条关于措施"唯一"性的要求意味着阿根廷无法根据第 11 条的安全例外免责。不过,CMS 案的撤销委员会认为仲裁庭的解释存在法律错误:阿根廷 – 美国 BIT 第 11 条和责任条款第 25 条是不同的,CMS 案的仲裁庭应对此进行分析并决定二者是否都能够适用于本案,而不是简单假定就是同等适用的。但是,撤销委员会认为仲裁庭没有明显越权而没有撤销该裁决。See CMS Gas Transmission Company v. The Republic of Argentina, ICSID Case No. ARB/01/8, Decision of the ad hoc Committee on the application for annulment, 25 September 2007, paras. 97, 127, 129 – 131, 136, 150, 157 – 159.

仲裁庭一样,是针对个案临时设立的,也可能存在结论不一致的情况。①

如何看待针对 ISDS 机制的上述批评呢?

首先,不能因为仲裁庭可以审查东道国的措施就认为其规制权当然受到了限制。缔约方在投资协定中写入 ISDS 机制是自我行使主权的体现。投资协定如果存在 ISDS 机制,缔约方就应当遵守,这也是国际法的基本原则。从国际实践来看,由独立的第三方来审查一国措施的争端解决机制并不罕见。一个典型的例子就是 WTO 的争端解决机制。

其次,也不能只因为裁决东道国违反投资义务就当然认为东道国的规制权受到了限制。如果东道国的做法确实违背了条约义务,仲裁庭裁决东道国败诉恰恰是为了实现投资协定保护外国投资者的目的。还应当看到,也存在仲裁庭裁决投资者主张不能成立的情况。根据联合国贸发会(UNCTAD)的统计,政府胜诉的案件仍占多数。② 再以美国为例,在过去 30 多年,美国在 ISDS 机制下没有输掉过一起案件。③ 在欧盟委员会看来,ISDS 机制具有保护外国投资者免受东道国的歧视或不公平待遇的作用。在某些情况下,投资者通过东道国的司法体系取得救济可能并不容易。④此时,ISDS 机制对投资者就非常重要。缺乏 ISDS 机制的投资协

① UNCTAD, *Reform of Investor-State Dispute Settlement: In Search of a Roadmap*, p. 4.

② 根据 UNCTAD 统计,截至 2014 年结案的通过投资者—东道国争端解决机制处理的 356 个案件中,37% 的案件(132 个)东道国胜诉,25% 的案件(87 个)投资者胜诉。参见 UNCTAD, *Recent Trends in IIAs and ISDS*, IIA Issues Note, No. 1, February 2015, p. 8。

③ US Chamber of Commerce, "13 Myths About Investment Agreements and Investor-State Dispute Settlement(ISDS)", https://www.uschamber.com/sites/default/files/13_myths_about_investment_agreements_and_isds.pdf(last visited on February 15, 2017).

④ 比如,东道国司法系统对外国投资者存在偏见,或者法院拒绝审理外国投资者与本国政府之间的征收争议。当东道国没有把投资协定转化为国内法时,东道国法院即使受理投资者的起诉,投资者也可能无法在国内法院中主张适用投资协定。See European Commission, *Incorrect Claims about Investor-State Dispute Settlement*, 3 October 2013.

定将使得东道国的投资环境缺少竞争力。[①]

不过,仲裁裁决的不一致以及 ISDS 机制缺乏透明度和上诉审查机制等问题则是毋庸置疑的,但这些问题是可以通过改进 ISDS 机制来解决的。比如,国际投资协定加强了 ISDS 程序透明度的要求。[②] 此外,国际投资协定还强调了缔约方可做出约束仲裁庭的解释。CETA 也建立了全新的国际投资法庭机制(包括上诉法庭)。下面就这两个问题做进一步阐述。

(二)缔约方做出约束仲裁庭的解释

在外国投资者和东道国产生争议并诉诸 ISDS 机制的仲裁时,协定条款的解释至关重要。国际投资协定属于国际条约。《维也纳条约法公约》第 31 条、第 32 条作为条约解释的最重要的规则,也为仲裁庭所使用。[③] 国际投资协定关于 ISDS 机制的协定部分也会明确规定仲裁庭应适用的准据法。[④] 此外,国际投资协定还规定缔约方对协定的解释对于 ISDS 下的仲裁庭具有约束力。[⑤] 不过,国际投资协定的缔约方具有双重身份:一方面缔约方是投资

---

① European Commission Communication, *Towards a Comprehensive European International Investment Policy*, (COM)2010, 343 final.

② 比如,CETA 第 8.36 条的标题即为程序的透明度。该条第 1 款明确规定《联合国贸易法委员会投资人与国家间基于条约仲裁透明度规则》(UNCITRAL Rules on Transparency in Treaty-based Investor-State Arbitration)将适用于 CETA 下的争端解决程序,强调了 ISDS 机制的透明度:案件的所有文件(当事人的陈述、裁决等)原则上都将在联合国网站上公开,案件的听证原则上对公众开放,非政府组织和工会也可提交意见。

③ Dolzer and Schreuer, pp. 28 – 31.

④ 比如,我国和加拿大的 BIT 第 30 条第 1 款规定,依据本部分设立的仲裁庭应根据本协定、可适用的国际法规则处理争端涉及的问题,在适当时,仲裁庭应考虑东道国缔约方的法律。CETA 第 8.31 条第 1 款明确规定要根据《维也纳条约法公约》和其他适用于缔约方的国际法规则和原则来解释协定,第 2 款则不允许争端解决机构审查缔约方的措施在其国内法下的效力。

⑤ 比如,CETA 第 8.31 条第 3 款还规定,当协定的解释将引起严重关切时,CETA 下的服务和投资委员会可建议联合委员会做出解释。联合委员会关于协定的解释对法庭具有约束力。

协定的主体;另一方面,缔约方也会成为与投资者争端的当事方。那么,当一个缔约方与投资者产生争端时,其与其他缔约方共同作出的解释如果约束仲裁庭的话,是否存在利益冲突?缔约方的解释是否具有溯及既往的效力?NAFTA 有关案件在这方面的实践就反映了这一问题。

NAFTA 第 1131 条第 2 款规定,NAFTA 下设立的自由贸易委员会对协定条款的解释对于仲裁庭具有约束力。NFATA 的自由贸易委员会在 2001 年对该协定第 1105 条第 1 款的含义进行了解释。NAFTA 第 1105 条第 1 款规定:各缔约方应根据国际法,给予另一缔约方投资者投资的相应待遇,包括公正和公平的待遇以及全面保护和安全。自由贸易委员会认为:[①]该款中对另一缔约方投资者投资的待遇是指根据习惯国际法而给予外国人的最低待遇标准;"公正与公平"和"全面保护与安全"的概念并不要求给予超出习惯国际法给予外国人的最低待遇标准;缔约方违反 NAFTA 其他条款或另一独立的国际协定义务,并不能用于确定缔约方违反了第 1105 条第 1 款。

当该解释做出时,已经有几个案件在审理中。在 Pope & Talbot 案中,由于仲裁庭在解释之前业已做出了中期裁定,因而其通过与加拿大和其他 NAFTA 缔约方的换文表达了该解释追溯适用中期裁定所涉及的正当程序问题的考虑。尽管投资者还认为自由贸易委员会的解释事实上构成了协定的修改,仲裁庭也对此表示了同情,但还是接受了自由贸易委员会的解释。不过,由于仲裁庭最终认定加拿大违反了 NAFTA 的义务,也就没有对解释是否溯及既往的效力问题作出回答。在 ADF 案中,仲裁庭也接受了自由贸易委员会的解释,并认为该解释并不构成协定的修改,其理由为 NAFTA 的缔约方(包括该案的被诉方)没有提交任何构成修改

① NAFTA Free Trade Commission, "Notes of Interpretation of Certain Chapter 11 Provisions", July 31, 2001, http://www.naftaclaims.com/commissionfiles/NAFTA_Comm_1105_Transparency.pdf (last visited on February 15, 2017).

的文件。[①]

虽然 NAFTA 相关案件的仲裁庭接受了自由贸易委员会的解释,但前述提及的问题仲裁庭并没有做出直接回应。虽然缔约方做出对仲裁庭有约束力的解释具有澄清协定条款含义的作用,但缔约方使用起来也应当慎重。由于国际投资协定涉及投资者的权益,缔约方的解释不能减损投资者业已根据协定取得的权益,也不应违背正当程序。例如,《欧盟 - 新加坡自由贸易协定》就规定在最终裁决尚未作出,但仲裁庭已经在考虑条约条款的解释时,需要对服务、投资和政府采购委员会提出条约解释建议实施必要的限制。[②] 再如,CETA 第 8.31 条第 3 款也规定,联合委员会可决定其解释产生约束力的特定日期。此外,根据 ISDS 机制成立仲裁庭之前,一般也有投资者和东道国进行磋商的程序。[③] 在磋商阶段,根据磋商的进展情况(如能否通过磋商解决争议),缔约方是可以考虑就相关条款寻求做出解释的。如果将缔约方之间做出解释的时间限定在仲裁庭组成之前或仲裁程序开始之前的话,可能更为公正。[④] 还需要指出的是,缔约方的解释不能取代仲裁庭的职责。作为公正处理争端的机构,仲裁庭也不能完全为缔约方所控制。

---

① UNCTAD, *Interpretation of IIAs: What States Can Do?*, IIA Issue Note, No. 3, December 2011, p. 13.

② 参见张生:《国际投资法制框架下的缔约方解释研究》,载《现代法学》2015 年第 6 期。

③ 比如,我国和加拿大的 BIT 第 21 条规定了提请仲裁的前提条件,其中之一为:在争端投资者将诉请提请仲裁之前,争端各方应首先进行磋商,以求友好解决诉请。除非争端各方另有约定,磋商应在诉请提请仲裁的意向通知提交后的 30 日内进行。

④ 在这方面,国际投资协定关于税收争议提交 ISDS 仲裁的做法也是一个类似的例子。虽然国际投资协定的税收例外条款原则上排除适用于缔约方的税收措施,但也规定在特定情况下投资协定的相关条款(如征收)仍适用于税收措施。这是为了防止缔约方滥用税收例外条款从而借助税收方式实施征收(包括间接征收)的行为。不过,当投资者将此类税收争端诉诸 ISDS 的仲裁时,国际投资协定一般设置了前置程序。比如,美国 2012 年 BIT 范本第 21 条规定,投资者诉诸 ISDS 机制的仲裁来处理涉及征收的税收措施之前,应先将该争议提交缔约双方税收主管当局。如果缔约双方税收主管当局未能在 180 天内就该税收措施不构成征收达成一致,仲裁程序才能启动。

由于缔约方的解释需要在达成一致的条件下做出,如果缔约方未能就相关协定条款做出解释,仲裁庭也有权自行解释。[①]事实上,缔约方之间达成一致做出解释,也在一定程度上对保护投资者的利益具有保障作用。在非争议当事国的缔约方对采取规制措施的缔约方的做法有不同意见时,各缔约方之间可能也不会就条款的解释达成一致。不过,不论缔约方之间是否会就相关条款做出解释,彼此都需要了解对方的规制措施。一个缔约方也会关注另一缔约方是否履行了条约义务,而且国际投资协定中还有缔约方间的争端解决机制。[②] 为此,一般例外条款的设计还可参考韩国与日本的 BIT 第 16 条的做法。该条要求缔约方采取规制措施时应通知对方,并告知采取措施的目的和法律依据等事项。[③] 这样的规定能够避免缔约方滥用例外而在采取措施之后寻找理由,也能够促使缔约方在采取措施之前评估是否是为了应对危机情况所必须的。[④]

(三) CETA 的国际投资法庭方案

2015 年 9 月 16 日,欧盟还发布了国际投资法庭(Investment

---

① 比如,我国和加拿大的 BIT 第 30 条第 2 款还规定:如果争端缔约方提出抗辩,主张被诉违反的措施属于该 BIT 第 8 条第 1 款、第 2 款、第 3 款所规定之保留与例外,则应争端缔约方请求,仲裁庭应要求缔约双方对该问题作出解释。在请求送达后的 60 日内,缔约双方应向仲裁庭提交其共同书面解释。该解释应对仲裁庭具有约束力。若缔约双方未能在 60 日内提交解释,仲裁庭应对该问题进行裁决。

② 比如,我国和德国的 BIT 第 8 条为缔约方之间争议解决的规定。缔约双方对该协定的解释或适用所产生的争议,应尽可能通过外交途径协商解决。如果争议在六个月内未能协商解决,根据缔约任何一方的要求,可将争议提交专设仲裁庭解决。裁决是终局的,对缔约双方均有拘束力。

③ 韩国与日本的 BIT 第 16 条第 1 款规定了安全例外、公众健康和公共秩序例外;第 2 款要求缔约方不应滥用第 1 款的例外而规避协定义务;第 3 则要求缔约方根据第 1 款采取措施时,应在措施生效前或生效后尽快通知另一方,并说明措施适用的对象;与措施相关的协定条款和国内法依据;对该措施内容的详细说明;采取措施的目的。

④ Catherine H. Gibson, "Beyond Self-Judgement: Exceptions Clauses in US BITs", (2015) 38 *Fordham International Law Journal* 1, p. 50.

Court System)的方案,并纳入了 CETA 文本之中。CETA 设立了专门的初审法庭(Tribunal of First Instance)和常设上诉法庭(Appeal Tribunal)来审理投资者和东道国的投资纠纷,可以说是 ISDS 机制的一次革命。

投资法庭是比照国内法院和国际司法机构的模式设计的。投资法庭和上诉法庭的法官由缔约方任命。初审法庭由 15 名法官组成。5 名为欧盟成员国的国民,5 名为加拿大国民,其余 5 名为第三国国民。15 名法官应具有担任缔约方国内法官的资格,或是被认可的法学家,同时应具有国际公法、特别是国际贸易和投资争端解决的专业知识。① 初审法庭法官任期为 5 年并可连任一次。② 初审法庭案件的审理由 3 名法官负责,1 名来自欧盟成员国,1 名来自加拿大,1 名来自第三国。审理案件的法院不是由争端当事方选择,而是由初审法庭的主席任命。具体哪三位法官审理案件,以轮换为基础并确保具有随机性和不可预测性。③ 这与仲裁机制下投资者和东道国可选择仲裁员是截然不同的。

上诉法庭法官的人数 CETA 没有规定,而是由欧盟和加拿大组成的联合委员会来决定。上诉法庭审理对初审法庭裁决的上诉。上诉法庭审理案件的上诉由随机挑选的 3 位法官负责。④ 上诉法庭可以维持、修改或推翻初审法庭的裁决,上诉法庭的裁决是终局的。⑤

客观地讲,建立国际投资法庭的观点在欧盟的方案提出之前就已有理论上的讨论,⑥但欧盟则是首次将其付诸实践。

---

① 参见 CETA 第 8.27 条第 4 款。

② 参见 CETA 第 8.27 条第 5 款。不过,自 CETA 生效之日起,15 名初审法官中的 7 名的任期可延长到 6 年。

③ 参见 CETA 第 8.27 条第 7 款。

④ 参见 CETA 第 8.27 条第 7 款和第 5 款。

⑤ 参见 CETA 第 8.28 条第 2 款和第 9 款。

⑥ See Gus Van Harten, *Investment Treaty Arbitration and Public Law*, Oxford: Oxford University Press, 2007.

现行 ISDS 机制下的仲裁是参照传统的国际商事仲裁设计的,有的投资协定还直接选择了国际商事仲裁机构(如斯德哥尔摩商会、国际商会)进行仲裁。但是,投资者与国家之间的投资争端与一般的国际商事纠纷是不同的。国际商事纠纷当事人的地位是平等的,而投资者与东道国的投资纠纷则是国家行使公权力采取规制措施所导致的。在国内法中,这是能够通过司法审查来解决的。在国际层面借助商事仲裁的机制来处理投资者 - 国家投资争端并不妥当。欧盟的方案则是针对投资者 - 国家投资争端的特点而设计的。在欧盟委员会看来,由公正的法官通过透明和中立的程序审理案件符合投资者和东道国的利益。①

既然设立投资法庭,那么上诉机制也是不可或缺的。事实上,国际间针对政府规制措施的争端解决也有上诉机制的先例。最典型的就是 WTO 争端解决机制下的上诉机制,虽然 WTO 争端解决机制的设立并不冠以法庭的名称。理论上讲,在投资领域的 ISDS 机制中建立上诉机制,也能够避免目前仲裁机制下法律解释和裁决不一致的问题,也为纠正仲裁庭的法律错误提供了渠道。不过,WTO 争端解决机制(包括上诉机制)是以多边贸易体制为基础的,而投资领域并不存在多边实体规则。ICSID 秘书处在其 2004 年的一份文件中指出:各投资协定下都建立各自的上诉机构,可能出现各上诉机构对于法律解释不一致的情况,违背建立上诉机制设立的初衷。因此,该文件建议由 ICSID 设立统一的投资上诉机制,单一的上诉机制不仅可以提高仲裁裁决的一致性,还可以避免

① 比如,由于法官的薪酬由缔约方支付,因而争端解决的费用也比仲裁要少。法庭方案对于中小企业也是有利的。中小企业投资者更容易遭受东道国的歧视和不公正待遇,而投资者母国保护投资者的传统方式中(如外交保护和国家间争端解决机制)却并不经常用于保护中小企业。相比之下,在法庭方案下,中小企业投资者的救济路径是开放的。法庭方案下费用的降低对中小企业也是有利的。CETA 也明确了案件的审理期限(初审法庭和上诉法庭分别应当在 18 个月和 6 个月内作出裁判),而现行投资协定下的程序可能要持续 3 ~ 4 年。See European Commission Fact Sheet, *Why the New EU Proposal for an Investment Court System in TTIP is Beneficial to Both States and Investors*, 12 November 2015.

多个上诉机制可能造成的混乱。[①] 美国的 BIT 范本也体现了倾向于通过多边协定建立的上诉机制来审查协定仲裁的思路。[②] CETA 第 8.29 条也提出缔约方应与其他贸易伙伴一起努力建立多边的投资法庭和上诉机制。多边投资法庭和上诉机制的设想能否实现,取决于各方谈判和博弈的结果。不过,欧盟的实践毕竟提供了一个实验的路径,至少通过区域性投资上诉机制的建立而最终迈向多边上诉机制存在理论上的可能。如果 ISDS 机制的改进能够在吸引外资和维护国家规制权之间达成平衡,国际投资协定引入一般例外条款的目的就不会落空。

四、结　语

国际投资协定引入类似 GATT 第 20 条和/或 GATS 第 14 条的一般例外条款是国际投资法的发展趋势。GATT 第 20 条的主要款目是 20 世纪大量双边通商条约形成的习惯规则的表述,主要产生于 19 世纪欧洲各国关于海关卫生检疫的标准、由各国自订的传统和各国对本国自然资源保护的要求。[③] 迄今为止,虽然国际间已有一些环境等方面的公约,但各国有权制定自身立法的格局依然没有改变。GATT 1947 的第 20 条也没有因 WTO 的成立而

---

① ICSID Secretariat Discussion Paper, "Possible Improvements of the Framework for ICSID Arbitration", October 22, 2004, https://icsid. worldbank. org/apps/ICSIDWEB/resources/Documents/Possible% 20Improvements% 20of% 20the% 20Framework% 20of% 20ICSID% 20Arbitration. pdf(last visited on February 15, 2017).

② 美国 2004 年颁布的 BIT 范本第 28 条第 10 款提出:若对缔约双方生效的另一单独的多边协定建立了审查投资纠纷仲裁裁决的上诉机构,则缔约双方应当努力达成一致,允许该多边协定对缔约双方生效后启动的仲裁中,由该上诉机构审查根据本协定下作出的仲裁裁决。美国 2012 年的 BIT 范本第 28 条第 10 款也有类似表述,其条文是:若未来在其他制度安排中产生出审查投资者—国家争议解决仲裁庭裁决的上诉机制,缔约方应考虑该上诉机制是否适用于根据本协定作出的仲裁裁决。

③ 参见赵维田:《世界贸易组织(WTO)的法律制度》,吉林人民出版社 2000 年版,第 326 ~ 327 页。

发生变化。随着经济的发展,贸易和投资的联系日益密切,而产品的生产和使用都可能涉及环境和健康问题。因此,在维护缔约方基于公共健康和环境等公共利益而采取措施的规制权方面,贸易协定和投资协定是具有共同之处的。

需要指出的是,GATT 第 20 条和 GATS 第 14 条虽然允许 WTO 成员基于公共利益采取规制措施,但也设定了相应的条件。在 GATT/WTO 的实践中,少有争端能够真正援引一般例外条款而成功抗辩。但不能因此认为一般例外条款没有实际意义。事实上,在绝大多数争端中,被诉方的措施并不符合公共政策目的的要求;少数案件中,即使争议措施满足了公共政策目的要求,其实施方式也没有满足公正实施的要求。[①] 因此,对于借鉴 GATT 第 20 条和 GATS 第 14 条的国际投资协定的一般例外条款来讲,理论上也具有平衡规制权和保护外国投资的作用。不过,WTO 多边体制的运行与其争端解决机制是分不开的。相比之下,以双边协定为主的国际投资协定中的 ISDS 机制则存在一些问题。国际投资协定的一般例外条款要真正发挥作用,除了要注意条款本身的设计和解释外,也需要对现行 ISDS 机制进行完善。

本文对于一般条款的探讨原则上也适用于中国的情况。不过,中国签订的国际投资协定中的例外条款也可单独作为一个题目来研究。限于篇幅,本文在此做如下简要说明。

自 1982 年中国与瑞典签订第一个 BIT 以来,中国现行有效的 BIT 已达 104 个。[②] 此外,中国对外签订的自由贸易协定中也包含

---

① 参见韩立余:《世界贸易组织法》(第 3 版),中国人民大学出版社 2014 年版,第 20 页。

② 参见商务部条法司网站:http://tfs. mofcom. gov. cn/article/Nocategory/201111/20111107819474. shtml,最后访问日期:2015 年 2 月 15 日。需要指出的是,UNCTAD 网站(http://investmentpolicyhub. unctad. org/IIA/CountryBits/42#iiaInnerMenu)中也有我国对外签订的国际投资协定(包括 BIT 和包含投资内容的 FTA)的统计。不过,UNCTAD 网站把我国曾经签署但尚未生效和业已终止的 BIT 也包括在内了。

投资保护和投资促进的内容。[①] 中国的上述国际投资协定(特别是 BIT),也经历了不断发展的历程,[②]近年来的突出特点是进一步实现投资自由化,[③]并扩充了 ISDS 机制的争端范围。[④] 同时,中国的国际投资协定中也开始引入一般例外条款。但是,包含一般例外条款的国际投资协定仍然是少数。由于中国在国际投资协定的签署中是以继受国外(特别是发达国家)的实践为主,而国际间的投资协定引入一般例外条款的时间也不长,出现这样的情况也是能够理解的。中国一直是吸引外国直接投资的大国,近年来海外投资也发展迅速。作为资本输入国,随着中国经济的发展,中国也面临着产业的进一步升级换代,也面临着环境治理等问题。由于中国的一些投资协定中允许投资者诉诸国际仲裁的范围很宽,面临被诉的风险较大。[⑤] 因此,中国需要在投资协定中明确对规制权的维护并完善国际投资协定的例外条款,特别是对引入一般例外条款予以重视。从资本输出国的角度来讲,在投资协定中明确例外条款(包括一般例外条款)既是对东道国规制权的尊重,也有避免东道国滥用规制措施的作用。

---

① 比如,我国与巴基斯坦、新西兰、秘鲁、哥斯达黎加、澳大利亚等国的自由贸易协定中均有专门的“投资”章节。这些投资章节的内容与 BIT 类似。我国和东盟的自由贸易区采取了分别签订货物贸易协议、服务贸易协议和投资协议的做法。我国和冰岛的自由贸易协定第 8 章(投资)虽然没有类似于 BIT 的内容,但第 92 条规定:双方认识到 1994 年 3 月 31 日双方签署的《关于促进和相互保护投资协定》在为双边投资创造良好条件方面发挥的重要性及其对根据本协定建立的自由贸易区所作的贡献。此外,我国内地与香港地区和澳门地区的两个 CEPA 也有投资便利化的条款和附件。关于我国自由贸易协定的情况,参见中国自由贸易区服务网:http://fta.mofcom.gov.cn/,最后访问日期:2015 年 2 月 15 日。

② 比如,有学者将我国的 BIT 划分为三代:1982~1989 年间的 BIT 属于第一代;1990~1997 年的 BIT 为第二代;1998 年至今的为第三代。参见单文华、[美]娜拉-伽拉赫:《中外投资条约研究》,魏艳茹、李庆灵译,法律出版社 2015 年版,第 35~45 页。

③ 比如,我国和加拿大的 BIT 引入了准入前最惠国待遇。我国与美国的 BIT 谈判以准入前国民待遇+负面清单为基础。

④ 比如,根据我国和德国的 BIT 第 9 条,缔约一方与缔约另一方投资者之间就投资产生的任何争议,应尽可能由争议双方当事人友好解决。如争议自其被争议一方提出之日六个月内未能解决,应缔约另一方的投资者的请求,可以将争议提交仲裁。

⑤ 参见陈安主编:《国际投资法的新发展与中国双边投资条约的新实践》,复旦大学出版社 2007 年版,第 359~360 页。

还需要指出的是,作为世界主要经济体,中国对于国际投资规则不应仅仅停留在继受的阶段,也应当把握时机引领国际投资规则的制定。由于欧盟成员国是全球现行投资协定中差不多一半协定的缔约方,[①]中国可以中欧投资协定谈判为契机,与欧盟共同推出能够为国际社会所接受的方案。

On the General Exceptions Clause of International Investment Agreements

Zhang Zhiyong

Abstract: In order to safeguard the states' right of regulation, international investment agreement has begun to incorporate general exceptions clause similar to GATT Article XX and /or GATS Article XIV in recent years. However, the general exceptions clauses of international investment agreements are not identical to GATT Article XX and /or GATS Article XIV, and there are also differences in the general exceptions clauses in different international investment agreements. In order to achieve the objective of safeguarding the states' right of regulation, the contracting parties to the international investment agreements should not only improve the design and interpretation of the general exceptions clause, but also reform the existing investor-state dispute settlement mechanism.

Key Words: International Investment Agreements; General Exceptions Clause; the Right of regulation; Public Interest; Investor-State Dispute Settlement

---

① European Commission Concept Paper, *Investment in TTIP and Beyond—The Path for Reform. Enhancing the Right to Regulate and Moving from Current ad hoc Arbitration towards an Investment Court*, 5 May 2015.

自由贸易区协议下的环境争端解决机制

边永民*

摘要：在WTO多哈回合谈判进展缓慢的十几年里，自由贸易区协议得到快速发展，环境议题作为一个在WTO中仅有少量规定的领域，在自由贸易区协定下有了令人瞩目的发展。缔约方在环境合作领域的承诺已经超出了与贸易或投资直接相关的范围，而逐步引入了一些更纯粹的环境问题。这些承诺在执行中所可能引发的争议，有的并不适宜提交WTO或者自由贸易区协定为解决贸易争议而设计的争端解决机制，因此一些自由贸易区协定采取了限制环境争议解决方式的做法，典型的是为环境争议规定专门的争议解决机制。然而这种限制虽然可以在理论上确定，在实践中却并不一定都能顺利实施，因为环境争议和非环境争议的界限并不总是很清楚。而且，自由贸易协定下有关环境的承诺，也不限于环境章节。在自由贸易区协定下，中国现在只接受协商作为解决环境争议的方式，如果中国想与更多的国家在自由贸易区协定下开展环境合作，应该考虑更加开放的环境争议解决方式。

关键词：自由贸易协定；贸易与环境争端；自贸区；环境合作

西方国家对于自由和公平的国际贸易的推动，从来就不仅仅

* 对外经济贸易大学法学院教授，国际法系主任。

是为了经济利益这么单纯的原因。在“二战”时期就职于英国内阁贸易委员会的詹姆斯·米德先生就在其专著《持久和平的经济基础》[①]中,阐述了公平和公正的国际贸易对于实现长久和平的重要作用。WTO 前上诉机构主席詹姆斯·布卡斯先生则在其《贸易与自由》[②]中讲述了他对贸易在引领国家走向和平和更自由世界之作用的理解。所以,对于很多有远见卓识的政治家而言,贸易只是工具性的,虽然经济繁荣也是目的之一,但从来不是全部。这样我们就很容易理解,为什么环境、劳工保护甚至政治合作等都被陆续包括到自由贸易区协议中,搭上贸易合作的便车。

在以 WTO 为标志的多边贸易协议进展缓慢的大背景下,各国纷纷通过签署自由贸易区协议(FTAs)建立和耕耘自己的“自留地”。[③] 而由于 FTAs 涉及的谈判方很少,因而更容易达成一致,所以那些由欧美主导的 FTAs 都包含了环境和劳工保护等“非贸易议题”。随着接受这种做法的国家数目的增多,它们(包括发展中国家)也开始在各自的 FTAs 谈判中就非贸易议题进行谈判。如在中国与智利、瑞士和韩国等国家谈判 FTAs 时,环境议题都是这些国家主动向中国提出的。中国对待自由贸易区下的环境问题的立场,经历了一个从抵制到有限合作的逐步的转变过程。而对自由贸易区下的环境争端的解决,一直持非常谨慎和保守的态度。到目前为止,中国在自由贸易区协议下,没有接受过协商以外的环境争端解决模式。但这一立场是否不可改变或不应改变,是值得讨论的。特别是,现在我国正在实施“一带一路”战略,我们要与“一带一路”上的很多国家开展自由贸易区合作,我们想发挥领导作用,这

① James Meade, *The Economic Basis of Durable Peace*, 1940, reprinted by Routledge in 2012. 1977 年詹姆斯·米德与瑞典经济学家柏蒂尔·俄林同获诺贝尔经济学奖。

② James Bacchus, *Trade and Freedom*, London: Cameron May Ltd. 2004.

③ 对外经济贸易大学法学院沈四宝认为多边贸易体制是“大集体”,自己建的自贸区是“自留地”。参见沈四宝、沈健:《积极推进区域贸易协议是我国外贸发展的重要战略》,载《湘潭大学学报》(哲学社会科学版)2007 年第 31 卷第 4 期。

些理想如果有法治的保障,可能更符合我国的利益,也能更加公平和高效地解决纠纷。当中国的贸易和投资越来越国际化时,我们对自贸区下的环境争端的解决,也需要思考一个更加开放的态度。

一、双边/多边贸易协定中的环境承诺和争端

贸易协定中涉及环境问题的纠纷难以一一列举,这主要取决于自贸区协议对环境问题的实体性规定有哪些。这些实体性规定,决定了可能产生的环境纠纷的种类和范围,而争端解决部分的规定只是程序性规定。通过考察现有的一些含环境章节或条款的自贸区协议,可以简单地将自贸区协定下可能发生的环境纠纷做如下归类:

(一)传统的与贸易有关的环境争议

这里所说的传统的环境争议,指的是在多边贸易协议下,即WTO框架下可能提出的环境争议,这类争议自20世纪80年代陆续出现,所以这里将其归为传统一类。这些与环境有关的贸易争议可以通过贸易争端解决方式解决。[①] 各国自贸区协议,都重申

① GATT与WTO裁决的与环境有关的贸易争议案件如:United States—Prohibition of Imports of Tuna and Tuna Products from Canada, BISD 29S/91, 1982; Canada—Measures Affecting Exports of Unprocessed Herring and Salmon, BISD 35S/98, 1988; Thailand—Restrictions on the Importation of and Internal Taxes on Cigarettes, BISD 37S/200, 1990; United States—Restrictions on Imports of Tuna, BISD 36s/61, 1991; United States—Standards for Reformulated and Conventional Gasoline, DS2, 1996; European Communities—Measures Concerning Meat and Meat Products (Hormones), DS26, 1998; United States—Import Prohibition of Certain Shrimp and Shrimp Products, DS58, 1998; European Communities—Measures Affecting Asbestos and Products Containing Asbestos, DS135, 2001; European Communities—Measures Affecting the Approval and Marketing of Biotech Products, DS291, 2006; Brazil—Measures Affecting Imports of Retreaded Tyres, DS332, 2007; Chile—Measures affecting the Transit and Importing of Swordfish, DS193, 2007; United States—Measures Concerning the Importation, Marketing and Sale of Tuna and Tuna Products, DS381, 2012; China—Measures Related to the Exportation of Various Raw Materials, DS394, 2012; China—Measures Related to the Exportation of Rare Earths, Tungsten and Molybdenum, DS431, 2014; European Communities—Measures Prohibiting the Importation and Marketing of Seal Products, DS400, 2014。

了很多 WTO 协议中的规则,并在其上做出很多延伸。所以,发生在 WTO 下的环境纠纷也可能发生在自贸区协议下。

WTO 下的争端解决机制主要是解决贸易争端,对环境争端的受理只限于与贸易有关的部分。这主要是因为 WTO 协议中与环境问题直接相关的规定有限。

(二)源自自贸区协议中环境章节的新型环境承诺

自由贸易区协定下的环境承诺,普遍比 WTO 下的环境条款的范围广。这些新型的环境承诺,在履行时也可能发生相关的纠纷。作者把这类纠纷定义为自贸区下的新型环境纠纷,是指没有被现在的 WTO 协议所覆盖的与环境有关的纠纷,它们可能产生于自由贸易区协议中关于环境保护的新规定;它们不同于上述"(一)"的另一个特点是这类环境纠纷可能与贸易并没有直接的联系,它们是更纯粹的环境纠纷。例如:

1. 有效实施缔约方均加入的多边环境条约。有这类规定的自贸区协议如《美国 - 韩国自由贸易区协定》[①]第 20.2 条,该条款规定:"缔约方应该采纳、维持、实施法律和法规以及其他一切措施以完成其在多边环境条约下的义务。"有类似规定的还有《中国 - 瑞士自由贸易区协定》[②]第 12.2 条,《加拿大 - 欧盟经贸综合协议》[③]第 24.4 条等。

在要求履行多边环境条约的协定中,有的对"多边环境条约"的范围进行了限定,也有的没有加以限定。如韩国与美国签订的自贸区协定中,对于双方应该共同履行的多边环境条约在环境章节的附件 A 中进行了列举,总计有七个,即《濒危野生动植物物种

---

① *Free Trade Agreement Between The United States of America and The Republic of Korea*,2007,https://ustr.gov/trade-agreements/free-trade-agreements/korus-fta/final-text.

② 《中国 - 瑞士自由贸易区协定》(2014),载 http://fta.mofcom.gov.cn/ruishi/ruishi_special.shtml。

③ *Comprehensive Economic and Trade Agreement between Canada and EU*,2014.

国际贸易公约》(1973)、《消耗臭氧层物质的蒙特利尔议定书》(1987)、《防止船舶污染的国际公约》之1978议定书、《作为水禽栖息地的重要国际湿地公约》(1971)、《南极海洋生物资源养护公约》(1980)、《国际部鲸公约》(1946)、《建立美洲国家间热带金枪鱼委员会公约》(1949)。而中国和瑞士的自贸区协定并没有对双方应共同履行的多边环境条约进行列举或者以任何方式予以限定,这可能意味着双方将合作履行的多边环境条约的种类和数量都是没有限制的,包括将来两国共同加入的多边环境条约。没有一个关于多边环境条约的界定,将给这一条款的认真履行增加许多不确定性。例如,《联合国海洋法公约》中有专门一章管理海洋环境保护,这样的条约是否属于环境条约呢?智利就曾经根据《联合国海洋法公约》中这一章的规定,将欧共体诉到联合国海洋法法庭,①尽管欧共体已经就同一事由将智利诉到了WTO。②

2. 有效实施缔约方国内的环保法律和法规。这也是自贸区环境章节的常见条款,如《中国－瑞士自由贸易区协定》第12.2条,《美国－韩国自由贸易区协定》第20.3条,《跨太平洋伙伴协议》(Trans-Pacific Partnership,TPP)第20.3.4条。这一条款的要求听起来都非常合情合理,但实践中,鉴于各国国内的环境执法情况并不乐观,可能对某些成员的国内执法构成一种新的挑战。

关于什么是自贸区协定下的一国国内的"环境法律和法规",有的自由贸易区协定进行了限定。典型的是TPP,其12个

---

① Case Concerning the Conservation and Sustainable Exploitation of Swordfish Stocks in the South-Eastern Pacific Ocean (Chile/European Union), ITLOS Case 7, acceded in December 2000, https://www.itlos.org/cases/list-of-cases/case-no-7/.

② Chile—Measures Affecting the Transit and Importing of Swordfish, DS193, requested for consultation in April 2000.

签字国①都分别对自己的“环境法律和法规”进行了界定,例如对于美国而言,“环境法律和法规”指的是“国会通过的法律,或者根据国会的法律而制定的、可以通过中央政府(central level government)的行动而强制实施的法规。”②中瑞自贸区协定并没有对“环境法律和法规”进行任何限定,在实施中可以理解为所有的环境法律和法规,不限于环保部作为执法部门的,例如有关林业保护的规定。这预示着中瑞自贸区协定的履行将来可能需要国务院对某个部门的更多授权,或者建立部际协调机制。

3. 不得以降低环境标准,包括执法水平的方式吸引投资或对贸易实施保护。这是自贸区协定中传统的与环境相关的规定。一般缔约方并不会有意降低环境标准来吸引投资或者贸易,但是如果一国在制定环保政策时,没有严格遵守非歧视原则,总想让自己的国内企业在环境执法中处于优势,让外国的企业或产品在竞争中因环境执法处于相对不利的状况,这样的措施有可能有问题。例如巴西曾规定,国内企业可以从事翻新轮胎的业务,但不能从其他 WTO 成员方进口翻新的轮胎,从南方共同体国家进口除外。③这样的规定虽然有保护环境的作用,但是鉴于进口的翻新轮胎并不比国产的翻新轮胎,或者从南方共同体国家进口的翻新轮胎对环境有更大的害处,这样的措施仍然有贸易保护的效果。

4. 各缔约方自选的环境合作领域。除了上述常见的环境方面的承诺,自贸区协定的缔约方还经常根据它们各自对不同环境事项的关心程度,选择和确定一些特定的合作领域。例如在《加拿大 - 欧盟经贸综合协议》中,双方同意根据联合国欧洲经社理事会

① TPP 的 12 个签字国分别是美国、加拿大、墨西哥、澳大利亚、新西兰、智利、秘鲁、日本、新加坡、越南、马来西亚和文莱。美国已经于 2017 年 1 月 23 日退出 TPP。See Ylan Q. Mui, “President Trump Signs Order to Withdraw From the Tran: Pacific Partnership”, *The Washington Post*, January 23, 2017, https://www. washingtonpost. com/news/wonk/wp/2017/01/23/president-trump-signs-order-to-withdraw-from-transpacific-partnership/.

② *Trans-Pacific Partnership*, Art20. 1.

③ Brazil—Measures Affecting Retreated Tyres, DS332, 2007.

1998 制定的协调汽车标准的协议(Global Agreement administered by the World Forum for the Harmonization of Vehicle Regulations),协调双方有关汽车的环境标准,[①]此外,双方还同意在渔业和水产品贸易、森林产品贸易以及生物技术产品信息等方面进行合作。TPP 中的环境合作范围也扩展到约束渔业补贴和打击非法捕鱼、保护生物多样性、保护臭氧层、防止船舶污染和改善环境产品与服务的市场准入等。[②]

5. 非环境章节中的环境合作。虽然采取专门的环境章节来规定自贸区下的环境合作在近几年已经成了一种趋势,但是我们审视一个自贸区下的环境合作的范围,不应该仅仅限于环境章节,在其他章节下,仍然有一些内容与环境密切相关。例如,在中瑞自贸区协定中,遗传资源的取得和惠益分享就规定在知识产权保护部分。中国在遗传资源的取得和惠益分享方面的国内立法还有很多空缺,这一问题也与《生物多样性公约》及其《名古屋议定书》有关。除了知识产权保护章节以外,有关动植物检验和检疫的章节,也很容易与环境相关。

二、自贸区协议下的环境争端解决机制的模式

环境是人类生存不能缺少的,维护环境质量是与维护人类的生存和发展一样高的目标。与之相比,贸易只是我们实现生产的价值、改善生活质量的工具。贸易是为了生活,但生活不是为了贸易。在这种观念下,环境争议是否要纳入贸易争议的争端解决机制中,各国有不同的安排。

---

① Annex 4A of the Comprehensive Economic and Trade Agreement between Canada and EU,2014.

② Chapter 20 of the Trans-Pacific Partnership,2015.

(一)自由贸易区协议下经常设立独立的环境争端解决机制

自贸区协议是在GATT/WTO之后兴起的,而且作为WTO的成员,其自贸区协议不得违背WTO协议的相关规定,但可以比WTO协议的内容更丰富。所以,自贸区协议中的争端解决与WTO下的争端解决是有关联的。

自贸区协议下的环境争议的特点决定了其争端解决机制最好是独立的。在自贸区协议中,当事国可以自由决定他们愿意接受的环境合作,通常其范围都比WTO中的环境问题广。对于当事国自愿进行的新的环境合作中产生的争议,它们通常都选择独立的争端解决方式,而不是提交WTO的争议解决机制,原因主要有如下两点。

1. 很多自贸区协议中的环境争议,是纯粹的环境问题,与贸易没有直接关系,不在WTO争议解决的范围内。如《中瑞自贸区协定》第12.2条第1款规定:"缔约双方再次承诺,在其法律和实践中有效实施缔约双方均为成员的多边环境协定,以及本协定第12.1条中提到的国际文件中体现的环境原则和义务。努力通过各种手段,包括对各自环保法律和法规的有效实施,进一步提高环保水平"。这一条款对于双方应有效实施的多边环境条约未给予任何限制,即不限于与贸易有关的多边环境条约。如《生物多样性公约》和《联合国海洋法公约》都是双方共同批准的多边环境条约,但其中的绝大多数内容都不是与贸易直接相关的。所以,一些关于履行多边环境协议产生的争议,并不适宜提交WTO解决,而且多边环境协议也不在WTO《争端解决谅解备忘录》所"适用的协议"(covered agreements)的范围之内,WTO的争端解决机构在解决这类争端时,也不会直接适用多边环境协议。①

2. 各国关于环境问题的政策取向不同,有的国家可能优先发展经济,有的强调经济发展和环境保护并重,还有的是环境保护优先。这些政策选择是一国主权问题,在国际上并无贸易和环境的一般关系的国际法规则的情况下,把这么重大的问题提交 WTO 的争端解决机构或贸易争端机制去解决,是很多国家不愿意的。因为这首先是一个立法层面的问题,在规则缺失的情况下,让司法机构(WTO 争端解决机构)来裁决,是公认的次优方式。所以,很多国家选择在自贸区协议中,为环境问题规定单独的争端解决方式,这也是最适合的自贸区协议下的环境争端解决模式。

(二)自由贸易区协议下的争端解决机制与环境章节中的争端解决条款的关系

既然自贸区协议中为环境争端规定了独立的争议解决条款,我们大体上可以期待环境争议都按照单独的争议解决机制解决。但这并不是绝对的。某些争议是明显的环境争议或者是贸易争议,但也有一些争议,大家对其定性本身就是有争议的。观察现有的自贸区协议,我们看到两种处理模式:一种是中瑞自贸区模式,即分章节解决争端,凡是环境章节的争议适用环境章节自设的争端解决方法;另一种是 NAFTA 模式,即根据争议的性质确定争端解决方法。

1.《中国 – 瑞士自由贸易区协定》模式:分章节解决纠纷

以《中国 – 瑞士自由贸易区协定》为例,协定第 15 章规定的争议解决方式有协商(第 15.3 条)、斡旋、调解、调停(第 15.2 条)和仲裁(第 15.4 条),也可以将争议提交 WTO 争端解决机制(第

① 边永民:《含贸易措施的多边环境协议与 WTO 之间的关系》,载《当代法学》2010 年第 1 期。

15.1 条)。同时,协定中关于环境问题的第十二章明确规定,第十五章中的争端解决机制不适用于第十二章,“如果缔约一方认为另一缔约方行为不符合本章有关条款的规定,其仅可诉诸在联合委员会下举行的双边协商和对话”。根据这一条款的规定,凡以第十二章的规定为依据的申诉,应该通过协商和对话解决。

《中瑞自贸区协定》为环境争议建立了单独的争端解决模式,即将自贸区协定下可能发生的争议分为以第十二章为依据的争议(环境争议)和以其他章节为依据的争议(非环境争议),对于环境争议和非环境争议分别适用不同的争议解决方法。

(1)纯粹的环境争议:按照第十二章的规定,通过协商和对话解决。

(2)与第十二章无关的、与贸易有关的环境争议:可按①自贸区协定规定的贸易争议解决,或②提交 WTO。

上述安排是一种协议起草方按照自己的意愿所做出的理想化的规定。这一“理想”通常应该可以得到实现,但在实践中不排除某一争议混合了环境争议和非环境争议的情况。从中瑞自贸区协议来看,其覆盖的环境问题实际上不限于第十二章的规定。第十二章开辟了一些环境合作的新领域,但是一些 WTO 下的传统的环境问题,如卫生和检疫、植物新品种保护、遗传资源的获得等,都不属于第十二章范围的内容。与这些传统的环境问题相关的争议,仍然可以按照第十五章的规定解决。

(3)“混合性争议”:最可能引发不同意见的可能是可以同时引用第十二章和非第十二章规定而提出的争议。如第十二章规定,中瑞双方要履行双方同为成员的国际环境条约,这个范围很广;而知识产权保护一章,又有关于遗传资源获得、保护生物多样性和植物新品种保护的规定。我们假设一项争议同时涉及这些内容,那么这个争议只是与第十二章有关,但不属于仅仅依据第十二章提出的争议,这样的争议可能并不受第十二章本身关于争议解决的限制性规定的约束。

这类“混合性争议”的例子如一国为保护海龟而限制捕虾方法,因为某些捕虾方法可能导致较高的海龟误捕率,不遵守新的捕虾规则的产品要受到贸易限制。这一措施与《濒危野生动植物物种国际贸易公约》有关,海龟的大名列在该公约的濒危物种目录中。争端当事国可以把它定性为“履行多边环境条约中产生的”纠纷,适用环境章节的争端解决方式;也可以把它定性为与贸易有关的环境纠纷,适用贸易纠纷的解决方式,或者诉诸WTO。

中瑞 FTA 环境争议解决模式的好处是相对容易操作,只要看某一争议的依据是否是环境章节的内容就可以了。其弊端是只要争议的依据不是出自第十二章,即使该争议明显是环境争议,也不受第十二章规定的环境争议争端解决方式的限制,而是可以诉诸贸易争议解决方式。

2. NAFTA 模式:按争议的特点解决

《北美环境合作协议》第五部分规定了环境合作中的争议解决。争议解决的程序共有三种:协商、理事会讨论和仲裁,分别适用于不同的争议。

按争议特点解决纠纷的操作:

①协商:如果一方对另一方持续地不能有效执行其本国环境法不满,可以书面请求磋商。因为一国国内环境法的范围非常广,所以可以理解为任何环境争议都可以通过协商解决。

②理事会讨论:如果协商后 60 天仍然没能解决纠纷,经一方书面请求,理事会可以召开特别会议(special session),讨论争议的解决。为解决争议,理事会在必要时可以成立技术顾问组或者专家组,也可以通过斡旋、调解及和解程序解决纠纷。

③ 仲裁:如果在理事会介入后 60 天仍然未能解决纠纷,经任何一方书面请求及理事会 2/3 投票同意,理事会可以成立仲裁庭

来解决下列纠纷:[①]

一方没能有效实施环境法的情况与在缔约国领土间进行贸易的产品的供应者或服务的提供者相关;或

一方没能有效实施环境法的情况与缔约国领域内相互竞争的产品的供应者或服务的提供者相关。

也就是说,并非所有的环境争议都可以提交仲裁,只有那些与贸易和竞争有关的环境执法方面的争议,才能被提交仲裁。但环境协议对可以提交仲裁的争议的限制实际上并不是特别严格,只要求与某种情况相关就可以。

NAFTA 模式的好处在于协商和司法程序的结合非常好。可以协商的环境问题很广,对能够提交仲裁的争议进行了限制,防止了滥诉;同时,通过理事会程序对于争端解决提供一个三方集中辩论的机会,相当于一个提交仲裁前的"减压阀",使得某些争议不必提交仲裁。

NAFTA 模式的弊端在于其操作并不容易。如果协商和理事会程序都未能解决纠纷,就需要确定争议是否涉及了产品或服务的提供者。而协议本身并没有明确争议必须实际涉及或影响了产品或服务的提供者,还是理论上涉及就可以。总之,NAFTA 模式是根据争议性质确定争端解决方式,而定性本身在特定情形下,可能并不总是一件容易的事情。

---

① 《北美环境合作协议》(North American Agreement on Environmental Cooperation),第24条规定,请求成立仲裁小组:"1. 如果争议事项在理事会根据第23条的规定召集会议后60天内没有得到解决,理事会应该根据协商中任何一方的书面请求,并经理事会成员2/3票同意,成立仲裁专家组来考虑被投诉的当事国持续地未能有效实施环境法的事项,被投诉的事项应该(a)与在缔约方领土间从事贸易的生产货物或提供服务的工厂、企业、公司或者部门相关;或(b)相关的生产货物或提供服务的工厂、企业、公司或者部门所生产的货物或者提供的服务,在投诉方境内与另一方所生产的货物或者提供的服务相竞争……"

三、环境争端的场所选择和法律适用

现在很多多边和双边贸易协议中都对环境问题进行了规定,并设立了争端解决方式,而环境条约中对于条约实施中产生的争议,也通常提供了争端解决方式。这些协议间既可能产生场所冲突,即一个争端可以被一个以上的争端解决机制受理,也可能产生规则冲突。

(一)争端的管辖场所

一个涉及环境和贸易问题的争议,在什么场所(forum)解决,会直接影响法律适用。对于自由贸易区下的环境争端,最多可能存在三个争端解决场所:自由贸易区下的争端解决机制、WTO的争端解决机制和多边环境条约下的争端解决机制。对于一个具体的环境争端,这三个场所很少同时存在,但同时存在两个场所的情况很常见。除非有对双方当事人均有拘束力的场所选择限制,否则,我们无法禁止当事人进行场所选择(forum shopping)。[①]

1. 自由贸易区协议下的争端解决机制和WTO争端解决机制

在《北美自由贸易区协议》(NAFTA)刚签订的年代,缔约方曾经想把自由贸易区协议下的贸易纠纷(包括与环境有关的贸易纠纷)的解决限制在自由贸易区内。但后来发现,即使自由贸易区协议规定协议下的纠纷应该利用自由贸易区的争端解决机制解决,但是当一个争议出现后,如果缔约方认为有关的争议提交WTO后会得到更好的解决结果,缔约方仍然会把争议提交WTO解决,而WTO的争端解决机制也会受理(如果符合受理条件)。典型的如墨西哥诉美国的进口和销售金枪鱼的措施案[②]和美国诉墨西哥

① 边永民:《含贸易措施的多边环境协议与WTO之间的关系》,载《当代法学》2010年第1期。

② US-Measures concerning the Importation,Marketing and Sale of Tuna,DS381,2012.

的饮料税案[1],这两个案件虽然也可以在 NAFTA 框架下解决,但实际上都是在 WTO 内解决的。所以,近几年签订的自由贸易区协议,一般都规定缔约方可以选择将争议提交自由贸易区下的争端解决机制,或者提交 WTO,但这种选择是终局性的。[2] 也就是说,不能先选择在某个场所解决争议,等发现解决的结果对自己不利时,再选择到另外的一个场所解决争议。

但上述场所选择只适用于两个场所对争议都有管辖权的情况。对于涉及环境问题的贸易争议,管辖权竞合不仅仅存在于自由贸易区协议和 WTO 之间,还可能存在于自由贸易区协议和多边环境条约之间,或者 WTO 和多边环境协议之间。

2. 自由贸易区协议下的争端解决机制和多边环境条约下的争端解决机制

自由贸易区协议与多边环境条约的管辖权竞合产生的原因有两个:一是自由贸易区协议的环境章节一般都有缔约方在履行多边环境条约上进行合作的规定;[3]二是有二十多个多边环境条约采用了贸易措施作为实现环境目标的手段,[4]所以管辖贸易的国际规则,除了 WTO 和自贸区协议以外,对于某些货物而言,还有多边环境协议。这种复杂的管制使得涉及某些环境事项的贸易争议可以被环境条约管辖,同时也可以被自由贸易区协议或者 WTO

---

① Mexico-Taxes on Soft Drinks, DS308, 2006.

② 如《中国和瑞士自由贸易区协定》第 15.1 条规定:"如缔约一方根据世贸组织《关于争端解决规则与程序的谅解》第 6 条提出设立专家组的请求,则视为启动了《世贸组织协定》项下的争端解决程序;如缔约一方根据本协定第 15.4 条第一款提出仲裁请求,则视为启动了本协定项下的争端解决程序。"

③ 如《中国与瑞士自贸区协定》第 12.5 条规定:"缔约双方重申了以环境政策合作为手段以促进本章实施,并根据国家的环境政策目标和各自均为成员的多边环境协定中的义务,进一步提升环境保护水平的重要性。"

④ 典型的如《濒危野生动植物物种国际贸易公约》《控制危险废物越境转移的巴塞尔公约》《消耗臭氧层物质的蒙特利尔议定书》《卡特赫纳生物安全议定书》《关于持久性有机物的斯德哥尔摩公约》《关于在国际贸易中对某些危险化学品和农药采用事先知情同意程序的鹿特丹公约》等。

管辖。在自由贸易区框架下,对于这类争议,通常按照环境章节规定的独立于贸易争议的机制进行解决,例如在中瑞自贸区协定下,可以通过专家组解决。

但是,由于自贸区协定的缔约方同时还是多边环境条约的缔约方,而多边环境条约往往也有自己的争端解决机制,如《联合国海洋法公约》下设海洋法法庭,这就可能出现自由贸易区协议下的争端解决机制和多边环境条约下的争端解决机制对争议都可以适用的情况。这种情况下的管辖权竞合也无良策解决。几年前出现过的欧共体和智利之间的剑鱼案,欧共体将争议诉至 WTO,①而智利则将争议诉至联合国海洋法法庭,②最后欧共体主动出来请求和解,算是和解了这一桩纠纷。类似的情况也可能发生在自由贸易区协议下。例如,美国的梅耶公司(S. D. Myers, Inc.)就曾因加拿大拒绝向美国出口多氯联苯而在《北美自由贸易区协议》下诉讼美国,该案中原告建立了很大的多氯联苯处理能力,并花费精力到加拿大承揽处理多氯联苯的业务,而加拿大因为美国不是《控制危险废物越境转移的巴塞尔公约》的缔约国,禁止多氯联苯出口美国,从而使原告的商业计划部分失败。③

最近几年签署的某些双边贸易协议,已经试图对场所选择问题进行解决。2014 年加拿大和欧盟签署的《加拿大 - 欧盟综合经贸合作协议》的第 29 章就对场所选择规定了规则。首先,第 29. 3. 1 条确认,成员方有进行场所选择的权利,可以选择将他们的争议提交到 WTO,或者其他协议下的争议解决,或者诉诸本协议下的争端机制。其次,第 29. 3. 2 条规定,尽管有前款规定,任何一个缔约方不应寻求在两个场所解决实质义务相同的纠纷。如果

① Chile-Measures Affecting the Transit and Importing of Swordfish, WT/DS193, 2007.

② International Tribunal for the Law of the Sea, Case Concerning the Conservation and Sustainable Exploitation of Swordfish Stocks in the South-Eastern Pacific Ocean (Chile/European Union), case No. 7, http://www.itlos.org/index.php? id = 99.

③ S. D. MyersInc. v. Government of Canada, NAFTA, 2000.

一个成员已经在某个场所提起了争端解决程序,另一方不得再将同一争议付诸其他争议解决方式,除非最初选择的场所不成功。根据这个条款的规定,实际上首先将争议提交争议解决机构的一方有场所选择的主动权,一旦该场所受理了案件,不论该场所是WTO,还是自贸区协议,抑或环境协议,另一方不能再像剑鱼案那样,把同一争议诉诸另外一个场所。但是,这不能简单地理解为一定是发起投诉的一方有主动权。实际上,当一个争议发生时,双方不可能对争议的存在不知情,在知道争议已然存在,而且可能无法通过协商解决的情况下,任何一方都可能先提起争议解决程序。正如剑鱼案一样,智利其实不必等欧盟在 WTO 内起诉,就可以先行在海洋法法庭起诉。从这一点上讲,双方选择争议解决场所的机会应该大体是平等的。

需要注意的是,《加拿大 - 欧盟经贸综合协议》还明确规定,环境章节下的争议,不能行使场所选择权,必须通过环境章节规定的争议解决方式解决。

在处理场所解决问题上,TPP 也采取了类似《加拿大 - 欧盟综合经贸合作协议》的方法。TPP 协议第 28.4 条明确规定,投诉方可以选择争议解决的场所,一旦投诉方要求在某场所下成立专家组或其他争议解决小组,这一选择就是排他性的。根据 TPP 的这一规定,发动协商程序并不算对争议解决场所的选择。也就是说,成员方可以在 TPP 下按照 TPP 规则进行协商,但协商失败后仍然可以决定将争议提交 WTO 解决。

TPP 没有特意排除环境争议的当事国选择场所的权利,也就是说,环境争议的当事国如果通过协商不能解决纠纷,也可以将争议提交 TPP 以外的场所解决。

上述几种管辖权竞合目前在国际法上并无理想的解决方式。虽然自贸区成员方积极努力,通过在自由贸易区协议中加入管辖权排除条款来排除同一案件被多个争议解决机构受理的情况,但是这类约定只是自贸区协议下的约定,它的效力是有限的。从墨西哥饮料案看,如果一成员方罔顾自贸区协议下的管辖权排除条款,在另一方已经启动自贸区下的争议解决程序后,仍然坚持将争议诉诸 WTO,那么由于 WTO 的《争端解决谅解备忘录》中并没有管辖排除条款,所以有关争议仍然可能被 WTO 受理。实际上自由贸易区协议中的管辖权排除条款并不能约束 WTO 争端解决机构,其效果只是在 WTO 受理争议后,排除了自由贸易区下的争议解决机制再次受理同一争议。[①] 同理,自贸区协议下的管辖权排除条款,也不能排除多边环境协议的管辖。这一问题的最终解决,从理论上讲,需要新的国际法规则;在实践中,多依赖争议方对自己行使场所选择权的克制,或者争议双方之间的合作。

(二)法律适用

如果与案件有关的各项规定可以同时适用,当然当事方会主张对自己有利的规则。但有时裁决争端的机构会限制自己的法律适用,WTO 争端解决机构就是非常典型的例子。根据 WTO《争端解决的谅解备忘录》,WTO 的争端解决机构在裁决争议时,只能适用"covered agreements"),即 WTO 的各协议,不包括多边环境协议。[②] 而多边环境协议下的争端解决机构,如联合国海洋法法庭在审理案件时,也不会适用 WTO 协议。这是导致当事国进行争议场所选择的重要原因之一。

贸易协议和环境协议的关系,一直是国际社会成员反复谈判多年而未决的问题之一。最近几年签署的某些双边贸易协议,也试图对这个问题进行解决。2014 年签署的《加拿大 – 欧盟综合经贸合作协议》试图对这个问题提供一个有限的答案:第 24.4.4 条

① 纪文华、黄萃:《WTO 与 FTA 争端解决管辖权的竞合与协调》,载《法学》2006 年第 7 期。

② 同上。

规定,各成员方承认(acknowledge)他们根据一般例外条款①采取环境保护措施的权利,包括根据多边环境协议采取的措施。为什么说这是一个答案呢,因为一缔约方既然承认另一方有根据多边环境协议采取环境保护措施的权利,就最好不要就对方采取措施的权利提出异议,当然仍然可以就措施本身是否适当提出异议。为什么说这个答案是有限的呢?因为该条款只承认了缔约方根据一般例外条款所采取的措施,并没有一般性地规范多边环境条约和贸易协议的关系,而且缔约方所依据的环境条约,必须是双方均为成员的多边环境条约。

因为《加拿大-欧盟综合经贸合作协议》第24章(贸易与环境)下的环境争议只能根据第24章的争议解决方式解决,所以第24.4.4条的规定意味着争议解决专家除了适用贸易规则以外,可以适用多边环境条约。如果二者有冲突,作者认为争议解决专家不会使环境规则的效力居于贸易规则之下,毕竟这是环境章节下的争端解决。

四、中国自贸区协定中环境议题争端解决机制

(一)中国自由贸易区协议关于环境问题的承诺

中国现在已经与其他国家和地区签署了13个自由贸易区协定,正在进行谈判的自由贸易区协定还有8个,另有5个自贸区协定正在研究之中。中国早年签署的自由贸易区协议中,并没有关于环境问题的专门承诺。2005年签署的《中国-智利自由贸易区

① 《加拿大-欧盟综合经贸合作协议》第28.3条是一般例外,该条第1款合并了GATT的第××条,主要是保护动植物生命健康(第××条b款)和保护可耗尽的自然资源(第××条g款)。第2款又增加了几项例外,包括保护公共安全和公共道德,打击欺诈行为和保护个人隐私。

协议》第一次提到了环境合作,但是该协议的第 108 条也仅仅规定“缔约双方应该通过劳动和社会保障合作谅解备忘录和环境合作协定增强缔约双方在劳动、社会保障和环境方面的交流和合作”。环境问题真正实质性进入中国自由贸易区协议始于 2013 年签署的《中国 - 瑞士自由贸易协定》,该协议中规定了独立的环境章节。

不过,能够代表中国自贸区协议中环境承诺的最高水平的,应该是 2015 年签署的《中韩自由贸易协定》。之所以说这个协议关于环境的承诺水平是最高的,是相较于中国以往签署的自贸区协议,而非相比欧美主导的自贸区协议。其实《中韩自由贸易协定》在环境承诺上并无任何创新之处,但对于中国而言,已然是迈出了一大步。

1. 主要承诺

(1)缔约双方重申各自拥有确定自己的环保水平及其环境发展优先领域,以及制定或修订其环境法律和政策的主权权利。

(2)双方承诺有效履行双方均为成员的多边环境协议,但对这些协议并没有列举,因此应该被理解为是开放性的,即包括未来的双方共同批准的环境条约。

(3)双方承诺各自有效地执行自己国内的环境法。

(4)双方承诺对《中韩自由贸易区协议》的环境影响进行评估,并分享关于评估技术和方法的信息。这可能是协议的各承诺中的一个亮点。中国很少做贸易政策的环境影响评估,不知道这一条在未来如何履行。而且,这是 TPP 中没有的内容,但类似的内容在加拿大的自贸区协议中非常常见。

(5)在包括空气污染防治在内的领域内开展环境合作。此外,第 16.7 条还确定了七个其他的环境合作领域。

对比《中韩自贸区协议》中环境领域的承诺以及《美韩自贸区协议》中环境问题的承诺,可以猜测中方谈判人员在谈判中韩自贸区协议时,在环境问题上一定是很艰难的,而且很可能是处于防守的境遇。

2. 中韩自贸区下环境争议的解决方式

《中韩自贸区协议》规定双方应该各自建立联络点,“一缔约方可通过联络点要求另一缔约方就本章产生的任何事项进行磋商”。除此以外,“对于本章下产生的任何事项,任何一缔约方不得诉诸本协定第二十章(争端解决)”。也就是说,环境争议只能协商。

但是即使是协商,《中韩自贸区协议》也只规定了一个最低水平的协商。各方所有的,不过仅仅是协商请求权,协议条款并没有规定,一方请求协商,另一方必须回应请求并开始协商。这在实践中可能产生很多问题,最简单的,协商什么时候必须开始?在哪里进行?信息如何交换?这些问题意味着任何协商的开始,只能从商谈关于“协商程序”开始。由于没有任何协商的规则,违反协议的一方实际上有很多种办法拖延和敷衍协商,使之无法发挥解决争议的作用。当然,如果双方诚意且善意地积极合作,这个条款也可以发挥一些作用。

现在中国在自贸区环境争议解决上的裹足不前,意味着如果中国坚持更加开放的全球化路线,则更艰苦的谈判还在后面。随着越来越多的国家,包括发展中国家通过参加美国、欧盟或者加拿大主导的自贸区协议,接受了比协商更具强制力的争议解决方式,我们越来越多的谈判伙伴会要求中国也考虑比协商更有强制力也更有效率的争议解决方式。

(二)中国的自贸区协定中的环境争端解决方案探讨

随着中国缔结的自由贸易区协议数量的增多,特别是与加拿大、挪威这样的比较重视环境保护的贸易伙伴之间的自贸区谈判的开展,我们是否要延续中瑞和中韩自贸区协议下的环境争议解决模式,还是也可以接受其他方式,这是我们需要考虑的问题。

1. 保守的方案

最保守的方案就是仍然坚持通过协商和对话来解决环境纠纷。典型的就是《中瑞自贸区协议》第12.7条:“本协定第十五章不适用于本章。如果缔约一方认为另一缔约方行为不符合本章有关条款的规定,其仅可诉诸在联合委员会下举行的双边协商和对话。”

接受以协商的方式解决纠纷,符合中国一贯的外交政策,也有利于我们把握争端解决的过程和结果。不利的是:效率可能非常差,在复杂情况下,可能起不到解决纠纷的作用。

如果我们不能接受协商以外的争议解决方式,建议至少在自贸区协议中就协商的程序规则进行细化,如协商开始的时间;在有多个缔约方的情况下,协商是否在任何情况下对第三方缔约方开放,以便使争议双方有规可循。这方面我们可以参考一下TPP中关于协商解决环境争议的设计。该协议共设计了三层协商机制:通过双方设立的环境联络点协商、高级代表协商和部长级协商,[①] 协商可以通过面对面的方式,也可以借助科技手段远程进行。这些规定增加了争议得到解决的机会,很大程度上弥补了协商这种方式的弱点,但并不能完全克服。

2. 比较开放的方案

比较开放的方案是接受自己成立的第三方争端解决。自己成立的第三方争端解决是指,将争议交第三方解决,但第三方的人员组成由自己决定。这是一种有限的第三方争端解决模式。

具体可以有下面两种:

(1)争议提交双方共同成立的理事会或委员会解决

双方在自贸区下成立的联合委员会或理事会是行政性机构,将双方不能协商解决的纠纷,提交该类机构讨论和做出决定也是解决争端的方式之一。理事会或委员会在解决争端的过程中,可

① Trans-Pacific Partnership, Art. 20.20 – 20.22.

以向法律、贸易或者环境等专家咨询,通过这种方式,专家也可以在争端解决中发挥影响。

这种方式的好处是给争议的双方提供一个公开辩论和陈述理由的机会。但如果委员会和理事会都是由来自争议双方的成员组成,这种形式与协商的区别非常有限。

(2)争议提交专家组解决

可以考虑为环境争议的解决设立专门的专家组程序,而不采纳自贸区协议下的一般的争议解决机制。就专家组程序而言,如果在环境章节下专门设立专家组程序,可以考虑在以下方面区别于自贸区协议下的一般的争议解决机制中的专家组程序:

①专家的来源。因为是环境争议的解决,所以专家应限于具有环境保护专业知识的人或环境法专家。为了使争议解决结果相对可控,可以考虑限制双方推举的专家的总数,建立一个数量有限的专家库,各位专家的专长和倾向性都比较容易被争议双方所了解。

为了使专家组程序更加中立和公正,可以考虑引入第三国公民做首席专家,首席专家也要由双方共同推荐造册,不能临时推选,只能从首席专家名册中选择。这样的程序会对双方都有一定的压力。如果不能信任第三国国民做首席专家,专家组都由双方国民组成,这样容易令争议一方怀疑专家组程序的中立性和公正性,专家组程序很难被有效利用。

②寻求外部环保专家、组织的意见。环境保护往往涉及很专业的环保知识,因为争议解决专家的数量有限,这就意味着他们熟悉的领域也是有限的。所以,对于环境保护案件,如果专家组认为必要,应该授予他们寻求外部环境保护专家和环境保护组织意见的权利。在这方面,我们可以考虑是否将非政府环保组织纳入可以提供专家意见的范围内。鉴于某些环保组织,例如国际自然保护同盟,虽然是非政府环境保护组织,但是在环境保护领域内经验丰富,且信誉很好,如果一味地都排除在外,可能并不利于专家意

见的获得。另外,非政府环保组织鱼龙混杂,如果简单地规定专家组可以向环保组织寻求意见,可能最后得到的意见不够科学和权威。因此,如果对在多大程度上对环保组织开放不是很有把握,可以考虑采取列举的方法,明确规定专家组可以向哪些环保组织寻求意见。或者,也可以规定只能向全球性的政府间环境保护组织寻求专业意见。

五、结　语

环境合作一直是区域贸易协议中不断扩展的一个议题,从环境合作仅作为贸易协议的附属协议、到环境纳入贸易协议中,再到自贸区协议中的独立章节,环境合作的范围和深度都在稳定地扩大和加深。

自贸区下的环境纠纷有的是与贸易有直接关系的,有的与贸易或者投资并没有直接关系。这种复杂的情况决定了环境争议的解决也许并不适宜简单地搬用贸易争议的解决方式,因为环境争议涉及更复杂的价值取向和政策目标。为此,现有的自贸区协议为环境争议的解决设立了不同的争议解决方式,本文将其分类为"分章节解决纠纷模式"和"按争议的特点或性质"解决争议的模式。

从本文研究的《美韩自由贸易区协议》、欧盟的自由贸易区协议、《加拿大－欧盟自由贸易区协议》及TPP等自贸区协议来看,分章节解决纠纷的模式用得比较多,即环境纠纷按照环境章节规定的纠纷解决模式解决,而贸易纠纷适用自贸区协议规定的一般的纠纷解决机制。从具体的解决方式来看,各国都非常重视用磋商解决环境纠纷,但是美国、欧盟和加拿大等法治国家也为环境纠纷的解决设立了专家组机制或者类似的第三方争议解决机制,以保证环境纠纷解决的效率。

自贸区协议下的环境纠纷的解决还有场所选择和法律适用的

问题,这两个问题都是过去长期难以在国家之间达成共识的难题。最近几年新出现的某些自贸区协议对解决这些问题进行了有益的尝试,特别是场所解决问题,为以后的自贸区协议解决类似问题提供了值得借鉴的参考。

最后,作者主张中国在自己未来的自贸区协议中,对环境争议的解决持更加开放的态度。至少要制定严格的有章可循的协商程序,最好能够考虑接受部分与贸易和投资直接相关的环境争议可以提交环境章节下的专家组程序。

Environmental Dispute Settlement under Free Trade Agreements

Bian Yongmin

Abstract: Free Trade Agreements (FTAs) have been booming for over a decade especially when the Doha round negotiation of the WTO remains stagnate. Environmental issues caught only limited attention under the WTO, but expand rapidly under FTAs. The scope of environmental cooperation committed by parties of FTAs is not only limited to those trade or investment related issues, but has extended to cover certain pure environmental issues. It has become not feasible to submit all environmental disputes to the WTO or the dispute settlement mechanism designed for trade disputes under FTAs. A typical solution is to set up dispute settlement procedures specific for environmental disputes under FTAs. Yet this approach may not always work out, as the distinction between environmental and non-environmental disputes is sometimes not clear. In addition, environmental disputes arise not merely from the implementation of environmental chapter. So far China chooses consultation as the only way to settle environmental disputes under FTAs with China as a party. If China intends to explore environmental cooperation with more states in the future, China should consider a more open position on dispute settlement.

Key Words: Environmental disputes under FTAs; Trade related environmental disputes; Environmental Cooperation under FTAs

述　　评

G20 杭州峰会与 WTO 的发展

杨国华*

摘要:本文从 G20 在全球治理中的作用出发,分析了 G20 杭州峰会在贸易方面的成果,认为 G20 明确支持 WTO 作为多边贸易体制的核心地位,积极推动多哈回合谈判,并且在批准《贸易便利化协定》和反对贸易保护主义等方面率先垂范,在《环境产品协定》等诸边协定谈判方面态度明确,这些立场的宣布和行动的落实,必将有利于 WTO 的顺利发展,同时也有利于 G20 目标的实现。本文特别提出,纳入区域贸易协定和工商界所关注的问题,将成为 WTO 未来发展的重要环节,并且中国应当且能够在此过程中发挥重要作用。

关键词:G20;杭州峰会;WTO;中国

2008 年国际金融危机爆发后,二十国集团(G20)①领导人在华盛顿举行第一次峰会,共商应对危机和维护稳定之良策,并通过了 47 条金融领域改革行动计划。② 而在 2009 年召开的第二次峰

---

* 清华大学法学院教授,中国法学会世界贸易组织法研究会常务副会长。

① 阿根廷、澳大利亚、巴西、加拿大、中国、法国、德国、印度、印度尼西亚、意大利、日本、韩国、墨西哥、俄罗斯、沙特阿拉伯、南非、土耳其、英国、美国以及欧盟。

② 计划涉及提高金融市场透明度和完善问责制、加强监管、促进金融市场完整性、强化国际合作以及改革国际金融机构等五个领域。参见 2008 年 11 月 15 日领导人峰会公报,G20 官网:http://g20. org/English/Documents/PastPresidency/201512/P020151225609230748803. pdf,最后访问日期:2016 年 11 月 14 日。

会上,则出台总额 1.1 万亿美元的全球经济复苏和增长计划,表现了团结一致共赴时艰的信心。2010 年欧洲主权债务危机期间,G20 领导人再次出手相救。至此,G20 从最初就国际金融货币政策、国际金融体系改革和世界经济发展等问题交换观点的财长和央行行长会议以及后来的各国领导人的国际经济合作论坛,演变成全球经济治理的重要力量。G20 领导人峰会不仅仅是一个表达观点和立场的论坛,而且采取实实在在的措施,在维护世界经济秩序和推动世界经济发展方面,发挥了举足轻重的作用。G20 成员虽然只有 20 个国家,但是其人口占全球的 2/3,国土面积占全球的 60%,国内生产总值占全球的 90%,贸易额占全球的 80%。① 正是在这个背景下,G20 杭州峰会的召开,举世瞩目。

世界贸易组织(WTO)是当今世界最为重要的一个国际经济组织,在建立和维护国际贸易规则,推动世界经济发展和世界和平方面,做出了重要贡献。② 然而,近年来,WTO 遇到了前所未有的挑战,主要体现在多边贸易谈判“多哈回合”久拖不决,成果甚微,③

① 以上参见 G20 官网:http://www.g20.org/gyg20/G20jj/201510/t20151027_871.html;http://www.g20.org/gyg20/ljfhcg/201511/t20151106_1226.html,最后访问日期:2016 年 11 月 14 日。

② WTO 成立于 1995 年,而其前身《关税与贸易总协定》(GATT)则成立于 1947 年。WTO 在占 90% 以上世界贸易量的 164 个经济体间建立了一种秩序,即由货物贸易、服务贸易和知识产权等一系列协议所组成的国际贸易规则,涉及最惠国待遇、国民待遇、透明度和约束关税等基本制度;通过贸易政策审议机制对规则实施进行的监督;以及争议的有效解决。这种由规则、监督和争端解决机制所建立的秩序,成为促进世界经济发展与世界和平进步的重要因素。参见杨国华:《世界贸易组织与中国》,清华大学出版社 2016 年版,前言部分。

③ WTO 新回合“多哈回合”谈判于 2001 年启动,至今未能结束,仅在达成《贸易便利化协议》、全面取消农产品出口补贴和扩围《信息技术协定》等方面取得了一些进展。参见 WTO 官网:https://www.wto.org/english/tratop_e/dda_e/dda_e.htm,最后访问日期:2016 年 11 月 17 日。

与此同时区域贸易协定蓬勃兴起,削弱了 WTO 的影响力,[①]以至于出现了“多哈回合已死”“WTO 岌岌可危”等悲观情绪。[②] 在此危急关头,作为同是 WTO 成员的 G20 国家,其领导人的共识和态度至关重要,并且其作用丝毫不亚于应对国际金融危机和欧洲主权债务危机。因此,从贸易和 WTO 发展的角度,G20 杭州峰会同样值得特别关注。如果说此前有识之士对 WTO 的发展忧心忡忡,那么从峰会成果看,现在可以放下心来,长舒一口气了。当然,这些成果不会自动转化为实际效果。如果要借助 G20 领导人峰会的东风,实现 WTO 的振兴,那么就需要有识之士的共同努力,包括政府和民间力量的合力。此外,G20 和 WTO 并非两个毫不相干的论坛,而是有大面积交集,并且 WTO 发展顺利,促进世界经济发展,恰恰是 G20 的主要目标。因此,G20“拯救”WTO,同时也是对自己的“自救”,二者同甘苦、共进退。

一、G20 杭州峰会的意义:全球问题与贸易问题

G20 面对世界经济危机应运而生,《二十国集团杭州峰会公报》(下称《公报》)也强调了当前的世界经济形势“……全球经济继续复苏、部分经济体抗风险能力加强、增长新动能开始出现的时刻。但经济增长仍弱于预期。金融市场潜在动荡、大宗商品价格

① 区域贸易协定是两个或几个国家或地区之间签订的贸易协定,是 WTO 的“多边贸易协定”相对概念。据统计,现行有效的区域贸易协定近 300 个,而所有 WTO 成员都或多或少地签有这样的协定,参见 WTO 官网:http://rtais. wto. org/UI/PublicAllRTAList. aspx,最后访问日期:2016 年 11 月 14 日。近期最为引人注目的就是《跨太平洋伙伴关系协议》(TPP),详见下文介绍。短期内,区域贸易协定在客观上转移了各国对于 WTO 的注意力,在谈判动力和人力配备等方面有所削弱。

② 例如,2015 年 12 月 14 日,WTO 贸易部长会议召开前夕,美国贸易代表发表文章称:“多哈回合根本没有成果”“该摆脱多哈的羁绊了”,载 http://www. ftchinese. com/story/001065260,最后访问日期:2016 年 11 月 17 日。

波动、贸易和投资低迷、一些国家生产力及就业增长缓慢等下行风险犹存。地缘政治走向、难民增加以及恐怖主义冲突等挑战导致全球经济前景复杂化。”(《公报》第2段)

因此,峰会形成的“杭州共识”是综合性的,包括“放眼长远”,完善二十国集团增长议程,发掘增长新动力,开辟新增长点,以创新和可持续的方式推动经济转型;“综合施策”,创新经济增长理念和政策,财政、货币和结构性改革政策相互配合,经济、劳动、就业和社会政策保持一致,需求管理和供给侧改革并重,短期政策与中长期政策结合,经济社会发展与环境保护共进;“扩大开放”,继续努力建设开放型世界经济,反对保护主义,促进全球贸易和投资,加强多边贸易体制,确保全球化背景下的经济增长提供惠及更多人的机遇、得到公众普遍支持;以及“包容发展”,确保经济增长的成果普惠共享,满足各国和全体人民尤其是妇女、青年和弱势群体的需要,创造更多高质量就业,消除贫困,解决经济发展中的不平等现象四项原则。(《公报》第6段)

但是可以看出,“扩大开放”,即与贸易和投资有关的内容,是四项原则之一。事实上,四项原则所涉及的内容,是相互补充、相互促进的。尽管从峰会成果看,贸易和投资只是其中一个方面,但是其他方面的发展,势必有利于贸易和投资的发展,反之亦然。仔细审视四项原则所涉内容之间的关系,这一点不言而喻。例如,“开辟新增长点”“财政、货币和结构性改革政策相互配合”和“经济增长的成果普惠共享”都会为贸易和投资的增长创造有利的环境和条件;反过来,贸易和投资的增长,也必将有利促进这些目标的实现。因此,G20是将贸易和投资作为世界经济发展的一揽子内容进行考虑的。而这一点给WTO的启示是,贸易不可能脱离其他方面单独发展,尽管贸易是WTO的主要领域,WTO应该致力于贸易规则的完善和实施,WTO应当更多关注、参与甚至纳入一些与贸易有关的领域,从而为贸易发展创造更为有利的条件。也就是说,WTO不应该故步自封,固守贸易问题,而是应该有更加宽广的视野和领域。这也许是 WTO 未来发展的方向,而下文重点论及的对区域贸易协定和工商界提出的问题持开放态度,则是一项重要的体现。

在四项原则之下,峰会较为详细地表述了七项措施,即“加强政策协调”“创新增长方式”“建设更高效的全球经济金融治理”“促进更强劲的全球贸易和投资”“推动包容和联动式发展”和“影响世界经济的其他重大全球性挑战”(如英国脱欧、可持续发展、气候变化、难民危机、恐怖主义和抗生素滥用等)。其中,“促进更强劲的全球贸易和投资”特别涉及 WTO 的内容。

二、G20 杭州峰会在贸易方面的成果:承诺、原则、行动

如前所述,“杭州共识”四项原则之一是“扩大开放”,即“继续努力建设开放型世界经济,反对保护主义,促进全球贸易和投资,加强多边贸易体制,确保全球化背景下的经济增长提供惠及更多人的机遇、得到公众普遍支持。”原则是高度浓缩的内容,其丰富的内涵需要结合其后的文字进行详细解读。在《公报》中,直接相关的内容是“促进更强劲的全球贸易和投资”(第 25 ~ 31 段),而更为详细的解释则体现在《二十国集团贸易部长会议声明》(以下简称《声明》)之中。①

(一)“加强多边贸易体制”

在《公报》中,这一原则表述所对应的内容是:“我们重申在当今全球贸易中维护以世贸组织为核心、以规则为基础、透明、非歧视、开放和包容的多边贸易体制”(第 26 段),而《声明》的进一步

① 公报附件二《二十国集团落实 2030 年可持续发展议程行动计划》中的“贸易和投资”部分也有相关内容,但是基本上是公报和贸易部长会议声明的重复,兹不赘述。

阐释是:"我们重申世贸组织在当今全球经济中的核心地位。世贸组织提供了管理国际贸易关系的多边框架,是避免和解决贸易争端的重要机制,也为处理影响所有世贸组织成员的贸易相关议题提供了平台。我们继续致力于维护以规则为基础的、透明、非歧视、开放和包容的多边贸易体制,决心共同努力进一步加强世贸组织。"(第11段)

看上去,这些表述不过是原则、立场、声明,但是在本文开头所述WTO面临挑战的形势下,这一表态却至关重要、意味深长。

WTO的特征,就是以规则为基础的多边贸易体制。"以规则为基础",是指WTO建立了一整套"透明""非歧视""开放"和"包容"的国际贸易规则,覆盖货物贸易、服务贸易和知识产权三大重要领域,而且其职能之一,是通过贸易政策审议机制和争端解决机制,①监督这套规则的实施。从WTO成立二十多年的情况来看,这些规则得到了普遍遵守:各成员总体上都是在规则范围内从事贸易管理行为的,鲜有公开违反的情况,并且在发生争议的情况下,各成员都能够采取和平理性的手段予以解决,特别是通过援用争端解决机制的法律方法解决。② "多边贸易体制"则是指WTO成员有广泛代表性,数量达到164个,占全球贸易量90%以上。因此,WTO不仅维护了世界经济秩序,促进了世界经济的发展,成为当今世界不可或缺的国际组织,而且成为全球治理和国际法治的典范,为经济领域甚至其他领域的国际合作提供了有益的借鉴。基于这一事实,那么"加强多边贸易体制"和"以世贸组织为核心"就是理所当然了,而《宣言》和《声明》挑明这一点,则是表明了二

---

① 贸易政策审议机制是定期对各成员的贸易政策进行审查和公布的制度,而争端解决机制则是"打官司"的程序。参见WTO:《贸易政策审议机制》和《关于争端解决规则与程序的谅解》,载对外贸易经济合作部国际经贸关系司译:《世界贸易组织乌拉圭回合多边贸易谈判法律文本》(中英文对照),法律出版社2000年版,第380~382、457~460页。

② 截至2017年3月4日,WTO已经受理了522起案件。参见WTO官网:https://www.wto.org/english/tratop_e/dispu_e/dispu_status_e.htm,最后访问日期:2017年3月4日。

十个重要国家的鲜明立场和明确态度。事实上,WTO 也是这些国家参与建立和维护的,几十年来不断试错,取得了很大成效,使得大家都在从中受益。WTO 的成就是大家共同努力的结果,即使 WTO 遇到了一些挑战,但是瑕不掩瑜,各成员应该想方设法完善机制,推动 WTO 的发展。即使退后一步想,鉴于 WTO 在维护多边贸易体制方面的作用,任何取而代之或重起炉灶的想法都是不切实际的。

以“透明”“非歧视”“开放”和“包容”等规则为基础的多边贸易体制的建立和成功来之不易,诞生于两次世界大战人类的惨痛教训之后,成长于“二战”后风雨飘摇的两大阵营冷战之中,壮大于和平与发展的世界潮流之下,[①]不仅为世界经济发展和维护世界和平做出了贡献,并且为全球治理途径提供了有益的探索。二十国集团,对于这样一个国际组织,当然应当客观评价其作用,并且坚决维护并加强其地位。不仅如此,WTO 的兴衰,也事关 G20 的成败。无论从 G20 的目标还是贸易在其议程中的分量来看,这一点都是不言自明的。正如我们已经无法想象一个没有 WTO 的世界经济秩序,我们也无法想象一个没有多边贸易规则的二十国集团。

(二)区域贸易协定、贸易保护主义

1. 区域贸易协定

本文开头提到了 WTO 面临的挑战之一是区域贸易协定。事实上,WTO 多边贸易规则与区域贸易协定之间的关系,一直是政府和学术界广泛讨论的话题,并且因此有“垫脚石”和“绊脚石”之争。[②]《宣言》可谓对此一锤定音、盖棺定论:“我们注意到双边和

① 如前文脚注所提及,WTO 成立于 1995 年,而其前身 GATT 成立于 1947 年。

② 即区域贸易协定是有利于还是有害于多边贸易协定的讨论。本人的观点是二者的结合,即长期来看,区域贸易协定必将回归多边,因为这样对所有国家最为有利;而短期来看,势必转移各国对多边的注意力,前文脚注已提及了这一点。

区域贸易协定在贸易自由化和贸易规则发展方面的重要作用,认识到需要确保其同世贸组织规则保持一致。我们承诺致力于确保双边和区域贸易协定对多边贸易体制形成补充,保持开放、透明、包容并与世贸组织规则相一致。"(第27段)。而《声明》则进一步提出:"我们注意到双边和区域贸易协定在推进贸易自由化和制订贸易规则上可以发挥重要作用,同时认识到需要确保其与世贸组织规则和条款相一致,并为更加强劲的多边贸易体制做出贡献。我们鼓励二十国集团成员未来签署的区域贸易协定能够开放供其他成员加入,并包含审议和扩大条款。"(第13段)

可以看出,二十国集团在肯定区域贸易协定作用的同时,强调了其与WTO关系,即"保持一致""补充"和"相一致"。需要指出的是,确定这样的主从关系,并非局外人的隔岸观火、妄加评论,而是作为WTO重要成员,同时又是区域贸易协定的积极参与和重要推动者的二十个国家的认识和共识。一方面是多边贸易体制成员,另一方面又在如火如荼地从事区域贸易协定谈判,这些国家的立场是什么?如何处理二者的关系?其实这是个原则问题,也是不能含糊的问题,决定着世界经济秩序的未来走向,即"大一统"的多边体制,还是"碎片化"的各自为政。显然,确定主从关系是更为理性的选择,并且心中始终想着区域贸易协定回归多边体制,"条条江河归大海"是必由之路。①

不仅如此,《声明》似乎还指明了回归的一条路径,即相互加入。试想一下,两个或几个国家之间的协定,开放供其他国家参加,然后以此为起点,再开放供集团之外的国家加入,岂不是事实上的"多边化"?

事实上,《宣言》和《声明》还提出了另外一条回归的路径,即

---

① 事实上,早在1947年,GATT第24条就提及了"自由贸易区"的问题,主要内容是:GATT缔约方有权形成自由贸易区,但是关税等贸易措施不得更高或更严。相关条款参见对外贸易经济合作部国际经贸关系司译:《世界贸易组织乌拉圭回合多边贸易谈判法律文本》(中英文对照),法律出版社2000年版,第354~382页。

区域贸易协定的议题纳入 WTO 谈判的议题。这可能是意义更加重大的路径,本文将做专门论述,此处从略。

此外,《声明》提到了一个重要的监督机制:“我们将与其他世贸组织成员共同努力,将区域贸易协定临时透明度机制转变为永久机制,并承诺在全面履行相关通报义务上做出表率。”(第 13 段)WTO 的临时透明度机制是根据 2006 年 12 月 14 日的《关于区域贸易协定透明度机制的总理事会决定》建立的,包括早期宣布、通报、确保透明的程序、后续通报与报告以及准备事实概要等内容。[①] 将临时透明度机制转变为永久机制,并且在履行通报义务上做出表率,必将有利于区域贸易协定的有效监督。由此可以看出,WTO 与区域贸易协定之间,不仅是主从关系,而且是监督与被监督的关系。

2. 贸易保护主义

“贸易保护主义”是个贬义词。实践中,很多国家都会采取限制贸易的措施,例如反倾销、反补贴和保障措施,但是没有国家会承认这些措施属于“贸易保护主义”措施,而是会宣称自己采取了符合 WTO 规则的措施,其目的是保证贸易条件的公平和对特定产业提供救济。[②]

《宣言》明确表示:“我们重申反对任何形式的贸易和投资保护主义。我们将减少及不采取新的贸易保护主义措施的承诺延长至 2018 年年底并重申决心实现这一承诺,支持世贸组织、联合国贸发会议和经合组织予以监督。”(第 28 段)而《声明》则进一步澄清:“尽管二十国集团反复重申,但影响货物和服务贸易的限制措施存量仍持续上升,2008 年以来记录的限制措施中约四分之三依

---

① 参见 WTO 官网:https://www. wto. org/english/tratop_e/region_e/trans_mecha_e. htm,最后访问日期:2016 年 11 月 14 日。

② 2008 年,应 G20 领导人的要求,WTO 开始发布《G20 贸易措施报告》。第 16 个报告于 2016 年 11 月 10 日发布。参见 WTO 官网:https://www. wto. org/english/news_e/news16_e/g20_wto_report_november16_e. pdf,最后访问日期:2016 年 11 月 16 日。

然存在,而二十国集团经济体新实施的影响货物和服务贸易的限制措施的月平均数量创自2009年世贸组织开始监督此类措施以来的新高。对此,我们再次重申此前关于维持现状和撤销已有保护主义措施的承诺,并将承诺延长至2018年底。"(第12段)由此可见,《宣言》和《声明》对"影响货物和服务贸易的限制措施"做了一个定性,即这些措施就是"贸易保护主义"措施,应当维持现状并逐渐减少,而不得增加。

除了将克制"贸易保护主义"的承诺延长到2018年年底之外,二十国集团还"支持世贸组织、联合国贸发会议和经合组织予以监督"(《宣言》第28段)。"我们还承诺改善关于维持现状和撤销已有保护主义措施努力的通报状况,包括更好地利用世贸组织现有机构。我们要求世贸组织、经合组织和联合国贸发会议在其各自职责范围内,继续就影响货物和服务贸易以及投资的限制性措施定期提供报告。"(《声明》第12段)[①]提供报告就是增加透明度,让限制贸易的措施大白于天下,从而形成一种无形的压力。增加透明度一定是有所成效的。至少对于二十国集团而言,一方面旗帜鲜明地"反对任何形式的贸易和投资保护主义",另一方面却有增无减地采取"贸易保护主义"措施,在道德和形象层面是不能逻辑自洽的。因此,对于"贸易保护主义"措施,各国势必采取克制态度。

(三)具体行动

以上关于"加强多边贸易体制"的承诺、对区域贸易协定的定性和对"贸易保护主义"的态度,不仅意义重大,而且有具体行动和路径的配合,因此绝不是泛泛而论的空谈。除了这些总体承诺和原则之外,G20杭州峰会还决定采取一系列具体措施,支持WTO的发展。

---

① 2008年,应G20领导人的要求,三个组织联合发布《G20贸易与投资措施报告》。第16个报告于2016年11月10日发布。参见WTO官网:https://www.wto.org/english/news_e/news16_e/g20_joint_summary_november16_e.pdf,最后访问日期:2016年11月16日。

1.“后内罗毕”工作

内罗毕会议是指 2015 年 12 月在肯尼亚首都内罗毕举行的第 10 届贸易部长会议,而所谓的“后内罗毕”工作,则是指落实内罗毕会议的成果,①其中“优先推进多哈回合剩余议题谈判,包括农业谈判的所有三大支柱(市场准入、国内支持、出口竞争)、非农市场准入、服务、发展、与贸易有关的知识产权、规则”(《宣言》第 26 段)。

“后内罗毕”工作仅仅涉及“多哈回合”的一部分,而在这些部分中,二十国集团确定了重点推进的内容,不失为一种现实的选择。不仅如此,这些重点的确定,也是客观上确认“多哈回合”谈判的重要性,是对多边贸易谈判怀疑论的一种回应。《宣言》明确表示:“我们将增强紧迫感,团结一致,与世贸组织成员一道推动在世贸组织第十一次部长级会议及此后取得积极成果。我们将共同加强世贸组织的作用。”(第 26 段)在二十国集团的带领下,如果所有 WTO 成员都带着每次部长级会议取得积极成果的想法,那么多边贸易谈判就能够不断推进,WTO 的作用也就会不断得到加强。

2.《贸易便利化协定》

《宣言》明确承诺:“在 2016 年底前批准《贸易便利化协定》,呼吁其他世贸组织成员采取同样行动。”(第 27 段)这个协议是第 9 届贸易部长会议的成果,并且是多哈回合启动以来所达成的第一个协议,涉及信息公开、法律制定的透明度、公正和非歧视、进出口税费的纪律、货物清关制度、进出口和转运的形式要求、转运自由、海关合作等内容,意义重大。②

---

① 会议成果涉及农业、棉花和最不发达国家等方面。参见 WTO 官网:https://www.wto.org/english/thewto_e/minist_e/mc10_e/nairobipackage_e.htm,最后访问日期:2016 年 11 月 15 日。

② 参见 WTO 官网:https://www.wto.org/english/thewto_e/minist_e/mc9_e/desci36_e.htm,最后访问日期:2016 年 11 月 15 日。

目前,该协议已经生效。[①]《声明》称:"在当前全球经济和贸易增长持续放缓的背景下,二十国集团在实施 TFA(Trade Facilitation Agreement,以下简称《贸易便利化协定》)方面发挥领导作用将为降低贸易成本和促进全球贸易自由化做出重大贡献。"(第14段)

3.《环境产品协定》等诸边协定

这是一个"诸边协定",即可以供部分成员参加的协定,而不是像《贸易便利化协定》那样需要全体成员参加的多边协定。所谓"环境产品",是指控制空气污染、废物管理和清洁能源等方面的产品,例如催化转换器和空气过滤器等产品,而协定的目标是降低直至取消这些产品的关税和非关税措施。[②]《宣言》提出:"二十国集团《环境产品协定》谈判参与方欢迎世贸组织《环境产品协定》谈判达成的'着陆区',[③]重申其目标是加倍努力弥合现存分歧,在找到解决参与方核心关切的有效途径后,于2016年底前达成一个富于雄心、面向未来的《环境产品协定》,在广泛范围内削减环境产品关税。"(第27段)

对于诸边协定的态度,《宣言》的表述是:"与世贸组织规则相一致、广泛参与的诸边贸易协定能对全球自由化倡议发挥重要补充作用。"(第27段)《声明》还进一步提出:"注意到《信息技术协定》及其扩围协议,以及《服务贸易协定》和《环境产品协定》谈判。

① 协议生效需要三分之二成员批准,即164个成员中的112成员批准即可生效。参见WTO官网:https://www.wto.org/english/news_e/news16_e/fac_31oct16_e.htm;https://www.wto.org/english/tratop_e/tradfa_e/tradfa_e.htm,最后访问日期:2017年1月6日。该协议已于2017年2月22日生效。参见WTO官网:https://www.wto.org/english/news_e/news17_e/fac_27feb17_e.htm,最后访问日期:2017年3月4日。

② 参见WTO官网:https://www.wto.org/english/tratop_e/envir_e/envir_neg_serv_e.htm,最后访问日期:2016年11月15日。

③ "着陆区"由多个要素组成。这包括一份产品清单,在2016年年底前就关税过渡期框架做出的承诺,以及就未来的工作、协议多边化、"搭便车"等问题做好安排等。参见http://www.chinatradenews.com.cn/shuzibao/html/2016-09/27/content_71845.htm?div=-1,最后访问日期:2016年11月15日。

那些认同这些诸边协定参加方的谈判目标的世贸组织成员应被鼓励参加这些诸边协定和谈判……参加《信息技术协定》扩围谈判的所有二十国集团成员确认有关不再拖延实施该协定的承诺。”(第16段)

从关贸总协定(GATT)和WTO的发展历史看,诸边协定常常是迈向多边协定的一个步骤,是从适用于部分成员到全体成员的务实措施。[①] 二十国集团不仅鼓励诸边协定,而且“指名道姓”支持目前正在进行的几个协定谈判,对于《环境产品协定》列出了明确的时间表,对于《信息技术产品协定》做出了明确承诺。可以预期,这些国家的明确承诺和率先垂范,必将极大地推动这些诸边协定的达成和实施。

(四)与贸易有关的其他内容:全球贸易增长战略、全球价值链、钢铁产能过剩

峰会核准了《二十国集团全球贸易增长战略》,并且宣布“将据此在降低贸易成本、促进贸易和投资政策协调、推动服务贸易、加强贸易融资、促进电子商务发展,以及处理贸易和发展问题方面做出表率”(《公报》第29段),因为“这些行动将通过促进贸易开放和一体化、支持经济多样化和工业升级,推动全球繁荣与可持续发展”(《声明》第7段)。

峰会宣布:“支持采取有关政策,确保企业特别是妇女和青年企业家、女性领导的企业和中小企业,无论规模大小,都能从全球价值链中受益,并鼓励发展中国家,特别是低收入国家在更高水平、更多附加值上参与全球价值链并向高端移动。”(《宣言》第30段)因为“全球价值链,包括区域价值链,是世界经济的一个重要

① 例如,GATT“东京回合”谈判的成果包括补贴与反补贴、技术壁垒、进口许可程序、海关估价、反倾销等“守则”,属于部分缔约方参加的诸边协定,而在随后的“乌拉圭回合”谈判中,成为所有成员参加的多边协定。参见 Understanding the WTO:https://www.wto.org/english/thewto_e/whatis_e/tif_e/understanding_e.pdf,第16~17页。

特征,包容的全球价值链是世界贸易的重要推动力”(《声明》第21段)。至于具体措施,“二十国集团成员将继续加强能力建设,促进包容协调全球价值链的倡议,将继续规划并实施一系列行动,在与发展中国家,尤其是低收入国家和中小企业包容性参与全球价值链最相关的领域开展研究并采取行动,包括以下领域:合适的基础设施、技术支持、贷款获取、供应链连接、农业、创新、电子商务、技能培训和负责任企业行为。”“此外,有能力的二十国集团成员将继续帮助发展中国家和中小企业提高采用并符合国际国内标准、技术规定和合格评定程序的能力;便利发展中国家和中小企业通过信息技术获取贸易投资相关信息;进一步提供信息帮助发展中国家和中小企业融入全球价值链并向上游攀升。”(《声明》第22段)

峰会还对某些行业产能过剩,特别是钢铁产能过剩表示了关注:“全球经济复苏缓慢和市场需求低迷使得包括一些行业产能过剩在内的结构性问题更加严重,这些问题对贸易和工人产生了负面影响……钢铁和其他行业的产能过剩是一个全球性问题,需要集体应对。”关于钢铁产能过剩的原因,峰会指出:“政府或政府支持的机构提供的补贴和其他类型的支持可能导致市场扭曲并造成全球产能过剩,因此需要予以关注。”至于解决方案,峰会提出:“加强沟通与合作,致力于采取有效措施应对上述挑战,以增强市场功能和鼓励调整……通过组建一个关于钢铁产能过剩的全球论坛,加强信息分享与合作。该论坛可由经合组织提供协助,并由二十国集团成员和感兴趣的经合组织成员积极参加。”(《宣言》第31段)

(五)成果落实:机制保障

峰会宣布,专门成立“二十国集团贸易投资工作组”,落实有关成果。具体而言,工作组职责包括:落实以往峰会、贸易部长会议和协调人会议在贸易和投资领域所做承诺和指示;基于二十国集团主席国的优先领域,开展贸易和投资的相关合作;讨论二十国集团成员国提出的其他涉及共同利益的贸易和投资问题。工作组的工作方式为:由主席国和一个来自成员的联合主席共同主持,根据需要召开会议,全年不超过 3 次或 4 次,并向二十国集团协调人会议、贸易部长会议和二十国集团领导人峰会报告工作。①

三、WTO 的发展

从以上梳理可以看出,当时 G20 明确支持 WTO 作为多边贸易体制的核心地位,积极推动多哈回合谈判,并且表明要在批准《贸易便利化协定》和反对贸易保护主义等方面率先垂范,在《环境产品协定》等诸边协定谈判方面态度明确。这些立场的宣布和行动的落实,必将有利于 WTO 的顺利发展。

然而,WTO 要想在世界贸易体制中占据核心地位,以上内容显然是不够的。客观地说,这些内容仅仅是肯定了 WTO 的现有作用,并且承诺推动多哈谈判的继续进行。但是多哈谈判议程是 2001 年制定的,15 年来世界经济发生了很大变化,国际贸易中出现了很多新的现象,迫切需要建立一系列的国际规则。这也是区域贸易协定蓬勃兴起的重要原因之一。因此,WTO 所面临的任务,不仅是完成多哈谈判的议程,而且要回应新形势的发展。在这方面,G20 杭州峰会也指明了路径,即《宣言》提到的"一系列议题也许在当前全球经济中符合共同利益并具有重要性,因此可成为世贸组织讨论的合理议题,包括在区域贸易协定和二十国集团工商界提出的问题"(第 26 段)。

(一)区域贸易协定提出的问题:以 TPP 为例

前文简单提及,将区域贸易协定的议题纳入 WTO 谈判的议题,是区域贸易协定回归 WTO 的一条路径。事实上,这也是

① 参见 G20 官网:http://www.g20.org/hywj/dncgwj/201607/t20160715_3056_1.html,最后访问日期:2016 年 11 月 16 日。

WTO 发展的重大路径。简言之,WTO 可以将区域贸易协定已经涉及的议题和达成的协议,纳入 WTO 的体系。理性地想想:区域贸易协定的成员也是 WTO 成员,来自世界经济发展的现实需要而出现的问题,WTO 由于成员众多和决策机制(协商一致)等原因而不能及时回应,但是区域贸易协定却及时进行组织谈判并且形成了规则。那么,WTO 为何不将这些议题和规则纳入 WTO 多边谈判,使得这些区域规则尽快多边化呢?从客观和主观两个层面看,这都是有可能实现的。从客观上看,国际谈判中最为核心的部分,是议题的确定和规则的撰写,而区域贸易协定已经提供了现成的文本,WTO 成员(包括那些区域贸易协定成员)只需要在此基础上修修补补就可以了。从主观上看,在贸易国际化和价值链全球化的情况下,多边规则的"大家庭"显然是更加有利于所有 WTO 成员的,而区域贸易协定的"小集团"仅仅是不得已而为之的临时安排。也许,WTO 的未来工作不是发动什么新回合谈判,而是更多致力于区域贸易协定的多边化。在此,TPP 提供了很好的示例和机遇。

TPP(《跨太平洋伙伴关系协议》,Trans-Pacific Partnership)是一个区域贸易协议,谈判方有 12 个国家(按英文字母顺序):澳大利亚、文莱、加拿大、智利、日本、马来西亚、墨西哥、新西兰、秘鲁、新加坡、美国和越南。2015 年 10 月 4 日,TPP 谈判结束;11 月 5 日,TPP 文本正式公布。[①]

TPP 的主要特点是:协议为全球贸易制定了新标准,同时兼顾了下一代议题。五大特征使得 TPP 成为里程碑式的 21 世纪协议(landmark 21st-century agreement):(1)全面的市场准入。在实质上全部货物和服务贸易方面,TPP 取消或降低了关税和非关税壁垒,覆盖了贸易的所有方面,包括货物和服务贸易以及投资,从而

① 关于 TPP 的内容,参见美国贸易代表办公室官网:https://ustr.gov/tpp/,最后访问日期:2016 年 11 月 17 日。

为企业、工人和消费者创造了新的机会和利益。(2)区域的承诺。TPP促进生产和供应链的发展,无缝贸易(seamless trade),以及实现创造和支持就业、提高生活水平、增加资源保护、促进跨境融合和开放国内市场等目标。(3)应对新的贸易挑战。TPP解决新的问题,包括数字经济的发展和国有企业在全球经济中的作用,以促进创新、生产力和竞争力。(4)包容性的贸易。TPP包括新的内容,以确保所有发展水平的经济体和所有规模的企业都能够从贸易中受益。协议的承诺包括帮助中小企业理解协议,利用协议提供的机会,将其遇到的特殊挑战提请TPP政府关注。协议还包括发展和贸易能力建设方面的特殊承诺,使得所有成员都能履行承诺并从协议中充分获益。(5)区域一体化的平台。TPP是区域经济一体化的平台,可以吸纳亚太地区的其他经济体。①

TPP共有30章,包含了贸易及与贸易有关的议题。协议从货物贸易开始,一直包括海关和贸易便利化、卫生和植物卫生措施、贸易的技术性壁垒、贸易救济、投资、服务、电子商务、政府采购、知识产权、劳工、环境,旨在确保TPP实现其发展、竞争力和包容性潜能的"水平"章节,争端解决、例外、机构条款。除了提升此前自由贸易协定(FTAs)中的传统议题,TPP还纳入了新的正在出现的贸易议题和综合性议题,包括与互联网和数字经济相关的议题,国有企业参与国际贸易和投资,小企业从贸易协定中受益的能力等。TPP联合了一群多样性的国家,包括地理、语言和历史、规模以及发展水平的多样性。TPP国家一致认为,多样性是独特的财富,同时需要密切合作,对欠发达国家的能力建设以及某些情况下的特殊过渡期和机制,给予某些成员更多时间提高能力以履行新的义务。②

① 参见美国贸易代表办公室官网:https://ustr. gov/about-us/policy-offices/press-office/press-releases/2015/october/summary-trans-pacific-partnership,最后访问日期:2017年3月1日。

② 同上。

TPP 内容十分丰富,大大超出了 WTO 的范围。例如,在投资方面,协议提出投资规则要求非歧视的投资政策和基本的法治保护,同时保护政府实现合法公共政策目标的能力。其具体内容为:提供了其他投资协定中所规定的保护,包括国民待遇;最惠国待遇;符合习惯国际法原则的"最低待遇标准";禁止并非出于公共目的、没有正当程序或没有提供补偿的征收;禁止诸如当地含量或技术本地化之类的"业绩要求";自由转移与投资有关的资金,但是政府有权管理不稳定的资本流动,措施包括非歧视的临时保障性措施(如资本控制),以便在收支平衡危机或危险以及其他经济危机的情况下限制与投资有关的转移,以确保金融体制的稳定;任命任何国籍高管的自由;采用"负面清单"(negative list)制度,即市场完全向外国投资者开放,除非在以下国别附件中有例外(不符措施):(1)现有措施,成员承诺未来不会更有限制性且约束未来的开放;(2)成员保留完全自由裁量权的政策措施。TPP 还规定了中立、透明的投资争端国际仲裁,同时防止滥诉,政府有权出于健康、安全和环境保护等公共利益而进行管理。程序性保障包括:透明的仲裁程序,法庭之友,非争端方,快速审查滥诉和可能的律师费裁决,中期裁决的审议程序,TPP 成员有约束力的共同解释,起诉的时限,防止起诉方在平行程序中提出同一请求。

再如,关于国有企业和指定性垄断企业,TPP 提出所有 TPP 成员都有国有企业,它们在提供公共服务和其他活动上经常起到一定作用,但 TPP 各成员承认,同意建立一个管理国企的框架是有益的。"国有企业"章节覆盖那些主要从事商业活动的大型国企。各方同意,确保其国企在进行商业采购和销售时基于商业考虑,除非这样做不符合国企在提供公共服务时被赋予的使命;确保其国企或指定垄断企业不歧视其他成员的企业、货物和服务;外国国企在本国境内商业活动的管辖权归属本国法院,各方将确保行政部门在监管国企和私营企业时一视同仁;不以向国企提供非商业性帮助的方式,对其他 TPP 成员的利益造成负面影响,也不以向在其他成员境内生产并销售产品的国企提供非商业性帮助的方式，对其他成员的国内产业造成损害。此外，TPP 各成员同意，互相分享各自的国企名单，并在对方提出要求的情况下，提供进一步信息，说明政府对有关国企的所有权、控制权和所提供的非商业性帮助的范围和程度。该章节的义务有一些例外，例如，在国内或全球经济状态下的例外，以及附件中的国别例外清单所规定的例外。

贸易和投资是经济增长和发展的重要引擎（《声明》第 2 段），投资有利于贸易的增长，[①]G20 峰会也将贸易与投资相提并论，强调贸易与投资规则的协调发展（《声明》第 5 段）。然而，WTO 却几乎没有投资的内容，[②]实际上也没有一个国际组织在承担多边投资规则的谈判，使得国际投资规则呈现"碎片化"的无序状态。[③] WTO 似乎应该将 TPP 投资章节拿到日内瓦，启动多边投资协议的谈判，甚至考虑将 WTO 扩展为贸易和投资的组织。[④] 至于具体路径，WTO 似乎应该借助 G20 平台，推动贸易与投资规则的融合。至于国有企业等内容，也可以成为 WTO 成员谈判的议题。[⑤]

---

① "全球投资是经济增长和可持续发展的引擎，可以帮助提升生产能力、便利技术更广泛传播、创造就业，并通过全球价值链将各经济体融入世界贸易"（《声明》第 17 段）。

② WTO《与贸易有关的投资措施协定》仅对某些可能对贸易产生限制或扭曲作用的投资措施规定了纪律，例如国民待遇和数量限制方面的规则。参见对外贸易经济合作部国际经贸关系司译：《世界贸易组织乌拉圭回合多边贸易谈判法律文本》，第 143 ~ 146 页。

③ 1995 ~ 1998 年，经合组织（OECD）曾经主持起草了《多边投资协定》草案，但是各国没有能够达成一致。参见 OECD 官网：http://www.oecd.org/investment/internationalinvestmentagreements/multilateralagreementoninvestment.htm，最后访问日期：2016 年 11 月 16 日。

④ 如果 WTO 发展成为包括贸易和投资的国际组织，则可以考虑更名为 WITO：World Investment and Trade Organization。在本文作者脚注提及的 10 月 29 日研讨会上，贺小勇教授第一次提出了这个缩略语。

⑤ 本文作者认为，TPP 与我国经济发展战略并不矛盾。例如，关于国有企业，我国《关于深化国有企业改革的指导意见》指出："适应市场化、现代化、国际化新形势，以解放和发展社会生产力为标准，以提高国有资本效率、增强国有企业活力为中心，完善产权清晰、权责明确、政企分开、管理科学的现代企业制度。"参见中国政府网：http://www.gov.cn/zhengce/2015-09/13/content_2930440.htm，最后访问日期：2017 年 3 月 1 日。此外，本文作者认为，TPP 与我国多边和区域一体化战略也并不矛盾。参见杨国华：《论跨太平洋贸易伙伴协议与我国多边和区域一体化战略》，载《当代法学》2016 年第 1 期。

TPP以其现有成员经济制度和发展水平的多样性,使其成为一个"Mini-WTO"。也就是说,TPP成员能够达成的协议,为什么WTO其他成员不能够达成,这本身就是可以拿到日内瓦进行讨论的问题。

(二)工商界提出的问题:以B20为例

二十国集团工商峰会(B20峰会)组织国际工商界代表就当前全球经济发展中的热点难点焦点问题进行研讨,约1100人云集杭州与G20领导人对话,发布了《2016年B20政策建议报告》(以下简称《报告》)。《报告》共提出20项重要政策建议和76条具体措施。其中首次提出的实施G20智慧创新倡议、[①]发展绿色投融资市场、建立世界电子贸易平台(eWTP)等建议,以及在历届B20峰会关注的加快高质量基础设施项目储备、提升政策包容性支持中小企业发展等问题上提出的新解决措施。[②] 在贸易和投资方面,《报告》建议包括:强化多边贸易体制,反对和遏制贸易保护主义,实现贸易增长;推动2016年年底前批准《贸易便利化协定》并承诺尽快实施;支持世界电子贸易平台(eWTP)倡议,孵化跨境电子贸易规则,促进电子商务发展;发展能力建设和标准认证项目,促进中小企业融入全球价值链;提升全球投资政策环境,助力投资增长。其中,eWTP是一个创新的概念,由B20中小企业发展工作组主席单位阿里巴巴集团牵头倡议成立,相关措施包括促进公私对话,孵化跨境电子商务规则,为跨境电子商务发展创造更有效、更高效的政策和商业环境;与WTO等国际组织紧密合作,将促进跨境电商发展摆在优先位置,并强化《贸易便利化协定》中的相关条

---

① 智慧(SMART)创新包括:可持续的(sustainable)创新;与创新相适应的大型(massive)公共服务平台;普惠的(accessible)创新网络;针对不适应创新的制度进行的变革的(revolutionary)创新;变革性技术(technological)驱动的新生产力。

② 参见http://news.163.com/16/0905/06/C06A20O400014SEH.html,最后访问日期:2016年11月16日。

款;通过完善基础设施、推广最佳实践(如跨境电商试验区)等方式,促进跨境电商和数字经济的发展,解决中小企业尤其是发展中国家中小企业所面临的问题。[①]

B20是G20机制的重要配套活动,是各国工商界参与全球经济治理和推动世界经济增长的重要平台,其使命是代表工商界为G20出台全球增长对策和全球治理方案提出建议。迄今为止,B20已在金融体系改革、贸易、投资、能源、基础设施、就业、金融、反腐败等众多领域,累计向G20峰会提交了400多项政策建议,许多被G20吸收和采纳。[②]《宣言》表示:"欢迎二十国集团工商峰会对加强数字贸易和其他工作的兴趣,注意到其关于构建全球电子商务平台的倡议。"(第30段)

事实上,G20看似各国政府间的活动,但是所达成的全球治理的安排,工商界既是相关措施的直接的受益者,同时也是这些措施的直接推动者。G20领导人与工商界的面对面交流,为有效的全球治理提供了示范。WTO作为贸易组织,与工商界有着更为直接的联系,因此加强与工商界的沟通与合作,包括充分利用B20平台和将工商界提出的问题纳入多边贸易谈判,直接回应工商界的需求,同样事关WTO的未来发展。

四、结语:中国的作用

毋庸置疑,G20已经成为全球经济治理的重要力量。G20杭州峰会成果涉及很多方面,包括以创新和可持续的方式推动经济转型,使经济、劳动、就业和社会政策保持一致,包容发展等重要内容,可以从不同领域进行研究。但是,贸易和投资显然是其重点之一。具体而言,杭州峰会在加强多边贸易体制、管理区域贸易协定

① 参见http://mt. sohu. com/20160812/n463876755. shtml,最后访问日期:2016年11月16日。

② 同上。

和遏制保护主义等方面表达了明确立场,并且在“后内罗毕”工作、《贸易便利化协定》的批准和《环境产品协定》等诸边协定谈判等方面做出了具体承诺,并且专门成立了“二十国集团贸易投资工作组”以落实有关成果。这些举措,在当前 WTO 遇到了前所未有挑战的形势下,无疑会成为强大的力量,推动 WTO 的发展。其中,关于区域贸易协定和工商界所关注问题的安排,更加为 WTO 的发展提供了新的路径。WTO 成员应该以此为契机,将 TPP 文本和 B20 提案为代表的内容纳入 WTO 谈判,为 WTO 开拓新的天地,建立适应贸易和投资新发展的国际体制。

G20 杭州峰会的成功举办,体现了中国参与并领导全球治理的决心和能力。具体到贸易领域,作为世界第一大经济体和第二大贸易国,作为贸易和投资在经济发展中占有重要地位的国家,作为 WTO 多边贸易体制的最大受益者,中国参与并领导全球贸易秩序的稳定和发展,既是义不容辞的责任,也是理所应当的选择。

中国商务部主持了贸易部长会议,会议发布了 G20 历史上首份贸易部长声明,批准了“三份文件”,达成了“两项共识”,取得了重要历史性成果:第一,会议批准了《G20 贸易投资工作组工作职责》,实现 G20 贸易投资政策合作机制化;第二,会议批准了《G20 全球贸易增长战略》,为促进全球贸易和经济可持续发展指明了方向;第三,会议批准了首份《G20 全球投资指导原则》,为加强全球投资政策协调做出历史性贡献;第四,会议就加强多边贸易体制达成重要共识;第五,会议就综合施策、帮助发展中国家和中小企业融入全球价值链达成共识。①

不仅如此,B20 工商界峰会的成功举办,特别是 eWTP 等倡议的提出,也为政府与工商界的合作做出了示范。在参与和领导全球治理的过程中,如何发挥包括工商界在内的民间力量,是随着中

① 参见 http://finance.sina.com.cn/roll/2016-07-10/doc-ifxtwchx8408249.shtml,最后访问日期:2016 年 11 月 16 日。

国崛起而产生的一个崭新而重大的课题。如上所述，工商界人士和普通老百姓，不仅是全球治理的受益者，也应该是全球治理的推动者，理所应当参与到全球治理的决策之中。在这方面，峰会特别提出："必须更有效地与更广大公众沟通贸易和市场开放带来的好处"(《宣言》第 28 段)。

峰会对支持 WTO 多边贸易体制做出了表态，确定了原则，采取了行动，并且指明了路径。这一切都是在中国的积极努力和参与领导下达成的。峰会成果的落实，不仅有利于 WTO 的发展，而且有利于 G20 本身的发展，而在此过程中，中国的作用举足轻重。

Hangzhou Summit of G20 and Development of WTO

Yang Guohua

Abstract: Based on the significance of G20 in global governance, this paper analyzes the outcomes of the G20 Hangzhou Summit in the trade area. The G20 has resolved to strengthen the multilateral trading system, advance negotiations on Doha issues, promote ratification of the Trade Facilitation Agreement, and oppose protectionism on trade, and to support plural-lateral trade agreements like Environmental Goods Agreement. All these outcomes will be beneficial to the development of both WTO and G20. This paper discusses specifically the importance of including the issues focused by the B20 and in regional trade arrangements for the future development of WTO, and the role of China in this process.

Key Words: G20; Hangzhou Summit; WTO; China

走向多边投资协议之路

——中国视角*

漆 彤**

摘要:随着世界资本流动格局的演变,国际投资体制面临重大转型。改革旧的投资秩序,提升国际投资治理水平,促进投资法治良性发展,是当前国际社会的迫切需要。南北分歧大幅缩小、各国主要认识日渐趋同、如火如荼的一体化进程,为国际投资法的多边化进程消除了障碍,发起多边投资协议谈判的时机逐步成熟。作为全球治理的主要力量,G20 在多边投资政策协调方面可发挥重要作用。贸易投资议题的一体化趋势,表明 WTO 仍是目前开展多边投资协议谈判的最佳场所。随着各国实力的此消彼长,欧美在推动多边议程方面已颇显力不从心,以中国为代表的新兴经济体应更加主动地发挥建设性的积极作用。多边投资协议谈判应以达成综合性高水平协议为目标,同时兼顾规则体系的"开放性"与"平衡性""纪律性"与"灵活性"。多边投资协议谈判应充分调动发展中国家积极性,议题选择上遵循先易后难,路径上采取先诸边

---

* 本文为国家社科基金项目"国际投资仲裁视角下的海外中资利益保护研究"(项目批准号 14BFX191)、教育部人文社会科学重点研究基地重大项目"多元平衡视野下的当代国际投资法转型与中国实践"(项目批准号 13JJD820007)、KNAW 中荷联合研究项目"Reforming Investor-State Dispute Settlement System:Dutch and China Perspective"(项目批准号 P12530 - 6CDP12)的阶段性成果。

** 武汉大学法学院、武汉大学国际法研究所教授、博士生导师。

后多边的方式。

关键词：多边投资协议；国际投资法治；全球治理；G20；WTO

过去一二十年来，世界资本流动格局发生重大改变，旧的国际投资体制暴露出越来越多的缺陷和不足，重构全球投资秩序的时机日渐成熟。美国先后启动《跨太平洋伙伴关系协议》(Trans-Pacific Partnership Agreement, TPP)及《跨大西洋贸易与投资伙伴协议》(Trans-Atlantic Trade and Investment Partnership, TTIP)两大巨型自由贸易区(free trade agreements, FTA)谈判，欧盟提出创立国际投资法院系统构想，发达国家试图继续主导新一代贸易投资规则的意图十分明显。[①] 中国已成为世界第二大经济体，在资本输出和输入两方面均具有重大利益，有必要考虑借助 G20、WTO及"一带一路"等传统或新型合作机制，寻找适当契机，主动倡议发起多边投资协议(multilateral investment agreement, MIA)谈判，以更为积极的姿态，应对并化解外部形势所带来的严峻挑战，引领新一代投资规则向开放的多边化方向发展。下文运用5W1H 分析法，通过回答我们为什么需要 MIA(why)、为什么认为当前推进MIA 时机已基本成熟(when)、MIA 谈判最适合在什么场合下推动(where)、MIA 谈判谁能发挥主导作用(who)、MIA 应包括哪些内容(what)、MIA 如何走向现实(how)，分析当前推动 MIA 谈判的必要性、可行性，该项工作可能面临的曲折性、渐进性，以及中国在这一进程中的角色定位和对策方略。

一、为什么需要发起多边投资协议谈判

国际贸易和国际私人直接投资(foreign direct investment,

① 孔庆江：《美国如何设置国际投资规则的议程》，载《中国政法大学学报》2016 年第 4 期。

FDI)是促进世界经济繁荣的两大引擎。研究显示,过去几十年来,国际投资的作用越来越重要,甚至已经远远超过贸易对于经济的贡献。在1970年到2013年间,FDI对于全球GDP的贡献从6%上升到34%,而包括货物和服务在内的出口对于全球GDP的贡献则从14%上升到29%。① 伴随国际投资活动的蓬勃发展,全球经济协同向以产品内分工为主的国际分工体系演进,建立在跨国公司全球供应链布局基础上的全球价值链(Global Value Chains,GVCs)已逐步建立起来,国际经济运行模式已经从"此处制造,别处销售"(made here and sold there)演变为"多处制造,多处销售"(made here and there and sold everywhere)。② 与国际投资在经济层面所占有的重要地位形成鲜明对比的是,投资领域的国际治理则发展滞后,远远不能适应时代的需要。一方面,旧的国际投资体制因片面强调投资自由化和投资者保护而陷入严重的"正当性危机"质疑;另一方面,由于缺乏一个综合性的多边条约或国际组织来统筹国际投资事务,现有碎片化的国际投资体制也因其效率低下而饱受诟病。因此,国际上改革投资治理体系的呼声日渐高涨。为什么需要启动多边投资协议谈判,其主要原因可概括为以下三点:

(一)改革旧的投资秩序、化解外部挑战所必需

当前投资规则体系肇始于"二战"后的布雷顿森林体系,该体系由美欧所主导并服务于其利益需求,具有极大的不合理性。二十世纪五六十年代,伴随"马歇尔计划"的实施,美国一举成为世界上最大的资本输出国并一直保持至今。为保护其庞大的海外投

① Gary Hufbauer and Tyler Moran:Investment and Trade Regimes Conjoined:Economic Facts and Regulatory Frameworks, E15 Task Force on Investment Policy, Think Piece, 2015. http://e15initiative. org/publications/investment-and-trade-regimes-conjoined-economic-facts-and-regulatory-frameworks/(last visited on January 10,2017).

② Ibid.

资,美国当时首倡了以双边投资协定(Bilateral Investment Treaty, BIT)加国际投资仲裁机制来保护本国海外投资的模式,其重要特征是片面强调对外国私人投资者的保护而忽视东道国主权。[①] 二十世纪八九十年代,为进一步开拓海外资本市场,美国极力鼓吹"华盛顿共识"和新自由主义,在拉美等第三世界和新兴经济体掀起投资私有化、自由化浪潮,导致一些国家金融危机频发。二十世纪九十年代以来,国际投资仲裁甚嚣尘上,受理案件数量急剧上升。老式双边投资协定内容过于狭窄,存在过于强调投资保护和投资自由化而忽视东道国合法管制权的先天缺陷,投资仲裁庭在许多案件中片面解释条约,偏袒外国私人投资者,遭致国际社会的普遍批判,旧的国际投资体制陷入严重的"正当性危机"质疑。如果一项法律中的权利和义务极不平衡,该法律制度是不能长久维持的,恢复利益平衡是公平正义精神的内在要求和法律发展的必然趋势。[②] 为弥补旧式 BIT 的不足,近年来各国范本及缔约实践在原有实体和程序规则基础上不断进行变革尝试,提高投资仲裁透明度、引入上诉机制甚至构建国际投资法院等各种改革方案纷纷出台。这些改革建议和发展动向一方面印证了旧的投资秩序已经走到尽头,同时对于旧秩序的各种小修小补,甚至相互矛盾冲突的改革方案又再次加剧了投资治理的混乱状态,进一步提示了系统性改革的必要性。

(二)改善国际治理结构、促进国际投资法治良性发展所必需

当前世界上尚未形成类似于 WTO 多边贸易体制的多边投资规则,而是一个以双边层面为主、区域层面为辅的极其复杂的协定体系,呈现多样化、分散化和碎片化特征。双边投资条约网缺乏透

---

① 余劲松:《国际投资条约仲裁中投资者与东道国权益保护平衡问题研究》,载《中国法学》2011 年第 2 期。

② 漆彤、余茜:《从新自由主义到嵌入式自由——论晚近国际投资法的范式转移》,载《国际关系与国际法学刊》(第 4 卷),厦门大学出版社 2014 年版,第 201 ~ 217 页。

明度并且极其复杂,不仅效率低下,也提高了跨国投资者的交易成本,尤其不利于发展中国家及其企业。① 早就有学者指出,缔结类似 WTO 的多边投资协议,在投资领域采用统一的国际规则,相对于由 3000 多个双边条约所组成的碎片化的投资规则体系是一种更优的选择。② 如果能以多边投资协议替代数量众多的分散的投资条约群,将不仅有利于反对投资保护主义,促进国际资本的自由流动,也有利于改善国际治理结构,推动国际投资法治的良性发展。事实上,多边投资协定作为解决全球投资治理问题的最优方案,对于这一点各国学者鲜有异议,不同意见大多集中在质疑发起多边投资协定谈判的现实可能性,学者们的普遍担忧主要包括谈判时机是否成熟、各方分歧如何妥协、MIA 是否确实有助于提高国际资本流动、在替代双边投资条约网之前是否反而会增加国际投资治理的复杂程度等。③

(三)促进和保护规模日益庞大的中国海外投资所必需

根据 2015 年《世界投资报告》,中国已成为世界第一大资本输

---

① Sherry Stephenson and Uri Dadush, Section 6. The Current (Fragmented) Governance of FDI, In Foreign Direct Investment as a Key Driver for Trade, Growth and Prosperity: The Case for a Multilateral Agreement on Investment, Geneva, World Economic Forum. http://www3.weforum.org/docs/GAC13/WEF_GAC_GlobalTradeFDI_FDIKeyDriver_Report_2013.pdf (last visited on January 10, 2017).

② Anders Aslund, The World Needs a Multilateral Investment Agreement, PIIE Policy Brief, 2013. https://piie.com/sites/default/files/publications/pb/pb13-1.pdf (last visited on January 10, 2017).

③ See Alex Berger, Do We Really Need a Multilateral Investment Agreement?, http://www.die-gdi.de/briefing-paper/article/do-we-really-need-a-multilateral-investment-agreement/ (last visited on March 14, 2017); Shaun Donnelly, USCIB, A Multilateral Investment Agreement? Don't Just Tell me, Show Me, 2016; OECD Insights, Let's Get Realistic About a Multilateral Investment Agreement, http://oecdinsights.org/2016/02/08/lets-get-realistic-about-a-multilateral-investment-agreement/ (last visited on March 14, 2017).

入国、第三大资本输出国。① 中国不论在吸引外资还是在对外投资方面,均具有重大现实利益。伴随"走出去"战略和"一带一路"倡议的深化,中国海外投资规模还在迅速扩大。因缺乏有效国际法律机制加以保护,近年来海外中资遭受重大损失的情况时有发生。中国虽然是世界上签署双边投资协定最多的国家之一,但其中大部分协定过于老旧,不能满足充分保护海外投资的现实发展需要,近年来发生的谢业深诉秘鲁、中国平安诉比利时等多起国际投资仲裁案,已充分暴露出中国老旧 BIT 的缺陷和不足。② 中国一直积极致力于推进新 BIT 的谈判(如正在进行的中美、中欧 BIT 谈判)以及旧 BIT 的重新商签,但此项工作并非一日之功,③且单纯依靠双边协定本身亦存在诸多弊端,如前后协定实体和程序义务的不一致、不同协定下的差别待遇、投资者挑选条约等。④ 倡议发起诸边及多边投资协议谈判,逐步实现投资规则的地区和全球统一化,不仅是国际投资法治的最终发展方向,也是解决上述弊端,满足我国保护海外投资迫切需要的现实选择。未来的数十年中,中国极有可能发展成为全球最大经济体和世界经济的中坚力量,势必需要谋求并掌握一定的规则话语权。鉴于当前投资已代

---

① UNCTAD, World Investment Report 2015 – Reforming International Investment Governance, p. 41, http://unctad.org/en/PublicationsLibrary/wir2015_en.pdf (last visited on January 10, 2017).

② 参见漆彤:《论中国海外投资者对国际投资仲裁机制的利用》,载《东方法学》2014 年第 3 期。

③ 印度也存在与中国同样的问题,近期开始根据其新的 BIT 范本,寻求与对方缔约国协商并以发布联合解释性声明的方式,尝试解决早期 BIT 在内容和条款设置上的缺陷,但其目前仍然有效的存量 BIT 仅有 25 个,数量远不及中国。See Sarthak Malhotra, India's Joint Interpretive Statement for BITs: An Attempt to Slay the Ghosts of the Past, December 12, 2016, IISD Investment Treaty News. https://www.iisd.org/itn/2016/12/12/indias-joint-interpretive-statement-for-bits-an-attempt-to-slay-the-ghosts-of-the-past-sarthak-malhotra/ (last visited on January 10, 2017).

④ Christoph Schreuer, Coherence and Consistency in International Investment Law Prospects, in Roberto Echandi (ed.) *International Investment Law and Policy*, Cambridge University Press, 2013, pp. 391 – 402.

替贸易,成为推动全球经济的主要引擎,主动倡议发起多边投资协定谈判,将是中国能否成为全球治理主要推动力量的关键一环。

二、推进多边投资协议谈判的时机是否成熟

谈判达成综合性的多边投资协定,其实并非一个新鲜话题。国际社会建立国际投资框架的首次尝试,可追溯至"二战"后有关建立国际贸易组织(International Trade Organization,ITO)的1948年《哈瓦那宪章》(The Havana Charter for an International Trade Organization)。① 1995年,经济合作与发展组织(OECD)曾发起《多边投资协定》(Multilateral Agreement on Investment,MAI)起草工作,但历经三年努力最终仅于1997年形成一份草案。② WTO多哈回合新加坡议题也包括"贸易与投资"在内,但在2003年坎昆部长级会议后即宣告无疾而终。③ 上述一系列尝试之所以失败,原因固然是多方面的,但在很大程度上可归结为一点,即谈判时机尚未成熟。晚近以来,国际投资领域正在发生从量变到质变的根本性变化:2012年欧盟与美国达成国际投资共同原则,④ 2015年欧

① 《哈瓦那宪章》由53个国家经历2年多的谈判于1948年3月24日签署,但由于美国态度转变、国会不予批准进而未能得以生效。《哈瓦那宪章》包含许多与投资有关的规则在内,例如第2章里的公平劳工标准,第3章的经济发展和重建,第4章的一般贸易和商业政策,第5章的限制性商业行为等。

② Draft and Comments on MAI Negotiating Text, http://www.oecd.org/investment/internationalinvestmentagreements/multilateralagreementoninvestment.htm (last visited on January 10,2017).

③ Briefing Notes of WTO, From Bilaterals to a Multilateral Agreement? https://www.wto.org/english/thewto_e/minist_e/min03_e/brief_e/brief07_e.htm(last visited on January 10, 2017).

④ Statement of the European Union and the United States on Shared Principles for International Investment, http://trade.ec.europa.eu/doclib/docs/2012/april/tradoc_149331.pdf (last visited on January 10,2017).

盟委员会提出设立国际投资法院系统的设想,[①] 2016 年 G20 成立贸易和投资工作组[②]并在杭州峰会上通过全球投资政策指导原则,[③]这一系列重大标志性事件兆示,发起多边投资协定谈判的时机已经逐渐趋向成熟。作出这一判断的主要理由有以下三点。

(一)南北分歧大幅缩小

在国际投资法发展的最初半个世纪里,发达国家和发展中国家之间的南北矛盾始终贯穿其中,双方在待遇标准、国有化和征收、特许协议性质、外交保护与当地救济等核心问题上的尖锐对立,是阻碍国际投资规则统一的重要原因。[④] 作为资本输出国的发达国家,其政策焦点是如何打开海外市场并保护本国海外投资者利益。作为资本输入国的发展中国家,其政策焦点则是如何在维护国家主权的基础上妥善引导、管理、约束诸如跨国公司这类外来的庞然大物。由于双方的分歧和对立,国际投资法领域长期难以形成有约束力的普遍性国际法律文件。[⑤] 晚近以来,国际投资形势发生重大变化,表现在国际资本由单向流动向双向对流的演

---

① European Commission Concept Paper, "Investment in TTIP and beyond—the path for Reform. Enhancing the right to regulate and moving from current ad hoc arbitration towards an Investment Court", published on the 5 May 2015, http://trade. ec. europa. eu/doclib/docs/2015/may/tradoc_153408. PDF(last visited on January 10,2017).

② 2016 G20 Terms of Reference of the G20 Trade and Investment Working Group.

③ 2016 G20, Communiqué 2016, Annex III: G20 Guiding Principles for Global Investment Policymaking, http://www. oecd. org/daf/inv/investment-policy/G20 - Guiding-Principles-for-Global-Investment-Policymaking. pdf(last visited on January 10,2017).

④ Wenhua Shang, Toward a Multilateral or Plurilateral Framework on Investment, E15 Task Force on Investment Policy, Think Piece, http://e15initiative. org/wp-content/uploads/2015/09/E15 - Investment-Policy-Shan-FINAL. pdf(last visited on January 10,2017).

⑤ 在近半个世纪的时间里,国际社会仅仅达成了两个有约束力的多边投资条约,即1965 年《华盛顿公约》和 1985 年《汉城公约》,分别处理政治风险担保和私人投资者与东道国争端解决事项。

变以及随之而来的各方政策焦点的日渐趋同。① 国际投资由多年前的发达国家向发展中国家单向流动为主转向发达国家和发展中国家双向流动。一方面,发展中国家和新兴经济体在国际投资中有越来越多的利益诉求,来自新兴经济体的海外投资大幅上升从而产生更好地保护本国海外投资的政策需求,与发达国家之间在利益上渐趋一致,反对缔结多边投资协议的意愿大幅降低。另一方面,国际投资仲裁对于东道国政策空间的冲击,发达国家在作为东道国时亦感同身受,其价值目标从保护投资者的单一取向,越来越多地转为关注东道国其他政策领域,突出表现为对东道国规制权(right to regulate)的重视。② 国际资本流动的多元化趋势与身份混同现象,使得传统的投资母国(发达国家)和东道国(发展中国家及新兴经济体)之间分歧减小、利益诉求渐趋一致,从根本上减少了制约国际投资法统一化发展的长期阻碍,从而为综合性多边投资协议谈判的启动创造了条件。当然,这并非意味着南北矛盾已彻底烟消云散,而是指各方的根本性分歧已经淡化,在投资自由化程度、透明度、环境劳工标准等方面,虽然仍然存在众多的观念差异,但大多已经归于可谈判妥协的范畴内。

(二)美欧认识日渐趋同

1998 年 OECD 起草《多边投资协议》以及 2003 年"多哈回合"投资议题的失败,原因不仅在于新兴经济体和发展中国家对于单边保护投资者的旧的缔约模式的抵触态度,也部分源于发达国家之间对于市场准入和投资自由化规则的一些细节差异。众所周知,在 BIT 发展之初,美式《投资保证协定》与德式《保护与促进投

① Karl P. Sauvant, The Evolving International Investment Law and Policy Regime: Ways Forward, http://e15initiative.org/wp-content/uploads/2015/09/E15_no14_Investment_final_REV_x1.pdf(last visited on January 10,2017).

② 漆彤、余茜:《从新自由主义到嵌入式自由——论晚近国际投资法的范式转移》,载刘志云主编:《国际关系与国际法学刊》(第 4 卷),厦门大学出版社 2014 年版,第 201~217 页。

资协定》存在较大差异,但这种情况逐渐发生了转变,美国自 1977 年以后也开始采用《促进与保护投资协定》来保护投资。迄今为止,《促进与保护投资协定》模式得到各国的广泛采用。尽管如此,欧美的 BIT 实践仍然存在许多的细节差异,例如在开业权、公平公正待遇等方面各方曾经存在明显不同。① 从过去几年的发展来看,无论是对于投资协定中的实体抑或程序问题,发达国家之间的观点差异都在缩小,认识逐渐趋同。② 2012 年,美欧达成《国际投资共同原则》(Shared Principles for International Investment),这些原则体现了双方多个共同的核心价值观,包括承诺实施开放和非歧视性的投资政策、公平竞争的市场环境、对投资者及其投资提供有力的保护措施、公平而有约束力的国际争端解决机制、透明度和公众参与方面的强有力规则、负责任的商业行为,以及定义明确的国家安全审查规则等。这些原则也在同一时期修订出台的美国 2012 年 BIT 范本中得到充分体现。③ 美欧对于市场准入等条款认识上的趋同,表明各方合作妥协意愿的增强,以往阻碍多边投资协议谈判的又一障碍正在逐渐消失。同样,美欧之间当然也并非毫无分歧。例如,围绕投资者—东道国争端解决(ISDS)机制改革,美国更倾向于在华盛顿公约框架下的改良,侧重以完善实体规则来限制仲裁员任意解释条约的空间;而欧盟则倾向于“另起炉灶”,不仅要改良实体规则,更提出要创建不同于传统投资仲裁的

① Matthew C. Porterfield, A Distinction Without a Difference? The Interpretation of Fair and Equitable Treatment Under Customary International Law by Investment Tribunals, IISD Investment Treaty News, March 22, 2013. https://www.iisd.org/itn/2013/03/22/a-distinction-without-a-difference-the-interpretation-of-fair-and-equitable-treatment-under-customary-international-law-by-investment-tribunals/ (last visited on January 10, 2017).

② Stephon W. Schill, Ordering Paradigms in International Investment Law: Bilateralism-multilateralism-Multilateralization, in Zachary Douglas, Joost Pauwelyn, and Jorge E. Vinuales, (eds.) *The Foundations of International Investment Law: Bringing Theory into Practice*, Oxford University Press 2014.

③ The 2012 US Model BIT, https://ustr.gov/sites/default/files/BIT%20text%20for%20ACIEP%20Meeting.pdf (last visited on January 10, 2017).

国际投资法院系统,①并在随后与越南及加拿大商签的自由贸易协定中付诸实践。②这些分歧,对于未来的多边投资协议谈判仍将构成一定的阻碍。

(三)区域一体化进程为 MIA 铺平道路

近年来 WTO 多边谈判停滞不前,一些国家和地区将合作重点转向区域和诸边层面。关于区域主义与多边主义之间的关系,一直以来存在所谓的"垫脚石"和"绊脚石"之争。③ 毋庸置疑的是,一方面,自 20 世纪 90 年代以来 BIT 和 FTA 的缔结数量一直维持在一个很高的水平,从一个侧面反映了市场及各国对国际投资规则的渴望与需求;④另一方面,如火如荼的区域一体化进程,不仅可以为未来多边规则的高水平合作提供经验,同时也会对多边规则的发展产生倒逼作用。尤其是近几年,随着跨地区跨领域的巨型 FTA 的兴起,大量投资规则被融合在谈判之中,无疑将为未来多边投资协议的谈判奠定基础,铺平道路。以欧美为例,在 2009 年与韩国达成自贸协定后,欧盟分别在 2012 年和 2013 年完成了与新加坡和加拿大的自贸协定谈判,而后又积极推进与印度、日本的自贸区谈判进程,美国也于 2011 年 10 月通过了与巴拿马、

---

① Laura Puccio, EU – US Negotiations on TTIP: A survey of current issues, Members' Research Service, European Parliament Think Tank, July 2016. Available at http://www.europarl.europa.eu/RegData/etudes/IDAN/2016/586606/EPRS_IDA(2016)586606_EN.pdf. The USTR's position can be found on its website and the USTR blog.

② Sub-Section 4: Investment Tribunal System, EU-Vietnam Free Trade Agreement: Agreed text as of January 2016; SECTION F-Resolution of Investment Disputes between Investors and States, Chapter Eight-Investment, The Comprehensive and Economic Trade Agreement (CETA).

③ 张玉卿主编:《WTO 新回合法律问题研究》,中国商务出版社 2004 年版,第 576 页。

④ Karl P. Sauvant, "China, the G20 and the International Investment Regime", in Andrea Goldstein and Alessia Amighini (eds.), *Towards the 2016 G20: Global Analyses and Challenges for the Chinese Presidency, special issue of China and the World Economy*, Vol. 24, No. 4 (2016), pp. 73 – 92., Available at SSRN: https://ssrn.com/abstract=2789827 (last visited on January 10, 2017).

哥伦比亚和韩国的自贸协定,并曾主导推进跨太平洋战略经济伙伴关系协定(TPP)与跨大西洋贸易和投资伙伴协定(TTIP)的谈判。这些双边和区域性的自由贸易协定均囊括了“高水平”的投资规则,涉及的内容非常广泛,除了市场开放、投资保护等传统议题之外,往往还包括准入前国民待遇、负面清单、竞争中立、劳工、环境保护、安全审查、投资争端解决等新议题在内;这些协定的谈判成员也成分“复杂”,具有广泛代表性,既有发达国家,也有发展中国家和新兴经济体。与双边投资协定相比,在区域层面上能够达成高水平的投资规则统一无疑难度更大,这种进步不仅为下一步迈向多边层面缩小了差距,同时提供了宝贵的谈判经验。

三、多边投资协议谈判应在什么场合下推动较为适宜

从务实的角度来看,真正的问题不在于是否应该达成一个多边投资协议,而是多边投资协议谈判进程应在什么场合下推动较为适宜,以及未来的多边投资协议应当采取什么样的机构架构,才能有效地解决当前投资体制所存在的弊端和面临的严峻挑战。现有的国际多边架构下,适合开展这类讨论的场合很多,诸如G20、WTO、世界银行(World Bank)、联合国贸易与发展会议(UNCTAD)、经合组织(OECD)、国际贸易和可持续发展中心(ICTSD)等,在推动国际投资规则发展方面均据有重要地位,其中,G20和WTO尤其应当发挥主导作用。

(一)通过G20推进MAI谈判的启动

G20,又称“二十国集团”,其成员囊括世界最主要的工业化国家和新兴经济体,是当前国际社会就全球治理中的实质性问题进行建设性讨论和决策制定的最重要的国际经济合作论坛。近年来,G20主要任务逐步从危机应对向长效治理转变,贸易投资议题

的重要作用日益凸显,成为继金融、财政之后 G20 合作机制的又一支柱,投资问题由此而在近几届会议中受到高度重视。例如,在 2012 年 11 月的第一次 G20 贸易投资促进高峰论坛上,各方首次同意就贸易投资促进和政策建议建立一个定期的经验和最佳实践交流平台。[①]在 2015 年土耳其安塔利亚 G20 领导人会议上,中方倡议 G20 贸易部长会议机制化,获得了各方认可并建立了贸易投资工作组(Trade and Investment Working Group,TIWG)。[②] 这是 G20 机制建设的重要进展,意味着这一机制由"虚"到"实"的转变。随后工作组于 2016 年 1 月、4 月和 7 月在北京、南京和上海先后举行三次会议,[③]并在第二次会议上确定了《贸易投资工作组工作职责》(Terms of Reference of the G20 Trade and Investment Working Group),就贸易投资工作组的工作目标(objective)、讨论范围(scope of discussions)、参与方(participants)、工作方式(modalities)予以了明确。[④] 在 2016 年 9 月的杭州峰会上,中国首次担任主席国并在投资政策协调方面取得重大突破,达成世界首份关于投资政策制定的多边纲领性文件——《全球投资指导原则》(Guiding Principles for Global Investment Policymaking),确立了反对跨境投资保护主义,营建开放、非歧视、透明和可预见的投

① G20 Trade and Investment Promotion Summit 2012. 5 and 6 November 2012. http://unctad.org/en/pages/newsdetails.aspx? OriginalVersionID = 351&Sitemap_x0020_Taxonomy = Investment%20and%20Enterprise(last visited on January 10,2017).

② See G20 Trade Ministers Meeting Statement,para 5,9 – 10 July 2016,Shanghai. https://www.b20germany.org/fileadmin/user_upload/documents/G20/g20 – trade-ministers-statement-strategy-guidelines-investment-policymaking.pdf(last visited on January 10,2017).

③ TIWG,Terms of Reference of the G20 Trade and Investment Working Group,http://english.mofcom.gov.cn/article/newsrelease/significantnews/201602/20160201251500.shtml(last visited on January 10,2017).

④ G20 Trade Ministers Meeting Statement,Annex I. Terms of Reference of the G20 Trade and Investment Working Group, https://www.b20germany.org/fileadmin/user_upload/documents/G20/g20-trade-ministers-statement-strategy-guidelines-investment-policymaking.pdf(last visited on January 10,2017).

资政策环境,加强投资保护,确保政策制定透明度,推动投资促进可持续发展以及投资者企业责任等九大原则。[①]正如联合国贸易与发展会议所指出:《指导原则》的通过是一个具有重大意义的标志性事件,它是过去50多年来首次由一个具有广泛代表性的集合体就投资政策制订达成一致,这一集合体既包括发达国家,也包括发展中国家和转型经济体,且代表了全球过三分之二的私人直接投资;《指导原则》确立了全球投资规则的总体框架,为各国加强多边投资政策协调迈出历史性一步,为未来的多边投资协定打下了非常重要的基础。[②] G20在多边投资政策协调方面的努力不会停止,但其作用主要不在于具体投资规则的草案讨论,而在于如何凝聚领导人的共同意志进而推动谈判进程的启动。2017年德国汉堡峰会和2018年的阿根廷峰会能否更进一步?多边投资规则谈判能否启动并逐步由非约束性走向约束性?前景无疑值得期待。[③]

(二)从WTO到WTIO

以WTO为发起多边投资协定谈判的主要场所和长期目标,具有其他场所所不具有的许多优势。首先,WTO已有一定的多边投资规则基础。WTO下的《与贸易有关的投资措施协议》和《服务贸易总协定》已经对与贸易相关的投资措施和服务业投资提供多边纪律约束,因此具有一定的基础。多边投资协议可基于WTO

---

① 2016 G20, Communiqué 2016, Annex III: G20 Guiding Principles for Global Investment Policymaking, http://www. oecd. org/daf/inv/investment-policy/G20-Guiding-Principles-for-Global-Investment-Policymaking. pdf (last visited on January 10, 2017).

② UNCTAD facilitates G20 consensus on Guiding Principles for Global Investment Policymaking, July 11, 2016, available at http://investmentpolicyhub. unctad. org/News/Hub/Archive/508 (last visited on January 10, 2017).

③ OECD Insights, G20 serves an appetiser to a potential investment policy feast, July 13, 2016, http://oecdinsights. org/2016/07/13/g20-serves-an-appetiser-to-a-potential-investment-policy-feast/ (last visited on January 10, 2017).

已有的投资相关规则,强化现有纪律,增加部分新纪律,以实现更高的投资自由化水平。其次,晚近国际社会有关 FTA 的实践业已充分表明,贸易与投资之间的关系十分密切,经贸议题与非经济关切(如涉及社会公共利益的环境、人权、道德、可持续发展等)之间亦存在不可割裂的联系,贸易投资一体化、非经济议题与投资议题一体化代表了当代国际经贸合作的发展趋势,WTO 早已不再是一个单纯的国际贸易组织,综合性发展符合一体化的时代趋势。再次,未来的多边投资协议,不单纯是一套国际协定,需要考虑依托一个类似 WTO 这样能够有效运作的国际平台和机构,需要考虑是否配以统一的(准)司法性的国际争端解决机制。基于成员的广泛性及其成功的争端解决机制,WTO 仍然是目前最适合开展多边投资议题谈判的场所。最后,作为迄今为止最为重要的国际经济组织,WTO 正遭受前所未有的发展困境,鉴于当前投资在促进世界经济复苏中的重要性及贸易投资议题一体化的趋势,融合贸易投资规则谈判,也许能够另辟蹊径帮助 WTO“重获新生”。当然,在 WTO 框架下直接达成综合性的多边投资协议,甚至将其改造为一个世界贸易投资组织(World Trade & Investment Organization,WTIO),目前显然具有较大难度。① 发达国家曾经考虑在 WTO 框架下直接纳入投资议题,如 1996 年新加坡部长会议决定设立贸易与投资工作组,2001 年《多哈部长会议宣言》曾提出建立“多边投资框架”。但由于各种原因,特别是发展中国家的反对,自 2003 年后,多哈回合终止了对投资议题的谈判。经过十多年的发展,国际投资形势发生重大变化,但阻力仍不可忽视。一个较现实的路径是参考《信息技术协定》(ITA)模式,先在 WTO 框架内

---

① 早在 WTO 成立之初就有学者提出建立“世界贸易与投资组织”(WTIO)的观点。See Ernest H. Preeg, Traders in a Brave New World: The Uruguay Round and the Future of International Trade System, Chicago: University of Chicago Press, 1995, p 225.

进行诸边投资谈判,在诸边协定中纳入专门的“加入条款”①或者是“对接条款”(docking clauses),②以便感兴趣的WTO成员加入,为投资协定的扩围和多边化建立机制。

四、多边投资协议谈判进程应由谁来主导

国际社会由主权国家所构成。除了国际组织层面的考虑,在推进MIA谈判中,亦需要充分考虑各主要国家在推动MIA谈判过程中的意愿、立场、定位和作用。在国际投资规则过去半个多世纪的发展进程中,美国、欧盟以及广大发展中国家和新兴经济体一直扮演着不同的角色。从国际投资争端解决中心(ICSID)到北美自由贸易区(NAFTA),再到近年发起的TPP、TTIP谈判,将现实主义奉为圭臬的美国一直扮演着规则领导者(rules-leader)的角色。从欧洲煤钢共同体到能源宪章条约,从里斯本条约到国际投资法院构想,作为理想主义的拥趸,欧洲多数时候扮演的是规则改革者(rules-innovator)角色。而广大发展中国家和新兴经济体则受制于综合实力和议价能力,一直被视为体系的被动接受者和规则跟随者(rules-follower)。然而,正如前文所分析,伴随着国际投资形势的发展演变,包括中国在内的新兴经济体在规则话语权方面已经有了长足的进步,相反,由于自身内部的各种原因,欧美在推动全球多边规则发展方面则开始显得后继乏力。

20世纪90年代中期,代表发达国家的OECD曾主导多边投资谈判但因规则体系缺乏平衡,加之时机不成熟,未能取得成功。

---

① 例如,根据《马拉喀什建立世界贸易组织协定》第12条规定,诸边贸易协定的加入可按它与WTO议定的条件由部长级会议以三分之二多数批准。

② Craig Van Grasstek, Reconciling Regionalism and Multilateralism in a Post-Bali World, OECD Global Forum on Trade, Paris, 11 February 2014, Rapporteur's Report. http://www.oecd.org/tad/events/OECD-tad-rapporteurs-report-global-forum-trade-2014.pdf (last visited on January 10, 2017).

近年来,发达国家不愿放弃其规则领导地位,在主导新规则谈判方面意图明显且动作频频,但大多是在双边或区域层面上进行。例如,表明欧美对投资规则统一立场的2012年《国际投资共同原则》、美国公布的2012年国际投资协定范本、欧盟在FTA中力促建立国际投资法院等,投资规则也成为美国力推的巨型自贸区协定如TPP、TTIP中的重要内容。在推动MIA谈判方面,虽然不时有欧美学者进行呼吁,①但反对和质疑的声浪也很高,②说明欧美目前对此尚缺乏足够的动力和信心。总体来看,由于其所提倡的"华盛顿共识"和新自由主义在国际上并不得人心,西方国家尚未从主导多边谈判的上一次失利中完全恢复,近年来主要致力于双边和区域层面的合作。由于遭受欧元危机、难民潮、英国脱欧等一系列事件的先后打击,欧洲目前自顾不暇。奉行民粹主义的特朗普当选总统,表明美国在反全球化的道路上将走得更远,目前TPP已被特朗普宣布放弃,TTIP谈判也基本停滞不前,因此寄望美国推动多边投资规则谈判也并不现实。

与欧美的现状对比,中国目前既有动力也有实力和能力推动多边投资协议谈判的启动。首先,中国有充分的动力发起多边谈判。如前所述,中国不论在吸引外资还是在对外投资方面,均具有巨大的利益。中国需要保持对世界级跨国公司的吸引力,也需要保留一定的国内政策调整空间,还需要通过缔结高标准的投资协定以保护并促进海外投资。其次,中国已积累了丰富的投资条约

---

① See World Trade Organization, A Multilateral Agreement on Investment: Convincing the Sceptics, ERAD - 98 - 05, 1998; World Trade Institute, A Multilateral Framework for Investment, 2003; Peterson Institute for International Economics, The World Needs a Multilateral Investment Agreement, NUMBER PB13 - 01, 2013.

② See Alex Berger, Do We Really Need a Multilateral Investment Agreement?, http://www.die-gdi.de/briefing-paper/article/do-we-really-need-a-multilateral-investment-agreement/ (last visited on March 14, 2017); Shaun Donnelly, USCIB, A Multilateral Investment Agreement? Don't Just Tell me, Show Me, 2016; OECD Insights, Let's Get Realistic About a Multilateral Investment Agreement, http://oecdinsights.org/2016/02/08/lets-get-realistic-about-a-multilateral-investment-agreement/ (last visited on March 14, 2017).

谈判和缔约经验。在缔结双边投资协定数量上，中国高居全球第二位。从缔结投资协定的质量来看，近年来体现较高标准水平的我国第三代国际投资协定逐渐成形，以中加BIT、中国与澳大利亚自由贸易协定以及中韩自由贸易协定中的投资章节为典型，这些投资条约内容丰富，措辞严密，在赋予投资者更多权利的同时也注重平衡投资者与东道国的利益。正在进行的中美、中欧BIT谈判更从一个侧面表明中国的BIT缔约实践已处于世界最前沿。再次，近年来中国在全球治理中的重要地位和作用日益凸显并得到国际社会的普遍公认，发起设立亚投行、主导“一带一路”倡议、力推《全球投资指导原则》等一系列成功经验，表明中国有足够的潜力和能力发起甚至主导未来的多边投资协定谈判。

五、多边投资协议应包含哪些原则和规则

未来的多边投资协议不仅应有效解决当前投资体制所存在的弊端和面临的严峻挑战，在促进全球资本流动的同时能够大幅提升全球投资治理水平，还要妥善解决谈判各方之间的矛盾冲突，协调不同利益需求，使多边投资协议真正从构想走向现实。基于上述要求，多边投资协议谈判应考虑遵循如下原则。

（一）以达成综合性、全面性、高标准的多边协议为目标

未来的多边谈判，整体水平应考虑以达成综合性、全面性、高标准的多边协议为目标。从投资协定的发展趋势来看，其内容越来越从单一走向综合，系统梳理与投资相关的各种议题，是改变当前“碎片化”格局，提升全球投资治理水平的必然选择。除投资待遇、征收、代位等传统内容之外，纳入环境、劳工、透明度、业绩要求、国有企业、金融服务等新议题已经成为当前投资协定的一种标配。未来协议的综合性，不仅体现在其对传统或新兴条款、实体或程序条款上的兼顾，尤其体现在其应考虑引入一套建立在可持续

发展原则基础上的独特的投资促进机制,从而便利私人直接资本向发展中国家的流动。与此同时,未来的多边投资协议应建立一套统一的高水平的市场准入及待遇标准,能够有效消除各种国家壁垒和市场壁垒,促进资本的全球自由流动。以达成高标准的多边投资协议为谈判目标,有助于保证议题对于各国尤其是发达国家的吸引力,也符合当前中国走出去战略的客观要求,以及成为对外投资大国的现实利益。

(二)以"开放"和"平衡"作为谈判原则

未来的多边投资协议谈判,应坚持"开放"和"平衡"的总体谈判原则。放宽市场准入限制,促进资本的全球自由流动,是多边投资协议谈判的首要目标,因此"开放"无疑是未来多边投资协议谈判的主要方向。与此同时,多边投资协议也需要考虑在解决投资规则与其他政策空间的协调方面发挥更大作用。协议不仅要注意投资保护,也要通过不符措施或例外条款为东道国合法管制权和公共利益考量预留一定的政策空间。如前所言,法律的公正性和有效性,往往来自权利义务设置平衡与否。以投资者私有财产权保护为核心,以东道国社会公共利益为边界,将投资者私有财产权限制在东道国公共利益的范围内,将投资者的权利与社会责任挂钩,方能达到投资者利益最大化和东道国核心利益的维护,实现两者的平衡保护。① 当然,有关不符措施或例外条款的范围,现有实践并不一致,需要认真协商。此外,何为"公共利益",也是长期困扰投资法律界的难点问题,未来多边协议可考虑统一界定。②

---

① 刘京莲:《从"利益交换"到"利益平衡"——中国双边投资条约缔约理念的发展》,载《东南学术》2014 年第 3 期。

② Razeen Sappideen & Lingling He, "Dispute Resolution in Investment Treaties: Balancing the Rights of Investors and Host States", (2015) 49 *Journal of World Trade* 85.

(三)条约机制应兼顾“纪律性”和“灵活性”双重考虑

未来的多边投资协议谈判,应兼顾“纪律性”和“灵活性”双重考虑。就纪律性而言,多边投资协议首先应当考虑完善各类实体性条款,从根本上减少条约文义上的模糊及其给条约解释所可能带来的不确定性。其次多边投资协议应考虑借鉴 WTO 争端解决机制和欧盟的投资法院系统构想,引入更加强有力的投资争端解决程序,将混合性质的私人投资者诉东道国争端解决从纯粹的商事仲裁中脱离出来,突出其公法色彩。通过增加信息披露等方式增强投资争端解决的透明度,通过建立常设机构来解决前后裁决不一致问题,通过成立上诉机构来提高裁决合法性,通过建立统一的裁决承认与执行机制来保障机制的正常运行。[①] 在灵活性方面,多边投资协议需要充分考虑不同类型成员的国别差异,在不损害规则统一性的基础上,通过引入更加灵活的不符措施、例外条款以及过渡期安排,给予发展中国家一定的特殊与差别待遇,从而体现多边投资协议的发展性质。

六、多边投资协议应如何成为现实

(一)充分调动发展中国家积极性

观察 WTO 多边谈判或者是《联合国气候变化框架公约》可知,通过结盟运动发展中国家形成足以影响多边谈判进程的决定性力量。因此,如果不能充分调动广大发展中国家的积极性,未来的多边投资协议谈判将只是少数人的游戏,很难走向成功。多边投资协议无疑会降低发展中东道国管制外资的权力,要获得发展中国家的支持除非它能从中获得足够的利益。为此,未来谈判应

---

① 蔡从燕:《国际投资仲裁的商事化与去商事化》,载《现代法学》2011 年第 1 期。

当坚持以可持续发展为目标，在促进资本向发展中国家流动以改善基础设施方面进行必要的条约机制创新，在要求发展中东道国改善投资环境、提高投资法治，包括提高透明度等同时为东道国预留必要的政策空间。在对会员国进行适当的分类管理以及突出可持续发展特征方面，早期的多边投资担保机构(MIGA)和晚近的《贸易便利化协定》(TFA)均可提供一定的借鉴。MIGA的主要职能之一是促进生产性资本向发展中会员国流动，为此，MIGA公约在附件中将所有会员分为发达国家和发展中国家两类，其担保业务只对在发展中国家会员国境内所作的投资予以担保。① 2013年12月达成的《贸易便利化协定》(Agreement on Trade Facilitation)，作为WTO自1995年以来首次通过的具有法律约束力的多边贸易协议，为突出多哈回合的"发展"特色，采取了全新的架构并对发展中和最不发达国家特殊与差别待遇作出了前所未有的安排，尤其值得借鉴。例如，TFA在结构上分为两大部分：第一部分规定了推进贸易便利化的具体措施，第二部分主要规定在协定实施方面给予发展中及最不发达成员的特殊和差别待遇、技术援助和能力建设支持等内容，这与此前WTO涵盖协定相比有着显著不同。② 考虑到多边投资协议的可持续发展性质，上述实践无疑值得参考借鉴。③

(二)议题可先易后难

《贸易便利化协定》之所以能够实现WTO正式成立十八年来多边谈判的零突破，除在条约结构和内容上充分照顾到发展中国家利益之外，在很大程度上还得益于贸易便利化议题相对而言各

---

① Convention on Establishing the Multilateral Investment Guarantee Agency-Schedule A, Category One & Category Two.

② 漆彤：《多哈回合之〈贸易便利化协定〉探析》，载《国际经济法学刊》(第21期第4卷)，北京大学出版社2015年版，第157～176页。

③ 例如，可借鉴TFA将成员方的义务划分为三类：(1)协议一经生效即具有完全强制力的义务；(2)协议生效且需满足特定条件后才产生强制力的义务；(3)鼓励或建议性的软法义务。

方分歧较小,谈判难度较低。多边投资协议的谈判无疑是一个综合性的系统工程,在很多敏感问题(如国有企业公平竞争、国家安全审查标准)会存在各方意见的重大分歧,只有在谈判策略上遵循先易后难的路径,才有可能取得成功。当前世界上已经存在3000多个投资条约且呈现明显的趋同化现象,表明各国在投资协议的许多领域都是存在共识的。正如杭州G20峰会期间《全球投资指导原则》能够得以顺利起草和通过一样,多边谈判可以先从当前投资条约本文中提炼最普遍被接受的一般性法律原则和规则开始,求同存异、循序渐进。此外,WTO贸易议题的多年谈判历史也可以为投资议题提供经验和借鉴,谈判初期各方可以首先在技术援助、法律培训、信息互换等领域开展广泛合作,从而为后续深入谈判奠定基础。

(三)参与方可先诸边再到多边

WTO创立的基础是多边主义,这是对贸易体系最有利的原则。但是,多哈回合的现实状况表明,WTO全体协商一致的决策机制,已在很大程度上成为了多边贸易体制进一步发展的阻碍。随着成员队伍发展壮大,这种达成任何协议都要事先取得绝对共识的要求,使得WTO几乎无法开展工作。正是在多边谈判进展缓慢的背景下,全球治理才出现了大区域主义和诸边主义流行的趋势。近年来,美国等发达国家先后发起《国际服务协定》(TISA)、《反假冒贸易协定》等诸边谈判,这些游离于WTO框架外的具有封闭色彩的诸边谈判,是少数国家利用"规则优势"试图掌控全球经贸治理主导权而极力推行的,它并非多边贸易体系的补充,而是消极的侵蚀。相对而言,WTO主持下的诸边贸易协议,如《政府采购协议》(GPA)、《信息技术协定》(ITA)则成员规模不断扩大,内容逐步发展完善。从多边谈判的现实来看,采取WTO框架下的诸边模式,让各成员可有选择地参加,让有意愿达成协议的那些成员相互达成协议,从而规避要取得164个成员一致同意的要求,无疑是为未来多边投资协议铺平法律道路的有效办法和务实选择。

发起多边投资协议谈判,可以考虑在 WTO 体系内采取必要的务实的诸边主义立场。

七、结　　语

从历史的角度来看,当前国际投资规则体系已发展到转型的关键时期:双边投资协定的数量经过 30 多年的高速增长已经开始陷入"瓶颈",[①]投资仲裁案件逐年高企而现行 ISDS 机制却饱受诟病。[②] 旧秩序所面临的"正当性"质疑,其核心是公平问题,即如何实现外国私人投资者利益与东道国社会公共利益之间的平衡;日益严重的碎片化现象,则暴露出现行投资体制治理水平的低下,其核心是效率严重匮乏的问题。从根本上说,只有多边投资协议谈判方向,才能彻底解决国际投资法领域的上述"公平"与"效率"问题。

多边投资协议谈判方向,不仅符合国际规则的发展规律,也符合当前中国的利益需要。在一个全球化世界中,能否掌握制度性话语权对于维护国家利益十分关键。牵头创立亚投行,是中国挑战旧经济秩序的一次标志性事件,不仅极大地促进了全球治理结构的多元化和合理化,也给中国外交带来诸多良好的边际效应。[③]值此变革之际,作为吸引外资和对外投资的双重大国,无论是从自身国家利益角度,还是从推动国际法治发展角度,中国均有必要主

① IIAs(包括 BIT 及含有投资章节的 FTA)数量在 20 世纪 90 年代初开始迅猛增加,1994 年至 1996 年,平均每周新增 4 个。1997 年后增速放缓,进入 2010 年后,增速相对平稳,2010 年至 2012 年平均每周新增 1 个、2013 年新增 44 个、2014 年新增 31 个、2015 年新增 31 个、2016 年前 4 个月新增 9 个。来自 UNCTAD 历年世界投资报告的数据表明,虽然谈判小范围的 IIAs"成本低""见效快",但其数量增加势头总体上仍呈现放缓趋势。

② 根据联合国贸发会网站统计,截至目前已知 ISDS 案件数量为 739 起,其中 2011 年新增 52 起,2013 年新增 69 起,2015 年新增 72 起,过去几年新增案件数量居高不下并仍在缓慢上升。

③ 漆彤:《论亚投行对全球金融治理体系的完善》,载《法学杂志》2016 年第 6 期。

动发力,积极作为,高举多边旗帜,发挥大国作用,择机发起多边投资协议谈判,力争推动甚至主导国际投资规则实现历史性突破,并在这一体系中谋得应有的重要席位。

当代国际投资活动的发展呼唤规则层面的突破。自2008年金融危机以来,全球经济不仅没有迎来理想的复苏,反而陷入了持续的结构性低迷。多边机制不振、保护主义升级、区域合作碎片化,尤其特朗普当选总统后美国对自己推动的全球化规则体系开始改弦更张。全球化退潮,对世界而言是危险的,但同时也孕育着机遇。曾经,全球化模式主要由个别大国来塑造;如今,世界日益向多极化方向发展,进入西方收缩全球化步伐的调整时期,也意味着全球化模式即将发生转变。2017年1月17日,中国国家主席习近平在达沃斯世界经济论坛上发表了捍卫全球化的坚定言论,在世界范围内引起巨大反响。然而,打破旧的秩序相对容易,建构新的秩序则十分困难。中国要想成功掌握规则话语权,必须在现有国际、国内投资条约实践基础上提出一套能够为大多数国家普遍接受的具有可行性的规则方案。如果做一个较为乐观的估计,多边投资协议谈判极有可能在5~10年内得以启动,为此,就未来可能进行的谈判组织开展进一步的前瞻性、系统性研究十分必要。

Towards a Multilateral Investment Agreement

—A Chinese Perspective

Qi Tong

Abstract: With the changing pattern of world capital flow, the international investment system is facing a major transformation. Reform of old investment order, improvement of international investment governance, and promotion of the sound development of rule of law in investment, are urgent needs of the international community. The narrowing of North-South divide, the growing convergence of various countries' understanding on investment issues and the process of integration in full swing, have eliminated the obstacles to the negotiations on a multilateral investment agreement. As an influential actor in global governance, the G20 plays an important role in multilateral investment policy coordination. Considering the integration of trade and investment issues, WTO is an appropriate place for the negotiation of multilateral investment agreement. As the European Union and United States have been unable to promote the multilateral agenda, China as an representative of the emerging economies should play a more constructive and positive role. Multilateral investment agreement negotiations should aim at achieving a comprehensive high-level agreement, taking into account "opening" and "balancing", "discipline" and "flexibility" and other principles. Multilateral investment agreement negotiations should fully mobilize developing countries, start with easier issues, and take the approach "from plurilateral to multilateral".

Key Words: multilateral investment agreement; international rules of law; global governance; G20; WTO

英国退欧：欧盟法律制度的反思

商　震[*]

摘要：英国退出欧盟是欧洲一体化进程中的重大事件，是欧共体建立 60 年来成员国退出的首例，对欧盟现有法律制度和未来发展提出严峻挑战。目前，英国退欧进程尚未正式启动，但围绕如何解释《欧盟条约》退出机制、如何设定未来英欧新关系、如何确定欧盟法在英国的适用等重大问题，已经引发一系列法律争议。作为退欧启动的第一步，英国政府和议会在退欧问题上的权限之争，一直被上诉至英国最高法院，也引起各方普遍关注。本文聚焦英国退欧牵涉的条约法、欧盟法、英国法等方面的主要争议和最新实践，指出英国退欧既涉及法律调整等技术问题，更反映成员国对欧盟超国家法律制度的质疑和对一体化道路的反思，认为欧盟将从维护现有法律制度出发，努力创建新的英欧关系模式，推进一体化发展进程。

关键词：退欧；条约法；欧盟法

2017 年是欧共体《罗马条约》签署 60 周年。纵观欧共体到欧盟 60 年的发展，英国始终处于一种特殊地位。虽然对欧洲一体化进程发挥重要作用，但英国有根深蒂固的“例外主义”欧洲观，[①]并

---

* 外交部条法司官员，现任中国驻欧盟使团法律顾问。本文仅代表作者个人观点。

① 金玲：《英国脱欧：原因、影响及走向》，载《国际问题研究》2016 年第 4 期。

非一体化的坚定支持者,在欧盟共同安全防卫政策等领域还是主要反对者。2016 年 6 月,英国全民公投决定退出欧盟,成为欧盟历史上成员国退出的首例,引出一系列法律问题并将创设诸多先例,特别是如何解释适用欧盟条约的退出程序,如何设定未来英国同欧盟间关系,如何确定退欧对欧盟法和英国法的影响等。这牵涉国际法、欧盟法和英国法之间的效力位阶和复杂互动关系,牵涉欧盟整个法律制度及未来发展。

一、欧盟条约的退出程序

在 2009 年《里斯本条约》①生效前,欧盟基本条约从未对成员国退出问题做出任何法律规定,实践中也从未出现过成员国退出的案例。英国一旦退欧成功,将成为欧盟成立以来首个退出的成员国。② 早在英国退欧公投之前数年,英国学者就开始广泛讨论退欧问题,并提出过一些不同寻常的法律选项,包括英国单方面退

---

① 在《欧洲宪法条约》被法国、荷兰的全民公投否决后,欧洲理事会起草"改革条约",对《欧盟条约》和《欧共体条约》进行修订,并把《欧共体条约》改为《欧盟运行条约》。这一"改革条约"生效后被普遍称为《里斯本条约》。在本文中,为援引具体条款的便利,除合称《里斯本条约》的情况之外,主要根据援引之需将其分称《欧盟条约》和《欧盟运行条约》。

② 国际组织的基础条约未规定退出事项,在国家实践中似乎并没有妨碍成员国的退出权利,例如《联合国宪章》没有退出规定,但印尼曾于 1965 年退出联合国,并得到当时中国政府的支持。就欧盟而言,其历史上有三次类似于退出的情况,但都是涉及成员国部分领土,而不是成员国退出。第一次是 1962 年阿尔及利亚退出欧共体。1957 年,阿尔及利亚作为法国殖民地,随同法国一起加入欧共体。1962 年阿尔及利亚独立后,就事实上选择脱离欧共体。第二次是 1985 年格陵兰岛退出欧共体。1973 年,格陵兰岛作为丹麦的一部分加入欧共体。1979 年格陵兰岛获得自治权,1982 年就退出欧共体举行公投并获得 53% 支持,随后于 1985 年退出欧共体。第三次 2012 年法属圣巴泰勒米岛退出欧盟。2007 年,圣巴泰勒米岛要求法国重新确定其同欧盟的关系,并于 2012 年成为欧盟海外领地一部分。即圣巴泰勒米岛居民仍属于欧洲公民,但该岛不再列入欧盟领土范围。欧洲多位学者对这三个事件有过诸多讨论,参见 Phoebus Athanassiou and Ste"phanieLaulhe"Shaelou,"EU Accession from Within? An Introduction",(2014)33 *Yearbook of European Law* 1,pp. 335 – 384。

出的权利和共同修改《欧盟条约》等。[①] 与之相反,有学者根据《欧盟条约》第 53 条和《欧盟运行条约》第 356 条,认为欧盟是永久存在的常设性国际机构,自身具有超国家联邦性质,且《欧盟条约》明显具有宪法特征,因此可以从法律上排除成员国自行退出欧盟的可能性。[②]

这些讨论曾一定程度上搅扰了英国退出欧盟的法律依据,但由于《欧盟条约》第 50 条新增了成员国退出欧盟的程序规定,且欧盟和英国双方现在均是基于该条讨论退出事宜,可见退欧的法律争议应主要聚焦于第 50 条。[③] 只不过从第 50 条谈判历史看,其主要目的是就成员国的退欧权利释放明确政治信号。[④] 当时谈判各方并未预料到退约事件会成真,所以第 50 条规定总体上比较简单,可说是“既不完整也不清晰”,[⑤]导致现在如何解释适用的争论颇多。厘清这些争论,不仅具有学术重要性,对处理英国退欧事务和推动欧盟法律制度发展完善也有现实意义。

---

① Vaughne Miller and Arabella Lang,“Brexit:How Does the Article 50 Process Work?”, http://researchbriefings. files. parliament. uk/documents/CBP - 7551/CBP - 7551. pdf (last visited on February 10,2017).

② Eva-Maria Poptcheva,“Article 50 TEU:Withdrawal of a Member State from the EU”, p. 2,http://www. europarl. europa. eu/RegData/etudes/BRIE/2016/577971/EPRS_BRI(2016)577971_EN. pdf(last visited on February 10,2017).

③ Political Studies Association of the UK,“Brexit and Beyond:How the UK Might Leave the EU”, http://ukandeu. ac. uk/wp-content/uploads/2016/11/Brexit-and-Beyond-how-the-UK-might-leave-the-EU. pdf(last visited on January 10,2017).

④ 在欧盟宪法条约起草过程中,退约的规定就引起较大争议。作为一种政治信号,该条主要是回击所谓“欧盟是个过于严格而无法退出的国际机构”的言论,并在此后被原封不动地纳入《里斯本条约》。参见 Eva-Maria Poptcheva,“Article 50 TEU: Withdrawal of a Member State from the EU”, http://www. europarl. europa. eu/RegData/etudes/BRIE/2016/577971/EPRS_BRI(2016)577971_EN. pdf(last visited on February 10,2017)。

⑤ 这是欧盟法学者的普遍看法。参见 Woods &Watson,“Update of the EU Law 12th Edition”, http://fdslive. oup. com/www. oup. com/orc/resources/law/eu/steiner _ woods12e/resources/updates/steiner_woods12e_oct2016. pdf(last visited on February 10,2017)。

(一)《欧盟条约》第 50 条同《条约法公约》的关系

讨论《欧盟条约》第 50 条同 1969 年《维也纳条约法公约》(以下简称《条约法公约》)的关系,是解释适用第 50 条与明确退欧具体程序的出发点。[①] 首先,作为一项基本原则,《条约法公约》第 5 条规定,该公约适用于成立国际组织的条约及在国际组织内议定的条约,但"对该组织任何有关规则并无妨碍"。[②] 从《条约法公约》起草过程及后续国家实践看,第 5 条属于一般性保留条款,[③] 主要是确保国际组织有关条约作为专门法的优先适用。据此,《条约法公约》相关规定可以适用于《欧盟条约》,但是在《欧盟条约》有明确规定的具体事项上,后者的规定应予优先适用。

其次,英国能否援引《条约法公约》第 62 条的"情势变更"原则而自行退出欧盟,还是必须依照《欧盟条约》第 50 条的退约规定?这是英国是否有权单方退出欧盟的主要争议点。虽然《条约法公约》第 62 条的"情势变更"原则是退出一个国际公约的有力依据,但《条约法公约》中多个条款涉及退出事宜,需要以"一揽子"方式统筹衡量。也就是说,解释适用第 62 条的"情势变更"原

① 在条约法中,同英国退欧事件最直接相关的应是 1986 年《国家和国际组织间或国际组织相互间条约法的维也纳公约》,但该公约迄今未生效,且其前 72 条同 1969 年《维也纳条约法公约》基本相同,欧洲学者在讨论过程中也主要聚焦 1969 年《维也纳条约法公约》各项规定,鲜有提及 1986 年《维也纳公约》的情形。因此为便于讨论,本文主要援引 1969 年《维也纳条约法公约》的各项规定。

② 1986 年《国家和国际组织间或国际组织相互间条约法的维也纳公约》第 5 条的规定同此完全相同。

③ UN Document, Draft Articles on the Law of Treaties with Commentaries 1966, P191, http://legal.un.org/ilc/texts/instruments/english/commentaries/1_1_1966.pdf (last visited on January 10, 2017). Also in Oliver Dörr and Kirsten Schmalenbach, *Vienna Convention on The Law of Treaties: A Commentary* (Berlin: Springer, 2012), p. 89.

则,需结合该公约第42条、第54条和第56条的相关规定,[①]即在某公约有退出规定、所有缔约国同意或公约被认定含有退出权等情况下,缔约国有权退出公约,而不能把“情势变更”作为一项绝对的单方面权利。因此,由于《欧盟条约》第50条是一项专门的退出条款,所以英国退欧理应以第50条为主要法律依据,而不宜去“绕路”援引“情势变更”等原则。

最后,在《欧盟条约》未有规定但《条约法公约》有明确规定的具体问题上,应否依据《条约法公约》的规定?这是一个争议较大的问题,目前的争议集中在能否撤销退出声明。根据《条约法公约》第68条,退出条约的声明在发生效力前可以随时撤销。但根据《欧盟条约》第50条,英国提出退约声明后,欧洲理事会需确定相关指导原则,并据此同英国进行谈判,以便最终签署退欧协议,但该条根本没有提及撤销声明之事,这表明英国在提出退约声明后,能否在达成退欧协议之前将其撤销,并没有一个现成的答案。但假设英国退欧声明可以撤销的话,实际上很可能破坏第50条中权利义务的平衡,下文将继续予以讨论。

(二)成员国退出欧盟的前提条件

根据《欧盟条约》第50条,欧盟成员国可根据本国宪法要求,决定退出欧盟条约,并向欧洲理事会通知其退出决定。这明确了成员国有退出欧盟的权利,且退出的启动以通知为准。除此之外,

---

① Christophe Hillion, “Accession and Withdrawal in EU Law” in Anthony Arnull and Damian Chalmers (eds.), *The Oxford Handbook of European Union Law*, Oxford: Oxford University Press 2016, pp. 126 – 127. See also Lea Brilmayer and Isasias YemaneTesfalidet, “Treaty Denunciation and Withdrawal from Customary International Law: An Erroneous Analogy with Dangerous Consequences”, http://www.yalelawjournal.org/forum/treaty-denunciation-and-qwithdrawalq-from-customary-international-law-an-erroneous-analogy-with-dangerous-consequences (last visited on February 10, 2017).

该条并没有设定退出的实质条件,只是指明了相关程序性规定。[①] 但就是针对"根据本国宪法的要求"的规定,在英国国内现在成为提交最高法院裁决的重要事项,也引起了关于欧盟机构是否具有审查权的争议。

首先,退出声明是否符合国内宪法直接牵涉英国国内法,而且是英国宪法没有规定的问题。事实上,由于退出国际公约并非重要的宪政问题,各国宪法鲜有明确退约属于政府还是议会权力的情形。欧盟 28 个成员国中,有 9 个国家在宪法中规定终止国际条约需要议会同意。其中荷兰明确规定行政部门终止国际协定需要议会同意。保加利亚、丹麦、爱沙尼亚、西班牙、芬兰、立陶宛、波兰和瑞典 8 国规定,如果条约的缔结需要议会批准,则终止该协定也需要得到议会同意。[②] 因此,当英国政府决定退出欧盟时,有关决定应否得到议会的同意和授权首先在英国国内遭遇挑战,并一直上诉至最高法院。2017 年 1 月 24 日,英国最高法院就"米勒等诉英国脱欧事务大臣案"做出判决,认为须经议会对政府进行授权后,才能由政府启动退欧程序。这一裁决具有相当的重要性,不仅明确了英国议会对退出欧盟事务的决定权,限制了英国政府自行启动的权力,在未来其他成员国退出欧盟时,也将成为一个重要先例。

其次,一国退出国际公约的声明是否符合该国宪法,在国际法上也是有待明确的问题。在《条约法公约》中,这个问题没有专门规定,可资借鉴的是第 27 条关于"一当事国不得援引其国内法规

① Eva-Maria Poptcheva, "Article 50 TEU: Withdrawal of a Member State from the EU", p. 3, http://www.europarl.europa.eu/RegData/etudes/BRIE/2016/577971/EPRS_BRI(2016)577971_EN.pdf (last visited on February 10, 2017).

② Pieter Jan Kuijper*et al.*, *The Law of EU External Relations*, Oxford: Oxford University Press, 2nd ed., 2015, pp. 88 – 89. 从我国情况看,我国《宪法》仅规定全国人大常务委员会决定同外国缔结的条约和重要协定的批准和废除,并没有明确提及退出条约问题。不过,我国《缔结条约程序法》第 19 条规定,中国缔结的条约和协定的修改、废除或退出程序,比照缔结程序办理。这似可理解为经全国人大常委会批准而生效的国际条约,在退出时也需要得到全国人大常委会的同意。

定为理由而不履行条约”,以及第46条关于“一国不得援引其同意承受条约拘束之表示为违反该国国内法关于缔约权限之一项规定之事实以撤销其同意”的规定。上述条款表明,一国同意受条约约束的意思表示,不能以违反国内法为由撤销。这说明有关意思表示的对内非法性,不影响其对外合法性,反映了该问题上国内法的无关性。那么以此类推,一国退出条约的声明,即使在国内法上无效或效力存疑,是不是在国际法上也可以认定有效呢?这似乎不是一个理所当然的答案。2016年10月,南非宣布退出《国际刑事法院罗马规约》时,该公约的诸多缔约国曾质疑该声明的法律效力,认为退约声明是南非政府做出,未经南非议会审议通过,法律效力存在瑕疵。此后,2017年2月22日,南非比勒陀利亚高等法院裁定,南非政府退出国际刑事法院的决定未经议会表决通过,违反了南非宪法,不具有法律效力。这同英国最高法院的判例一样,都支持一国退出条约声明的有效性以国内合法性为前提,成为条约法领域重要的国际实践。就此而言,英国最高法院的判例支持了有关争论,成为条约法领域重要的国家实践。

最后,在成员国退约通知是否符合国内宪法要求的问题上,欧盟机构特别是欧洲法院应否有解释权、审查权和否决权?这是欧盟法学者非常关注的一个问题,目的是确保在退欧进程中,欧盟自身权益不受损害。就此而言,目前讨论较多的有两个事项。其一是欧盟理事会的角色。根据《欧盟条约》第7条,如果成员国违反了第2条规定的民主、平等、法治等基本原则,理事会可决定暂停成员国的权利。就此而言,当成员国的退出通知在其国内受到挑战和质疑,有可能违反民主、法治等基本原则时,欧洲理事会完全可以视情况暂停退欧进程或等待成员国澄清。① 其二是欧洲法院

① Christophe Hillion, “Leaving the European Union, the Union Way, A legal Analysis of Article 50 TEU”, *European Policy Analysis*, p. 2, http://www.sieps.se/sites/default/files/Leaving%20the%20European%20Union,%20the%20Union%20way%20(2016 - 8epa).pdf (last visited on February 10, 2017).

的职能。从历史上看,欧洲法院利用法律解释权,在推动欧盟法律体系的完善方面做出了创造性贡献。在欧盟法没有明文规定的情况下,法院通过司法解释确立诸多重要原则,如直接效力原则、优先原则等。[①] 因此,在退约通知是否符合国内宪法等重要问题上,法院可根据《欧盟运行条约》第 277 条的初步裁决权、《欧盟条约》第 218 条规定的咨询管辖权等,通过法院判例对第 50 条做出官方解释,实现欧盟机构的解释权和某种审查权,而且这种介入形式在《欧盟条约》中并没有限制条件。[②]

(三) 退欧谈判和退欧时间

根据《欧盟条约》第 50 条,一旦英国提交退欧通知,欧洲理事会需确定相关指导原则,并据此同英国进行谈判,最终签署退欧协议。同时,在确定上述指导原则时,英国不能参加相关会议及有关讨论。由此可见,启动退欧程序后,退欧主导权就从英国转到欧盟手中。在同欧盟保持何种关系问题上,必须以欧盟机构同其他 27 个成员国确定的原则为基础,这使英国在退欧谈判中处于被动跟从地位。

其实,在第 50 条的用语上,很多欧盟法学者指出,其专门使用了"成员国"一词,而非该条约第 1 条使用的"缔约国"。[③] 这说明退欧并不仅是退出欧盟条约,还要考虑欧盟的运作、欧洲一体化和各成员国利益。因此,只有退出决定属于成员国的权利,退出程序

---

① 曾令良:《欧洲联盟治理结构的多元性及其对中国和平发展的影响》,载《欧洲研究》2008 年第 3 期。

② C hristophe Hillion,"Accession and Withdrawal in the Law of the European Union", pp. 15 – 16, https://papers. ssrn. com/sol3/papers. cfm? abstract_id = 2482232 (last visited on February 10,2017). Steve Peers, "Brexit: Can the ECJ Get Involved?", http://eulawanalysis. blogspot. be/2016/11/brexit-can-ecj-get-involved. html(last visited on February 10,2017).

③ Christophe Hillion,"Leaving the European Union, the Union Way, A legal analysis of Article 50 TEU", p. 2, http://www. sieps. se/sites/default/files/Leaving% 20the% 20European% 20Union, % 20the% 20Union% 20way% 20(2016 – 8epa). pdf(last visited on February 10,2017).

及其谈判必须受欧盟法制约，遵从欧盟机构和其他成员国的选择。事实情况也说明，当英国政府2016年提出将于2017年3月提交退欧声明后，欧盟及其他成员国随即就在英国不参加的情况下，开始非正式讨论未来英欧关系的可能模式，乃至谈及成员国之间会费调整、投票权和代表性重新划分等重要问题。欧盟智库专家也开始纷纷讨论欧盟运作方式的调整等事宜。①

至于英国最终实现退欧的时间，由于退欧谈判尚未启动，做出预测还为时尚早。根据《欧盟条约》第50条，英国退欧的生效时间有三种可能性。一是在英国退出协议生效之日起正式退欧。二是如果退出协议无法尽快生效，英国在提出退欧通知之日起满两年后自动退欧。三是如果其他成员国和英国一致同意，双方可不受两年期的约束，继续进行退欧谈判。

当然，上述规定只是三种可能性，在实践中还会涉及很多具体的程序问题，都会影响退欧协议的生效和退欧时间的确定。例如，退欧协议是否涉及欧盟条约的修改？② 是否需要其他成员国议会批准？又如，根据英国2011年欧盟法令，任何修订或替代欧盟条约的协议，如果扩展了欧盟对英国的权能或权利，应在英国进行公投，③而公投的结果并无法预测。再如，根据欧盟条约规定，退欧协议在欧洲理事会通过，需遵守有效多数原则，即72%以上的成员国（约20个国家）同意，并能够代表欧洲65%的人口，而且协议经理事会通过后，还需要提交欧洲议会。可见，即使顺利达成退欧协议，协议的生效程序也涉及诸多复杂因素。如果遇到任何拖延或争议，英国很可能不得不在两年后自动退欧。

---

① Werner Kirsch, "Brexit and the Distribution of Power in the Council of the EU", https://www.ceps.eu/publications/brexit-and-distribution-power-council-eu (last visited on February 10, 2017).

② 由于英国退欧尚未启动，欧盟条约需如何修改尚无法预测，但现有欧盟条约中列举缔约国和条约地域使用等条款，在英国退欧后肯定需要进行相应修改。

③ European Union Act 2011, http://www.legislation.gov.uk/ukpga/2011/12/pdfs/ukpga_20110012_en.pdf (last visited on February 10, 2017).

(四)退欧进程的中止和退欧声明的撤销

英国脱欧公投结束后,国内留欧阵营为阻止退欧,立即提出各种不同方案,包括举行二次公投、苏格兰要求公投脱英并继承英国的欧盟成员国地位、在退欧程序启动后及时中止等。如果仅从《欧盟条约》第50条来看,中止退欧程序法律依据确实不足。该条不仅没有任何中止退出程序的规定,反而明确规定退出的成员国如要再加入欧盟,必须按照第49条的加入程序重新进行申请。而且从欧盟立场看,如果允许成员国提出退出请求,同欧盟讨价还价后,又能选择中止退出,无疑会削弱和限制欧盟的谈判能力和行为能力。当然,《欧盟条约》第50条虽没有规定成员国单方中止的权利,但并没有完全排除在退约国和其他成员国同意的前提下,暂时中止退约进程的可能性,①也可能成为所谓"中止退欧"的一种可能。

至于退欧声明能否撤销,支持和反对的声音一直争论不休。②欧盟法专家保罗·克雷格认为,声称不可撤销的观点违反了条约解释的基本原则。因为从基本法律原则看,在双方达成合意之前,一方不应受合同或协议约束。英国提交退出声明时,退欧协议的内容并不明确,因此英国理应具有选择接受或不接受退欧协议的权利。而且根据《条约法公约》第68条,退出条约的"通知或文书得在其发生效力以前随时撤销之"。由于退欧声明只能在退欧协议生效或两年谈判期届满且不再延期的情况下方才生效,所以在

---

① A Lazowski, "Withdrawal From the European Union: A Typology of Effects", (2013) 20 *Maastricht Journal*, pp. 209, 218. Also in StijnSmismans, "About the Revocability of Withdrawal: Why the EU(Law) Interpretation of Article 50 Matters", https://ukconstitutionallaw.org/2016/11/29/stijn-smismans-about-the-revocability-of-withdrawal-why-the-eu-law-interpretation-of-article-50-matters/ (last visited on February 10, 2017).

② 支持退出声明可撤销的专家意见可参见英国上议院报告。The House of Lords, "The Process of Withdrawing from the European Union", https://www.publications.parliament.uk/pa/ld201516/ldselect/ldeucom/138/138.pdf (last visited on February 10, 2017).

此之前英国均可以撤销该声明。此外,不允许撤销声明在实践中可能产生严重后果。例如,在英国出现经济安全威胁、政府更迭、全民公投等极端情况下,英国有合理原因改变退出意图,但如果此种情形下欧盟仍不接受退出声明的撤销,等同于强迫英国退出,会显失公平。①

上述观点主要从英国国家利益出发,力图为英国退欧保留更多的自由裁量权。这虽然只是具体问题的争论,但却深刻反映欧盟同成员国权能划分的博弈。欧盟基本条约一直将欧盟与成员国间权能划分作为欧盟的宪政基础。② 但从欧盟角度来看,如果任何成员国在或退出或继续留在欧盟方面享有较大自主权,无疑将损害欧盟的权能、权威和稳定性,妨碍其实现各项对内对外目标,是有损欧盟法律制度的一个隐患。

退一步讲,即使根据《条约法公约》第 68 条来解释《欧盟条约》第 50 条,由于第 50 条没有撤销退出声明的具体规定,这能否被灵活地解释为含有撤销退出声明的隐含权利?③ 而且,在第 50 条第 5 款明确指出,退出国可以再通过加入程序成为成员国的情况下,是否还能强调要给予退出国改变主意的机会?考虑到英国退出欧盟的性质特殊,所影响的不仅是《欧盟条约》缔约方之间权利义务关系,更将实质上影响欧盟法律制度及其实际运作。④ 相

---

① Paul Craig, "Brexit: Foundational Constitutional and Interpretive Principles", http://fdslive. oup. com/www. oup. com/orc/resources/law/eu/eulaw/resources/updates/eulaw_brexit_craig. pdf(last visited on February 10,2017).

② 曾令良:《欧洲联盟法总论——以〈欧洲宪法条约〉为新视角》,武汉大学出版社 2007 年版,第 49 页。

③ Woods & Watson, "Update of the EU Law 12th Edition", http://fdslive. oup. com/www. oup. com/orc/resources/law/eu/steiner_woods12e/resources/updates/steiner_woods12e_oct2016. pdf(last visited on February 10,2017).

④ Christophe Hillion, "Leaving the European Union, the Union Way, A Legal analysis of Article 50 TEU", *European Policy Analysis*, p. 3, http://www. sieps. se/sites/default/files/Leaving%20the%20European%20Union,%20the%20Union%20way%20(2016 - 8epa). pdf (last visited on February 10,2017).

信在这些法律争论上,欧盟机构将注重维护《欧盟条约》第50条的整体制度,秉持严格的解释立场。

二、英欧未来关系的可能模式

从条约法规则来看,条约退出机制并非存在于真空中,不应被割裂出来单独适用,而应同条约的保留、修订、重新谈判等灵活手段共同发挥作用,从而有效管控条约履行过程中的各种风险。[①]因此,在成员国退出欧盟问题上,一般认为首要挑战是如何通过双方谈判,继续维系该成员国同欧盟的关系,[②]即退出欧盟和谈判新关系同等重要且密不可分,甚至可以说谈判英欧新关系是整个退欧进程的关键。这也是《欧盟条约》第50条中最重要的内容,即该条所指的双方"未来关系框架"。

从英国立场来看,其退欧的最主要诉求是"拿回让渡的国家主权",是欧洲反政治一体化思潮的折射和反映。其主要原因是欧盟发展至今日,通过经济一体化和政治一体化的相互交融,在成员国主权让渡基础上,形成"共同行使主权"的模式。[③] 但英国认为这种模式损害了英国国家利益,希望作为非欧盟成员国,同欧盟继续保持适当的经济合作,达成某种"政治上退欧、经济上留欧"的模式。其实,早在2016年3月,英国政府就曾提出欧盟成员国替代

① Laurence R Helfer, "Terminating Treaties", http://scholarship.law.duke.edu/cgi/viewcontent.cgi?article=5338&context=faculty_scholarship (last visited on February 10, 2017).

② Phedon Nicolaides, "Is Withdrawal from the European Union a Manageable Option? A Review of Economic and Legal Complexities", https://www.coleurope.eu/research-paper/withdrawal-european-union-manageable-option-review-economic-and-legal-complexities (last visited on February 10, 2017).

③ 张彤主编:《欧盟法概论》,中国人民大学出版社2011年版,第20~21页。

方案,讨论在欧盟之外同欧盟可能的关系模式,①有许多欧洲学者也就此做过讨论,②主要涉及以下参考模式。

一是欧洲经济区模式(European Economic Area,EEA)。EEA 协定确立了挪威、冰岛、列支敦士登三个欧洲自由贸易联盟(EFTA)国家③同欧盟的合作关系。双方于 1994 年签订协议,在三国遵从欧盟的人员、货物、资本、服务四大自由流动前提下,允许其作为非欧盟成员国进入欧盟的内部单一市场。此外,三国还必须要向欧盟项目提供资金支持,遵守欧盟多个领域的法律和政策(不包括共同农业和渔业政策、共同外交和安全政策等),且仅能有限参与欧盟决策过程。因为在上述三国中,挪威最具代表性,同欧盟合作也最为深入,④因此也常被通称为"挪威模式"。这种模式能使欧盟对非欧盟成员国的欧洲国家施加重要影响,容易被欧盟所接受,但这种类似"准欧盟成员国"地位在英国国内受到强烈反对。

二是瑞士模式。这是在瑞士作为 EFTA 国家通过全民公投否决 EEA 协定之后,欧盟同瑞士单独确立的一种关系模式,颇有量

---

① The UK Government,"Alternatives to Membership: Possible Models for the United Kingdom outside the European Union", https://www. gov. uk/government/uploads/system/uploads/attachment_data/file/504604/Alternatives_to_membership_ - _possible_models_for_the_UK_outside_the_EU. pdf(last visited on February 10,2017).

② Berry et al,"Complete EU Law 2nd Edtion",http://fdslive. oup. com/www. oup. com/orc/resources/law/eu/eulaw_complete2e/resources/7597786/berry2e_eureferendum_update0816.pdf(last visited on February 10,2017).

③ EFTA 本是早年由英国倡议发起,以搭建政府间合作平台为主,同欧盟全面一体化的道路相左。随着欧盟自身不断发展壮大,EFTA 国家纷纷转而加入欧盟,现在仅剩下挪威、冰岛、列支敦士登和瑞士四国。有关 EEA 和 EFTA 的相关协定、历史背景和运作机制可见其官方网站:http://www. efta. int/eea。

④ 关于挪威和欧盟关系,可参考挪威驻欧盟使团官方网站:http://www. eu-norway. org/eu/norway_and_the_eu/#. WKIu_tQrLUI。

身打造之意。[①] 这一模式以大量双边协议为基础,由欧盟同瑞士共同就各领域相互关系分别谈判,并缔结相应的关系协定。目前双方已经谈判签署了 100 余项协定,且还在继续谈判新协定。这种模式的设立初衷是希望在瑞士加入欧盟前,作为向成员国身份过渡的一种临时措施,保持欧盟同瑞士间紧密合作关系。但由于瑞士此后一直未加入欧盟,这种模式成为了一个特例,现在恐怕很难被复制。

三是大陆合作伙伴关系。这是数位欧洲学者于 2016 年 8 月提出的新设想,[②]同久已存在的"双速欧洲"之说有所类似。该设想提出建立"双环欧洲",内环是以超国家的欧盟和欧元为核心的国家集团,外环是同欧盟建立政府间合作伙伴关系的国家。该设想试图将政治一体化和经济一体化适度分离。大陆合作伙伴关系国家仅同欧盟在政府间合作基础上加强经济联系,经济合作的定位低于欧盟成员国,高于自贸协定下的缔约方。这一设想引起相当关注,代表了调整欧洲一体化发展方向的呼声,但其牵涉欧盟宪政结构等重大问题,短期内难成现实选项。

四是自贸协定模式,也称加拿大模式,主要指欧盟和加拿大全面经济贸易协定所代表的模式。该协定谈判始于 2009 年,并于 2014 年签署,但因欧盟成员国对该协定属于欧盟专属协定还是混合协定意见不一,迄今仍未能生效。该协定是欧盟"新一代自贸协定"的主要代表,将消除欧加两大经济体之间 98% 的关税。加拿大称协定合作范围超过北美自由贸易协定,将为服务和投资领域

① 关于瑞士和欧盟关系,可参考欧委会官方网站有关介绍:http://europa. eu/rapid/press-release_MEMO – 16 – 3185_en. htm;以及欧盟驻瑞士代表团官方网站:https://eeas. europa. eu/delegations/switzerland/7690/die-schweiz-und-die-eu_de。

② Jean Pisani-Ferry *et al.*,"Europe after Brexit:A Proposal for a Continental Partnership", http://bruegel. org/2016/08/europe-after-brexit-a-proposal-for-a-continental-partnership (last visited on February 10,2017).

创造大量市场准入机会。[①] 就英国而言,加拿大模式是政府间保持紧密贸易投资关系的重要参考。2016 年 7 月,英国退欧事务大臣戴维斯也表示个人希望英欧关系以该模式为基础。

五是关税同盟模式,也称土耳其模式,主要指 1995 年欧盟土耳其关税同盟协定所代表的模式。该协定取消了欧土之间所有工业产品的关税,但没有涉及农产品、服务和公共采购问题。在该模式下,土耳其需要遵守欧盟特定领域的法律法规,如竞争法、消费者保护、知识产权等,但无须遵守欧盟的四大流动自由,无须向欧盟提供资金支持等。[②] 这种模式能够使英国最大程度摆脱欧盟政策和法规的影响,但作为较为松散的一种经贸合作方式,不太符合英欧间贸易投资关系现状。

六是世贸组织模式。严格来说,这不能算非欧盟国家和欧盟间关系的一种代表性模式,只能算双方关系的一种可能选项,是在英欧未能就未来关系达成一致意见的情况下,退而利用英国和欧盟同属世界贸易组织成员地位,借助世贸组织规则来规范贸易关系。一旦采用这种模式,就意味着英欧双方谈判破裂,将导致英国丧失同欧盟及其成员国的特殊经济联系,丧失内部统一市场的优惠待遇,对英国吸引力其实不大。

综上,在欧盟同非成员国的六种关系模式中,前三种涉及欧盟同欧洲国家间关系,后三种涉及欧盟同非欧洲国家间关系,各有其侧重和优势。其中关注和讨论较多的是欧洲经济区模式、瑞士模式和自由贸易协定模式。这三种模式代表了三个层级,从类似于"准成员国"地位、特殊联系国家,直到自贸区协定伙伴国,所对应的经济合作深度逐步递减,对如何设定未来英欧关系具有一定参考意义。不过,考虑到英国是世界第六大经济体,是欧盟的第二大

---

① 关于欧盟和加拿大全面经济贸易协定,可参考欧委会官方网站:http://ec.europa.eu/trade/policy/in-focus/ceta/。

② 关于土耳其和欧盟关系,可参考欧委会官方网站:http://ec.europa.eu/trade/policy/countries-and-regions/countries/turkey/。

经济强国和人口第三大国,2015 年缴纳的欧盟预算资金高达 85 亿英镑,同前述相关国家在欧洲的地位和角色完全不同。加之英国同欧盟各国间货物和服务贸易关系紧密,每年向欧盟国家出口总额达 2300 亿英镑,进口总额高达 2900 亿英镑,相信英欧双方应会适当参考上述模式,尽可能在欧盟政治一体化和经济一体化间达成某种平衡,构建一个新的"英国模式"。

在此方面,英国政府于 2017 年 2 月发布《英国退欧和未来英欧新伙伴关系》白皮书,[①]反映了英国一方的最新立场。该白皮书提出英国退欧的 12 项具体目标,认为总目标是要在英国和欧盟间建立一种崭新的、积极的、建设性的伙伴关系,以服务于双方共同利益。同时,由于欧盟始终将人员、货物、资金、服务的四大流动自由作为一个整体,同进入欧盟内部市场相捆绑,因此英国宣布将选择离开欧盟内部统一市场,退而同欧盟建立一种新型战略伙伴关系,达成一个大胆而雄心勃勃的自由贸易和关税协定,确保大多数的货物和服务贸易实现自由开放。

当然,根据《欧盟条约》第 50 条,英国退欧进程开启后,欧盟和其他 27 个成员国在退欧谈判中占有主导地位,将在确定退欧谈判和英欧关系基本原则后,同英国开展为期两年的退欧谈判。因此,英国在提交退欧声明前,通过发表退欧白皮书来提前表明英国基本主张,主要目的是影响欧盟及其他成员国立场,但未来英欧关系如何重新搭建,更重要的仍是欧盟内部达成的共同立场,这有待英国退欧进程启动后继续观察。

---

① UK Government, "The United Kingdom's Exit from and New Partnership with the European Union", https://www.gov.uk/government/uploads/system/uploads/attachment_data/file/589189/The_United_Kingdoms_exit_from_and_partnership_with_the_EU_Print.pdf (last visited on February 10, 2017).

三、退欧对英国国内法的影响

从国际法和欧盟法来看,英国退欧的直接后果是欧盟法不再适用于英国。但由于英国加入欧盟40多年,英国国内法同欧盟法已经深度融合,退欧并不会意味着已经适用的欧盟法在英国立即失效,否则这会在英国造成巨大的法律真空,甚至导致社会的动荡不安。[①] 由此可见,即使是在退欧协议生效后,英国仍需视情况同欧盟协商处理退欧对英国国内法的影响,可能需对英国相关国内法或废止或保留或修改或新立,并重新对外商签各类双、多边条约。目前来看,退欧对英国国内法的影响可能涉及以下方面。

(一)英国和欧盟之间基本关系的法律

英国在加入欧盟时,曾专门通过了《1972年欧共体法》,确立了欧盟法高于英国法的地位,要求将欧盟指令和欧洲法院裁决纳入或转化为英国法,并为此赋予政府废止或修改议会立法的权力。由于英国退欧后要建立新的英欧关系,必然要废止《1972年欧共体法》,这在英国最高法院2017年1月24日关于"米勒等诉英国脱欧事务大臣"案的判决中也有专门论述。该判决指出,《1972年欧共体法》第2条确立了一个动态过程,使得欧盟法在英国成为法律渊源,并高于英国宪法在内的国内法。只要《1972年欧共体法》继续有效,就等于是将英国议会的立法权限部分转移给欧盟机构,除非英国议会再做出相反决定。由于英国退出欧盟意味着切断了欧盟法的法律渊源地位,且实质影响英国居民在欧盟国家的权利,是对英国宪政秩序的根本改变,因此需要英国议会授权,英国政府

---

① Richard Gordon QC and Rowena Moffatt, "Brexit: The Immediate Legal Consequences", http://www.consoc.org.uk/wp-content/uploads/2016/05/Brexit-PDF.pdf (last visited on February 10, 2017).

才能提交退欧声明。①

在此案判决做出后,英国政府于 2017 年 2 月颁布的《英国退欧和未来英欧新伙伴关系》的白皮书中,开篇就提出将专门制定《大废止法案》,以废止《1972 年欧共体法》,并将现有的已经适用的欧盟法转化为英国国内法,以便英国重新掌控自己的法律体系,②也清楚表明退欧对英国国内法律体系的冲击,首先投射在规范英欧基本关系的法律框架上。

(二)英国已经直接或间接适用的欧盟法

在欧盟成员国中,各国国内法受欧盟法影响的程度并不相同,大致从 6.3% 到 84% 不等。③ 至于英国法受欧盟法影响的部分到底有多少,英国各界也一直众说纷纭,甚至从 10% 到 70% 不等。仅就直接适用的欧盟法而言,根据欧盟法律部门统计,截至目前仍在生效的欧盟立法措施共有近 2 万项,绝大多数是欧盟指令、条例、决定和欧盟对外缔结的国际协定,也包括其他一些具体措施。根据《欧盟运行条约》第 288 条,这 2 万项立法中,大约有 5000 项对欧盟成员国可以直接适用,④英国大概通过了 7900 多项立法措

① Press Summary, R (Miller) v Secretary of State for Exiting the European Union, https://www.supremecourt.uk/cases/docs/uksc-2016-0196-press-summary.pdf (last visited on February 10, 2017).

② The UK Government, "The United Kingdom's Exit from and New Partnership with the European Union", https://www.gov.uk/government/uploads/system/uploads/attachment_data/file/589189/The_United_Kingdoms_exit_from_and_partnership_with_the_EU_Print.pdf (last visited on February 10, 2017).

③ The UK House of Commons, "How Much Legislation Comes from Europe?", p. 1, http://researchbriefings.files.parliament.uk/documents/RP10-62/RP10-62.pdf (last visited on February 10, 2017).

④ The UK House of Commons, "Legislating for Brexit: Directly Applicable EU Law", http://researchbriefings.files.parliament.uk/documents/CBP-7863/CBP-7863.pdf (last visited on February 10, 2017).

施来履行这些欧盟立法。[①] 这是英国法律体系未来受影响的主体部分。

如果要全面衡量英国直接适用和间接适用的欧盟法，目前尚没有一个准确权威的数据。据英国官方统计，在英国 1993 年至 2004 年制定的各项立法中，大概有 13.2% 的初级立法和次级立法都同欧盟相关。[②] 英国众议院还认为，所谓英国法和受欧盟影响这两个概念其实并没有一致认知，所以难以科学计算具体比例，只能大致估算在不同领域的影响。例如，在农业、渔业、外贸和环保等领域，英国法主要以欧盟法为基础，但在社会福利、社会保障、教育、刑法等领域，欧盟法的直接影响较小。从统计数字来看，英国法在农业领域受欧盟法影响最大，国防领域受欧盟法影响最小。此外，据英国政府估算，英国国内有重要经济影响的立法中，大约一半源自欧盟法。[③]

由于从理论上讲，自英国脱欧之日起，上述数千项直接适用和其余大量间接适用的欧盟法就在英国立即失效，但英国国会显然不可能当即完成国内替代立法工作。因此，英国现在将制定《大废止法案》作为维系国内法律体系稳定的重要基础。其重要性不仅在于废止《1972 年欧共体法》，更是要明确现有的已经适用的欧盟法同英国国内法的关系，并且逐步制定诸多次级立法，包括英国单独的移民和关税法等。当然，同欧盟新达成的退欧协议的内容也

---

① The UK House of Commons, "Legislating for Brexit: Statutory Instruments Implementing EU Law". http://researchbriefings.files.parliament.uk/documents/CBP-7867/CBP-7867.pdf (last visited on February 10, 2017).

② The UK House of Commons, "Legislating for Brexit: the Great Repeal Bill", http://researchbriefings.files.parliament.uk/documents/CBP-7867/CBP-7867.pdf (last visited on February 10, 2017).

③ The UK House of Commons, "How Much Legislation Comes from Europe?", p. 1, http://researchbriefings.files.parliament.uk/documents/RP10-62/RP10-62.pdf (last visited on February 10, 2017).

会适当予以体现。①

(三)欧洲法院判例的影响和未来英欧争端解决机制

同英国成文法受到欧盟法实质影响相类似,英国国内法院已经有诸多案例系根据欧洲法院判例加以裁决,特别是涉及欧盟指令和条例的案件中,英国法院经常援引欧洲法院的权威解释作为法律依据。由于要评估欧洲法院对英国国内法的影响,需要全面清理欧洲法院和英国法院的判例,目前英国还没有公布相关的数据信息。正如退欧并不意味着欧盟法在英国法律体系中立即消失一样,欧洲法院对欧盟法的解释和判决也很可能会在英国法中继续存在,并可能以某种形式转化为英国国内法。

与此同时,根据《欧盟条约》第19条,欧洲法院主要职能除了解释适用欧盟法,确保其在各成员国同等适用之外,还负责受理成员国政府和欧盟机构间争端。在《英国退欧和未来英欧新伙伴关系》白皮书中,英国政府明确提出将不接受欧洲法院的管辖权,又专门提出要建立争端解决机制,确保未来英国同欧盟间公平公正的关系。从英方设想看,这种争端解决机制主要参考欧盟同第三方贸易投资协定以及部分国际组织设立的争端解决方式,包括上文提及的欧盟和加拿大全面经济贸易协定、欧盟和瑞士双边安排、北美自由贸易协定、南方共同市场、新西兰和韩国自贸协定、世界贸易组织等。这似乎是为了避开讨论欧洲法院的管辖权问题,而是通过另行设计一套制度,将欧洲法院管辖成员国政府和欧盟机构间争端的职能转交另一个争端解决机制,以确保未来英欧关系

① The UK House of Commons, "Legislating for Brexit: the Great Repeal Bill", http://researchbriefings.files.parliament.uk/documents/CBP-7867/CBP-7867.pdf (last visited on February 10, 2017). The UK Government, "The United Kingdom's Exit from and New Partnership with the European Union", https://www.gov.uk/government/uploads/system/uploads/attachment_data/file/589189/The_United_Kingdoms_exit_from_and_partnership_with_the_EU_Print.pdf (last visited on February 10, 2017).

协议得到有效执行。[①]

目前来看,英方这种新方案还处于设想阶段,没有具体实施计划,难以进行可行性评估。这也很容易被看作一种对欧盟的谈判策略。该方案提出后,欧洲议会的英国脱欧谈判代表维霍夫斯达对媒体表示,欧盟希望英国在退欧后数年内继续接受欧洲法院管辖权,作为整个过渡措施的组成部分。客观而言,这是比较稳妥便利的解决方式,既不会对欧盟现有制度直接造成冲击,也有利于英国法律制度的平稳过渡,不失为可行的解决方案。

(四)在英国适用的欧盟对外签署的各类条约

据欧盟官方统计,目前欧盟对外签订的条约达1100多项,其中897个双边条约、260个多边协定,[②]涵盖农业、渔业、食品安全、文化、教育、税收、交通、能源、科研创新、人权、对外关系等领域。根据欧盟和成员国权能的划分,这些条约中属于欧盟专属权能的条约近750个,由欧盟和成员国共同缔结的混合协定近230个。[③]

英国退欧后,这些条约中属于欧盟专属权能的相对容易处理。根据《欧盟运行条约》第216条,欧盟缔结的国际条约只对欧盟机构及其成员国具有拘束力,因此英国脱欧后将不再享有和承担条约下权利义务。一般只需要欧盟通知缔约对方,有关条约的地域适用范围发生变化,不再适用于英国即可。而且,现在欧盟缔结的部分条约还含有专门的地域适用条款,规定该条约的适用范围等同于《欧盟条约》和《欧盟运行条约》的适用范围,应该只需要欧盟

---

① Andrew Duff, "Brexit: the Launch of Article 50", http://www.epc.eu/documents/uploads/pub_7417_brexitlauncharticle50.pdf(last visited on February 10,2017).

② 具体数据可参见欧盟对外行动署条约办公室数据库的官方网站:http://ec.europa.eu/world/agreements/default.home.do(last visited on February 10,2017)。

③ The UK House of Commons, "Legislating for Brexit: EU External Agreements", http://researchbriefings.files.parliament.uk/documents/CBP-7850/CBP-7850.pdf(last visited on February 10,2017).

告知缔约对方英国退约的事实即可。[①]

至于混合协定则较为复杂,退欧的影响和解决方案尚无定论。尽管有学者主张由于混合协定系欧盟和成员国共同批准,英国退欧后仍可继续维系条约的有效性和继续适用,多数英国政府代表和国际法专家认为,欧盟和英国共同批准的混合协定将会在退欧后失效,可能需要英国根据公约退出或终止条款办理相关事宜,或由欧盟和英国同缔约对方协商解决,并由英国同缔约对方另行谈判缔结新协定。[②] 由此可见,英国退欧后,仅清理上述1000多项协定,并逐个确定解决方案,也需花费相当时间。

四、结　语

2016年英国脱欧公投作为欧盟近年来最大的"黑天鹅事件",戏剧性地拉开成员国退欧的序幕,深刻反映出欧洲国家民粹主义、疑欧主义、反一体化思潮的盛行,激化了欧洲一体化和反一体化力量的争斗,对欧盟法律制度和宪政秩序带来诸多冲击,对欧洲的一体化走向提出重大挑战。但是,尽管英国可以退出欧盟,却不可能改变英国同欧盟各国同属欧洲近邻的地理状况。欧洲各国仍然具有相近的历史文化传统,保有共同的价值观,仍会面临共同的地缘政治关系,在重大外部挑战前仍有诸多共同利益。因此,英国退欧貌似能够取回向欧盟让渡的国家主权,能够不受约束地发展国内法律体系,但英国要继续同欧洲各国维系密切友好合作关系,现存的和未来的欧盟法对英国的影响并不容低估。

---

① Guillaume Van der Loo and Steven Blockmans, "The Impact of Brexit on the EU's International Agreements", https://www.ceps.eu/publications/impact-brexit-eu%E2%80%99s-international-agreements(last visited on February 10,2017).

② The UK House of Commons, "Legislating for Brexit: EU External Agreements", http://researchbriefings.files.parliament.uk/documents/CBP-7850/CBP-7850.pdf(last visited on February 10,2017).

由于英国脱欧谈判尚未启动,本文提到的诸多问题尚囿于英国立场,偏重退欧对英国的影响。究其根本,退欧虽对英国实际影响更广更大,但主要是法律调整等技术层面的具体问题;对欧盟除涉及欧盟法适用范围等问题外,最重要的是法律理念和宗旨价值层面的公开挑战,可能引致成员国对欧盟超国家法律制度的质疑和对一体化道路的反思,①动摇欧盟法律制度的根基。当然,欧盟在一体化进程中,曾历经《欧洲宪法条约》、希腊债务危机、难民危机等诸多重大危机事件,但始终能通过自我调整,重归一体化发展的轨道,显示出较强的制度弹性和包容性。因此,在未来退欧谈判过程中,欧盟必将从维护现有制度、维护和推进一体化进程出发,努力创建新的英欧关系模式。更为重要的是,英国退欧的各项后续法律行动也并非纯粹的单方行为,需要符合英国退欧协议,符合新的英欧关系协议,符合英欧双方利益。欧盟将予以适当监督和必要调整,以争取英国尽可能遵循欧盟法,维护欧盟法律制度的权威性,维护欧盟法在欧洲大陆的普遍适用,捍卫欧洲一体化发展成果。

Brexit: Reflections on the Legal System of the EU

Shang Zhen

Abstract: The Brexit is of great significance in the integration process of the Europe, as the first case in 60 years after the establishment of the European Community. Up to now, the Brexit is not triggered yet, but a series of legal disputes have been activated, including how to interpret the withdrawal mechanism in Treaty of the

① Jukka Snell, "Brexit: Navigating Uncertain Seas", The Oxford University Press, http://fdslive.oup.com/www.oup.com/orc/resources/law/eu/eulaw/resources/updates/eulaw_brexit_snell.pdf (last visited on February 10, 2017).

European Union, how to envisage the new relationship between the UK and the EU, how to define the application of the EU law in the UK, and so on. As the first step in Brexit, a lot of attention was attracted to the dispute between the UK government and the Parliament on the authorization to trigger Article 50 of the Treaty of the EU, which was just settled down by the Supreme Court of the UK. This thesis focuses on the legal disputes and latest practices regarding to treaty law, European law and the UK domestic law in Brexit. On the basis of these discussions, it is pointed out that the Brexit involves not only technical changes to the legal system, but also challenges to the supranational system of the EU and its integration. It is also anticipated that the EU shall coordinate with the UK on their new relationship to preserve the current EU legal system to the greatest extent and promote its future development.

Key Words: Brexit; treaty law; EU law

贸易协议司法审查中法律与外交政策的平衡

——欧洲法院欧盟 - 摩洛哥贸易协议案判决评析

程卫东*

摘要：欧盟 - 摩洛哥贸易协议案是第一个涉及欧盟对外关系问题的外部维度的案件，在很大程度上反映了欧洲法院在对外关系领域进行司法审查的立场。一方面，作为欧盟的司法机构，欧洲法院尽可能坚持其对欧盟决策与机构行为的司法审查权；另一方面，在敏感的政治与外交领域，尽可能维护欧盟机构的自由裁量权，尽可能采取一种平衡的策略。在本案中，一方面，欧洲法院选择了一个简化处理问题的办法，从一个基础性问题入手，通过该问题的分析与回答解决案件争议，并绕开其他问题，特别是具有政治含义的法律问题；另一方面，欧洲法院在选择适用于案件的法律以及对法律与相关问题的解释上，也采取了比综合法院和护法顾问更为简化的方法，避免了问题的复杂化。通过这两个策略，欧洲法院达到了既解决案件，又尽量不引起外交上争议的目的，最大限度地保留了欧盟理事会与委员会在对外事务中的自由裁量权；同时也是在保留欧洲司法机构对外交领域的司法管辖权的同时，不过

* 中国社会科学院欧洲研究所研究员，副所长。

多地引起欧盟内部对司法能动主义的担心。

关键词:欧洲法院;欧盟-摩洛哥贸易协议案;司法审查;对外关系;欧盟法

2016年12月21日,欧洲法院[①]就欧盟理事会(Council of the European Union)诉西撒哈拉人民解放阵线(Front Polisario,以下简称西解阵线)的上诉案作出了判决,[②]给最初由西解阵线于2012年11月提起的关于欧盟与摩洛哥贸易协议案[③]画上了一个句号。

这起案件在提起之后,经历了欧盟综合法院的初审与欧洲法院的上诉审(其间欧洲法院的护法顾问还发表了一份法律意见),历时4年,因涉及很多复杂而敏感的政治与法律问题而广受关注,并在实践中引发了欧盟与摩洛哥之间一些外交上的波折。案件虽然已经落下帷幕,但是在国际法、欧盟法以及国际政治与外交上它将带来何种影响,还有待于进一步的观察与分析。

这起案件有一个特别值得关注的现象,就是综合法院、护法顾

① 《里斯本条约》对欧盟司法机构体系进行了改革,欧洲联盟法院(The Court of Justice of the European Union)包括欧洲法院(Court of Justice),综合法院(General Court)和专门法院(Specialized Courts)。其中,Court of Justice不宜直接译为法院,为区别起见,本文还沿用"欧洲法院"的译法。欧盟条约关于欧盟法院的有关规定,详见:《欧洲联盟基础条约——经〈里斯本条约〉修订》,程卫东、李靖堃译,社会科学文献出版社2010年版。除非特别标明,本文中引用的《欧洲联盟条约》与《欧洲联盟运行条约》的中文译文,均参考该书。

② *Council v. Front Polisario*, CVRIA, Case C-104/16 P, Judgment, 21 December, 2016. 本文引述、参考的欧洲法院与欧洲综合法院的判决、护法顾问(General Advocate)的意见,均见于欧洲法院的官方网站,http://curia.europa.eu/jcms/jcms/j_6/en/,根据案件号即可检索,不再一一注明判决与意见书刊载的具体网页。本文在引用和参考时标明判决和意见书原文中的段落号,除明确标明为护法顾问的意见(Opinion)外,均是指案件的判决。

③ 2012年11月19日,西解阵线向欧盟综合法院提起诉讼,要求撤销欧盟理事会于2012年3月8日通过的第2012/497/EU号决定。该决定涉及以互换函件的方式缔结一项欧盟与摩洛哥之间关于双方在农产品、加工的农产品、鱼及鱼类产品等产品上采取贸易自由化措施的协议。2015年12月10日,欧盟综合法院做出了一审判决,欧盟理事会就此项判决向欧洲法院提出了上诉。欧洲法院于2016年12月21日对此上诉案作出了判决。为表述简便起见,除非特别标明,本文将该原审(一审)、上诉审(二审)案统称为"欧盟-摩洛哥贸易协议案"。

问和欧洲法院在它们的裁判与意见中，对于法律的选择与案件事实的解释，以及对于案件如何处理，相互之间存在着很多不同的认识，在某些方面甚至是截然相反的观点。欧洲法院撤销了综合法院的判决；同时，虽然在很多方面采纳了护法顾问的分析意见与对案件处理的结果，但是回避了护法意见中分析的很多问题，对于这些问题没有给出明确的意见，使得欧洲法院在很多问题上的立场还不是很清晰。

综合法院、欧洲法院都是专业的司法机构，[①]为什么在法律专业问题的分析与案件的处理上会有如此大的差别呢？综合法院的法官虽然在资格要求上与欧洲法院的法官与护法顾问的资格要求有细微的差别，但在独立性与能力要求上实际上是大体相同的，[②]应该说，两个法院法官并不存在专业能力与水平上的显著差异。欧盟两个法院之间在欧盟－摩洛哥贸易协议案分析与处理上的不同，以及欧洲法院处理问题的方法与判决结果，只能从其他方面去解读。本文尝试从其中一个方面，即法律与外交的平衡角度来评论、分析欧洲法院的判决及其与综合法院判决、护法顾问意见的异同。

一、欧盟对外关系领域中的司法审查与本案的挑战

（一）欧盟对外关系领域中的司法审查

欧洲法院在欧盟对外关系法的发展中发挥了重要作用，特别是在澄清欧盟在对外关系领域的权能及其性质、国际法在欧盟对

① 护法顾问实际上是欧洲法院的一部分，护法顾问的资格要求与选任与欧洲法院的法官等同，其职责是完全公正和独立地向欧洲法院审理案件的法庭就案件提交附有理由的意见书，但该意见书对审理案件的法庭没有法律约束力。参见《欧盟联盟运行条约》第252条、第253条。

② 具体参见《欧洲联盟运行条约》第253条、第254条、第255条。

外关系中的地位与作用以及国际义务的法律后果等方面,更是如此。[①]

在欧洲一体化起始阶段,除共同贸易政策(Common Commercial Policy)外,欧洲经济共同体条约较少涉及对外关系领域,外交是欧盟成员国保留的权能。但是,由于共同贸易政策的实施涉及关税联盟、欧共体对外签署条约等对外关系事项,这为欧洲法院通过条约的解释介入欧盟对外关系领域提供了空间。[②] 在对外关系领域,欧洲法院通过司法审查,确立了很多于欧盟对外关系具有重要影响的原则与规则,包括欧盟对外关系权能(如默示权能原则),欧洲法院在对外关系领域的司法审查权,欧盟与国际组织的关系等。[③] 欧洲法院在对外关系领域经由司法判决确立的一些法律原则、规则在欧盟条约修订过程中,被逐渐吸收到条约之中。欧盟条约明确规定了欧洲法院在对外关系领域的管辖权,如对条约合法性的司法审查权等。

但是,对外关系具有特殊性。虽然在对外关系领域,欧盟也必须遵守法律的规定,但是在该领域,特别是在共同外交与安全政策领域,法律的规定相对比较模糊,欧盟理事会与委员会享有较为广泛的自由裁量权。即使是在共同贸易政策领域,由于贸易经济涉及其他对外政策目标,不只具有经济上的意义,通常也具有政治与外交上的意义,所以同样存在类似的情况。因此,在对欧盟对外关

---

① Marise Cremona, "A Reticent Court? Policy Objectives and the Court of Justice", in Marise Cremona and Anne Thies (eds.), *The European Court of Justice and External Relations Law: Constitutional Challenges*, Oxford: Hart Publishing, 2014, p. 15.

② Geert De Baere and Panos, "They Interactions between the European Court of Justice and the Legislature in the European Union's External Relations", inPhilip Syrpis (ed.), *The Judiciary, the Legislature and the EU Internal Market*, Cambridge: Cambridge University Press, 2012, pp. 245 - 246.

③ 有关欧洲法院在对外关系领域的司法审查与欧盟在对外关系的法律与实践的相关论述,可参见 Alan Dashwood and Marc Maresceau (eds.), *Law and Practice of EU External Relations: Salient Features of a Changing Landscape*, Cambridge: Cambridge University Press, 2008。

系领域的措施与行为进行司法审查时,一方面,欧洲法院仍然坚持法治原则,坚持对有关行为与措施合法性进行司法审查,如在涉及军民两用产品出口的沃纳(Werner)案中,欧洲法院认为,虽然一项措施的目的在于防止或限制某些产品的出口,但不能因为它具有外交与安全目标,而将之视为在共同贸易政策之外。[①] 即意味着这些措施也如同共同贸易政策的其他措施一样,受欧洲法院的司法审查。另一方面,欧洲法院在此领域进行司法审查时比较谨慎,会考虑广泛的政策目标,尽可能尊重欧盟理事会与委员会在此领域的自由裁量权,如在国际义务履行上,欧洲法院强调立法者与政策制定者有权利决定如何行事。[②] 在这个意义上,有学者认为,欧洲法院在对外关系领域,对政治机构的决策通常采取的是谨慎的态度,倾向于采取表面价值的选择,即仅根据有关法律与政策文件的说明作出判断,而不是对之提出质疑或试图根据自己的意愿界定、塑造对外政策,而且通常强调欧盟政治决策机构保持其自由裁量权与机动性的必要性。[③]

实际上在对外关系领域,很多国家的国内法院也都采取了类似的克制、谨慎与不介入的立场。如美国,在"美国诉贝尔蒙"(*United States v. Belmont*)案中,美国最高法院萨瑟兰(Sutherland)法官认为,根据美国宪法,外交关系由美国政府的行政部门负责,行政部门在行使政治权力时,其行动的适当性不应由司法部门进行审查或决定。[④] 欧洲法院采取了比美国最高法院更为积极一些

① *Werner v. Bundesrepublik Deutschland*, CVRIA, Case C – 70/94, Judgment, 17 October 1995, para. 10.

② *The Air Transport Association of America and Others*, CVRIA (Grand Chamber), Case C – 366/10, Judgment, 21 December 2011, para. 184.

③ Marise Cremona, "A Reticent Court? Policy Objectives and the Court of Justice", in Marise Cremona and Anne Thies (eds.), *The European Court of Justice and External Relations Law: Constitutional Challenges*, Oxford: Hart Publishing, 2014, p. 15.

④ *United States v. Belmont*, USSC, No. 532, Judgment, 3 May, 1937, https://supreme.justia.com/cases/federal/us/301/324/case.html (last visited on January 20, 2017).

的立场,坚持其在对外关系领域的司法审查权,为此,也有学者批评欧盟是司法引导外交。[1]

当然,由于对外关系的复杂性,不同领域的对外关系以及外交关系不同方面对欧盟具有不同的意义;在不同领域,欧盟的政策目标也不尽相同。因此,欧洲法院在此领域的司法审查所采取的方法与适用的法律与对欧盟内部决策与行为的司法审查相比,并不完全相同。

从对内的维度来看,即从欧盟对外政策与行动的内部决策、协调与实施角度来看,这方面的对外关系行为涉及的法律环境与规范与欧盟内部事务大体类似,欧盟机构必须遵守欧盟条约与欧盟立法的相关规定;同时,由于这些行为对欧盟内部产生直接的影响(如对个人权利保护产生的影响等),在此领域,欧洲法院对这类对外关系措施与行为的审查相对比较严格,即使是在对欧盟及其成员国履行相应的国际义务行为审查时,也是如此。[2] 不过,从卡迪(Kadi)案[3]也可以看出,在这类情形中,虽然欧洲法院要以欧盟法来审查欧盟行为与措施的合法性,但是,由于案件也涉及国际法,涉及欧盟及其成员国承担的国际义务,欧洲法院也会考虑国际法在欧盟法体系中的效力,以及协调特定情形下欧盟法与国际法的冲突问题。[4]

从外部维度来看,欧盟对外关系主要是涉及欧盟在国际舞台

---

① Luigi Lonardo, "The EU's 'Diplomatic Accident' with Morocco Shows the Perils of Judge-led Foreign Policy", http://blogs.lse.ac.uk/europpblog/2016/03/07/the-eus-diplomatic-accident-with-morocco-shows-the-perils-of-judge-led-foreign-policy/ (last visited on February 8, 2017).

② Anne Thies, "General Principles in the Development of EU External Relations Law", in Marise Cremona and Anne Thies (eds.), *The European Court of Justice and External Relations Law: Constitutional Challenges*, Oxford: Hart Publishing, 2014, p. 147.

③ *Kadi and Al Barakaat International Foundation v. Council and Commission* 5, CVRIA (Grand Chamber), Joined Cases C-402/05 and C-415/0, Judgment, 3 September 2008.

④ 关于卡迪案已经有很多的讨论与思考,由于欧盟法与国际法关系问题不是本文讨论的主题,本文对该案涉及的问题不作详细讨论。关于卡迪案涉及的相关问题的讨论,可参见 Juliane Kokott and Christoph Sobotta, "The Kadi Case-Constitutional Core Values and International Law-Finding the Balance?", (2012) 23 *European Journal of International Law* 1015。

上的行为,如在国际组织中、对外谈判中或国际行动中行使权力或开展活动等。[①] 在这类行动中,欧盟作为一个国际行为者与其他国际行为者形成互动,并在相互之间产生权利与义务关系,对非直接互动的第三方国际行为都可能产生间接影响。因此,它涉及的是国际法上的权利与义务,而不只是欧盟法上的权利与义务;涉及的是欧盟与外部的关系,而不是对欧盟内部的直接影响。欧盟机构在从事具有外部影响的对外行为时,当然须遵守欧盟法的相关规定,但是同时还必须遵守国际法的相关规定。在欧盟-摩洛哥贸易协议案之前,欧盟法院还没有受理过这方面的案件。[②] 欧盟-摩洛哥贸易协议案为我们观察、分析欧盟法院对这类案件的司法审查,提供了一个非常好的样本。

(二)案件基本情况与实质

欧盟-摩洛哥贸易协议案虽然是针对欧盟理事会第2012/497/EU号决定(以下有时称争议中的决定)提起的,但实质上的争议是关于欧盟与摩洛哥之间关于双方在农产品、加工的农产品、鱼及鱼类产品等产品上采取自由化措施的协议(以下简称欧盟-摩洛哥贸易协议或争议中的协议)适用的领土范围,因而它既涉及欧盟法,也涉及国际法;既涉及欧盟机构的行为合法性问题,也涉及西撒哈拉的地位及与西撒哈拉地位相关的人权问题,西解阵线的法律人格、法律地位与在欧盟法院的诉讼资格问题,以及对国际协议的解释及其适用实践的性质认定等问题。

欧盟与摩洛哥之间的贸易协议,原本只是欧盟与摩洛哥之间

① Anne Thies,"General Principles in the Development of EU External Relations Law", p. 149.

② Anne Thies在2014年发表的论文中指出欧盟还没有这方面的案例,详见Anne Thies,"General Principles in the Development of EU External Relations Law",p. 149。欧盟-摩洛哥贸易协议案是第一个涉及欧盟对外关系外部维度的案件。但须指出的是,该案件本身也是以针对欧盟理事会的决定提起的,表面上看是针对内部维度的对外关系行为司法审查案,但从案件的实质看,本案涉及的是欧盟对外关系的外部维度。

的双边贸易协议,协议双方在贸易协议的内容及其实施上并无冲突与纠纷。西解阵线对于贸易协议的内容也无异议,但是认为欧盟与摩洛哥之间的贸易协议适用到了西撒哈拉地区,是不合法的(包括欧盟内部的不合法性与外部不合法性),[①]因此要求欧盟法院撤销该争议中的决定。

此案涉及的争议,从根本上说是由西撒哈拉的地位以及摩洛哥与西撒哈拉之间的关系引起的,具有复杂的历史与现实背景。西撒哈拉是非洲西北部的一块土地(territory),在 19 世纪时曾是西班牙殖民地,"二战"后成为西班牙的一个省。1956 年摩洛哥独立后,要求解放西撒哈拉,认为该土地是其领土的一部分。1963 年,根据西班牙依《联合国宪章》第 73(e)条提交的数据,联合国将西撒哈拉列为非自治领(non-self-governing territory)。[②] 1966 年 12 月 20 日,联大通过了第 2229 号决议,重申了西撒哈拉人民不可剥夺的民族自决权。1975 年 10 月 16 日,国际法院根据联合国安理会的请求,发布了关于西撒哈拉的咨询意见。[③] 国际法院认为在被西班牙殖民之时,西撒哈拉不属于无主土地,同时认为西撒哈拉与摩洛哥及毛里塔尼亚之间的法律联系不构成任何领土上的联系,联大 1960 年 12 月 4 日作出的关于给予殖民国家和人民以独立的第 1514 号决议适用于西撒哈拉地区,该地区适用民族自决原则。但是,在国际法院发布咨询意见的同一天,摩洛哥国王发表演

---

① 西解阵线在诉讼中指出的外部合法性问题包括欧盟理事会未能充分说明理由,未能遵守磋商的原则;内部合法性问题包括争议中的决定未能遵守欧盟政策一致性原则(主要是主权原则)、违反欧盟的基本价值与对外关系原则、未能满足可持续性发展的目标、与欧盟对外行动目标不符、违反保持合法期待权的原则、与欧盟已经签署的协议不符以及违反欧盟法中的国际责任法等。详见 *Front Polisario v. Council*, CVRIA Case T – 512/12, Judgment, paras. 115 and 117。

② UN Doc A/5514(n 4) Annex III: List of Non-Self-Governing Territories under Chapter XI of the Charter at 31 December 1962 Classified by Geographical Region; Declaration on the Granting of Independence to Colonial Countries and Peoples, UNGA Res 1514 (XV) (14 December 1960).

③ *Western Sahara*, Advisory Opinion, ICJ Reports, 1975, p. 12.

讲,认为西撒哈拉属于摩洛哥。自此,西撒哈拉的形势恶化。1976年2月26日,西班牙通知联合国秘书长,自该日起,西班牙撤出西撒哈拉,不再承担管理该领土的国际责任。摩洛哥此后进一步扩大了对西撒哈拉的占领。1979年11月21日,联大关于西撒哈拉问题的第34/37号决议,再次重申西撒哈拉人民的自决与独立权。但到目前为止,西撒哈拉的民族自决公投一直未能进行。现在,西撒哈拉的大部分由摩洛哥占领,西解阵线占领一小部分。①

1996年2月26日欧盟与摩洛哥签署了联系协议,②该协议是一个综合性协议,包括货物与服务贸易在内。争议中的决定缔结的协议取代了联系协议的第1、2、3号议定书及其附件,对联系协议进行了修订。按照联系协议与争议中的决定涉及的贸易协议,该两个协议适用于欧盟与摩洛哥的领土。虽然在外交政策上,欧盟并不承认摩洛哥对西撒哈拉的领土主权,但是欧盟－摩洛哥贸易协议在实践中也适用于摩洛哥控制的西撒哈拉领土。西解阵线认为缔结协议的争议中的决定侵犯了西撒哈拉人民的主权与人权,因此对该决定提起了诉讼。

从该案件的案情、诉由与诉求来看,虽然西解阵线是对欧盟理事会的决定提起了诉讼,但是实质上是对欧盟－摩洛哥贸易协议实施到西撒哈拉提出异议。该诉讼的案由中虽然也提出了关于欧盟理事会决定的外部合法性异议,但是对于西解阵线来说,其目的并不是要挑战欧盟理事会的行为本身,而是要通过这种外部合法性的挑战来实现挑战贸易协议内部合法性的目标,从而终止贸易

---

① 关于西撒哈拉的历史与现状及与之相关的法律问题,可参见 New York City Bar Association,"The Legal Issues Involved In the Western Sahara Dispute: The Principle of Self-Determination and the Legal Claims of Morocco",2012,http://www2. nycbar. org/pdf/report/uploads/20072264 – WesternSaharaDispute—SelfDeterminationMoroccosLegalClaims. pdf (last visited on February 8,2017)。

② "Euro-Mediterranean Agreement establishing an association between the European Communities and their Member States, of the one part, and the Kingdom of Morocco, of the other part", *Official Journal of the European Union L* 70, 18. 3. 2000, pp. 2 – 204.

协议适用于西撒哈拉地区。争议中的决定对欧盟内部各方面的利益不具有直接的法律上的影响,而主要是影响欧盟与摩洛哥的关系,影响西撒哈拉地区人民的权益,影响国际社会对西解阵线的国际法上地位的定性与认知等。因此,从本质上看,该案件涉及的是欧盟对外关系的外部维度。

(三)案件的外部维度与欧洲法院面临的难题

如何对具有外部影响的对外关系行为进行司法审查,欧洲法院面临着很多难题。因为对于案件中很多问题的回答,不仅代表了欧洲法院在法律问题上的主张,而且还会被认为是代表了欧盟的对外关系态度与立场,或者让欧盟政治与外交机构在处理对外关系时面临诸多难题。

欧盟-摩洛哥贸易案涉及的法律问题很多,对其中很多问题要给予恰当的回答,都非易事。综合法院对于西解阵线提出的每一个问题都给予了回答,虽然在一些问题上驳回了西解阵线的主张,但是在关键问题上综合法院支持了西解阵线,并且宣告争议中的决定中有关批准协议领土适用范围的条款(综合法院认为这个条款规定了协议适用于西撒哈拉)无效。

综合法院的判决被认为是对西解阵线的一种司法上的承认,受到了西解阵线的欢迎,但是它在欧盟与摩洛哥的外交关系上产生了直接的消极后果,摩洛哥于2016年2月中止了与欧盟的外交关系。①

不过,与西撒哈拉的关系对于欧盟反恐、防止非法移民具有非常重要的影响,而且欧盟不同成员国对摩洛哥与西撒哈拉也持有不同的立场。如法国是摩洛哥第二大武器供应国,在欧盟内是摩洛哥的最大支持者,希望维持与摩洛哥的良好关系,在很多方面支

① Vish Sakthivel, "The EU, Morocco, and the Western Sahara: a Chance for Justice", 2016, http://www.ecfr.eu/article/commentary_the_eu_morocco_and_the_western_sahara_a_chance_for_justice_7041 (last visited on February 8, 2017).

持摩洛哥。西班牙的政策更为复杂,西撒哈拉问题的产生在某种程度上与西班牙有很大关系,因地缘政治上的考虑,西班牙在一定程度上支持西解阵线,支持在西撒哈拉举行公投;但同时,从资源与经济利益上考虑,西班牙又维持与摩洛哥的良好关系。德国支持西撒哈拉通过公投决定其地位与未来。荷兰与瑞典是欧盟中为数不多的承认西撒哈拉为被占领领土的国家。[①] 欧盟不同成员国在西撒哈拉与摩洛哥的不同利益,使得欧盟在西撒哈拉问题上的立场与政策比较模糊。一方面欧盟希望维持与摩洛哥的良好关系,另一方面欧盟又不愿意被认为在西撒哈拉问题上违反人权、主权、国际法,希望维持其作为规范力量(normative power)、维护其尊重人权、遵守国际法的国际形象。而一旦必须在法律上给出明确的回答,则将迫使欧盟的政策明晰化,欧盟政策的灵活性将受到牵制,必将对欧盟的外交产生影响。综合法院支持西撒哈拉请求的立场立即引起了摩洛哥外交上的反应就是一个明确的证据。

在综合法院作出判决之后,欧盟理事会即提起了上诉,要求撤销综合法院的判决,同时欧盟外交政策高级代表莫盖里尼(Mogherini)发表声明,认为摩洛哥与欧盟之间的协议不违反国际法,理事会已提起上诉,协议维持有效。[②] 2016 年 3 月 4 日,莫盖里尼访问了摩洛哥,双方之间才恢复外交关系。法国、德国、比利时与西班牙政府等都批评综合法院的判决,支持欧盟理事会提起的上诉。很显然,各方面对综合法院判决的反应对欧盟司法系统造成了一定的压力。如何既能在法律上合理、合法解释案件提出的各种问题,树立欧洲法院作为公正、专业的司法机构的形象,又能充分尊重欧盟理事会在对外关系领域的自由裁量权,应对在外交上提出的挑战,避免因司法上的判决对欧盟产生负面影响,是摆

---

① Vish Sakthivel,"The EU,Morocco,and the Western Sahara:A Chance for Justice".

② "Statement by High Representative/Vice-President Federica Mogherini at the press point with Mr. Salaheddine Mezouar, the Moroccan Minister for Foreign Affairs and Cooperation", Bruxelles, April 3,/2016, https://eeas. europa. eu/(last visited on February 1,2017).

在欧洲法院面前的一个难题。

二、问题的选择与欧洲法院解决问题的策略

综合法院的判决涉及很多法律问题,对这些问题的回答,在某些方面与欧盟的外交立场不一致,在某些方面将欧盟原本模糊的立场明确化,这都势必削弱欧盟在外交上的灵活性与机动性,在实践中会引起外交上的一些后果。欧洲法院的难题是,如何既维护法律的内在一致性,同时又给欧盟的对外关系保留必要的灵活性与自由裁量的空间。

从判决来看,欧洲法院首先采取的是选择性策略,在案件涉及的众多问题中,选择既能解决案件但又不必涉及太多敏感性事项的法律问题作为判决中予以解决的问题。从判决的外观上看,欧洲法院的这份判决与综合法院的判决和护法顾问的意见相比,明显要简短很多,①这是因为,在很大程度上,欧洲法院只选择回答少数法律问题,而回避了综合法院判决与护法顾问意见中涉及的很多问题。

(一)案件涉及的核心问题与难点

很显然,这个案件涉及的不只是法律问题。由于背景和问题的复杂性,在这些问题上持何种观点与立场,如何作出裁决,不仅影响到各方的权益,而且还涉及欧盟及其成员国的外交立场及在一些重大国际问题上的主张。正是因为如此,护法顾问瓦特莱(Wathelet)在其法律意见中认为该案是一个非常重要的案件,该案提出了很多有待法院解答的难题,如西解阵线的法律人格、法律

---

① 就案件的事实与法律问题发表意见的段落,欧洲法院的判决中有62个段落(第66~127段),而综合法院的判决中有215个段落(第34~248段)护法顾问的意见书中有278个段落(第40~317段)。

上的利益、诉讼资格问题,欧盟法院在对外关系领域司法审查的程度问题等。[①] 概而言之,本案涉及的核心问题包括以下四个方面。

其一是西解阵线的法律人格与诉讼资格问题。

西解阵线成立于 1973 年 5 月 10 日。根据其成立文件,它是一个开展民族解放运动的组织,本身是撒哈拉人民(Sahrawi)长期以来反抗各种形式的外国占领斗争的成果。在联大 1979 年第 34/37 号决议中,联大推荐西解阵线作为西撒哈拉的代表参与政治解决西撒哈拉问题的进程。如何定性西解阵线的法律地位,对于欧盟法院来说是一个棘手问题。一方面,根据《欧盟运行条约》第 263 条的规定,针对欧盟法令(包括决定)提起诉讼的主体须是自然人或法人;另一方面,如何界定西解阵线的法律人格,依据何种法律界定其法律地位,因西撒哈拉的特殊情况而难以给出明确的回答。

西解阵线认为其法律人格来源于国际法,认为它是西撒哈拉人民主权的化身,它的存在不需要依赖于前殖民力量西班牙的国内法或者是占领国摩洛哥的国内法。[②] 但欧盟理事会认为,西解阵线未能证明其具有提起诉讼的法律资格,西解阵线将自己作为西撒哈拉人民代表的地位等同于国际法上的属于主权国家的法律人格。理事会认为不能接受这种观点,即不承认西解阵线具有国际法上的法律人格;认为西解阵线虽然被联合国承认为西撒哈拉人民的代表,能够参与联合国主持的有关西撒哈拉地位问题的谈判或参与其与摩洛哥之间的国际争端,但是承认西解阵线这种地位并不能赋予其在联合国框架之外其他法院或法庭的诉讼资格。[③] 欧盟委员会对联大所承认的西解阵线代表撒哈拉人民的资

---

① *Council v. Front Palisrio*, CVRIA, Case C – 104/16 P, Opinion, 13 September 2016, paras. 2,3.

② *Front Polisario v. Council*, Case T – 512/12, para. 41.

③ *Front Polisario v. Council*, Case T – 512/12, paras. 42,43.

格不持异议。[①] 但总体上,欧盟委员会同理事会一样,均认为,不论是基于欧盟成员国或第三国的法律,还是基于国际法,西解阵线都不具有法律人格。这意味着,在外交政策上,欧盟不承认西解阵线具有法律人格。在这种情况下,如果不能很好地解决这一问题,欧盟法院的立场与观点将不可避免地对欧盟外交产生影响,或者强化欧盟外交立场,或者对欧盟的外交立场产生负面影响。

其二是西撒哈拉的法律地位及摩洛哥对西撒哈拉的领土主张问题。

联大将西撒哈拉列为自治领,西班牙也多次表示要组织公投决定西撒哈拉的前途,实现西撒哈拉人民民族自决。从联大和国际社会的普遍立场来看,西撒哈拉的地位是明确的,解决西撒哈拉问题的方法与国际法依据也是明确的。但是,现实情况是,摩洛哥占领了西撒哈拉的大部分领土,并主张其对西撒哈拉的领土主权。在这个问题上,欧盟的立场是不承认摩洛哥的主张。[②]

但是,在事实上,欧盟 – 摩洛哥贸易协议也适用于摩洛哥控制的西撒哈拉的领土。在这一点上,欧盟理事会与委员会均予以承认。这种实践到底具有何种法律意义,是否意味着对摩洛哥领土主权的承认,各方之间存在着争议。欧盟理事会秉持"适用但不承认"(application without recognition)立场,认为将与一国签署的协议适用于某一领土并不意味着该国在该领土上拥有法律权能。[③] 欧盟委员会认为贸易协议适用于西撒哈拉地区是对现状的一种容忍,不构成承认的证据。[④] 但是西解阵线则认为欧盟的实践实际上是等同于承认,认为欧盟理事会的决定包括了将协议适用于西撒哈拉的内容,这在事实上支持了摩洛哥对西撒哈拉领土主权的主张,为摩洛哥提供了政治与财政上的支持,违反了联合国法律与

① *Front Polisario v. Council*, Case T – 512/12, paras. 44, 45.

② *Front Polisario v. Council*, Case T – 512/12, para. 81.

③ *Council v. Front Palisrio*, Case C – 104/16 P, para. 84.

④ *Council v. Front Palisrio*, Case C – 104/16 P, para. 64.

主权原则。[①] 欧盟－摩洛哥贸易协议在实践中适用于西撒哈拉是否构成一个新的协议,从而事实上承认摩洛哥对其占领的西撒哈拉领土具有主权,或者承认摩洛哥事实上在西撒哈拉行使行政管理权,都是具有争议的敏感问题。

其三是司法介入政治与外交的程度问题。

在对外关系领域,即使涉及的是经济关系,也具有高度的政治性。对于政治性问题,欧盟理事会与委员会认为,对于本案中提出的具有政治性质的问题,欧洲法院做出的将是政治评估而不是法律上的评判。[②] 对于这个问题,各国法院的立场不尽相同。如上所述,美国法院是尽量不介入。国际法院曾认为,在国际生活中,很多问题从其性质上讲,与之相关的法律问题同时也具有政治性,但这并不能剥夺国际法院根据其规约享有的管辖权,不论涉及什么方面的政治性,国际法院都不能拒绝受理具有法律性质的问题。[③]

然而,即使法院对于涉及政治性的法律问题拥有司法审查权,但司法审查介入到何种程度也是一个有争议的问题。在对外关系领域,欧盟理事会与委员会认为,在与第三方缔结经济协议方面,欧盟理事会拥有广泛的自由裁量权,在诸如缔结国际协议这样的政治领域,对于立法机构自由裁量权的司法审查应仅限于相关的行动是否明显地与所要实现的目标不相称这一方面。[④] 西解阵线则认为,在欧盟机构拥有自由裁量权的领域,在其做出决策之前,欧盟机构负有事前审查的义务,这种义务不仅存在于行政程序之中,而且也存在于导致采取规范性法令的程序之中。[⑤]

---

① *Front Polisario v. Council*,Case T－512/12,papa. 149.

② *Council v. Front Palisrio*,Case C－104/16 P,para. 141.

③ *Legal Consequences of the Construction of a Wall in the Occupied Palestinian Territory*, Advisory Opinion,ICJ Reports 2004,p. 136,para. 41.

④ Case C－104/16 P,*Council v. Front Palisrio*,para. 217.

⑤ Ibid. ,para. 219.

一方面,根据欧洲法院的判例,承认欧盟立法机构在涉及政治、经济与社会选择事项上,拥有广泛自由裁量权;①但是另一方面,欧盟立法机构在通过立法性或规制性法令时,必须权衡涉及的各方面利益,有义务考虑所有相关的基本事实和可获得的事实。②法院在此方面必须进行司法审查,并确定相关措施的适当性。③

其四是欧盟遵守国际法问题。

西解阵线认为欧盟 - 摩洛哥贸易协议在很多方面违反了国际法,违反了民族自决原则,以及对自然资源永久主权原则。综合法院在判决中也认为欧盟理事会违反了《联合国宪章》第 73 条关于对非自治领拥有或承担行政管理职责国家的义务之规定。

根据欧盟法院判例法,欧盟行使权力时必须遵守国际法的规定。④ 这一规则适用于欧盟所有对外关系领域,包括谈判和缔结国际协议。但是作为以维护欧盟法效力与权威为己任的司法机构,⑤欧盟法院一般也不会轻易判定欧盟违反国际法;在历史上,欧盟法院多次利用各种解释,尽力回避作出对欧盟不利的判决。⑥在本案中,如何解释欧盟 - 摩洛哥贸易协议及其实践问题,也是对

---

① 相关的案例,如:*IATA and ELFAA*, CVRIA, C - 344/04, Judgment, 10 January 2006, para. 80; Sison v Council, CVRIA, C - 266/05 P, Judgment, 1 February 2007, para. 33。

② 相关的案例,如:*Spain v. Council*, CVRIA, C - 310/04, Judgment, 7 September 2006, paras. 120 - 123; *Arcelor Atlantique and Lorraine and Others*, CVRIA, C - 127/07, Judgment, 16 December 2008, paras. 57 - 59。

③ 相关的案例,如:*Spain v. Council*, CVRIA, C - 310/04, Judgment, 7 September 2006, paras. 122, 133 and 13。

④ *Poulsen and Diva Navigation*, CVRIA, Case C - 286/90, Judgment, 24 November 1992, para. 9; *Kadi and Al Barakaat International Foundation v. Council and Commission*, CVRIA (Grand Chamber), Joined Cases C - 402/05 and C - 415/05, Judgment, 3 September 2008, para. 291.

⑤ 关于欧盟规范力量的分析,参见程卫东:《欧盟规范力量的国际法分析》,载杨丽艳主编:《中欧投资与贸易相关法律问题暨欧盟法研究》,广西师范大学出版社 2014 年版。

⑥ 欧洲法院在涉及国际法的案件中尽力在尊重、遵守国际法与维护欧盟法的自治性之间寻找一种平衡。有关分析可参见 Juliane Kokott and Christoph Sobotta, "The Kadi Case—Constitutional Core Values and International Law—Finding the Balance?", in Marise Cremona and Anne Thies (eds.), *The European Court of Justice and External Relations Law*, pp. 221 - 222。

欧洲法院的一个考验。

此外，该案还涉及其他很多重要问题，如欧盟是否有权签署一项影响第三方的协议，欧盟签署的协议对第三方的影响等问题。但是，从法律与外交平衡的角度看，上述四个问题具有典型性。从欧洲法院处理这四个棘手问题的方法中可以看出，欧洲法院试图在规范性与政治性、法律与外交政策之间作出平衡。

（二）选择问题与欧洲法院的策略

与综合法院与护法顾问不同，欧洲法院对于案件的处理，采用了不同的策略，并没有试图回答案件涉及的所有问题。

在本案中，欧盟理事会对西解阵线的诉讼资格提出了异议，要求欧盟司法机构不受理该案。综合法院在审理该案时，首先处理的就是西解阵线的诉讼资格问题。很显然，西解阵线的诉讼资格既涉及复杂的法律问题，①也涉及复杂的政治与外交问题，欧盟司法机构既无意造成对西解阵线事实上的司法承认，又要保持司法实践上的一致性与法律的公正性，平衡这二者的关系，并非易事。

综合法院在判决中花费了大量篇幅来解决这一问题，其内容超过整个判决三分之一以上。《欧盟运行条约》第 263 条第 4 款规定，具有诉讼资格的应是自然人或法人。根据欧洲法院的判例，非法人机构不具有诉讼资格。② 为确定西解阵线的诉讼资格，综合法院要解决的第一个问题是西解阵线是否是法人以及依据何种法律判定其法律人格。如上所述，欧盟理事会与西解阵线在此问题

① 《欧盟运行条约》第 263 条第 4 款规定，"任何自然人或法人均可就针对其本人的或与其有直接的和个别联系的法令，或直接关系到其本人但未包括包含实施措施的规制性法令提起诉讼。"在司法实践中，对于"直接与个别联系"的解释，法院采取的立场比较谨慎。参见 Angela Ward，"Locus Standi under Article 230(4) of the EC Treaty：Crafting a Coherent Test for a 'Wobbly Polity'"，(2003) 22 *Yearbook of European Law* 44；Stephan Balthasar，"Locus Standi Rules for Challenges to Regulatory Acts by Private Applicants：The New Article 263(4) TFEU"，(2010) 35 *European Law Review* 542。

② C－50/84，*Bensider and Others*，ECR，C：1984：365，para. 9.

上存在着分歧。综合法院不愿意直接回答这一问题,因此采用了模糊策略,认为《欧盟运行条约》第 263 条中所规定的法人与成员国法律体系中规定的法人并不必然相同,而是应根据欧洲法院的判例法,依据机构的设立文件与内部结构来判定其是否具有提起诉讼的法律能力,具有此种法律能力,在特定情况即符合第 263 条中规定的“法人”要求,拥有特定的权利或承担义务或限制。①

在解决法人身份问题之后,综合法院还需要解决争议中的决定与西解阵线是否具有具体的直接联系问题。为此,综合法院认为须对欧盟 - 摩洛哥贸易协议进行解释。综合法院依据联合国承认西解阵线参与西撒哈拉前途谈判,以及争议中的协议事实上适用于西撒哈拉等事实,认定西解阵线与争议中的决定具有具体的直接相关性。

在肯定了西解阵线的诉讼资格问题之后,综合法院对西解阵线提出的 11 个诉由一一进行了回应。虽然综合法院基本上都给出了否定性回答,但综合法院认为必须对欧盟机构的自由裁量权的行使进行某种审查。在承认欧盟机构在对外关系领域拥有广泛的自由裁量权的同时,综合法院认为,在作出决策前,欧盟机构须审查相关的事实。② 综合法院虽然拒绝了西解阵线关于欧盟缔结并实施与摩洛哥之间的协议侵犯了基本人权的观点,但是仍然认为保护西撒哈拉基本人权具有重要意义,欧盟理事会在做出缔结协议的决定之前应进行审查。③ 在这一点上,综合法院认为欧盟理事会在做出决定前未能考虑开采西撒哈拉自然资源是否有益于该领土上的人民,因此理事会未能履行做出决定前审查的义务,并据此撤销了欧盟理事会决定中涉及批准协议适用的条款。

护法顾问的意见,在逻辑上与综合法院有所不同。他从欧盟 - 摩洛哥协议的适用入手,试图解决协议关于适用的条款与协议适

① *Front Polisario v. Council*, Case T - 512/12, paras. 51, 52.

② Ibid., para. 225.

③ Ibid., para. 227.

用实践之间的不一致性问题。为此目的,护法顾问首先阐明了其关于西撒哈拉领土性质的立场,并反驳了欧盟理事会“适用但不承认”的观点,但认为争议中的协议在实践上适用于西撒哈拉的事实并不意味着将协议的适用范围扩展到西撒哈拉。[①] 虽然《维也纳条约法公约》第 31(1)(b)条规定了“嗣后实践”(subsequent practice)[②]可以作为确定条约含义的考虑因素,但是实践本身不是决定性的。[③] 护法顾问认为,“嗣后实践”并不具有超越协议条文的效果,不构成一项新的协议,因此认为综合法院的判决在法律上是错误的。

在解决了实质性问题之后,护法顾问也阐述了其关于西解阵线的诉讼资格问题。为了限制因承认西解阵线诉讼资格所造成的外交上的影响,同时又尊重联合国安理会关于西解阵线的立场,护法顾问试图区分西解阵线的代表性范围与性质,从而否定西解阵线的诉讼资格。护法顾问一方面承认西解阵线是西撒哈拉人民的代表,但另一方面认为这种代表权仅限于政治进程,因为联合国安理会的决议是关于该领土上人民的自决权问题。护法顾问认为争议中的协议是经济性质的,在此方面西解阵线并不是西撒哈拉人民的代表,西班牙才是西撒哈拉的管理当局。[④] 因此,认为西解阵线与争议中的协议并没有直接相关性,从而否认其诉讼资格。此外,护法顾问对于综合法院判决中涉及的理事会的自由裁量权、基本人权问题等发表了意见,与综合法院的意见有很大的不同。

总体看来,虽然综合法院判决与护法顾问的意见对于案件处理结果的阐述顺序不尽相同,但是都涉及广泛的复杂问题,也都因此引发了很多争议。虽然在上诉案件中,欧洲法院也认为首先要

---

① *Council v. Front Palisrio*, Case C – 104/16 P, para. 88.

② 学界一般将“subsequent practice”译为“嗣后惯例”。但从本案中涉及的具体情形看,本文认为译为“嗣后实践”更符合该术语本意。

③ *Council v. Front Palisrio*, Case C – 104/16 P, para. 89.

④ Ibid., paras. 185 – 197.

解决西解阵线的诉讼资格问题,但是与常规案件审理逻辑不同,欧洲法院首先并不是从西解阵线自身的法律人格入手,而是先讨论争议中的协议是否适用于西撒哈拉,[①]即从直接的(direct)与个体的(individual)相关性入手,来讨论西解阵线的诉讼资格,从而避开复杂敏感的西解阵线的法律人格问题。关于这个问题,欧洲法院给出了否定的回答,[②]认为综合法院在此方面的认定是错误的,争议中的协议并不适用于西撒哈拉。基于此,欧洲法院认为,其他诉讼请求与理由不必再审查。

从欧洲法院的策略来看,欧洲法院选择了一个简化处理问题的办法,从一个基础性问题入手,通过该问题的分析与回答解决案件争议,绕开其他问题,特别是具有政治含义的法律问题,从而达到既解决案件,又尽量不引起外交上争议的目的,最大限度地保留了欧盟理事会与委员会在对外事务中的自由裁量权;同时也是在保留欧洲司法机构对外交领域的司法管辖权的同时,不过多地引起欧盟内部对司法能动主义的担心。

三、适用于案件的法律选择与解释

虽然欧洲法院选择了以争议中协议的适用领土范围作为解决案件的实质问题与突破口,但是从综合法院、护法顾问与欧洲法院的判决与意见中也可以看出,该问题的解释与解决也存在着多种可能性,不同的解释与解决引起的法律与政治后果也存在着差异。

如同简化选择问题的策略一样,欧洲法院在选择适用于案件的法律以及对法律与问题的解释上,也采取了比综合法院和护法顾问更为简化的方法,避免问题的复杂化,同时实现司法审查的目的。

从案件涉及的事实与争议可以看出,争议中的协议是否适用

---

① *Council v. Front Polisario*, Case C – 104/16 P, paras. 72 – 73.

② 欧洲法院如何做出这个结论,本文第三部分再详细论述。

于西撒哈拉,涉及两个层面的问题,一是协议本身关于协议适用领土范围的规定,二是协议实施的实践。关于前一个问题,协议只规定了协议适用于协议双方的领土,对各方领土的具体范围并未作明确的规定,也未直接提及西撒哈拉;关于后一个问题,协议在实践中也适用于摩洛哥控制的西撒哈拉的领土。对这两个层面的不同解释,以及这二者之间关系的不同解释,对于案件审查的结果有着直接的影响。

关于协议的适用范围,欧洲理事会一方面认为,争议中的决定及由之批准的争议中的协议并未规定协议适用于西撒哈拉,并未损害西撒哈拉的法律地位或对摩洛哥在西撒哈拉权利的任何正式承认;另一方面又认为,欧盟机构不能忽视这样一个事实,即摩洛哥事实上对西撒哈拉行使着管理权,因此在考虑西撒哈拉人民利益与权利方面,欧盟必须与摩洛哥当局打交道,但这也并不意味着承认摩洛哥对西撒哈拉拥有法律上或事实上的主权。①

综合法院认为这一问题涉及对协议的解释,并认为协议是两个国际法主体签署的,因而受国际法特别是国际条约法的规范。②综合法院选择了《维也纳条约法公约》第31(1)条关于善意解释的规定,并认为应特别考虑一项国际条约签署的背景。在本案中,综合法院强调欧盟机构知晓欧盟与摩洛哥之间签署的联系协议适用于摩洛哥控制的西撒哈拉的事实,而且未反对此种适用;与此相反,欧盟委员会在这方面还与摩洛哥进行了合作。此外,摩洛哥认为西撒哈拉是其领土的一部分,而欧盟知晓这一点。在联系协议中并未包括关于领土解释的任何条款,而且也未明确将西撒哈拉排除在协议适用的领土之外。在联系协议适用12年之后,欧盟与

---

① *Front Polisario v. Council*, Case T – 512/12, paras. 74, 82.

② Ibid., paras. 90 – 93. 法院认为,《条约法公约》虽然不能对欧盟或其所有成员国具有约束力,但它反映了习惯国际法,因而对欧盟机构具有约束力,构成欧盟法律秩序的一部分。这一点,由欧洲法院的判例所确认,相关判例如:*Brita*, CVRIA, C – 386/08, Judgment, 25 February 2010, para. 39。

摩洛哥签署贸易协议,如果欧盟希望将西撒哈拉排除在该协议适用之外,欧盟理事会应在争议中的决定中加入一个条款,将西撒哈拉排除在协议适用之外;欧盟未这样做,表明其默认了联系协议与争议中的协议适用于摩洛哥控制的西撒哈拉这一事实。①

从综合法院的判决中可以看出,综合法院采用的是根据《维也纳条约法公约》第31(1)条,并以实践推断文本含义的解释方法,注重条约的缔约背景与缔约方实施条约的嗣后实践。这一解释是综合法院承认西解阵线诉讼资格并撤销欧盟理事会决定相关条款的核心和基础。

综合法院的这一方法遭到了欧洲法院的批评。欧洲法院认为,综合法院关于争议中的协议适用于西撒哈拉领土的判决不是基于事实,而是基于对协议的解释。欧洲法院同时认为,在争议中协议未明确排除适用于西撒哈拉领土的情况下,要得出正确的解释性结论,不能仅考虑《维也纳条约法公约》第31(1)条,而且应考虑第31(1)(c)条的规定,即条约的解释须考虑适用于条约方关系的相关国际法规则。② 相关国际法规则包括不同方面的规则,如民族自决原则与条约的相对效力原则;虽然它们之间可能存在重叠,但每一个原则本身具有自治性,因此必须要审查所有原则的适用性。根据联大关于西撒哈拉地位的立场,欧洲法院认为,欧盟－摩洛哥贸易协议中有关摩洛哥领土的规定,显然不包括西撒哈拉在内。根据《维也纳条约法公约》第29条规定,即除非另有规定或另经证明,条约对条约方所有领土具有约束力。欧洲法院认为,对于此条规定中的"领土"应按通常的含义予以解释,即应为国际法所承认的由国家行使完全主权的地理空间。③《维也纳条约法公约》第29条的规定事先已经排除了欧盟－摩洛哥贸易协议与联系协议对西撒哈拉的适用,并因此认为综合法院所认为欧盟理事会

① *Front Polisario v. Council*, Case T－512/12, paras. 99－102.

② *Council v. Front Polisario*, Case C－104/16 P, para. 80.

③ Ibid., para. 95.

与委员会知晓摩洛哥立场并默认其立场的观点是错误的。由于欧盟并未承认西撒哈拉属于摩洛哥领土,因此在协议中也不需要明示的条款将西撒哈拉排除在条约适用之外。①

此外,根据国际条约效力相对性原则,即在未经第三方同意的情况下,条约对第三方既不施加义务,也不赋予权利。在本案中,并未显示西撒哈拉人民明确地表示了任何同意。② 因此,认为西撒哈拉属于争议中的协议适用的领土范围之内,违背了国际条约相对效力原则。欧洲法院据此也否认了综合法院关于欧盟默认争议中的协议适用于西撒哈拉的观点。③

本案中的一个难点是争议中的协议事实上适用于西撒哈拉领土的法律后果问题。如上所述,综合法院将这一事实解释为是欧盟理事会认可贸易协议适用于西撒哈拉的依据,对协议领土适用条款的解释具有决定意义。这个问题也是护法顾问关注的首要问题,并且认为西撒哈拉不属于《维也纳条约法公约》第29条规定中的"领土"的范围,原因在于:(1)虽然贸易协议适用于西撒哈拉,而且欧盟理事会与委员会均知晓摩洛哥关于西撒哈拉的立场,但是这并不意味着在解释与适用条约时,欧盟必须接受其合作伙伴的任何观点与立场;④在欧盟立场中,西撒哈拉的地位是确定的,即是自治领,这当然意味着不是摩洛哥的领土;争议中协议适用的领土范围不包括西撒哈拉。(2)护法顾问不认可欧盟理事会关于"适用但不承认"的观点,认为不承认就当然地并且是明确地排除了争议中的协议适用于西撒哈拉的可能性。(3)关于争议中的协议事实上适用于西撒哈拉的问题,护法顾问虽然也认为,在解释国

① *Council v. Front Polisario*, Case C－104/16 P, para. 114.

② 在判决中,欧洲法院认为西撒哈拉人民构成"第三方",因为根据国际法院关于西撒哈拉的咨询意见,西撒哈拉领土上的人民拥有根据国际法应享有的自决权。*Council v. Front Polisario*, Case C－104/16 P, paras. 105－106.

③ Ibid., para. 108.

④ Ibid., para. 77.

际条约文本的含义时,“嗣后实践”也应作为一个证据予以考虑,但是欧盟与摩洛哥关于争议中协议实施的实践并不构成《维也纳条约法公约》第31(3)(b)条意义上的“嗣后实践”,认为明确违反了条约的明文规定的条约实施的实践,不具有超越条约规定的效力,除非这一实践形成了惯例。[①] 但在本案中,争议中协议实施的实践不足以证明已经形成为惯例。通过这一方面的解释,护法顾问否定了以争议中的协议实际上适用于西撒哈拉的事实作为协议适用领土范围的依据。

欧洲法院在以前的判决中曾认为,在解释国际法时,条约适用中嗣后实践如果反映了缔约方一致的意思,则可具有超越条约明文规定的效力。[②] 在本案中,欧洲法院在某种程度上从反面进一步解释了其立场,对于“一致的意思”做了进一步的澄清。欧洲法院认为,为解释《维也纳条约法公约》第31(3)(b)条之目标,要考虑缔约后条约实施实践的背景情况;在本案中,要考虑条约的适用是否反映了条约方在修正联系协议第94条解释上存在着一致的情形。[③] 欧洲法院认为,欧盟在实践中默认将争议中的协议适用于西撒哈拉,违反了应诚信履行条约义务的原则,违反了民族自决原则与条约相对效力原则。但是,欧盟违反条约义务的事实并不能证明将协议解释为合法适用于西撒哈拉领土的合法性,因为协议各方对西撒哈拉领土的法律地位问题上并不存在着一致的立场。双方虽然在实践上都认可将争议中的协议适用于西撒哈拉,但是是在不同的立场上开展实践的。

欧洲法院解决欧盟实施协议的实践的策略是,通过选择适用的法律,将欧盟的实施解释为是不合法的,从而从法律上否定其实践具有修正条约的法律后果;同时,根据《维也纳条约法公约》第

---

① *Council v. Front Palisrio*, Case C – 104/16 P, para. 96.

② *Oberto and O' Leary*, CVRIA, Joined Cases C – 464/13, C – 465/13, Judgment, 11 March 2015.

③ *Council v. Front Polisario*, Case C – 104/16 P, paras. 120 – 122.

29 条的解释,将西撒哈拉排除在条约规定的适用领土范围之外,从而在协议条文规定与欧盟实践两个方面,否定了争议中的协议在法律上适用于西撒哈拉,从而否定了争议中的决定与协议与西解阵线的关联性,并进而否定了西解阵线的诉讼资格。在否定了西解阵线与争议中的决定与协议的关联性之后,欧洲法院认为其他问题就不需要一一解决了。通过此种策略,欧洲法院成功地避开了很多棘手问题,为欧盟相关机构在对外政策方面留下了更多的自由空间,也避免了让自己陷入争议之中。

四、结　语

欧盟－摩洛哥贸易协议案在很大程度上反映了欧洲法院在对外关系领域进行司法审查的立场。一方面,作为欧盟的司法机构,欧洲法院尽可能坚持其对欧盟决策与机构行为的司法审查权;另一方面,在敏感的政治与外交领域,尽可能维护欧盟机构的自由裁量权,因此在敏感的涉及对外关系的司法审查案件中,欧洲法院会尽可能采取一种平衡的策略。

但是,平衡的策略在很多情况下并不是很容易把握。从欧盟综合法院和欧洲法院对案件的不同判决中可以看出,不同的司法机构有时会采取不同的策略与方法,对平衡的方向与程度的把握也会各不相同。但总体来看,由于欧洲法院与综合法院所处的层级不同,对政治与外交问题的敏感度不同,欧洲法院更倾向于回避敏感的问题,更倾向于维护欧盟机构之间与不同领域政策之间的平衡。但即使如此,欧洲法院在对外关系领域案件的判决,通常会引起很多的争议与批评,既有来自政治领域的不满与批评,如欧盟理事会与委员会常常认为司法机构限制了他们的自由裁量权,同时也有来自法律界的不满与批评,认为欧洲法院的判决是对政治的一种妥协。[①]

如上所述,本案涉及多个具有高度政治敏感性的问题,在欧盟综合法院的判决出台之后,引起了很多争论甚至外交上的纷争,但在人权保护等方面又赢得了很多赞赏之声。这些争议在某种程度上给欧洲法院也带来了不少压力。很显然,对这些争议问题,无论如何回答,欧洲法院也免不了会受到很多批评。从欧洲法院的判决来看,欧洲法院选择了简化与回避的策略,通过将问题简化,从而回避对敏感的问题给出确定性的意见,既减少自己面临的压力,也为欧盟外交保留回旋的空间。

当然,欧洲法院的策略仍然不能避免一些批评与不满。对于诉讼涉及的当事人和相关方来说,西解阵线对于欧洲法院否认其诉讼资格肯定不满意,但欧洲法院也没有直接否认其诉讼权利能力,而是通过贸易协议与西撒哈拉之间缺少关联性,而否认其诉讼资格,这实际上也为西解阵线主张其国际地位留下了足够的空间;而且判决也明确了不承认摩洛哥对西撒哈拉的领土主权的立场,对于西解阵线来说,这也是一个胜利。[②] 摩洛哥对于欧洲法院否定其对西撒哈拉的领土主权不满意,但是这是欧盟官方一直持有的立场,欧洲法院的判决并没有使摩洛哥在西撒哈拉的权利主张上陷入更不利的境地,而且欧洲法院也没有承认西解阵线的诉讼资格,维持了欧盟 - 摩洛哥贸易协议的有效性,摩洛哥的不满应该是有限的。对于欧盟理事会与委员会来说,虽然欧洲法院认为贸易协议的实施违反了条约义务,但是欧洲法院撤销了综合法院的判决,肯定了争议中的决定,对于欧盟理事会与委员会来说,属于

① Christina Eckes,“The Court of Justice’s Participation in Judicial Discourse:Theory and Practice”,in Marise Cremona and Anne Thies(eds.),*The European Court of Justice and External Relations Law*,p. 206.

② NEOnline,“EU takes stance on Morocco’s claim over Western Sahara”,https://www.neweurope. eu/article/eu-takes-stance-moroccos-claim-western-sahara/(last visited January 7, 2017).

案件的胜诉方。对于西撒哈拉人民来说,欧洲法院的判决在其权利保护上与综合法院的判决相比是一个退步,但是欧洲法院与欧盟对非欧盟国家人民在人权保护上到底负有多大法律上的义务与责任,无论在法律上还是法理上,并无定论,也无相关依据。综合法院的判决将会扩大欧盟在人权保护上的责任,被认为是试图将欧盟内部的人权标准适用于欧盟的对外贸易,①欧洲法院显然不愿意在这个问题上走得这么远。但欧洲法院也未采纳护法顾问在意见中明确地否定《欧盟人权宪章》适用于西撒哈拉的立场,②欧洲法院对此问题未做论述,保留了未来选择的空间。

总体来看,欧洲法院相比较于其他国内法院,更愿意介入到对外关系行动与政策的司法审查。但是,与对欧盟内部政策与行动的司法审查不同,在对外关系领域,欧盟更注重法律与外交的平衡。虽然为了平衡,欧洲法院有时会采取迂回与回避的策略,但总体来看,欧洲法院的实践在很大程度上还是支持了国际法,肯定了国际规则在欧盟的效力及其适用。③ 欧洲法院的这一做法是基于对国际法性质及国际政治与国际关系的理解,既对一种现实主义的国际法理念保留了开放的可能性,同时又确保为政治机构在国际交往中保留充分的自由裁量空间。④ 在这方面,欧盟 - 摩洛哥贸易协议案是又一个典型的案例。欧洲法院既要在法律上解决问题,又不能对复杂的问题采取简单的、明确的立场。这是本案中欧

① Samantha Velluti, "The Promotion and Integration of Human Rights in EU External Trade", (2016) 32 *Utrecht Journal of International and European Law* 41, p. 44

② 关于欧盟基本人权保护法律域外效力问题,欧洲法院的判例是,受欧盟规范的行动或受欧盟或其成员国控制的行动,如果在欧盟域外进行,则欧盟基本人权保护的法律具有域外效力。在其他情形中,也不具有此等效力。*Council v. Front Palisrio*, Case C - 104/16 P, Opinion, para. 270.

③ Jan Willem van Rossem, "The EU at Crossroads: A Constitutional Inquiry into the Way International Law Is Received within the EU legal Order", in Enzo Cannizzaro et al. (eds.), *International Law As Law of the European Union*, Leiden: Martinus Nijhoff, 2011, pp. 88 - 89.

④ Enzo Cannizzaro, "The Neo-Monism of the European Legal Order", in Enzo Cannizzaro et al. (eds.), *International Law As Law of the European Union*, p. 57.

洲法院采取回避与迂回战略的重要原因。

当然,由于欧洲法院判决争议中的协议不适用于西撒哈拉,这意味着欧盟事实上将协议适用于西撒哈拉在法律上是一种错误的行为,西解阵线是否可因此请求赔偿,目前还不得而知。① 如果西解阵线提出新的赔偿诉讼,欧洲法院仍将不得不面对一些本案中未解决的难题,包括西解阵线的法律地位与诉讼资格问题,欧盟的行为是否侵犯了西撒哈拉人民的基本人权问题等。如何解决这一问题,还有待于进一步观察欧洲法院未来的司法实践。

Balancing Law and Diplomacy Policy in Judicial Review of Trade Agreements by the CJEU

—Comments on the CJEU's Case of EU-Morocco Trade Agreement

Cheng Weidong

Abstract: The case of EU-Morocco Trade Agreement (Case C – 104/16 P) is the first one which involves the external dimension of EU's external relations. To a large extent, it reflects the practice and standing of the Court of Justice of the European Union (CJEU) in respect of its judicial review in the field of external relations. On the one hand, as a judicial body, CJEU insists on its jurisdiction of judicial review on the actions and decisions of European institutions. On the other hand, in the sensitive political and diplomatic fields, it

① 在本案之前,就有学者关注到了西撒哈拉人民是否可以请求赔偿这一个问题。Enrico Milano, "The new Fisheries Partnership Agreement between the European Community and the Kingdom of Morocco: fishing too south?", p. 3, http://www.lex.unict.it/sites/default/files/files/Crio/Enrico_Milano.pdf (last visited on January 20, 2017).

tries to uphold discretion of European institutions and adopts a kind of balancing strategy. In the case of EU-Morocco Trade Agreement, the Court of Justice adopted two strategies to deal with it: the first one is to select a method of simplifying the questions to be analyzed and adjudicated, and the second one is to choose appropriate applicable rules to interpret the facts and legal issues. By applying these two strategies, the Court of Justice succeeded in maintaining its authority as a judicial power, avoiding the criticism of judicial activism as well as supporting the discretion of political institutions of the EU in external relations.

Key Words: the Court of Justice; Case of EU-Morocco Trade Agreement; judicial review; external relations; European Union law

国际法的碎片化与整合：以欧洲人权法院的解释实践为例

范宇文[*]

摘要：在当今国际法碎片化的背景下，欧洲人权法院常被指责威胁国际法的统一性。法院在“体系整合”理念指导下通过对《维也纳条约法公约》第31条第3款（丙）项的适用，一方面将法院对《欧洲人权公约》的解释活动置于更广阔的国际法背景中，旨在促进国际法的统一；另一方面则将第31条第3款（丙）项扩张涵盖了司法判例、软法性文件以及对被诉国家没有约束力的国际条约等，从而超越了该条款的范围，可能造成对解释规则的突破，加剧国际法的碎片化。但《维也纳条约法公约》解释规则的灵活性为法院发展特有的解释方法提供了空间，第31条第3款（丙）项的弹性使其能够承受碎片化的张力，而发挥体系整合的作用。

关键词：国际法碎片化；欧洲人权法院；体系整合；《维也纳条约法公约》；条约解释

---

* 北京大学法学院国际法专业博士研究生。

一、引　言

国际性法院与法庭数目的不断增多，一方面使得国际法规则得到了有效的适用和执行；另一方面也带来了碎片化风险，可能损害国际法规则的统一性。[①] 欧洲人权法院（以下简称法院）常被指责威胁国际法的统一性。[②] 国际法院前院长纪尧姆法官（Gilbert Guillaume）就曾将欧洲人权法院作为引致国际法碎片化的第一个例子。纪尧姆法官认为在 *Loizidou* 案[③]中，关于土耳其就欧洲人权法院强制管辖权所作声明中的领土限制是否有效，欧洲人权法院所作决定明显偏离了国际法院的判例法。[④]

对欧洲人权法院实践引致国际法碎片化最为核心的忧虑，是法院在解释《欧洲保障人权和根本自由公约》（以下简称《欧洲人权公约》或《公约》）的过程中发展出了一系列独特的解释方法，例如将《公约》视为"活的文件"，[⑤]应对其进行"动态（发展）解释""自主解释""有效解释"，等等。这些解释方法在一定程度上扩展、突破、或偏离（如果不是彻底地摒弃）了《维也纳条约法公约》（以下简称《条约法公约》）第 31～33 条中所规定的解释

---

① 有学者指出，"对于脆弱的国际法律体系的稳定和期待该法律体系所要散播的正义，一种整合的方法至关重要"。Philippa Webb, *International Judicial Integration and Fragmentation*, Oxford: Oxford University Press, 2013, p. 5.

② Robert Y. Jennings, "The Proliferation of Adjudicatory Bodies: Dangers and Possible Answers", (1995) 9 *American Society of International Law Bulletin* 441.

③ *Loizidou v. Turkey* (*Preliminary Objections*), ECtHR Application No. 15318/89, Judgment, 23 March 1995.

④ H. E. Judge Gilbert Guillaume, "The Proliferation of International Judicial Bodies: The Outlook for the International Legal Order", speech to the Sixth Committee of the General Assembly of the United Nations, 27 October 2000.

⑤ *Tyrer v. UK*, Application no. 5856/72, Judgment, 25 April 1978, para. 31.

规则,[①]并可能导致欧洲人权法院与其他国际司法机构裁判及法理歧异的危险。

如果国际法的碎片化不可避免,国际性法庭首先需要对其实践的导向作出选择:到底是应该努力促进国际法的统一,还是应该着力强调自身的特性而加剧碎片化。欧洲人权法院在解释实践中似乎选择了前者:法院通过对《条约法公约》第31条第3款(丙)项[②]的倚重,将对《公约》的解释活动置于更广阔的国际法背景中。首先,法院将趋向国际(人权)法体系的和谐作为法院解释活动的目标之一,通过在解释实践中考虑其他国际法规则来抵减解释活动可能造成的碎片化趋势。其次,法院将《公约》视为一个"活的文件","必须根据当今条件并依照国际法的发展对《公约》进行解释"。[③] 国际法的发展作为法院判断"当今条件"存在进而动态解释《公约》的重要标准,将体系整合与动态解释联系起来,促进了法院解释方法体系的一体化。最后,对其他国际法规则的援引可以作为第二位的证据,来支持法院对《公约》约文含义和目的及宗

① 《维也纳条约法公约》(1969年5月23日订于维也纳,1980年1月27日生效,现有114个缔约国)第31~33条被广泛承认为具有习惯国际法地位。关于第31条的习惯国际法地位,参见 *Pulp Mills on the River Uruguay*(*Argentina v. Uruguay*), Judgment, I. C. J. Reports 2010, p. 36, paras. 64 – 65, http://www.icj-cij.org/docket/files/135/15877.pdf; *Kasikili/Sedudu Island*(*Botswana/Namibia*), Judgement, I. C. J. Reports 1999, p. 1059, para. 18, http://www.icj-cij.org/docket/files/98/7577.pdf。关于第32条的习惯国际法地位,参见 *Dispute regarding Navigational and Related Rights*(*Costa Rica v. Nicaragua*), Judgment, I. C. J. Reports 2009, p. 28, para. 47, http://www.icj-cij.org/docket/files/133/15321.pdf。关于第33条的习惯国际法地位,参见 *LaGrand*(*Germany v U. S.*), Judgment, I. C. J. Reports 2001, p. 40, para. 101, http://www.icj-cij.org/docket/files/104/7736.pdf; *Kasikili/Sedudu Island*(*Botswana/Namibia*), Judgement, I. C. J. Reports 1999, p. 1062, para. 25, http://www.icj-cij.org/docket/files/98/7577.pdf。所有网页最后访问日期:2017年2月28日。因此,尽管《条约法公约》第4条规定"本公约不溯及既往",第31~33条所反映的关于条约解释的习惯国际法规则仍适用于对《欧洲人权公约》(1950年11月4日于罗马签署,1953年9月3日生效)的解释。

② 《维也纳条约法公约》第31条第3款规定"应与上下文一并考虑者尚有:(丙)适用于当事国间关系之任何有关国际法规则。"

③ *Demir and Baykara v. Turkey*, ECtHR Application No. 34503/97, Judgment, 12 November 2008, para. 146.

旨的探寻,也有助于《条约法公约》解释规则和解释过程的统一。

但是,法院在适用《条约法公约》第 31 条第 3 款(丙)项时实际上超出了传统条约法本来界定的内容和范围。首先,法院在解释实践中不仅涵盖了对条约、习惯法、一般法律原则的运用,也对有关的软法性文件和司法判例等进行了参考,这明显超出了“任何有关国际法规则”的范围。其次,法院在某些案件中所援引的有关条约对被诉国家并没有约束力,当被诉国家并非有关条约的当事国时,法院参考有关条约对《公约》进行解释可能对被诉国家施加超出其同意范围的义务,也引发了应如何理解“适用于当事国间关系”的争论。这一切似乎在结果上反而加剧了碎片化。法院解释活动中对该条款所做的突破是否具有正当性,这些突破能否为该条款自身的弹性所承受,法院的解释实践对于国际法体系产生何种影响,本文将围绕这些问题进行分析。

二、国际法的碎片化与可能的应对方案

(一)碎片化背景下的国际性法院与法庭

国际法的碎片化是国际法多样化与扩张的表现,既可能产生正面影响,也可能产生负面影响。[①] 一方面,碎片化可以被理解为国际法体系成熟的表现,[②]是不断加深的国际合作以及需要特定的法律框架来规制这些合作行为的自然结果。另一方面,碎片化可能导致国际法体系的分离、分裂甚至分化,使一般国际法趋向低

① Anne-Charlotte Martineao, “The Rhetoric of Fragmentation: Fear and Faith in International Law”, (2009) 22 *Leiden Journal of International Law* 1.

② Georges Abi-Saab, “Fragmentation or Unification: Some Concluding Remarks”, (1999) 31 *New York University Journal of International Law and Politics* 919.

效和萎缩。[①] 有学者正确地指出,对于碎片化问题并不存在一种客观或中立的研究路径。碎片化究竟是威胁国际法律体系的统一,或者仅是国际法律体系在进化中不可避免的结果,抑或两者都是,实际上反映了研究者"对国际法作为规则、语言或价值的本质和功能的某种偏好"。[②]

国际法的碎片化在多个层面均有表现。除了规范层面,机构层面的碎片化被视为各机构之间的权力竞争,[③]每个机构都企图占据国际法的整个空间。[④] 在这种争夺"霸权"的过程中,考虑到不同国际性司法机构之间判例法的不一致,有学者主张应由国际法院发挥核心作用。[⑤] 但国际性法院或法庭的某些法官反而主张促进国际性司法机构的分散或分权,[⑥]甚至乐观地认为以往被划分为不同领域的国际法分支互相渗透、互相促进,从而减弱了碎片化的影响。[⑦]

在机构碎片化的讨论中,国际性法院或法庭所采用的条约解释方法构成了国际法碎片化的中心议题。条约解释规则被视为国际法的"结构性"部分,属于那些"在特定的制度中发展的不同的

---

① Kalypso Nicolaïdis and Joyce L. Tong, "Diversity or Cacophony? The Continuing Debate over New Sources of International Law", (2004) 25 *Michigan Journal of International Law* 1361; Matthew Craven, "Unity, Diversity and the Fragmentation of International Law", (2003) 14 *Finnish Yearbook of International Law* 3.

② Mario Prost, "All Shouting the Same Slogans: International Law's Unities and the Politics of Fragmentation", (2006) 17 *Finnish Yearbook of International Law* 131.

③ Tullio Treves, "Fragmentation of International Law: The Judicial Perspective", (2009) 27 *Agenda International* 213.

④ Martti Koskenniemi, "What is International Law for?", in Malcom D. Evans (ed.), *International Law*, Oxford: Oxford University Press, 2014, pp. 45 – 47.

⑤ Pierre-Marie Dupuy, "The Danger of Fragmentation or Unification of the International Legal System and the International Court of Justice", (1999) 31 *New York University Journal of International Law and Politics* 791, pp. 791, 798.

⑥ Rosalyn Higgins, "Respecting Sovereign States and Running a Tight Courtroom", (2001) 50 *International and Comparative Law Quarterly* 121.

⑦ Antonio Cassese, *International Law*, Oxford: Oxford University Press, 2001, p. 45.

结构性规则”。[①] 欧洲人权法院在解释《欧洲人权公约》的实践中发展了自己独特的解释方法，在一定程度上突破了《条约法公约》中的解释规则，被认为是对国际法结构性的挑战，也构成了有关碎片化讨论的主要关切。[②]

（二）条约解释中的体系整合原则

《条约法公约》第31条第3款（丙）项[③]对有关碎片化的讨论有着深远的影响。对该条款的重新讨论和重视源于国际法委员会的报告，该报告体现了对国际法的系统性思考，受到普遍欢迎。[④]尽管最初国际法实践领域并没有积极地使用该条款，但随着碎片化越来越广泛，国际法委员会和学界都意识到该条款可以作为打

---

① Matthew Craven, "Legal Differentiation and the Concept of the Human Rights Treaty in International Law", (2000) 11 *European Journal of International Law* 489, p. 492; Matthew Craven, "Unity, Diversity and the Fragmentation of International Law", (2003) 14 *Finnish Yearbook of International Law* 3, p. 33.

② 但国际法协会国际人权法律与实践委员会（Committee on International Human Rights Law and Practice of the International Law Association）在关于人权法对一般国际法的影响这份报告中，采取了一种与“碎片化”相对的“协调”方案，认为欧洲人权法院采用的解释原则与一般国际法所提供的条约解释规则并没有实质上的不同。Menno T Kamminga and Martin Scheinin (eds.), *The Impact of Human Rights Law on General International Law*, Oxford: Oxford University Press, 2009, p. 10.

③ 对该条款的深入分析和评论参见 Sir Ian Sinclair, *The Vienna Convention on the Law of Treaties*, Manchester and Dover: Manchester University Press, 2nd ed., 1984, pp. 138 - 140; Richard Gardiner, *Treaty Interpretation*, New York: Oxford University Press, 2008, pp. 250 - 291; Mark E. Villiger, *Commentary on the 1969 Vienna Convention on the Law of Treaties*, Leiden and Boston: Martinus Nijhoff Publishers, 2009, pp. 432 - 434; Oliver Corten and Pierre Klein, *The Vienna Conventions on the Law of Treaties: A Commentary*, Volume 1, New York: Oxford University Press, 2011, pp. 825 - 829; Oliver Dörr and Kirsten Schmalenbach (eds.), *Vienna Convention on the Law of Treaties: A Commentary*, Berlin and Heidelberg: Springer, 2012, pp. 560 - 568。

④ International Law Commission, *Fragmentation of International Law: Difficulties Arising from the Diversification and Expansion of International Law*, Report of the Study Group of the International Law Commission Finalized by Matti Koskenniemi, UN Doc A/CN. 4/L. 682, 13 April 2006 (Hereinafter: ILC Report).

开国际法大门、促进国际法统一与和谐的“万能钥匙”,能够有效应对国际法碎片化的挑战。①

国际法委员会认为第31条第3款(丙)项表达了体系整合的原则(the principle of“systemic integration”)。② 体系整合的原则旨在保证国际法能够实现最低限度的体系一致性,而这种一致性是作为一个法律体系所必须具备的条件。国际法委员会的报告中指出:“尽管一个法庭可能只对一个特定的文件有管辖权,但它必须永远在该文件与其规范性环境的关系中解释和适用这一文件。”③“对国际义务的解释要参考它们的规范环境(体系)。”④“……规范环境不能被忽视,在解释条约时必须牢记体系整合的原则。这需要在进行解释时根据一些综合的与一致的目标来考察被解释的规则,优先考虑一些更为重要的关切,而牺牲一些相对不重要的目标。这是第31条第3款(丙)项所要求的全部内容;在法律推理的过程中(包括法院与法庭的推理中)要融入一致和有意义的观念。”⑤

学界对于“体系整合”原则不乏批评意见。例如有学者认为,“整合”考虑的是结果,而并非解释的方法。⑥ 另外,即使接受这种结果导向的思路,国际法委员会也未能说明这种“综合的与一致的目标”是什么。⑦ 当保证国际法体系的完整成为“更为重要的目标”,而需要“牺牲一些相对不重要的目标”时,该条款或将解释的过程变成寻找最好的方法来保证国际法体系的完整。这将改变国际法中条约解释的基础,将条约解释由“寻找缔约国意图”的活动

① ILC Report, paras. 420, 479 - 480.

② ILC Report, para. 413.

③ ILC Report, para. 423.

④ ILC Report, para. 413.

⑤ ILC Report, para. 419.

⑥ Alexander Orakhelashvili, *The Interpretation of Acts and Rules in Public International Law*, New York: Oxford University Press, 2008, p. 367.

⑦ Ragnar Nordeide, “Fragmentation and the Leeway of the VCLT: Interpreting the ECHR in Light of other International Law”, (2009) 20 *Finnish Yearbook of International Law* 189, p. 197.

变成"准立法活动"。①

但大多数学者对"体系整合"原则持欢迎态度,有学者不仅将其视为国际法的一项业已确立的原则,甚至认为该原则在国际法律体系内已经成为宪法性的规范。② 赋予第 31 条第 3 款(丙)项高于其他解释方法的优先性,使其成为国际法的一项原则或者一项宪法性的规则以避免碎片化,是国际法体系的"自卫机制"。③ 体系整合原则引入了一个"和谐"的概念,这一概念要求在解释有关同一主题的不同规则时应使用辅助的方法来实现规则一致性的更高目标。④

虽然国际法委员会将《条约法公约》第 31 条第 3 款(丙)项视为避免碎片化的主要解释工具,⑤学者们也认为该条款表达了体系整合的一般原则,⑥但也有观点对该条款是否能够起到这样一般性的作用存疑。这种观点虽然不否定国际法的体系性,但更为

① Jan Klabbers, "Reluctant Grundnormen: Articles 31(3)(c) and 42", in Matthew Craven, Malgosia Fitzmaurice and Maria Vogiatzi (eds.), *Time, History and International Law*, Leiden: Martinus Nijhoff Publishers, 2006, pp. 159 – 160.

② Campbell McLachlan, "The Principle of Systemic Integration and Article 31(3)(c) of the Vienna Convention", (2005) 54 *International and Comparative Law Quarterly* 279, p. 280.

③ Vassilis P. Tzevelekos, "The Use of Article 31(3)(c) of the VLCT in the Case Law of the ECtHR: An Effective Anti-fragmentation Tool or a Selective Loophole for the Reinforcement of Human Rights Teleology? Between Evolution and Systemic Integration", (2010) 31 *Michigan Journal of International Law* 621, p. 633.

④ Nele Matz-Lück, "Harmonization, Systemic Integration, and 'Mutual Supportiveness' as Conflict-Solution Techniques: Different Modes of Interpretation as a Challenge to Negative Effects of Fragmentation", (2006) 17 *Finnish Yearbook of International Law* 39, p. 45.

⑤ ILC Report, paras. 420, 479 – 480.

⑥ Philippe Sands, "Treaty, Custom and the Cross-fertilization of International Law", (1998) 1 *Yale Human Rights and Development Law Journal* 85; McLachlan, "The Principle of Systemic Integration and Article 31(3)(c) of the Vienna Convention", pp. 279 – 320. 我国国际法学界也对该条款在国际法体系整合中的作用和意义进行了研究,如江悦:《论条约解释中的国际法体系整合——对〈维也纳条约法公约〉第 31 条第 3 款(c)项的分析》,外交学院 2007 级硕士研究生学位论文;康静:《国际法断片化背景下的条约解释——论〈维也纳条约法公约〉第 31 条第 3 款(c)项中的'当事国'问题》,载《北大法律评论》2012 年第 13 卷第 1 辑;冯寿波:《论条约解释对国际法体系的维护——以 VCLT 第 31.3 条(c)项为例》,载《西南政法大学学报》2014 年第 16 卷第 6 期。但国内学界对该条款在人权条约解释实践中的适用和意义尚未给予足够关注。

关注该条款的用语,[①]以及该条款在第 31 条内所占的分量。[②] 正是在这种观点的指导下,实践中国际性法院与法庭更注重探讨第 31 条第 3 款(丙)项的性质和范围,而不仅仅将该条款视为体系整合的原则。欧洲人权法院在解释实践中便极大地丰富和发展了该条款所涵盖的内容和范围。有学者甚至认为欧洲人权法院提出了运用其他国际法解释公约的独有的原则,不需要通过援引《条约法公约》第 31 条第 3 款(丙)项或体系整合原则寻找支持。[③]

三、欧洲人权法院对第 31 条第 3 款(丙)项的适用

回顾欧洲人权法院解释实践的历史,法院在判决中极少明确适用《条约法公约》中的解释规则。有学者曾统计,在超过一万件判决中,法院援引《条约法公约》解释规则的次数不超过 60 次,[④] 但它却在判决中最常援引《条约法公约》第 31 条第 3 款(丙)项。[⑤]

---

① Benn McGrady, "Fragmentation of International Law or 'Systemic Integration' of Treaty Regimes: EC-Biotech Products and the Proper Interpretation of Article 31 (3) (c) of the Vienna Convention on the Law of Treaties", (2008) 42 (4) *Journal of World Trade* 589; Robert Howse, "The Use and Abuse of other 'Relevant Rules of International Law' in Treaty Interpretation: Insights from WTO Trade/Environment Litigation", NYU International Law and Justice Working Paper No. 2007/1, http://www.iilj.org/wp-content/uploads/20 16/08/Howse-The-use-and-abuse-of-other-relevant-rules-of-international-law-in-treaty-interpretation-2007-1.pdf (last visited on February 28, 2017).

② Alexander Orakhelashvili, "Restrictive Interpretation of Human Rights Treaties in the Recent Jurisprudence of the European Court of Human Rights", (2003) 14 *European Journal of International Law* 529, p. 560; George Letsas, "Strasbourg's Interpretive Ethic: Lessons for the International Lawyer", (2010) 21 (3) *European Journal of International Law* 509, pp. 509-532.

③ Nordeide, "Fragmentation and the Leeway of the VCLT: Interpreting the ECHR in Light of other International Law", (2009) 20 *Finnish Yearbook of International Law* 189, p. 193.

④ Letsas, "Strasbourg's Interpretive Ethic: Lessons for the International Lawyer", (2005) 54 *International and Comparative Law Quarterly* 279, p. 521.

⑤ Vassilis P. Tzevelekos, "The Use of Article 31 (3) (c) of the VLCT in the Case Law of the ECtHR: An Effective Anti-fragmentation Tool or a Selective Loophole for the Reinforcement of Human Rights Teleology? Between Evolution and Systemic Integration", (2010) 31 *Michigan Journal of International Law* 621, pp. 621-690.

自从 *Golder*[①] 一案中法院援引第 31 条第 3 款(丙)项对有关的一般法律原则进行考虑和分析,法院通过一系列案件逐渐增加了对《条约法公约》第 31 条第 3 款(丙)项的适用,也逐步扩大了法院对该条款自身内容和范围的解释。鉴于国际性法院与法庭采用这种解释方法的实践较少,欧洲人权法院成为这一领域的先驱,[②]有必要对其相关实践进行深入的研究。在此首先选取法院发展历史中影响较为深远的四个重要案件,对法院适用第 31 条第 3 款(丙)项的解释实践作一简要介绍,以便于下文具体分析。

(一)发展脉络

在早期的 *Golder v. United Kingdom* 案中,法院第一次也是最广泛地讨论了《条约法公约》及其相关的解释规则。[③] 本案争议的焦点在于《公约》第 6 条中获得公正诉讼的权利(fair trial)[④]是否包含诉诸法院的权利(access to court),其核心在于是否应将那些在《公约》文本中没有明确规定的权利"读入"《公约》。[⑤] 在本案中,法院援引了《条约法公约》第 31 条第 3 款(丙)项"适用于当事国间关系之任何有关国际法规则"。法院指出,在这些规则中包括法律的一般原则,特别是《国际法院规约》第 38 条第 1 款(寅)项

---

① *Golder v. The United Kingdom*, ECtHR Application No. 4451/70, Judgment, 21 February 1975, para. 35.

② Corten and Klein, *The Vienna Conventions on the Law of Treaties: A Commentary*, New York: Oxford University Press, 2011, p. 828.

③ *Golder*, paras. 29 – 36.

④ 关于《公约》第 6 条中的"fair trial",国内学界一般将其翻译为"公正审判",参见白桂梅、刘骁编:《人权法教学参考资料选编》,北京大学出版社 2012 年版,第 271 页。本文一律采用欧洲人权法院网站提供的《公约》中文本,载 http://www.echr.coe.int/Documents/Convention_ZHO.pdf,最后访问日期:2017 年 2 月 28 日。该文本中将第 6 条译为"获得公正诉讼的权利",更符合该权利经法院解释后的内涵(该条不仅保护获得公正审判的权利,也包括"诉诸法院的权利")。

⑤ Letsas, "Strasbourg's Interpretive Ethic: Lessons for the International Lawyer", (2010) 21 (3) *European Journal of International Law* 509, pp. 509 – 532.

中所规定的“一般法律原则为文明各国所承认者”。“民事诉讼必须能够提交给法官是一项得到普遍‘承认’的基本法律原则;同样,禁止拒绝司法的国际法原则也是一项得到普遍‘承认’的基本法律原则。《公约》第6条第1款必须参照这些原则加以解读。”①

在1979年的*Marckx v. Belgium*案中,②法院对第31条第3款(丙)项进行了扩张性的适用。根据比利时立法规定,有关未婚母亲与其子女之间的法律关系必须由母亲自愿承认或经由法律程序宣告才能成立。在判定比利时立法是否侵犯了《公约》第8条所保护的“家庭生活受到尊重”的权利和第14条禁止基于出生而受到歧视的规定时,法院提及了1962年9月12日通过的《关于建立非婚生子女与母亲之间法律关系的布鲁塞尔公约》(The Brussels Convention on the Establishment of Maternal Affiliation of Natural Children)③和1975年10月15日通过的《关于非婚生子女法律地位的欧洲公约》(European Convention on the Legal Status of Children born out of Wedlock)。④ 法院认为尽管当时仅有极少数的《欧洲人权公约》缔约国批准了上述两项国际公约,而且比利时并未批准这两项公约,但“这两项公约的存在表明了现代社会在这一领域存在清楚的共识”,⑤因而应使用动态解释的方法对《公约》第8条进行解释。

到了2001年,法院通过援引《条约法公约》第31条第3款

① *Golder*, para. 35.

② *Marckx v. Belgium*, ECtHR Application No. 6833/74, Judgment, 13 June 1979.

③ 1964年4月23日生效。在本案发生时,起草该公约的10个国家中只有8个国家签署了该公约,只有4个国家批准,比利时签署但尚未批准该公约。*Marcks*, para. 41. 该公约文本载 http://www. worldlii. org/cgi-bin/download. cgi/download/int/other/treaties/ UNTSer/1974/327. pdf,最后访问日期:2017年2月28日。但未能查到该公约签署、批准的现状。

④ 1978年8月11日生效。在本案发生时,欧洲理事会中只有10个成员国签署、4个成员国批准了该公约,比利时没有签署更未批准该公约。*Marcks*, para. 41. 该公约文本与签署、批准的现状,载 http://www. coe. int/en/web/conventions/full-list/-/conventions /treaty/085,最后访问日期:2017年2月28日。

⑤ *Marcks*, para. 41.

(丙)项,在解释实践中纳入了所有类型的国际法渊源及补助资料,并且不限于与《欧洲人权公约》相同主题事项。在 *Al-Adsani v. United Kingdom* 一案中,[①]就英国政府是否未能履行《公约》第 3 条中保障申诉人免受酷刑的义务,法院在解释中考虑了《世界人权宣言》第 5 条、《公民权利和政治权利国际公约》第 7 条以及《禁止酷刑和其他残忍、不人道或有辱人格的待遇或处罚公约》第 2 条和第 4 条的规定;法院还考虑了前南斯拉夫问题国际刑事法庭将禁止酷刑认定为强行法规则的司法判例,从而将《条约法公约》第 31 条第 3 款(丙)项扩张适用于国际法的辅助渊源。对于英国法院没有支持申诉人提起的民事诉讼(要求科威特赔偿申诉人因酷刑而遭受的损害)是否违反了《公约》第 6 条,法院需要对在民事诉讼中的国家豁免问题进行分析。法院考虑了 1972 年《关于国家豁免的欧洲公约》。[②] 根据该公约第 11 条,只有当造成伤害或损害的酷刑行为发生在英国领土,或者酷刑行为发生时施害者处于英国领土范围内,科威特才不能享有豁免。欧洲人权法院还考察了国际法委员会国家及其财产的管辖豁免问题工作组的报告以及美国等国内法院的司法实践,认为现有的这些发展不能证明国际法中已经确立并接受国家在民事诉讼中对在法院国外的酷刑行为不再享有豁免。最终法院判定英国没有违反《公约》第 3 条和第 6 条。

Demir and Baykara v. Turkey 一案代表了法院运用第 31 条第 3 款(丙)项进行解释的重要成就。[③] 关于土耳其国内法院拒绝申诉人组建工会和缔结集体合同的权利是否违反《公约》第 11 条的

---

① *Al-Adsani v. United Kingdom*, ECtHR Application No. 35763/97, Judgment, 21 November 2001.

② 在本案发生时有 8 个欧洲国家批准了这一公约,其中包括英国。*Al-Adsani*, para. 22. 该公约文本与签署、批准的现状,载 http://www.coe.int/en/web/conventions/full-list/-/conventions/treaty/074,最后访问日期:2017 年 2 月 28 日。

③ *Demir and Baykara v. Turkey*, ECtHR Application No. 34503/97, Judgment, 12 November 2008. For analysis, see Ragnar Nordeide, "Demir and Baykara v. Turkey", (2009) 103 *American Journal of International Law* 567.

规定,法院大量援引了其他的国际法规则,包括对土耳其没有法律拘束力的《欧洲社会宪章》第 5 条和第 6 条。土耳其认为,只有在符合《条约法公约》第 31 条第 3 款(丙)项中的标准时,尤其是所纳入考虑的相关文件对其有拘束力时,法院的解释才是正当的;法院无权通过解释创造《公约》中没有规定的新的义务。法院则通过在解释过程中对《欧洲社会宪章》及其监督机构的判例法以及其他的欧洲文件或国际文件的考虑,认为在国际层面存在不断增加的同意。在寻找国际法规则中的共同场域(common ground among the norms of international law)时,法院从未根据被诉国家是否签署或批准来区分所援引的法律。①

通过简要梳理法院解释实践的发展脉络,尤其在 2000 年以后,法院在其解释过程中广泛运用《条约法公约》第 31 条第 3 款(丙)项,对其他国际法规则进行了考虑。② 这不仅意味着法院向传统条约法解释规则的回归,更为人权公约内在的动态性提供了客观证据,也促进了国际法体系的统一性和国际人权法内容的有效性。如果用同心圆来形象地描述国际人权法体系,法院以人权作为圆心,通过解释实践不断地对《公约》进行建构并向外辐射,将国际法的发展纳入法院考察的范围。法院对自身职能的定位已经不仅仅是保障人权,而是将法院的解释活动置于国际法体系中,

---

① *Demir*, paras. 76 – 78.

② 例如,在 *T and V v. UK*(2000)一案中,法院在一定程度上依靠联合国《儿童权利公约》和联合国《少年司法最低限度标准规则》来认定英国对被控告严重罪行的儿童进行审判的程序没有使被告充分和有效地参与审判过程,因而违反了《公约》第 6 条;在 *S and Marper v. UK*(2008)一案中,法院也援引了联合国《儿童权利公约》来谴责在警方数据库中无限期保留儿童的 DNA 资料。除了全球层面的国际标准,这一时期法院也大量援引《欧洲社会宪章》(如 *Demir and Anor v. Turkey*,2009)和《欧盟基本权利宪章》(如 *Schalk and Kopf v. Austria*,2010)。在 *Sejdic and Finci v. Bosnia and Herzegovina*(2009)中,欧洲理事会的相关文件、《欧洲社会宪章》和欧盟文件以及联合国人权文件(例如《公民权利和政治权利国际公约》《经济、社会和文化权利国际公约》《消除一切形式种族歧视国际公约》、联合国人权机构的一般性意见等)都被用来帮助明确基本人权的范围。在 *Rantsev v. Cyprus and Russia*(2010)中法院援引了大量有关贩卖人口的国际条约和欧洲区域性公约与文件。

将国际(人权)法体系的和谐视为解释的目标之一,并开始有意识地考虑和提高自己在国际法体系中的建构与辐射作用。

(二)解释逻辑

关于法院在解释实践中运用第31条第3款(丙)项的内在逻辑,可以从以下三个角度分析:

第一,基于体系整合的必要性。法院认为,"《公约》构成国际法的一部分,对《公约》的解释应该最大限度地与国际法的其他规则相和谐。"①"当考虑《公约》规定的目的及宗旨时,还应该考虑法院所需解决的法律问题的国际法背景。"②"《公约》深层的原则不能在真空中解释和适用。要注意《公约》作为人权条约的特性,也必须考虑国际法的任何相关规则。"③

第二,作为动态解释的证据。法院指出,"《公约》是一项活的文件,必须根据当今条件并依照国际法的发展予以解释,以反映人权保护领域所要求的不断提升的高标准"。④"在寻找国际法规则之间的共同场域时……相关的国际文件表明了国际法与欧洲理事会大多数成员国国内法规则与原则的持续发展,表明了现代社会在特定领域中存在的共识。"⑤

第三,取决于价值导向的正当性。欧洲人权法院在解释《公约》时对一般国际法的重视,是因为这些一般国际法反映了国际社会所共同追求的价值。而第31条第3款(丙)项对这些模糊的共同体利益与价值采取了更为可控和具体的方式,即限定为"适用于当事国间关系之任何有关国际法规则"。

上述三个角度中,该条款服务于体系统一的观点近年来得到

---

① *Al-Adsani v. United Kingdom*, para. 55.

② *Demir*, para. 76.

③ *Loizidou v. Turkey*, para. 43.

④ *Demir*, para. 146.

⑤ *Demir*, paras. 78, 86.

了强调。[①] 有学者从体系整合的视角进行观察,将第31条第3款(丙)项的作用总结为弥补条约的缺口、澄清不明确的术语、保证对类似背景下使用的术语作出同样的理解。[②] 具体而言,法院对该条款的适用主要分为以下情况。首先,当国际法的相关规则对《欧洲人权公约》起到补充作用时,法院的案例表明这些规则可以有效地被《公约》吸收,从而对《公约》文本起到扩张的作用。上文所介绍的 *Golder* 和 *Marcks* 等案件都属于这种情况。在这种情况下,该条款使法官能够将《公约》机制融入更为广阔的国际法体系,通过选择考虑相关的国际法规则来丰富《公约》不完善的规定,以更好地实现《公约》的目的及宗旨。其次,鉴于《公约》主题事项的特殊性,当《公约》对解释中需要处理的问题没有相关规定时,法官没有其他选择,只能转向一般国际法寻求答案。例如,在 *Cyprus v. Turkey* 一案中法院参考了包括国家责任、外交保护等领域的一般国际法。[③] 在多数情况下,法院倾向于通过体系整合实现《公约》的目的,运用该条款保证《公约》中的人权"实际且有效"。[④]

---

① Vassilis P. Tzevelekos, "The Use of Article 31(3)(c) of the VLCT in the Case Law of the ECtHR: An Effective Anti-fragmentation Tool or a Selective Loophole for the Reinforcement of Human Rights Teleology? Between Evolution and Systemic Integration", (2010) 31 *Michigan Journal of International Law* 621, p. 648.

② Nele Matz-Lück, "Harmonization, Systemic Integration, and 'Mutual Supportiveness' as Conflict-Solution Techniques: Different Modes of Interpretation as a Challenge to Negative Effects of Fragmentation", (2006) 17 *Finnish Yearbook of International Law* 39, p. 39.

③ *Cyprus v. Turkey*, ECtHR Application No. 25781/94, Judgment (Just Satisfaction), 12 May 2014.

④ 法院借助其他国际法来弥补《公约》中没有规定的事项,这种情况在法院的解释实践中经常发生,如关于国家豁免,*Fogarty v. United Kingdom* and *McElhinney v. Ireland*, ECtHR Application Nos. 37112/97 and 31253/96, Judgments, 21 November 2001;关于国际组织成员资格所带来的责任,*Behrami and Behrami v. France* and *Saramati v. France, Germany and Norway*, ECtHR Application Nos. 13229/03 and 78166/01, Grand Chamber Decision on Admissibility, 31 May 2007; *Bosphorus Hava Yollari Turizm Ve Ticaret Anonim Sirketi v. Ireland*, ECtHR Application No. 45036/98, Judgment, 30 June 2005;关于"管辖权"的概念,*Bankovic and others v. Belgium and others*, ECtHR Application No. 52207/99, Grand Chamber Decision, 12 December 2001; *Cyprus v. Turkey*, ECtHR Application No. 25781/94, Grand Chamber Decision, 10 May 2001;关于《公约》与国际人道法,*Kononov v. Latvia*, ECtHR Application No. 36376/04, Grand Chamber Decision, 17 May 2010;关于临时措施,*Mamatkulov and Askarov v. Turkey*, ECtHR Applications No. 46827/99 and No. 46951/99, Judgment, 4 February 2005;等等。

但法院有时也会限制自己的管辖权,避免对案件作出裁决。这取决于法院的意愿和特定案件的特点,以及案件所处的更广阔的社会政治环境。也可能出于对该条款的顾虑:该条款似乎意味着当一项条约提到国际法中的一个概念时,应该通过考虑这一概念在其他国际法中的含义、而非在被解释条约中的含义,来确定缔约国的意图。①

四、第31条第3款(丙)项的范围与弹性

第31条第3款(丙)项作为连接人权条约与一般国际法的纽带,将对人权条约的解释融入整个国际法体系,通过"体系整合"赋予人权条约更为丰富的国际法意涵。一般认为,第31条第3款(丙)项默示的"国际法规则"指向《国际法院规约》第38条第1款中所规定的国际法的渊源。② 欧洲人权法院在考虑其他"国际法规则"时没有为国际法的各种渊源设定任何的顺序或等级。法院可以在解释《公约》时引入对其他条约的考虑,包括其他的人权条约,如联合国《公民权利和政治权利国际公约》《禁止酷刑和其他残忍、不人道或有辱人格的待遇或处罚公约》《儿童权利公约》等;也包括欧洲的区域性条约,如《欧洲社会宪章》《欧洲理事会打击贩卖人口公约》等;还包括与国际法基本问题有关的条约,如有关国家豁免的条约等。由此可以总结出法院对"有关"的理解较为宽泛,既包括与《公约》主题事项有关的条约,也包括旨在处理相同或类似的事实、法律或技术问题的有关条约。加之该条款使用

① Sir Humphrey Waldock, "Sixth Report on the Law of Treaties", (1966) Vol. II *Yearbook of the International Law Commission*, p. 96, para. 9. 希金斯法官和伯根索尔法官也曾在单独意见中对利用第31条第3款(丙)项将超出法院管辖权的法律文件纳入解释过程提出了批评。参见 Separate Opinions to the ICJ Judgment in the *Oil Platforms* Case (*Iran v. United States*), Judgment, I. C. J. Reports 2004。

② Mark E. Villiger, *Commentary on the* 1969 *Vienna Convention on the Law of Treaties*, Leiden and Boston: Martinus Nijhoff Publishers, 2009, p. 433.

了“任何”,更进一步扩大了可考虑的条约的范围。法院在解释实践中也对习惯国际法规则和一般法律原则进行了考虑。例如,在 *Sabeh El Leil v. France* 一案中,法院指出,国家管辖豁免由习惯国际法规制,这些习惯法规则现已编纂在 2004 年《联合国国家及其财产管辖豁免公约》中,可以适用于没有批准该公约的国家。① 在上文所介绍的 *Golder* 一案中,法院指出:“民事诉讼必须能够提交给法官是一项得到普遍‘承认’的基本法律原则;同样,禁止拒绝司法的国际法原则也是一项得到普遍‘承认’的基本法律原则。《公约》第 6 条第 1 款必须参照这些原则加以解读。”②

但是,法院在很多案件中对该条款的适用有一定的突破,恐怕不能仅简单和乐观地把该条款视为整合因素。首先,除了广泛承认的国际法的正式渊源,法院在解释《公约》的实践中还经常考虑国际法渊源的补助资料,援引其他国际性法院或法庭的司法判例,包括以美洲人权法院为代表的区域性人权法院、③以欧洲法院为代表的区域性司法机构④以及国际性的法院或法庭的判例。其次,法院在解释《公约》时也考虑联合国安理会的决议⑤和一些没有法律拘束力的文件,特别是联合国人权条约机构的相关指南、意见和欧洲理事会体系内的软法性文件。这些司法判例或软法性文

---

① *Sabeh El Leil v. France*, ECtHR Application No. 34869/05, Judgment, 29 June 2011, paras. 18, 54.

② *Golder*, para. 35.

③ ECtHR Research report, “References to the Inter-American Court of Human Rights in the Case-law of the ECHR”, http://www. echr. coe. int/Documents/Research _ report _ inter _ american _court_ENG. pdf(last visited on February 28, 2017).

④ See Francis G. Jacobs, “Judicial Dialogue and the Cross-Fertilization of Legal Systems: The European Court of Justice”, (2003) 38 *Texas International Law Journal* 547, pp. 547 - 556.

⑤ 例如在 1996 年法院对 *Loizidou* 案的判决中,针对北塞浦路斯土耳其共和国(TRNC)的相关行为是否具有效力,法院首先注意到联合国安理会第 541 号和第 550 号决议(这些决议宣告了 TRNC 的成立在国际法上是无效的、并号召所有国家不予承认),进而考虑了欧洲理事会部长委员会、欧盟和部分国家实践中的立场。法院最终认定 TRNC 不具有国际法中的国家地位。*Loizidou v. Turkey*, ECtHR Application No. 15318/89, Judgment, 18 December 1996, para. 42.

件均超出了第 31 条第 3 款(丙)项所指向的"国际法规则"的范围。另外,当法院在解释实践中考虑的有关条约尚未经被诉国家批准时,有关条约对被诉国家没有拘束力,不符合第 31 条第 3 款(丙)项中"适用于当事国间关系"的要求。针对上述情况,法院自身和欧洲国际法学界从多个角度寻找正当性的理由,试图为法院的突破进行辩护。

(一)法院的论证思路

以上述的 *Demir and Baykara v. Turkey* 案为例,法院在解释中参考了大量的其他国际法规则,包括对土耳其没有法律拘束力的《欧洲社会宪章》第 5 条和第 6 条。土耳其指出,法院无权通过解释创造《公约》中没有规定的新的义务。在承认法院在必要时总是考虑"任何有关国际法规则"的同时,土耳其认为只有在符合第 31 条第 3 款(丙)项中的标准时,尤其是所纳入考虑的相关文件对其有拘束力时,这种解释路径才是正当的。① 为此法院在判决中专门用一个章节来说明了根据其他国际法规则来解释《公约》的方法(methodology),并对解释方法的"基础"②和"多样性"③进行了阐释。

法院首先指出,为了明确《公约》中所使用的术语的含义,法院主要(mainly)受《条约法公约》第 31 ~ 33 条中所规定的解释规则的指导,④而非仅依据第 31 ~ 33 条进行解释,从而为法院突破传统的解释规则埋下伏笔。在这种背景之下,法院首先注意到《条约法公约》要求根据上下文和目的及宗旨来确定条约术语的通常含义,必要时参考补充资料;并进而指出,由于《公约》"首先是保护人权的体系",对《公约》的解释和适用需要使其规定的权利"实际

① *Demir*, paras. 61 – 62.

② *Demir*, paras. 65 – 68.

③ *Demir*, paras. 69 – 84.

④ *Demir*, para. 65.

和有效,而非理论和虚幻”,同时必须将《公约》视为一个整体进行解读,以促进《公约》不同条款内部的一致与和谐。通过列举第31条第3款(丙)项和法院自身的判例法,法院声明从未将《公约》中的条款视为解释《公约》中权利和自由的“唯一的参考框架”。因此法院在解释时考虑适用于当事国之间关系的国际法任何相关的规则和原则。法院指出,鉴于法院一向将《公约》视为活的法律,在过去的判决中,法院在解释《公约》条款时考虑了“国内法与国际法正在发展中的规则”。法院详细地回顾了以往判例中对外部的国际法规则的援引,将它们划分为一般国际法(包括多边人权条约)和欧洲理事会文件两类。实践中包括援引习惯法规则、一般法律原则、条约、软法性文件、国际性法院与法庭的判决,以及监督机构的解释实践等。法院在考虑《公约》条款的目的及宗旨时,也必须考虑法院所需处理的法律问题的国际法背景。欧洲国家共同的国际法标准是由一系列为大多数国家所接受的规则和原则所组成的。当法院需要明确《公约》某项规定的范围,而无法通过传统的解释方法达到足够程度的确定性时,法院不能无视欧洲国家共同的国际法标准。在确定《公约》条款中术语和概念的含义时,法院能够而且必须考虑除《公约》本身以外的国际法要素,有权机关对此类要素的解释,以及反映欧洲国家共同价值的实践。从特定的国际文件和缔约国实践中展现出来的国家同意可以成为法院在解释《公约》某些规定时的相关考虑因素。在这种背景下,并不需要被诉国家批准所有的适用于本案主题事项的国际法文件。只要相关的国际法文件表明了国际法规则和原则一种持续的发展,并表明现代国家在某一领域存在共识,就已经足够了。①

在论证法院从未将《公约》中的条款视为解释《公约》中权利和自由的“唯一的参考框架”时,法院尽管提及了《条约法公约》第31条第3款(丙)项,但并未对该条款本身展开分析。法院将该条

① *Demir*, paras. 60 – 86.

款与法院以往的判例一起置于段末的括号中,[①]作为论证的参考资料,但并未明确援引该条款作为相关解释活动的依据。法院试图通过回避在解释时直接援引《条约法公约》第31条第3款(丙)项,来为法院突破该条款的范围进行掩护。并通过详尽地列举以往在解释中考虑其他国际法文件的实践,试图将经验等同于正当性,这显然是站不住脚的。事实上法院的解释活动建立在该条款基础之上,刻意回避反而不符合法院在解释中应遵循《条约法公约》解释规则的合法性要求。《条约法公约》中的解释规则作为法院解释《公约》的起点,较为全面地指明了解释过程中所应考察的方面,为法院的解释实践提供了指南。更重要的是,《条约法公约》中的解释规则使法院的解释方法具有了次级规则意义上的确定性和权威性,能够在一定程度上抵消对法院导致国际法碎片化的指责。有学者指出,"次级规则提供了法院裁判的依据,来消除初级规则自身的不确定性、静止的特点和低效的缺点,使初级规则成为一个毋庸置疑的法律体系。"[②]因此,法院仍然需要借助第31条第3款(丙)项来实现体系整合的目标。

(二)学界所提供的正当理由

相较法院在上述判决中对第31条第3款(丙)项有意或无意的回避,学界则着力于论证法院的突破能够为第31条第3款(丙)项的弹性所涵盖。有学者指出,《条约法公约》解释规则自身有一种内在的"余地"(leeway),[③]这种内在的"余地"所保证的灵活性为法院发展特有的解释方法提供了空间。尽管法院因追求自己的"解释伦理"而在某种程度上对第31条第3款(丙)项进行了扩张

---

① *Demir*, para. 67.

② Shive R S Bedi, *The Development of Human Rights Law by the Judges of the International Court of Justice*, Oxford: Hart Publishing, 2007, p. 63.

③ Nordeide, "Fragmentation and the Leeway of the VCLT: Interpreting the ECHR in Light of Other International Law", (2009) 20 *Finnish Yearbook of International Law* 189, pp. 189 – 207.

性的适用,但是该条款的灵活性使其能够承受碎片化的张力,而发挥体系整合的作用。法院对《条约法公约》中解释规则的倚赖仅仅是一种标准的模式,"法院一直援引《条约法公约》但并未认真对待"。[①] 法院对第 31 条第 3 款(丙)项的适用"更注重其精神,而非其字面规定"。[②]

具体而言,对于法院援引相关司法判例或软法性文件从而超越了"国际法规则"的范围,有学者认为司法判例或软法性文件可能构成习惯国际法规则的证据。法院所使用的"欧洲国家的共同国际法标准"在某种程度上类似于一种区域习惯,[③]尽管大多数情况下尚不能充分证明实践的一贯性和法律确信,因而只是一种正在形成中的习惯或者发展中的标准。司法判例或软法性文件作为这些正在形成中的习惯国际法的证据,为解释《公约》文本提供了背景依据,法院在解释时可以进行参考。

针对法院在解释实践中考虑未经被诉国家批准的有关条约、因而不符合"适用于当事国间关系"的要求,有学者认为在法院的解释中并不是将其他的条约当作有拘束力的国际法渊源来适用,而是将其作为"一部详尽的法律词典"在解释中进行参考。[④] 对"当事国"最狭义的理解是只有当有关国际法规则适用于被解释

---

① Sinclair, *The Vienna Convention on the Law of Treaties*, Leiden and Boston: Martinus Nijhoff Publishers, 2009, pp. 131 – 133.

② Vassilis P. Tzevelekos, "The Use of Article 31(3)(c) of the VLCT in the Case Law of the ECtHR: An Effective Anti-fragmentation Tool or a Selective Loophole for the Reinforcement of Human Rights Teleology? Between Evolution and Systemic Integration", (2010) 31 *Michigan Journal of International Law* 621, p. 688.

③ Daniel Rietiker, "The Principle of Effectiveness in the Recent Jurisprudence of the European Court of Human Rights: Its Different Dimensions and Its Consistency with Public International Law-No Need for the Concept of Treaty *Sui Generis*", (2010) 79 *Nordic Journal of International Law* 245, p. 275.

④ McLachlan, "The Principle of Systemic Integration and Article 31(3)(c) of the Vienna Convention", (2005) 54 *International and Comparative Law Quarterly* 279, p. 315.

条约的所有缔约国时,才能在解释时纳入考虑。[①] 国际法委员会对这种方案持批评态度,因为在多边条约体系中,缔约国完全一致的情况几乎不可能出现。这种方案将使该条款丧失用武之地。[②] 国际法委员会倾向于一种较为宽泛的解释,即所考虑的其他国际法规则至少应该拘束对被解释的条约存在解释争议的缔约国。但国际法委员会认为这种方案只适用于双边条约,而不适用于设定普遍义务的条约,因而不适用于人权条约。[③]

(三)对第31条第3款(丙)项的解读

上述讨论为理解第31条第3款(丙)项的范围与弹性提供了有益的分析视角,但仍具有以下局限。

第一,上述观点虽然都立足于第31条第3款(丙)项的弹性,但对于该条款到底具有多大的弹性并未作出有效的分析,对"国际法规则"和"当事国"的扩张性理解也过于牵强。第31条第3款(丙)项的范围的确具有一定的弹性,这种弹性主要体现在该条款使用了"考虑"(take into account)这一用语。根据《牛津英语词典》对"take into account"这一短语的释义,该用语包括两层含义:一是将某事物纳入考虑的过程;二是将某事物作为考虑过程中起促成作用的因素;或注意到该事物。[④] 该用语在程度上的弹性赋予了法院极大的自由空间,允许法院可以在解释过程中注意、援引、参考、考虑甚至依据其他国际法规则对《公约》进行解释。对于某些软法性文件或对被诉国家没有拘束力的条约,法院在解释实践中并非直接适用,而只是予以考虑,因此并未对被诉国家施加

---

① Ulf Linderfalk, "Who are 'The Parties'? Article 31, Paragraph 3(c) of the 1969 Vienna Convention and the 'Principle of Systemic Integration' Revisited", (2008) 55(03) *Netherlands International Law Review* 343, pp. 343 - 364.

② ILC Report, paras. 450, 471.

③ ILC Report, para. 472.

④ 词典释义原文如下:(a) to include (something) in an account or reckoning; (b) to take into consideration, esp. as a contributory factor; to notice。

超出其同意范围的义务。这种“考虑”的结果是将相关素材视为国际法规则和原则一种持续的发展,或作为“欧洲共识”的证据,①据此对《公约》进行动态解释,使《公约》所保障的权利实际且有效。在某些情况下,法院对其他条约的“考虑”程度可能更高,甚至已经无法区分是在适用《公约》还是直接适用其他条约。② 例如,在上文所介绍的 *Al-Adsani v. United Kingdom* 一案中,《关于国家豁免的欧洲公约》中的规定便对法院解释结果起到了较高的促成作用。但需注意的是,一方面,在这种情况下,法院所考虑的其他条约必须适用于被诉国家,该案发生时英国已经批准了《关于国家豁免的欧洲公约》;另一方面,法院并非只依据这一外部的条约、而是同时援引了大量其他的素材,来一并证明国际法规则中存在共同场域。

第二,现有的分析都试图在第 31 条第 3 款(丙)项的框架内讨论法院的解释实践。但应注意到第 31 条第 3 款(丙)项并非唯一的整合因素,也不应该对其他的整合方式造成阻碍。法院可以通过多种方式抵减碎片化的影响。例如法院在解释实践中对其他国际性法院或法庭司法判例的援引,是司法实践领域得到广泛承认的一项惯例,并非必须基于《条约法公约》中的解释规则。国际性法院或法庭本着互相尊重与合作的精神,在解释过程中对彼此的判例法进行援引,不仅与第 31 条第 3 款(丙)项没有直接的冲突,而且能在一定程度上减轻国际司法机构裁判及法理歧异的危险。人权法院之间对彼此判例法的互相援引,对国际法“不是威胁而是丰富、不是破坏而是加强”。③

---

① Kanstantsin Dzehtsiarou, "European Consensus and the Evolutive Interpretation of the European Convention on Human Rights", (2011) 12(10) *German Law Journal* 1730, pp. 1730 - 1745.

② Rietiker, "The Principle of Effectiveness in the Recent Jurisprudence of the European Court of Human Rights", p. 273.

③ Antonio Trindade, "The Merits of Coordination of International Courts on Human Rights", (2004) 2 *Journal of International Criminal Justice* 309, p. 311.

第三,现有的讨论都过于强调第 31 条第 3 款(丙)项对于体系整合的作用,但未能注意到第 31 条第 3 款(丙)项对于促进动态解释的意义。法院在运用该条款考虑其他国际法规则时,根本目的是将这些其他国际法规则作为某种共识的证据,从而对《公约》进行动态解释,使《公约》所保障的人权实际且有效。法院在解释《公约》时对其他国际法的考虑,不是根据《条约法公约》中的表述,而是取决于《公约》作为人权领域欧洲公共秩序之宪法性文件的地位和性质。《公约》的目的及宗旨决定了法院在解释实践中的首要定位是保障人权,这可能导致碎片化,碎片化的威胁要求体系整合,而体系整合的目的是为了更好地实现人权,即使这意味着对第 31 条第 3 款(丙)项的扩张适用反而在结果上加剧了碎片化。将第 31 条第 3 款(丙)项置于这样一个动态循环的过程中进行解读,有助于理解国际法碎片化与整合现象背后所折射出的人权生态与现存国际法体系之间的共生关系。

五、结　语

本文以欧洲人权法院的解释实践为例,立足于国际法的人本化与碎片化背景,对《条约法公约》第 31 条第 3 款(丙)项在国际法体系整合中的作用与意义进行了探讨。鉴于中国已签订和批准的国际人权条约同样需要在现行国际法体系的框架内进行解释,中国承担的国际人权义务也植根于国际法体系之中,对人权条约解释方法的系统研究①与对国际法体系化的理论思考不仅必要,而且亟须。

以欧洲人权法院的解释实践为例,法院对《欧洲人权公约》的解释并非发生在真空中,“《公约》作为国际法的构成部分,对《公

① 关于条约解释的现有研究例如,参见张乃根:《条约解释规则的理论渊源及其演变》,载中国国际法学会主办:《中国国际法年刊》(2013),法律出版社 2014 年版,第 42 ~ 72 页;韩燕煦:《条约解释的要素与结构》,北京大学出版社 2015 年版;等等。但仍缺乏针对人权条约解释的系统研究。

约》的解释应该尽可能与国际法其他规则相和谐”。[①] 在解释《公约》时,法院应根据《条约法公约》第 31 条第 3 款(丙)项对“适用于当事国间关系之任何有关国际法规则”加以考虑。该条款使法院对《公约》的解释立足于更为广阔的国际法体系背景,有助于促进国际(人权)法的统一;也为法院在根据“当今条件和发展”与“共同接受的标准”来解释《公约》某项权利时提供了国际法中的共同场域,实际上为法院动态发展地解释《公约》提供了依据。法院依照《公约》目的及宗旨作出的“有利人权”的动态解释有可能超出国家同意的范围,从而动摇整个国际法律体系的基础。但第 31 条第 3 款(丙)项使法院能够从更广泛的国际法体系中寻找解释可参照的共同场域,使对《公约》的动态解释并非另行施加超出缔约国同意的义务,而是将缔约国所承担的其他国际法义务解释到《公约》所反映的国家同意中,体现了对以国家同意为基础的国际法体系的尊重,使对《公约》的动态解释在国际法体系内具有合法性与正当性。在当今人权定向的国际法体系中,[②]尽管人权的本质是对建立在国家同意基础上的传统国际法体系的根本突破,但现存的国际法体系仍是当今世界所能提供的保障人权的最优选择。“法院不应该以人权的名义导致国际法的碎片化,也不应该轻易地作出可能损害国家建构的决定,因为人权的实施仍然需要强大和民主的国家机制。”[③]体系整合有利于促进国际(人权)法实质上的一致性和有效性,也有助于法院通过解释实践平衡国际法人本化的道德推动与维持以国家为中心的国际法律秩序。

欧洲人权法院在适用第 31 条第 3 款(丙)项时采用了扩张的

① *Al-Adsani*, para. 55; *Al-Saadoon v. UK*, ECtHR Application No. 61498/08, Judgment, 2 March 2010, para. 126.

② 李鸣:《当代国际法的发展:人权定向对主权定向》,载《武大国际法评论》2011 年第 14 卷第 2 期。

③ *Andrejeva v. Latvia* (Partly Dissenting Opinion of Judge Ziemele), ECtHR Application No. 55707/00, Judgment, 18 February 2009, para. 41.

方式,并且对该条款的每一处限制都有扩张。[1] 对于该条款所限定的“国际法规则”,法院在解释时的考虑并不因此而排除软法性文件;对于该条款所限定的“有关”,法院对其他国际法的援引并不限于同一主题事项;对于该条款所限定的“适用于当事国间关系”,法院反而大量援引了仅适用于极少数《公约》缔约国,甚至不适用于被诉国家的其他国际法规则。但该条款内在的弹性仍使其成为法院应对碎片化的重要工具。第31条第3款(丙)项使《公约》和国际法之间建立起一种结构性的互动关系,两者“互查互建”(checking and building on each other)。[2]《公约》缔约国所承担的《公约》项下的义务与《公约》缔约国在国际法体系中所承担的义务应协调统一。尤为需要注意的是,第31条第3款(丙)项不能只是限于保护国际法体系的统一性,还应该促进更进一步的动态整合。对条约的解释不能不受到法律的后续发展的影响,必须在解释时可适用的整个法律体系的框架内解释和适用条约。[3]《公约》体系不是静止的,在某些情况下,应该根据当今的规范环境(而不是《公约》起草时的历史上的国际法律体系)来解释《公约》,即使这超出了《公约》文本的预期和缔约国原本同意的内容。

---

① 欧洲人权法院的这种解释实践也在其他区域性人权机制中得到了支持和进一步的发展。《非洲人权和民族权宪章》第60条规定“委员会应当从有关人权和民族权的国际法中得到启示,特别是应当从非洲各种有关人权和民族权的文件的规定、《联合国宪章》《非洲统一组织宪章》《世界人权宣言》,以及联合国和非洲各国在人权和民族权方面所通过的其他文献中得到启示,也应当从本宪章各缔约国作为成员国参加的联合国专门机构所通过的各种文件的规定中得到启示”;第61条规定“委员会也应考虑到作为辅助之决定措施的法律原则,考虑到其他总体或专门的国际公约,由非洲统一组织成员国明确认定的指定性规章,符合有关人权和民族权的国际规范的非洲惯例,公认为法律的习惯,由非洲国家确认的法律原则以及法定的判例和教义”。《非洲人权和民族权宪章》中所明确列举的其他国际法规则也在很大程度上超越了《条约法公约》第31条第3款(丙)项所规定的范围,直接体现了区域性人权文件对其他国际法的开放性。

② Luzius Wildhaber, “The European Convention on Human Rights and International Law”, (2007) 56 *International and Comparative Law Quarterly* 217, pp. 217, 230 – 231.

③ *Legal Consequences for States of Continued Presence of South Africa in Namibia (South-West Africa)*, Advisory Opinion, I. C. J. Reports 1971, pp. 16, 32 – 33.

不论是体系整合还是动态解释,都不能被视为一种单独的解释方法,体系整合与动态解释互相交汇甚至统一,使解释实践符合《公约》的目的及宗旨。它们都是法院独特的解释理念与《条约法公约》解释规则中所包含的所有解释要素的互动与结合,并共同构建了法院的解释方法体系。法院在解释实践中通过“体系整合”的解释理念与第31条第3款(丙)项解释规则之间的互动,力图实现有效保护人权与维护国际(人权)法体系和谐的双重解释目标,以抵减解释活动可能造成的碎片化趋势,实现国际法律体系最大可能的统一。

Fragmentation of International Law and Integration through Interpretation: A Case Study of European Court of Human Rights

Fan Yuwen

Abstract: This article embraces the impact of ECtHR on the fragmentation of international law, and analyses how the Court has applied VCLT 31(3)(c) in its interpretation of ECHR in order to achieve systemic integration. When interpreting ECHR, the Court has considerably expanded the scope of VCLT 31(3)(c), and taken into account the case-law of other international courts and tribunals, soft law, as well as treaties which are not binding on respondent states. Such expansive use of VCLT 31(3)(c) might again lead to fragmentation. However, the flexibility of VCLT 31(3)(c) will help ease the anxieties of chipping away at the unity of international law in an age of fragmentation.

Key Words: fragmentation of international law; European Court of Human Rights; systemic integration; Vienna Convention on the Law of Treaties; treaty interpretation

难民甄别中原在国转移保护原则的路径之争:新西兰和英国实践的互动与交锋

晁 译*

摘要:原在国转移保护原则是国际难民法晚近发展中的重要内容,即通过认定寻求庇护者可以通过转移到原在国境内另一区域获得有效保护从而合法地将他排除在难民地位之外。由于缺乏《难民公约》和《难民议定书》的具体规定,国际实践和学者学说针对原在国转移保护原则的解释和适用提出了两套分析路径,即合理性路径和国内保护路径。本文着眼于原在国转移保护原则的路径之争,通过比较新西兰和英国的国家实践揭示出合理性路径和国内保护路径的分歧所在。二者的分歧在于人权标准在原在国转移保护原则中的运用。由于国内保护路径不恰当地将对人权标准的严格适用作为判断原在国转移保护的唯一标准,合理性路径是解释原在国转移保护原则更为恰当的分析路径。

关键词:原在国转移保护;难民甄别;合理性路径;国内保护路径

* 加拿大麦吉尔大学法学院博士研究生。本论文得到国家留学基金资助。

一、引　言

原在国转移保护(Internal Relocation Principle 或 Internal Relocation/Protection/Flight Alternative)是国际难民法在晚近发展出的重要原则,即通过认定寻求庇护者可以通过转移到原在国境内另一区域获得有效保护,从而合法地将他排除在难民地位之外。根据《关于难民地位的公约》①以及《关于难民地位的议定书》②的规定,难民是因有正当理由畏惧由于种族、宗教、国籍、属于某一社会团体或具有某种政治见解原因的迫害留在原在国之外,并且由于此项畏惧不能或不愿受该国保护的人。③一般情况下,寻求庇护者的原在国是其国籍国;对无国籍人而言,原在国是其以前经常居住的国家。④根据原在国转移保护原则,如果寻求庇护者在原在国的某一区域(以下简称原在区域)具有对迫害的正当畏惧,但可以通过转移到原在国的另一区域(以下简称转移区域)获得有效保护从而避免被迫害的危险,《难民公约》和《难民议定书》的缔约国就可以合法地将他排除在难民地位之外。

原在国转移保护并非《难民公约》和《难民议定书》的明确规定,而是缔约国在解释和适用《难民公约》和《难民议定书》的过程中通过国家实践发展出的新概念。一般认为,原在国转移保护最

① 《关于难民地位的公约》(Convention Relating to the Status of Refugees), 189 UNTS, No. 2545(1951),以下简称《难民公约》。

② 《关于难民地位的议定书》(Protocol Relating to the Status of Refugees), 606 UNTS, No. 8791(1967),以下简称《难民议定书》。

③ 《难民公约》第 1 条第 1 款(乙)项,《难民议定书》第 1 条第 2 款。

④ 同上注。

初是德国判例在20世纪80年代提出的概念。[①]经过三十余年的发展,原在国转移保护已经成为国际难民法上牢固确立的法律原则,被《难民公约》和《难民议定书》的绝大多数缔约国视为难民甄别的必要组成部分,[②]也被明确规定在部分国家和区域立法中。[③]联合国难民署也在2003年专门针对原在国转移保护问题发布了《第4号国际保护指南》。[④]

原在国转移保护原则在20世纪80年代的出现并非偶然,而是两方面因素共同作用的结果。一方面,非国家迫害(由非国家实体实施的迫害)的出现让面临迫害危险的个人在原在国内部寻求有效保护成为可能。[⑤]另一方面,西方国家对接受难民的态度从80年代开始发生了很大变化。[⑥]西方发达国家开始通过法律和其他方法自我限制和缩小接收难民的法律义务,取代之前较为开放宽

---

① 参见 Bríd Ní Ghráinne,"The Internal Protection Alternative Inquiry and Human Rights Considerations—Irrelevant or Indispensable?",(2015) 27 *International Journal of Refugee Law* 29, p. 30; James C. Hathaway and Michelle Foster, "Internal Protection/Relocation/Flight Alternative as an Aspect of Refugee Status Determination", in Erika Feller *et al.* (eds.), *Refugee Protection in International Law: UNHCR's Global Consultations on International Protection*, Cambridge and New York: Cambridge University Press, 2003, p. 362。

② Ghráinne, "The Internal Protection Alternative Inquiry and Human Rights Considerations—Irrelevant or Indispensable?", p. 30; Andreas Zimmermann (ed.), *The* 1951 *Convention Relating to the Status of Refugees and its* 1967 *Protocol: A Commentary*, Oxford and New York: Oxford University Press, 2011, pp. 448 – 449.

③ 例如 Migration Act 1958 (Australia) § 5J; 8 CFR (United States) § 208. 13 (b) (2) (ii); Council Directive (EC) 2011/95/EU on standards for the qualification of third-country nationals or stateless persons as beneficiaries of international protection, for a uniform status for refugees or for persons eligible for subsidiary protection, and for the content of the protection granted (recast) (欧盟 2011/95 指令)。

④ UNHCR, *Guidelines on International Protection: "Internal Flight or Relocation Alternative" within the Context of Article* 1A (2) *of the* 1951 *Convention and/or* 1967 *Protocol relating to the Status of Refugees*, HCR/GIP/03/04 (2003) (UNHCR Guidelines).

⑤ 在此之前,国家在很长一段时间被视为迫害的唯一主体。当迫害的危险来自于有效控制全部领土的国家时,对寻求庇护者而言并不存在原在国转移保护。

⑥ Catherine Phuong, *The International Protection of Internally Displaced Persons*, Cambridge and New York: Cambridge University Press, 2004, p. 3.

松的难民政策。[①]原在国转移保护原则也为难民政策的这一转变提供了法律工具。

尽管并非国际条约约文的明确规定,从条约解释的角度看,原在国转移保护原则的法律基础和正当性来源有二:第一,国际难民保护之于原在国保护的后备性质,此乃《难民公约》和《难民议定书》的"当事国同意承受条约拘束之必要根据";第二,缔约国通过广泛一致的"嗣后实践"阐明原在国转移保护构成原在国保护的一种形式。

当事国的同意是条约得以缔结、生效和运行的基础。[②]《维也纳条约法公约》(以下简称《条约法公约》)第62条第1款明确提出在条约缔结时存在一些因素是"当事国同意承受条约拘束之必要根据"。这些因素是条约能够形成并生效的决定性因素,而非仅仅某个或少量几个缔约国参加条约的动机或诱因。[③]正如菲茨莫里斯(Gerald Fitzmaurice)指出的,一旦缺少"当事国同意承受条约拘束之必要根据",缔约国(在一开始)就不会加入这一条约或者会将条约起草成其他样子。[④]正是由于这些因素构成缔约国的同意的基础,《条约法公约》第62条特别规定了例外情况,允许当事国在情况发生根本改变以至于影响到"当事国同意承受条约拘束之必要根据"时终止或退出条约。因此,"当事国同意承受条约拘束之必要根据"既是缔约国国家同意的根本基础,也是条约解释的基本前提。而国际难民保护相对于原在国保护的后备性质,即为

---

① Hathaway and Foster, "Internal Protection/Relocation/Flight Alternative as an Aspect of Refugee Status Determination", p. 360.

② 参见《维也纳条约法公约》(Vienna Convention on the Law of Treaties), 1155 UNTS, No. 18232(1969),序言(鉴悉自由同意与善意之原则以及条约必须遵守规则乃举世所承认)、第2条第1款、第7条、第9条、第11~18条、第20条、第22~24条、第34条、第37条、第44条第3款第2项、第48~52条、第54条、第57条和第62条等。

③ Oliver Dörr and Kirsten Schmalenbach (eds.), *Vienna Convention on the Law of Treaties: A Commentary*, Berlin and Heidelberg: Springer, 2012, p. 1087.

④ "Law of Treaties: Second report by G. Fitzmaurice, Special Repporteur", (1957) II *Yearbook of International Law Commission*, p. 63.

《难民公约》和《难民议定书》的当事国同意承受条约拘束的必要根据。

《难民公约》和《难民议定书》创设了国际难民保护,其相对于原在国保护的后备性质指的是:国际难民保护仅在寻求庇护者无法获得原在国保护的前提下才得以适用。[①]国际难民保护之于原在国保护的后备性质是不言自明的,因为原在国负有保护其国民的首要义务。[②]国际难民保护的后备性质不仅被国家实践反复确认,[③]也是当今国际法上主权国家与国际社会关系以及国际难民法和国际人权法关系的必然结果。[④]判断某一因素是否构成当事国同意承受条约拘束之必要根据,需要客观地考察缔结条约的历史背景及相关情况。[⑤]缔约过程清楚地表明《难民公约》不适用于能够在原在国获得保护的个人。[⑥]这清楚地表明原在国保护的缺失是触发国际难民保护所必须具备的前提。

《条约法公约》第 31 条第 3 款(乙)项规定解释条约时应一并考虑"在条约适用方面确定各当事国对条约解释之同意的任何嗣后实践"。缔约国的嗣后实践阐明了原在国转移保护构成原在国保护的一种形式。在原在国转移保护概念产生之前,国家被视为

---

① James C. Hathaway and Michelle Foster, *The Law of Refugee Status*, Cambridge: Cambridge University Press, 2nd ed., 2014, p. 332.

② Ghráinne, "The Internal Protection Alternative Inquiry and Human Rights Considerations—Irrelevant or Indispensable?", p. 32; Report of the Secretary-General, *Implementing the Responsibility to Protect*, A/63/677(2009), para. 11(a).

③ 例如 *Canada (Attorney General) v. Ward*, [1993] 2 SCR 689; *MA (Ethiopia) v. Secretary of State for the Home Department*, [2009] EWCA Civ 289; *A and Another v. Minister for Immigration and Ethnic Affairs and Another*, [1997] HCA 4。

④ 参见 Deborah E. Anker, "Refugee Law, Gender, and the Human Rights Paradigm", (2002) 15 *Harvard Human Rights Journal* 133, p. 135。

⑤ "Statement by Jiménez de Aréchaga", (1963) I *Yearbook of International Law Commission*, p. 149.

⑥ Zimmermann, *The* 1951 *Convention Relating to the Status of Refugees and its* 1967 *Protocol*, p. 448; Paul Weis, *The Refugee Convention*, 1951, Cambridge: Cambridge University Press, 1995, p. 8.

迫害的唯一主体。寻求庇护者面临来自国家的迫害危险同时意味着原在国保护的必然缺失。随着难民情势的复杂化和迫害主体的多样化,寻求庇护者在某一区域面临被迫害的危险不再必然意味着他无法在原在国的其他区域获得有效保护。这就提出了新的问题:当寻求庇护者无法在原在区域获得保护但可以在转移区域获得有效保护时,能否在法律上认定作为一个整体概念的"原在国保护"得到了满足?换言之,原在国转移保护是否构成原在国保护的一种形式?《难民公约》和《难民议定书》本身并未对这一问题提供答案,但高度一致的国家实践构成《条约法公约》第31条意义上的嗣后实践,将原在国转移保护纳入到原在国保护的范畴中。正如澳大利亚高等法院指出的:"在今天,广泛的国家实践……已经毫无疑问地使原在国转移保护原则得到了普遍接受。"①

尽管原在国转移保护的可适用性已经明确,国际实践对原在国转移保护原则的解释和适用仍存在较大分歧。②在缔约国、联合国难民署以及学者学说的共同作用下,原在国转移保护的解释和适用逐渐形成了两套分析路径(或称话语体系):合理性路径和国内保护路径。笔者希望通过对新西兰和英国实践的比较分析揭示出合理性路径和国内保护路径的真正分歧所在以及这些分歧对实践的影响。

本文围绕原在国转移保护的这两套分析路径展开:第一部分从历史角度考察合理性路径和国内保护路径的产生、发展和确立;第二部分分析这两套路径的分析层次和规范内容;第三部分从新

---

① *SZATV v. Minister for Immigration and Citizenship*, [2007] HCA 40, para. 68.

② UNHCR Guidelines, para. 1; Hathaway and Foster, "Internal Protection/Relocation/Flight Alternative as an Aspect of Refugee Status Determination", p. 360; Zimmermann, *The* 1951 *Convention Relating to the Status of Refugees and its* 1967 *Protocol*, p. 449. 以欧盟为例,尽管具有法律拘束力的《欧盟2011/95指令》旨在为成员国的难民甄别设定统一标准,成员国对原在国转移保护原则(《欧盟2011/95指令》第8条)的适用仍然存在显著的不一致性,参见Jonah Eaton, "The Internal Protection Alternative Under European Union Law: Examining the Recast Qualification Directive", (2012) 24 *International Journal of Refugee Law* 765, p. 766。

西兰和英国实践的互动和交锋透视原在国转移保护原则的路径之争;第四部分聚焦路径之争的核心——人权标准在原在国转移保护原则中的运用,从而揭示国内保护路径存在的内生性问题。本文的结论是,较之国内保护路径,合理性路径是解释原在国转移保护原则更为恰当的分析路径。

二、原在国转移保护概念的产生与发展

根据国家实践的情况,可以将原在国转移保护概念产生至今的发展过程大致划分为三个阶段:

- 第一阶段:原在国转移保护的早期发展与合理性标准的出现;
- 第二阶段:国内保护路径的出现;
- 第三阶段:合理性路径和国内保护路径的确立。

1. 原在国转移保护的早期发展与合理性标准的出现

原在国转移保护的概念起源于 20 世纪 80 年代的德国判例。此后,尤其是 90 年代初期,在越来越多的国家出现了原在国转移保护的实践。[①]由于缺乏《难民公约》和《难民议定书》的明确规定,难民甄别机关纷纷转向联合国难民署在 1979 年出版的《〈难民公约〉和〈难民议定书〉框架下难民甄别程序和标准手册》[②](以下简称《手册》)寻求原在国转移保护的文本依据和适用标准。[③]《手册》第 91 段被频繁援引:

对迫害的正当畏惧并不总是需要扩展至难民国籍国的全部领

---

① 这一时期的实践,可以参见 Jean-Yves Carlier *et al*. (eds.), *Who Is a Refugee? A Comparative Case Law Study*, The Hague: Kluwer Law International, 1997。

② UNHCR, *Handbook on Procedures and Criteria for Determining Refugee Status under the* 1951 *Convention and the* 1967 *Protocol Relating to the Status of Refugees*, HCR/IP/4/Eng/REV. 1(1992).

③ 参见 Hathaway and Foster, "Internal Protection/Relocation/Flight Alternative as an Aspect of Refugee Status Determination", p. 361。

土。因此,在种族冲突或涉及内战的严重混乱的情况中,来自特定种族或民族团体的迫害可能仅仅出现在该(难民国籍)国的某一区域。在这样的情况中,个人不会仅仅因为没有在该国其他区域寻求庇护就被排除在难民地位之外,如果在任何情况下期待他这样做不是合理的话。

尽管本段和原在国转移保护并不直接相关,但国家实践纷纷将此解读为暗含了原在国转移保护的可能性。国家实践的解读是,"个人不会仅仅因为没有在该国其他区域寻求庇护就被排除在难民地位之外,如果在任何情况下期待他这样做不是合理的话",这从反面暗示了如果寻求庇护者可以在原在国其他区域寻求庇护而且在任何情况下期待他这样做都是合理的话,他就可以被合法地排除在难民地位之外。正如有学者指出的,《手册》第91段的措辞暗含了"难民地位可以在某些情况下因为寻求庇护者没有在国籍国的某一区域寻求庇护而被正当排除"的意思,从而为原在国转移保护原则提供了正当的基础。①

国家实践依据《手册》第91段要求原在国转移保护对于寻求庇护者必须在任何情况下都是"合理"的。原在国转移保护原则的"合理性标准"(the reasonableness test)就此诞生。需要注意,原在国转移保护及其合理性标准并非与《手册》同时诞生,而是在《手册》出版后几年才陆续出现。②这表明并非是《手册》创造了原在国转移保护概念,而是缔约国在创造性地提出原在国转移保护原则的过程中回溯到《手册》第91段,进而提出合理性标准。换言之,对于原在国转移保护的合理性标准具有创设作用的是缔约国的实践,而非《手册》第91段的文本本身。

2. 国内保护路径的出现

在20世纪90年代末,原在国转移保护原则的合理性标准已

---

① See Hathaway and Foster, "Internal Protection/Relocation/Flight Alternative as an Aspect of Refugee Status Determination", p. 362.

② Ibid.

经逐渐形成。联合国难民署在 1999 年 2 月发布的立场文件确认了合理性标准。[①]合理性标准作为原在国转移保护的法律标准也已经体现在奥地利、丹麦、美国、加拿大、澳大利亚、英国、荷兰、法国和德国等多国的实践中。[②]

1999 年 4 月，在哈撒韦（James C. Hathaway）教授的召集下，来自美国、比利时、新西兰、南非和印度的 7 所大学的 8 位难民法学者与密歇根大学法学院的 9 名学生发布了他们撰写的《关于原在国转移保护的密歇根指南》。[③]《密歇根指南》没有采用合理性标准，而是提出了原在国转移保护的“国内保护路径”。

《密歇根指南》指出原在国转移保护的核心在于“国内保护”，即寻求庇护者能否在转移区域获得有意义的保护从而无须获得国际保护就能消解对迫害的正当畏惧。[④]《密歇根指南》用“国内保护”的分析取代了被国际实践普遍接受的合理性标准，指出“当难民甄别机关根据《密歇根指南》谨慎地考查‘国内保护’的要素后，就无须额外考查原在国转移保护对寻求庇护者的合理性”。[⑤]

《密歇根指南》的提出正值国际难民法学界“人权法路径”蓬勃发展的时期，哈撒韦教授本人正是难民法学界人权法路径的开创者。[⑥]《密歇根指南》实际是人权法路径针对原在国转移保护这一具体问题的一次学术实践。人权法路径的核心方法是援引国际

---

① UNHCR Position Paper on Relocating Internally as a Reasonable Alternative to Seeking Asylum, February 1999, para. 15 – 17. (1999 Position Paper).

② Hugo Storey, "The Internal Flight Alternative Test: The Jurisprudence Re-examined", (1998) 10 *International Journal of Refugee Law* 499, p. 511.

③ "The Michigan Guidelines on the Internal Protection Alternative", (1999) 21 *Michigan Journal of International Law* 134, pp. 134 – 141. (Michigan Guidelines).

④ Michigan Guidelines, para. 5.

⑤ Ibid., para. 23.

⑥ 哈撒韦教授独著的第一版《难民地位之法律》被普遍认为是国际难民法的人权法路径的开山之作。参见 James C. Hathaway, *The Law of Refugee Status*, Toronto: Butterworths, 1991。

人权标准解释《难民公约》和《难民议定书》的约文。[①]因此,国内保护路径的基本观点就是用人权标准取代合理性标准解释原在国转移保护原则。

3. 合理性路径和国内保护路径的确立

《密歇根指南》标志着国内保护路径的提出,也推动了原在国转移保护原则两套分析路径的确立。一方面,国内保护路径基本建立在对合理性标准的批判之上。另一方面,国内保护路径的分析框架也为合理性标准的回应和反驳提供了话语工具。在互动与交锋中,围绕"合理性"和"国内保护"产生的两套话语体系都形成了纵深的规范内容和分析层次。

就国内保护路径而言,《密歇根指南》只提出了一个基本框架,对框架中许多重要的细节问题没有过多阐释。国内保护路径在此之后的发展主要得益于哈撒韦和福斯特(Michelle Foster)[②]合著的两份学术作品:论文《作为难民地位甄别一个方面的原在国转移保护》[③]和专著《难民地位之法律》(第2版)中的相关章节。[④]哈撒韦和福斯特旗帜鲜明地主张用《难民公约》中的人权标准取代合理性标准,将国内保护路径发展为一个包含四个步骤的分析框架。

国内保护路径在挑战合理性标准的同时,也促使"合理性"从一个相对单薄的法律概念发展成具有细致层次和规范内容的分析路径。2001年9月联合国难民署在意大利圣雷莫举行的专家圆桌会议上讨论原在国转移保护问题。以圣雷莫会议为基础,联合国难民署在2003年7月发布了关于原在国转移保护原则的《第4

---

① 参见 Michelle Foster, *International Refugee Law and Socio-Economic Rights: Refuge from Deprivation*, Cambridge and New York: Cambridge University Press, 2007, pp. 27 - 86。

② 福斯特是哈撒韦的学生,也是国际难民法的人权法路径的代表性学者。

③ Hathaway and Foster, "Internal Protection/Relocation/Flight Alternative as an Aspect of Refugee Status Determination".

④ Hathaway and Foster, *The Law of Refugee Status*, pp. 332 - 361.

号国际保护指南》。《第 4 号国际保护指南》坚持了合理性标准，并详细阐释了考查原在国转移保护的合理性时应予考虑的因素和应当适用的标准。由于联合国难民署针对《难民公约》和《难民议定书》的解释和适用发布的《国际保护指南》具有很高的权威性，①《第 4 号国际保护指南》也被视为合理性路径的明确确立，合理性路径和国内保护路径并立的局面就此形成。

三、原在国转移保护原则：合理性路径和国内保护路径

在探讨合理性路径和国内保护路径的分析层次和规范内容之前，有必要强调学者和联合国难民署的观点对《难民公约》和《难民议定书》的缔约国并无拘束力。学者和联合国难民署的作用在于对缔约国实践进行系统整理并将其归纳为层次清晰的分析路径，从而达到"编纂"国际实践的效果。②这种"编纂"为国家实践的发展和互动提供了话语基础，使缔约国可以在共同的概念和分析框架内展开有意义的争论。基于此，笔者分别以联合国难民署和学者的"编纂"作为阐释合理性路径和国内保护路径的起点。

1. 合理性路径

联合国难民署《第 4 号国际保护指南》对合理性路径做了比较系统的阐释。《第 4 号国际保护指南》第 7 段指出判断是否存在原在国转移保护，需要进行以下分析：

(1) 相关性分析(The Relevance Analysis)

①转移区域是否是寻求庇护者可以真实、安全并合法到达的？

---

① 权威性并非法律拘束力。联合国难民署的《国际保护指南》对《难民公约》和《难民议定书》的缔约国没有严格的法律拘束力。

② 联合国国际法委员会对"国际法的编纂"的定义是"更精确地制订并系统整理广泛存在国家惯例、判例和学说的国际法规则"(《国际法委员会章程》第 15 条)。笔者在此使用"编纂"指的是"系统整理并更精确地阐释国家实践"。

如果否,则不满足相关性分析;

②迫害主体是否是国家?由于国家机关的影响一般存在于原在国全境,当寻求庇护者有正当理由畏惧来自国家的迫害时,原在国转移保护一般不存在;

③迫害主体是否是非国家实体?当寻求庇护者畏惧来自非国家实体的迫害时,如果迫害主体可以在转移区域继续迫害寻求庇护者,就不存在原在国转移保护。对这一问题的回答取决于迫害主体是否可能在转移区域继续追踪寻求庇护者以及原在国能否在转移区域为寻求庇护者提供保护;

④寻求庇护者是否会在转移区域面临新的迫害或严重伤害的危险?这些危险包括寻求庇护者在转移区域面临的既有的或新的迫害或严重伤害形式。

(2)合理性分析(The Reasonableness Analysis)

寻求庇护者在原在国(转移区域)能否过相对正常的生活而不面临过分严苛的情况?如果否,期待他转移到相关区域就是不合理的。

联合国难民署将合理性标准细化为相关性分析和合理性分析:相关性分析的核心是寻求庇护者在转移区域的"安全",即不面临迫害或严重伤害的危险;合理性分析则在"安全"的基础上进一步要求"合理",即"过相对正常的生活而不面临过分严苛的情况",强调"有效保护"高于"免于迫害和严重伤害"的标准。正如英国上诉法院在 *Robinson* 案中举例指出的,由于环境恶劣无法居住的沙漠或山地区域对寻求庇护者而言或许并无被迫害或严重伤害的危险,但期待他转移到这些区域显然不合理。①换言之,这些区域或许满足相关性分析,但显然不满足合理性分析。缔约国的实践表明,合理性标准同时具有灵活性和客观性。

---

① 参见 *R v. Secretary of State for the Home Department and Another, ex parte Robinson* [1998] QB 929(*Robinson*),para. 10。

①合理性标准的灵活性

合理性标准的灵活性意味着难民甄别机关不能机械地认定某一类别的所有个人都可以(或都不可以)通过转移到原在国其他区域获得有效保护。[①] 例如,难民甄别机关不能整体性地认定所有在2015年来自某一区域的男性寻求庇护者都具有原在国转移保护。合理性标准的灵活性要求难民甄别机关必须全面考虑关于原在国和寻求庇护者个人的全部相关因素,在此基础上做出个体性的甄别,判断对于特定的寻求庇护者而言原在国转移保护是否满足合理性标准。[②]

对于寻求庇护者而言,需要考察的特定因素可能包括他的年龄、性别、健康情况、家庭和社会关系、民族和文化群体归属、语言能力、教育背景、工作能力以及先前在原在国受到迫害的情况等。[③]关于原在国需要考虑的因素可能包括总体和区域的安全、人权和社会经济情况等。[④]合理性标准的灵活性不仅要求将所有可能相关的因素纳入考察范围,还强调这些因素的相关性和权重不能预先设定,而是"取决于个案的全部具体情况"。[⑤]对于不同的寻求庇护者,难民甄别机关可能会考察不同的因素。同样的因素在不同的案件中可能具有完全不同的意义和权重。

②合理性标准的客观性

合理性标准的灵活性不意味着对合理性的判断是主观或任意

① Hugo Storey,"From Nowhere to Somewhere:An Evaluation of the UNHCR 2nd Track Global Consultations on Internal Protection:San Remo 8 - 10 September 2001 Expert Roundtable on the IPA/IFA/IFA Alternative",(2002) *IARLJ Conference* 359,p. 364.

② *Rasaratnam v. Canada*(*Minister of Employment & Immigration*)[1992] 1 F. C. 706, p. 712;*Thirunavukkarasu v. The Minister of Employment and Immigration* [1994] 1 F. C. 589 (*Thirunavukkarasu*), p. 598; *Robinson*, para. 18; *Januzi. v Secretary of State for the Home Department* [2006] UKHL 5(*Januzi*), para. 21;*Secretary of State for the Home Department v. AH*(*Sudan*)*and Others*(*FC*)[2007] UKHL 49(*AH*),paras. 5,27 - 28.

③ 1999 Position Paper, para. 16.

④ UNHCR Guidelines, paras. 27 - 30.

⑤ 8 CFR(United States) § 208. 13(b)(3); *AH*, para. 27.

的。相反,难民甄别机关需要考察原在国转移保护对于寻求庇护者是否“在客观上合理”(objectively reasonable),即期待他转移到相关区域是否“不过分严苛”(not unduly harsh)。[①]将“不过分严苛”作为合理性的标准从而“公平地反映寻求庇护者是否具有原在国转移保护”[②]已经得到了国家实践的广泛接受。[③]《第4号国际保护指南》也采纳了这一解释。[④]

这就要求寻求庇护者提供“确实和具体的证据”证明“过分严苛”的存在。[⑤]对原在国转移保护合理性的判断适用和“对迫害的正当畏惧”相同的证明标准。加拿大和英国法庭都将“过分严苛”解释为一个相当高的法律门槛。[⑥]加拿大联邦上诉法院对“过分严苛”情况的举例包括:(1)寻求庇护者为了达到转移区域必须经过严重威胁其生命安全的持续的冲突区域;(2)无法满足生存的隔绝区域(例如山洞或沙漠)是唯一可能的转移区域。[⑦]那些人们在转换居所时不可避免的困难(例如寻找新工作的困难)不构成“过分严苛”。[⑧]

2. 国内保护路径

哈撒韦和福斯特为国内保护路径提出了以下四个分析步骤/法律要件:

第一,寻求庇护者可以真实、安全并合法达到原在国转移区域;

第二,转移区域必须能消解寻求庇护者在原在区域具有的对迫害的正当畏惧;

---

① *Thirunavukkarasu*, pp. 591, 598 – 599.

② *Robinson*, para. 29.

③ *Januzi*, para. 64.

④ UNHCR Guideline, paras. 7, 22, 25.

⑤ *Ranganathan v. Canada* (*Minister of Citizenship and Immigration*), [2001] 2 F. C. 164 (*Ranganathan*), para. 15.

⑥ Ibid.; *AH*, para. 22.

⑦ *Thirunavukkarasu*, p. 599.

⑧ *Ranganathan*, paras. 14 – 15.

第三，寻求庇护者在转移区域不会面临新的迫害或严重伤害，也不会被强迫推回他具有对迫害的正当畏惧的原在区域；

第四，转移区域必须能为寻求庇护者提供“最低限度的国内保护”（minimum affirmative State protection）。[①]

不难看到，前三个法律要求与合理性路径中的相关性分析并无实质区别。[②]国内保护路径和合理性路径的分歧只体现在“最低限度的国内保护”（国内保护路径）与“合理性分析”（合理性路径）的区别上。国内保护路径认为“合理性”的概念过于模糊和主观，[③]在实践中会使难民甄别机关按照自己的主观想法来判断原在国转移保护是否合理，从而导致国际实践的不一致性，[④]因此国内保护路径主张用“最低限度的国内保护”取代合理性标准，援引国际人权标准对“最低限度的国内保护”进行解释。国内保护路径的支持者认为，国际人权标准能够为原在国转移保护的解释和适用带来一致的标准。[⑤]

具体哪些人权构成“最低限度的国内保护”，学界有三种观点：(1)全面权利说：“最低限度的国内保护”包括原在国有国际义务保护的所有人权；[⑥](2)基本权利说：“最低限度的国内保护”仅

---

① Hathaway and Foster, *The Law of Refugee Status*, pp. 342 – 361.

② 哈撒韦和福斯特也承认这一点。ibid., p. 342.

③ Ninette Kelley, “Internal Flight/Relocation/Protection Alternative: Is it Reasonable?”, (2002) 14 *International Journal of Refugee Law* 4, p. 24.

④ Hathaway and Foster, “Internal Protection/Relocation/Flight Alternative as an Aspect of Refugee Status Determination”, p. 385; Penelope Mathew, “The Shifting Boundaries and Content of Protection: The Internal Protection Alternative Revisited”, in Satvinder S. Juss (ed.), *The Ashgate Research Companion to Migration Law, Theory and Policy* (Farnham: Ashgate, 2013), p. 192.

⑤ 这也是国际难民法中人权法路径的基本观点，参见 Foster, *International Refugee Law and Socio-Economic Rights*, pp. 36 – 40。

⑥ 参见 Mathew, “The Shifting Boundaries and Content of Protection: The Internal Protection Alternative Revisited”, p. 194; UN Commission on Human Rights, *Guiding Principles on Internal Displacement*, E/CN. 4/1998/53/Add. 2(1998)。

包括“基本人权”(basic human rights);[①](3)公约权利说:“最低限度的国内保护”仅包括《难民公约》第2~33条列明的权利和待遇。[②]前两种观点基本没有得到国家实践的支持,第三种观点得到了新西兰实践的接受。

四、路径之争:新西兰和英国实践的互动与交锋

合理性路径和国内保护路径都要求分析寻求庇护者在转移区域内的安全。二者的分歧在于当他在转移区域不面临迫害或严重伤害的前提已经满足时,原在国的保护还需要满足何种要求——合理性路径主张国内保护还需满足合理性标准,而国内保护路径主张国内保护还需满足特定的人权标准。[③]因此,两种路径的分歧在于合理性标准和人权标准之争。

本部分通过新西兰和英国实践的互动与交锋透视原在国转移保护原则的路径之争。笔者之所以选择新西兰和英国两国,不仅因为它们的实践分别体现了合理性路径(英国)和国内保护路径(新西兰),还因为两国在发展本国实践的过程中还对对方的国家实践和分析路径进行了阐释和批判。因此,新西兰和英国实践的互动与交锋凸显了合理性路径和国内保护路径在法律适用上的焦点所在。笔者首先简要介绍两国实践的发展情况及彼此交锋的时间线索,并依时间顺序对三个关键案例进行分析。

---

① Kelley, "Internal Flight/Relocation/Protection Alternative", p. 37; UNHCR, "An Overview of Protection Issues in Europe: Legislative Trends and Positions Taken by UNHCR", 1995, p. 64.

② Michigan Guidelines, paras. 20 – 22; Hathaway and Foster, *The Law of Refugee Status*, pp. 355 – 361.

③ 如前所述,关于特定人权标准的范围学界有三种观点。

1. 原在国转移保护原则在两国的发展概况

新西兰是目前唯一采用国内保护路径的缔约国。新西兰难民地位上诉法庭(以下简称法庭)通过1999年10月29日裁判的第71684号案[①](简称71684案)正式接受了国内保护路径,从而改变了新西兰原有的实践路径。在此之前,新西兰对原在国转移保护原则有两个法律要求:(1)寻求庇护者能真实地获得有效保护;(2)在任何情况下期待他转移到相关区域都是合理的。[②]前者脱胎自哈撒韦《难民地位之法律》中的学术观点;[③]后者则是合理性标准。新西兰在71684号案中明确以《密歇根指南》的标准取代了合理性标准。2008年9月11日,法庭在第76044号案[④](简称76044案)中进一步发展了国内保护路径的实践。目前,71684案和76044案共同阐释的国内保护路径即今天新西兰适用原在国转移保护原则的法律框架。

英国的《移民条例》明确规定了原在国转移保护原则的合理性路径,即"不给予寻求庇护者难民地位,如果他在原在国的某一区域不具有对迫害的正当畏惧,且可以合理地期待他在这一区域生活"。[⑤]这一条款分别体现了相关性分析和合理性分析。英国实践对合理性标准的阐释主要体现在三个案件中:1997年民事上诉法院裁判的 *Robinson* 案、[⑥]上议院上诉委员会2006年裁判的 *Januzi* 案[⑦]和2007年裁判的 *AH* 案。[⑧] *Robinson* 案确认"不过分严苛"作为合理性标准的实质性内容。[⑨] *Januzi* 案通过对新西兰

---

① *Refugee Appeal No.* 71684/99, [2000] INLR 165.

② *Refugee Appeal No.* 523/92, http://www.refworld.org/docid/3ae6b7170.html (last visited on February 23, 2017).

③ Hathaway, *The Law of Refugee Status*, p. 134.

④ *Refugee Appeal No.* 76044, [2008] NZAR 719.

⑤ Immigration Rules (United Kingdom), Art. 339O(i)(a).

⑥ *R v. Secretary of State for the Home Department and Another, ex parte Robinson.*

⑦ *Januzi v. Secretary of State for the Home Department.*

⑧ *Secretary of State for the Home Department v. AH (Sudan) and Others (FC).*

⑨ *Robinson*, para. 29.

71684 案的批判指出合理性标准不等同于"基本的公民权利、政治权利以及社会经济权利"标准,[①]否定用人权标准架空合理性标准的做法。*AH* 案则重申了 *Januzi* 案的结论,强调英国实践对合理性标准的解释和联合国难民署《第4号国际保护指南》的立场是一致的,那就是必须将原在国转移保护视为一个整体,结合所有关于寻求庇护者和原在国的相关情况考察其合理性。[②]

2. 新西兰和英国实践的互动与交锋

新西兰和英国实践的互动和交锋主要体现在三个案件上:71684 案、*Januzi* 案和 76044 案。依照时间顺序,新西兰首先在 71684 案(1999 年)中接受了国内保护路径。接着,英国通过 *Januzi* 案(2006 年)对 71684 案和国内保护路径的论理进行批判。在此之后,新西兰又在 76044 案(2008 年)中对 *Januzi* 案提出批判。

(1)新西兰 71684 案

在 71684 案中,法庭抛弃了先前适用的合理性标准,并基本全盘接受了《密歇根指南》中的分析路径。

对于合理性标准,法庭首先回顾之前的实践路径并指出合理性标准是新西兰一直适用的法律标准。[③]法庭单独探讨了新西兰上诉法院在 1997 年裁判的 *Butler* 案,[④]认为 *Butler* 案"要求法庭对原在国转移保护原则的适用路径进行重新审视"。[⑤] "重新审视"的结果之一即明确放弃合理性标准。由于法庭声称 *Butler* 案是导致法庭放弃合理性标准的原因,有必要在此对 *Butler* 案的观点做简要分析。*Butler* 案的确对合理性标准的解释提出了要求,但并没有要求放弃合理性标准。上诉法院在 *Butler* 案中的核心观点

---

① *Januzi*, para. 45.

② *AH*, para. 20.

③ *Refugee Appeal No.* 71684/99, paras. 36 – 46.

④ *Butler v. Attorney-General* [1999] NZAR 205 (*Butler*).

⑤ *Refugee Appeal No.* 71684/99, para. 50.

是:合理性标准并非一个独立标准,其解释和适用“必须和原在国对寻求庇护者的首要保护义务紧密联系”。[①]换言之,*Butler* 案并不意图废除合理性标准,而只是要求对合理性标准的解释满足《难民公约》的约文、目的和宗旨。但法庭在 71684 案中却直接跳跃到了“合理性标准和原在国对寻求庇护者的保护义务无关”的激进观点,并以此为由正式放弃合理性标准。[②]法庭的这种做法明显超过了 *Butler* 案的原意。

法庭对《密歇根指南》基本采取全盘接受的态度。尽管法庭强调《密歇根指南》作为学者学说对新西兰并无拘束力,仅仅对新西兰制定法的解释具有启发(inform)作用,[③]法庭在实质层面还是基本全盘接受了《密歇根指南》的分析路径。法庭认为“《密歇根指南》恰当地反映和总结了新西兰意图适用并阐释的原则”。[④]在 71684 案中,法庭援引《密歇根指南》确立了适用国内保护路径的以下法律标准:

第一,转移区域必须能够消解寻求庇护者在原在区域具有的对迫害的正当畏惧;

第二,寻求庇护者在转移区域不会面临新的迫害或严重伤害,也不会被强迫推回他具有对迫害的正当畏惧的原在区域;

第三,转移区域必须能为寻求庇护者提供对基本的公民权利、政治权利和社会经济权利的保护,这些基本权利的范围涵盖在《难民公约》第 2 ~ 33 条中。[⑤]

其中第三条标准同时采取了“对基本的公民权利、政治权利和社会经济权利的保护”以及“《难民公约》第 2 ~ 33 条”的措辞,容易引起误会:前者似乎指向基本权利说;后者又明确了公约权利说

---

① *Butler*, paras. 6 – 7.

② *Refugee Appeal No.* 71684/99, paras. 68 – 72.

③ Ibid., paras. 65 – 66.

④ Ibid., para. 65.

⑤ Ibid., paras. 55 – 57.

的适用。这体现了新西兰实践在术语使用上的错误和混乱。由于法庭明确指出相关的权利范围是《难民公约》第2~33条,新西兰适用的路径就是公约权利说,而非基本权利说。真正的基本权利说主张的是依据国际人权公约产生的一系列"基本权利",这些"基本权利"的范围和《难民公约》的约文无关。

(2)英国 *Januzi* 案

英国上议院上诉委员会在 *Januzi* 案中直接触及了合理性路径和国内保护路径的分歧,并对新西兰71684案提出了多重批判。在确认合理性标准已经得到国际实践的广泛接受后,[①]宾厄姆法官(Lord Bingham of Cornhill)指出:"尽管缔约国对合理性标准的可适用性并无争议,但就如何适用合理性标准存在分歧,这些分歧尤其体现在能否合理地期待寻求庇护者转移到对公民权利、政治权利和社会经济权利的保护相当不足的区域这一问题上。"[②]换言之,核心问题是:国内保护路径中的人权标准是否足以架空合理性路径中的合理性标准。

对于这一问题,宾厄姆法官将国家实践和学者学说分为三类。第一类观点强调原在国转移保护需要满足对基本的公民权利、政治权利和社会经济权利的保护。"基本的公民权利、政治权利和社会经济权利"是哈撒韦在《难民地位之法律》中提出的说法。[③]宾厄姆法官将新西兰包括71684案在内的实践归为此类,还列举了澳大利亚和英国的一些判例。[④]加拿大的实践被列为第二类观点,因为宾厄姆法官认为加拿大实践对合理性标准的解释和适用自成一体。[⑤]第三类观点以英国上诉法院在 *E* 案[⑥]中的实践为代表。宾厄

① *Januzi*, paras. 1, 2, 7 - 8.

② Ibid., para. 8.

③ Hathaway, *The Law of Refugee Status*, p. 134.

④ *Januzi*, paras. 9 - 11.

⑤ Ibid., para. 12.

⑥ *E and Another v. Secretary of State for the Home Department* [2003] EWCA 1032(*E*).

姆法官认为 *E* 案否定了新西兰实践的观点,[①]因为上诉法院在 *E* 案中明确指出:“原在国保护‘基本的公民权利、政治权利和社会经济权利’的失败(而非歧视性的拒绝)通常并不直接构成迫害……因此不能认为寻求庇护者无法在转移区域享有‘基本的公民权利、政治权利和社会经济权利’的事实和原在国转移保护的合理性是相关的。”[②]换言之,上诉法院拒绝用“基本的公民权利、政治权利和社会经济权利”架空合理性标准。

应该指出,宾厄姆法官的分类法存在一个问题。在他的分类中,国内保护路径内部的不同学说——基本权利说和公约权利说——没有被区分。“基本的公民权利、政治权利和社会经济权利”是基本权利说的标准,而新西兰在 71684 案及之后实践中适用的是公约权利说的标准(即《难民公约》第 2 ~ 33 条中的权利)。宾厄姆法官似乎没有意识到新西兰实践在术语使用上的混乱,这也说明国内法的法官并不必然精通国际难民法。因此,在宾厄姆法官的论述中,“基本的公民权利、政治权利和社会经济权利”和“《难民公约》第 2 ~ 33 条中的权利”实际指向同一概念。

宾厄姆法官举出五点理由[③]论证英国上诉法院在 *E* 案中的论理(即第三类观点)优于新西兰实践(即第一类观点):

第一,新西兰实践的观点不具有条约解释的支持:《难民公约》第 2 ~ 33 条规定的权利是获得难民地位的个人在接受国享有的权利,没有任何《难民公约》的约文表示这些条款是对原在国国内保护的解释;

第二,新西兰实践的观点也不能恰当地解释为条约暗含的意义:《难民公约》第 2 ~ 33 条规定的核心是为了确保难民在接受国得到同等保护,而非意图指向原在国普遍的人权状况;

第三,新西兰实践对原在国转移保护的要求高于欧盟第

---

① *Januzi*, para. 13.

② *E*, para. 38, quoted in *Januzi*, para. 18.

③ *Januzi*, paras. 15 – 19.

2004/83/EC 号指令第 8 条对原在国转移保护原则设定的合理性标准,而该指令适用于英国;

第四,新西兰的实践没有得到基于法律确信的一致实践(uniformity of international practice based on legal obligation)以及专家和学者意见的共识(consensus of professional and academic opinion),因而不能构成习惯国际法规则;[①]

第五,新西兰的实践不仅超出了《难民公约》的原意,还会造成不合理的后果:对于那些在总体上无法为国民提供基本的公民权利、政治权利和经济社会权利的国家而言,新西兰的实践实际上等同于承认具有对迫害的正当畏惧的一部分原在国公民应该享有比其他公民更高程度的人权保护。

其中第三点和第四点批判表明新西兰适用的国内保护路径是国际实践的少数声音。第一点和第二点批判指明了新西兰实践的错误根源,即错误地混淆了寻求庇护者在原在国没有得到的"保护"以及难民在接受国有权享有的"保护",只有前者和原在国转移保护相关,而《难民公约》第 2 ~ 33 条仅和后者相关。[②]第五点批判指出要求原在国转移保护必须满足对"基本的公民权利、政治权利和经济社会权利"之保护的不合理之处。基于以上批判,宾厄姆法官认为不能用人权标准取代或架空合理性标准,这一结论也得到了本案其他法官的支持。[③]

(3)新西兰 76044 案

在 76044 案中,法庭通过全盘吸收哈撒韦和福斯特论文[④]中的学术观点进一步发展了新西兰实践中的国内保护路径,并以此为

① 这体现了宾厄姆法官对国际法的又一个错误认识。习惯国际法的形成需要广泛一致的国家实践和法律确信,但不需要专家和学者意见的共识。

② 参见 Ghráinne,"The Internal Protection Alternative Inquiry and Human Rights Considerations—Irrelevant or Indispensable?",p. 39。

③ *Januzi*, paras. 23, 45, 61, 70.

④ Hathaway and Foster, "Internal Protection/Relocation/Flight Alternative as an Aspect of Refugee Status Determination".

基础对合理性标准——尤其是 *Januzi* 案对合理性标准的阐释——展开批判。

法庭批判合理性标准的核心论点仍然是“合理性”在本质上是一个主观的概念。[①]法庭同意哈撒韦和福斯特对合理性标准主观性的批判,[②]并以欧盟为例认为欧盟成员国国家实践的不一致性就源于合理性标准的主观性,因此主张用《难民公约》第 2 ~ 33 条中的人权标准取代合理性标准。[③]法庭接着对 *Januzi* 案——尤其是 *Januzi* 案对 71684 案的批判——分别进行回应。

针对宾厄姆法官提出的第一点和第二点批评(即新西兰实践错误地混淆了原在国保护和接受国依据《难民公约》第 2 ~ 33 条为难民提供的保护),法庭指出:如果对《难民公约》第 2 ~ 33 条的权利做严格解读,*Januzi* 案对 71684 案的批判确实成立。但是 *Januzi* 案忽略了一个重要事实:新西兰实践不将《难民公约》第 2 ~ 33 条中的权利体系作为严格的法律要求(prescription),而是作为一种指导(guide)。[④]这一回应显然援引自哈撒韦和福斯特论文中的观点,即:

“非常重要的一点是,《密歇根指南》提出的国内保护路径并不将《难民公约》第 2 ~ 33 条的严格适用作为原在国转移保护的标准,而是要求难民甄别机关从这些条款中寻求启发(inspiration)作为在难民甄别中定义有效保护的方法。”[⑤]

针对宾厄姆法官提出第三点和第四点批评(即新西兰实践既和欧盟指令的规定不一致也不能代表国际实践的主流),法庭的反驳是:不能认为欧盟指令完全涵盖了《难民公约》的义务范畴,更

---

① 参见 *Refugee Appeal* 76044, para. 135。

② Ibid., para. 136.

③ Ibid., paras. 137 – 140.

④ Ibid., para. 142.

⑤ Hathaway and Foster, “Internal Protection/Relocation/Flight Alternative as an Aspect of Refugee Status Determination”, p. 409, quoted in ibid.

不能认为欧盟指令本身就是国家实践的证据,因为欧盟成员国实施指令的实践也存在显著的不一致性。[①]法庭接着指出当前关于原在国转移保护的任何路径或学说实际上都不能构成习惯国际法,而“正是由于国际实践巨大的不一致性才使我们迫切需要一个能够基于人权标准评估原在国保护情况的可靠路径(即新西兰实践的路径)”。[②]

针对宾厄姆法官提出的第五点批评(即新西兰的实践不仅超出了《难民公约》的原意,还会造成不合理的后果),法庭认为由于不推回(non-refoulement)义务适用的同时也涉及对《难民公约》第2~33条权利体系的平衡,在《难民公约》的体系下新西兰实践并不会造成不合理的后果。[③]笔者认为,法庭对这一点批评的反驳完全不能成立,因为原在国转移保护原则一旦适用将使寻求庇护者不被甄别为难民,而《难民公约》中不推回原则的适用对象是已经获得难民地位的个人或尚未被接受国甄别的寻求庇护者。因此,对原在国转移保护原则的解释并不涉及不推回原则的适用。

五、人权标准的运用:路径之争的核心

新西兰和英国实践的互动与交锋揭示出人权标准的运用是路径之争的核心所在。合理性路径和国内保护路径都承认人权标准应该在原在国转移保护原则的解释和适用中发挥作用。人权标准在合理性路径中同样占有重要地位:《第4号国际保护指南》作为联合国难民署对合理性路径的编纂明确指出人权构成合理性标准的考察因素之一;[④] *Januzi* 案也阐释了如何在合理性路径中考察

① *Refugee Appeal* 76044, para. 149. 1.

② Ibid., para. 149. 2.

③ Ibid., para. 149. 3.

④ UNHCR Guidelines, paras. 28 – 30.

原在国的人权状况。[①]合理性标准的灵活性和客观性意味着人权标准不能成为架空合理性标准的唯一标准,而必须和其他所有相关因素一并作为判断原在国转移保护是否合理的依据。

国内保护路径如何看待人权标准的运用？答案似是而非。一方面,国内保护路径的核心观点是用"客观普遍"的人权标准取代"天然主观"的合理性标准,从而协调国际实践趋于一致。[②]暂且抛开人权标准是否真的"客观普遍"不谈,[③]这一论断的必然前提是:人权标准必须作为原在国转移保护原则的唯一标准,且人权标准必须作为严格的法律标准得以适用。否则,对人权标准的灵活运用或其他因素的"干扰"都可能再度加剧国际实践的不一致性。但另一方面,新西兰实践及相关学者又主张国内保护路径并不严格地适用人权标准,而是将其作为"启发"(inspiration)和"指导"(guide)灵活运用。这两方面无疑相互矛盾。

笔者认为,如果想保持国内保护路径与合理性路径的区别,就必须承认在国内保护路径中对人权标准的严格适用是判断原在国转移保护的唯一标准。否则,国内保护路径除了发明一套新的术语外将和合理性路径毫无实质区别。因此在 76044 案中,新西兰在将人权标准作为"启发"和"指导"加以适用的同时已经暗中接受了合理性路径的分析方法。尽管在此之后新西兰仍然使用国内保护路径的术语,但其实践与合理性路径下的国家实践已经没有实质区别。[④]因此,真正意义上的国内保护路径必须以人权标准的

---

① *Januzi*, paras. 20 – 21, 59.

② 由于"客观普遍"和"天然主观"只是国内保护路径对人权标准和合理性标准的看法,笔者使用引号表明在此只是引述国内保护路径的观点。

③ 事实上,学者对人权标准在实际适用中的不一致性早已见怪不怪,例如 Paul Hunt *et al.*, "Implementation of Economic, Social and Cultural Rights", in Scott Sheeran and Nigel Rodley (eds.), *Routledge Handbook of International Human Rights Law*, Abingdon and New York: Routledge, 2013, p. 553。

④ 关于新西兰的实践及其和合理性路径的趋同,参见 Chao Yi, "New Zealand's Approach to the Internal Protection Alternative in Refugee Status Determinations", (2016) 14(2) *New Zealand Journal of Public and International Law* 249。

严格适用作为原在国转移保护原则的唯一法律标准。

在解决了国内保护路径如何运用人权标准的问题之后,还需探讨国内保护路径对人权标准的运用是否恰当?答案是否定的,因为无论适用全面权利说、基本权利说还是公约权利说中的权利清单判断原在国转移保护都存在问题。

全面权利说将最广泛的人权范围引入原在国转移保护或许乍看之下具有吸引力,[①]但这种做法将毫无依据地超越《难民公约》所能调整的法律范围。《难民公约》的保护范围仅限于基于种族、宗教、国籍、某种政治见解或群体归属具有对迫害的正当畏惧的个人,而非保护任何类型的人权在原在国免遭侵犯。全面权利说将转移区域内任何形式的人权侵犯作为否定原在国转移保护的充分条件,显然和《难民公约》的约文、目的和宗旨不符。

基本权利说将考察范围限制为"基本的公民权利、政治权利和经济社会权利"。格路妮(Bríd Ní Ghráinne)准确指出了基本权利说在理论上存在的两个缺陷:第一,基本权利说的法律标准——基本的公民权利、政治权利和经济社会权利——不具有清楚的法律依据;第二,哪些权利构成基本权利在国际法上并无定论。[②]哈撒韦和福斯特还从政策角度指出适用基本权利说的潜在危险:由于基本权利的具体内容在国际法上并无定论,难民甄别机关很容易在适用基本权利说时将基本权利的范围做限缩性解释,从而不恰当地提高难民地位的法律门槛。[③]

公约权利说适用《难民公约》第 2 ~ 33 条的做法也存在问题,这些问题在 *Januzi* 案中已有涉及。首先,公约权利说混淆了原在国在转移区域提供的"保护"和难民在接受国依据《难民公约》第

① 参见 Mathew, " The Shifting Boundaries and Content of Protection: The Internal Protection Alternative Revisited", pp. 193 – 194; Michigan Guidelines, para. 21。

② Ghráinne, " The Internal Protection Alternative Inquiry and Human Rights Considerations—Irrelevant or Indispensable?", p. 35.

③ Hathaway and Foster, *The Law of Refugee Status*, p. 355.

2～33 条享有的“保护”。其次，通过适用《难民公约》第 2～33 条，公约权利说实际上将原在国转移保护原则等同于一个暗含的难民地位排除条款。[①]这种解释无法成立，因为《难民公约》中的难民地位排除条款是穷尽式列举，[②]不存在暗含的排除条款。最后，《难民公约》第 2～33 条中的绝大多数权利内容都是相对的。[③]其中不少条款要求接受国给予难民不低于一般外国人的待遇；[④]将这些条款视为原在国转移保护的标准意味着允许原在国在转移区域歧视性地对待本国国民，这一推论明显和国际人权法的不歧视原则以及《难民公约》的目的和宗旨相违背。

不难看到，无论适用哪种具体的权利清单，将人权的严格适用作为原在国转移保护原则的唯一标准都存在难以逾越的理论障碍。笔者认为，这些内生性问题足以否定国内保护路径的正当性。较之国内保护路径，合理性路径是解释原在国转移保护原则更为恰当的分析路径。

六、结　论

原在国转移保护原则并非《难民公约》和《难民议定书》中的固有概念，而是随着国际难民情势的变化在 20 世纪 80 年代开始通过国家实践发展出的原则。随着国际实践的发展，原在国转移保护原则的两套分析路径——合理性路径和国内保护路径——已经明确确立。合理性路径和国内保护路径都要求寻求庇护者在转移区域不面临迫害或严重伤害的危险。二者的分歧在于原在国转移保护原则在此之外的法律要求：合理性路径要求可以“合理”地

---

① *Refugee Appeal* 76044, para. 140.

② Ghráinne, “The Internal Protection Alternative Inquiry and Human Rights Considerations—Irrelevant or Indispensable?”, p. 40.

③ Storey, “From Nowhere to Somewhere”, p. 377.

④ 参见《难民公约》第 13 条、第 15 条、第 17～19 条、第 21 条等。

期待寻求庇护者在转移区域过相对正常的生活而不面临过分严苛要求的情况;国内保护路径坚持用人权标准取代合理性标准作为判断原在国转移保护的法律依据。

新西兰和英国实践的互动与交锋呈现出国内保护路径与合理性路径分歧的核心在于人权标准的运用。如果想保持国内保护路径与合理性路径的区别,就必须承认国内保护路径将人权标准的严格适用作为原在国转移保护原则的唯一标准。否则,国内保护路径除了采用一套新的术语外将和合理性路径毫无实质区别。在国内保护路径内部无论采用全面权利说、基本权利说还是公约权利说提供的权利清单都存在难以逾越的理论问题。较之国内保护路径,合理性路径是解释和适用原在国转移保护原则更为恰当的分析路径。

Debates on the Approach of Internal Relocation Principle in Refugee Status Determinations: A Comparative Study on the Practice of New Zealand and United Kingdom

Chao Yi

Abstract: The internal relocation principle (IRP) is an important norm emerging in the recent development of international refugee law. It permits the denial of refugee status based on the finding that the applicant can find genuine protection by relocating to an alternative area in the country of origin. Due to the lack of clear textual guidance from the Convention and Protocol relating to the Status of Refugees, two analytical approaches have formed in international practice and academic commentaries for the interpretation of IRP, namely the reasonableness approach and the internal protection approach. This article focuses on the debates over the two approaches by a comparative study of New Zealand and United Kingdom State practice and identifies the role of human rights standard as the essential disagreement between the two approaches. Because of the problematic proposition of the internal protection approach that strict application of human rights standard must be the exclusive criterion of IRP, the reasonableness approach provides the more appropriate and logical interpretation of IRP.

Key Words: internal relocation principle; refugee status determination; the reasonableness approach; the internal protection approach

书　　评

1961年《维也纳外交关系公约》的权威解读

——评依琳·登扎教授的《外交法》(第四版)

包毅楠*

摘要:牛津大学出版社在2016年1月出版了英国著名外交法学者依琳·登扎教授的《外交法》(第四版)。这本专著以条约评注式体例对1961年《维也纳外交关系公约》(以下简称《公约》)进行评述解读。它具有体例独特、内容全面、资料翔实、时代感强等特点。它对《公约》做出了客观公允的评价,对《公约》的条款进行了深入的剖析,对《公约》通过以来在实践中面临的若干难题阐述了独到的见解和评论。本书不仅是从事外交法律实务工作者了解和熟悉《公约》具体条款的实用指南,是研究外交法基本理论学说的国际法学者的权威参考书,同时也是我国外交法律实务工作者和国际法学师生掌握西方国家外交法学新动向及外交新焦点的极佳参考资料。

关键词:《维也纳外交关系公约》;外交法;外交特权与豁免

* 华东政法大学中国法治战略研究中心博士后研究人员,英国萨塞克斯大学外交法博士。

2016 年是 1961 年春召开的"联合国外交交往与豁免会议"①暨《公约》②通过五十五周年的纪念年。在这个对于国际法学界专注外交法研究的学者以及各国从事外交法律实务的工作者而言颇具纪念意义的年份,牛津大学出版社于 2016 年 1 月出版了英国外交法研究的权威学者依琳·登扎(Eileen Denza)教授的专著《外交法:维也纳外交关系公约评述》(以下简称《外交法》)(第四版)。③这本专著不仅是对诞生于五十多年前的《公约》的权威解读,同时也是继 2009 年《萨道义外交实践》(第六版)④问世之后西方外交法学研究领域的又一令人瞩目的成果。本文旨在通过对《外交法》一书在西方外交法学界的地位、著作体例、核心观点等内容进行简要介绍与评价,以期将此书推荐给我国国际法学界的学者、研究人员以及实务人员。

---

① 这次会议于 1961 年 3 月 2 日至 4 月 18 日在奥地利首都维也纳的新霍夫堡宫召开,参会的有 81 个国家(其中包括 79 个联合国会员国)。会上就 1958 年国际法委员会完成的《外交特权与豁免条款最终草案》进行讨论,起草并通过了《公约》。See "United Nations Conference on Diplomatic Intercourse and Immunities, 1961", http://legal. un. org/diplomaticconferences/diplintercourse – 1961/diplintercourse – 1961. html (last visited on March 5,2017); See also Kai Bruns, *A Cornerstone of Modern Diplomacy: Britain and the Negotiation of the* 1961 *Vienna Convention on Diplomatic Relations*, London: Bloomsbury, 2014, pp. 81 – 105.

② 500 UNTS 95(1961 年 4 月 18 日通过,1964 年 4 月 24 日生效)。2017 年 2 月 17 日,安提瓜和巴布达(Antigua and Barbuda)加入《公约》。截至 2017 年 3 月,《公约》共有 191 个缔约方。See "Vienna Convention on Diplomatic Relations", https://treaties. un. org/pages/ViewDetails. aspx? src = TREATY&mtdsg_no = III – 3&chapter = 3&clang = _en (last visited on March 5,2017).

③ Eileen Denza, *Diplomatic Law: Commentary on the Vienna Convention on Diplomatic Relations*, Oxford: Oxford University Press, 4th ed., 2016.

④ Ivor Roberts (ed.), *Satow's Diplomatic Practice*, Oxford: Oxford University Press, 6th ed., 2009.《萨道义外交实践》第七版已于 2016 年 12 月由牛津大学出版社出版,修订者仍是罗伯茨爵士。See Ivor Roberts (ed.), *Satow's Diplomatic Practice*, Oxford: Oxford University Press, 7th ed., 2016. 本文所引页码均为《萨道义外交实践》第六版的页码。

一、登扎教授及其《外交法》

依琳·登扎教授曾于20世纪80年代在英国外交与联邦事务部担任法律顾问,1987年至1995年担任英国议会上议院欧洲共同体委员会法律顾问、主席,1997年至2008年在伦敦大学学院担任访问教授。[①]作为一名长期从事国际法学术研究和外交法律实务工作的资深学者,登扎教授撰写过多篇权威的国际法学术作品,[②]并曾应邀在联合国视听图书馆录制"外交与领事关系法的若干问题"专题讲座。[③]此外,她还连续参与修订了1979年第五版、2009年第六版和2016年第七版的《萨道义外交实践》。[④]

作为登扎教授在外交法学领域的重要研究成果,《外交法》自1976年第一版[⑤]问世以来一直被视为解读《公约》的权威专著。例如,1977年的《美国国际法杂志》上刊载的美国学者班涅特

---

① "Ms Eileen Denza, Biography" (*United Nations Audiovisual Library of International Law*), http://legal.un.org/avl/pdf/ha/notewriters/denza.pdf (last visited on March 5, 2017).

② Eileen Denza, "Non-proliferation of Nuclear Weapons: The European Union and Iran" (2005) 10 *European Foreign Affairs Review*, pp. 289 - 311; Eileen Denza, "Diplomatic Privileges and Immunities" in J. Craig Barker and John P. Grant (eds.), *The Harvard Research in International Law: Contemporary Analysis and Appraisal*, New York: Fred B. Rothman & Co., 2007, Chapter 5; Eileen Denza, "The Relationship between International and National Law" in Malcolm D. Evans (ed.), *International Law*, Oxford: Oxford University Press, 4th ed., 2014, Chapter 14.

③ "Diplomatic and Consular Law — Topical Issues" (*United Nations Audiovisual Library of International Law*), http://legal.un.org/avl/ls/Denza_DCL.html (last visited on March 5, 2017).

④ 登扎与时任英国外交与联邦事务部首席法律顾问伊恩·辛克莱尔(Ian Sinclair)一同参与了《萨道义外交实践指南》第五版的文字修订工作。她还负责修订《萨道义外交实践》第六版中涉及外交关系、外交使馆、领事事务以及欧盟外事关系的多达15个章节的内容。See Goore-Booth and Desmond Pakenham (eds.), *Satow's Guide to Diplomatic Practice*, London: Longman, 5th ed., 1979, p. xiv; Ivor Roberts (ed.), *Satow's Diplomatic Practice*, p. xxix.

⑤ Eileen Denza, *Diplomatic Law: Commentary on the Vienna Convention on Diplomatic Relations*, New York: Oceana Publications, 1976.

(Bennett)对《外交法》第一版的评价是:"解读由 1961 年《维也纳外交关系公约》所确立的外交交往法律的一部杰出的指南。"①1999 年的《国际法与比较法季刊》上刊载的英国外交法学者巴克(Barker)对《外交法》1998 年的第二版的评价是:"任何一项外交法或外交关系总论的研究如果没有参考登扎的著作都不会是完整的。"②2010 年的《斯堪的纳维亚国际法杂志》上刊载的格鲁吉亚国际法学者奥拉赫拉什维利(Orakhelashvili)对《外交法》2008 年的第三版的评价是:"登扎对 1961 年《维也纳外交关系公约》的评述业已成为了这一领域的研究者所不可或缺的资料。"③笔者预见,《外交法》的第四版仍会得到西方国际法学界的一致好评。

二、《外交法》的特点

《外交法》具有以下几个显著的特点:

第一,体例独特。笔者注意到,在《外交法》的第一版面世之前,当时流行于英美等国的外交法学著作,如哈代的《现代外交法》、④威尔逊的《外交特权与豁免》、⑤席尔瓦的《国际法中的外交》⑥等,多数是采取教科书的形式对外交法问题分为多个部

① Paul J. Bennett, "Book Review: Diplomatic Law: Commentary on the Vienna Convention on Diplomatic Relations" (1977) 71 *American Journal of International Law* 374, p. 374.

② J. Craig Barker, "Book Review: Diplomatic Law, second edition" (1999) 48 *International and Comparative Law Quarterly* 721, p. 722.

③ Alexander Orakhelashvili, "Book Review: Diplomatic Law: Commentary on the Vienna Convention on Diplomatic Relations, 3rd ed." (2010) 79 *Nordic Journal of International Law* 339, p. 339.

④ Michael Hardy, *Modern Diplomatic Law*, Manchester: Manchester University Press, 1968.

⑤ Clifton E. Wilson, *Diplomatic Privileges and Immunities*, Tucson: The University of Arizona Press, 1967.

⑥ G. E. Do Nascimento E. Silva, *Diplomacy in International Law*, Leiden: A. W. Sijthoff, 1972.

分、数个章节进行论述,较为常见的是将讨论外交法的理论与实践问题大致分为外交法概论、外交关系的设立、外交使馆的特权与豁免、外交代表的特权与豁免、外交财产与通信等几个部分,每个部分再根据具体内容细分成一至三章。这种教科书式的体例对于学习外交法的初学者来说是恰当的,但对于外交法律事务的实务工作者,特别是使馆人员和外交部法务人员而言显得不甚便利。这是因为,外交法律实务工作者通常需要快速地通过翻阅资料查得《公约》某一具体条款的解释和适用规则,而传统的教科书体例显然无法满足他们日常工作的需要。相比之下,《外交法》是该领域率先采用全新的条约评注式体例的专著之一。[①]它针对《公约》做逐条逐款的评述。具体形式是以《公约》条款正文为每一章的开头,在条款正文之下主要包括讨论该条款的历史背景、条款正文的含义、嗣后国家实践以及案例这几部分。登扎指出了《外交法》的主要编写目的是提供一本面向外交法律实务工作者的手册。[②]评注式体例相比教科书式体例最大的一个特点在于使读者能够快捷地查询到某一《公约》条款的起草背景、起草者的立法原意、该具体条款的具体适用规则和条件。这一特点对于在日常工作中处理外交法律问题时遇到实践难题的实务工作者而言显然是既便利又颇为实用的。而对于学习、研究外交法的师生而言,评注式体例也能使他们尽快地熟悉《公约》条款,充分地了解《公约》的体系和制度,从而实现实用性与学术性的平衡。

第二,内容全面。上文列举的多本外交法研究领域的专著,涉及的外交法问题各有侧重,涵盖的内容往往并不全面。例如,威尔

---

① 另一部率先采用条约评注式的英文著作是李(Lee)编著的《〈维也纳领事关系公约〉评注》。See Luke T. Lee, *Vienna Convention on Consular Relations*, Leiden: A. W. Sijthoff, 1966. 此外,国际法委员会的日本籍委员横田(Yokota)用日语撰写的《外交关系的国际法》也是采用了条约评注式体例。参见[日]横田喜三郎:《外交関係の国際法》,日本有斐閣 1963 年版。

② Eileen Denza, *Diplomatic Law*, p. 9.

逊的《外交特权与豁免》仅涉及外交代表和其他外交职员的特权与豁免,对外交使馆及馆舍的特权与豁免没有予以讨论。登扎的《外交法》则是全面涵盖了以《公约》体系为核心的当代外交法制度的主要内容。对于《公约》中明文规定的外交法规则与制度,《外交法》从历史背景、《公约》诞生之前的习惯国际法制度、国际法委员会时期的草案讨论、“联合国外交交往与豁免会议”时的讨论、《公约》通过及生效之后的国家实践以及当代新近产生的法律问题等多个角度对这些制度进行深入剖析。对于《公约》中没有明确规定但却与《公约》条款有着密切关联的习惯国际法制度或区域习惯法制度,如使馆馆舍内的礼拜权(*droit de chapelle*)、外交庇护制度、外交使馆的银行账户的豁免权等,《外交法》也有相应的介绍和评述,并且对这些未成文的制度和规则在当前国家实践中的现状进行了归纳和总结。对于国家实践的概括归纳,《外交法》也并不像《萨道义外交实践》那样仅仅局限于英国的外交实践做法。事实上,正如登扎教授在“导言”中所介绍的,《外交法》一书虽然是侧重分析英国和美国的实践,但其他国家的实践如能从英语、法语、德语或西班牙语的资料(例如媒体报刊、国际法期刊、国家实践文件汇编、互联网站等)中得到查明,那么它们也将会被收录在本书中。[①]笔者发现,《外交法》的确包括了大量的英美国家以外的案例资料和分析,甚至还有数个与中国有关的外交法案例的实践分析。[②]据此,笔者认为,《外交法》的论述内容囊括了当代外交法理论与实践中的主要问题,可谓是研究外交法律制度的百科全书。

第三,资料翔实。参考文献丰富,兼顾经典文献与新的研究成果,也是《外交法》与其他该领域著作相比的一个特点。《外交法》

---

① Eileen Denza, *Diplomatic Law*, p. 9.

② 例如在论及外交使馆馆舍的不可侵犯问题时,登扎就提及了1896年的孙中山“伦敦蒙难”事件以及1999年北约悍然轰炸中国驻南联盟大使馆的“五·八”事件,并做了客观地分析和评论。Ibid., pp. 113, 137.

第四版出版于2016年1月,而笔者根据书末所列参考文献列表发现书中所引用的文献资料最早的是公元533年的《学说汇纂》(*Digest*),最近的是2015年1月的两份比利时鲁汶全球治理研究中心(Leuven Centre for Global Governance Studies)的研究报告,跨度1400余年。其中既包括了国际法古典时代的经典国际法及外交法的著作,如真提利(Gentilis)的《使馆三论》(*De Legationibus Libri Tres*)、奥特芒(Hotman)的《大使论》(*L' Ambassadeur*)、格劳秀斯(Grotius)的《战争与和平法》(*De Iure Belli ac Pacis*)、宾克斯胡克(Bynkershoek)的《论对大使的司法管辖》(*De Foro Legatorum*)、法泰尔(Vattel)的《万国法》(*Le Droit des Gens*)、布莱克斯通(Blackstone)的《英国法评注》(*Commentaries on the Laws of England*)等,也包括了当代的,特别是21世纪以来出版的重要的外交法著作,如巴克(Barker)的《对外交人员的保护》、[①]布鲁斯(Bruns)的《现代外交的基石:英国与1961年〈维也纳外交关系公约〉的谈判》[②]等,收录英文、德文、法文、拉丁文的著作、论文以及研究报告达190种之多。笔者认为,这点充分体现了登扎治学的严谨态度以及《外交法》的学术参考价值。同时,《外交法》收录数量如此可观的参考文献也为读者在研读本书的基础上进一步深入研究某个外交法的理论或实践问题提供了指南。

第四,时代感强。《外交法》第一版出版于1976年,时值"冷战"的高潮阶段。受"冷战"大背景的影响,外交使馆、外交代表履行《公约》第三条规定的外交职能[③]时往往不可避免地遭受到接受国当局的种种阻挠,以至于外交代表行动受限、人身安全受威胁、外交使馆馆舍遭受接受国民众的侵扰等。而自20世纪90年代初

① J. Craig Barker, *The Protection of Diplomatic Personnel*, Aldershot: Ashgate, 2006.

② Kai Bruns, *A Cornerstone of Modern Diplomacy: Britain and the Negotiation of the* 1961 *Vienna Convention on Diplomatic Relations*, London: Bloomsbury, 2014.

③ 这些职能包括:代表派遣国、保护派遣国及其国民的利益、谈判交涉、合法调查接受国国情、促进经济文化交流等。

"冷战"结束至今,国际关系发生了新变化,国际法的发展也出现了若干新的动向。21 世纪的第一个十年见证了人权保护、恐怖主义势力抬头、北非及中东局势动荡等热点。《外交法》对于这些热点动向中与外交法的理论与实践相关的问题均有涉及,如"基地组织"(Al-Qaeda)等恐怖主义势力袭击英美使馆馆舍与使馆馆舍的安保问题、[1]言论与示威自由与使馆的尊严问题、[2]以保护生命为由的外交庇护与接受国的国家安全问题等。[3]此外,《外交法》第四版还对近年来国际社会中的一些与外交法有关的焦点事件予以关注,如 2012 年至今"维基解密"(WikiLeaks)的创始人阿桑奇(Assange)在厄瓜多尔驻伦敦使馆接受外交庇护、[4]"阿拉伯之春"之后英美使馆遭受民众攻击[5]等。最后值得一提的是,对于一些外交法领域近年来产生的新争议问题,如外交代表发表博客评论接受国政府的某些作为是否构成对接受国内政的干预等,《外交法》也有所讨论。[6] 笔者认为,《外交法》对传统的外交法原理和《公约》条款的分析解读并不静止于《公约》诞生时的"冷战"时期,而是用颇具时代感的眼光和角度使传统的外交法理论分析与当今的国家实践与国际关系的发展紧密地联系起来,做到了基本理论与实证案例分析相结合。这一特色不仅对于研习外交法的读者而言大有裨益,同时对于需要密切关注国际问题动向的外交法律实务工作者也非常有帮助。

《外交法》的上述特点使它成为了当今外交法研究领域的权威著作之一。正如曾任美国国务院领事事务助理法律顾问布朗(Brown)所评价的:"如今,我们对于外交法的有关问题总是习惯

① Eileen Denza, *Diplomatic Law*, pp. 137, 139.
② Ibid., pp. 140 – 145.
③ Ibid., pp. 114 – 116.
④ Ibid., pp. 115 – 116.
⑤ Ibid., p. 135.
⑥ Ibid., p. 381.

性地通过询问‘登扎(的书)是如何作答的?’来寻求答案。”①

三、《外交法》的核心观点

虽然《外交法》是典型的条约评注式体例的著作,但并不意味着它在评述内容上没有侧重点。为了让读者对于书中讨论的外交法理论与实践中的关键问题有直观的了解,登扎在“导言”中清楚地点明了《外交法》的若干核心观点。

(一)对《公约》的总体评价

登扎指出,《公约》“已经成为了一个普遍性的公约”(目前《公约》缔约方达 190 个),“它不仅赢得了各国的正式支持,而且得到了特别高程度的遵守”,并且“即使是《公约》中某些在其通过时明显属于对习惯法的逐渐发展或属于实践中存在分歧的条款,现在也已经被认为是确立的法律规则了”。②对于《公约》获得如此成功的原因,登扎认为主要有三点。第一,《公约》所集中编纂的外交法的若干核心规则,如外交代表的人身不可侵犯权等,经过长期的历史发展和演变,已经“非常稳定”。这些稳定的规则在某种意义上构成了各国之间外交交往的基础,同时也是“构建国际法和国际关系的程序框架,它们确保了国家开展外交活动的机制能够安全、有效地运行”。③ 同时,鉴于这些核心规则的重要性,自 18 世纪中叶起这些规则中的大部分内容都没有发生特别大的变化。这也正是《公约》规则的稳定性的重要原因。第二,互惠性(reciprocity)形成了对《公约》中几乎所有规则的一种持久和有效的制裁,从而确

---

① Catherine W. Brown, “Book Review: Diplomatic Law: Commentary on the Vienna Convention on Diplomatic Relations, 2nd ed.” (2000) 94 *American Journal of International Law* 424, p. 425.

② Eileen Denza, *Diplomatic Law*, p. 1.

③ Ibid.

保了各国对这些规则的遵守。这是因为,在外交关系中,每一个国家既是派遣国也是接受国。它在国外的代表在一定意义上是一种人质。即使是特权和礼仪上的一些细微问题都会由于互惠对等性引起同样的待遇上的变化。一个国家如果未能给予他国的外交代表或使馆相应的特权与豁免往往会立即使他本国的外交代表和使馆面临同样的遭遇和境地。[①]第三,《公约》起草者的智慧和远见保证了它能得到各国普遍的接受。[②]事实上,在1961年的"联合国外交交往与豁免会议"起草《公约》之前,国际法委员会从1955年起就开始准备相关的材料,并在为期两年的集中讨论过程中于1957年和1958年完成了两份"外交交往与豁免"条款草案。许多国家的政府也对草案进行了回应。[③] 这些准备工作都为《公约》在"联合国外交交往与豁免会议"的正式起草、成文以及最终的顺利通过、生效以及广为各国所接受奠定了基础。

(二)对《公约》的若干关键条款的解读

对于《公约》中的关键条款,特别是《公约》与习惯国际法制度相比出现重要发展的条款,登扎列举了六例,并做了概述性介绍。第一例是《公约》第22条"使馆馆舍的不可侵犯权"。登扎指出该条规定的使馆馆舍的绝对的、无条件的不可侵犯权(即使在发生公共紧急事件或使馆滥用豁免权的情形下使馆馆舍也不受侵犯)是《公约》对习惯法规则的至关重要的发展。同时,登扎认为这一条款在《公约》诞生五十余年后的今天,依旧是《公约》体系中的核心。[④]事实上,登扎格外重视对使馆馆舍的不可侵犯权的讨论。在

---

① Eileen Denza, *Diplomatic Law*, p. 2.

② Ibid.

③ 关于国际法委员会的准备工作及《公约》起草过程中的正式文件资料的索引,可参见国际法委员会的官方网站。See "Analytical Guide to the Work of the International Law Commission: Diplomatic Intercourse and Immunities" (*International Law Commission*), http://legal.un.org/ilc/guide/9_1.shtml (last visited on March 5, 2017).

④ Eileen Denza, *Diplomatic Law*, p. 3.

《外交法》第四版全书400余页的篇幅中,对使馆馆舍的不可侵犯权的评述达到39页,约占全书篇幅的十分之一,是全书论述篇幅最长、子问题数量最多的一个选题(包含了对“不可侵犯权的概念”“历史背景”“外交庇护”等19个子问题的介绍和讨论)。[①]

第二例是公约第27条“外交通讯”。登扎指出该条所规定的对所有不同类型的外交通讯(外交公文、外交邮袋、外交信差)予以保护的详细规则是“整个外交特权与豁免制度中对于外交使馆履行其职能而言最为重要的一类”。[②]对于外交邮袋,登扎指出《公约》改变了习惯国际法中“允许接受国当局在派遣国外交人员与接受国官吏的共同监督下搜检某些内容可疑的外交邮袋、并且接受国有权要求此类邮袋退返”的规则。[③] 不过,登扎谨慎地认为《公约》第27条第3款仅仅规定了“外交邮袋不得予以开拆或扣留”,而这一表述意味着外交邮袋并不具有“完全意义的不可侵犯权”。[④]

第三例是《公约》第31条“对外交代表管辖的豁免”。登扎指出该条规定的外交代表对于接受国的民事管辖豁免的例外之一,即其在接受国境内私有不动产之物权诉讼常常引起纠纷,但这一例外规定确实是在保护外交代表免受无谓或恶意的诉讼以及防止外交代表滥用豁免权这两者之间达到一个利益平衡的效果。而对于该条规定的外交代表民事管辖的豁免例外的第三项,即外交代表于接受国内在公务范围以外所从事之专业或商务活动之诉讼,登扎认为这一项充分反映了《公约》序言中所道出的外交特权和豁免的主要理论基础——“职能需要说”(theory of functional necessity)。此外,登扎还指出该条规定的外交代表无以证人身份

① Eileen Denza, *Diplomatic Law*, pp. 110 - 149. 与第三版相比,《外交法》第四版新增了对“集体庇护所”(collective shelter)、“派遣国军队及私人安保公司对使馆馆舍的保护”两个子问题的讨论。

② Ibid., p. 3.

③ Ibid.

④ Ibid., pp. 192, 200.

作证之义务也是《公约》同习惯法相比发生的一个重要的变化。①

第四例是《公约》第34条规定的“外交代表的税收豁免”。登扎指出该条规定再次凸显了《公约》以“职能需要说”为指导思想。本条在规定外交代表免纳一切针对个人的普通捐税的前提下,列举了六项例外,主要包括三类:与外交代表的公务或其个人在接受国的生活无关的税种(如私人商业所得之投资税)、某些实质上并非是税而是某种特定服务的费用(如公路通行费或路桥费)、某些行政程序上无法退返的税种(如不动产登记费、法院手续费、印花税等)。登扎认为这些规定是在最大限度地减少外交代表从事与外交公务无关的私人投资活动而牟利的同时,减轻了外交代表和他们家属对接受国税制须了解透彻这样的一种不必要的负担。②

第五例是《公约》第37条的“低级别使馆人员以及外交代表的家属的特权与豁免”。登扎指出,在《公约》诞生之前,国家实践对于低级别使馆人员以及外交人员的家属的特权与豁免的差别非常巨大。例如,英国和美国对于一切使馆人员都赋予完全的特权与豁免,而许多其他国家对于低级别的使馆人员仅赋予他们对于所做公务行为的豁免,而并不赋予他们不可侵犯权。登扎认为《公约》的规定重新界定了低级别使馆人员及外交代表家属的特权和豁免,在保证低级别使馆人员能够有效地履行公务职能的同时,以一种妥协折中的规则统一了先前国家实践中的混乱情况。③

第六例是《公约》第38条的“使馆人员是接受国国民或永久居留者的特权与豁免”。登扎指出对于在接受国的永久居留者的特权与豁免予以基本排除,是《公约》创设的一项新规则。登扎认为只要作为外交代表的接受国的国民或永久居留者执行的公务行为得到豁免,那么他们执行公务的有效性就能够得到确保。④

---

① Eileen Denza, *Diplomatic Law*, p. 3.

② Ibid., p. 4.

③ Ibid.

④ Ibid.

通过对上面列举的六例《公约》条款的解读,登扎指出,在《公约》起草者们看来,"职能需要说"并不仅仅是一种学术理论,事实上这种学说是一种指导思想,它体现在《公约》的每一处关键问题的规定上。这种学说的运用不仅提升了对外交使馆馆舍、外交代表、外交通讯、外交财产和档案的保护,同时对于使馆人员,特别是低级别使馆人员或本身是接受国国民的外交代表的特权和豁免的滥用,起到了一定的控制作用。①

(三)对于《公约》实践中面临的若干难题的评价

《公约》自1964年4月生效以来,在实践中也面临一些不易解决的难题。登扎在《外交法》中对于这些难题作出了客观的评论和解答。首先,关于派遣国滥用外交特权与豁免问题,登扎指出,在20世纪80年代,英国和美国的确发生了少数的几起特别恶劣的外交特权与豁免遭到滥用的事件,最臭名昭著的要数1984年发生在英国伦敦的两起事件:迪科(Dikko)事件②和弗莱彻(Fletcher)事件。③这两起事件导致英国对《公约》规定的外交特权与豁免制度的检视,并发布了相关的调查报告。④登扎认为即便如此,外交特权与豁免制度也应当得以维持,而各国政府可以通过采取一系列行政举措遏制外交特权与豁免的滥用,并且《公约》本身也提供了一些应对的机制,如宣告"不受欢迎的人"(*persona*

---

① Eileen Denza, *Diplomatic Law*, p. 5.

② 1984年,尼日利亚前政府官员迪科在伦敦街头被尼日利亚当局人员麻醉后绑架,并企图秘密押回尼日利亚。他被藏于一个木箱中,但在伦敦斯坦斯特机场被英国当局救出。在这起事件中,由于藏匿迪科的木箱并没有根据《公约》第27条第4款的规定"附有可资识别之外部标记",因此它不是外交邮袋。英国当局得以将木箱打开,救出迪科。Ibid, p. 67, 196. See also, Ivor Roberts(ed.), *Satow's Diplomatic Practice*, p. 117, para. 8. 38.

③ 1984年4月,在利比亚人民局(即当时的利比亚驻伦敦使馆)外发生了反对利比亚的人群的示威抗议。英国女警察弗莱彻在使馆门口维持秩序时被使馆窗口内射出的子弹击中身亡。See Eileen Denza, *Diplomatic Law*, p. 121.

④ UK House of Commons, "First Report from Foreign Affairs Committee: The Abuse of Diplomatic Immunities and Privileges" (1984/85 HC 127).

non grata)、断绝外交关系等。登扎指出,国家实践的事实证明,行政举措对于遏制外交特权与豁免的滥用问题是行之有效的。[①]

其次,对于《公约》第 41 条第 1 款"外交代表不干涉接受国内政的义务"在实践中遇到的争议,登扎认为这一条款同时包含了外交代表遵守接受国的法律规章的义务与不干涉接受国内政的义务,从而造成了解读的困难。[②] 她列举了包括 2012 年炒作得沸沸扬扬的美国驻华使领馆发布我国部分城市空气质量指数信息的事件,以及 2011 年英国驻叙利亚大使克里斯(Collis)参加悼念当地的一位人权活动积极分子遇害后的守夜活动等颇具争议的实例来论证她的观点。[③]她还指出,并非所有的外交代表都对运用博客等新颖的渠道发表个人对接受国事务的主观判断持提倡的态度。这种新颖的做法往往与外交代表不干预接受国内政的义务是不相符的。登扎最后强调,外交代表针对接受国的公开评论应当与派遣国政府对接受国的公开评论区别开来,两者不能混为一谈。[④]

最后,对于《公约》规定的外交特权和豁免与人权保护之间存在的冲突问题,登扎倾向于主张人权的保护应当居于更重要的位置。例如,在使馆或外交邮袋的不可侵犯权与人的生命权保护的冲突问题上,登扎认为人的生命权与《公约》规定的各项不可侵犯权相比更为神圣(sanctity),在国际法上保护人的生命的必要性可以使接受国官吏未经派遣国使馆馆长授权而进入使馆馆舍的行为正当化,同样的理由也可以论证为什么接受国官吏在发现标示为外交邮袋的木箱内装有被麻醉的活人时应当以保护人命为重而拆开外交邮袋。[⑤]笔者认为,登扎的这些观点与近年来西方国际法学

---

① Eileen Denza, *Diplomatic Law*, pp. 5 – 6.

② Ibid., p. 378. 关于外交代表不得干涉接受国内政的义务的讨论,最新的研究可参见 Paul Behrens, *Diplomatic Interference and the Law*, Oxford: Hart Publishing, 2016, Chapters 5, 7, 9, 11。

③ Eileen Denza, *Diplomatic Law*, pp. 380 – 381.

④ Ibid., pp. 381 – 382.

⑤ Ibid., pp. 7, 123, 203.

界格外重视人权,特别是对人的生命权的保护是相符合的。

四、结 语

尽管第四版的《外交法》在内容上依旧存在极少数的几处错漏,[①]但瑕不掩瑜,它确实是不可多得的研究外交法的优秀学术资料。总而言之,《外交法》不仅是从事外交法律实务工作者了解、熟悉1961年《公约》具体条款的实用指南,是研究外交法基本理论学说的国际法学者的权威参考书,同时也是我国外交法律实务工作者和国际法学师生掌握西方国家外交法学新动向及外交新焦点的极佳参考资料。笔者相信,在遵循"洋为中用"原则的前提下认真研读《外交法》,必能实现"知己知彼",对我国的外交法律实务以及外交法制建设的新发展有所裨益。

An Authoritative Commentary on the 1961 Vienna Convention on Diplomatic Relations —A Review of Eileen Denza's *Diplomatic Law* (Fourth Edition)

Bao Yinan

Abstract: Professor Eileen Denza's *Diplomatic Law* (4th edition) was published by Oxford University Press in January 2016. This acclaimed treaty commentary work has long been regarded by western international law academia as the most authoritative and

① 笔者发现两处错漏:在第203页,发生于1984年的"迪科事件"被错误地写成1964年。另外,附录2《公约》缔约方信息表之前的说明文字中,将《公约》通过的时间写为1961年4月14日,实际应为4月18日。这两处错误在2008年的第三版就存在,但第四版中仍未予以修正。

comprehensive commentary on the Vienna Convention on Diplomatic Relations 1961. It is well known for its unique style, comprehensive coverage, abundant reference materials and up-to-date contents. It provides not only an objective appraisal of the Convention but also a thorough and incisive analysis of the provisions of the Convention. In addition, it provides insightful comments on several key issues in the practice of the Convention. This book is an ideal guide for those who need practical guidance to specific provisions of the Convention. It can also be served as an authoritative reference book for those international law scholars who research in the theories and practice of diplomatic law. Moreover, for teachers and students in international law, as well as practitioners in diplomatic law, it is an excellent reference work in learning new trends in western diplomatic law and diplomacy.

Key Words: vienna convention on diplomatic relations; diplomatic law; diplomatic privileges and immunities; diplomatic inviolability

纪念专栏

曾令良教授国际法学术思想评述

陈卫东　李寿平*

曾令良教授长期从事国际法教学与研究工作,是中国特色国际法学的重要倡导者和践行者,是我国世界贸易组织(以下简称WTO)法学和欧洲联盟法学的主要开拓者。他治学严谨,视野开阔,思维敏捷,思想深邃,在国内外法学界享有盛誉。笔者作为曾令良教授早年指导的博士生,在感念他对我们的培养之恩的同时,也由衷敬佩他对倡导与发展中国特色国际法学所做的努力和贡献。谨撰此文,回顾总结曾老师的学术生平和学术思想,以求教于国际法学界同仁。

一、曾令良教授学术生平

曾令良教授于1956年3月出生,是湖北麻城人。和大多数同辈人一样,曾老师青年时代的求学之路坎坷,"文革"一度甚至使他学业中断,被迫在家务农,还短暂担任过乡村教师。这位来自大别山的孩子,在"文革"后期获得了人生的第一次转机:1974年被选到武汉大学外文系就读本科,并于1978年毕业后留校任教。改

* 陈卫东,对外经济贸易大学法学院副院长、教授;李寿平,北京理工大学法学院院长、教授。均系曾令良教授指导的武汉大学国际法研究所国际公法专业博士(1998级和1999级)。本文撰写还得到了武汉大学国际法研究所副所长黄志雄教授、北京理工大学法学院龚向前副教授等同门同学的帮助。

革开放后,国家对涉外法律人才需求猛增,促使他转而投身国际法。在28岁那年,即1984年,他把握住了人生的第二次重大机遇:成功报考了武汉大学国际公法专业研究生,师从我国著名的国际法学家梁西教授(1983年梁先生刚从北京大学调回武汉大学任教)。在攻读硕士期间,经过严格的筛选,他获得了进入美国密歇根大学法学院攻读硕士学位的机会,师从关贸总协定法权威约翰·杰克逊教授主修欧盟法、关贸总协定法,并于1986年获密歇根大学法学硕士学位。回国一年后,即1987年,他又顺利获武汉大学法学硕士学位,并继续师从梁西教授攻读国际公法博士研究生,于1992年获武汉大学国际法专业法学博士学位。读博期间,他还曾于1989年至1990年在意大利欧洲大学研究院从事博士研修工作。博士毕业后,因教学科研能力突出,两次破格晋升职称,于1994年晋升教授。

梁西先生对爱徒曾老师赞赏有加,认为他语言表达能力突出、思维严谨、文笔精练、论证清晰。“不仅英文水平一流,中文也很优秀,学问做得好,为人也很成功。”①的确,在同事和同行的眼中,他既是严谨治学、著作等身的好学者,也是为人正派、处事公道、善于团结合作的好领导;在学生的心中,他是学贯中西、教导有方的好老师,更是勤勉尽责、言传身教的好榜样。

作为走在“国际化”前沿的中国学者,曾老师先后在美国丹佛大学做富布赖特高级研究学者(1996~1997年),担任英国伯明翰大学杰出访问教授(1998年7~8月)、芝加哥肯特法学院杰出访问教授(2004年1~5月)、香港城市大学兼职教授(2001年)、澳门大学教授(2007年9月~2010年8月),并兼任《澳门法学研究》编委、《欧洲法律杂志》(*European Law Journal*)荣誉编委、《中国国际法杂志》(*Chinese Journal of International Law*)荣誉编委等

---

① 叶波:《长江学者特聘教授曾令良:严谨治学的国际法专家》,载《湖北日报》2014年3月31日,第10版。

职,其学术水平得到了国外和港澳同行的高度评价和认同。作为我国欧盟法和 WTO 法的主要开拓者之一,曾老师被欧盟委员会授予“让－莫内欧洲联盟法讲席教授”称号(2001 年),并被 WTO 争端解决机构批准为中国首批三位专家组指示名单成员之一(2004 年)。也正是因为他在国际法领域的杰出成绩和良好口碑,使其赢得了同行专家以及其他学科专家的广泛认同。2005 年他入选“长江学者”特聘教授。在 2010 年澳门大学法学院院长任期届满后,面对清华大学、上海交大等著名大学法学院的盛情邀请和优厚待遇,他还是毅然选择回到武大国际法所。2014 年 10 月,他以高票当选武汉大学人文社科资深教授,时年 58 岁,是武大最年轻的资深教授。

作为中国特色国际法学的重要倡导者和践行者,曾老师先后在《中国社会科学》《新华文摘》《中国社会科学文摘》《法学研究》《中国法学》《世界经济与政治》《人民日报》《光明日报》、*European Law Journal*、《中国法律前沿》(*Frontiers of Law in China*)等中外重要期刊和报刊上发表论文 80 余篇,独著或主编了《欧洲共同体与现代国际法》(1992 年)及其繁体中文修订版《欧洲联盟与现代国际法》(1994 年)、《世界贸易组织法》(1996 年)、《欧洲联盟法总论——以〈欧洲宪法条约〉为新视角》(2007 年)、《21 世纪初的国际法与中国》(2005 年)、《中国和平发展中的重大前沿国际法律问题研究》(2011 年)、《国际公法学(马克思主义理论研究和建设工程重点教材)》(2016 年)、《中国大百科全书(国际公法卷)》等重要著作,并先后获国家级优秀教学成果奖一等奖(与他人合作)(1993 年)、国务院政府特殊津贴(1996 年)、第二届全国普通高校人文社会科学优秀科研成果二等奖(1998 年)、第二届全国十大杰出中青年法学家(1999 年)、教育部跨世纪人才奖(2000 年)、湖北省人文社会科学优秀科研成果二等奖和三等奖(1995 年、2002 年)、湖北省有突出贡献中青年专家(2005 年)、教育部长江学者奖励计划特聘教授(2005 年)、全国普通高校科学研究成果(人文社会科学)一等奖(2009 年)、钱端升法学研究成果二等奖(2012 年)等荣誉和奖励。

作为具有卓越的管理水平和组织能力的法学教授,曾老师曾任武汉大学法学院院长(1999 年 4 月 ~2007 年 9 月)、武汉大学欧洲问题研究中心主任(1997 ~ 2001 年)、澳门大学法学院院长(2007 年 9 月 ~2010 年 8 月)、教育部人文社科重点研究基地武汉大学国际法研究所所长(2010 年 11 月 ~2016 年 1 月)、国家高端智库武汉大学国际法研究所理事会执行理事长(2016 年 1 ~ 7 月),并在相关部门和学术团体担任了重要职务,包括外交部国际法咨询委员会委员、教育部法学学科教学指导委员会副主任委员、国家社会科学基金学科评审组专家、中国欧洲学会欧洲法律研究会会长、中国国际法学会副会长、中国国际经济法学会副会长、中国法学会世界贸易组织法研究会副会长、湖北省法学会国际法研究会会长、澳门欧洲研究学会理事长、《中国社会科学》外审专家、《欧洲研究》编委等,为中国法学教育事业、国家智库建设和学术团体建设等做出了巨大贡献。

曾老师注重理论联系实践,对推动中国涉外法律制度的完善和参与国际法律事务做出了重要贡献。在中国加入 WTO 谈判后期,他被原对外贸易经济合作部聘为 WTO 法律顾问,先后多次应邀参加中国与 WTO 法律问题的研讨会、提交书面咨询报告或作专题发言,还为中国对外贸易法的修订和货物进出口条例、反倾销和补贴条例等法规的制订提供了重要意见,其研究成果受到有关领导和中国谈判代表团成员的极大重视。作为外交部国际法咨询委员会委员,他就中国《缔结条约程序法》的完善、国际法治与国家治理现代化、推进国际法理念和原则创新、推动全球治理体系变革等重大现实问题提出了一系列有重要影响的咨询报告,得到了有关部门的充分肯定和表彰。

治学,曾老师勤学善思、学以致用;为人,曾老师胸襟开阔、淡泊名利。2016 年年初,他就从学科和学会发展的长远考虑,坚定地请辞武大国际法所所长，并准备卸任欧洲法研究会会长等重要职务，主动让贤给更年轻的专家学者。这样的大格局、大胸襟，令人肃然起敬。正当曾老师准备全力以赴，以毕生所学继续奉献给中国国际法事业之际，2016 年 6 月 24 日，由于突发脑溢血，他本应如日中天的学术生命突然黯淡下来。7 月 8 日，噩耗传来，他永远地离开了我们，留下了中国国际法研究诸多未竟的事业！

二、曾令良教授对中国特色国际法学的理论贡献

曾令良教授是中国特色国际法学的重要倡导者和践行者。如果把曾老师的国际法学术成就比喻成一条波澜壮阔的大河，那么这条大河的河水有三个重要的源头：首先是他跟随武大的国际法先贤们，包括他的老师梁西先生的脚步，对国际法基本理论和实践以及国际组织法等部门法的高屋建瓴的研究；其次是他作为中国欧盟法研究的先驱，对他自己所开创的欧洲共同体法和欧盟法的倾情一生的研究；最后是他作为中国最早关注和研究多边贸易体制的专家之一，对世界贸易组织法的卓有建树的研究。

曾老师的学术思想对中国特色国际法学的理论贡献涉及国际法的各个领域，内容丰富、思想深邃、发人深省、影响广泛。其核心是，努力倡导构建中国特色国际法学，并提出和阐述了一系列创新的学术观点，提升了当代中国国际法学的理论高度和实践价值。略举如下：

（一）积极倡导构建中国特色国际法学

曾老师对当代中国国际法学的价值目标和功能定位有着深刻的认识。他指出，中国国际法学是中国特色哲学社会科学的重要组成部分，其研究水平直接关系到中国在国际上的软实力和在实际范围内的竞争力、影响力。中国已成为国际法学大国，但与发达

国家甚至部分发展中国家相比,仍然存在一定的差距。中国国际法学要努力对当代国际法产生影响,并在全球治理体系变革中起实质性作用。为此,中国国际法学既要坚持和继承符合中国根本利益和新时代要求的传统国际法理论和思想,同时更要坚持民族性,即中国特色,努力致力于国际法理念、概念和理论上的创新和发展。①

(二)力主推进基于人类命运共同体的国际法理念和原则创新

曾老师对当代中国国际法学的理论提升路径有着高屋建瓴的见解。他认为,全球治理体系需要新规则,中国在全球治理体系变革中的地位重要而显著。中国要在国际上树立法治大国、法治强国的形象,除了加强自身法治建设,还应在国际法治进步中体现自身主张,创新国际法理念和原则。中国积极倡导的人类命运共同体意识应成为全球治理体系变革中的新理念,这一理念是继和平共处理念、构建和谐世界理念之后的国际法理念最新发展。在积极创设国际法新原则方面,曾老师提出应坚持国际关系的民主化、国际关系法治化、国际关系合理化、合作共赢和正确的义利观。②这些观点对于推动中国主张成为全球治理体系的新原则、新规则和新体制具有重要的理论引领作用。

(三)科学论证主权辩证法

针对“冷战”后的民族自决浪潮、国际组织职权扩张和国际法新发展等给传统国家主权理念带来的严重挑战,曾老师做了精辟

---

①　曾令良:《构建中国特色社会主义国际法学》,载《光明日报》2016 年 6 月 29 日,第 16 版。曾老师还对已形成的中国特色国际法理论做了梳理总结,参见曾令良主编:《国际公法学(马克思主义理论研究和建设工程重点教材)》,高等教育出版社 2016 年版,第 20 ~ 24 页。

②　曾令良:《顺应全球治理体系变革潮流,推进国际法理念和原则创新》,载《人民日报》2016 年 3 月 28 日,第 16 版。

的分析。他认为,上述挑战并未从根本上动摇国家主权构成国际关系的基础和国际法核心的神圣地位。同时,国家主权不可推至极端,由于国家间的相互依存性和出于人类共同利益的需要,有必要适当限制国家的主权,但这种限制又必须是公认国际法原则所允许的。主权的限制者恰恰是国家本身。只要这个世界还是"国际"的社会,只要调整的法还是"国际"的法,主权将永远与国家联系在一起,掌握主权命运者将永远是国家。① 上述对国家主权的辩证思考,说理透彻,令人信服,从而产生了广泛的学术影响。

(四)精确阐述现代国际法的人本化发展趋势

在20世纪国际人权法和国际人道法的基础上,21世纪的国际法人本化趋势尤为突出。曾老师敏锐地把握了这一趋势,并对此作了深入系统的阐述。所谓国际法的人本化,主要是指国际法的理念、价值、原则、规则和制度越来越注重单个人和整个人类的法律地位及其各种权益的确立、维护和实现。人本化是应然国际法的一种新的理念和价值取向,又越来越突出地体现于实在国际法中,现代国际法一方面注重建立和完善国家间共处和合作的和平与发展秩序,另一方面又致力于确立和维护"以个人为本"和"以人类为本"的人本秩序。国际法的这种人本化现象丰富了国际法的内容:不仅促进一些传统的国际法部门与时俱进,还直接催生了一系列国际法的新分支。同时,也冲击着国际法上的权利与义务构建的基础——对等原则。曾老师还强调,国际法的人本化不但没有改变国际法的"国家间"属性,相反,它仍是通过国家间协议和各国认可予以确立和实现的。②

(五)厘清中国和平发展与当代国际法的交互关系

构建中国特色的国际法学,需要贴近中国和平发展战略,直接

① 曾令良:《论冷战后时代的国家主权》,载《中国法学》1998年第1期。

② 曾令良:《现代国际法的人本化发展趋势》,载《中国社会科学》2007年第1期。

服务于中国和平发展战略的实施。其理论前提是厘清中国和平发展与当代国际法的交互关系。对此,曾老师认为,当代国际法为中国和平发展发挥着三个方面的积极作用:创造和平与安全的外部环境;构建公平、公正的竞争秩序;提供国际合作的法律保障。另外,中国和平发展必将为当代国际法的发展做出重要贡献。首先,中国是世界上最大的发展中国家,其和平发展对于当代国际法所致力实现的全球发展主题具有特别重大的意义。其次,中国作为一个负责任的政治大国,随着自身国力的增强,必将在国际和平和安全事业中发挥重要作用。最后,人权、法治和民主政治发展为当代国际法的核心价值,而促进这些新的核心价值在国内和国际两级的实现是中国和平发展的基本目标之一;中国走和平发展道路,不仅是实现国家富强的必由之路,也是实现人权、法治和民主价值的必然选择。①

(六)倡导构建中国国际法学话语体系

曾老师长期关注并投身于中国国际法学话语体系的构建。他认识到既要系统承载国际法学话语体系的基本要素,又要充分展现当代国际法和国际法学中的中国特色、中国风格和中国气派。中国国际法学话语体系的当代构建应顾及当今和未来国际法治和中国对外关系的四个基本层面,即国内层面、国际层面、区域层面和双边层面,并应恪守和依照遵行国际关系的基本准则、顺应全球化坚持多边主义、积极参与区域一体化、充分体现国际共同体义务(权利)和适应中国和平发展需要的原则。他还对促进当代国际法在中国和世界范围内的教学、研究和传播的主要途径提出了若干极具建设性的建议。②

① 曾令良:《论和平发展与国际法的交互影响和作用》,载《中国法学》2006 年第 4 期。

② 曾令良:《中国国际法学话语体系的当代构建》,载《中国社会科学》2011 年第 2 期。

（七）呼吁重视国际法在中国法治建设和国家治理中的应有作用

曾老师总是利用各种论坛和平台，不遗余力地呼吁有关部门重视国际法在中国法治建设和国家治理中的应有作用。他多次呼吁要增强国际法在中国法治建设中的影响力，包括：首先，在法治理念上，要树立准确和完整的法治观，认识到“依法治国”和“依法行政”中的“法”不仅指的是“中国法律”，而且还包括“国际法律”。其次，在中国的立法、行政和司法系统中，要准确把握相关国际法原则、规则的性质和特点，正确处理相关国内法与国际法原则和规则的关系和适当地运用。最后，加强市场经济体和民间社会对国际法知识的了解，学会运用国际法规则和程序来维护自身的权益。①

曾老师非常反感国家治理中忽视国际法应有作用的做法。他曾指出，我国的立法机关和相关的政府部门应克服轻视国际法的苗头。对于有关部门在有关部门法进行修订的过程中将原有的关于“与我国参加的国际条约的规定不一致时，适用国际条约”的规定删除的做法，他认为此举显然有悖于国家治理现代化和国际法治的基本要求，是一种极左思潮的反映，应予以及时纠正。② 他还多次呼吁我国应在宪法中明确规定国际法或国际条约和国际习惯法在我国法律体系中的地位，应尽早启动修订我国的《缔结条约程序法》，以及尽可能使中国的国家治理现代化与国际法治接轨。③这是一个真诚的国际法学者的未了心愿，也是中国法学界同仁共同努力的目标。

---

① 曾令良：《中国国际法学话语体系的当代构建》，载《中国社会科学》2011 年第 2 期。

② 曾令良：《国际法治视野下的国家治理现代化》，载《法制与社会发展》2014 年第 5 期。

③ 同上。

三、曾令良教授对欧盟法的开拓性研究

曾令良教授成名于欧盟法。他以在欧盟法研究上的卓越成就,被推举为中国欧洲学会欧洲法律研究会的会长和欧洲联盟法让-莫内讲座教授,实至名归。[①] 他的这种巨大成就,有历史机遇的因素,但最主要的还是缘于他个人兼具前瞻眼光和不惧艰难、埋头苦干的学匠精神。众所周知,尽管欧洲在世界历史和国际关系中具有重要的地位,尽管欧共体/欧盟是当今区域一体化体制最杰出的代表,然而,在20世纪80年代,对中国学术界来说,欧共体及其法律制度还是一个少有人问津的"冷学问",而曾老师在梁西先生的指引下,敏锐地观察到欧共体/欧盟通过其独特的法律体系和治理结构,对整个世界的政治、经济、法律等广泛领域的事务与合作正发挥着与日俱增的作用,并准确地预见到欧盟及其独树一帜的治理结构对中国和平发展具有举足轻重的影响。基于这一具有前瞻性的判断,自1984年以来,他一直将欧共体/欧盟法这一新兴的法律体系作为自己的两个主要研究方向之一。他在国内的硕士、博士论文选题均为欧盟法领域,先后在美国、欧洲四次攻读学位、研修或讲学期间,也将欧盟法作为重点之一。

研究欧盟法的同行都知道,欧盟的法律体系十分庞杂,而且其一体化的动态性和演进性尤为明显,没有多年的跟踪、积累和潜心研究,很难形成兼具系统性和原创性的成果。况且,欧盟法研究作为法学界的"小众"和"涉外"领域,文献和信息来源基本上全部是外文,研究所需的时间精力投入相当大,要想在这个领域开展创新和引领性研究,来不得半点倦怠。30多年前,没有互联网,没有google,没有外文法律期刊数据库,曾老师"筚路蓝缕,以启山林",

① 在2007年中国欧洲学会欧洲法律研究会成立后,曾老师当选首任会长。他组织团结全国欧盟法学者,积极推动欧盟法学术研究和人才培养的建设。迄今为止,该研究会已经走过十年,成为中国欧盟法学者学术交流和传承的重要平台。

为他自己推开了一扇对他今后的学术生涯而言举足轻重的学术宝库之门,也为从事欧盟法研究的中国学者探索出一条具有可复制和可推广价值的道路。

曾老师的经验可以总结为八个字:坐冷板凳,做热学问。具体来说,就是既要有宏观性、前瞻性的眼光确定学术选题,又要有不惧艰难、埋头苦干的学匠精神。30 多年来他在欧盟法研究的"原料",除极少数是中文的参考资料外,绝大多数来源于外文,即原始的欧盟法律文件、欧盟官方出版物、欧洲法院判例、欧盟官方网站和欧美学者的著述。他在欧盟法研究中的扛鼎之作,即《欧洲联盟法总论》,从资料积累、调查研究到撰写与修改,前后持续了 20 余年。他在吸收欧美先进研究成果的基础上,在体系与内容的构建和学术观点等方面体现出一个中国籍的欧盟法学者的诸多独有见解。正是这种学匠精神的支撑,才能取得同行所公认的学术成就,实至名归地成为中国欧盟法研究的领路人。

在欧盟及其法律体系的本质特征这一颇有争议的问题上,他一直既反对盲目追随欧美盛行的"超国家说",又不完全赞同国内部分学者固守的"国家间说"或"政府间说",而是一以贯之地坚持在他的博士论文中既已提出的"诸多超国家因素说"。[①] 在对《欧洲宪法条约》的定性问题上,他提出了"两重性"的观点,即这一欧盟基本法律文件,无论是从其制定的程序上考察,还是具体分析其内容,都表现出条约和宪法的两重属性。通过剖析《欧洲宪法条约》和欧盟现行的实践,他将欧盟的宗旨分为一般宗旨和具体宗旨,又将具体宗旨分为对内目标和对外目标。与此同时,梳理出欧盟的六项基本原则,并将这些基本原则与欧盟权能行使的三项原则区别开来。在阐述欧盟的法律渊源时,对国内学者所忽略的"软法"、一般法律原则和各种欧盟法律渊源之间的梯级关系等深层次

---

① 曾令良:《欧洲共同体与现代国际法》,武汉大学出版社 1992 年版;及其繁体中文修订版《欧洲联盟与现代国际法》,志一出版社 1994 年版。

问题做了深入的、具有独创见解的分析。在论及欧盟的治理结构和法律制定时,通过揭示欧盟主要机关及其立法机关组成的“混合性”特征,得出欧盟的立法由过去的“国家意志取向”正在转变为“国家意志与民众意志共同取向”的结论。[①] 正是这种基于严谨治学的辩证法哲学观,使他的研究不仅在国内学术界居于领先地位,也在国际欧盟法同行研究中极具独创性和启发性。

曾老师对欧盟法的研究始终坚持国际法的视角,反过来又以欧盟法为镜,透视国际法的发展。他深刻地指出:当代国际政治与经济秩序以及与之相适应的国际法律秩序,一直处于变革之中。在这种变革的进程中,多边主义、区域主义和单边主义的地位与作用、彼此之间的关系和各自在实践中的合法性、合理性以及具体取舍等,一直是政治决策者、具体行为的运作者或执行者和相关学科领域的学者所共同面临和不可回避的理论和实践问题。欧盟及其自成一类的法律体系,一方面在诸多领域引领着国际法律秩序的变革;另一方面又给国际法律秩序在处理稳定与变革问题上带来一系列的挑战。[②]他以欧共体法和欧盟法为切入点,分析了国际法上有关主体、继承、国际法上的承认、条约的谈判与加入、现代外交关系法以及国际法基本原则,并提出了若干前瞻性的论点。[③]正是基于在欧盟法和国际法的长期耕耘,曾老师才能在中欧关系出现重大事件时,及时作出学术回应。例如,中欧宣布启动《中欧伙伴与合作协定》的谈判伊始,曾老师就先后在国内《中国社会科学》和国外 *European Law Journal* 发表论文,精熟运用欧盟法和国际法的知识,对该协定的应有内容与谈判前景,特别是面临的程序性

---

① 曾令良:《欧洲联盟法总论——以〈欧洲宪法条约〉为新视角》,武汉大学出版社 2007 年版。

② 同上。

③ 曾令良:《欧洲共同体与现代国际法》,武汉大学出版社 1992 年版;及其繁体中文修订版《欧洲联盟与现代国际法》,志一出版社 1994 年版;曾令良:《欧洲共同体与国际法上的承认》,载《法学评论》1988 年第 4 期。

和实质性问题做了深刻剖析。他指出,鉴于中欧关系的广泛性、重要性、复杂性以及欧盟自身多元治理结构的特殊性,新协定的谈判与缔结之路势必曲折。从欧盟内部看,新协定牵涉欧盟及其成员国的多种缔约权能和程序。就实质问题而言,市场准入、透明度、知识产权、中国完全的市场地位、取消军售禁令、技术贸易、民主、人权、法治、良政、争端解决等条款势必成为谈判的焦点和核心。① 曾老师对欧盟法的开拓性研究和他构建的欧盟法体系,对帮助我们理解和思考这一"具有超国家因素的区域一体化法"的现状和未来具有不可替代的作用。

四、曾令良教授对 WTO 法的独创性研究

曾令良教授与 GATT/WTO 法的缘分始于 1985 年他第一次赴美留学。机缘巧合,他先后受教于 GATT/WTO 法的两位巨匠:休德克(Hudec)教授和杰克逊教授,并由此产生了浓厚的学术兴趣。1986 年 7 月,曾老师从美国留学回国,当时正值中国正式提出申请恢复在关贸总协定的合法席位,但 GATT 和国际贸易法在中国国际法学界仍鲜有研究。曾老师不仅率先在武大开设了"国际经济组织法""关贸总协定法"(后更名为"世界贸易组织法")等课程,还在《法学评论》发表了分析关贸总协定的缔约方资格、着重讨论中国复关所面临的法律问题的文章。这是我国学界在这一领域发表的第一篇论文。② 此后,曾老师就一直将 GATT/WTO 法作为一个主要的研究方向。

---

① 曾令良:《〈中欧伙伴与合作协定〉谈判:问题、建议与展望》,载《中国社会科学》2009 年第 2 期。Zeng Lingliang, "A Preliminary Perspective of Negotiations of EU-China PCA: A New Bottle Carrying Old Wine or New Wine or Both?" *European Law Journal*, Vol. 15(2009), Issue 1, pp. 121 - 141.

② 曾令良:《论关贸总协定的缔约国资格——兼述我国缔约国地位的恢复问题》,载《法学评论》1987 年第 1 期。

1994 年 4 月,具有里程碑意义的乌拉圭回合谈判结束之际,曾老师通过外交部条法司获得了一份英文版的《乌拉圭回合多边贸易谈判结果最后文件》(次年 9 月中国对外贸易经济及国际合作部和关贸总协定上海研究中心编写的中译文对照版才出版)。面对包含了 40 多个单项协议或文件、长达 450 多页的协议文本,他不惧艰辛,以一人之力,完成了翻译和整理工作,并结合他此前在美国的学习和资料积累,用两年多的时间独立撰写了《世界贸易组织法》。[①] 该书是我国 WTO 法领域最早的著作之一,并于 1998 年获得全国普通高校人文社会科学优秀研究成果二等奖(著作类),并奠定了曾老师在 WTO 法做出若干开拓性研究的基础。此后,曾老师笔耕不辍,在国内外学术刊物上发表以 WTO 法及中国入世为主题的论文 40 多篇。

曾老师 WTO 法研究的开拓性首先表现在方法的综合性:即不局限于 GATT/ WTO 法本身,而是将它置于一般国际法律秩序和全球治理的大背景下进行探讨。他认为,要全面、透彻地研究 WTO 法,除了法律方法之外,还必须结合国际经济、国际贸易、国际政治、国际关系等学科的研究方法。而单就法律方法而言,也必须将国际经济法、国际公法和国内法结合起来研究。因此,WTO 法不只是国际经济法学研究的对象,而应该是多学科交叉研究的范畴。[②]

在中国正式加入 WTO 前夕,全国上下各行各业出现了空前的“WTO 热”。曾老师以专业视角对入世后续现实法律问题做了冷静思考,深入剖析了 WTO 协议在我国国内适用的若干重大问题以及加入 WTO 对中国法治建设的影响。他指出:加入 WTO 将给我国带来“全面适应经济全球化”的法制革命,并准确预判了加

① 曾令良:《世界贸易组织法》,武汉大学出版社 1996 年版。

② 曾令良:《我与 GATT/WTO 结缘 30 年》,载杨国华、史晓丽主编:《我与 WTO——法律人的视角》,知识产权出版社 2016 年版。在该文中,曾老师还概括了他从事 WTO 法研究 30 年来的心得体会以及所表达和传递的学术观点。

入 WTO 后我国立法工作、法律服务机制和自我保护机制、行政执法和司法工作以及社会整体法律意识等方面的变革。他还强调，依法治国、依法行政、依法审判、依法管理、依法经营、依法办一切事情中所说的“法”，不仅是指我国的国内法，而且也应包括 WTO 法在内的国际法。[①]这些观点并未像当时很多盲目跟进的所谓 WTO 相关研究一样转瞬即逝，其指导意义反而历久弥新。

曾老师曾对我国入世前后相关政府决策提供了诸多重要意见。试举一例，1999 年，外经贸部(现为商务部)聘请曾老师为法律顾问，并就 GATT 第 20 条的“一般例外”规定的含义与适用问题提供书面咨询意见。曾老师在陈卫东博士的协助下，利用在武大图书馆查阅到的《〈关税与贸易总协定〉分析索引》(*GATT Analysis Index*)等资料，对一般例外条款的案例法进行了系统的梳理，并在此基础上提出中国对策，最终形成了近 2 万字的咨询意见和 3 万多字的附录。该报告的结论是：GATT 第 20 条的例外规定，不仅条件苛刻，而且专家组在具体争端的裁决中一直是从严把握和适用，争端当事方引用该条款的成功率极低。因此，建议我国不宜指望或者依赖通过运用 GATT 第 20 条来维护国家经济安全。这一意见得到中央和国务院 30 多个部委的代表和中国入世谈判代表团的重视。该咨询意见经修改后发表，成为迄今国内研究一般例外条款的引用率最高的文章。[②] 在入世后的涉华案件中，我国曾多次援用 GATT 第 20 条抗辩都未获成功，也应验了曾老师在入世前所作出的预判。

曾老师还在 WTO 法领域提出了诸多独树一帜的观点，包括：从总体上讲，WTO 法是国际法律秩序中一种自成一类的法律体系；WTO 法治是国际法治中一种独具一格的法治模式；WTO 体制

---

① 曾令良：《WTO 协议在我国的适用及我国法制建设的革命》，载《中国法学》2000 年第 6 期。

② 曾令良、陈卫东：《论 WTO 一般例外条款(GATT 第 20 条)与我国应有的对策》，载《法学论坛》2001 年第 4 期。

是全球治理系统中一种特殊的治理体系。[①] WTO 在全球治理和国际规制方面的成就主要表现为其广泛的国际认可和参与程度、日益增强的规则取向和初具规模且致力于完善的庞大法律体系。WTO 面临的主要挑战是其自身在全球治理中的定位;非歧视原则不断被蚕食;优惠待遇原则对发展中国家如"画饼充饥";决策效率低下;民主治理缺失;等等。关于 WTO 发展的根本出路,多边主义是最佳选择;规则取向是基础和保障;民主治理是方向;成员驱动是最直接和最强大的力量;与时俱进的主权观是根本和前提。[②]

曾老师长期关注多边贸易体制与区域贸易协定的并行发展,既一以贯之地强调支持多边主义,又务实地建议中国要采取多边和区域"两条腿走路"的策略。基于对欧共体与 GATT/WTO 的法律关系的"典型透视",他提出,不论全球贸易自由化的道路在 21 世纪是多么的崎岖曲折,都应该把多边贸易体制视为实现全球贸易自由化目标的"主干道"来建设,而把各种区域一体化视为相伴而行的"支流"予以引导和扶植。[③] 之后的研究中,他对区域贸易协定直接威胁多边贸易体制谈判的进程和前景,并越来越严重地侵蚀 WTO 的基石、精神和宗旨的现象深感忧虑,还特别关注《跨大西洋伙伴协定》等大型区域贸易协定进一步侵蚀最惠国待遇原则、使本已陷入僵局的多哈回合更难走出困境之负面影响,同时也建议中国要追赶全球主义和区域主义并进的发展态势,即一方面要推动多边贸易体制前行,另一方面要加快和扩大与其他国家谈

---

① 曾令良:《WTO 法在国际法律秩序中的共性与个性》,载曾令良主编:《21 世纪初的国际法与中国》,武汉大学出版社 2005 年版;曾令良:《WTO:一种自成体系的国际法治模式》,载《国际经济法学刊》2010 年第 4 期。

② 曾令良:《风雨伴辉煌的多边贸易体制:成就、问题与完善——纪念世界贸易组织成立 10 周年》,载武汉大学国际法研究所主办:《武大国际法评论》(第 5 卷),武汉大学出版社 2006 年版。

③ 曾令良、陈卫东:《从欧共体看 21 世纪区域一体化对多边贸易体制的影响》,载《武汉大学学报》(人文社会科学版)2000 年第 3 期。

判建立自由贸易区,从而在两条基本的发展轨道上实现“双赢”。[①] 这些论述对于中国有效应对多边主义与区域主义的双重挑战并在全球经济治理中有所作为,具有重要的参考价值。

笔者有幸作为曾老师的弟子,见证了曾老师对中国特色国际法学的倡导和发展之功,见证了曾老师在学术探索道路上的殚精竭虑和日积月累之劳。笔者虽已毕业多年,也各自在学术道路上小有建树,但重读曾老师留下的著作文章,仍深刻感受到和曾老师学术能力的差距。重读曾老师的遗作,我们倍感珍贵,又无比痛心和遗憾。如果上天再给曾老师十年甚至更长的时间,他一定会奉献更多的历久弥新的真知灼见。“出师未捷身先死,长使英雄泪满襟!”相信与曾老师相熟相知的很多国际法学界同仁也有着同样的哀痛。

曾老师的国际法学术思想与贡献远不止于此,上述仅是笔者作为老师的学生初步整理的部分内容。纪念是为了传承,更是为了创新和发展。中国国际法学经过几十年的发展,已经形成中国特色,并将在中国和平发展和伟大复兴的过程中,承载更大的使命和重任。我们需要学习曾老师在学术上严谨治学、推陈出新、敢为天下先的精神,在中国参与国际法规则的制定乃至引领国际法治建设的历史转型中,做出中国国际法学者的应有贡献。这正是曾老师生前所期待的。

---

① 曾令良:《区域贸易协定的最新趋势及其对多哈发展议程的负面影响》,载《法学研究》2004 年第 5 期;曾令良:《区域贸易协定新趋势下〈跨大西洋伙伴协定〉的负面影响及中国对策》,载《武汉大学学报》(人文社会科学版)2015 年第 2 期。

活 动 综 述

中国国际法学会 2016 年工作综述

张爱宁*

2016 年，中国国际法学会认真贯彻落实党的十八大和十八届三中、四中、五中、六中全会精神，深入学习贯彻习近平总书记系列重要讲话精神，牢固树立"四个意识"，紧紧围绕外交工作大局，在外交部的指导下，在学会常务理事会的领导下，在学会秘书处卓有成效的组织下，依托外交学院的大力支持，依靠全体会员的积极参与和共同努力，学会工作亮点纷呈，成果丰硕。

一、积极应对"菲律宾所提南海仲裁案"

2016 年，中国国际法学界面临的一件大事，就是积极应对菲律宾所提南海仲裁案临时仲裁庭作出的裁决(2015 年 10 月 29 日的管辖权和可受理性裁决以及 2016 年 7 月 12 日的终局裁决)。学会依靠国内外专家、学者，通过举办国内国际研讨会、撰写报告、发表系列文章、出版专刊、接受电视采访等，多层次、多渠道、多角度，积极发声，从法理上有力地批驳和揭露了临时仲裁庭扩权、越权甚至滥权，试图全面否定和侵蚀我国在南海有关主权和海洋权益的非法行径，维护了国家主权。

* 中国国际法学会秘书长，外交学院国际法系教授。

(一)举办"菲律宾南海仲裁案"专题学术研讨会

2016年1月9~10日,中国国际法学会与外交部条法司联合举办了历时两天的"菲律宾南海仲裁案"学术研讨会。学会秘书处邀请了来自外交部、国家海洋局、中央党校、北京大学、清华大学、外交学院、复旦大学、浙江大学、武汉大学、中山大学、吉林大学、厦门大学、华东政法大学、西北政法大学、中国社会科学院、中国国际问题研究院、中国南海研究院、国家海洋局海洋发展战略研究所、上海社会科学院、四川省社会科学院等单位和包括港澳台在内的在国际法及海洋法领域有较深造诣的50多位中青年专家、学者参会。本次研讨会对菲律宾南海仲裁案所涉法律问题进行了热烈讨论,提出了不少在学术上颇具创见的新观点和新视角,取得了良好效果。这次会议结束后,与会的部分专家、学者撰写了一系列相关文章在国内外有影响力的媒体上发表,并接受媒体采访,批驳菲律宾所提南海仲裁案仲裁庭作出的管辖权和可受理性裁决的谬误。

(二)撰写并出版《菲律宾所提南海仲裁案仲裁庭的裁决没有法律效力》报告

继1月份"菲律宾南海仲裁案"研讨会之后,中国国际法学会组织专家、学者撰写批驳菲律宾所提南海仲裁案仲裁庭作出的管辖权和可受理性裁决的报告。历时半年,集海内外数十位中国专家、学者智慧和心血的《菲律宾所提南海仲裁案仲裁庭的裁决没有法律效力》的报告(以下简称《报告》)以中英文双语写成,并于2016年6月10日在中国国际法学会网站和微信公号上同时刊登,随后迅速被新华社、人民日报、中国日报等国内各主要媒体全文转载,引起强烈反响。该报告被公认为是有关"菲律宾所提南海仲裁案仲裁庭的裁决"评析方面最专业最权威的文章。

《报告》认为,菲律宾所提南海仲裁案仲裁庭2015年10月29

日作出的《管辖权和可受理性裁决》是一项从认定事实到适用法律都充满错误的管辖权裁决。《报告》依据事实和法律，充分严谨地论证了该裁决至少存在以下六大谬误：第一，错误地认定菲律宾所提诉求构成中菲两国有关《联合国海洋法公约》（以下简称《公约》）解释或适用的争端；第二，错误地对不属于《公约》调整而本质上属于陆地领土主权问题的事项确定管辖权；第三，错误地对已被中国排除适用强制程序的有关海域划界的事项确定管辖权；第四，错误地否定中菲两国存在通过谈判解决相关争端的协议；第五，错误地认定菲律宾就所提仲裁事项的争端解决方式履行了"交换意见"的义务；第六，背离了《公约》争端解决机制的目的和宗旨，损害了《公约》的完整性和权威性。《报告》最后得出结论：仲裁庭对于菲律宾提出的所有仲裁事项均没有管辖权，其关于管辖权问题的裁决缺乏事实和法律依据，没有法律效力，其下一步就实体问题所作裁决也不产生任何法律效力。

为配合在香港举办的"海洋争端解决国际法研讨会"，学会秘书处牺牲节假日，仅用不到一个月的时间，赶在香港会议之前，于2016年7月8日将《报告》编辑成书，由法律出版社以中英文双语出版，并在香港研讨会上以及海内外广泛散发，影响巨大。

（三）在香港举办高规格"海洋争端解决国际法研讨会"

2016年7月15~16日，在"菲律宾所提南海仲裁案"仲裁裁决出笼后第一时间，中国国际法学会和香港国际仲裁中心在香港共同举办了"海洋争端解决国际法研讨会"，来自世界各国和地区的众多国际法权威人士集体发声，质疑南海仲裁案仲裁庭及其裁决的合法性。

泰国前副总理、亚洲国际法学会前主席素拉杰、国际法院法官、国际海洋法法庭法官、国际法委员会委员、国际法研究院院士，来自美国、英国、法国、德国、澳大利亚、加拿大、荷兰、爱尔兰、比利时、印度、泰国、新加坡、菲律宾、马来西亚等外国知名国际法专家和中国内地、香港、台湾的国际法专家学者以及菲律宾、越南、老挝、柬埔寨、斯里兰卡等有关国家法律官员、国内外知名法学院教授、律师等200多人与会。

中国国际法学会会长李适时在开幕式上致辞。全国政协副主席董建华出席会议并发表主旨讲话。外交部条法司司长徐宏出席研讨会,并在会议期间接受了新华社、人民日报、文汇报、中央电视台、凤凰卫视、深圳卫视的联合采访。香港国际仲裁中心主席郑若骅在研讨会闭幕之际进行总结发言。

研讨会为期两天,31位来自世界各地的海洋法权威专家就"领土主权争端、海洋权益争端与国际法的适用""国际法上的群岛与岛礁制度""《联合国海洋法公约》强制程序:前提条件、限制和例外""国际法上的历史性权利"四个与海洋争端解决有关的前沿国际法问题进行深入探讨。研讨会的召开时值菲律宾所提南海仲裁案仲裁庭作出终局裁决后,研讨会即时设立了"菲律宾南海仲裁案特别议题",与会专家结合研讨会议题,就菲律宾南海仲裁案有关问题发表评论(详细内容请登录中国国际法学会网站:http://www.csil.cn)。

本次研讨会是2016年7月12日菲律宾所提南海仲裁案仲裁庭作出终局裁决后举办的首次高规格国际法研讨会,媒体高度关注。新华社、美联社、路透社、中新社、中央电视台、英国广播公司、凤凰卫视、南华早报、金融时报等逾40家国内外主流媒体到会报道。

(四)出版《中国国际法年刊:南海仲裁案管辖权问题专刊》

在中国国际法学会领导部署和支持下,从1月开始,学会秘书处和年刊编辑部开始组织专家学者撰写系列文章,批驳临时仲裁庭就菲律宾所提南海仲裁案作出的《管辖权和可受理性裁决》的谬误,成熟一篇在主要媒体上发表一篇。从5月开始,秘书处和编辑部克服时间紧、任务重、人员不足的困难,加班加点,组稿编辑了

《中国国际法年刊:南海仲裁案管辖权问题专刊》,由法律出版社于2016年7月出版。该专刊作为国内最新并全方位探讨南海仲裁案的国际法文集,作者为来自中国社会科学院、清华大学、武汉大学、厦门大学、外交学院等国内重要的国际法科研机构的优秀专家学者,专刊内容涵盖15篇研究南海仲裁案管辖权的论文,专门针对南海仲裁案裁决结果进行反驳并提出理论主张,并从宏观的《联合国海洋法公约》到具体的低潮高地问题提出详细的理论探讨。

(五)举办"菲律宾南海仲裁案"法律专家座谈会

继香港会议之后,2016年7月21日,中国国际法学会与中国法学会、中国海洋法学会在北京共同举办了"菲律宾南海仲裁案"法律专家座谈会。来自外交部、国家海洋局、中国社会科学院、中国政法大学、清华大学、外交学院、国际关系学院、北京师范大学、武汉大学、厦门大学、海南大学、上海交通大学、华东政法大学等国家部委、高校院所的知名国际法、海洋法专家学者60余人齐聚座谈会,对南海仲裁案临时仲裁庭于2016年7月12日作出的终局裁决做进一步法律评析。专家们从仲裁庭的组成、管辖权审理、裁决内容违背国际公认的法理原则等角度进行了深入剖析和批驳,并对今后如何有效运用法律工具、维护国家利益方面提出了对策建议。

二、举办中国国际法学会2016年学术年会

一年一度的中国国际法学会学术年会,于2016年5月6~9日,在吉林长春举行。本届年会由吉林大学承办,会议主题是"国际法的运用与发展:中国的机遇与挑战"。共有来自全国人大法工委、外交部条法司、外交部边海司、国家海洋局、红十字国际委员会等机构,以及北京大学、清华大学、外交学院、中国人民大学、中国

政法大学、华东政法大学、中南财经政法大学、西北政法大学、西南政法大学、复旦大学、武汉大学、郑州大学、辽宁大学、大连海事大学、上海对外经贸大学、上海政法学院、广东金融学院等高校的专家、学者与学生,以及相关行业实务工作者共300余人参会。

2016年5月7日上午,中国国际法学会2016年学术年会在吉林大学隆重开幕。在年会开幕式前,首先举行了中国国际法学会会员代表大会,对"《中国国际法学会章程》(2016年修订案)"和"中国国际法学会征收单位会员会费及会费标准"两项议案进行了投票表决,两项表决事项均获通过。年会开幕式由中国国际法学会常务副会长李鸣教授主持,中国国际法学会会长李适时,吉林大学校长李元元院士,中国国际法学会常务副会长、外交部条法司司长徐宏,中国国际法学会常务副会长、外交学院党委书记袁南生出席开幕式。李元元院士代表会议承办方致辞。李适时会长在开幕式上致辞。开幕式上还进行了2015年中国国际法学优秀科研成果奖("航天科工奖")颁奖仪式。开幕式之后,外交部条法司司长徐宏、国家海洋局国际合作司司长张海文为大会做专题报告(详细内容请登录中国国际法学会网站:http://www.csil.cn)。

2016年5月7日下午至8日上午,年会进行了分组报告和讨论。分组论坛共分11个场次,分别是国际公法(A1-A5)、国际私法(B1-B2)和国际经济法(C1-C4)。专家学者们研讨了中国国际法的重大前沿问题,分析了国际法实践领域的中国策略。共有100多位专家学者就国际公法、国际私法、国际经济法各个领域的问题发言,主要内容涉及中国国际法理论与实践、国际公共产品与全球治理、和平解决国际争端、海洋法、国际人权与人道法的新发展等,分享了信息、交流了思想、启迪了智慧。本次会议特别针对菲律宾南海仲裁案举行了专题讨论会,新华社、中国国际广播电台等媒体进行了现场采访报道。

2016年5月8日下午,中国国际法学会举行了2016年学术年会闭幕式。闭幕式上举办了"中国国际法学会学术年会学生论文奖(国际法新锐奖)2016”颁奖仪式,中国国际法学会秘书长张爱宁教授宣布获奖名单并组织了颁奖。随后张爱宁教授代表中国国际法学会对学会上一年度工作进行了总结。中国国际法学会常务副会长李鸣教授致闭幕词。李鸣教授对吉林大学、吉林大学法学院、国际法专业的老师和学生志愿者表示衷心感谢,并祝愿通过这次会议,吉林大学的国际法专业、国际法教学研究取得更大进步。

本届年会具有几个特点:第一,理论充分联系实际,讨论议题广泛,几乎涵盖了国际法各个领域,其中南海仲裁案等问题成为会议讨论重点。第二,国际法研究队伍呈年轻化趋势,参加年会的国际法青年学者、学生人数增多,投稿质量也有所提高,学术发展欣欣向荣、后继有人。第三,中国国际法学会秘书处和承办单位会前和会议期间充分沟通,密切配合,精心安排,会议进行顺利,保障了学术交流富有成效。第四,会议延续并发展了2015年广州年会的网络化、无纸化办会特点,用实际行动践行环保、低碳的绿色办会方式。第五,充分利用新媒体,会议资讯发布快速高效且图文并茂,丰富和提高了表达水平。第六,相互借力,相得益彰,一次投入,多项成果。历届中国国际法学会学术年会的特点是,参会人员众多,国际法专家云集。有关各方充分利用了年会的这一特点,借助会议平台:(1)外交部国际法咨询委员会在吉林大学召开第四次扩大会议。会议由外交部条法司司长徐宏主持,国际法咨询委员会的部分委员和来自国内多所高校的国际法专家与会,围绕国际法理论创新与发展、对于国际法的地位和作用的认识、与我国密切相关的国际法理论和实践问题等议题进行了务实深入的讨论,是理论界和实务界的一次良好互动。(2)中国国际法学会在吉林大学召开2016年第一次常务理事会。会议由常务副会长李鸣教授主持,到会常务理事对学会过去一年工作进行了回顾和总结,对学会下一步工作进行了部署,特别对学会章程的修改草案进行了认真讨论。(3)召开中国国际法学会会员代表大会,表决通过了“《中国国际法学会章程》修订案”和“中国国际法学会单位会员收取会费和会费标准”议案。(4)吉林大学法学院借年会期间一些著名国际法专家齐聚长春,为学生组织了若干场精彩讲座,开阔了学生的视野,活跃了学校的学术氛围。

三、《中国国际法年刊》编辑部工作

(一)调整《中国国际法年刊》编委会人员

2016年,《中国国际法年刊》编委会人员作了调整。原年刊主编白桂梅教授和凌岩教授因个人原因于年初请求辞去主编职务,学会经过一段时间地慎重考虑,同意接受二位主编辞呈。同时考虑到年刊工作的连续性和时间的紧迫性,经学会研究,并征得本人同意,决定聘请外交学院江国青教授担任新一任年刊主编,中国社会科学院国际法研究所柳华文研究员担任年刊副主编,北京大学陈一峰副教授担任年刊执行编委。现在年刊编委会工作进展顺利,《中国国际法年刊》2016年卷正在进行组稿和审稿。

白桂梅、凌岩两位教授专业功底深厚、学风严谨,自2013年起担任《中国国际法年刊》主编,主持了2012至2015年卷《中国国际法年刊》的编审工作。在担任年刊主编期间,白桂梅教授和凌岩教授充分发挥各自优势,默契配合,勤奋敬业,在稿源竞争激烈的形势下,确保了每卷年刊以高品质如期顺利出版。中国国际法学会常务理事会一致认为,白桂梅教授和凌岩教授在担任年刊主编期间,不计报酬,勤勉履职,甘于奉献,为实现年刊编审工作的专业化、规范化、电子化,提升年刊学术质量,扩大年刊影响力做出了重要贡献。中国国际法学会常务理事会在此向白桂梅教授、凌岩教授表示敬意和衷心感谢!

(二)出版《中国国际法年刊》(2015)

《中国国际法年刊》2015年卷由法律出版社于2016年5月正

式出版。本期年刊包括特载1篇,论文11篇,述评4篇,书评3篇,活动与动态13篇,文件资料26篇,共计63.4万字。其中涉及南海仲裁案、海洋法、人权法、人道法、国际刑法、国际环境法、国际经济法等议题,在学术界反响较好。

(三)出版《中国国际法年刊:南海仲裁案管辖权问题专刊》和《菲律宾所提南海仲裁案仲裁庭的裁决没有法律效力》(参见前述内容)

总之,2016年是年刊编辑部繁忙的一年,困难的一年,成绩斐然的一年。面对时间紧、任务艰巨,工作人员病休,编委会新老交替,工作量却呈几倍增加的情况,秘书处和年刊编辑部统筹安排,克服困难,加班加点,节假日不休息,出色圆满地完成了各项任务,特别是及时出版了两部有关南海仲裁案的专刊,有力地支持了国家的外交工作。与此同时,《中国国际法年刊》的电子化、数字化程度也迈上了一个新台阶:《中国国际法年刊》已进入北大法律信息网数据库;进入中国知网数据库的工作正在洽谈中。

四、评选"国际法学优秀科研成果奖"和"国际法新锐奖"

(一)评选2015年度"中国国际法学优秀科研成果奖(航天科工奖)"

为推动中国国际法学的繁荣发展,发现并奖励中国国际法学优秀学术人才,鼓励中国的国际法学研究为国家"走出去战略"提供法律服务,在中国航天科工集团的支持下,中国国际法学会设立了"中国国际法学优秀科研成果奖(航天科工奖)",每年评选一次。在2015年度的评奖工作中,中国国际法学会学术委员会,秉承“公开、公平、公正,确保学术水准、宁缺毋滥”的评奖原则,经参评委员2/3多数票通过,从参评的4本专著和25篇论文中,评选出2015年度获奖著作2部,获奖论文4篇(获奖名单请登录中国国际法学会网站:http://www.csil.cn)。

以上评奖结果于2016年4月在中国国际法学会网站公示2个星期无异议。获奖证书和奖金(专著10,000元/部;论文5000元/篇)在2016年5月中国国际法学会学术年会开幕式上颁发。

(二)评选2016年度“国际法新锐奖(中国国际法学会学术年会学生论文奖)”

中国国际法学会一直重视培养和扶持国际法新生力量。为此专为那些向年会提交学术论文的在校学生(本科生、硕士生和博士生)设立了“国际法新锐奖(中国国际法学会学术年会学生论文奖)”。该奖项由年会承办方组织评选,以中国国际法学会名义颁发,旨在激励青年学生积极参加国际法领域学术活动、热爱国际法、学习国际法和深入研究国际法。

2016年“国际法新锐奖”共评出一等奖3名、二等奖6名、三等奖10名(获奖名单请登录中国国际法学会网站:http://www.csil.cn)。获奖者的获奖证书已经在中国国际法学会2016年学术年会闭幕式上颁发。

五、学会建设

(一)筹建中国国际法学会秘书处支部与外交学院国际法系教工支部联合党支部

根据中央有关文件精神,为完善社会组织党建工作体系,推动党的组织和党的工作全覆盖,根据《中国共产党党章》的规定,结合社会组织工作的实际情况,根据外交部机关党委的统一部署和要求,中国国际法学会秘书处依托外交学院国际法系,于 2016 年 12 月成立了中国国际法学会秘书处与外交学院国际法系教工联合党支部。

此项学会党建工作从 2016 年 8 月开始着手,12 月底结束。在外交部机关党委的统一领导下,在外交学院党委的指导和支持保障下,学会秘书处和外交学院国际法系党总支密切合作,参照外交部机关党委社会组织联合党支部组建流程,共同研究制定和执行组建联合党支部的工作方案:成立组建联合党支部筹备组;推荐联合党支部委员、书记候选人预备人选;组织召开党员大会选举产生联合党支部委员会;通过选举产生书记,明确委员分工;将选举结果报外交部机关党委批复;相关资料归档。

(二)修订《中国国际法学会章程》

为了适应国际和国内形势的发展,加强中国国际法学会建设,方便学会更好地发挥作用,中国国际法学会 2015 年第二次常务理事会决定对《中国国际法学会章程》(以下简称《章程》)作必要修改。常务理事会指定江国青教授和张爱宁教授共同主持章程的修订工作。

本次章程修订指导思想:(1)尽可能尊重原《章程》(2005)的框架和主体内容;(2)根据当前国际法在中国发展的现状、趋势,国家利益、对外政策和外交工作的实际需要;(3)考虑学会当前和今后较长一段时期的工作内容和活动特点,有利于实现管理和服务工作的人性化、规范化、高效化;(4)对原《章程》书写体例、措辞、条款之间的衔接加以梳理,统一书写体例、统一用语、避免条款之间矛盾冲突,尽可能实现各条款之间的无缝对接。基于前述指导思想,对原《章程》的条款或保留,或修订,或合并,或删除,或增加新条款。

章程修订草案工作于 2016 年 4 月底完成,草案经 2016 年中国国际法学会第一次常务理事会讨论通过。根据现行《章程》(2005 年修订)第 14 条第 1 款规定,《章程》(2016 年修订案)被提交至 2016 年 5 月 7 日在吉林大学举行的中国国际法学会会员代表大会表决并获得通过。随后章程修订案被上报至学会业务主管机关外交部并获得批准,目前正处于学会登记主管机关民政部核准程序中。

(三)召开会员代表大会通过《征收单位会员会费及会费标准的决定》

中国国际法学会是新中国最早成立的在民政部登记的全国性学术团体之一,是非营利性社团组织。在 2011 年以前,学会一直由外交部给予财政支持。2011 年以后,随着国家要求政府部门与社团脱钩,受现行财务制度限制,外交部不能再继续给予中国国际法学会直接财政支持。因此如何获得稳定可靠的财务支持,成为学会发展亟待解决的问题。

有鉴于此,依据《章程》和 2014 年民政部、财政部《关于取消社会团体会费标准备案规范会费管理的通知》(民发〔2014〕166 号),中国国际法学会 2015 年第二次常务理事会讨论决定,中国国际法学会将从 2016 年起征收单位会员会费,征收标准为以下五个档次:5000 元/年、10,000 元/年、20,000 元/年、50,000 元/年、100,000元/年。各副会长单位、常务理事单位和理事单位缴纳单位会员会费的档次由各单位自行决定。根据《章程》规定,中国国际法学会于 2016 年 5 月 7 日学术年会期间举行会员代表大会,对上述"征收单位会员会费及会费标准"事项进行了表决并获得通过。该标准自通过之日起生效。

(四)网站安全管理

中国国际法学会新网站于 2015 年 10 月 1 日开始运行,由北大英华公司负责技术支持,总体运行情况良好,但也遇到了一些挑战，特别是网站安全问题。2016 年 8 月，学会秘书处收到"北京市公安局信息系统安全等级保护限期整改通知书"（京等保限字〔2016〕第 JC2016082226 号），被告知学会网站存在安全漏洞问题，要求立即对相关安全情况进行核实、处置，对学会网站信息系统进行全面排查和持续整改，避免发生网络安全事件。为确保安全风险及隐患消除前学会网站安全运行，防止被黑客攻击利用，秘书处经与北大英华公司沟通，暂时关闭了学会网站，同时对学会网站进行了技术排查、处置和整改，并将相关整改情况汇报给北京市公安局主管部门。目前网站已恢复运行。网站还对个别信息问题作了及时处理。

（五）接纳新会员

根据《章程》规定，中国国际法学会 2016 年 12 月 23 日第二次常务理事会对 2016 年 7 名新申请加入学会人员的会员资格进行了核准，名单通过网站公布。

六、寄语 2017

2016 年，对于中国国际法人来说，是非凡的一年，也是难忘的一年。中国坚持和平发展道路继续高擎全球化旗帜，"一带一路"建设快速推进，亚洲基础设施投资银行正式开张，坚决捍卫领土主权和海洋权益。与此同时，国际形势动荡多变意外频发，英国脱欧始料不及，中东乱局交替升温，恐怖势力蔓延扩散，民粹主义、保护主义、排外主义等"逆全球化"思潮明显抬头，世界和平与发展事业面临开放与封闭、合作与冲突、变革与守旧的抉择。

国际法是国际关系的产物。2016 年既乱又变的国际形势，给世界带来了极大的不确定性，但对中国国际法人来讲，无疑正迎来一个大有作为的时代。要抓住机遇，迎接挑战，积极研究探索参与国际法各个领域的双边、多边条约和各种国际治理机制，包括深海、外空、极地、网络等“新疆域”和重要领域,提出中国方案,改革全球治理体系中不公正、不合理的安排,推进全球治理规则的民主化、法治化。

国际法是国际关系的法律化。国际关系的演变,国际秩序的变革,全球治理的发展,往往都通过国际法律形式来体现,最后的博弈都是“规则之争”。世界上只有一套国际法,但却存在不同的国际法治观。一个国家的国际法治观取决于其国家利益、政策理念及其国际地位。中国国际法学界的一项重要任务就是向国际社会准确传递中国的国际法主张,通过各种形式,阐释中国的国际法治理念,对习惯国际法的形成、国际法的解释或适用产生影响。近年来,中国国际法学会适应国家外交需要,积极向世界宣示和弘扬中国的国际法治主张,丰富和发展中国特色的国际法理论创新和实践,在取得成就的同时,面临的压力也进一步扩大。菲律宾前政府单方面提起的“南海仲裁案”意在利用国际法挑起事端,某些西方国家则趁机搅动局势,使南海问题成为这些年来中国在国际法问题上面临的少有严峻挑战。“南海仲裁案”对中国国际法人的启迪是:要敢于担当,要有所作为。

国际法是国家行为的准则。在国际规则正在发生全球性、根本性、全局性、长远性影响的大背景下,一个国家能否善用国际法既有规则并影响未来规则的发展,将决定其能否有效维护国家利益和固化长远的制度性权利。作为联合国安理会常任理事国和最大的发展中国家,中国经过三十八年的改革开放和高速发展,取得了令世人瞩目的辉煌成就,为促进世界和平与共同繁荣做出了自己的积极贡献。然而,中国在国际法领域的作用和影响力仍十分有限,国际法尚不发达的局面至今没有根本的改变,与中国在国际事务中的地位和作用很不相称。如何运用国际法设置国际议题和打造中国话语的能力,实现既要维护国家主权、安全、发展和中国的海外利益,又要维护以《联合国宪章》为核心的国际秩序,推动国际关系的民主化、法治化,维护中国的长远和战略利益,是对中国国际法学界和实务界的重大考验。

2017年,我们将迎来党的十九大,“十三五”规划也将进入全面深入推进阶段。值此世界未来的十字路口,中国选择坚持开放发展的道路,开放发展的理念已经写入“十三五”规划。在可以预见的将来,中国将会以更加积极的姿态参与国际事务,更加注重国际法在国际竞争中的战略性作用。现在是中国国际法事业大发展的时代,也是面临大挑战的时代。中国国际法人的使命任重而道远。

2017年,让我们更加紧密地团结在以习近平同志为核心的党中央周围,以高度的使命感与紧迫感,凝心聚力,群策群力,稳扎稳打、有效推进,加强国际法基础研究,创新国际法应用研究,促进国际法研以致用,着力国际法人才的培养,以优异成绩迎接党的十九大胜利召开。

联合国国际法委员会第68届会议情况

纪小雪　曾思琪　徐　驰*

联合国国际法委员会第68届会议于2016年5月2日至6月10日和7月4日至8月12日在日内瓦万国宫分上下期举行。委员会讨论了“发生灾害时的人员保护”“习惯国际法的识别”“与条约解释相关的嗣后协定和嗣后惯例”“危害人类罪”“强行法”“保护大气层”“与武装冲突有关的环境保护”“国家官员的外国刑事管辖豁免”“条约的暂时适用”9项专题。中国籍委员黄惠康博士参加了本届会议。

一、会议概况

莫桑比克籍委员阿丰索当选本届会议主席，德国籍委员诺尔特和巴西籍委员萨博亚分别任第一副主席和第二副主席，捷克籍委员斯图尔马任起草委员会主席，韩国籍委员朴基甲任报告员。

总体看，各专题的研究起草工作稳步推进，二读通过了“发生灾害时的人员保护”的18条条款草案、一读通过了“习惯国际法的识别”的16条结论草案、一读通过了“与条约解释相关的嗣后协定

* 纪小雪、曾思琪、徐驰，均供职于外交部。

和嗣后惯例"的 13 条结论草案。委员会决定在其长期工作方案中纳入以下专题:(1)国际组织作为当事方的国际争端的解决;(2)国家责任方面的国家继承。

二、专题讨论情况

(一)"发生灾害时的人员保护"专题(protection of persons in the event of disasters)

2007 年委员会第 59 届会议决定将"发生灾害时的人员保护"专题列入工作方案,并任命哥伦比亚籍委员奥斯皮纳为特别报告员。2014 年委员会第 66 届会议一读通过了发生灾害时的人员保护条款草案并提交联大六委审议。今年,特别报告员提交了第八次报告,逐条梳理各国和国际组织就一读通过的条款草案的评论和意见,在此基础上提出条款草案序言和案文,提交起草委员会并进入二读审议程序。围绕二读条款草案,委员会的讨论主要集中在三个方面:

1. 是否在草案评注中注明规则的属性(现行法还是拟议法)。委员们普遍认为目前的条款草案存在大量拟议法。部分委员建议在评注中具体标明哪些规则是编纂现行法、哪些规则是发展拟议法。部分委员反对这一做法,建议只在序言段原则性阐明本条款草案结合了国际法的编纂和发展。有委员建议对草案有关拟议法规则有所限定,使其立足于现有国际法原则、规则和国家实践。

2. 条款草案的权利义务平衡问题。条款草案涉及两种权利义务,一种是受灾国与受灾人员垂直层面的权利义务,另一种是受灾国与提供外部援助的国家和国际组织平行层面的权利义务。核心都涉及主权及不干涉内政原则与发生灾害时保护人员之间该如何平衡,也始终是本专题的焦点和难点。在受灾国与受灾人员权利义务层面上,多数委员支持草案侧重于强调个人的权利和国家的作用,但同时许多委员表示在灾害中完全保障个人权利是不现实的,可以做适当变通。在受灾国与提供外部援助的国家和国际组织关系层面上,委员们存在不少争议。许多委员支持目前条款。有委员认为,草案中规定受灾国应承担的合作、减少灾害风险、寻求援助等义务缺乏国家实践支持,建议将"shall"改为"should"。有委员表示,草案对受灾国义务的规定超出现有法律规定和国家实践,而且在权利义务分配上存在明显不对等,建议不应将寻求援助等设定为受灾国的法律义务。最后,特别报告员建议不再做大的调整改动,许多委员同意了该建议。

3. 本专题的最终形式。委员会决定建议大会在条款草案的基础上拟订一项国际公约。多数委员赞同,少数委员建议委员会考虑制定一项不具法律约束力的救灾指南。

(二)"习惯国际法的识别"专题(identification of customary international law)

2012 年国际法委员会第 64 届会议上才列入该专题,最初的名字是"习惯国际法的形成和证据",2013 年第 65 届会议上改为"习惯国际法的识别"。今年,特别报告员伍德提交第四份报告,其中列出了各国和其他方面就暂时通过的结论草案提出的建议。委员们对此争议不大,一读通过了 16 条结论草案加评注。秘书处还编写了两份备忘录:《国际法委员会以前工作中与本专题相关的要素》和《就确定习惯国际法而言国家法院的判决在普遍性国际法院和法庭的案例法方面发挥的作用》,作为本专题的参考材料。本届会议建议秘书处再编写一份题为"使习惯国际法的证据更易于查考的方法和手段"的备忘录。委员们的主要分歧涉及以下问题,具体而言:

1. 关于国际组织惯例是否可作为习惯国际法形成的证据及其表述问题。结论 4 规定"在某些情况下,国际组织的惯例也有助于习惯国际法规则的形成或表述",特别报告员认为"在某些情况下”“也有助于”这些限定语使它与国家实践在重要性上的区别是非常明显的。会议上,多数委员就此发表意见,但并未要求删除,主要强调国家实践处于主要地位,如有委员认为国际组织的实践和法律确信难以找到,国际法院和其他法庭判例中几乎没有涉及国际组织的实践和法律确信,建议慎重考虑第 4 条的措辞。最终一读通过的结论草案 4 仍表述为“在某些情况下,国际组织的惯例也有助于习惯国际法规则的形成或表述”。

2. 关于惯例的形式。特别报告员建议惯例的形式中删除“与国际组织通过的决议或在政府间会议上通过的决议有关的行为”,认为这更应作为法律确信的证据,但遭到多位委员反对,认为事实上相关行为不仅指一个国家通过决议时的投票,还包括与其投票立场相一致的其他行为。最终一读通过的结论草案 6 保留该表述。

3. 关于“一贯反对者”问题。一些委员认为这是一个学理上的概念,缺乏国家实践。也有委员认为,该问题对识别习惯国际法十分必要,但须对构成“一贯反对者”的条件加以严格限定。特别报告员接受了此意见,在报告中加入了反对必须“明确、公开和一贯”的限制。本届会议未对草案做新修改,报告中指出各国普遍同意“一贯反对者”的内容,并强调了这项规则的严格要求。有委员指出,该规则不是习惯国际法的识别问题,而是适用问题。还有委员认为,该规则仍然存在争议,相关国家实践也不充分,对能否清晰表述这一规则表示怀疑。

(三)“与条约解释相关的嗣后惯例和嗣后协定”专题(subsequent agreements and subsequent practice in relation to the interpretation of treaties)

2008 年委员会第 60 届会议将“条约随时间演变”列入工作计划,并决定在第 61 届会议上设立专题研究组。2012 年第 64 届会议任命德国籍委员诺尔特为“与条约解释相关的嗣后协定和嗣后惯例”专题特别报告员。今年特别报告员提交了第四份报告,主要探讨了出于条约解释的目的,条约设立的专家机构的声明和国内法院含有解释和适用条约内容的裁决作为嗣后惯例形式的法律意义,并提出了结论草案1[1a](导言)、12(专家条约机构的声明)和13(国内法院裁决作为嗣后惯例)。由于多数委员质疑纳入第13条的必要性,委员会最终决定仅向起草委员会提交结论草案1[1a]和12。目前,委员会一读通过了一套共13条的结论草案,讨论主要集中在:

1. 关于专家机构的声明。此处专家机构特指根据条约设立且以个人身份任职的专家组成的机构,报告以联合国人权事务委员会等人权条约机构为主要分析对象,梳理了专家机构声明的一般法律效力及其对解释条约的作用等。特别报告员认为专家机构的声明可产生或提及《维也纳条约法公约》(以下简称《条约法公约》)第31条第3款所称嗣后协定和嗣后惯例以及第32条所称的其他嗣后惯例,但不应将缔约国的沉默推定为接受专家机构声明中表达的对相关条约解释的嗣后惯例。多数委员认为报告在论述专家条约机构的声明与嗣后协定、嗣后惯例的相关性时,缺乏足够的国家实践和论据支持。一些委员强调,嗣后协定和嗣后惯例仅指国家行为,不包括非国家行为体。另有委员认为,条约机构的职能是监督条约的执行,条约解释中应适当考虑声明的内容,但其本身并非构成与条约解释相关的嗣后实践。

2. 关于国内法院的裁决。报告认为国内法院的裁决与解释条约的嗣后协定和嗣后惯例也是相关的,一方面国内法院裁决本身可能构成《条约法公约》第31条第3款(b)项和第32条所称的用于条约解释的嗣后惯例的形式;另一方面国内法院在解释和适用条约时涉及评估嗣后协定和嗣后惯例,因此结论草案有必要为国内法院在解释和适用条约时提供指导。全会讨论中,多数委员对纳入此条款草案的必要性表示质疑。一些委员强调,国内法院可将结论草案作为整体进行适用,没有必要为了给国内法院提供指导而单独起草一项结论,反对将第13条结论草案提交起草委员会。另有委员认为,国内法院应以委员会暂时通过的结论草案为指导,在具体判例中进行适用。还有委员认为,单独为国内法院起草一项结论不完全符合该专题的目标。最后该条款未被纳入一读。

3. 关于该专题的未来工作计划。报告提出,希望在今年委员会第68届会议期间一读通过整套带评注的结论草案(共13条),并计划在2018年进行二读。

(四)"危害人类罪"专题(Crimes Against Humanity)

2014年该议题被列入委员会工作方案,计划出台一套条款草案,最终为联合国谈判制定一项全球性的《危害人类罪公约》奠定基础。美国籍委员墨菲被任命为特别报告员。2015年特别报告员提交首次报告,并通过了四条条款草案,包括适用范围、一般义务、定义和预防义务,其中定义完全照搬《国际刑事法院罗马规约》(以下简称《罗马规约》)。

2016年审议了特别报告员的第二次报告。报告对国际条约和各国立法情况进行了详细梳理,并提出6条条款草案,主要包括国家制定国内立法对危害人类罪进行定罪、确立管辖权、开展调查与相关合作以查明被指控罪犯、被指控罪犯所在地行使国家管辖权、"或引渡或起诉"义务以及给予被指控罪犯公平待遇的义务。

1. 关于工作方法。各委员总体上对报告水平给予较高评价,但也有不少委员对报告的论证方法提出质疑,认为特别报告员仅归纳列举了其他条约的相关规定,选取其认为合适的或普遍使用的措辞,未经充分论证就直接提出条款草案,希望特别报告员对拟议的条款及用语提供论证理由。有委员表示,报告提出的条款草案并非以现行法律为基础,这种方法是否适宜值得商榷。委员会决定由特别报告员就该问题起草一个简短的概念文件,提交起草委员会讨论。

2. 关于是否在本条明确规定法人刑事责任问题,委员会分为两派,一派委员支持明确规定法人刑事责任,而包括特别报告员在内的部分委员反对纳入,另一派委员持观望态度,还有委员提出考虑纳入国际组织的刑事责任。

3. 关于未来工作计划。特别报告员表示,第三次报告将讨论引渡、刑事司法协助、不驱回、争端解决和监督机制、与《罗马规约》等条约的关系问题,预计 2018 年完成全部条款草案的一读,2020 年完成二读。委员普遍支持报告员的工作计划,有委员表示,建议加快该专题的研究速度。也有委员认为,该问题复杂敏感,报告员的工作方法主要不是在编纂现行法中关于危害人类罪的规定,而是在拟议新法,制订公约时机是否成熟有待观察。

(五)"保护大气层"专题(protection of atmosphere)

2011 年委员会第 63 届会议将"保护大气层"专题列入长期工作方案。2013 年第 65 届会议将其列入工作方案,并任命日本籍委员村濑信也为特别报告员。今年特别报告员提交了第三次报告,探讨了可持续和公平利用大气层有关问题以及对某些有意改变大气层的活动的法律限制,并新提出 1 个序言段落和 5 条指南草案,涉及国家保护大气层的义务、环境影响评估、可持续利用大气层、公平利用大气层、地球工程。

丹麦、奥地利、捷克等欧洲国家、日本和多数中小国家对此议题表示欢迎,认为大气层状况的恶化使保护大气层成为一个紧迫的问题,值得委员会研究。但美、俄、英、法等大国持谨慎态度,认为该领域存在多项专门的条约机制,气候变化等问题也正在进行政治法律谈判,目前委员会不宜编纂该领域的规则。这反映了一些国家担心国际法委员会绕开正在进行的气候变化等谈判机制,另起炉灶,制定专门的保护大气层国际法规则,影响目前的谈判进程。

(六)"强行法"专题(*jus cogens*)

2014 年南非籍委员特拉迪向委员会提交了关于将"强行法"

专题列入工作方案的建议报告。2015 年委员会第 67 届会议将其列入工作方案,并任命特拉迪为特别报告员。今年特别报告员提交了首份报告,提出了 3 条结论草案,即“范围”“国际法规则的更改、克减和废除”“强行法规范的一般性质”。在委员会审议过程中,报告员主动提出撤回结论草案 2。起草委员会仅讨论了结论草案 1 和 3。

1. 关于研究方法。报告员认为,委员会应当处理四个实质性问题,即强行法的性质、将某项规则确认为强行法须满足的要求和条件、制定一份强行法规则的说明性清单以及强行法产生的效力。有委员强调应谨慎处理该专题,应从一开始就避免可能导致或被解释为偏离《条约法公约》的结果。

2. 关于强行法的基本要素和核心要素。报告员在报告中指出,《条约法公约》第 53 条载有强行法的三项基本要素:第一,强行法规范不容克减;第二,它是一般国际法规范;第三,得到国际社会全体接受并公认为不容克减之规范。在此基础上,报告还根据实践和理论总结出三项核心要素:第一,强行法规范是普遍适用的;第二,强行法规范优于国际法其他规范;第三,强行法规范有助于保护国际社会基本价值观(或称为国际公共秩序)。有委员认为,强行法规范主要是习惯国际法规范,具备特殊的法律确信形式。有委员建议报告员对《条约法公约》有关条款的准备工作开展深入研究。

3. 关于是否应当起草一份说明性清单,在评注或附件中列出已经取得强行法地位的规范。委员们对此观点不一。少数委员支持,如有委员认为编写一份清单将对识别此类规则做出重要贡献;有委员认为还可将过去工作中识别强行法的例子纳入考虑。多数委员不赞同,如有部分委员认为试图编制一份清单要求委员会对相关规则进行实质性分析,不仅会产生较大的额外工作,而且这其中必然会存在很大争议。还有委员关切地指出,拟出一份说明性清单将会导致未被列入但可能同等重要的其他国际法规则落入较低的地位。

4. 关于区域强行法。报告员表示将在未来的报告中对此开展研究。有委员表示赞同,认为这一可能性值得研究,不应预先予以排除。也有委员对此表示质疑,认为从定义上看,区域强行法与强行法应具有的普遍适用性相冲突,有可能进一步导致国际法的不成体系和碎片化。

5. 专题成果和未来工作方案。报告员认为,结论草案是本专题最适当的成果,并计划在 2017 年审议强行法的标准,2018 年审议强行法的后果,2019 年审议余下杂项问题。上述提议得到委员们的普遍支持。有委员建议未来研究一般法律原则与强行法之间的关系、分析“各国组成的国际社会整体接受并公认”的含义、强行法与“对一切的义务”的关系等。

(七)“与武装冲突有关的环境保护”专题(protection of the environment in relation to armed conflicts)

2013 年第 65 届会议上将其列入工作方案,任命瑞典籍委员雅各布松女士担任特别报告员。今年特别报告员提交了第三份报告,重点确定与冲突后局势相关的规则,提出了 9 项拟议原则草案,涵盖实施和强制执行、部队地位协定和特派团地位协定、和平行动、和平协定、冲突后环境评估和审查、战争遗留物、海上战争遗留物、获取和分享信息、土著人民权利。多数委员赞同本专题的务实工作方法和拟议成果,对于拟议的原则草案,委员们总体分歧不大。一些委员重申本专题的重要意义,对报告员在前三份报告中对三个时间段予以同样重视表示肯定。有委员指出,目前难以明确区分所列资料与其意在说明的时间段之间的关系。有委员建议,将冲突前和冲突后阶段分别限制为敌对行动即将开始前和刚刚结束后。起草委员会暂时通过上述 9 条原则草案。

1. 关于本专题的研究范围。有委员认为,原则草案需要区分国际性和非国际性武装冲突,因为这两类冲突所涉利益攸关方不同,适用的规则也因此不同。有委员赞同报告员采用的宽泛做法,将自然资源和人类环境包括在内。也有委员指出,报告和拟议的原则草案远远超出了环境保护本身的范畴,引入了人权观,强调应仅限于自然环境。

2. 关于本专题的最终形式。一些委员再次表示支持采用原则草案的形式,也有委员认为可以采用规范性更强的形式,如条款草案。有委员提及,应确保原则草案使用的术语符合本专题意图达到的规范性地位,且应注意到原则草案中“须”“应”“鼓励”几个用语的不一致。

3. 关于今后要审议的问题。有委员认为必须在原则草案中处理与赔偿责任、非国家行为者和有组织武装团体的责任以及非国际性武装冲突有关的问题。

(八)“国家官员的外国刑事管辖豁免”专题(immunity of state officials from foreign criminal jurisdiction)

2007 年委员会第 59 届会议将“国家官员的外国刑事管辖豁免”问题列入工作方案,并任命俄罗斯籍委员科洛德金先生作为特别报告员。在 2012 年第 64 届会议上,西班牙籍委员埃尔南德斯女士(委员会历史上首位女特别报告员)接替科洛德金出任特别报告员,并于 2012 年至 2015 年先后提交了四份报告,对本专题的范围、概念、属人豁免的适用及属事豁免的主体范围和规范要素进行了分析。

本届会议上特别报告员提交了第五份报告,处理官员豁免的例外或界限问题。报告认为,对于属人豁免,目前习惯国际法规则不支持属人豁免例外的存在;对于属事豁免,报告提出三项例外,包括严重国际刑事犯罪、法院地国领土内造成人身伤害或财产损失的罪行以及腐败罪行,并在此基础上起草了条款草案第 7 条。

从今年初步讨论的情况来看,委员会普遍认为本专题尤其是官员豁免例外问题具有政治敏感性和重要性,但内部对此一直存有分歧。一些委员赞同特别报告员在习惯国际法基础上逐步发展官员豁免规则,尤其是承认严重国际罪行作为豁免例外的趋势。也有委员表示特别报告员偏离了其原定工作方法,把重点由编纂转向逐步发展,导致本专题在编纂和发展上失衡。

1. 关于特别报告员采用的论证方法。许多委员提出了批评,有的委员认为报告员的许多论据不能支撑其结论,如援引国际法院判决的少数反对意见,而非有效判决;列举的国内司法实践十分有限,无法论证存在习惯国际法规则的一般实践;援引一些国内和国际司法机构的民事案件与本专题缺乏相关性。

2. 关于属人豁免例外。特别报告员分析认为不存在豁免例外,大多数委员均赞同该结论,认为其符合国家的普遍实践,反映了现行习惯国际法规则。也有少数委员对此提出质疑,认为应考虑与《罗马规约》第 27 条(官员身份不影响法院管辖)的衔接问题,建议删除条款草案第 7 条第 2 款,但鲜获呼应。

3. 关于属事豁免例外。对于特别报告员提出的三项例外,委员们对此争议颇多,争议主要集中在豁免例外的范围。一些委员认为,除国家官员在法院地国领土内未经法院地国明确同意而在法院地国领土内执行公务不享有属事豁免外,不存在关于属事豁免例外的习惯国际法规则,也很难断言其已成为发展趋势。一些委员赞同严重国际刑事犯罪不适用属事豁免,认为需要在打击严重罪行、消除有罪不罚、保护人权与国家主权平等方面进行平衡,在价值观和有关法律原则基础上亦可发展国际法,而非固守原有规则或将论证存在习惯国际法规则作为处理例外的唯一途径。

对于法院地国领土内造成人身伤害或财产损害的罪行以及腐败罪行,除少数委员明确支持外,许多委员对此都提出质疑,如有委员认为这两项例外相关国际和国家实践非常有限,而且性质上与国际严重罪行不同,建议删除。一些委员认为报告论证混淆了民事管辖豁免和刑事管辖豁免,目前人身伤害或财产损害例外主要存在于国家豁免领域,不能将这一项例外在缺乏条约和实践基础的情况下直接类比适用到国家官员的外国刑事管辖豁免;对于腐败罪行例外,该类犯罪主要通过本国起诉等方式予以追究,一般不涉及外国刑事管辖问题,没必要将其作为一项例外予以研究,而且现行国际法也不支持这项例外的存在。

(九)"条约的暂时适用"专题(provisional application of treaties)

委员会于2012年第64届会议上将"条约暂时适用"列入工作方案,并任命墨西哥籍委员曼努埃尔先生为特别报告员。今年第四次报告继续分析了条约暂时适用与《条约法公约》其他规定的关系,重点分析条约暂时适用与条约的保留问题、条约失效、因违约而终止或停止施行条约的关系问题,发生国家继承、国家责任及敌对行为时如何暂时适用条约,以及关于国际组织暂时适用条约的问题。本届会议上起草委员会暂时通过了准则草案6到准则草案9。

1. 关于本专题的研究方法和研究成果,各方有争议,对于是否对国内法开展比较研究有争议,委员会不建议过多研究国内法。最后的研究成果可能是制定指南或结论草案。也有很多委员对《条约法公约》的各项规定是否都能适用于暂时适用的条约表示怀疑。

2. 与保留制度的关系。就一国是否能在同意暂时适用条约时提出保留,特别报告员认为虽然没有看到这样的实践或规定,但似乎没有什么事情会阻止一国在决定暂时适用时提出保留,因为,暂时适用条约会产生法律效力,而保留的目的完全是为了排除或限制某些条款的法律效力。一些委员赞同这种观点。有委员指出《条约法公约》第19条关于适用条约保留的情形并不包括暂时适用。也有人指出对暂时适用的条约的保留必须进一步深入考察其形式、性质和效力。

3. 关于条约失效问题。特别报告员认为《条约法公约》第27

条和第 46 条也适用于暂时适用的条约,即一国不可援引其国内法作为不履行条约的理由,或一国不得援引其国内法关于缔约权限的规定以撤销其同意。若干委员认为有必要将此反映在准则草案中。有的委员注意到,将上述缔约所涉及的程序保障和限制比照适用于暂时适用,将使暂时适用制度失去意义,在许多情况下,之所以采取暂时适用,就是因为关于缔约的宪法程序尚未完成。

4. 关于条约因违约而终止或停止施行。特别报告员认为暂时适用的条约产生法律效力,如同条约已生效,因此根据条约必须遵守原则需要履行义务,《条约法公约》第 60 条规定的终止或停止施行条约的情形与暂时适用条约也是相关的。有委员认为不必要规定,因为《条约法公约》第 25 条第 2 款已为暂时适用条约设立了终止条款。还有意见认为在暂时适用的情况下,不可能谈及重大违约,只能谈及未履行条约义务,第 60 条规定的重大违约的效果并不适用。

《国际刑事法院罗马规约》第15届缔约国大会

何　亮*

2016年11月16日至24日,《国际刑事法院罗马规约》(以下简称《罗马规约》)第15届缔约国大会在荷兰海牙召开。来自90多个成员国以及美国、俄罗斯、伊朗等观察员国和国际组织的代表参加会议。外交部条法司胡斌参赞率中国观察员代表团参会。大会听取了国际刑事法院院长费尔南德斯·德·古尔门迪和检察官本苏达分别就法院审判和调查活动所作报告,审议了法院与非洲的关系、法院与各方合作、侵略罪等问题,通过了多项决议。会议间隙还举办了50多场边会。

本届会议召开前夕,布隆迪、南非、冈比亚三个非洲国家相继宣布退出《罗马规约》,引发国际社会热议。与会代表团普遍就这一事件发表看法,成为会议焦点。主席团还专门召开“法院与非洲关系”主题会进行深入讨论。此外,侵略罪修正案继续引起激烈争论。法院和国际刑法发展的一些新动向也在这届会议上有所反映。大会主要情况如下:

* 作者供职于外交部。

一、非洲三国退出《罗马规约》

南非发言着重解释了其退约原因,强调根据习惯国际法给予外国元首(即苏丹总统巴希尔)豁免权和根据规约与法院合作的义务存在冲突,而其提出就此问题对《罗马规约》有关条款进行讨论和澄清的提议未能得到大会地切实回应。布隆迪则指责检察官办公室对布隆迪反对派偏听偏信,未能恪守中立立场和补充性原则。

肯尼亚、纳米比亚、坦桑尼亚、加纳等非洲国家则呼应退约国家的发言,指出非洲曾是法院的最大支持者,有关国家不得已迈出退约这一步,是其合理关切被长期漠视的结果,尤其是法院"选择性"地调查非洲国家情势、起诉非洲国家领导人,甚至为片面追求"司法正义"而罔顾地区和平进程,辜负了非洲的期待,法院和缔约国大会应正视问题,推行改革。多数非洲国家代表认为,法院及其宣示的理念应继续支持,非洲国家的合理关切也应予充分重视。

欧洲和拉美国家普遍对非洲三国退约表示遗憾,强调法院的普遍性对打击有罪不罚、伸张正义等崇高目标有重要意义,呼吁三国重新考虑退约决定,通过对话解决问题、弥合分歧。澳大利亚、新西兰等国表示可重新审视促进和平与伸张正义的关系。列支敦士登等国则明确强调,《罗马规约》的完整性必须维护,尤其是第27条实际剥夺了官员的刑事豁免权,这一点不能动摇。

中国指出,有关国家基于主权权力作出的退约决定,系源于他们正当关切问题长期以来得不到认真解决;法院迫切需要以更负责任的方式听取和解决有关国家的关切问题;要严格以《罗马规约》为依据审慎行使职权,避免扩大管辖,也要充分考虑和尊重一般国际法,特别是包括有关豁免的习惯国际法规则;应平衡处理伸张司法正义与推进和平进程、尊重国家主权与消灭有罪不罚目标的关系。

二、侵略罪修正案

2010年在乌干达坎帕拉通过的侵略罪修正案已获32个缔约国批准。2017年缔约国大会将就此举行表决,如获三分之二多数缔约国支持,法院将就侵略罪行使管辖权。但对于未接受修正案的缔约国是否就侵略罪受到法院管辖,各方分歧巨大。英国、法国、加拿大、日本、韩国、哥伦比亚等国认为,根据《维也纳条约法公约》和《罗马规约》第121条第5款的规定,对于侵略罪,未接受修正案的缔约国不受管辖。而德国、列支敦士登则认为,只要侵略行为所涉双方中有任一方是接受修正案的缔约国,则另一方只要是未排除法院侵略罪管辖权(opt-out)的缔约国,就应受到管辖,因为法院是对该侵略情势整体管辖,作为谈判时的妥协,修正案已将非缔约国排除在管辖范围外,还规定允许缔约国通过声明排除法院就侵略罪对其行使管辖,已经可以满足不愿受管辖的缔约国的关切,不应再机械适用第121条第5款的规定。多数缔约国支持后一种观点。本届大会决定在纽约设立非正式机制,继续就此问题进行讨论。中国指出,法院对侵略罪的管辖,不应干扰安理会根据《联合国宪章》在维护国际和平与安全方面所负有的首要职责;缔约国大会应继续就侵略罪管辖权启动的分歧问题进行讨论和澄清,以便为修正案的适用创造必要的广泛共识。

三、法院审判和调查活动进展

(一)审判工作。法院院长报告显示,一年来,法院共作出3项判决,对2起案件完成审理,其中最快的只用了3天。另有2起案件的审理正在进行中,并将很快启动对1起新案件的审理。法院还针对新类型犯罪行为作出判决,比如2016年9月,法院针对马里情势中的阿尔·马赫迪案,作出将冲突中的破坏文化财产行为定为战争罪的首个判决,会上得到不少国家的支持。

(二)调查工作。检察官报告显示,法院正在初步审查的10项情势中,除非洲国家外,还包括阿富汗、伊拉克、乌克兰、哥伦比亚、洪都拉斯等亚洲、欧洲和拉美国家。2016年年初也启动了对格鲁吉亚情势的正式调查。检察官在会前发布的最新报告指出:在阿富汗情势中,驻阿美军和中情局涉嫌出于审讯目的犯有虐待、酷刑、强奸等罪行。检察官办公室将很快决定是否就该情势启动正式调查。此外,对于英军涉嫌在伊拉克犯有酷刑、杀戮等指控,鉴于英国表示将针对有关指控展开自行调查,检察官称将继续基于补充性原则对案件进行可受理性评估。但缔约国大会并无授权对具体案件进行讨论,检察官及相关国家在会上都未深入谈及个案。

此外,法院检察官于2016年9月发布"案件选择和优先度"政策文件,提出将破坏环境、滥采资源和掠夺土地等行为列为判断是否就有关案件立案调查的考虑情节。该动向引起一些国家关注,瓦努阿图和波兰在会上发言,要求法院加强对破坏环境犯罪的调查和起诉,但巴西强调此类行为不在《罗马规约》规定的犯罪类型中,法院不能因此扩大管辖范围。

四、中国观察员代表团推动改革不合理的议事"惯例"

中国代表团除在一般性辩论环节就主要议题发言外,还本着负责任的态度推动改进缔约国大会的工作方式。针对缔约国大会决议磋商将观察员国排除在外的所谓"惯例",中国代表团在全会上严正指出,这种做法不符合议事程序和国际组织的一贯做法,违背透明和包容性原则,与法院声称主张的公平正义原则背道而驰,要求尽快更正。伊朗作为观察员国,当场发言支持中方意见。相当多缔约国和观察员国都向中国代表团表示理解和支持。代理主持会议的副主席表示,主席团将认真考虑研究中方意见,争取在下届缔约国大会前提出改进方案。

亚洲国际法学会召开区域会议

曾思琪*

2016 年 6 月 13 日至 15 日，由亚洲国际法学会（Asian Society of International Law）、越南外交学院和越南外交部条法司联合举办的亚洲国际法学会区域会议在河内举行。来自越南、菲律宾、韩国、日本、印度、印尼、伊朗、新加坡等国的 100 余名外交、法律官员和专家学者与会。会议主题为“国际法与一个充满活力的亚洲”。与会者讨论了和平解决国际争端、海洋法、人权法、国际环境法、国际贸易和投资法、国际商事仲裁等重要国际法前沿问题。

中国外交部条法司副司长马新民作为亚洲国际法学会副会长参加会议，在开幕式上发表题为“亚洲国际法学者如何为国际法的逐渐发展和编纂做出更大贡献”的致辞，呼吁亚洲国际法学者抓住亚洲大发展的历史机遇，积极提出亚洲方案、贡献亚洲智慧，为国际条约的制订、国际法的编纂及其解释和适用做出积极贡献。在“和平解决国际争端”分论坛上，马新民以“《联合国海洋法公约》争端解决机制与附件七仲裁程序：制度与运作”为题作报告，从实在国际法和国际实践两个角度对《联合国海洋法公约》争端解决机制与附件七仲裁程序作出分析与评价。

亚洲国际法学会成立于 2007 年，系亚洲唯一的区域性国际法学术团体，秘书处设在新加坡国立大学法学院。学会通过举办学

---

* 作者供职于外交部。

术会议、发行《亚洲国际法论刊》(*Asian Journal of International Law*)等多种形式开展活动,在亚洲和世界国际法学界正产生越来越重要的影响。中国国际法学界与学会一直保持着密切合作。2011 年 8 月 27 日,中国国际法学会与中国外交学院在北京联合举办亚洲国际法学会第三届双年会。国际法院薛捍勤法官、前南刑庭刘大群法官、北京大学李鸣教授、清华大学李兆杰教授、外交学院卢松教授等曾先后担任学会执理会成员,薛捍勤曾任学会第二届会长。国际法院前院长史久镛和薛捍勤法官目前仍担任学会咨询理事会成员。

《巴黎协定》批约及生效进程

顾孜华　王亦寒*

2015年12月12日，《联合国气候变化框架公约》第二十一次缔约方会议在法国巴黎达成具有历史意义的《巴黎协定》，确立了以"国家自主贡献"为主体的"自下而上"、相对宽松灵活的未来国际气候治理机制。根据《巴黎协定》规定，协定自2016年4月22日至2017年4月21日在纽约联合国总部开放供公约缔约方签署，并须经其批准、接受或核准。《巴黎协定》将在不少于55个公约缔约方，包括其合计共占全球温室气体总排放量至少55%的公约缔约方交存其批准、接受、核准或加入文书之日起第30天起生效。2016年，全球气候治理进程主要围绕《巴黎协定》的签署、批准、生效和落实展开。

2016年4月22日，联合国秘书长潘基文在纽约联合国总部举行《巴黎协定》高级别签署仪式。当日，包括中美等主要大国在内的175个国家签署了《巴黎协定》，创下多边条约开放签署首日的签署国数量纪录。此外斐济等15个国家还于当日交存了《巴黎协定》批准书。联合国秘书长潘基文对此表示欢迎，并且鼓励各国尽快履行批约国内法律程序，推动《巴黎协定》早日生效。中国国家主席习近平特使、国务院副总理张高丽出席签署仪式并代表中国签署了《巴黎协定》。

---

* 顾孜华、王亦寒，均供职于外交部。

签署仪式后,《巴黎协定》两个“55”的生效条件何时得到满足成为国际社会关注的重点。为落实对外承诺,根据《中华人民共和国缔结条约程序法》,国家发展和改革委员会会同外交部于第一时间将《巴黎协定》报请国务院审核,国务院随后将协定提请全国人大常委会决定批准。2016 年 9 月 3 日上午,第十二届全国人大常委会第二十二次会议通过了批准《巴黎协定》的决定,国家主席习近平根据人大常委会的决定签署了《巴黎协定》批准书。9 月 3 日下午,习近平主席和美国总统奥巴马在杭州共同出席《巴黎协定》批准文书交存仪式,分别向联合国秘书长潘基文交存中美参加《巴黎协定》的批准书和接受书。作为全球两个最大经济体和温室气体排放大国,中美共同参加《巴黎协定》,为协定迅速生效注入强劲动力。

在中美等国的带动下,《巴黎协定》批约进程不断提速。2016 年 9 月 21 日,联合国秘书长潘基文在纽约举行气候变化高级别活动,巴西等 31 个国家于当日交存《巴黎协定》批准书。至此,已有 60 个国家参加《巴黎协定》,这些国家的温室气体排放量占全球温室气体排放量的 48%,两个“55”的生效条件已满足一半。10 月 5 日,欧盟及其 7 个成员国向联合国交存了《巴黎协定》批准书,标志着参加《巴黎协定》的缔约方温室气体排放占比超过 55%,协定生效门槛得到满足。2016 年 11 月 4 日,《巴黎协定》正式生效。《巴黎协定》从签署到生效,仅用了半年时间,大大超出人们此前的预期,充分表明了国际社会合作应对气候变化的强烈意愿和紧迫感。截至 2016 年 12 月 26 日,《巴黎协定》缔约方已达到 118 个。

联合国气候变化马拉喀什会议

顾孜华　王亦寒*

2016 年 11 月 7 日至 19 日,《联合国气候变化框架公约》(以下简称《公约》)第 22 次缔约方会议、《京都议定书》第 12 次缔约方会议及《巴黎协定》首次缔约方会议在摩洛哥马拉喀什举行(以下简称"马拉喀什会议")。来自《公约》195 个缔约方和观察员国、900 多家国际组织和非政府组织、500 多家媒体的代表共 22,000 余人参会。

马拉喀什会议是《巴黎协定》生效后召开的首次联合国气候变化会议。会议以"落实"和"行动"为主题,主要任务是落实包括《巴黎协定》在内的气候变化巴黎大会一系列成果。会议达成的主要成果如下:

一是召开了《巴黎协定》首次缔约方会议,对后续会议作出机制安排。在国际社会各方推动下,《巴黎协定》在通过后不到一年的 2016 年 11 月 4 日生效。2016 年 11 月 15 日,《巴黎协定》首次缔约方会议顺利开幕,随后举行了高级别会议。包括摩洛哥国王穆罕默德六世、联合国秘书长潘基文、法国总统奥朗德在内的近 70 名国家元首和首脑以及其他各国部长级代表出席会议并致辞。根据巴黎大会的决定,《巴黎协定》相关实施细则的谈判结果应在《巴黎协定》首次缔约方会议上通过。但由于协定生效进程大大

---

* 顾孜华、王亦寒,均供职于外交部。

提速,在本次《巴黎协定》首次缔约方会议召开之际,实际谈判尚未完成。马拉喀什会议通过有关决议,对后续谈判作出了程序和机制性安排。其一是授权有关谈判继续在《巴黎协定》特设工作组和公约附属机构下以包容、公开和透明的原则进行,确保未参加《巴黎协定》的公约缔约方能够充分参与后续谈判。其二是对《巴黎协定》首次缔约方会议作出阶段性休会安排,为实施细则的谈判留出充足时间。继本次会议作为《巴黎协定》首次缔约方会议第一阶段会议后,《巴黎协定》首次缔约方会议第二阶段会议将于2017 年举行,盘点谈判进展情况。《巴黎协定》首次缔约方会议第三阶段会议将于 2018 年举行,届时将通过实施细则。

二是进一步规划《巴黎协定》实施细则后续谈判任务,制定谈判时间表和路线图。《巴黎协定》实施细则后续谈判已于 2016 年 5 月正式启动,各方在马拉喀什会议上继续就国家自主贡献、透明度、全球盘点、促进实施和推动遵约、适应、资金、技术和能力建设等议题进一步交换意见。发展中国家强调《巴黎协定》后续谈判应反映“共同但有区别的责任”原则,以透明、包容方式推进,强调资金和技术支持是发展中国家开展减缓和适应行动的关键。会议就《巴黎协定》实施细则后续谈判作出规划,制定了较为具体的时间表和路线图。包括准备技术文件、召开研讨会等,并要求各缔约方按照规定期限分别就国家自主贡献、透明度、全球盘点、遵约、适应、资金等谈判议题提交国别提案。

三是通过《马拉喀什气候与可持续发展行动宣言》(以下简称《马拉喀什行动宣言》)。2016 年 11 月 17 日,会议通过《马拉喀什行动宣言》,强调全球合作应对气候变化的趋势不可逆转,重申支持《巴黎协定》,强调各方应当作出最大政治承诺,并付诸行动来落实《巴黎协定》。《马拉喀什行动宣言》由主席国摩洛哥在征求各方意见后起草,最后在大会上宣读通过。这份文件不具有法律效力,旨在凝聚政治动力,呼吁各方继续合作推进全球气候治理进程,号召各方积极采取有效减缓和适应行动。

四是加强 2020 年前行动。马拉喀什会议期间召开了关于加强 2020 年前行动力度和支持的“促进性对话”。会议也通过决议对 2018 年促进性对话的召开作出筹备安排。总体来看,由于各方关注焦点在于《巴黎协定》的生效和后续实施,2020 年前行动在本次会议上未得到充分重视。会议闭幕式上,包括“基础四国”在内的部分发展中国家发言表示,希望各方能继续增强对 2020 年前行动的重视。

五是动员各界合作应对气候变化。马拉喀什会议期间举办了“全球气候行动”系列活动,动员地方政府、企业、非政府组织等社会各界积极参与应对气候变化。2016 年 11 月 17 日,两位高级别“气候倡导者”——摩洛哥环境部长海蒂和法国气候变化大使图比亚娜——联合主持了“全球气候行动”高级别活动,并通过了“全球气候行动马拉喀什合作伙伴”倡议。会议期间,各方还启动了“生物燃料平台”“国家自主贡献合作伙伴”“非洲农业适应”等多个行动倡议。

中国代表团由中国气候变化事务特别代表解振华担任团长,外交部副部长刘振民担任第一副团长,中国驻摩洛哥大使孙树忠、发改委气候司巡视员谢极、外交部气候变化谈判特别代表荀海波担任副团长。中国代表团在马拉喀什会议期间深入建设性参与各项议题的谈判和磋商,积极引导谈判进程,支持主席国发表《马拉喀什行动宣言》,推动会议达成成果。积极运筹气候外交,利用“基础四国”“立场相近发展中国家”等机制协调维护共同立场和权益,与美、欧、加、澳等发达国家保持对话交流,增信释疑,进一步同小岛国、最不发达国家、非洲国家开展沟通,在 2020 年前减排力度、适应、资金等问题上呼应其合理诉求。在美国总统选举结果对会议带来波动的情况下,中国代表团通过出席高级别阶段会议、接受媒体采访等方式,表明中方坚定不移地加强应对气候变化行动、推动全球气候治理进程的信心、决心和雄心,为会议成功注入正能量。此外,会议期间中国代表团还在“中国角”举办了生态治理、碳市场、绿色技术创新实践、新型城镇化工业化等主题边会和研讨会,向全球讲述应对气候变化的“中国故事”,取得了良好效果。

中国国际法学会与香港国际仲裁中心联合举办“海洋争端解决国际法研讨会”

刘　洋*

2016年7月15日至16日，中国国际法学会和香港国际仲裁中心在香港联合举办了“海洋争端解决国际法研讨会”。全国政协副主席董建华，全国人大法工委主任、中国国际法学会会长李适时，泰国前副总理、亚洲和平与和解委员会主席素拉杰，国际法院和国际海洋法法庭法官，联合国国际法委员会委员和国际法研究院院士等200多人出席了会议。董建华副主席作主旨讲话，李适时会长致开幕辞。与会专家围绕“领土主权争端、海洋权益争端与国际法的适用”“国际法上的群岛与岛礁制度”“《联合国海洋法公约》强制程序：前提条件、限制和例外”“国际法上的历史性权利”四个议题以及“南海仲裁案”特别议题开展讨论。香港国际仲裁中心主席郑若骅作总结发言。

董建华副主席在主旨讲话中表示，中国的发展建设历程及其传统文化都表明，中国是一个珍爱和平的国家。与包括周边国家在内的各国寻求和平与发展是中国的全球战略取向。大量充分、清晰和令人信服的证据显示，中国对南沙群岛拥有主权。本次研

* 作者为中国海洋法学会理事。

讨会讨论的主题是国际海洋争端解决,这将不可避免地涉及南海问题。亚太地区是极具发展潜力的区域,该区域不需要不必要的紧张的地缘政治。南海仲裁案的所谓裁决无法解决南海问题,反而会使南海局势复杂化。中文"危机"的意思是"哪里有危险,哪里就有机会"。中国与菲律宾之间应"化危为机",尽快翻过仲裁案这一页,共同开启两国人民在南海和平共处、共同繁荣的新篇章。

李适时会长在开幕致辞中表示,本次研讨会汇集国际法领域的顶级专家和世界主要国家和地区的国际法学界精英、业界代表和政府法律官员,讨论海洋争端解决这一国际法前沿问题,这对中国国际法学会和香港国际仲裁中心而言都是首次尝试。解决海洋争端既是国际政治实践,也是国际法实践,而国际法无疑在海洋争端解决中发挥着基础性作用。运用国际法解决争端需把握好四个方面:一是要找准"症结",查明是否存在"真实"的争端,准确识别争端本质;二是要明晰"药理",不能片面强调《联合国海洋法公约》(以下简称《公约》),而否定历史性权利等基于一般国际法的权利;三是要准确"开方",应善意、全面、完整地解释和适用《公约》规定;四是坚持当事方"意思自治",国际司法或仲裁机构行使管辖必须以当事国同意为基础。2016年7月12日,菲律宾单方面所提南海仲裁案仲裁庭作出了所谓最终裁决。此前,中国国际法学会已就此仲裁案发表题为《菲律宾所提南海仲裁案仲裁庭的裁决没有法律效力》的研究报告,明确指出了仲裁庭管辖权裁决的六大谬误,鲜明地表达了中国国际法学界的观点和态度。仲裁庭对各界发出的正义声音充耳不闻,仍一意孤行作出裁决,令人遗憾。研讨会可就仲裁裁决有关问题进行深入剖析,以实现正本清源。

在一般议题环节,与会专家着重从四个方面批驳仲裁裁决。关于管辖权问题,许多专家质疑仲裁庭越权管辖本质上属于领土主权问题的仲裁事项,批评仲裁庭曲解《公约》排除性条款以及错误否定《南海各方行为宣言》有关谈判解决争端规定的拘束力。

关于历史性权利问题,不少专家认为历史性权利是由一般国际法予以规范的事项,中国在南海的历史性权利先于《公约》产生,符合相关国际实践,仲裁庭否认中国这一权利在法律上站不住脚。关于南沙群岛整体性问题,不少专家指出,大陆国家远海群岛制度由习惯国际法而非《公约》规范,仲裁庭反对中国将南沙群岛作为整体主张权利缺乏历史和法律依据。关于太平岛问题,与会专家普遍认为太平岛是岛屿而非岩礁,认为仲裁庭裁定包括太平岛在内的所有南沙岛礁均不是岛屿、均不能主张专属经济区和大陆架是错误解释《公约》的岛屿制度,十分荒谬。

联合国国际法委员会前主席、国际法研究院院长、印度外交部前条法司司长拉奥主持"南海仲裁案"特别议题。国际法院前法官卡洛玛、英国外交部前副法律顾问沃默斯利、美国弗吉尼亚大学教授诺德奎斯特、德国波恩大学教授塔尔蒙、清华大学英国籍教授卡蒂、武汉大学教授易显河、台湾海洋大学教授高圣惕 7 位权威国际法专家分析仲裁裁决的谬误,质疑裁决的效力,强调裁决损害《公约》的完整性和权威性,危害国际海洋法秩序和国际社会整体利益。李适时会长在该议题下总结发言,阐明中国不接受、不承认裁决的严正立场,全面批驳裁决在程序和实体方面的谬误,强调裁决越权、侵权、滥权,根本没有法律效力。

在会议总结发言中,郑若骅主席对研讨会予以高度评价,认为会议汇集全球专家、涉猎丰富议题、分享多元观点,富有成效。许多与会专家表示,研讨会国际化程度高、学术水平高、媒体关注度高,令人印象深刻。

本次研讨会是在仲裁裁决刚刚出台后不久举办的首个高规格、国际化和专业化海洋法研讨会,也是迄今为止我国邀请外国国际法专家规格最高、规模最大、舆论关注度最高的一次国际会议,对于揭示和批评仲裁裁决的非法和谬误,维护国际法治具有重要意义。

2016年国际法院司法工作新进展

王　佳*

近年来,国际法院的司法工作持续繁忙。原因是提交给法院的案件数量大幅增加,并且这些案件在事实及法律方面都越来越复杂。此外,这些案件还经常涉及多个阶段,包括对管辖权或可受理性提出初步反对意见;提交关于指示临时措施的请求(必须作为紧急事项处理);请求允许参加诉讼;第三国宣布参加诉讼。[①] 2016年,国际法院的司法工作成果就主要体现在处理初步反对意见和指示临时措施等方面。

值得注意的是,国际法院在2016年未对任何案件的实体问题作出判决。国际法院曾在其网站上特别指出:"国际法院在此希望媒体和公众注意,南海仲裁案裁决结果由常设仲裁法院提供秘书服务下的一个特别仲裁庭作出……国际法院作为完全不同的另一机构,自始至终未曾参与该案……"[②]

尽管未对实体问题作出判决,国际法院仍作出了两项关于管辖权的判决和三项关于初步反对意见的判决,并发布了十一项命令,这些命令包括临时措施的指示、专家的指定和时限设定等。另

---

* 外交学院国际法系讲师,国家领土主权与海洋权益协同创新中心外交学院分中心研究员。

① 《国际法院的报告(2015年8月1日至2016年7月31日)》,联合国大会正式记录第七十一届会议补编第4号,A/71/4,第7页,第9段。

② http://www.icj-cij.org/homepage/,最后访问日期:2017年1月20日。

外,国际法院还受理了三起新案件,分别是锡拉河水域地位和使用争端案(智利诉玻利维亚)、豁免和刑事诉讼案(赤道几内亚诉法国),以及某些伊朗资产案(伊朗伊斯兰共和国诉美利坚合众国)。因此,截至2016年12月31日,国际法院总表上共有11起案件。[①]其中,在2016年国际法院的诸多工作成果中,最为重要的是对尼加拉瓜诉哥伦比亚和马绍尔群岛系列案件作出的判决和命令,以及对豁免和刑事诉讼案指示的临时措施。

一、尼加拉瓜诉哥伦比亚系列案件的新进展

2013年,尼加拉瓜连续两次向国际法院提交针对哥伦比亚的申请书,两次起诉都主要有关两国的海洋权利。国际法院于2016年3月17日对这两起案件作出了初步反对意见判决。

(一)尼加拉瓜海岸200海里以外尼加拉瓜与哥伦比亚大陆架划界案(尼加拉瓜诉哥伦比亚)

2013年9月16日,尼加拉瓜向国际法院提交对哥伦比亚的申请书,所涉问题是从测算尼加拉瓜领海宽度的基线起200海里界限以外尼加拉瓜大陆架与哥伦比亚大陆架之间的划界争端。

尼加拉瓜要求国际法院裁定并宣布:(1)尼加拉瓜和哥伦比亚之间在法院2012年11月19日判决[领土和海洋争端案(尼加拉瓜诉哥伦比亚)]所确定边界以外各自大陆架区域内的海洋边

---

① 这11起案件分别是加布奇科沃－大毛罗斯项目案(匈牙利诉斯洛伐克);刚果境内的武装活动案(刚果民主共和国诉乌干达);尼加拉瓜在边界地区进行的某些活动案(哥斯达黎加诉尼加拉瓜);出入太平洋的协谈义务案(玻利维亚诉智利);尼加拉瓜海岸200海里以外尼加拉瓜与哥伦比亚大陆架划界问题案(尼加拉瓜诉哥伦比亚);加勒比海主权权利和海洋空间受侵犯的指控案(尼加拉瓜诉哥伦比亚);加勒比海和太平洋海洋划界案(哥斯达黎加诉尼加拉瓜);印度洋海洋划界案(索马里诉肯尼亚);锡拉拉河水域地位和使用争端案(智利诉玻利维亚);豁免和刑事诉讼案(赤道几内亚诉法国);某些伊朗资产案(伊朗伊斯兰共和国诉美利坚合众国)。

界的精确走向；(2)在划定尼加拉瓜海岸200海里以外两国之间的海洋边界前，确定两国对重叠的大陆架区域主张及其资源使用权利和义务的国际法原则和规则。[①]

尼加拉瓜以1948年《波哥大公约》(Pact of Bogotá)的第31条作为法院管辖权的依据，尼加拉瓜和哥伦比亚均为该条约的缔约国。另外，尼加拉瓜认为本案的管辖权基础还在于2012年的领土和海洋争端案，因为法院对该案的判决未能明确划定200海里外大陆架的边界，于是这个悬而未决的问题仍在法院的管辖范围内。

2014年8月14日，哥伦比亚对于国际法院的管辖权和尼加拉瓜申请书的可受理性提出了初步反对意见。其第一项初步反对意见为国际法院缺乏属时管辖权，因为哥伦比亚已于2012年11月27日宣布退出《波哥大公约》，而尼加拉瓜基于该公约提起诉讼的时间是在哥伦比亚退约后；第二项初步反对意见为国际法院没有"延续性管辖权"(continuing jurisdiction)，因为国际法院已在2012年的领土和海洋争端案中完全解决了尼加拉瓜所提出的海洋划界请求；第三项初步反对意见为尼加拉瓜提出的请求已经在国际法院2012年的判决中解决，根据既判力原则，法院没有管辖权；第四项初步反对意见为尼加拉瓜提起本案的企图是为了修改2012年判决，法院因此不享有管辖权；第五项初步反对意见为假设其提出的以上四项反对意见被驳回，则尼加拉瓜申请书中提出的要求不具有可受理性。[②]

对于第一项初步反对意见，《波哥大公约》第31条规定，对于缔约国间产生的所有法律性质的争端，国际法院具有强制性管辖权。但是，哥伦比亚指出其已宣布退出该公约。《波哥大公约》第

① 《国际法院的报告(2015年8月1日至2016年7月31日)》，第30页，第155段。

② Question of the Delimitation of the Continental Shelf between Nicaragua and Colombia beyond 200 Nautical Miles from the Nicaraguan Coast, (Nicaragua v. Colombia), Preliminary Objections, I. C. J. Judgment, 17 March 2016, pp. 11 – 12, para. 15.

56 条是关于退出公约的规定,其第 1 款的内容为公约无限期有效,但是可通过一年的通知而退出,在一年期满时,公约对宣布退出国失效,但对其他签署国依然有效。退出的声明应通知泛美联盟,由其传达其他缔约方;第 2 款的内容为当程序启动而通知未传达之前退出尚未发生效力。2012 年 11 月 27 日,哥伦比亚启动了第 56 条,将其退约声明通知了作为泛美联盟继承者的美洲国家组织。本案所面临的问题是,从哥伦比亚宣布退约到尼加拉瓜提起诉讼之间的时间未满一年。

哥伦比亚指出,根据《维也纳条约法公约》第 31 ~ 33 条关于条约解释的规定,特别是第 31 条解释的通则,对于《波哥大公约》第 56 条第 2 款的规定可作出的结论是,退约程序启动并在通知传达之后,退约就发生效力。哥伦比亚提出国际法院此前的判决和一些条约的相关规定支持其主张。

对于该问题,国际法院首先指出,法院确立管辖权的日期就是法院收到申请书的日期,在此后发生的法院管辖权基础的变化不能产生任何溯及既往的效力。本案的关键问题在于在法院收到申请书之前,哥伦比亚是否已经退出了《波哥大公约》。法院认为哥伦比亚在解释《波哥大公约》第 56 条第 2 款时,并未依照《维也纳条约法公约》所规定的通常意义原则,而是采取了推断的方法,因为第 2 款未对第 1 款的一年期限作进一步说明。法院此后又对《波哥大公约》的目的与宗旨进行了分析,最终的结论是哥伦比亚的主张是不能接受的,且其因通知传达尚未满一年而于尼加拉瓜提交申请书时未成功退约,而此后哥伦比亚退约的生效不影响国际法院的管辖权基础。因此,法院驳回该项意见。

对于第二项初步反对意见,法院认为,其已确定本案的管辖权基础来自于《波哥大公约》,那么就没有必要考虑其他的管辖权基础。因此,一致认定没有理由对其作出裁定。

第三项初步反对意见的核心问题是既判力原则。尽管哥伦比亚是对管辖权提出的反对意见,但是法院认为该问题的实质是可受理性问题。[①] 哥伦比亚指出尼加拉瓜在申请书中所提出的请求完全与2012年领土和海洋争端案中后者提出的请求一致。[②] 不过,法院指出,尼加拉瓜在领土和海洋争端案中提出的请求只与本案的第一个请求相关,与第二个请求无关。在判断既判力原则能否在第一个请求上发挥作用时,法院称,该原则不仅要求相同的当事方、目的和法律理由,还要求确定判决的内容和终局性。因此,仅仅是相同的当事方连续提出的相似的案件不能达到既判力原则的要求。[③] 于是,法院分析了其2012年判决相关部分的内容。该判决第129段称,“然而,由于尼加拉瓜并未确定其大陆架的外部边缘是否与哥伦比亚的200海里大陆架权利冲突……因此法院无须根据尼加拉瓜的请求确定尼加拉瓜和哥伦比亚之间的大陆架界线”。[④] 法院当时作如此判断的原因是尼加拉瓜尚未根据《联合国海洋法公约》向大陆架界限委员会提交有关其大陆架的相关信息。但是,尼加拉瓜于2013年6月24日向大陆架界限委员会提交了最终的信息。因此,法院认为阻止其于2012年作出判决的因素已不存在,既判力原则在此不能适用。

对于第四项初步反对意见,法院认为尼加拉瓜既未要求其对2012年的判决进行修改,又未将其此次请求作为一次“上诉”。[⑤] 因此,哥伦比亚所指出的尼加拉瓜试图修改或取消判决的意见不被接受。

第五项反对意见有关可受理性问题。对于尼加拉瓜提出的第

---

① Question of the Delimitation of the Continental Shelf between Nicaragua and Colombia beyond 200 Nautical Miles from the Nicaraguan Coast, pp. 23 – 24, para. 48.

② See, Territorial and Maritime Dispute (Nicaragua v. Colombia), I. C. J. Reports 2012 (II), p. 636, para. 17.

③ Question of the Delimitation of the Continental Shelf between Nicaragua and Colombia beyond 200 Nautical Miles from the Nicaraguan Coast, p. 26, para. 59.

④ I. C. J. Reports 2012 (II), p. 669, para. 129.

⑤ Question of the Delimitation of the Continental Shelf between Nicaragua and Colombia beyond 200 Nautical Miles from the Nicaraguan Coast, p. 33, para. 89.

一项请求,哥伦比亚认为尼加拉瓜没有提前得到大陆架界限委员会的建议而不可受理。但是,法院在分析《联合国海洋法公约》第76条的相关规定后,认为200海里外大陆架划界问题不需要以得到大陆架界限委员会的建议为前提,因此,法院拒绝了该项要求;对于尼加拉瓜提出的第二项请求,哥伦比亚称尼加拉瓜是要求法院在解决第二个请求之前解决它,而鉴于法院将会同时解决,那么第二个请求将失去存在的目的。另外,哥伦比亚还指出该请求是要求指示临时措施的一种掩饰,而且两国之间也不存在有关可适用的法律制度的争端。法院认为其不能处理在假设的情况下适用法律的问题,这与其功能不符。因此,法院支持了哥伦比亚的这一意见,认为尼加拉瓜的第二项请求不具有可受理性。

因此,在本案的初步反对意见阶段,国际法院认为其对尼加拉瓜的第一项请求具有管辖权,且该项请求具有可受理性,而尼加拉瓜的第二项请求则不具有可受理性。

(二)加勒比海主权权利和海洋空间受侵犯的指控案(尼加拉瓜诉哥伦比亚)

2013年11月26日,尼加拉瓜再次向国际法院提交对哥伦比亚的申请书,所涉问题是国际法院于2012年11月19日的判决宣布的尼加拉瓜主权权利和海区受侵犯以及哥伦比亚威胁使用武力实施这些侵犯行为引起的争端。

尼加拉瓜要求法院裁定并宣告哥伦比亚违反《联合国宪章》第2条第4款和习惯国际法规定的不得使用或威胁使用武力的规定;不得侵犯国际法院2012年11月19日判决书第251段中划定的尼加拉瓜海区以及尼加拉瓜在这些海区的主权权利和管辖权的义务;不得侵犯《联合国海洋法公约》第五部分和第六部分所示习惯国际法规定的尼加拉瓜权利的义务。因此,哥伦比亚有义务遵守2012年11月19日的判决,消除其国际不法行为的法律后果和物质后果,并对这种行为造成的损害作出充分赔偿。[①]

尼加拉瓜仍以《波哥大公约》第 31 条作为法院管辖权的依据,并指出除该条外,法院具有对其判决所要求的行动作出宣判的固有权力。2014 年 12 月 19 日,哥伦比亚对法院管辖权提出五项初步反对意见。第一项初步反对意见为国际法院缺乏属时管辖权;第二项反对意见为在尼加拉瓜提交申请书之日,当事双方之间没有争端;第三项反对意见为《波哥大公约》第 2 条要求在诉诸争端解决程序之前,应先利用外交途径;第四项反对意见为法院没有尼加拉瓜所称的对其判决所要求的行动作出宣判的固有权力;第五项反对意见为法院对遵守先前判决问题没有管辖权。

2016 年 3 月 17 日,国际法院作出了初步反对意见判决。其中,第一项意见与尼加拉瓜海岸 200 海里以外尼加拉瓜与哥伦比亚大陆架划界问题案中的情况完全一致,法院一致驳回,具体内容不再赘述。

对于第二项意见,法院认为,争端的存在确实是法院管辖权的前提条件。[②] 是否存在争端是由法院进行客观判断的。哥伦比亚称,尼加拉瓜在提交请求书之前从未以任何形式告知哥伦比亚其正在侵犯尼加拉瓜的权利,而尼加拉瓜提交请求书之举令其大吃一惊,因为双方并不存在争议。法院指出,尼加拉瓜的请求可分为两个方面:一为哥伦比亚侵犯了尼加拉瓜的主权和海区;二为哥伦比亚违反了不使用武力或不威胁使用武力的义务。对于第一个方面,法院分析了两国最高代表的声明、哥伦比亚的立法活动,以及一些遭到指控的海上活动,最后认为在提交申请书之日,两国之间确实存在着有关哥伦比亚违反法院 2012 年判决中有关尼加拉瓜的海区权利的争议;对于第二个方面,根据双方提交的证据,法院未发现在提交申请书之前存在使用武力或威胁使用武力的情况,

---

① 《国际法院的报告(2015 年 8 月 1 日至 2016 年 7 月 31 日)》,第 33 页。

② Alleged Violations of Sovereign Rights and Maritime Spaces in the Caribbean Sea (Nicaragua v. Colombia), Preliminary Objections, I. C. J. Judgment, 17 March 2016, p. 25, para. 51.

因此两国之间不存在相关争议。于是,法院驳回了第二项反对意见的第一个方面,但支持了第二个方面。

对于第三项意见,《波哥大公约》第 2 条规定,"一旦两个或更多缔约国之间产生争议,如果当事方认为不能通过常用外交途径直接协商解决,那么,当事方须采用本公约的程序……",于是,问题的核心就成为怎样解释"当事方认为"。为此,法院参考了两国高级代表的声明和发言,并得出结论是没有证据显示两国认为当前的争议能够通过协商解决。因此,《波哥大公约》第 2 条的规定得到满足,哥伦比亚的第三项意见被驳回。

至于第四项意见,该项意见针对的是尼加拉瓜提供的管辖权依据之一。但是,既然法院认定其可根据《波哥大公约》第 31 条建立管辖权,那么,就没有必要对该项意见作出回应。

第五项意见事实上是第四项意见的延伸,法院也就没有必要对其作出回应。但是,哥伦比亚还提到了尼加拉瓜的真实意图是令法院执行 2012 年的判决,那样的话,法院就不再具备《波哥大公约》所确立的管辖权。法院认为,2012 年的判决虽与本案有关,但并非是一回事,因此本案的目的不是执行 2012 年的判决。于是,第五项意见也被驳回。

因此,法院事实上驳回了除第二项反对意见的第二个方面以外的其他反对意见。哥伦比亚通过初步反对意见程序,将尼加拉瓜的请求中有关哥伦比亚"违反了不使用武力或不威胁使用武力的义务"的部分排除出法院的管辖范围。

尼加拉瓜是中美洲国家,而哥伦比亚则属于南美洲国家,两国在地理位置上属于相向国家。2012 年,国际法院对两国的领土和海洋争端案作出判决后,哥伦比亚认为结果不公,极其不满,并因此宣布退出《波哥大公约》。不过,《波哥大公约》对退出规定了一年的期限要求。尼加拉瓜于是在一年期满前紧急将争议提交给国际法院来裁判。可以说,以上的两个案件虽并不是领土和海洋争端案的重演,但仍可称为当年案件的延续。无论是中美洲国家,还是南美洲国家,都依赖于并高度重视海洋利益。通过法院对初步反对意见的判决,该案将进入实体阶段。可以预见的是,案件的实体判决将对两国关系产生重要影响。

二、马绍尔群岛系列案件的新进展

2014 年 4 月 24 日,马绍尔群岛向国际法院提起了对印度、巴基斯坦和英国的诉讼,这三起案件的名称皆为“关于停止核军备竞赛和实行核裁军的谈判义务案”。[①] 2016 年 10 月 5 日,国际法院对这三起案件分别做出了初步反对意见或管辖权和可受理性判决。

(一)关于停止核军备竞赛和实行核裁军的谈判义务案(马绍尔群岛诉英国)

马绍尔群岛对英国提出指控的主要内容是英国未履行有关及早停止核军备竞赛和实行核裁军的义务。马绍尔群岛提出,英国违反《不扩散核武器条约》第 6 条中规定:“每个缔约国承诺就及早停止核军备竞赛和核裁军方面的有效措施,以及就一项在严格和有效国际监督下的全面彻底裁军条约,真诚地进行谈判。”马绍尔群岛坚称,被告未就及早停止核军备竞赛和核裁军方面的有效措施真诚地积极进行谈判,而是从事与这些具有法律约束力的承诺直接冲突的行为,从而违反并继续违反其真诚地履行《不扩散武器条约》和习惯国际法规定义务的法律责任。此外,马绍尔群岛请求法院命令英国,从判决之日起一年之内采取一切必要步骤,遵守

① 除对印度、巴基斯坦和英国提起诉讼外,马绍尔群岛还同时对中国、朝鲜、法国、以色列、俄罗斯和美国等六个国家提起了请求书。根据《国际法院规则》第 38 条第 5 款,请求书副本已转递有关国家政府,但新案件尚未列入法院总表,在这些国家为此案目的同意接受法院管辖之前,将不在针对任何一国的程序中采取行动。参见《国际法院的报告(2013 年 8 月 1 日至 2014 年 7 月 31 日)》,联合国大会正式记录第六十九届会议补编第 4 号,A/69/4,第 7 页,第 4 段。

《不扩散核武器条约》第 6 条和习惯国际法规定的义务,包括真诚地进行谈判,必要时启动此种谈判,以缔结一项关于在严格有效的国际监控下实现全面核裁军的公约。①

在管辖权方面,马绍尔群岛援引了《国际法院规约》第 36 条第 2 款,同时指出了其于 2013 年 4 月 24 日和英国于 2004 年 7 月 5 日根据上述规定作出的接受法院强制管辖权的声明。2015 年 6 月 15 日,英国对本案提出了初步反对意见,请求法院裁定并宣告其对马绍尔群岛提出的主张没有管辖权,且马绍尔群岛对联合王国提出的主张不可受理,并具体提出了五项意见。

英国的第一项初步反对意见是两国不存在争议,而争议的存在是援引国家责任的前提。法院同意争议的存在是其管辖权基础的观点。尽管法院理解马绍尔群岛在历史上被作为核试验场而深受痛苦,并对核裁军有格外的关切,但是这个事实不能免除马绍尔群岛作为申请方证明争端存在的义务。马绍尔群岛提出了四个方面以证明两国争端的存在:第一,在多边会议中马绍尔群岛的发言;第二,申请书的提交,包括在当前程序中双方表现的立场体现出了争端的存在;第三,在多边会议中英国对核裁军的投票情况;第四,英国在马绍尔群岛提交申请书之前和之后的行为。不过,法院认为,马绍尔群岛在多边会议中的发言并没有包含对英国违反相关义务的表述,后者不清楚或不应该清楚马绍尔群岛对其的指责;争议应该在申请书提交之前形成,提交后的事实虽有利于澄清争议的范围,但却不能创造争议;对会议决议投票也许可以构成争议存在的证据,但却不能独立证明争议存在;既然英国并不知晓马绍尔群岛对其的指责,那么英国的行为不能构成法院确定争议存在的基础。因此,法院支持了英国的第一项初步反对意见,认为法院对本案不具有管辖权。法院指出,既然法院不具有管辖权,就没

① 《国际法院的报告(2015 年 8 月 1 日至 2016 年 7 月 31 日)》,第 41 页,第 235 ~ 236 段。

有必要对其后的初步反对意见进行判断了。①

(二)关于停止核军备竞赛和实行核裁军的谈判义务案(马绍尔群岛诉印度)

马绍尔群岛指控印度没有履行及早停止核军备竞赛和实行核裁军的义务。然而,与前一案件不同的是,印度不是《不扩散核武器条约》的缔约国,不过马绍尔群岛指出,《不扩散核武器条约》第6条所载各项义务不仅仅是条约义务;这些义务单独存在于习惯国际法中并作为习惯国际法适用于所有国家。马绍尔群岛辩称,通过实施与"及早实行核裁军和停止核军备竞赛"的义务直接冲突的行为,印度已经违反并继续违反其秉持诚意履行习惯国际法所规定义务的法律责任。②

2014年6月6日,印度在致国际法院的信中称国际法院对指称的争端没有管辖权。2014年6月16日,法院发出命令,决定书面诉状应首先讨论法院管辖权问题,并设定双方提交诉状和辩诉状的时间。2016年3月7日至16日,法院举行了有关管辖权和请求书可受理性问题的公开审讯。

印度对本案的管辖权和可受理性问题提出了四项意见。第一项意见为两国之间不存在争端。印度称其是核裁军的有力支持者,马绍尔群岛从来没有试图与其进行双边的意见交换来解决它提交给法院的问题。马绍尔群岛提出的证明争端存在的理由与前一案件一致。最后,法院得出了与前一案件一致的结论,即法院对

---

① Obligations Concerning Negotiations Relating to Cessation of the Nuclear Arms Race and to Nuclear Disarmament (Marshall Island v. United Kingdom), Preliminary Objections, I. C. J. Judgment, 5 October 2016, p. 23, para. 58.

② 《国际法院的报告(2015年8月1日至2016年7月31日)》,第38页,第213段。

本案无管辖权,将不会对本案进行实体阶段的审判。①

(三)关于停止核军备竞赛和实行核裁军的谈判义务案(马绍尔群岛诉巴基斯坦)

马绍尔群岛指控巴基斯坦没有履行及早停止核军备竞赛和实行核裁军的义务。巴基斯坦与印度一样不是《不扩散核武器条约》的缔约国。所以,本案中的情况与前一案件基本一致。

在2014年7月9日的一份普通照会中,巴基斯坦表示,巴基斯坦"深思熟虑后认为,国际法院没有管辖权",并"认为所涉请求书不可受理"。② 2014年7月10日,法院发出命令,裁定书面诉状应首先涉及法院管辖权和请求书可受理性的问题,并设定双方提交诉状和辩诉状的时间。2016年3月8日至16日,法院举行了有关管辖权和请求书可受理性问题的公开审讯。在口头诉讼启动之前,曾适时参与书面审讼程序的巴基斯坦政府通知法院说,它将不参加审讯,尤其是因为它"不认为参与对已通过辩诉状提交的内容有任何补充"。因此,审讯期间仅由马绍尔群岛政府做陈述。③

巴基斯坦主要对法院的管辖权和本案的可受理性提出了五项意见,其中第一项意见是本案不存在争议。与之前两起案件一样,法院认可了该项意见,并不再对其他意见加以考虑。④

1947年4月2日,联合国安全理事会通过第21号决议,将包括如今的马绍尔群岛在内的一些太平洋小岛安排在《联合国宪章》所规定的托管制度之下,并指定由美国进行管理。从1946年

---

① Obligations Concerning Negotiations Relating to Cessation of the Nuclear Arms Race and to Nuclear Disarmament(Marshall Island v. India), Jurisdiction of the Court and Admissibility of the Applicant, I. C. J. Judgment, 5 October 2016, pp. 22 – 23, para. 56.

② 《国际法院的报告(2015年8月1日至2016年7月31日)》,第40页,第226段。

③ 《国际法院的报告(2015年8月1日至2016年7月31日)》,第40页,第231段。

④ Obligations Concerning Negotiations Relating to Cessation of the Nuclear Arms Race and to Nuclear Disarmament(Marshall Island v. Pakistan), Jurisdiction of the Court and Admissibility of the Applicant, I. C. J. Judgment, 5 October 2016, p. 21, paras. 54 – 55.

到1958年，在托管制度之下，马绍尔群岛成为了美国的核试验场，67次的核试验给当地带来了持久的健康和环境影响。

《不扩散核武器条约》自1968年7月1日起开放签署，并于1970年3月5日生效。马绍尔群岛于1995年1月30日加入该条约，英国也是该条约的缔约国，但印度和巴基斯坦并未加入。《不扩散核武器条约》把国家分为两类——"有核国家"和"无核国家"，为了限制核武器的扩散，条约给两类国家设定了不同的权利、义务，以实现有核国家的数量不再增长。《不扩散核武器条约》认定的有核国家只有五个，即中国、美国、俄罗斯、法国和英国，它们就是核俱乐部的合法成员。[①] 不过，印度和巴基斯坦相继跨过核门槛，成为事实上的核国家。可以说，当前核不扩散机制的有效性在国际社会上是被广泛质疑的。

作为一个人口不到7万，陆地面积不到200平方公里的太平洋小岛国，马绍尔群岛因其惨痛的过往遭遇而选择在此时"挺身而出"，对有核国家提出了系列诉讼。此前，马绍尔群岛还曾在美国国内法院起诉美国总统、国防部、能源部以及国家核安全管理局，但被驳回。

国际法院对以上三起案件所作的判决代表着马绍尔群岛系列案件的终结。国际法院的诉讼管辖权的基础在于国家间争端的存在，而以上三起案件确实不存在直接的争端。马绍尔群岛的诉讼更像是一种"公益诉讼"，而这种形式目前在国际司法实践中尚未得到认可。

三、豁免和刑事诉讼案的新进展

2016年6月13日，赤道几内亚向国际法院提起对法国的诉

① 欧阳立平、吴兴佐：《国际核不扩散体制的困境与出路》，载《现代国际关系》2006年第12期。

讼,主要涉及赤道几内亚负责国防与国家安全的第二副总统特奥多罗·恩圭马·奥比昂·曼戈(Teodoro Nguema Obiang Mangue)的刑事管辖豁免,以及曼戈在巴黎拥有的一座建筑的法律地位等问题。

赤道几内亚指出,2007年,法国根据一些协会和个人对某些非洲国家元首及家人挪用其本国公款并将所得收益用于在法国投资的多个指控,对曼戈提起了刑事诉讼。赤道几内亚表示,刑事诉讼构成对曼戈根据国际法所享有的豁免权的侵犯。赤道几内亚认为,第二副总统,有权代表国家并以国家的名义行事。① 另外,本案还涉及巴黎福煦大街一座建筑的法律地位问题。赤道几内亚宣称,曼戈作为该建筑的前所有人于2011年9月将其出售给赤道几内亚国,之后该财产被分配给赤道几内亚外交使团。因此,赤道几内亚认为该建筑享有国际法赋予使馆馆舍的豁免权。但是鉴于法国的调查法官认为购买此建筑的款项来自违法行为,上述法官因此于2012年下令查封此建筑。②

赤道几内亚援引两国都是缔约国的两份条约作为法院管辖权的依据,即1961年4月18日《〈维也纳外交关系公约〉关于强制解决争端之任择议定书》和2000年11月15日《联合国打击跨国有组织犯罪公约》。

2016年9月26日,赤道几内亚向国际法院请求其指示临时措施,具体内容包括:法国停止对曼戈进行的一切刑事程序,并不再对其提起新的程序,以免激化或扩大提交给法院的争端;法国确保将巴黎福煦大街42号的建筑作为赤道几内亚驻法国使团的馆舍对待,特别要确保其不可侵犯性,以及该建筑内的家具和其他财物不受搜查、破坏、征用、没收等其他强制措施;法国不再采取将侵害赤道几内亚权利和/或激化或扩大提交给法院的争端,或影响法院

① 《国际法院的报告(2015年8月1日至2016年7月31日)》,第44页,第264段。

② 《国际法院的报告(2015年8月1日至2016年7月31日)》,第45页,第265段。

可能做出决定的执行的任何其他措施。[①]

法院指出,法院在指示临时措施之前须先确定初步管辖权的存在。《联合国打击跨国有组织犯罪公约》第 35 条第 2 款规定,"两个或两个以上缔约国对于本公约的解释或适用发生任何争端,在合理时间内不能通过谈判解决的,应按其中一方请求交付仲裁。如果自请求交付仲裁之日起六个月后这些缔约国不能就仲裁安排达成协议,则其中任何一方均可根据《国际法院规约》请求将争端提交国际法院。"《〈维也纳外交关系公约〉关于强制解决争端之任择议定书》第 1 条规定,"有关公约解释和适用的争端属于国际法院的强制管辖权范围,因此可以由作为本议定书的缔约方的争端任何一方向法院提交申请书"。正是这两个条款构成了赤道几内亚所称的法院管辖权的基础。

不过,这两个条款的规定意味着法院的强制管辖权的启动是有条件的,即争端必须涉及公约的解释和适用。当然,《联合国打击跨国有组织犯罪公约》第 35 条第 2 款还有程序性的要求。《〈维也纳外交关系公约〉关于强制解决争端之任择议定书》第 1 条未设定程序性要求,但是根据该议定书的第 2 条和第 3 条,争端当事方可以诉诸其他争端解决机制,在这种情况下,法院的管辖权启动就有前提条件了。

于是,法院对以上两个条款的规定是否得到满足进行了分析。对于前者,赤道几内亚称其与法国之间的争端是有关该公约第 4 条的解释或适用问题。《维也纳外交关系公约》第 4 条的目的是确保缔约国在履行义务时要遵守国家主权、国家领土完整和不干涉他国内政等原则。因此,该条未创设新的规则,只是规定缔约国在履行《维也纳外交关系公约》相关义务时的行为方式。但是,法院认为,法国的行为与赤道几内亚所援引的《维也纳外交关系公约》

① Immunities and Criminal Proceedings (Equatorial guinea v. France), Request for the Indication of Provisional Measures, I. C. J. Order, 7 December 2016, p. 4, para. 9.

第6条、第12条、第14条、第18条的规定无关,因此,两国之间的争端不是有关第4条的解释或适用问题。于是,法院的强制管辖权在此不能启动,法院也不能根据该条指示临时措施。

对于后者,赤道几内亚称其与法国之间的争端是有关《维也纳外交关系公约》第22条的解释或适用问题。《维也纳外交关系公约》第22条规定的是外交馆舍的特权与豁免问题。本案所涉争议之一是两国对于巴黎福煦大街的建筑的性质达不成共识。赤道几内亚称之为外交馆舍,而法国则坚决不予认同。这种争端表面上属于《维也纳外交关系公约》第22条的争端。因此,法院可以对福煦大街建筑的不可侵犯性指示临时措施。

根据《国际法院规约》第41条,法院指示临时措施的目的是保全当事国的权利,同时,临时措施应该与实体问题有关系。对于保全权利的方面,赤道几内亚声称其外交馆舍的不可侵犯性受到违反,法国也承认自2012年起,赤道几内亚使馆的部分功能转移至福煦大街的建筑。因此,赤道几内亚在表面上有保全权利的需求。另外,对于该栋建筑的临时措施显然与案件的实体问题是直接相关的。

此外,《国际法院规约》第41条规定法院指示临时措施应该是在情形有必要时。法院指出,法国从不承认福煦大街的建筑是外交馆舍,并采取了一系列的措施。如果法国在本诉讼进行中继续采取措施,有可能影响最终判决的实施。所以,法院认为其应该对该建筑指示临时措施。同时,法院注意到,赤道几内亚还要求法院对建筑内的家具及其他财物指示临时措施,但却未能证明其必要性,法院将不对家具及财物指示临时措施。

因此,法院的结论是赤道几内亚提出的对福煦大街的建筑指示临时措施的条件已经满足。于是,法院作出以下命令:在最终判决作出之前,法国应该采取一切可采取的措施,确保赤道几内亚所认为的被该国当做外交用途的巴黎福煦大街42号的建筑享有《维也纳外交关系公约》第22条所要求的同等待遇,以确保其不可侵犯性;拒绝法国提出的要求国际法院停止审理该案件的请求。①

赤道几内亚是非洲最小的国家之一,长期被列入最不发达国家名单。尽管该国的石油资源丰沛,但绝大多数收入被执政集团掌握,民众生活困苦。本案所涉的副总统曼戈是赤道几内亚现任总统奥比昂之子,他长期担任政府要职,并于 2016 年被正式任命为第一副总统。根据该国法律,第一副总统可继任总统职务。本案是人权组织长期诟病非洲某些国家当权者"抢劫"国家财富而引发的。除在法国被起诉外,曼戈在美国的大量资产也曾被美国司法部通过法律程序没收。赤道几内亚向国际法院提起诉讼的目的主要是制止在法国进行的对曼戈的刑事诉讼程序,并保证其财产的安全,并为此赶在法国法院开庭之前提出指示临时措施的要求。国际法院根据其对初步管辖权的判定,对福煦大街建筑的不可侵犯性指示了临时措施。但是,法院认为其对赤道几内亚根据《联合国打击跨国有组织犯罪公约》相关条款而提起的请求不具备管辖权,这就意味着法院将不对"法国停止对曼戈进行的一切刑事程序,并不再对其提起新的程序"的请求指示临时措施。那么,法国法院的审理可以如期进行。当然,国际法院对临时措施的指示不影响其对实体问题的裁判,本案此后的走向仍不确定,并将受到国际社会的广泛关注。

① Immunities and Criminal Proceedings (Equatorial guinea v. France), Request for the Indication of Provisional Measures, I. C. J. Order, 7 December 2016, p. 23, para. 99.

国际刑事法院2016年工作综述

解　阳　刘雨晴*

2015年年末，国际刑事法院正式迁至海牙席凡宁根海滩附近。在崭新的永久性院址上，法院经历了颇为波折的一年。一方面，四份判决、三场庭审和十例初步审查显示了法院在2016年丰硕的司法成果。另一方面，庭审中浮现的若干程序性争议以及年底的退约风波，又折射出了法院遭诟病已久的许多问题。本综述将就2016年的法院判决、重要的程序问题争议、初步审查进展及其他重要事件，逐一进行回顾。

一、判决综述

2016年，国际刑事法院共作出四份判决。

3月21日，第三审判分庭对本巴（Jean-Pierre Bemba Gombo）案作出判决，认定本巴以指挥官身份犯有战争罪和危害人类罪。6月21日，分庭作出量刑裁决，判处本巴18年有期徒刑。被告对判决和量刑均提出了上诉。

4月5日，第五（甲）审判分庭以指控不成立、无须答辩（no case to answer）为由，停止了对鲁托（William SamoeiRuto）和桑

* 解阳，莱顿大学国际刑法方向博士研究生；刘雨晴，黎巴嫩特别法庭萨布拉辩护团队助理证据审查员，国际刑事法院本巴辩护团队法律顾问（妨碍司法案）。

(Joshua Arap Sang)的诉讼,并驳回了检察官修改指控法律定性的请求。这一裁决标志着检察官在肯尼亚情势中对六位被告的起诉全部折戟。

9月27日,第八审判分庭宣告马赫迪(Ahmad Al Faqi Al Mahdi)参与毁坏文化遗产的行为构成战争罪,并处以九年有期徒刑。

10月19日,第七审判分庭就本巴等五人不当影响证人与提交伪证之行为作出判决,认定所有被告妨害司法罪成立。量刑判决尚未公布。

鲁托与桑案(肯尼亚情势)

鲁托与桑案和2007年肯尼亚大选后,部分选区因不满选举结果发生的暴乱有关。两名被告因谋杀、驱逐出境或强行迁移人口、迫害等行为,涉嫌犯有危害人类罪。[①]

先录证言

《程序证据规则》(以下简称《规则》)第68条规定,在特定情况下,法庭可以采纳先前录取的证言(prior recorded testimony)。缔约国于2013年通过《规则》修订案,在第68条第2款下增设了第3项和第4项,允许分庭在证人因死亡或其他不可克服的障碍无法出庭、或在证人受到干扰后,采纳其先录证言。[②]

本案庭审开始后,若干检方证人翻供或失踪。2015年4月,检方以证人受到干扰、先录证言真实可靠为由,申请将这些证人对被告不利的证言采为证据。[③] 分庭批准了该请求,依照新设的第

---

① Ruto and Sang, "Decision on the Confirmation of Charges Pursuant to Article 61(7)(a) and(b) of the Rome Statute", ICC - 01/09 - 01/11 - 373, 23 January 2012.

② Assembly of State Parties, "Resolution ICC - ASP/12/Res. 7 Amendments to the Rules of Procedure and Evidence", ICC - ASP/12/20, 27 November 2013, pp. 52 - 53.

③ Ruto and Sang, "Public redacted version of 'Prosecution's request for the admission of prior recorded testimony of [REDACTED] witnesses', 29 April 2015, ICC - 01/09 - 01/11 - 1866 - Conf + Annexes", ICC - 01/09 - 01/11 - 1866 - Red, 21 May 2015.

68 条第 2 款第 3 项、第 4 项采纳了部分先录证言。[①]

两名被告提起上诉,认为本案在修订案生效之前已经开审,而《国际刑事法院罗马规约》(以下简称《规约》)第 51 条第 4 款规定,如果新条款的追溯适用对被告有损害,则不能适用,因此主张该裁决有误。[②]

2016 年 2 月 12 日,被告的上诉获得支持,审判分庭的裁决遭到驳回。[③]

在判决中,上诉庭着重分析了第 51 条第 4 款中的“损害”(detriment)一词。审判分庭将“损害”仅理解为被告的权利遭到损害。而上诉庭认为,既然第 51 条第 4 款并未对损害内容加此限制,审判分庭的解释即不符合文本的字面含义,属于对该条款的不当限缩。[④] 上诉庭又对比了前南刑庭和卢旺达刑庭的相应条款,认为在《规约》的语境下“损害”一词的含义更广,不以权利受损为限。[⑤]

随后,上诉庭分析了采纳涉案先录证言是否会对两位被告产生损害。上诉庭首先指出,由于涉案相关先录证言如果按照旧法

---

① Ruto and Sang, “Decision on Prosecution Request for Admission of Prior Recorded Testimony”, ICC – 01/09 – 01/11 – 1938 – Corr-Red2, 28 August 2015.

② Ruto and Sang, “Public redacted version of the ‘Ruto Defence appeal against the Decision on Prosecution Request for Admission of Prior Recorded Testimony’, 5 October 2015”, ICC – 01/09 – 01/11 – 1981 – Red, 6 October 2015; “Public Redacted Version of Sang Defence Appeal against the decision of Trial Chamber V(A) of 19 August 2015 entitled ‘Decision on Prosecution Request for Admission of Prior Recorded Testimony’”, ICC – 01/09 – 01/11 – 1982, 13 October 2015.

③ Ruto and Sang, “Judgement on the appeal of Mr. William Samoei Ruto and Mr. Joshua Arap Sang against the decision of Trial Chamber V(A) of 19 August 2015 entitled ‘Decision on Prosecution Request for Admission of Prior Recorded Testimony’”, ICC – 01/09 – 01/11 – 2024, 12 February 2016 (“Rule 68 Judgment”).

④ Rule 68 Judgment, para. 76.

⑤ Ibid., paras. 77 – 78.《前南刑庭程序证据规则》第 6 条第 4 款;《卢旺达刑庭程序证据规则》第 6 条第 3 款:“(修正案)的适用不能有损被告的权利。”《规则》第 51 条第 4 款:“(修正案的适用不得)损及被调查、起诉或已被定罪的人。”

显然不能纳为证据。[①] 而相应证人出庭并撤回自己先前录取的证言时,检方并未就撤回的证言进行询问,也没有抽出对被告不利的证据。这样一来,辩方虽然有机会询问检方证人,但并不能进行有意义的交叉质证。[②] 上诉庭重申了对口头性原则的重视,认定使用新款必然会给被告造成损害,因此判定新规不能溯及既往,相关先录证言不可采。[③]

无须答辩裁决

2016 年4 月5 日,第五审判分庭以多数意见,作出了指控不成立、被告无须答辩的裁决,多数意见决定废止对被告的指控。[④] 赫雷拉 · 卡布西亚法官(Ogla Herrera Carbuccia)撰写了反对意见,认为指控仍似成立,被告应予答辩。[⑤]

这份裁决有两个特殊之处。首先是效果特殊。由于分庭认为本案瓦解的原因是部分证人受到严重干扰,导致法庭无法获取足够的信息,所以裁决在证据不足的情况下仍未像传统判决书一样宣告被告无罪,而仅仅是“废止”了对被告的指控,且不影响案件重开。[⑥] 其次是体例特殊。该裁决似乎反映出了法官之间前所未见的意见分歧。构成多数的埃博 · 欧素吉法官(ChileEboe-Osuji)和弗雷莫法官(Robert Fremr)仅能在废止指控而不影响案件重开、释放被告和证据回顾上达成共识,因此裁决主体不足两页。至于准据法、法律适用、“废止”定性在内的所有其他问题,都由两名法官在自己的论理部分各抒己见。虽然两人论理明显有分歧,却共

① Rule 68 Judgment, para. 90.

② Ibid. ,para. 93.

③ Ibid. ,para. 95.

④ Rutoand Sang, “Decision on Defence Application for Judgments of Acquittal”, ICC - 01/09 - 01/11 - 2027 - Red-Corr, 5 April 2016(“No Case to Answer Decision”).

⑤ Ruto and Sang, “Annex I: Dissenting Opinion of Judge HerraCarbuccia”, ICC - 01/09 - 01/11 - 2027 - AnxI, 5 April 2016.

⑥ No Case to Answer Decision, p. 1: “The charges against the accused are vacated […] without prejudice to their prosecution afresh in future. ”见后文“干扰证人”一节。

同构成裁判的基础,而非单独意见(Separate Opinion)。[①]

法庭之友检察官

在无须答辩裁决作出后不久,鲁托的辩护律师请求审判分庭委任一名法庭之友检察官(*amicus* Prosecutor),对检方证人作伪证、检方线人干扰取证、检方职员收受贿赂等行为展开调查。[②] 鲁托的律师特别指出,随申请所附上的相关证据早在检方掌握之中,而检方不闻不问,反映出其对追查自己的证人、雇员缺乏意愿,因此确有正当理由委任一名独立的检察官。[③]

然而,《规则》第165条第1款明确规定,启动妨害司法罪调查的权力仅由检察官掌握。[④] 法院并无法庭之友检察官的制度。检方因此在回复中表示,如果分庭批准辩方申请,该委任行为即构成越权。[⑤]

审判分庭认为,无须答辩的裁决实际上给所有针对鲁托和桑的司法程序画上了句点。既然案件不复存在,分庭就不能对辩方申请的实体事项行使管辖权。[⑥]

---

① No Case to Answer Decision, p. 1: "On the basis of (a) the evidential review set out in Judge Fremr's reasons; and, (b) the reasons indicated separately below by Judge Fremr and Judge Eboe-Osuji, […]"

② Ruto and Sang, "Public redacted version of 'Rutodefence request to appoint an *amicus* prosecutor', 2 May 2016", ICC – 01/09 – 01/11 – 2028 – Red, 2 May 2016 ("Ruto*amicus* Prosecutor Request"), paras. 2 – 3. 桑的辩护律师稍后加入了该请求:"Sang Defence Response to 'Rutodefence request to appoint an *amicus* prosecutor'", ICC – 01/09 – 01/11 – 2030, 10 May 2016。

③ Ruto *amicus* Prosecutor Request, para 4.

④ "检察官可以根据分庭或可靠来源提供的资料,主动开始对第七十条所述犯罪进行调查。"

⑤ Ruto and Sang, "Public redacted version of Prosecution's response to the Defence requests to appoint an amicus prosecutor", ICC – 01/09 – 01/11 – 2031 – Red, 24 May 2016, para. 23.

⑥ Ruto and Sang, "Decision on Ruto Counsel's Request to appoint an Amicus Prosecutor", ICC – 01/09 – 01/11 – 2034, paras. 9 – 10.

本巴案(中非共和国情势)

2016年3月,审判分庭宣告让-皮埃尔·本巴(Jean-Pierre Bemba Gombo)以指挥官责任,对其下属所实施的谋杀、强奸和抢劫等战争罪及危害人类罪负责。由于该案是法院首次因性别犯罪定罪,也是首次以指挥官责任定罪,判决中对强奸行为和指挥官责任的分析自然十分引人注目。

强奸行为依发生背景不同,在《规约》下可以定性为战争罪或危害人类罪。与国内法不同,战争罪和危害人类罪下的强奸行为,对受害人是否给予同意在所不问。根据《犯罪要件》的规定,强奸须以武力实施、以威胁或强制手段实施、利用强制性环境(coercive environment)实施或对无能力给予真正同意的人实施。[①] 其中,造成强制性环境的因素可能包括参与犯罪人数、犯罪行为发生的时点(冲突进行中或结束后不久),以及是否伴有其他犯罪等。[②]

《规约》第28条第1款定义了军事指挥官责任。但分庭在解释指挥官责任的法律要件时仍大量借鉴了前南刑庭的先例。所谓上级对下级实施"有效控制"(effective control),需要指挥官有实际能力预防或阻止犯罪的发生,或能将犯罪事项移送相关当局。未达到这一水平的控制都不足以使该责任模式成立。[③] 一旦控制水平达标,那么其他指挥官是否也对同一批人员有实际控制,都并不影响被告责任的成立。[④]

涉案事件发生时,本巴与地面部队相距甚远,但分庭认为这并不影响他实施有效控制,也不影响其对下属行为的知情。[⑤] 本巴

---

① 第7条第1款第7项第1部分(危害人类罪之强奸)第2段和第8条第2款第5项第6目第1部分(战争罪之强奸)第2段。

② Bemba Judgment, para. 104.

③ Bemba Judgment, para. 183; *cf*, ICTY, *Delalic et al.*, IT-96-21-A, "Judgement", 20 February 2001, paras. 190-198 and 256.

④ Bemba Judgment, para. 185.

⑤ Ibid., paras. 706, 708.

曾对其部队在刚果行动中的违法行为进行过处理。[1] 一方面,分庭认为这侧面证明了本巴对犯罪行为的知情;另一方面,分庭认为本巴所采取措施不够具体、充分,没有满足第 28 条下的指挥官作为义务。[2] 因此,本巴的刑事责任成立。

2016 年 6 月 21 日,审判分庭作出量刑裁决,判处本巴 18 年有期徒刑,其从 2008 年开始至今被羁押的时间将从刑期中扣除。[3]

在证明上下级关系时,检察官只须确认行为人所属的团体或分队即可,不必辨认主要行为人是谁。[4] 同时,指挥官责任的成立不要求指挥官知道犯罪行为人的具体信息,也不要求其清楚每个犯罪的实施细节。[5] 具体到本案,分庭认为,罪行发生时,罪行发生地只有本巴下属的部队,因此所诉罪行均由这些士兵实施。另外,分庭认定武装冲突的存在影响了这些士兵作出实施所诉罪行的决定,所以这些罪行符合战争罪要件。[6]

本巴已对该判决提起上诉。[7] 上诉事由包括检察官在庭审过程中的行为对被告公平审判权利的侵犯、受害人参与庭审对被告公平审判权的侵害、判决对指挥官责任在本案中的错误解读及其他法律、事实认定问题。

马赫迪案(马里情势)

马赫迪因故意攻击宗教和历史古迹被起诉犯有战争罪。2016 年 2 月 18 日,控辩双方达成认罪协议。审判分庭于 8 月 22 日至

---

① Bemba Judgment, paras. 709 – 717.

② Ibid., paras. 719 – 734.

③ Bemba, "Decision on Sentence pursuant to Article 76 of the Statute", ICC – 01/05 – 01/08 – 3399, 21 June 2016.

④ Bemba Judgment, para 186.

⑤ Ibid., para. 194.

⑥ Ibid., para. 664.

⑦ Bemba, "Public Redacted Version of Appellant's document in support of the appeal", ICC – 01/05 – 01/08 – 3434 – Red, 28 September 2016.

24 日举行了庭审,被告当庭认罪。9 月 27 日,分庭作出判决。[①]

罪名

本案有关罪名是在非国际性武装冲突中,以攻击受保护物体的形式犯有战争罪。[②] 马赫迪是对廷巴克图有实际控制的信仰捍卫者(Ansar Dine)和伊斯兰马格里布基地组织(AQIM)中的重要成员。马赫迪最初反对摧毁这些文物。但在该组织首脑作出决定后,他还是同意对这些目标进行攻击,并亲自决定了摧毁这些文物的顺序。[③]

2012 年 6 月 30 日至 7 月 11 日,马赫迪及其他成员先后攻击并摧毁了廷巴克图的十座最重要、最著名的陵墓和清真寺。[④] 这些被攻击的目标都属于宗教建筑和历史古迹,其中九处建筑还是联合国教科文组织认定的世界遗产,因此都属于被保护的目标。

分庭还认定了这些攻击与非国际性武装冲突之间的关联。[⑤] 分庭认为马里政府军和武装组织之间存在武装冲突。武装团体占领马里包括廷巴克图在内的部分地区约九个月,并有一定程度的控制。这反映了冲突的激烈程度。同时,也有证据证明马赫迪本人对这些事实完全知情。

量刑

量刑方面,法官考虑了罪行的严重性、加重和减轻情节。

判决指出,法院管辖权内的犯罪都是最严重的犯罪,但这并不代表这些犯罪行为都是同样严重的。[⑥] 较之侵害人身的犯罪,侵

① Al Mahdi, "Judgment and Sentence", ICC - 01/12 - 01/15 - 171, 27 September 2016 ("Al Mahdi Judgment").

② 《规约》第 8 条第 2 款第 5 项第 4 目:"故意指令攻击专用于宗教、教育、艺术、科学或慈善事业的建筑物、历史纪念物、医院和伤病人员收容所,除非这些地方是军事目标。"

③ Al Mahdi Judgment, paras. 36 - 37.

④ Ibid., para. 38.

⑤ Ibid., para. 49.

⑥ Ibid., para. 72.

害财物的犯罪严重性应当较轻。[①] 具体到本案,十处古迹在精心策划下,出于宗教原因被彻底摧毁,足以证明马赫迪所犯罪行“极其严重”(significant gravity)。[②]

此外,分庭认为被告参与实施犯罪这一行为本身不构成加重情形。[③] 另外,分庭指出了五点减轻情节:马赫迪最初对攻击提出了反对意见、被告作出认罪、被告与检察官合作、被告对受害人表达了歉意和同情、被告在被羁押期间的表现良好。[④]

据此,法官判处马赫迪 9 年有期徒刑。[⑤]

认罪程序

本案是法院历史首次出现有罪辩护。认罪程序由《规约》第 65 条规定。《规约》的部分起草者不希望认罪程序导致以认罪换轻刑的交易,因此该条第 5 款明确规定控辩双方的协议对审判分庭没有拘束力。[⑥] 在国际刑事法院,被告在审判开始时还有一次认罪的机会。[⑦] 而法庭则有责任确保被告并非凭空认罪。本案中,法庭格外注意如果被告没有认罪,检方呈交的证据是否能够确立犯罪事实。[⑧]

被告作出的认罪如果被分庭接受,则可以加速案件审结,从而为法院节约时间和资源。这对于法院本身和实现正义都颇为有利。[⑨]

---

① Al Mahdi Judgment, para. 77.

② Ibid., paras. 76 – 82.

③ Ibid., para. 86.

④ Ibid., para. 109.

⑤ Ibid., para. 49.

⑥ Ibid., para. 25.

⑦ Ibid., para. 27.

⑧ Ibid., para. 29.

⑨ Ibid., para. 28.

本巴等人妨害司法案(中非共和国情势)

在第三审判分庭审理本巴案(以下简称“主案”)期间,检察官认为被告伙同其辩护团队部分成员以贿赂的方式影响证人。检察官随后依《规约》第70条对此事进行调查,并起诉了包括本巴在内的五名被告。[①] 2016年10月19日,第七审判分庭作出判决,认定五人妨害司法罪成立。[②] 量刑裁决尚未作出。

分庭认为被告本巴、基洛洛(Aimé Kilolo Musamba)、马根达(Jean-Jacques Mangenda Kabongo)一致同意通过非法影响证人的方式来确保这些辩方证人能够在本巴主案中提供有利于被告本巴的证词。[③] 三名被告共同计划,以金钱或承诺等方式贿赂了主案中至少14名辩方证人,借此向法庭呈交了虚假证据。他们通过滥用律师客户保密特权、向第三人转账等一系列方法来掩盖上述行为。

本巴作为共同计划(Common Plan)的最终受益人,策划、授权并批准了针对14名证人的非法辅导。本巴还授权向这些证人进行非法转账。[④] 基洛洛作为本巴的律师,执行了本巴的指示,并通过电话或面谈的方式非法辅导证人。为确保证人在主案中作出有利于本巴的证词,他还给证人汇款,并作出其他承诺。[⑤] 马根达是主案中被告的案件经理,其对基洛洛如何实施辅导提供了帮助和建议。[⑥]

另外两名被告巴巴拉(Fidèle Babala Wandu)和阿里多(Narcisse Arido)罪行较轻。巴巴拉负责本巴的财务,向证人汇款

① 有关这部分的报道参见刘雨晴、姜斌:《国际刑事司法机关2013年综述》,载中国国际法学会主办:《中国国际法年刊》,法律出版社2014年版,第598页。

② Bemba et al. ,“Judgmentpursuant to Article 74 of the Statute”,ICC – 01/05 – 01/13 – 1989 – Red,19 October 2016.

③ Bemba et al. Judgment,paras. 802 – 803.

④ Ibid. ,paras. 805 – 820.

⑤ Ibid. ,paras. 821 – 836.

⑥ Ibid. ,paras. 837 – 850.

是通过他实现的。但分庭认为他并没有参与帮助证人提供伪证。[①] 阿里多招募了14名伪证证人中的4人,并许以金钱。他负责基洛洛和证人之间的联络,并向基洛洛转达证人的一些担忧。[②]

分庭依此认定本巴、基洛洛、马根达以伙同他人的方式贿赂了14名证人,提交伪证,违反了《规约》第70条第1款第3项、第4项。本巴唆使、基洛洛引诱14名证人作伪证的行为违反了同款第1项。马根达帮助了两名证人并教唆了七名证人的行为违反了同款第1项。巴巴拉帮助以上三人贿赂了两名证人,违反了同款第3项。阿里多则对贿赂4名证人负责。[③]

检察官证明证人收受贿赂,主要依据的是涉案人员的西联汇款流水。但由于其向奥地利当局寻求合作时,对侦察理由语焉不详,又未提供德语译文,奥地利下达给西联汇款的取证文书上所述案由与实情严重不符。据此,奥地利地区高院两次认定相关流水的取证过程侵犯隐私权,属于非法证据,不应移交至国际刑事法院。[④] 而第七审判分庭认为,由于检察官没有违法的故意,且侵犯隐私的严重性并没有影响庭审的公正,故而这些证据依旧可以采纳。[⑤]

二、正在进行的审判

安格温案(乌干达情势)

背景与进程

多米尼克·安格温(Dominic Ongwen)曾是上帝抵抗军(Lord

---

① Bemba et al. Judgment, paras. 878 – 893.

② Ibid., paras. 943 – 949.

③ Ibid., paras. 455 – 457.

④ Bemba et al., "Decision on Request in Response to Two Austrian Decisions", ICC – 01/05 – 01/13 – 1948, 14 July 2016 (Decision), para. 4.

⑤ Bemba et al., Decision, paras. 33 – 41.

Resistance Army)的高层指挥官。预审分庭认定上帝抵抗军是一个有军事行动力的组织。其作战部队分为四个旅。2002 年 8 月，安格温为希尼亚旅(Sinia Brigade)下属的奥卡营(Oka Battalion)指挥官。2003 年 9 月,他晋升为希尼亚旅副指挥官,并于 2004 年 3 月成为了正指挥官。①

逮捕令签发了十年之后,安格温于 2015 年 1 月赴美国驻中非共和国大使馆“投案”,随后被移送至海牙。②

检方控称,安格温于 2002 年 7 月 1 日至 2005 年 12 月 31 日之间犯有战争罪和危害人类罪。预审分庭认为,上帝抵抗军与乌干达政府军和当地民兵之间的冲突属于武装冲突。③ 冲突中,上帝抵抗军对政府设立的四个境内流离失所者营地中的平民进行了攻击。该攻击同时符合广泛性和系统性两个要件。④ 2016 年 3 月，预审分庭确认了检察官多达 70 项罪名的指控。⑤

2016 年 12 月 6 日,审判正式启动。安格温当庭表示不理解指控,其辩护律师以安格温罹患精神疾病为由请求延迟审判,但被审判分庭驳回。⑥ 庭审于 2017 年 1 月 16 日继续进行。检方将开始传唤证人。

本案将有 4107 名被害人参与庭审,由两组律师分别代理。⑦

强迫婚姻与强迫怀孕

“强迫婚姻”是对涉案事件的一般性描述,其法律定性是本案

---

① Ongwen, “Decision on the confirmation of charges against Dominic Ongwen”, ICC - 02/04 - 01/15 - 422 - Red, 23 March 2016(“Ongwen Confirmation Decision”), para. 58.

② ICC, “Dominic Ongwen transferred to The Hague”, ICC - CPI - 20150120 - PR1084, 20 January 2015.

③ Ongwen Confirmation Decision, para. 61.

④ Ibid., para. 63.

⑤ See, Ongwen Confirmation Decision.

⑥ Ongwen, Transcript of 6 December 2016, ICC - 02/04 - 01/15 - T - 26 - ENG, pp. 3 - 7, 16 - 20.

⑦ ICC, “Ongwen trial opens at the International Criminal Court”, ICC - CPI - 20161206 - PR1262, 6 December 2016.

触及的新问题。检察官的指控将其归为危害人类罪之其他非人道行为,[①]辩方则认为此行为应当被另一项指控,即危害人类罪之性奴役行为吸收。[②]

分庭指出,《规约》没有明确规定"强迫婚姻"属于法院管辖权下的一种危害人类罪。但由于这类行为和危害人类罪下具体规定的罪行具有可比性,且严重程度相当,因此法院对此罪具有管辖权。[③]

分庭认为,强迫婚姻与安格温被控的其他罪行——尤其是性奴役相比,在犯罪行为、损害和法益等方面都有显著不同。[④] 强迫婚姻的核心要素是强制受害人"结婚"。无论婚姻本身是否合法,事实上都是强加于受害人的,并会为其带来社会污名(socialstigma)。强迫婚姻与性奴役的区别在于前者暗含了"夫妻"间的排他性关系,受害人违反这种关系可能会受到惩戒。分庭因此认为,强迫婚姻的核心并不在于性犯罪。[⑤]

分庭指出,强迫婚姻的受害人不仅会遭到性奴役,往往还会被限制人身自由、反复遭受性虐待、被迫怀孕、被迫劳动或被迫从事繁重的家务。这些因素虽然在《规约》下可能足以构成其他危害人类罪,但其集合本身并不能直接证明强迫婚姻的存在。[⑥]

至于"强迫怀孕",分庭认为该罪违法性的本质在于迫使受害人处于无法自由决定是否终止妊娠的境地。行为人是否导致被害人受孕、是否对怀孕之结果有特殊故意以及受害人的受孕于分娩之间是否有联系,在所不问。[⑦]

---

① 《规约》第7条第1款第11项。

② 《规约》第7条第1款第7项。

③ Ongwen Confirmation Decision, para. 88.

④ Ibid., para. 92.

⑤ Ibid., para. 93.

⑥ Ibid., para. 92.

⑦ Ibid., paras. 99, 100.

胁迫

安格温在预审时以受到胁迫(duress)作为抗辩理由。[①] 预审分庭注意到,当时从上帝抵抗军逃跑的情况屡见不鲜,安格温选择留下并担任重要职位,说明他认同该组织的残暴政策。[②] 此外,安格温的强奸等行为与胁迫似乎并无明确关联。[③] 分庭考虑到预审阶段的性质和目的,认为除非胁迫情形极其明显,以致无法确认指控,否则该问题应交由审判分庭决定。[④] 分庭因此没有采纳辩方的理由。

恩塔甘达案(刚果情势)

2016 年,恩塔甘达案(Bosco Ntaganda)继续审理。

自 2016 年 9 月开庭以来,检方共传唤了 62 名证人出庭。由于许多证人申请了保护措施,部分庭审没有公开进行。辩方认为这一举措没有充分保护被告的权利,且会鼓励证人作出不实证词。[⑤] 7 月 15 日,法官要求检方减少证人数量,并期望检方于 2017 年年初完成举证工作。[⑥]

2016 年 9 月 7 日,恩塔甘达开始了近两周的绝食活动,以对法官限制其与外界交流表示不满。[⑦] 当月 21 日,由于法院准许其妻子对其进行八天探视,被告停止绝食。[⑧]

---

① 《规约》第 31 条第 1 款第 4 项。

② Ongwen Confirmation Decision, para. 154.

③ Ibid., para. 155.

④ Ibid., paras. 151 – 152.

⑤ WairagalaWakabi, "Q&A with StéphaneBourgon, Lawyer Representing Bosco Ntaganda: Part II", International Justice Monitor, 23 August 2016.

⑥ Ntaganda, Transcript of 15 July 2016, ICC – 01/04 – 02/06 – T – 122 – Red – ENG, p. 55.

⑦ Ntaganda, Transcript of 8 September 2016, ICC – 01/04 – 02/06 – T – 126 – ENG, pp. 2 – 3; Transcript of 12 September 2016, ICC – 01/04 – 02/06 – T – 136 – Red – ENG, p. 2. 见后文"干扰证人"一节。

⑧ Transcript of 12 September 2016, ICC – 01/04 – 02/06 – T – 136 – Red – ENG, p. 2.

11 月 7 日,检方向辩方披露证据,显示恩塔甘达或有教唆证人、阻碍检方调查、干扰检方证人等行为。[①] 辩方申请暂停庭审以便有时间对检察官的指控做出回应。[②] 审判分庭认为新披露的材料虽然可能会影响辩护策略,但无须中止庭审。[③]

巴博和布雷·古德案(科特迪瓦情势)

2016 年 1 月 28 日,第一审判分庭开始了对科特迪瓦前总统巴博(Laurent Gbagbo)以及政治家布雷·古德(Charles Blé Goudé)一案的审理。这一年的庭审于 12 月 9 日结束。2017 年 2 月 6 日重新开始。长达两个月的休庭主要是经费缺乏引起的。由于缔约国没有给法院提供充足的经费,法院无法同时进行三场庭审。[④]

审判阶段对先录证言的使用

尽管上诉庭认定《规则》第 68 条不能适用于鲁托与桑案,其他在审案件仍开始大量采纳先录证言。检察官请求采纳先录证言的主要理由是为了节约庭审时间。[⑤] 辩方常见的反对理由则包括违反口头性原则、采纳先录证言无助于加快庭审、先录证言可靠性存

---

① Ntaganda, "Prosecution's Communication of the Disclosure of Evidence obtained pursuant to Article 70", ICC - 01/04 - 02/06 - 1616, 7 November 2016.

② Ntaganda, "Public redacted version of 'Urgent Request for Stay of Proceedings' dated 14 November 2016", ICC - 01/04 - 02/06 - 1629 - Red, 14 November 2016.

③ Ntaganda, Transcript of 16 November 2016, ICC - 01/04 - 02/06 - T - 159 - Red - ENG, pp. 2 - 7.

④ *Gbagbo and Blé Goudé*, ICC - 02/11 - 01/15 - T - 115 - Red - ENG, 9 December 2016, p. 23.

⑤ See, e. g., Ongwen, "Public Redacted Version of 'Prosecution's application to introduce prior recorded testimony and related documents pursuant to Rule68 (3) of the Rules', 21 October 2016, ICC - 02/04 - 01/15 - 575 - Conf", ICC - 02/04 - 01/15 - 575 - Red, 26 October 2016; *Ntaganda*, "Public redacted version of 'Prosecution's application under rule 68 (2) (b) to admit the prior recorded testimony of Witness P - 0773', 4 November 2016, ICC - 01/04 - 02/04 - 1611 - Conf", ICC - 01/04 - 02/06 - 1611 - Red, 20 December 2016.

疑、不应简单地将加快庭审进程视为保护公平审判权等。①

各分庭当前的实践是在支持使用这一规则的前提下，对每份证言单独分析，以核实采纳先录证言是否确能缩短庭上作证的时长，从而节约庭审时间，并避免对证人的二次伤害。② 这条规则的适用关键在于平衡被告质证的权利与庭审的迅速进行。可以预见，随着法庭标准逐渐明确，未来该条款的适用将会更加频繁。

干扰证人

2016 年，法院数个案件都蒙上了证人受到干扰的阴影。在接受《外交》杂志采访时，检察长本苏达表示其现在处理的几乎所有案件都存在这个问题。③ 如前文所述，国际刑事法院与其他国际刑事司法机构不同，没有法庭之友检察官处理妨害司法罪的制度。本苏达称，调查这些事件占用了相当的资源，分散了检察官办公室原本的工作重心，即对国际罪行的调查与起诉。④

鲁托与桑案的无须答辩裁决显然是对证人干扰作出的回应。埃博·欧素吉法官指出，检察官证据不足导致指控不成立时，法庭通常应当宣告被告无罪而释放。被告受到一罪不二审原则的保护，不能就相同事实再次受审。但他断定该案中证据不足是因为证人、证据受到严重干扰，就此释放被告不够公平。于是埃博·欧

① See, e. g., Gbagbo, "Document in support of the appeal against the 'Decision on the Prosecutor's application to introduce prior recorded testimony under Rules 68(2)(b) and 68(3)' delivered on 9 June 2016 by Trial Chamber I(ICC - 02/11 - 01/15 - 573 - Conf)", ICC - 02/11 - 01/15 - 633 - tENG, 21 July 2016; *Ongwen*, "Public Redacted Version of 'Defence Response to the Prosecution's Rule 68(3) Request'", ICC - 02/04 - 01/15 - 592 - Red, 15 December 2016.

② Ntaganda, "Decision on Prosecution application under Rule 68 (3) of the Rules for admission of prior recorded testimony of Witness P - 0010", ICC - 01/04 - 02/06 - 988, 6 December 2015, para. 13.

③ "The International Criminal Court on Trial: A Conversation with FatouBensouda", Foreign Affairs 96. 1(2017): 48 - 53.

④ Ibid.

素吉受普通法启发,判定本案为无效审判(mistrial)。[①] 同持多数意见的弗雷莫法官虽然不认同将之前的庭审定性为无效审判,且意识到了按常理应宣判被告无罪,但仍因本案中严重的证人干扰情况而同意允许案件重开。[②] 这一"创新"裁决在效果上为本案再次审理扫清了法律障碍。

检察官对鲁托与桑案中涉嫌干扰证人的行为进行了调查,并提起了指控。预审分庭也针对巴拉萨(Walter OsapiriBarasa)、基谢鲁(PaulGicheru)、贝特(PhilipKipkoechBett)三人相继签发了逮捕令。[③] 但肯尼亚政府明确表示不会将被告移交至海牙,[④]案件恐因此陷入僵局。

在案件审理中,检察官怀疑恩塔甘达和安格温不当影响证人。法官因此决定限制这两名被告的通讯自由。[⑤] 另外,安格温还被要求披露其与潜在证人间的财务往来。[⑥] 但检察官是否会正式依妨害司法罪提起诉讼,还有待观察。

三、安理会移交情势

苏丹(达尔富尔)情势和利比亚情势由联合国安理会分别于

---

① No Case to Answer Decision, Reasons of Judge Eboe-Osuji, paras. 114 – 192.

② No Case to Answer Decision, Reasons of Judge Fremr, paras. 147 – 148.

③ Barasa, "Warrant of arrest for Walter OsapiriBarasa", ICC – 01/09 – 01/13 – 1 – Red2, 2 August 2013; Gicheru and Bett, "Decision on the 'Prosecution's Application under Article 58 (1) of the Rome Statute'", ICC – 01/09 – 01/15 – 1 – Red, 10 September 2015.

④ Steve Mkawale and Patrick Kibet, "Uhuru: I will never allow another Kenyan to be tried at the ICC", The Standard (Kenya), 17 April 2016 (available at https://www.standardmedia.co.ke/article/2000198499/uhuru-i-will-never-allow-another-kenyan-to-be-tried-at-the-icc).

⑤ Ntaganda, "Decision on Prosecution requests to impose restrictions on MrNtaganda's contacts", ICC – 01/04 – 02/06 – 785 – Red, 18 August 2015; Ongwen, "Decision concerning the restriction of communications of Dominic Ongwen", ICC – 02/04 – 01/15 – 283, 3 August 2015.

⑥ Ongwen, "Decision on Prosecution 'Request for an order that MrOngwen cease and disclose payments to witnesses and that the Registry disclose certain calls made by MrOngwen'", ICC – 02/04 – 01/15 – 521, 10 August 2016.

2005年和2011年向法院移交。[1] 根据安理会决议,苏丹和利比亚都有义务与法院和检察官充分合作并提供所有必要援助,且联合国不承担因案件移交而产生的任何费用。2016年,法院有关两个情势的活动停滞不前。造成这一现象的直接原因是逮捕令无法获得实施。

利比亚情势

利比亚情势中的唯一被告——赛义夫·卡扎菲(SaifGaddafi)已被利比亚津坦地区的武装羁押数年。该武装为津坦地区的事实当局,且拒不承认利比亚当局的合法性。

为提高卡扎菲到案的可能性,检察官于2016年4月26日请求第一预审分庭作出命令,将逮捕和移交卡扎菲的请求直接转呈津坦旅指挥官阿加米·阿提里。[2] 检方认为,既然利比亚政府没有能力执行该合作请求,法院应当直接联系羁押卡扎菲的地方事实当局。检方认为《规约》并不禁止法院向非政府实体提出请求。另外,检方援引了前南刑庭对"国家"这一定义的灵活处理。在前南刑庭的《程序与证据规则》中,"国家"不只包括国际法下的主权国家,也包括事实上实施政府职能的实体。[3] 这一定义解决了该法庭向波黑共和国内的"赛族共和国"发出合作请求的问题。

这一请求遭到了利比亚当局的反对。利比亚方面认为"不论是国际刑院还是其他外国实体,都无权不首先通过适当的利比亚政府渠道而直接同一名利比亚公民打交道。刑院如果走了这样一条道路,就违反了利比亚法律,干涉了利比亚内政"。[4] 预审分庭

---

① UN Security Council, Resolution 1953(2005), S/RES/1593(2005), 31 March 2005; UN Security Council, Resolution 1970(2011), S/RES/1970(2011), 26 February 2011.

② Gaddafi, "Request for an order directing the Registrar to transmit the request for arrest and surrender to Mr al – 'Ajami AL – 'ATIRI, Commander of the *Abu-Bakr al-Siddiq* Battalion in Zintan, Libya", ICC – 01/11 – 01/11 – 624, 26 April 2016.

③ 《前南刑庭程序证据规则》第2条。

④ UN Doc. S/PV. 7698, p. 15.

随后下令要求秘书处就利比亚当局与津坦旅之间是否有协作,当局是否同意法院向津坦旅发出请求,当局是否愿意为移交提供便利等问题与利比亚当局进行交流。[①] 2016 年 11 月 27 日,第一预审分庭作出裁决,正式拒绝了检察官的请求。[②] 预审分庭认为,任何其他渠道的沟通必须有当局的明确委派。[③]

2016 年 11 月 9 日,检察官就利比亚局势向安理会作出第十二次报告。[④] 报告中称,检察官办公室将在 2017 年扩大调查范围,其中可能包括利比亚境内达伊沙(ISIS)及其关联团体犯下的罪行。检察官打算尽快申请新的封缄逮捕令,并希望得到安理会的支持。[⑤] 俄罗斯代表则认为检察官继续回避北约 2011 年轰炸利比亚时造成的平民死亡问题,并对此表示不满。[⑥]

苏丹达尔富尔情势

与利比亚情势不同,苏丹情势下的四份逮捕令无法得到执行更多是因为国家意愿的缺失。苏丹情势当下有四起案件、五名被告。其中,最受争议的是对现任总统巴希尔(Omar Al Bashir)的逮捕令的实施。

一方面,2015 年南非拒绝逮捕巴希尔一事继续发酵。2016 年

---

① Gaddafi,"Order to the Registrar with respect to the 'Request for an order directing the Registrar to transmit the request for arrest and surrender to Mr al-Ajami AL-ATIRI,Commander of the Abu-bakr al-Siddiq Battalion in Zintan,Libya'",ICC-01/11-01/11-627,2 June 2016.

② Gaddafi,"Decision on the Prosecutor's Request for an order directing the Registrar to transmit the request for arrest and surrender to Mr al-Ajami AL-'ATIRI,Commander of the *Abu-Bakr Al Siddiq*Battalion in Zintan,Libya'",ICC-01/11-01/11-634-Red,21 November 2016("Transmission Decision").

③ Transmission Decision,para. 16.

④ ICC OTP,"Twelfth Report of the Prosecutor of the International Criminal Court to the United Nations Security Council pursuant to UNSCR 1970(2011)",9 November 2016(available at https://www.icc-cpi.int/iccdocs/otp/16-11-10_OTP-rep-UNSCR-1970_ENG.pdf)("Twelfth Report").

⑤ Twelfth Report,para. 19.

⑥ UN Doc. S/PV. 7806,p. 9.

3月15日，南非最高上诉法院作出判决，认定南非政府拒不逮捕巴希尔与其在《规约》下的合作义务不符，也违反了南非2002年颁布的《罗马规约实施法案》。① 2016年11月21日，南非请求国际刑事法院澄清《规约》第87条第7款的适用规则。② 作为回应，第二预审分庭决定于2017年4月7日召开庭审，讨论是否对南非未能逮捕巴希尔一事作出不合作决定，以及是否将该事项移交至缔约国大会和/或联合国安理会等事宜。③ 分庭邀请检察官、南非、联合国及各缔约国就此提交书面意见。

另一方面，法院在2016年屡次认定一些缔约国就逮捕令的执行未能配合法院工作。2016年7月11日，第二预审分庭分别认定乌干达和吉布提没有履行《规约》下的合作义务，决定将这两起事件分别移送至缔约国大会和联合国安理会处理。④ 这并不是法院历史上首次将缔约国不合作的行为移送至缔约国大会和安理会。目前看来，这两个机构没能对不合作的行为做出实质性的惩罚，或对其他缔约国的态度造成了影响。⑤

---

① *The Minister of Justice and Constitutional Development v. The Southern African Litigation Centre*(867/15)[2016] ZASCA 17(15 March 2016).

② Bashir,"Annex 1",ICC-02/05-01/09-273-Anx1,7 December 2016.

③ Bashir,"Decision convening a public hearing for the purposes of a determination under article 87(7) of the Statute with respect to the Republic of South Africa",ICC-02/05-01/09-274,8 December 2016.

④ Bashir,"Decision on the non-compliance by the Republic of Uganda with the request to arrest and surrender Omar Al-Bashir to the Court and referring the matter to the United Nations Security Council and the Assembly of States Parties to the Rome Statute",ICC-02/05-01/09-267,11 July 2016;"Decision on the non-compliance by the Republic of Dijbouti with the request to arrest and surrender Omar Al-Bashir to the Court and referring the matter to the United Nations Security Council and the Assembly of States Parties to the Rome Statute",ICC-02/05-01/09-266,11 July 2016.

⑤ 目前，缔约国大会仅对不合作的国家进行了口头谴责，并没有采取其他强制手段。而安理会则没有对这类诉求做出决定。

四、检察官初步审查报告

2016 年 11 月 14 日,检察官办公室发布了 2016 年度有关初步审查的报告。[①] 检察官的审查分为几个阶段,首先需初步判断法院有无管辖权,其次进一步判断法院是否有属事管辖权、情势是否有可受理性以及调查是否无助于实现公正。[②] 目前,有五个情势处于属事管辖权审查阶段,[③]四个情势处于可受理性审查阶段,[④]另外,检察官办公室正在对加沙船队情势进行复议。[⑤] 复议结果将会很快作出。

乌克兰情势

乌克兰不是《规约》的缔约国,但已两次依据《规约》第 12 条第 3 款作出声明,宣布就 2013 年 11 月 21 日以来在其领土上涉嫌发生的《规约》下犯罪接受国际刑事法院管辖。[⑥] 检察官据此启动了初步审查,审查的事件主要包括 2013 年基辅独立广场抗议事件(Maidan events)和 2014 年 2 月 20 日以来发生在克里米亚和乌克兰东部的武装冲突。[⑦]

2016 年 10 月,检察官收到一批关于独立广场抗议事件的新材料。此前,检察官认为该事件中有犯罪发生的证据不足。这批

---

① ICCOTP, "Report on Preliminary Examination Activities 2016", 14 November 2016 (available at https://www.icc-cpi.int/iccdocs/otp/161114 - otp-rep-pe_eng.pdf) ("Preliminary Examination Report 2016").

② Preliminary Examination Report 2016, para. 15.

③ 布隆迪、加蓬、伊拉克/英国、巴勒斯坦和乌克兰。

④ 阿富汗、哥伦比亚、几内亚和尼日利亚。

⑤ Preliminary Examination Report 2016, paras. 70 – 74.

⑥ ICC OTP, "ICC Prosecutor extends preliminary examination of the situation in Ukraine following second article 12(3) declaration", ICC – OTP – 20150929 – PR1156, 29 September 2015.

⑦ Preliminary Examination Report 2016, para. 154.

材料能否改变这一判断,有待检察官的进一步分析。[①]

此外,检察官认为克里米亚和赛瓦斯托波尔(Sevastopol)发生的冲突属于乌克兰和俄罗斯之间的国际性武装冲突。2014 年 2 月 26 日,俄罗斯未经乌克兰政府同意,出兵控制了克里米亚和赛瓦斯托波尔。该冲突至迟于此日开始。之后,由于这两个地区属于被占领区,武装冲突法得以继续适用。[②]

至于乌克兰东部,检察官认为现有信息能够充分说明该地区存在非国际性武装冲突。与此同时,检察官注意到有消息称俄罗斯对东乌克兰的反政府武装实现了全面控制(overall control)。如果俄方确实对武装团体提供了设备、资金、人员等支持,并帮助其制定作战方针,那么武装冲突的定性可能因此改变。[③]

检察官办公室将继续对被控告的罪行进行事实验证,并收集针对这些罪行的国内调查程序的信息。

布隆迪情势

2016 年 4 月 25 日,检察官宣布对布隆迪 2015 年 4 月以来与大选相关的暴力行为展开初步审查。[④] 然而,该国议会于 2016 年 10 月 12 日投票决定退出《规约》,并于 27 日交存退约书。[⑤] 按照相关规则,此举将于一年后,即 2017 年 10 月 27 日正式生效。退约生效前,布隆迪仍然有义务与法院就刑事调查和司法程序的进展进行合作。[⑥]

---

① Preliminary Examination Report 2016, para. 189.

② Ibid., para. 158.

③ Ibid., paras. 168 – 170.

④ ICC OTP, "Statement of the Prosecutor of the International Criminal Court, FatouBensouda, on opening a Preliminary Examination into the situation in Burundi", 25 April 2016.

⑤ C. N. 805. 2016. TREATIES – XVIII. 10.

⑥ Preliminary Examination Report 2016, para. 60.

伊拉克情势

检察官于2014年宣布重启伊拉克情势的初步审查。[①] 伊拉克并非《规约》缔约国,故此次调查重点在于2003~2008年间,英国士兵在由英国控制的伊拉克南部地区涉嫌实施的酷刑、强奸、其他性暴力等战争罪行为。[②] 审查期间,检察官获得了来自包括英国政府在内的各方的全面合作。检察官正在完成对事实和法律的全面分析,并将判断是否有合理理由相信所指控的罪行属于《规约》属事管辖之内。[③]

阿富汗情势

检察官于2007年公开了对阿富汗情势的初步审查。2016年,检察官认定有合理理由相信塔利班及其盟友哈卡尼组织(Haqqani Network)涉嫌犯有危害人类罪和战争罪。其中,阿富汗政府军和美军均涉嫌犯有酷刑、虐待等战争罪。[④] 上述罪行的发生地不仅包括阿富汗所有34个省份,也包括位于波兰、立陶宛、罗马尼亚等国的美国中情局辖下的秘密关押基地。[⑤]

在可受理性方面,检察官对处理相关人员的国内程序进行了梳理。2016年8月,两名哈卡尼组织高官遭到起诉并被定罪。但具体因何行为而定罪,并不清楚。除此之外,未见其他反政府领导人或这些罪行的资助者、组织者受到调查或追诉。[⑥] 阿富汗政府迄今只对少数政府军所犯罪行展开了调查。自2008年起,检察官办公室多次向阿富汗当局询问进展,而阿政府并未提供任何信

① Preliminary Examination Report 2016, para. 77.

② Ibid., paras. 87 – 97.

③ Ibid., para. 107.

④ Ibid., para. 198.

⑤ Ibid., para. 199.

⑥ Ibid., para. 215.

息。[①] 美军方面,检察官认为大部分调查与起诉都与其在伊拉克的虐囚行为有关,而与在阿富汗的行为有关的调查数量很少。据报道,波兰、罗马尼亚和立陶宛也正在对相关行为展开刑事调查。[②] 检察官将继续依据《规约》第 51 条第 1 款进行评估,最后决定是否向预审分庭提出正式调查申请。

加蓬情势

2016 年 9 月 20 日,加蓬民主共和国向法院检察官办公室提交情势,要求法院调查自 2016 年 5 月起与加蓬选举有关的罪行,[③]尤其是反对党领袖让·平(Jean Ping)及其支持者涉嫌煽动种族灭绝罪及其他危害人类罪的行为。[④] 同月 29 日,检察官宣布就该情势展开初步审查。[⑤] 2016 年 12 月 15 日,让·平的律师向法院递交了一批证据材料,要求法院同时调查加蓬政府选举期间涉嫌违反《规约》的行为。[⑥] 检察官目前已对此情势展开事实和法律上的评估。

五、其他重要事件

古究罗赔偿申请遭拒(刚果情势)

2015 年 2 月,上诉庭驳回检方上诉,确认了审判分庭对古究

① Preliminary Examination Report 2016, para. 217.

② OTP Preliminary Examination Report 2016, paras. 219 – 224.

③ Republic of Gabon, "Requete aux fins de renvoi d'une situation par un etat partie aupres du procurur de la cour penale internationale", 20 September 2016.

④ OTP Preliminary Examination Report 2016, para. 70.

⑤ ICC OTP, "Statement of the Prosecutor of the International Criminal Court, FatouBensouda, concerning referral from the Gabonese Republic", 29 September 2016.

⑥ Press Release, "Crime Against Humanity Committed in Gabon by Security Forces / Communication filed at the International Criminal Court", 15 December 2016 (available at http://jeanping. org/press-release-crimes-against-humanity-commited-in-gabon-by-security-forces-communication-filed-at-the-international-criminal-court/).

罗(Mathieu Ngudjolo Chui)的无罪判决。[①] 古究罗随即向法院提出了赔偿请求。2015 年 12 月 16 日,该请求被第二审判分庭驳回。[②]

古究罗请求赔偿的主要依据是《规约》第 85 条第 1 款和第 3 款。第 1 款规定:"任何遭受非法逮捕或羁押的人,应有可以执行的得到赔偿的权利。"第 3 款规定:"在特殊情况下,如果本法院发现决定性事实,证明存在严重、明显的司法失当情事,本法院可以酌情根据《程序和证据规则》规定的标准,裁定赔偿已经因最后被判无罪,或因上述理由终止诉讼而或释放的人。"

分庭认为,被告被判无罪本身不意味着逮捕或羁押违法,也不意味着严重、明显的司法失当情势存在。[③] 在依次检查了逮捕令的签发、调查期间个人权利的保障、检方的调查方式、与卡堂加的并案决定、确认指控决定和无罪判决后,分庭认为并不存在应当得到赔偿的情形,并依此驳回了被告的诉求。

卡堂加于刚果再次受审

2015 年 11 月 13 日,上诉庭依法复核卡堂加刑期,并决定将其缩短 3 年 8 个月。[④] 依此决定,卡堂加应于 2016 年 1 月 18 日刑满释放。2015 年 12 月 19 日,卡堂加被移送至刚果民主共和国境内

---

① Ngudjolo,"Judgment pursuant to article 74 of the Statute",ICC – 01/04 – 02/12 – 3 – tENG,18 December 2012;"Judgment on the Prosecutor's appeal against the decision of Trial Chamber II entitled 'Judgment pursuant to article 74 of the Statute'",ICC – 01/04 – 02/12 – 271,27 February 2015.

② Ngudjolo,"Decision on the 'Requête en indemnisation en application des dispositions de l'article 85(1) et(3) du Statut de Rome'",ICC – 01/04 – 02/12 – 301 – tENG,16 December 2015.

③ 该决定 36 段至 49 段对什么是司法失当进行了解释。值得注意的是,分庭在第 46 段表示,即使司法失当(grave and manifest miscarriage of justice)的情况发生,被告也不享有得到赔偿的权利,法院对是否进行赔偿享有裁量权。

④ Katanga,"Decision on the review concerning reduction of sentence of MrGermain Katanga",ICC – 01/04 – 01/07 – 3615,13 November 2015.

的监狱完成最后刑期。然而,2016 年 1 月 13 日,刚果向国际刑事法院移交数份文件,表示要对卡堂加 2002 年至 2006 年所犯罪行进行国内审判。卡堂加随后向院长会议(Presidency)提出申请,要求其依《规约》第 108 条第 1 款对刚果的决定进行审查。该款规定:"在执行国受到羁押的被判刑人,不得因该人在被移送到执行国以前实施的任何行为而被起诉或受处罚或被引渡给第三国,除非本法院应执行国的请求,同意这种起诉、处罚或引渡。"

院长会议认为,判断刚果是否能对卡堂加进行国内审判,关键在于该审判是否违反了一罪不二审原则。刚果表示新审理的事项与此前不同。卡堂加则认为涉案行为是相同的,但其对"行为"的解读并未获得院长会议的支持。卡堂加又认为其公平审判权受到了侵犯。院长会议首先指出,法院不是人权法院,不应对此作出判定,又强调刚果方面已表示相关程序将严格依法进行。加之,刚果以书面形式承诺不会对卡堂加执行死刑。院长会议认为审判只要符合《规约》基本原则、且不影响法院的完整性(integrity)即可,故依据第 108 条第 1 款的规定,首肯了刚果对卡堂加的审判。①

卡堂加随后对该决定提出上诉。虽然《规约》和相关程序规则没有明文规定院长会议依第 108 条作出的决定可否上诉,但卡堂加认为该决定影响重大,与院长会议通常所作的行政性决定迥异,因此应当允许其接受复核。上诉庭则认为,如果《规约》的起草者希望上诉庭能够复核该决定,《规约》的语言就会更清晰;既然现状并非如此,起草者就并无此意。② 上诉庭最终认为该上诉

---

① Katanga, "Decision pursuant to article 108(1) of the Rome Statute", ICC - 01/04 - 01/07 - 3679, 7 April 2016, paras. 20, 21, 25, 28, 31.

② Art 108(1) Appeal Decision, para. 13.

不可受理。[①]

尽管如此,上诉庭仍在决定中表示《规约》应该作出更详细的规定,允许上诉庭复核院长会议就国内审判作出的决定。上诉庭呼吁缔约国大会就这一条款的修订展开讨论。[②]

第一预审分庭授权检察官调查格鲁吉亚情势

2016 年 1 月 27 日,法院第一预审分庭授权检察官调查格鲁吉亚情势。[③] 预审分庭认为,有迹象显示 2008 年 7 月 1 日至 10 月 10 日,格鲁吉亚与俄罗斯之间发生了国际性武装冲突。由于两军于 8 月 8 日至 12 日发生交火,之后俄军占领格鲁吉亚领土,所以 8 月 8 日之后的冲突属于国际性武装冲突,并无争议。至于此前的冲突,鉴于有诸多迹象显示俄军当时已经对南奥赛梯部队实施了全面控制,分庭认为交火前的冲突也可能被定性为国际性武装冲突。[④]

分庭随后考虑了该情势下的潜在案件是否可以受理。判断标准集中在补充性管辖原则和案件严重性是否得到满足。在补充性管辖方面,分庭分别考虑了南奥赛梯、格鲁吉亚和俄罗斯三方的调查进展。分庭认为,由于南奥赛梯不是国际法下的国家,任何由南奥赛梯的事实政权主导的进程都不满足《规约》第 17 条的要求,导致案件不可受理。[⑤] 格鲁吉亚方面,当局在 2008 年到 2014 年间展开了一些调查。然而由于被占领区动荡不安,针对平民的暴力行为时有发生,进一步调查不太可能。法院认为,由于格鲁吉亚当局

---

① Katanga, "Decision on the admissibility of Mr. Katanga's appeal against the 'Decision pursuant to article 108(1) of the Rome Statute'", ICC - 01/04 - 01/07 - 3697, 9 June 2016("Art 108(1) Appeal Decision"), paras. 9, 12.

② Art 108(1) Appeal Decision, para. 16.

③ Georgia Situation, "Decision on the Prosecutor's request for authorization of an investigation", ICC - 01/15 - 12, 27 January 2016("Georgia Decision").

④ Georgia Decision, para. 27.

⑤ Ibid., para. 40.

现在束手无策,潜在案件具有可受理性。[①] 俄罗斯方面,针对强迫格鲁吉亚人离开南奥赛梯的事件,分庭认为其国内程序仅处理了部分法院可能受理的潜在案件,因此不禁止检察官对此采取正式调查。针对袭击俄维和人员的事件,俄罗斯的国内程序正在进行之中,法院因此认为这部分的潜在案件不可受理。[②]

另外,分庭认为,既然检察官不认为开启调查无助于实现正义,且受害人代表均对开启调查表示欢迎,分庭也没有理由认为开启调查将弊大于利。[③]

非洲三国宣布退约

在司法程序之外,法院今年还遭遇了一波退约风潮。南非、[④]布隆迪[⑤]和冈比亚[⑥]先后宣布退出《规约》。南非表示,继续作为法院缔约国将弱化其为推动非洲大陆的和平与安全做出的努力,而法院是否仍然能够体现《规约》提出的原则和价值也有待评估。布隆迪和冈比亚则未就退约一事做出解释。

此外,俄罗斯作为《规约》的签署国,于 2016 年 11 月撤回了签字。[⑦] 此举似在回应检察官两天前发布的初步审查报告中有关克里米亚问题的定性。[⑧] 虽然撤回签字在法律效果上对法院少有影响,但俄方在解释性声明中对法院的尖锐批评并非空穴来风,无疑

① Georgia Decision, para. 41.

② Ibid., paras. 42 – 50.

③ Ibid., para. 58.

④ C. N. 786. 2016. TREATIES – XVIII. 10.

⑤ C. N. 805. 2016. TREATIES – XVIII. 10.

⑥ C. N. 862. 2016. TREATIES – XVIII. 10.

⑦ Decree "On the intention not to become a party to the Rome Statute of the International Criminal Court".

⑧ See, e. g., OTP Preliminary Examination Report 2016, paras. 158; *c. f.*, Briefing by Foreign Ministry Spokesperson Maria Zakharova, "On the beginning of ICC's investigation of events in South Ossetia in August 2008", 29 January 2016.

让法院的舆论环境雪上加霜。[①]

六、结　语

客观而言,法院在2016年的工作量十分可观。但几乎困扰每起案件的证人干扰问题和年末的退约风波像两片飘在法院上空的乌云,在法院的实务和形象上都投下了一层阴影。法院未来能否有效运转,多少取决于缔约国能在多大程度上继续支持并维护法院。而缔约国尚未就法院将以何种形式正式启动对侵略罪的管辖达成一致,这一问题无论是解决还是僵持,都将对法院产生深远的影响。

① "Statement by the Russian Foreign Ministry", 2111 - 16 - 11 - 2016, 16 November 2016: "Unfortunately the Court failed to meet the expectations to become a truly independent, authoritative international tribunal. The work of the Court is characterized in a principled way as ineffective and one-sided in different for a, including the United Nations General Assembly and the Security Council. It is worth noting that during the 14 years of the Court's work it passed only four sentences having spent over a billion dollars."

特设国际刑事法庭 2016 年综述

陈加勤　宋　可　徐晋阳

一、国际刑事法庭余留机制(MICT)工作综述

(一)概述

国际刑事法庭余留事项处理机制(United Nations Mechanism for International Criminal Tribunals, MICT)于 2010 年 12 月 22 日由联合国安理会根据 1966(2010)号决议成立。其特点是"小型、临时、高效",旨在延续卢旺达国际刑事法庭与前南斯拉夫国际刑事法庭的管辖权、权利和义务及基本职能。2016 年余留机制已完成对 2015 年年底正式关闭的卢旺达刑庭的清算交接。前南刑庭的收尾工作正在进行中,余留机制与其密切合作,通过诸如检察官办公室共享工作人员等方式争取无缝衔接。2015 年 12 月 9 日,卢旺达刑庭起诉的一名被告拉迪斯拉·斯恩塔刚兹瓦(Ladislas Ntaganzwa)被逮捕,并于 2016 年 3 月 20 日由余留机制移交卢旺达。[①] 仍在逃的八名嫌疑人中,余留机制对其中三名有管辖权。

① Letter dated 17 May 2016 from the President of the International Residual Mechanism for Criminal Tribunals addressed to the President of the Security Council, p. 20, 17 May 2016.

目前,有四十例审判在十一个国家被执行,监禁条件由余留机制主席西奥多·梅龙(Theodor Meron)监督。余留机制的检察官、书记官分别由塞尔日·布拉默茨(Serge Brammertz)与奥卢费米·埃利亚斯(Olufemi Elias)担任,后者于2017年1月1日正式接替约翰·霍金(John Hocking)。

(二)司法实践

1. 朱维卡·斯坦尼斯基与弗兰克·司马多维奇案①

2008年7月10日,前南刑庭检察官办公室提交具体起诉书,起诉前塞尔维亚内政部国家安全局局长朱维卡·斯坦尼斯基(JovicaStanišić)及其副手弗兰克·司马多维奇(FrankoSimatović),指控其作为1991~1995年存在的共同犯罪集团的成员在克罗地亚及波黑境内犯有危害人类罪与战争罪。2013年5月30日,前南刑庭作出一审判决,认为检方没有"超越合理怀疑"地证明被告具有共同犯罪的意图以及其计划、教唆、帮助和实施了这些犯罪,宣告两位被告无罪。随后,检方提起上诉。2015年12月15日,上诉庭对该案作出判决。上诉庭认为分庭没有在审理被告犯罪意图之前审理该共同犯罪集团的犯罪行为及被告在集团中的作用,因此在确定被告是否满足共同犯罪集团的构成要件时适用法律错误;同时,在仔细回顾前南刑庭和卢旺达刑庭的判例以及习惯国际法后判定,上诉分庭认为成立教唆、帮助犯罪并不要求其教唆与帮助具有明确指向性,因此审判分庭在判定教唆、帮助犯罪需要具有明确指向时适用法律错误。据此,上诉庭判决重审朱维卡·斯坦尼斯基与弗兰克·司马多维奇案的所有指控。此案的重审被提交至余留机制,目前正在审前阶段。2016年12月召开了该案的庭前会议,由于控辩双方对证据范围、被告朱维卡·斯坦尼斯基的健康状况等存在分歧,目前尚不确定具体开庭时间,预计为2017年上

① Prosecutor v. JovicaStanišić & FrankoSimatović, MICT－15－96, IT－03－69.

半年。

2. 拉多万・卡拉季奇案①

2016 年 3 月 24 日,前南刑庭的第三审判分庭认定波黑塞尔维亚民主党创始人拉多万・卡拉季奇(Radovan Karadžić)犯有危害人类罪及战争罪,以及在 1995 年波黑斯雷布雷尼察镇犯有种族灭绝罪,判处其有期徒刑 40 年。审判分庭认为卡拉季奇通过参与四个共同犯罪集团犯有以下罪行:驱逐波黑塞族自立领土的波斯尼亚穆斯林与克罗地亚人;通过狙击与轰炸波黑首都萨拉热窝恐吓平民;劫持联合国人质迫使北约放弃空袭波黑境内塞族武装分子;以及 1995 年 7 月于斯雷布雷尼察镇种族清洗波斯尼亚穆斯林。

检方和被告方均对该判决提出上诉,该上诉案件交由余留机制审理。鉴于案件经历了长时间初审,有大量证据,以及案件史无前例的深度与广度,上诉庭应控辩双方要求延长了其提交诉状与答辩状的时间。② 预计该案能够在 2018 年年底审结完毕。

3. 沃伊斯拉夫・舍舍利案③

沃伊斯拉夫・舍舍利(Vojislav Šešelj)是塞尔维亚民族复兴党(后更名为塞尔维亚民族运动)的创始人,曾于 1991 年被任命为塞尔维亚激进党主席,是塞尔维亚议会成员。舍舍利被指控犯有三项危害人类罪及六项战争罪。在 2016 年 3 月 31 日的判决中,审判分庭认为检方没有充分证明存在共同犯罪集团。对于检方指控舍舍利通过演讲煽动犯罪,法庭认为这些演讲在民族冲突的背景下不排除是为了鼓舞士气,而非呼吁杀人;即使演讲中明确提到了对克罗地亚人的驱逐与强迫迁徙,检方也未证明演讲与犯罪之间存在因果关系。因此,审判分庭对其宣告无罪。2016 年 7 月,检方以审判分庭适用法律错误、认定事实不清为由提出上诉,此案被交由余留机制上诉庭审理。目前检方已提交二审起诉书,该案正

① Prosecutor v. RadovanKaradžić, MICT - 13 - 55, IT - 95 - 5/18.

② 卡拉季奇案初审进行了 499 天,共有 11481 份证据被法庭采纳,586 位证人作证。

③ Prosecutor v. Vojislav Šešelj, MICT - 16 - 99, IT - 03 - 67.

处于上诉诉前阶段,预计能在2018年年底审结完毕。

(三)其他实践

1.余留机制于2016年3月24日在海牙逮捕了法国女记者佛罗伦萨·哈特曼(Florence Hartmann)。逮捕的依据是2009年9月前南刑庭审判分庭判决哈特曼在著作中违法披露法庭内部信息,构成藐视法庭罪,对其罚款七千欧元。2011年7月由于被告迟迟未交罚款,上诉庭将判决改为七天监禁。2016年3月29日,鉴于被告的良好表现,余留机制主席决定剩余监禁不再履行,提前释放哈特曼。①

2.2016年2月8日,兹德拉夫科·托利米尔(ZdravkoTolimir)在位于荷兰海牙的联合国监禁处死亡;9月8日,余留机制主席向联合国安理会主席提交了关于托利米尔的死亡报告。②

3.2016年10月4日,余留机制上诉庭驳回让·尤文金迪(Jean Uwinkindi)关于撤销将其案件移交卢旺达国内司法机构的请求,维持阿鲁沙分支审判分庭于2015年10月22日作出的决定。③ 2016年7月8日,奥古斯坦·恩吉拉巴图瓦雷(Augustin Ngirabatware)基于新证据的发现请求法庭复审该案,并同时请求临时释放,但由于负责审理案件的法官之一艾登·塞法·阿凯(Aydin Sefa Akay)在土耳其政变后被土耳其当局指控违反宪法令,至今仍被监禁,无法履行其作为余留机制法官的义务,故恩吉拉巴图瓦雷案的复审尚未取得有效进展。④

---

① In the Case AgainstFlorence Hartmann, MICT – 15 – 87 – ES.

② Report to the President on the death of ZdravkoTolimir, MICT – 15 – 95 – ES, 9 September 2016.

③ Decision on an appeal concerning a request for revocation of a referral, MICT – 12 – 25 – AR14.1, 4 October 2016.

④ Letter dated 17 November 2016 from the President of the International Residual Mechanism for Criminal Tribunals addressed to the President of the Security Council, p. 9, 17 November 2016.

移交至卢旺达国内法庭的三个案件中,尤文金迪案正在上诉阶段,芒亚吉夏瑞(Munyagishari)案正在一审审理,恩塔甘齐瓦(Ntaganzwa)案正在审前阶段。另外,移交至法国的布西巴如塔(Bucyibaruta)案处于调查阶段,芒耶什雅卡(Munyeshyaka)案在法国预审法官驳回起诉后预计当事人将就该项裁决提出上诉。① 对于被移交至卢旺达和法国的案件,余留机制分别通过国际法律家委员会的肯尼亚分支与临时监测员进行监测,以定期报告的形式反映被监测案件的运行情况。

4. 2016 年,余留机制对《程序与证据规则》进行了完善,并修改了提交文件的方式,以及提议、考虑、公布《程序与证据规则》修正案的程序。此外,原书记官约翰·霍金就法庭文件的获取方式、对藐视法庭或伪证案中贫困被告以及其他自我辩护的贫困被告的补助等内容做出了新规定。②

二、前南斯拉夫问题国际刑事法庭(ICTY)工作综述

(一)概述

前南斯拉夫问题国际刑事法庭(International Criminal Tribunal for the Former Yugoslavia),简称前南刑庭,是根据联合国安理会第 827(1993)决议建立的特别法庭。在 2016 年里,前南刑庭作出了 1 项上诉判决,1 项初审判决。1 个案件中途终止诉讼,1 个案件转移到刑事法庭预留事项国际处理机制,2 个案件仍未结案(其中审判案件 1 个,上诉案件 1 个)。目前,6 名被告已经进入上诉

① Letter dated 17 November 2016 from the President of the International Residual Mechanism for Criminal Tribunals addressed to the President of the Security Council, p. 13, 17 November 2016.

② Ibid., pp. 6 – 7, 17 November 2016.

程序,4 名被告处于审判阶段。在所有的 161 名被起诉的个人中,法庭已经结束了对 154 人的审判,包括对 25 名因蔑视法庭被起诉的个人。虽然已无严重违背国际人道法的嫌疑人在逃,但是法庭对三位蔑视法庭罪的被告所签发的拘留状亟待被执行,这需要塞尔维亚政府的极力配合。①

法庭正在持续缩小规模,随着米可·斯坦尼斯基和斯多简祖皮加宁上诉案的宣判,三位上诉分庭的法官任期结束。在哈季奇案和舍舍利案结案后,更有 6 位法官陆续离职。2016 年 6 月后仅剩下 10 位法官。法庭计划于 2017 年年底结束工作,之后剩余工作将会交给刑事法庭余留事项国际处理机制。② 尽管职员各司其职,难以分身,高质量的工作人员也陆陆续续离开法庭来寻求更长期有保障的职位,法官们和法律援助小组已经采取了一系列的方法来尽量减少对姆拉奇案和皮理奇案判决准备时间的拖延,比如在起草阶段投入更多的人力资源。如何维持核心成员会是一个持续的挑战,这对现在案件的规模和复杂性无疑是至关重要的。③

(二)司法实践

1. 审判分庭

(1)哈季奇案(*Goran Hadžić*)

被告戈兰·哈季奇(Goran Hadžić)被指控在 1991 年 6 月 25

① Assessment and report of Judge Carmel Agius, President of the International Tribunal for the Former Yugoslavia, provided to the Security Council pursuant to paragraph 6 of Security Council resolution 1534(2004) covering the period from 18 May 2016 to 17 November 2016.

② Assessment and report of Judge Carmel Agius, President of the International Tribunal for the Former Yugoslavia, provided to the Security Council pursuant to paragraph 6 of Security Council resolution 1534(2004) covering the period from 17 November 2015 to 17 May 2016.

③ Assessment and report of Judge Carmel Agius, President of the International Tribunal for the Former Yugoslavia, provided to the Security Council pursuant to paragraph 6 of Security Council resolution 1534(2004) covering the period from 18 May 2016 to 17 November 2016.

日至1993年12月发生于克罗地亚和塞尔维亚地区的大规模暴乱中犯有战争罪及危害人类罪的14项具体罪行。审判分庭由Guy Delvoie、Burton Hall和Antoine Kesia - Mbe Mindua三位大法官组成。审判从2012年10月16日开始。但是,由于哈季奇的健康状态持续恶化,审判被迫中断,而且从2014年10月20日开始就没有再举行过听证会。2015年10月26日,审判分庭作出裁定,认为被告的健康状况不佳,应当中止庭审并延迟三个月。① 2016年3月24日,审判分庭认为被告完全不适合被继续审判,随着2016年7月12日被告的死亡,审判分庭在7月22日终止了对本案的审理。②

(2)姆拉迪奇案(*Ratko Mladic*)

拉特克·姆拉迪奇(Ratko Mladic)被指控于1992年5月12日至1995年11月30日对波斯尼亚和黑塞哥维那(以下简称"波黑")地区进行大规模种族屠杀,犯有严重的危害人类罪及战争罪。审判分庭由Alphons Orie、Christoph Flügge和Bakone Justice Moloto三位法官组成。审判从2012年5月16日开始,该案的证据阶段在2016年8月结束。

2016年7月4日,被告声称其得到公正审判的权利由于曾经参加哈季奇案审理的职员加入法庭而被侵犯,审判分庭作出决定,驳回了他的指控。③ 2016年10月4日,姆拉迪奇对7月4日审判分庭作出的这个决定提起中间上诉,④10月6日,法庭主席Agius

---

① *Prosecutor v. GoranHadžić*, Case No. IT - 04 - 75 - T, D31647 - D31602, Consolidated Decision on the Continuation of Proceedings, 26 October 2015, para. 69.

② *Prosecutor v. GoranHadži ć*, Case No. IT - 04 - 75 - T, D32729 - D32728, Order Terminating the Proceedings, 22 July 2016, para. 1.

③ *Prosecutor v. RatkoMladić*, Case No. IT - 09 - 92 - T, Decision on Defence Motion for a Fair Trial and the Presumption of Innocence or, in the Alternative, a Mistrial, 4 July 2016, paras. 1, 26 - 27.

④ *Prosecutor v. RatkoMladić*, Case No. IT - 09 - 92 - AR73. 6, Interlocutory Appeal Brief Challenging the Decision of the Trial Chamber on the Defense Motion for a Fair Trial and Presumption of Innocence, 4 October 2016.

指派上诉分庭组成合议庭审理被告的中间上诉。[①] 10 月 10 日,被告又提起了对这个合议庭当中 Carmel Agius、Fausto Pocar 和 Theodor Meron 三位法官的回避申请,刘大群法官被任命为回避案件的主审法官,驳回了被告的对三位法官的回避申请。[②]

2016 年 11 月 30 日,庭审双方都提交完最终诉状和在法庭展示完最终答辩。[③] 此后,审判分庭会全力投入到审议和对判决的书写中,预计判决书将会在 2017 年 11 月出台。[④]

(3)约伊奇案(*Jojić et al.*)

约伊奇蔑视法庭案(*Jojić et al.*)中,被告 Petar Jojić, Jovo Ostojić和 Vjerica Radeta,每个人被指控犯有四项法庭蔑视罪,这与他们在舍舍利案(*Vojislav Šešelj*)中所犯的对证人的恐吓罪行有关。代替起诉的最初决议在 2012 年 10 月 30 日作出,同一天法庭之友检察官被调任起诉此案。直到 2015 年 12 月 1 日,约伊奇案的诉讼程序都是机密的。因此,如果要预计该案的准确启动时间和长度是不大可能的。如果拘留状没有很快生效,那么安理会可能就要尽快讨论让这个案子得以在 2017 年 11 月之前结束的方

---

① *Prosecutor v. RatkoMladić*, Case No. IT – 09 – 92 – AR73. 6, Order Assigning Judges to a Case before the Appeals Chamber, 6 October 2016, p. 1; *Prosecutor v. RatkoMladić*, Case No. IT – 09 – 92 – AR73. 7, Order Assigning Judges to a Case before the Appeals Chamber, 6 October 2016, p. 1.

② *Prosecutor v. RatkoMladić*, Case No. IT – 09 – 92 – AR73. 6, Decision on RatkoMladić's Motion for Disqualification of Judge Carmel Agius, 26 October 2016, para. 26; *Prosecutor v. RatkoMladić*, Case No. IT – 09 – 92 – AR73. 6, Decision on RatkoMladić's Motion for Disqualification of Judge FaustoPocar, 26 October 2016, para. 25; *Prosecutor v. RatkoMladić*, Case No. IT – 09 – 92 – AR73. 6, Decision on RatkoMladić's Motion for Disqualification of Judge Theodor Meron, 26 October 2016, para. 24.

③ Press, "Closing Arguments in the Trial of RatkoMladić to Commence on 5 Deember 2016", 30 November 2016, http://www.icty.org/en/press/closing-arguments-in-the-trial-of-ratko-mladić-to-commence-on-5-december – 2016(最后访问日期:2017 年 2 月 1 日)。

④ Assessment and report of Judge Carmel Agius, President of the International Tribunal for the Former Yugoslavia, provided to the Security Council pursuant to paragraph 6 of Security Council resolution 1534(2004) covering the period from 18 May 2016 to 17 November 2016.

法。但是本案中，塞尔维亚政府并没有执行法庭下达的拘留状。2016 年6 月 8 日，法庭主席在安理会的演讲中提出，塞尔维亚并没有履行逮捕和转交被告的义务，也未履行坐落于贝尔格莱德的最高法院战争罪法庭作出的决定，这体现了它与法庭之间合作的倒退。法庭表示，从 2016 年 8 月 2 日开始，审判分庭会指示塞尔维亚履行前南刑庭规约第 29 条的义务。① 法庭提醒塞尔维亚其有履行安理会决议和法庭规约的职责，该义务优先于塞尔维亚的国内法。②

（4）舍舍利案（*Vojislav Šešelj*）

沃伊斯拉夫·舍舍利（Vojislav Šešelj）的初审判决在 2016 年 3 月 31 日作出。被告面临 9 项危害人类罪和战争罪的指控：三项是关于危害人类罪（迫害、驱逐人口和强制转移的非人道行为），五项是关于战争罪（谋杀、酷刑、破坏公物、故意毁坏宗教或教育的机构、抢夺公共或私人财物）。他被指控于 1991 年 8 月至 1993 年 9 月期间直接参与、煽动、帮助和教唆塞尔维亚武装所犯下的罪行，并通过加入一个共同犯罪集团成为武装部队的一分子。2016 年 3 月 31 日，审判分庭作出了判决，其中包括对 8 项理由的多数决定和一项理由的全体一致决定。判决书超过了 100 多页，包括了两个附录、一个 Antonetti 法官的并存意见、一份 Niang 法官的声明和 Lattanzi 法官的部分异议意见。法庭大多数意见认为，检察官并不能证明被告在克罗地亚和波黑地区有针对非塞族人民的大规模、系统的攻击，证据也无法证明在敌人军事力量和平民成分之间有武装冲突等，最后舍舍利被宣告无罪释放。③ 检察官办公室

---

① *Prosecutor v. Jojić et al.*，IT – 03 – 67 – R77.5，Decision in Relation to the Cooperation of the Government of the Republic of Serbia with the Tribunal，2 August 2016，paras. 10 – 11.

② *Prosecutor v. Jojić et al.*，IT – 03 – 67 – R77.5，D738 – D733，Decision in Relation to the Cooperation of the Government of the Republic of Serbia with the Tribunal，1 August 2016，para. 8.

③ *Prosecutor v. Vojislav Šešelj*，Case No. IT – 03 – 67 – T，Judgement Volume1，31 March 2016，paras. 192，196，pp. 109，110.

充分理解许多被害人和社群对这个判决的失望,因此余留机制的检察官办公室会对原审判决提起上诉。①

2. 上诉分庭

(1)已审结案件:米可·斯坦尼斯基和斯多简祖皮加宁案(*Stanišić and Župljanin case*)

米可·斯坦尼斯基和斯多简祖皮加宁案(*Staniši ć and Župljanin case*)在2015年12月16日举行了庭审,现在已经审结,并在2016年6月30日按时宣判。被告被指控在1991年到1995年在塞尔维亚"Krajina"等自治区内加入了共同犯罪集团,并实施了对大部分的非塞族族群的谋杀、驱逐出境和其他非人道行为。此外,被告在犯罪集团中担任的是计划、指示、帮助和教唆的角色,抑或是准备和执行上述罪行。首先,审判分庭认为被告并不能对共同犯罪集团犯下的罪行负责,也就是说不能排除合理怀疑认为被告具备了共同犯罪集团责任的心理条件。其次,审判分庭还发现无法排除合理怀疑认为被告计划或指示了这些罪行。最后,审判分庭宣告无罪。检方对此提起上诉,2015年7月6日,上诉分庭听取了双方的口头答辩。上诉庭由Carmel Agius、刘大群、Christoph Flügge、Fausto Pocar和Koffi Kumelio A. Afanđe五位法官组成。上诉分庭认为,审判分庭在共同犯罪集团的犯罪责任的主要构成要件上错误地适用了法律和提供合理的论证,也就是说帮助犯和教唆犯的行为不需要特定的指向所要帮助的犯罪集团。于是,上诉分庭撤销了审判分庭作出的无罪判决,驳回了案件双方各自的上诉请求,作出了重审此案的决定,此后该案转到了国际刑事法庭余留机制下管辖。②

---

① Assessment and report of Judge Carmel Agius, President of the International Tribunal for the Former Yugoslavia, provided to the Security Council pursuant to paragraph 6 of Security Council resolution 1534(2004) covering the period from 17 November 2015 to 17 May 2016.

② *Prosecutor v. JovicaStaniši ć and FrankoŽupljanin*, Case No. IT – 03 – 69 – A, Judgement, 9 December 2015, para. 131.

(2)未审结案件:加兰克·皮理奇案(*JadrankoPrlić et al.*)

该案件的概述已经在2015年5月29日结束,但是预计的上诉判决发布时间仍然是2017年11月。上诉法庭由Carmel Agius、刘大群、Fausto Pocar、Theodor Meron和Bakone Justice Moloto几位法官构成。这是法庭有史以来最为庞大的上诉案件,一共有7项上诉(包括六位被告的各自上诉和检察官办公室的上诉),172项上诉理由,12,197页的上诉书和超过2000多页的审判分庭的判决书。[①]

此外,2006年审判分庭曾经同意了本案中的共同被告之一索伯丹·普拉杰克(Solbodan Praljak)对法律援助辩护律师的申请,[②]但在2012年8月22日,注册处认为普拉杰克不符合申请法律援助的要求,他自己就可以担负律师费。因此注册处撤销了对普拉杰克辩护律师的任命,并认为普拉杰克应当归还法庭所有法律援助的费用。[③] 从2014年3月13日开始,上诉分庭命令普拉杰克在90天内归还法庭价值2,807,611.19欧元的法律援助,要么在90天内还清,要么在三年内每月分期付款,并且多交至少10%的付款。[④] 但直到29个月之后,普拉杰克既没有全额归还,也没有选择分期付款。2016年10月26日,法庭要求他在30天内全部归还所有法律援助的费用,或者在一年内分期付款,并在30天内先交至少10%,之后平均每个月交210,570.84欧元。[⑤]

---

① Assessment and report of Judge Carmel Agius, President of the International Tribunal for the Former Yugoslavia, provided to the Security Council pursuant to paragraph 6 of Security Council resolution 1534(2004) covering the period from 18 May 2016 to 17 November 2016.

② *Prosecutor v. Prlić et al.*, Case IT-04-74-PT, Decision on Assignment of Defence Counsel, 15 February 2006(public with confidential Annex), para. 12, p. 7.

③ Registra's Decision on Means, pp. 6-7.

④ *Prosecutor v. Prlić et al.*, Case IT-04-74-A, A866-A858, 13 May 2014, Order on the Registrar's Application Pursuant to Rule 45(E) of the Rules, para. 24.

⑤ *Prosecutor v. Prlić et al.*, Case IT-04-74-A, A21098-A21094, 26 October 2016, Order concerning non-receipt of Funds, p. 2.

三、黎巴嫩问题特别法庭(STL)工作综述

(一)概述

2006年3月29日,联合国安理会通过第1664(2006)号决议,规定黎巴嫩问题特别法庭(Special Tribunal for Lebanon, STL)是通过联合国和黎巴嫩以协定的方式得以建立的混合刑事法庭。[①] 2007年5月30日,联合国安理会通过作出第1757号决议公布特别法庭规约,该规约于2007年6月10日生效。[②]

法庭的初始职责是审判2005年2月14日的针对黎巴嫩前总统拉菲克哈里里袭击事件的所有责任人。法庭于2009年3月1日开始正式运作,其最初设定的运作期间是3年。[③] 但运作期间已实际上超过其最初设定,并将会一直持续运作到其完成工作为止。[④] 法庭在审判程序上的最大特点是其2014年开始进行的缺席审判。2016年度,法庭分别作出两起蔑视法庭罪案件上诉阶段和初审阶段判决(被告最终没有提出上诉)。此外,阿亚什案

---

① 混合刑事法庭是介于国际刑事法庭和国内刑事法庭之间的一种法庭组织形式。在设立黎巴嫩问题特别法庭上,安理会一方面考虑到一个纯粹的国内法庭不能有效完成对犯罪者的定罪量刑;另一方面基于对过往刑事审判经验的考虑,黎巴嫩作为利益相关国应参与到法庭的建立和运作之中才能实现法庭有效运作及对审判的执行。因此,针对黎巴嫩情势,应建立介于两者之间的混合刑事法庭以进行刑事管辖。See Report of the Secretary-General pursuant to paragraph 6 of resolution 1644(2005). UN Doc. S/2006/176, 21 March 2006, p. 6.

② 该决议经过10票赞成(比利时、刚果、法国、加纳、意大利、巴拿马、秘鲁、斯洛文尼亚、英国和美国),5票弃权(中国,印度尼西亚,卡塔尔、俄罗斯联邦、南非),无国家投反对票。由比利时、法国、意大利、斯洛文尼亚、英国和美国签署了决议草案(UN. Doc. S/2007/315)。

③ See UN Resolution 1757(2007), S/RES/1757(2007), Annex-Agreement between the United Nations and the Lebanese Republic on the establishment of a Special Tribunal for Lebanon, Article 21(1).

④ Ibid., Article 22(1).

(Ayyash case)在持续审理之中,上诉庭作出了一个程序性裁决,判定了在缺席审判中被告死亡的证明标准。在立法上,法庭通过对《法庭程序和证据规则》(Tribunal's Rules of procedures and Evidence,RPE)的修正案。该修正案微调了法庭程序和证据规则,旨在进一步提高并简化法庭程序。

(二)司法实践

1. 阿贾德案蔑视法庭罪上诉阶段判决

2012 年 8 月,黎巴嫩阿贾德(Al Jaeed)电视台播放 5 段电视节目,其内容涉及泄露黎巴嫩问题特别法庭意图保密的法庭证人信息。并且,该电视节目接下来在互联网的传播涉嫌违反 2012 年 8 月 10 日初审法官作出的指令。

本案被告阿贾德和哈亚特(Al Khayat)当时是阿贾德电视台新闻和政治栏目的主管,检方分别以两项蔑视法庭罪名对其进行起诉。依据《黎巴嫩问题特别法庭程序和证据规则》规则 60bis,针对阿贾德和哈亚特明知且蓄意妨碍司法公正的行为对其进行起诉:

第一项指控:广播并发行关于阿亚什案中法庭意图保密的证人信息,导致法庭保护证人以及潜在证人所提供信息的公信力因而降低。

第二项指控:没有将关于阿亚什案中意图保密的证人信息从阿贾德电视台和 YouTube 上撤回,因而违反了 2012 年 8 月的初审法官作出的指令。

2015 年 9 月 18 日,初审法庭藐视法庭罪特别法官尼古拉莱蒂耶里(Nicola Lettieri)宣布判决,确认对阿贾德两项指控均不成立。推翻对哈亚特的第一项指控,确认哈亚特第二项指控成立。2015 年 9 月 28 日,初审法庭判处哈亚特以 10,000 欧元的罚金。阿贾德和哈亚特不服初审判决,并提出上诉。

2016 年 3 月 8 日,黎巴嫩问题特别法庭上诉庭对阿贾德和哈亚特的蔑视法庭案作出判决。[①] 判决附带两个独立意见及一个反对意见。[②] 在上诉庭判决中,法庭推翻了藐视法庭罪特别法官对哈亚特的第二项指控,因而撤销了原先对其做出的10,000欧元的罚金。[③] 上诉庭确认了哈亚特对第一项指控不负有罪责,并确认阿贾德在其两项指控中都是不负有罪责。[④]

2. 阿明和贝鲁特阿哈巴报社的蔑视法庭案判决

2016年7月15日,黎巴嫩问题特别法庭对阿明(MrIlbrahim Al Amin)和贝鲁特阿哈巴报社(Akhbar Beirut)蔑视法庭案做出判决。藐视法庭罪特别法官莱蒂耶里基于被告通过发布法庭在阿亚什案中试图保密的证人信息,明知且蓄意该行为会妨碍司法公正,最终导致法庭保护证人以及潜在证人所提供信息的公信力因而降低的行为,认定其构成妨碍司法公正罪。[⑤]

3. 阿亚什(Ayyash)案被告巴德尔丁(Badreddine)死亡的证据和程序问题

2016年5月31日和6月1日,审判分庭在检察官、被害人代

① STL, The appeals Panel, In the case against Al Jadeed [co.] S. A. L. /NEW T. V. S. A. L. (N. T. V.), Karma Mohamed Tahsin Al Khayat, STL-14-05/A/AP, 8 March 2016.

② Separate Opinion of Judge Ivana Hedlickova Concurring in Result, in STL-14-05/A/AP, pp. 95-96 and Separate Opinion of Judge Walid Akoum concurring in Result, in STL-14-05/A/AP, pp. 106-108; Partially dissenting opinion of Judge Janet Nosworthy, in STL-14-05/A/AP, pp. 97-105.

③ STL, The appeals Panel, In the case against Al Jadeed [co.] S. A. L. /NEW T. V. S. A. L. (N. T. V.), Karma Mohamed Tahsin Al Khayat, STL-14-05/A/AP, 8 March 2016, pp. 173.

④ STL, The appeals Panel, In the case against Al Jadeed [co.] S. A. L. /NEW T. V. S. A. L. (N. T. V.), Karma Mohamed Tahsin Al Khayat, STL-14-05/A/AP, 8 March 2016, pp. 106; STL, The appeals Panel, In the case against Al Jadeed [co.] S. A. L. /NEW T. V. S. A. L. (N. T. V.), Karma Mohamed Tahsin Al Khayat, STL-14-05/A/AP, 8 March 2016, paras. 107, 214.

⑤ STL, In the case against Akhbar Beirut S. A. L. Ibrahim Mohamed Ali Al Amin, STL-14-06/T/CJ, 15 July 2016, paras. 164-171.

理人及巴德尔丁辩护人的请求下,①审查各方提交的关于确定被告巴德尔丁死亡的相关证据。审判分庭6月1日做出中间性口头决定[附带布莱迪(Braidy)法官的独立意见]②,认定"并不相信已有证据达到必要证明标准能够证实巴德尔丁的死亡"。③

巴德尔丁辩护人主张审判分庭对"巴德尔丁的死亡证明标准"的决定错误,因此提出上诉。上诉分庭确认管辖权,并分别对原决定的事实和法律问题进行审查。④

上诉分庭首先确认,即便黎巴嫩特别问题法庭实行缺席审判程序,"法庭不能对一个已经死去的人行使管辖权。因此,如果法庭认定巴德尔丁确已死亡,法庭应当终止对该死去被告的所有司法程序。"⑤

---

① *STL Prosecutor v. Ayyash et al.*, STL - 11 - 01/T/TC, Transcript of 17 May 2016, paras. 2 - 3.

② *STL Prosecutor v. Ayyash et al.*, STL - 11 - 01/T/TC, Judge Braidy's Oral Dissent of 1 June 2016.

③ *STL Prosecutor v. Ayyash et al.*, STL - 11 - 01/T/TC, decision of 1 June 2016, p. 56. See also Judge Braidy's Oral Dissent, pp. 56 - 57.

④ 对法律错误的审查上,上诉分庭将采纳合理性标准(standard of reasonableness)进行审查:只有当审判分庭判定在当时情形下不能对争议判决进行合理性检验时,上诉分庭才可以完全予以替代审判分庭的判定。在进行上述审查时,一般情况下,上诉分庭应遵从审判分庭对事实的判定。进一步说,只有原判定的事实错误导致错误司法判决时,上诉分庭才可以推翻原来的事实判定。上诉分庭还确认:对直接证据和间接证据采用相同的合理性标准进行判定。See STL, Appeal Chamber, DECISION ON BADREDDINE DEFENCE INTERLOCUTORY APPEAL OF THE"INTERIM DECISION ON THE DEATH OF MR MUSTAFA AMINE BADREDDINE AND POSSIBLE TERMINATION OF PROCEEDINGS" *Prosecutor v. Ayyash et al.*, STL - 11 - 01/T/TC/AR126. 11, 11 July 2016, para. 27; See also STL, In the Case Against Al Jadeed [Co.] S. A. L. I New T. V. S. A. L. (N. T. V.) and Karma Mohamed Tahsin Al Khayat, STL - 14 - 05/A/AP, F0028, Public Redacted Version of Judgment on Appeal, 8 March 2016("Al Jadeed Appeal Judgment"), paras. 15 - 16.

⑤ STL, Appeal Chamber, DECISION ON BADREDDINE DEFENCE INTERLOCUTORY APPEAL OF THE "INTERIM DECISION ON THE DEATH OF MR MUSTAFA AMINE BADREDDINE AND POSSIBLE TERMINATION OF PROCEEDINGS" *Prosecutor v. Ayyash et al.*, STL - 11 - 01/T/TC/AR126. 11, 11 July 2016, para. 29.

(1)证明标准

①审判分庭采纳“高证明标准”

审判分庭认为,基于黎巴嫩特别问题法庭实行缺席审判本身就是对传统审判程序的跨越,因此,在法律上对被告死亡的证明必须采用“高证明标准”(high standard proof),高证明标准不必达到对被告定罪所需要的排除合理怀疑的程度。值得注意的是,审判分庭认为对证明标准的讨论至此便不再进行下去,判定“没有精确阐释该证明标准的必要。”①

②各方对“高证明标准”的争议

巴德尔丁辩护人提出上诉,认为审判分庭首先没有精确阐释其证明标准,并且在做出决定时,审判分庭亦没有弄清楚本案到底应适用什么样的证明标准,因而构成“重大过失”,②并导致其作出的决定在最重要论证环节缺乏明晰。③

检察官则在证明标准和程序问题两个方面对巴德尔丁辩护人的上诉进行反驳。在证明标准上,检察官认为巴德尔丁的辩护人并没有充分论证审判分庭在证据标准的适用上存在任何错误。并且,审判分庭选择不去精确阐释该证明标准的做法并不与其他法庭的相关实践相违背。④ 在程序问题上,检察官指出,即便审判分庭在证明标准上错误,从程序角度考虑,也应当首先将该事项退回

---

① *STL*, *Prosecutor v. Ayyash et al*, STL - 11 - 01/T/TC, Transcript of 2 June 2016, p. 34.

② *STL*, *Prosecutor v. Ayyash et al*, STL - 11 - 0l/T/AC/AR126. 11, F0001, Badreddine Interlocutory Appeal of the“Interim Decision on the Death of Mr Mustafa Amine Badreddine and Possible Termination of Proceedings”, 15 June 2016, para. 11.

③ *STL*, *Prosecutor v. Ayyash et al*, STL - 11 - 0l/T/AC/AR126. 11, F0001, Badreddine Interlocutory Appeal of the“Interim Decision on the Death of Mr Mustafa Amine Badreddine and Possible Termination of Proceedings”, 15 June 2016, paras. 12, 13.

④ *STL*, *Prosecutor v. Ayyash et al*, STL - 11 - 0l/T/AC/AR126. 11, F0001, Badreddine Interlocutory Appeal of the“Interim Decision on the Death of Mr Mustafa Amine Badreddine and Possible Termination of Proceedings”, 15 June 2016, para. 34; See also Prosecutor Appeal Response, paras. 14 - 22.

审判分庭作出决定,而并非由上诉法庭做出决定。[①]

被害人代理人认为初审判决并无明显法律错误,且本案情形下并无必要精确阐释证明标准。原因在于只有当审判分庭偏离当事人提议的必要证明标准或者提出一个全新的证明标准时,才有此必要,而本案不属于上述两类情形的任何一个。[②]

③上诉分庭推翻审判分庭对"高证明标准"的采纳

在证明被告死亡这一问题上,上诉分庭认为,虽然一个统一和毫无争议的证明标准在法庭规约以及过往判例中都没有得以明确阐明,[③]但并不代表法庭对证明标准"全然不知"。[④]

本案中,上诉分庭通过对书面文件以及讨论记录的详细分析,判定审判分庭其实是在对具体标准"全然不知"的情况下,对巴德尔丁是否确已死亡的事实做出判定的。[⑤] 虽然上诉分庭同意审判分庭提出的"高证明标准",且该标准不必达到对被告定罪的"排除合理怀疑"的程度,但是,审判分庭应进一步阐释所谓"高证明标准"的具体含义。遗憾的是,由于"高证明标准"在本案表述过

---

① See Prosecutor Appeal Response, para. 23.

② See LRV Appeal Response, paras. 2, 3.

③ See STL, Appeal Chamber, DECISION ON BADREDDINE DEFENCE INTERLOCUTORY APPEAL OF THE "INTERIM DECISION ON THE DEATH OF MR MUSTAFA AMINE BADREDDINE AND POSSIBLE TERMINATION OF PROCEEDINGS" *Prosecutor v. Ayyash et al.*, STL-11-01/T/TC/AR126.11, 11 July 2016, para. 37.

④ See STL, Appeal Chamber, DECISION ON BADREDDINE DEFENCE INTERLOCUTORY APPEAL OF THE "INTERIM DECISION ON THE DEATH OF MR MUSTAFA AMINE BADREDDINE AND POSSIBLE TERMINATION OF PROCEEDINGS" *Prosecutor v. Ayyash et al.*, STL-11-01/T/TC/AR126.11, 11 July 2016, para. 39.

⑤ See STL, Appeal Chamber, DECISION ON BADREDDINE DEFENCE INTERLOCUTORY APPEAL OF THE "INTERIM DECISION ON THE DEATH OF MR MUSTAFA AMINE BADREDDINE AND POSSIBLE TERMINATION OF PROCEEDINGS" *Prosecutor v. Ayyash et al.*, STL-11-01/T/TC/AR126.11, 11 July 2016, paras. 39-41.

于模糊,其最终并不能为审判分庭的决定提供任何指引。①

④上诉分庭提出相对可能性衡量标准

上诉分庭主张本案应适用相对可能性衡量标准(balance of probabilities),该标准是目前国际刑事法庭实践中唯一得以统一适用,且具体内容得到清楚阐释的证据标准。该证据标准曾在前拉斯拉夫刑庭的法庭实践中的得以运用,②并可适用于检验被告死亡相关的证据。同时,该证明标准的适用与黎巴嫩国内法并不冲突。③

相对可能性衡量标准要求现有证据满足"证实其主张事实成立的相对可能性更高"。④ 相对可能性衡量标准的具体含义应立足于特定案件,基于其特定事实和证据因素得以确立。⑤ 一般而言,证据所涉及的情形或特定判决所导致的后果越严重,相对可能

① See STL, Appeal Chamber, DECISION ON BADREDDINE DEFENCE INTERLOCUTORY APPEAL OF THE"INTERIM DECISION ON THE DEATH OF MR MUSTAFA AMINE BADREDDINE AND POSSIBLE TERMINATION OF PROCEEDINGS" *Prosecutor v. Ayyash et al.*, STL-11-01/T/TC/AR126.11, 11 July 2016, para. 42.

② See STL, Appeal Chamber, DECISION ON BADREDDINE DEFENCE INTERLOCUTORY APPEAL OF THE"INTERIM DECISION ON THE DEATH OF MR MUSTAFA AMINE BADREDDINE AND POSSIBLE TERMINATION OF PROCEEDINGS" *Prosecutor v. Ayyash et al.*, STL-11-01/T/TC/AR126.11, 11 July 2016, fn. 100 & 101.

③ See STL, Appeal Chamber, DECISION ON BADREDDINE DEFENCE INTERLOCUTORY APPEAL OF THE "INTERIM DECISION ON THE DEATH OF MR MUSTAFA AMINE BADREDDINE AND POSSIBLE TERMINATION OF PROCEEDINGS" *Prosecutor v. Ayyash et al.*, STL-11-01/T/TC/AR126.11, 11 July 2016, paras. 43-45.

④ The balance of probabilities standard requires satisfaction that, more probably than not, what is asserted is true. See, e. g., ICTR, Kajelijeli v. Prosecutor, ICTR-98-44A-A, Judgement, 23 May 2005, para. 294; ICTY, *Prosecutor v. Kvocka et al.*, IT-98-30/1-A, Decision on Review of Registrar's Decision to Withdraw Legal Aid from Zoran Zigic, 7 February 2003, para. 12; ICTY, *Prosecutor v. Delalic et al.*, IT-96-21-A, Judgement, 20 February 2001, para. 590.

⑤ See STL, Appeal Chamber, DECISION ON BADREDDINE DEFENCE INTERLOCUTORY APPEAL OF THE"INTERIM DECISION ON THE DEATH OF MR MUSTAFA AMINE BADREDDINE AND POSSIBLE TERMINATION OF PROCEEDINGS" *Prosecutor v. Ayyash et al.*, STL-11-01/T/TC/AR126.11, 11 July 2016, para. 44.

性衡量标准得以满足的门槛就越高。①

(2)程序问题

上诉分庭确立审判分庭适用了错误的证明标准并使其决定无效后,需要考虑程序上的问题:是将案件移交给审判分庭做出新的决定,还是由上诉分庭自身来推翻审判分庭决定。

上诉分庭承认审判分庭对案件本身的事实及证据等更加熟悉。但由于本案争议是"是否有充分证据支持被告巴德尔丁死亡",因此,上诉分庭与审判分庭一样,对该问题同样能胜任。并且,本案所涉及问题要求法庭迅捷地做出决定,上诉分庭基于对司法效率的考量,认为本案应由其自身做出决定。

(3)上诉庭决定

上诉分庭决定以相对可能性衡量标准对提交的证据进行整体性考量。② 在此基础上,上诉分庭对在2016年5月31日至6月1日期间提交的与证明巴德尔丁死亡相关的间接证据进行了检验,包括①死亡公告;②2016年5月13日的葬礼;③追悼会。③

综合上述因素,上诉分庭认为上述没有一个证据材料与"巴德

① See STL, Appeal Chamber, DECISION ON BADREDDINE DEFENCE INTERLOCUTORY APPEAL OF THE "INTERIM DECISION ON THE DEATH OF MR MUSTAFA AMINE BADREDDINE AND POSSIBLE TERMINATION OF PROCEEDINGS" *Prosecutor v. Ayyash et al.*, STL - 11 - 01/T/TC/AR126. 11, 11 July 2016, para. 44; See also Kvocka et al. Appeal Decision, para. 12; ICTY, Prosecutor v. Delalic et al., IT - 96 - 21 - T, Judgement, 16 November 1998, paras. 602 - 603.

② 法庭特别指出,整体性考量避免了对证据进行单个考量的情形下,将单个证据的证明力明显扩大或低估的情形。值得注意的是,分庭在做事实性决定时,并不必要对每一个证据都予以援引,而只要保证在分庭对所有呈送给它的证据都进行考量,且并没有完全忽视任何一个特定的证据。See STL, Appeal Chamber, DECISION ON BADREDDINE DEFENCE INTERLOCUTORY APPEAL OF THE "INTERIM DECISION ON THE DEATH OF MR MUSTAFA AMINE BADREDDINE AND POSSIBLE TERMINATION OF PROCEEDINGS" *Prosecutor v. Ayyash et al.*, STL - 11 - 01/T/TC/AR126. 11, 11 July 2016, para. 50.

③ See STL, Appeal Chamber, DECISION ON BADREDDINE DEFENCE INTERLOCUTORY APPEAL OF THE "INTERIM DECISION ON THE DEATH OF MR MUSTAFA AMINE BADREDDINE AND POSSIBLE TERMINATION OF PROCEEDINGS" *Prosecutor v. Ayyash et al.*, STL - 11 - 01/T/TC/AR126. 11, 11 July 2016, pp. 17 - 21.

尔丁已经死亡”这一结论相背离。[①] 并通过相对可能性衡量标准对证据进行整体性检验,上诉分庭推翻了审判分庭的结论,认为现有证据足以证明“巴德尔丁确已死亡”这一事实。[②]

4. 立法修正案

2016 年 3 月 18 日,黎巴嫩问题特别法庭法官在全体会议上,通过对《法庭程序和证据规则》的几个修正案。修正案微调了法庭程序和证据规则,旨在提高并简化法庭程序。

修正案为请求第 133 条项下“保护受害者和证人的措施”提供更为简单的途径;为分庭审查先前法庭判决提供更为直接的程序;[③]并简化了上诉程序。[④] 修正案还审校了规则的三种语言的文本以使其在语法和编辑上保持一致。[⑤] 规则第 5 条(H)项规定修正案在颁布 7 天后,即 2016 年 3 月 25 日生效。[⑥]

5. 黎巴嫩问题特别法庭人事变动

2016 年 7 月 4 日,上诉法庭法官通过全体一致的表决方式,推选来自捷克斯洛伐克的伊凡娜哈德里科娃(Ivana Hrdlickova)法官为黎巴嫩问题特别法庭庭长,来自黎巴嫩的拉尔夫瑞阿奇(Ralph Riachi)法官为副庭长。自 2016 年 9 月 1 日起,其共有 18 个月的

---

① See STL, Appeal Chamber, DECISION ON BADREDDINE DEFENCE INTERLOCUTORY APPEAL OF THE "INTERIM DECISION ON THE DEATH OF MR MUSTAFA AMINE BADREDDINE AND POSSIBLE TERMINATION OF PROCEEDINGS" *Prosecutor v. Ayyash et al.*, STL – 11 – 01/T/TC/AR126. 11, 11 July 2016, para. 52.

② See STL, Appeal Chamber, DECISION ON BADREDDINE DEFENCE INTERLOCUTORY APPEAL OF THE "INTERIM DECISION ON THE DEATH OF MR MUSTAFA AMINE BADREDDINE AND POSSIBLE TERMINATION OF PROCEEDINGS" *Prosecutor v. Ayyash et al.*, STL – 11 – 01/T/TC/AR126. 11, 11 July 2016, para. 53.

③ 参见《法庭程序和证据规则》第 140 条。

④ 参见《法庭程序和证据规则》第 167 条、第 177 条、第 187 条。

⑤ 黎巴嫩问题特别法庭的三类作准语言分别为:英语,法语及阿拉伯语。

⑥ 修正后的《法庭程序和证据规则》文本参见 https://www.stl-tsl.org/en/documents/rules-of-procedure-and-evidence/rules-of-procedure-and-evidence-in-force/224 – rules-of-procedure-and-evidence。

任期。①

四、柬埔寨特别法庭(ECCC)工作综述

(一)概述

柬埔寨特别法庭(The Extraordinary Chambers in the Courts of Cambodia,ECCC)又称为"红色高棉特别法庭"(Khmer Rouge Tribunal),是基于2003年6月联合国与柬埔寨签订协议而成立的混合刑事法庭。其职责是对柬埔寨前"红色高棉"主要领导人在1975年4月17日至1979年1月7日期间犯下的种族灭绝、战争罪以及危害人类罪等罪行进行审判。时至今日,柬埔寨特别法庭正在审理5个独立的案件。

(二)司法实践

2016年法庭对从002号案件的指控中分离出来的002/01号案做出了判决。第002/01号案涉及审判前柬埔寨共产党副书记农谢(NuonChea),前民主柬埔寨国家元首乔森潘(Khieu Samphan)被控犯下的危害人类罪。2014年8月7日,审判分庭在判决中:

1. 判定农谢和乔森潘在1975年4月从金边强迫撤离人口(第一阶段)和1975年9月将人口强迫转移到其他地方期间(第二阶段)犯下的灭绝、屠杀、政治迫害和其他不人道行为的危害人类罪。

2. 判定农谢和乔森潘在菩萨省处决前高棉共和国士兵犯下的灭绝、屠杀和政治迫害的危害人类罪。②

---

① 庭长和副庭长的推选规则参见《黎巴嫩问题特别法庭规约》第8条第2款;《法庭程序和证据规则》第31条。

② ECCC, Trial Chamber, Case 002/01, Judgement, Case No. 002/19 - 09 - 2007/ECCC/TC, 7 August 2014, paras. 940, 1053.

3. 判处农谢和乔森潘终身监禁。[①]

对此,农谢和乔森潘分别依据 223 项和 148 项上诉基础,对审判分庭判决提出全面上诉,请求最高法院分庭推翻审判分庭的判决,并无罪开释被告。[②] 同时,共同检察官提出上诉,请求最高法院分庭作出确认性救济,[③]以确认适用最广义的共同犯罪集团第三类型(Joint Criminal Enterprise,JCE III)作为柬埔寨特别法庭应采纳的责任形式。[④]

2016 年 11 月 23 日,柬埔寨特别法庭最高法院分庭对上诉作出判决。判决维持了审判分庭对农谢和乔森潘在人口迁移期间(第一阶段)犯下屠杀、政治迫害和其他不人道行为的危害人类罪的判决,以及在人口迁移期间(第二阶段)犯下的屠杀和其他不人道行为的危害人类罪的判决。[⑤]

1. 针对原判决认定的人口迁移期间(第一阶段)灭绝的危害人类罪,最高法院分庭判决认定,审判分庭的判决在证明屠杀大规模人口的直接意图上未达到排除合理怀疑的证明标准,[⑥]因而推翻了审判分庭对农谢和乔森潘在人口迁移期间(第一阶段和第二阶段)犯下的危害人类罪项下的灭绝罪的判决。

2. 针对原判决认定的人口迁移期间(第二阶段)政治迫害的危害人类罪,最高法院分庭认定没有充足证据证明大多数被迁移

① ECCC,Trial Chamber,Case 002/01,Judgement,Case No. 002/19 - 09 - 2007/ECCC/TC,7 August 2014,paras. 1105 - 1107.

② NuonChea Defence Team,Notice of Appeal against the Judgment in Case 002/01,Case no:002/19 - 09 - 2007 - ECCC - SC,29 September 2014.

③ 确认性救济是指仅要求法庭对某一法律问题做出确认性判定,而确认本身不针对具体法律关系,因此不会产生任何直接法律后果。如本案中即是对共同犯罪集团第三类型在本案的可适用性进行确认。

④ Co-Prosecutor's Notice of Appeal of a Decision,Case No. 002/19 - 09 - 2007 - ECCC - SC,29 September 2014.

⑤ ECCC,Supreme Court Chamber,Case 002/01,Judgement,Case No. 002/19 - 09 - 2007 - ECCC/SC,22 November 2016.

⑥ Ibid. ,paras. 541,560.

者是政治上的“新人”，[①]而该迁移活动其实是始于经济利益方面的动机，因而也就不能在事实上认定迁移是歧视性的。据此，最高法院分庭推翻了审判分庭对该情势下政治迫害的反人类罪的认定。[②]

3. 针对原判决认定农谢和乔森潘在菩萨省屠杀前高棉共和国士兵犯下的灭绝、屠杀和政治迫害的危害人类罪，最高法院分庭确认1975年4月末至少有250名前红色高棉共和国士兵和官员在菩萨省被屠杀的事实。但最高法院分庭认定审判分庭的证据不足以合理地证实在屠杀事件发生时，有专门针对屠杀前红色高棉共和国士兵的政策。而且，大多数的证据由在法庭外作出的陈述构成，因此证明力低。此外，最高法院分庭确认有证据显示上述地毯式屠杀政策是否真实存在尚有疑问。因此，被告不需要为菩萨省的屠杀事件承担刑事责任。基于上述原因，最高法院分庭推翻了在审判分庭对农谢和乔森潘在菩萨省屠杀前高棉共和国士兵犯下危害人类罪项下的灭绝、屠杀和政治迫害罪。[③]

4. 针对原判决量刑，最高法院分庭考虑到：其一，量刑应考虑到被控犯罪的大规模特征；其二，被告完全忽视了柬埔寨人民，特别是最脆弱群体的最终命运；其三，被控犯罪并非是孤立事件，而是在一段时间内长期不断发生的事实；其四，被告在整个犯罪中扮演的重要角色。因而认定对两位被告判处终身监禁是适当的，最高法院分庭最终确认了审判分庭对被告的量刑。[④]

---

① “新人”(New People)是对前柬埔寨共产党阶级斗争对象的总称，包括高棉政府官员以及前柬埔寨共产党认定的知识分子、地主、资本家、封建主义阶层。See ECCC, Trial Chamber, Case 002/01, Judgement, Case No. 002/19 - 09 - 2007/ECCC/TC, 7 August 2014, para. 613 & fns 1923, 1925 - 1929.

② ECCC, Supreme Court Chamber, Case 002/01, Judgement, Case No. 002/19 - 09 - 2007 - ECCC/SC, 22 November 2016, paras. 705 - 706.

③ Ibid., para. 972.

④ ECCC, Supreme Court Chamber, Case 002/01, Judgement, Case No. 002/19 - 09 - 2007 - ECCC/SC, 22 November 2016, paras. 1120 - 1121.

5. 针对共同检察官请求关于共同犯罪集团第三类型的确认性救济,[①]最高法院分庭认同共同犯罪集团第三类型已频繁适用于其他国际性质的刑事法庭之中,并会在本庭程序中发挥作用。但最高法院分庭判定,虽然农谢和乔森潘案给本庭考虑共同犯罪集团的适用性问题提供了机会,但应放在未来诉讼程序中予以考虑,而现阶段尚不应予以考虑。[②]

五、科索沃特别法庭(KRSJI)工作综述

2015 年 8 月 3 日,科索沃议会修正了其宪法并通过了有关设立特别法庭及特别检察官办公室的法律。科索沃特别法庭(Kosovo Relocated Specialist Judicial Institution, KRSJI)属于科索沃司法体系的一部分,其职责是调查、起诉、审判任何在 2011 年欧盟调查报告中提及的在 1998 年至 2000 年科索沃战争中犯下的国际罪行,即危害人类罪、战争罪与调查报告中提及的其他具有跨国界性质的严重违反科索沃法律的罪行。[③]

虽然特别法庭与科索沃法院层级一一对应,但其有着与国内法院截然不同的特点。在其授权范围内,特别法庭能够与国家、国际组织等国际法主体签署协定,包括就办公场所、财产、档案的豁免事项等内容,也可以在征得科索沃政府同意后缔结有关司法合作的条约。法庭也可以使用科索沃政府与他国签订的司法互惠条约或基于互惠原则请求他国进行司法协助。此外,特别法庭还能

① Co-Prosecutor's Notice of Appeal of a Decision, Case no:002/19 – 09 – 2007 – ECCC – SC, 29 September 2014.

② ECCC, Supreme Court Chamber, Case 002/01, Judgement, Case No. 002/19 – 09 – 2007 – ECCC/SC, 22 November 2016, paras. 1142 – 1143.

③ Amendment of the Constitution of the Republic of Kosovo, No. 05 – D – 139, 3 August 2015; Law on Specialist Chambers and Specialist Prosecutor's Office, No. 05/L – 053, 3 August 2015.

与愿意接纳被告在当地服刑的国家签署协定。法庭的管辖权不受限于科索沃宪法中的大赦制度,刑罚也不能被宪法特赦。①

科索沃特别法庭的预算及审计由欧盟全权负责,独立于科索沃公共财政体系之外,且其不用遵守科索沃国内有关公共财政的立法。② 特别法庭的经费来自欧盟以及加拿大、挪威、瑞士、土耳其、美国。

由于法庭是科索沃司法体制的一部分,其办公场所、财产、档案以及人员,包括律师、专家、证人等,享有科索沃法律对欧盟科索沃法治特派团(EULEX)的豁免。法庭的办公场所、财产、档案等不受科索沃当局的搜查、收缴以及任何形式的干扰。基于安全及隐私考虑,所有文件属于法庭财产,不属于科索沃公共文件的一部分。文件将被存放于在科索沃领土之外的专门场所,科索沃政府无权调取。③

同时,科索沃特别法庭与其他混合法庭不同,其成立基础并非联合国决议或联合国与当事国签订的协议,而是科索沃的国内立法以及宪法修正案。法官全部由国际法官组成,法庭主席、书记官及检察官全由欧盟科索沃法治特派团(EULEX)总负责人任命。值得注意的是,尽管科索沃并非欧洲委员会的成员国,与科索沃战争有关的两个国家阿尔巴尼亚与塞尔维亚也不是欧盟的成员国,但该特别法庭是在欧洲委员会的发起下,由欧盟主导成立。联合国并未参与其形成与运作过程,因此科索沃特别法庭可以称之为第一例区域性的混合法庭。

2016 年科索沃特别法庭处于筹备阶段,尚未正式开始审理案件。在 2017 年 1 月 1 日科索沃与荷兰签订的东道主国协议生效前,法庭按照临时协议在荷兰海牙进行各项准备工作。2016 年 4

① Law on Specialist Chambers and Specialist Prosecutor's Office, No. 05/L - 053, 3 August 2015.

② Ibid.

③ Ibid.

月,菲德玛・堂伦(FidelmaDonlon)被任命为特别法庭的书记官,法庭工作正式运行。2016 年 9 月,大卫・斯温迪曼(David Schwendiman)被任命为检察官,标志着欧洲特别调查工作组(SITF)正式转变为科索沃特别检察官办公室。2016 年 12 月,叶卡捷琳娜・特伦达菲洛娃博士(Ekaterina Trendafilova)被任命为第一任主席,任期四年,从 2017 年 1 月开始。她同时担任特别审判庭最高法院首席大法官。十九位法官于 2017 年 2 月 8 日被任命,他们来自欧洲与北美国家。特别法庭主席即将主持召开第一次法官全体会议,商讨制定法庭的《程序与证据规则》,以便后续司法活动的顺利进行。

大陆架界限委员会对沿海国二百海里外大陆架划界案的审议

贾　宇*

根据《联合国海洋法公约》(以下简称《公约》)第76条,沿海国的大陆架包括其领海以外依其陆地领土的全部自然延伸,扩展到大陆边外缘的海底区域的海床和底土,如果从测算领海宽度的基线量起到大陆边的外缘的距离不到200海里,则扩展到200海里的距离。如果大陆边从领海基线量起超过200海里,沿海国应以下列两种方式之一划定大陆边的外缘:(1)以最外各定点为准划定界线,每一定点上沉积岩厚度至少为从该点至大陆坡脚最短距离的百分之一;(2)以离大陆坡脚的距离不超过60海里的各定点为准划定界线(在没有相反证明的情形下,大陆坡脚应定为大陆坡坡底坡度变动最大之点)。按照上述公式确定的大陆架外部界线各定点,不应超过从领海基线量起350海里,或不应超过2500米等深线100海里。在海底洋脊上的大陆架外部界限不应超过领海基线350海里,但本款规定不适用于作为大陆边自然构成部分的海台、海隆、海峰、暗滩和坡尖等海底高地。

---

* 国家海洋局海洋发展战略研究所研究员,国家领土主权与海洋权益协同创新中心副主任。

大陆架界限委员会(以下简称委员会)是根据《公约》附件二“大陆架界限委员会”成立的机构,由21名地质学、地球物理学或水文学方面的专家组成,由缔约国从其国民中选出。委员以个人身份任职,但缔约国应承担该委员在执行委员会职务期间的费用。

根据《公约》附件二第3条,委员会负责审议沿海国提出的关于扩展到200海里以外的大陆架外部界限的资料和其他材料,并按照《公约》第76条和1980年8月29日第三次联合国海洋法会议通过的“关于适用于像孟加拉湾南部这种特殊情况的特殊方法的谅解声明”提出建议;经有关沿海国请求,在编制上述资料时,提供科学和技术咨询意见。简言之,委员会对沿海国提交的200海里外大陆架划界案进行审议,并就有关划定大陆架外部界限的事项向沿海国提出做出认可、部分认可或否定的“建议”(recommendation)。沿海国在这些“建议”的基础上划定的大陆架界限应有确定性和拘束力。

委员会以小组委员会的方式执行职务。小组委员会由7名委员组成,负责审议具体的划界案,撰写“建议”草案,并提交委员会全体会议讨论、修改。“建议”由委员会递交给划界案的提交国和联合国秘书长。委员会每次届会后发布“关于委员会工作进展的主席说明”,简要通报本届会议的情况和取得的主要结论。委员会还在其网站上公布划界案“建议”的摘要。

截至2016年12月31日,委员会收到77个划界案,并对24个划界案提出了“建议”。① 南海周边国家中,印度尼西亚、菲律宾、越南和马来西亚,在2008～2009年相继提出了划界案。其中,越南和马来西亚联合提交了关于南海南部的200海里外大陆架划界案,越南提交了关于南海北部的划界案,菲律宾和印度尼西亚分别就宾汉海隆区块和苏门答腊岛西北提交了划界案。中国对越马联合划界案和越南划界案提出了反对意见。上述77个

① 参见:http://www.un.org/Depts/los/clcs_new/clcs_home.htm。

划界案中,还有其他划界案被有关国家以存在争端等原因提出反对意见。根据《大陆架界限委员会议事规则》(以下简称《议事规则》)附件一第5.(a)条的规定,委员会对有争端的划界案不予审议。[①]

2016年,委员会继续审议划界案。

(1)完成了对冰岛划界案、阿根廷划界案、乌拉圭划界案和库克群岛关于马尼希基海台划界案的"建议"。

(2)小组委员会完成了对挪威关于布韦岛和毛德皇后地划界案、南非大陆划界案、密克罗尼西亚联邦、巴布亚新几内亚和所罗门群岛三国关于翁通爪哇海台的联合划界案的"建议"草案,并提交委员会讨论。

(3)继续审议俄罗斯关于北冰洋的划界案(部分修订的划界案)、巴西关于南部区域的划界案(部分修订的划界案)、法国和南非关于克罗泽群岛和爱德华王子群岛地区的联合划界案、肯尼亚划界案、毛里求斯关于罗德里格斯岛划界案、尼日利亚划界案、塞舌尔关于北部海台区域的划界案。

(4)听取了科特迪瓦划界案、丹麦关于格陵兰南部大陆架的划界案、丹麦关于格陵兰东北部大陆架的划界案、丹麦关于格陵兰北部大陆架的划界案、法国关于圣皮埃尔和密克隆的划界案和索马里划界案的陈述。

(5)委员会第41届会议审查了按照收件顺序排列成为下一个待审议对象的划界案。包括:缅甸划界案、也门关于索科垂岛东南划界案、英国关于哈顿·罗卡尔区划界案、爱尔兰关于哈顿·罗卡尔区划界案、斐济划界案、马来西亚和越南联合提交的关于南海南部的划界案,以及越南关于南海北部的划界案。这些划界案在提

① 《大陆架界限委员会议事规则》附件一"在存在海岸相向或相邻国家间的争端或其他未解决的陆地或海洋争端的情况下提出划界案"第5.(a)条规定:如果已存在陆地或海洋争端,委员会不应审议和认定争端任一当事国提出的划界案。但在争端所有当事国事前表示同意的情况下,委员会可以审议争端区域内的一项或多项划界案。

出之后,有关国家提出了反对意见。鉴于没有收到使委员会得以审议这些划界案的新意见,委员会决定进一步推迟设立与上述划界案有关的小组委员会。

(6)鉴于存在异议、争端等情况,委员会第41届会议决定推迟审议帕劳划界案、法国关于圣皮埃尔和密克隆的划界案、索马里划界案。

(7)委员会就法国关于留尼汪岛和圣保罗和阿姆斯特丹群岛的部分划界案、科特迪瓦划界案和斯里兰卡划界案成立了新的小组委员会,各小组委员会分别对上述划界案进行审议。

值得一提的是,2016年召开的委员会第40届会议审议了阿根廷划界案并通过了委员会"建议"。阿根廷划界案包括了与英国存在领土主权争端的马尔维纳斯群岛(以下简称马岛,英国称"福克兰群岛")的200海里外大陆架,以及阿根廷依据其南极陆地领土主张的200海里外大陆架。鉴于英国对阿根廷划界案涉及马岛的部分提交过反对意见,美俄等国对阿根廷划界案中涉及南极的部分提出过反对意见,根据《议事规则》的相关规定,委员会决定对阿根廷划界案的上述部分不予审议。因此,委员会第40届会议通过的关于阿根廷划界案的建议,并不包括基于马岛和南极领土主张的外大陆架,更不涉及马岛的主权归属问题。①

① 参见:https://documents-dds-ny.un.org/doc/UNDOC/GEN/N09/536/21/PDF/N0953621.pdf?OpenElement。

沿海国提交的200海里外大陆架划界案情况简表

序号	国家	递交日期	全部、部分或联合划界案	作出建议日期	提出照会国家	备注
1	俄罗斯	2001－12－20	全部	2002－6－27	加拿大、丹麦、日本、挪威、美国	3块通过，1块提交修订划界案
1a	俄罗斯（鄂霍次克海）	2013－2－28	部分（修订划界案）	2014－3－11	日本	
1b	俄罗斯（北极海域）	2015－8－3	部分	审议中	丹麦、美国、加拿大	
2	巴西	2004－5－17，2006－2－1增编	全部	2007－4－4	美国	
2a	巴西（南部区域）	2015－4－10	部分（修订划界案）	审议中		
3	澳大利亚	2004－11－15	全部	2008－4－9	美国、俄罗斯、日本、东帝汶、法国、荷兰、德国、印度	澳请求委员会对涉南极部分暂不审议

续表

序号	国家	递交日期	全部、部分或联合划界案	作出建议日期	提出照会国家	备注
4	爱尔兰（波丘派恩深海平原区域）	2005-5-25	部分	2007-4-5	丹麦、冰岛	
5	新西兰	2006-4-19	部分	2008-8-22	斐济、日本、法国、荷兰、汤加	
6	法国、英国、爱尔兰和西班牙（凯尔特海和比斯开湾区域）	2006-5-19	联合	2009-3-24		
7	挪威（东北大西洋和北极区域）	2006-11-27	部分	2009-3-27	丹麦、冰岛、俄罗斯、西班牙	修正的北冰洋、巴伦支海和挪威海海域划界案建议
8	法国（法属圭亚那和新喀里多尼亚）	2007-5-22	部分	2009-9-2	瓦努阿图、新西兰、苏里南	法属圭亚那和新喀里多尼亚尔特地区划界案建议

续表

序号	国家	递交日期	全部、部分或联合划界案	作出建议日期	提出照会国家	备注
9	墨西哥（墨西哥湾西部多边形区域）	2007-12-13	部分	2009-3-31		
10	巴巴多斯	2008-5-8	部分	2010-4-15	苏里南、特立尼达和多巴哥、委内瑞拉	
10a	巴巴多斯（修订划界案）	2011-7-25	部分	2012-4-13	苏里南、特立尼达和多巴哥、委内瑞拉	
11	英国（阿松森岛）	2008-5-9	部分	2010-4-15	荷兰、日本	
12	印度尼西亚（苏门答腊岛西北）	2008-6-16	部分	2011-3-28	印度	

续表

序号	国家	递交日期	全部、部分或联合划界案	作出建议日期	提出照会国家	备注
13	日本	2008 – 11 – 12	部分	2012 – 4 – 19	美国、中国、韩国、帕劳	委员会不同意将四国海盆区块公式线以外的整片地区划归日本大陆架。在中韩反应照会中提出的冲之鸟礁法律地位问题得到解决之前，委员会不对以冲之鸟礁为基点主张的南九州帕劳洋脊区块采取行动
14	毛里求斯和塞舌尔（马斯克林海台）	2008 – 12 – 1	部分、联合	2011 – 3 – 30		

续表

序号	国家	递交日期	全部、部分或联合划界案	作出建议日期	提出照会国家	备注
15	苏里南	2008－12－5		2011－3－30	法国、特立尼达和多巴哥、巴巴多斯	
16	缅甸	2008－12－16		搁置	斯里兰卡、印度、肯尼亚、孟加拉国	
17	法国（法属安的列斯和凯尔盖朗群岛）	2009－2－5	部分	2012－4－19	荷兰、日本	
18	也门（索科垂岛东南）	2009－3－20		搁置	索马里	
19	英国（哈顿·罗卡尔区域）	2009－3－31	部分	搁置	冰岛、丹麦	
20	爱尔兰（哈顿·罗卡尔区域）	2009－3－31	部分	搁置	冰岛、丹麦	

续表

序号	国家	递交日期	全部、部分或联合划界案	作出建议日期	提出照会国家	备注
21	乌拉圭	2009－4－7	全部	2016－8－19	阿根廷	
22	菲律宾（宾汉海隆区域）	2009－4－8	部分	2012－4－12		
23	库克群岛（马尼希基海台）	2009－4－16	部分	2016－8－19	新西兰	
24	斐济	2009－4－20	部分	搁置	新西兰、瓦努阿图	
25	阿根廷	2009－4－21	全部	2016－3－11	英国、美国、俄罗斯、印度、荷兰、日本	涉马岛和南极部分未审议
25a	阿根廷（修订划界案）	2016－10－28	部分	等待审议		
26	加纳	2009－4－28	全部	2014－9－5	尼日利亚	

续表

序号	国家	递交日期	全部、部分或联合划界案	作出建议日期	提出照会国家	备注
27	冰岛（埃吉尔海盆区和雷克雅内斯海脊西部和南部）	2009－4－29	部分	2016－3－10	丹麦、挪威	
28	丹麦（法罗群岛以北区域）	2009－4－29	部分	2014－3－12	冰岛、挪威	
29	巴基斯坦	2009－4－30		2015－3－13	阿曼	
30	挪威（布韦岛和毛德皇后地）	2009－5－4	部分	审议中	美国、俄罗斯、印度、荷兰、日本	
31	南非（大陆领土）	2009－5－5	部分	审议中		
32	密克罗尼西亚、巴布亚新几内亚和所罗门岛（翁通瓜哇海台）	2009－5－5	部分联合	审议中		

续表

序号	国家	递交日期	全部、部分或联合划界案	作出建议日期	提出照会国家	备注
33	马来西亚和越南（南海南部）	2009－5－6	部分联合	搁置	中国、菲律宾、印度尼西亚	
34	法国和南非（罗泽群岛和爱德华王子群岛）	2009－5－6	部分联合	审议中		
35	肯尼亚	2009－5－6	全部	审议中	斯里兰卡、索马里	
36	毛里求斯（罗德里格斯岛）	2009－5－6	部分	审议中		
37	越南（南海北部区域）	2009－5－7	部分	搁置	中国、菲律宾	
38	尼日利亚	2009－5－7	全部	审议中	加纳	
39	塞舌尔（北部海台区）	2009－5－7	部分	审议中		

续表

序号	国家	递交日期	全部、部分或联合划界案	作出建议日期	提出照会国家	备注
40	法国（留尼汪岛和圣保罗和阿姆斯特丹群岛）	2009－5－8	部分	审议中		
41	帕劳	2009－5－8		推迟	菲律宾	
42	科特迪瓦	2009－5－8	部分	审议中	加纳	
43	斯里兰卡	2009－5－8		审议中	马尔代夫、印度、孟加拉国	
44	葡萄牙	2009－5－11	部分	等待审议	摩洛哥、西班牙	
45	英国（福克兰群岛、南乔治亚群岛和南桑威奇群岛）	2009－5－11	部分	等待审议	阿根廷	
46	汤加	2009－5－11	部分	等待审议	新西兰	
47	西班牙（关于加利西亚地区）	2009－5－11	部分	等待审议	摩洛哥、葡萄牙	

续表

序号	国家	递交日期	全部、部分或联合划界案	作出建议日期	提出照会国家	备注
48	印度	2009－5－11	部分	等待审议	缅甸、孟加拉国、阿曼	
49	特立尼达和多巴哥	2009－5－12		等待审议	苏里南	
50	纳米比亚	2009－5－12	全部	等待审议	—	
51	古巴	2009－6－1	部分	等待审议	美国、墨西哥	
52	莫桑比克	2010－7－7		等待审议	—	
53	马尔代夫	2010－7－26		等待审议	英国、毛里求斯	
54	丹麦（法罗・罗卡尔高原地区）	2010－12－2	部分	等待审议	冰岛	
55	孟加拉国	2011－2－25		等待审议	缅甸、印度	
56	马达加斯加	2011－4－9		等待审议		
57	圭亚那	2011－9－6		等待审议	委内瑞拉	

续表

序号	国家	递交日期	全部、部分或联合划界案	作出建议日期	提出照会国家	备注
58	墨西哥(墨西哥湾东部区域)	2011－12－19	部分	等待审议		
59	坦桑尼亚	2012－1－18		等待审议	塞舌尔	
60	加蓬	2012－4－10		等待审议	安哥拉、刚果	
61	丹麦(格林兰南部陆架区域)	2012－6－14		等待审议	加拿大、冰岛	
62	图瓦卢－法国－新西兰(托克劳),罗比海脊	2012－12－7		等待审议		
63	中国,东海	2012－12－14	部分	等待审议	日本	
64	基里巴斯	2012－12－24		等待审议	美国	
65	韩国	2012－12－26	部分	等待审议	日本	
66	尼加拉瓜	2013－6－24	部分	等待审议		
67	密克罗尼西亚	2013－6－24		等待审议		

续表

序号	国家	递交日期	全部、部分或联合划界案	作出建议日期	提出照会国家	备注
68	丹麦	2013-12-7		等待审议		
69	安哥拉	2013-12-14	全部	等待审议		
70	加拿大	2013-12-24	部分	等待审议	丹麦	
71	巴哈马	2014-2-6	部分	等待审议	美国	
72	法国（圣皮埃尔和密克隆）	2014-4-16	部分	推迟	加拿大	
73	汤加	2014-4-23	部分	等待审议		
74	索马里	2014-7-21	全部	推迟	坦桑尼亚、也门	
75	佛得角、冈比亚、几内亚、几内亚比绍、毛里塔尼亚、塞内加尔和塞拉利昂（毗邻西非海岸的大西洋区域）	2014-9-25	部分联合	等待审议		

续表

序号	国家	递交日期	全部、部分或联合划界案	作出建议日期	提出照会国家	备注
76	丹麦(格陵兰北部大陆架)	2014-12-15	部分	等待审议	挪威、加拿大	
77	西班牙(加纳利群岛西部区域)	2014-12-17	部分	等待审议		

资料来源:根据联合国海洋和海洋法网站资料整理,截至2016年10月28日。①

① http://www.un.org/Depts/los/clcs_new/commission_submissions.htm,最后访问日期:2017年2月7日。

国际海底管理局 2016年工作进展综述

张　丹*

2016年国际海底管理局（以下简称管理局）工作取得多方面进展。管理局核准了首批6个多金属结核勘探合同延期申请，有效保护了承包者对"区域"勘探矿区所享有的合法权益；核准了韩国提交的富钴结壳勘探矿区申请，管理局监督的勘探矿区数目增至28个；拟定了开发规章工作草案，开发规章的制定取得重要进展；对"区域"制度实施情况的首次定期审查有序推进，管理局履行和实施"区域"制度的职能和体制机制将得到发展和完善；主要机构换届选举顺利完成，管理局在促进"区域"制度发展方面将发挥更重要的作用。

一、首批多金属结核勘探合同延期申请获得核准

在管理局与承包者签订的15年勘探合同中，有7个关于多金

* 国家海洋局海洋发展战略研究所副研究员，"国家领土主权与海洋权益协同创新中心"战略所分中心研究员。

属结核的合同将在2016年3月至2017年3月到期。[①] 按照《联合国海洋法公约》(以下简称《公约》)和1994年《关于执行1982年12月10日〈联合国海洋法公约〉第十一部分的协定》(以下简称《执行协定》),勘探合同期满时,承包者有三种选择:一是申请进行开发,二是申请勘探合同延期,三是终止勘探合同、放弃对合同区的资源权利。2015年管理局第21届会议通过了《国际海底管理局理事会有关根据〈关于执行1982年12月10日联合国海洋法公约第十一部分的协定〉附件第1节第9段延长已核准勘探工作计划期限的程序和标准的决定》,[②]对勘探合同延期申请的形式和内容、延期申请的受理、法律和技术委员会(以下简称法技委)和理事会的审议等进行了详细的规定。

鉴于"区域"资源尚不具备商业开发的条件,包括中国大洋矿产资源研究开发协会在内的首批6个多金属结核勘探合同的承包者在2015年向管理局提交了勘探合同延期申请。[③] 法技委分别于2016年2月和7月举行了两期会议,审议通过了上述6项勘探合同延期申请,建议理事会予以核准,并建议上述承包者在5年延长期结束时"应准备好进入开发"。[④] 在2016年7月召开的管理局第22届会议上,理事会根据法技委的建议,核准了上述6项勘探合同延期申请。鉴于各方对是否应要求承包者在延长期结束时"应准备好进入开发"存在分歧,理事会最终在相关决定中弱化了

① 7个合同的承包者分别是:海洋地质作业南方生产协会、国际海洋金属联合组织、韩国、中国大洋矿产资源研究开发协会、日本深海资源开发有限公司、法国海洋开发研究所、印度。

② 国际海底管理局文件:《国际海底管理局理事会有关根据〈关于执行1982年12月10日联合国海洋法公约第十一部分的协定〉附件第1节第9段延长已核准勘探工作计划期限的程序和标准的决定》,ISBA/21/C/19(2015),第2~4页。

③ 提出勘探合同延期申请的6个承包者分别是:国际海洋金属联合组织、海洋地质作业南方生产协会、韩国、中国大洋矿产资源研究开发协会、日本深海资源开发有限公司、法国海洋开发研究所。

④ 国际海底管理局文件:《法律和技术委员会主席关于委员会2016年届会工作的报告》,ISBA/22/C/17(2016),第4页。

有关措辞,“邀请”承包者在延长期结束时“准备好进入开发”。

二、监管的勘探矿区数目持续增加

2016 年 5 月,管理局秘书长收到了韩国海洋和渔业部代表韩国政府提交的富钴结壳勘探申请。申请区域位于北马里亚纳群岛以东,总面积为 3000 平方公里,包括 150 个区块,分布在 9 座海山上。在管理局第 22 届会议上,理事会根据法技委的建议,最终以协商一致方式核准了韩国的申请。至此,管理局已核准 28 项勘探申请,其中 17 项是多金属结核勘探申请,6 项是多金属硫化物勘探申请,5 项是富钴结壳勘探申请。

三、开发规章制定取得重要进展

管理局自 2013 年启动开发规章的制定以来,一直将此作为优先事项开展工作,开发规章的制定得到稳步推进。2016 年,法技委按照管理局第 21 届会议上理事会核准的有关开发规章制定的 7 项“优先交付成果”,开展了工作。[①] 2016 年 2 月,法技委开始审议管理局秘书处在外部咨询机构和专家协助下起草的开发规章工作草案,以及有关保密、争端解决、外联战略等问题的讨论文件。2016 年 7 月,法技委审议了补充报告和修订后的工作草案。法技委认为,“分单元”是制定全面监管框架的最佳路径,但应一揽子商定全部内容,而不应分别商定监管框架中的单项内容或部分组合内容。在管理局第 22 届会议期间,法技委散发了开发规章工作

① 7 项“优先交付成果”包括:开发规章零草案(zero draft)及合同标准条款;经济建模及缴费机制;数据管理策略和计划;环境评估及管理;适应性环境管理方案;“严重危害”定义;责任及责任承担。

草案,并邀请利益攸关方进行评论。[①] 理事会围绕开发规章的制定进行了一般性讨论并作出决定,要求法技委作为优先事项继续开展制定开发规章的工作。截至2016年年底,包括中国大洋矿产资源研究开发协会、中国五矿集团公司在内的43个利益攸关方向管理局提交了有关开发规章工作草案的书面评论意见。

四、首次对“区域”制度实施情况的定期审查有序推进

定期审查是管理局大会的重要职能。按照《公约》和《执行协定》,大会每5年应对“区域”制度实施情况进行全面和系统审查。参照审查结果,大会可采取措施,或建议管理局其他机构采取措施,以改进实施情况。2016年,管理局首次定期审查工作有序开展。根据管理局第21届会议大会决定成立的审查委员会任命独立咨询机构就定期审查开展了问卷调查。独立咨询机构在问卷调查结果基础上编写了定期审查临时报告,就“区域”制度的实施、管理局各个机构的工作、管理局未来的发展方向等提出了50条建议。[②] 审查委员会、法技委、财务委员会和秘书处按照大会决定,对定期审查临时报告发表了评论意见。

在管理局第22届会议上,大会就定期审查临时报告和审查委员会以及管理局各机构发表的相关意见进行了讨论。各国普遍肯定了开展定期审查的重要意义。不少国家对临时报告缺乏代表性表示关切。一些国家对临时报告提出的具体建议,如制定管理局

① “Developing a Regulatory Framework for Mineral Exploitation in the Area: Report to Members of the Authority and all Stakeholders”,国际海底管理局网:https://www.isa.org.jm/files/documents/EN/Regs/DraftExpl/Draft_ExplReg_SCT.pdf,最后访问日期:2017年2月4日。

② 国际海底管理局文件:“Periodic Review of the International Seabed Authority pursuant to UNCLOS Article 154 Interim report”,ISBA/22/A/CRP.3(1)(2016),第81~84页。

战略规划和远景目标,设立新机构,调整法技委授权、规模和组成等发表了意见。大会最终决定,再次请利益攸关方就问卷调查作出答复,或对临时报告及所附评论提交书面意见;要求审查委员会责成独立咨询机构根据大会讨论情况及利益攸关方评论修订临时报告;要求管理局秘书长协助审查委员会完成审查报告定稿,并于2017年4月15日之前将审查委员会核准的报告定稿散发给缔约国和观察员。中国高度重视定期审查问题,外交部、中国大洋矿产资源研究开发协会、国家海洋局海洋发展战略研究所等部门就问卷调查和临时报告进行了答复并提交了评论意见。

五、主要机构换届选举顺利完成

大会、理事会和秘书处是管理局的主要机构。大会是管理局的最高权力机关,由全体成员国组成。理事会是管理局的执行机关,由5组共36个成员国组成,通过大会选举产生。秘书处由秘书长和管理局工作人员组成,负责开展资料搜集、监测和研究等日常活动。此外,管理局还成立了两个专门性的常设附属机构:法技委和财务委员会。2016年,管理局机构的换届选举工作顺利完成。在管理局第22届会议上,大会以协商一致方式改选了理事会19名成员,中国成功连任理事会A组成员。大会选举了产生了管理局第三任秘书长,英国人麦克·洛奇(Michael Lodge)成功当选。本届会议还改选了法技委和财务委员会全体委员,中国籍候选人均成功当选了上述委员会委员。

六、结　　语

当前,"区域"活动正处在勘探和开发准备并行的关键时期。越来越多的国家和实体申请"区域"勘探矿区,相关承包者和管理局在积极为将来的开发作准备,管理局的体制机制也酝酿着变革。

管理局核准首批多金属结核勘探合同延期申请,审慎研究制定开发规章,启动对"区域"制度实施情况的定期审查,对于坚定承包者信心,促进"区域"制度发展,明确管理局未来发展方向具有重要意义。中国是"区域"事务的积极参与者和建设者,切实履行了《公约》缔约国和"区域"勘探矿区担保国的责任和义务。2016年2月,《中华人民共和国深海海底区域资源勘探开发法》由全国人大常委会通过,全面规范了中国自然人、法人或其他组织在"区域"从事勘探和开发活动的权利义务,为中国全面深入参与"区域"事务提供了坚实的法律保障。

附:"区域"矿区一览表

表1 "区域"多金属结核矿区

序号	申请者	提交申请日期	管理局核准申请日期	矿区位置
1	南方生产协会(俄罗斯)	1997年	1997年	太平洋
2	国际海洋金属联合组织(保加利亚、古巴、斯洛伐克、捷克、波兰、俄罗斯)	1997年	1997年	太平洋
3	韩国政府	1997年	1997年	太平洋
4	中国大洋矿产资源研究开发协会(中国)	1997年	1997年	太平洋
5	深海资源开发公司(日本)	1997年	1997年	太平洋
6	法国海洋开发研究所(法国)	1997年	1997年	太平洋
7	印度政府	1997年	1997年	印度洋
8	德国政府	2005年	2005年	太平洋
9	瑙鲁海洋资源公司(瑙鲁)	2008年	2011年	太平洋
10	汤加近海采矿有限公司(汤加)	2008年	2011年	太平洋

续表

序号	申请者	提交申请日期	管理局核准申请日期	矿区位置
11	英国海底资源有限公司(英国)	2012 年	2012 年	太平洋
12	马拉瓦研究与勘探有限公司(基里巴斯)	2012 年	2012 年	太平洋
13	G – TEC 海洋矿产资源公司(比利时)	2012 年	2012 年	太平洋
14	英国海底资源有限公司(英国)	2013 年	2014 年	太平洋
15	新加坡大洋矿产有限公司(新加坡)	2013 年	2014 年	太平洋
16	库克群岛投资公司(库克群岛)	2013 年	2014 年	太平洋
17	中国五矿集团公司	2014 年	待审议	太平洋

表 2 “区域”多金属硫化物矿区

序号	申请者	提交申请日期	管理局核准申请日期	矿区位置
1	中国大洋矿产资源研究开发协会(中国)	2010 年	2011 年	印度洋
2	俄罗斯政府	2010 年	2011 年	大西洋
3	韩国政府	2012 年	2012 年	印度洋
4	法国海洋开发研究所(法国)	2012 年	2012 年	大西洋
5	印度政府	2013 年	2014 年	印度洋
6	德国政府	2013 年	2014 年	印度洋

表3 “区域”富钴结壳矿区

序号	申请者	提交申请日期	管理局核准申请日期	矿区位置
1	中国大洋矿产资源研究开发协会(中国)	2012年	2013年	太平洋
2	日本石油天然气金属矿产资源公司(日本)	2012年	2013年	太平洋
3	俄罗斯政府	2013年	2014年	太平洋
4	海洋资源研究公司(巴西)	2013年	2014年	大西洋
5	韩国海洋和渔业部	2016年	2016年	太平洋

国际海洋法法庭 2016年审理案件的新进展

密晨曦[*]

国际海洋法法庭(以下简称法庭)是依据《联合国海洋法公约》(以下简称《公约》)设立的司法机构之一,主要职能是审判有关《公约》的解释或适用的争端。法庭由21位法官组成,来自不同的地理区域集团。2016年,巴西的安东尼奥·卡沙普斯·德梅代罗斯(Antonio Cachapuz de Medeiros)以126票赞成、1票弃权当选法庭法官,填补了因来自拉丁美洲和加勒比国家的法官辞职产生的席缺。法庭自成立以来共受理了25起案件,其中,有24起案件已审结。本年度,法庭继续审理了第25号案,即巴拿马诉意大利"诺斯塔"(Norstar)号案。

一、案件基本情况

1994~1998年,"诺斯塔"号在公海为游艇供给汽油。巴拿马描述该片海域是位于"意大利、法国和西班牙领海之外的国际水域",但意大利则将其描述为位于"法国、意大利和西班牙的沿岸"。1998年9月24日,西班牙执法人员应意大利请求逮捕了位

---

* 国家海洋局海洋发展战略研究所副研究员,"国家领土主权与海洋权益协同创新中心"战略所分中心研究员。

于帕尔马湾的“诺斯塔”号，事由是该船为游艇供给汽油的行为违反意大利的法律。巴拿马以意大利违反《公约》关于航行自由和权利的条款以及《公约》第58条规定的海洋其他国际合法用途，非法扣留“诺斯塔”号和扣押船上石油造成损失为由，提出赔偿请求，索赔金额是1000万美元。

意大利国内的萨沃纳法庭曾于2003年3月就“诺斯塔”号案作出判决，命令释放船舶并宣告所有涉案人员免予刑事指控，并随后要求西班牙的帕尔马·马洛卡岛法院执行判决。其后意大利检察官上诉至热那亚上诉法院。2005年10月，热那亚上诉法院宣布维持原判。巴拿马认为因此已用尽当地补救办法。2006年9月6日，西班牙的巴利阿里群岛港口港务局请求意大利萨沃纳法院授权拆除“诺斯塔”号。2006年10月31日，热那亚上诉法院发布命令称，萨沃纳法院于2003年3月作出的判决应予执行，至于船舶归还后的处置不属于法院的管辖范畴。

巴拿马和意大利都是《公约》的缔约国，两国均已根据《公约》第287条作出选择国际海洋法法庭处理相关争端的管辖声明，但巴拿马关于第287条的声明仅限于本案。2015年12月17日，巴拿马作为船旗国就已经将意大利抓扣和拘留“诺斯塔”号(MV Norstar)争端提交法庭。巴拿马在申请书中提到了所提诉求的法律依据，分别是《公约》第33条、第73条第3项和第4项、第87条、第111条、第226条和第300条及其他。意大利于2016年3月10日向法庭提交了书面的初步反对意见，认为法庭对巴拿马于2015年12月17日提起的申请没有管辖权，其诉求不具有可受理性。

二、“初步反对”的审理情况

2016年11月4日，法庭就意大利提交的“初步反对”意见作出判决，驳回了意大利的初步反对请求，以21:1认定法庭对本案有管辖权；以20:2认定对巴拿马的诉求有可受理性。

(一)管辖权问题

意大利认为法庭对本案没有管辖权,主要理由如下:(1)巴拿马和意大利之间不存在争端。意大利在初步反对意见书中提到,根据《公约》第 288 条,存在争端是管辖权的必要条件,这是《公约》整个第 15 部分所强调的,当事国一方的单边认定,不能满足存在争端这一管辖要件。巴拿马政府未对申请书中的相关事项通过合法恰当的途径向意大利政府进行过投诉或抗议。意大利承认自 2001 年 8 月 15 日至 2004 年 8 月 31 日间曾收到过巴拿马的通信(communications),但这些通信主要来自巴拿马私人律师凯瑞(Carreyo)先生,他代表的是"诺斯塔"号船主的利益,但无权代表巴拿马政府,由此这些通信不能认定为外交交涉。在 2004 年 8 月 31 日以前,凯瑞先生未能提供其在巴拿马与意大利的外交关系中代表巴拿马政府意愿的授权证明,不具备与意大利就当前案件中的事项进行外交谈判和交涉的主体资格。

(2)缺乏属人管辖权以及相关问题涉及第三国。意大利认为基于以下原因,意大利不是恰当的被告:一是意大利国内司法机关发布的抓扣命令本身不足以构成国际不法行为,并且原告是就损害赔偿问题而非就抓扣命令的合法性问题提起诉讼;二是西班牙当局的抓扣行为不应归咎于意大利;三是法庭对此案进行管辖将意味着未经第三国同意,对缺席当前诉讼程序的国家的权利和义务作出裁判。

(3)巴拿马未按照《公约》第 283 条第 1 款的规定通过谈判或其他和平方法解决争端。第 283 条要求缔约国在现有情况下就最恰当的解决方法提出意见,这并不等同于宣告提起诉讼的意图。凯瑞先生和巴拿马政府的通信不足以构成第 283 条第 1 款的条件,这些通信缺乏一致性和连续性,缺乏谈判解决争端的真诚意图。意大利注意到尽管凯瑞先生在 2004 年 8 月 3 日的通信中提到了 283 条,但并没有提出真正的磋商倡议。而且凯瑞先生因不具有代理权,不能代表巴拿马政府与意大利开展政府间的交换意见。

法庭对本案的管辖权问题进行了听证和审理,认定如下:

(1)存在关于《公约》的解释或适用的争端。法庭首先审查了是否存在争端的问题,认定在提交申请书之时争端已经存在。法庭认为,凯瑞先生于2001年8月15日致意大利外交部的通信中,明确提到经巴拿马外交部的法律授权,将就"诺斯塔"号抓扣事件的索赔问题诉至法庭。这在此后的信件中得以重申,并在巴拿马外交部于2004年8月31日和2005年1月7日的照会中得以确认。在国际法中,国家可以指定个人代表国家,或授权个人在与其他国家、包括国际法院或法庭的国际组织或机构的关系中代表该国。意大利收到的照会和其他通信以及意大利的沉默表明当事国间在法律和事实上存在不同意见,不能因为意大利的沉默而视为争端不存在。接下来,法庭审查了争端是否存在关于《公约》条款的解释和适用的问题。法庭指出原告仅作一般性陈述而不援引《公约》的具体条款是不充分的,继而审查了本案事实与《公约》相关条款的联系,认定本案存在与《公约》的解释或适用有关的争端。

(2)属人管辖权问题。法庭对以下两个问题做了审查:一是意大利是否是本程序的恰当被告。二是本程序是否存在必不可少的第三方。法庭认为初步反对程序不涉及意大利是否构成国际不法行为以及是否产生国际责任的问题,本阶段法庭需解决的问题是意大利是否是巴拿马所提诉求的恰当被告。法庭认为,本案中,基于1959年《斯特拉斯堡公约》,西班牙应意大利的请求执行了抓扣法令。意大利发布的抓扣命令是最终导致船舶被扣留的关键。西班牙仅是在履行《斯特拉斯堡公约》规定的司法协助义务。本案争端关系的是意大利的权利和义务。基于上述原因,意大利是本案的被告,西班牙不构成必要第三方。

(3)《公约》第283条的交换意见问题。法庭援引"查戈斯海洋保护区”仲裁案中的观点,认为“第 283 条不能理解为对争端实质的谈判义务”。法庭还认为,一国对另一国试图就争端解决方法交换意见不作回应,不能阻碍法庭裁决第 283 条的条件已经得以满足。意大利忽视巴拿马的通信,事实上排除了双方交换意见的可能性。法庭有理由推定巴拿马持续尝试交换意见但未达成积极成果,由此已履行了第 283 条规定的交换意见义务。

(二)可受理性问题

意大利进一步提出,即使法庭宣告对本案有管辖权,基于巴拿马的诉求具有外交保护性质、没有用尽当地补救方法以及默许、禁止反言和已过时效的原因,相关诉求也不具有可受理性。意大利认为根据外交保护的国际法规则,巴拿马只有在所谓的国际不法行为影响到其国民时才可提出有效主张。“诺斯塔”号为挪威注册的公司拥有和管理,并出租给了一家在马耳他注册的公司。“诺斯塔”号非巴拿马的自然人或法人所有或租赁,意大利的国内诉讼程序也未指控巴拿马国民。再者,“诺斯塔”号船主原本可采取若干救济方法,但他并未用尽对其开放的补救方法。意大利还认为在巴拿马提交申请书之前的 18 年里从未就所提诉求有效地主张过权利。即使巴拿马在提交申请书前的某个时间曾提出过主张,但距离提交申请书也已事隔多年。

法庭从以下三个方面对诉求的可受理性进行了审理:(1)关于国籍主张。法庭认为悬挂巴拿马国旗的“诺斯塔”号应视为一个整体,其船员和货物以及其船主等应视为与船旗国相关的实体,不管他们的国籍如何。(2)关于用尽当地补救方法。法庭援引了“弗吉尼亚 G”号案,认为“用尽当地补救方法作为实施外交保护的先决条件,是习惯国际法已建立的原则。……用尽当地补救方法的规则不适用于因另一国的不法行为直接造成损害(的情形),这同样也是国际法已建立的规则”。巴拿马享有《公约》第 87 条规定的公海航行自由,对这一权利的侵犯事实上构成直接损害。

此类损害引起的索赔主张不适用尽当地补救办法的规则。(3)关于默许、禁止反言和已过时效。关于默许,法庭认为,2004 年 8 月 31 日的首个照会以及随后的通信已向意大利告知了巴拿马的主张。鉴于意大利没有回应巴拿马的通信,意大利关于巴拿马多年沉默而导致默许的主张在本案中不予支持。关于禁止反言,法庭指出巴拿马从未通过文字、行为或是沉默表示,如果意大利未在特定时限内就其主张采取行动则放弃其主张;意大利也未提供证据证明是由于这样的表示诱发了损害行为。关于已过时效,法庭注意到无论是《公约》还是一般国际法都未规定提起诉讼的具体时限,自 2004 年 8 月 31 日照会起,不时有通信问询船舶扣留和索赔,因此不能认定已过时效。

此案的进展仍需持续关注。法庭于 2016 年 11 月 29 日发布程序令,规定巴拿马提交诉状的期限为 2017 年 4 月 11 日;意大利提交答辩状的期限为 2017 年 10 月 11 日。

附:国际海洋法法庭受理案件一览表

序号	当事国/机构	案件	案由	受理时间
1	圣文森特和格林那丁斯 v. 几内亚	"塞加号"案	迅速释放	1997 年
2	圣文森特和格林那丁斯 v. 几内亚	"塞加号"案(2)	临时措施 实质问题	1998 年
3	新西兰 v. 日本	南方蓝鳍金枪鱼案	临时措施	1999 年
4	澳大利亚 v. 日本	南方蓝鳍金枪鱼案	临时措施	1999 年
5	巴拿马 v. 法国	"卡莫科号"案	迅速释放	2000 年
6	塞舌尔 v. 法国	"蒙特·卡夫卡号"案	迅速释放	2000 年
7	智利 v. 欧盟	东南太平洋养护和可持续捕捞箭鱼群案	实质问题	2000 年

续表

序号	当事国/机构	案件	案由	受理时间
8	伯利兹 v. 法国	“大王子号”案	迅速释放	2001 年
9	巴拿马 v. 也门	“契斯雷 · 雷夫 2 号”案	迅速释放	2001 年
10	爱尔兰 v. 英国	混合氧化物案	临时措施	2001 年
11	俄罗斯 v. 澳大利亚	“奥尔加号”案	迅速释放	2002 年
12	马来西亚 v. 新加坡	新加坡在柔佛海峡围海造地案	临时措施	2003 年
13	圣文森特和格林那丁斯 v. 几内亚比绍	“朱诺商人号”案	迅速释放	2004 年
14	日本 v. 俄罗斯	“Hoshinmaru 号”渔船案	迅速释放	2007 年
15	日本 v. 俄罗斯	“Tomimaru 号”渔船案	迅速释放	2007 年
16	孟加拉 v. 缅甸	孟加拉与缅甸在孟加拉湾的海洋边界划界案	海域划界	2009 年
17	国际海底管理局	担保个人和实体参加国际海底区域活动的国家的责任和义务	咨询意见	2010 年
18	圣文森特和格林纳丁斯 v. 西班牙	“路易莎号”案	迅速释放 临时措施	2010 年

续表

序号	当事国/机构	案件	案由	受理时间
19	巴拿马 v. 几内亚比绍	“弗吉尼亚 G”号案	实质问题	2011 年
20	阿根廷 v. 加纳	“ARA Libertad”案	临时措施 实质问题	2012 年
21	次区域渔业委员会	相关渔业问题	咨询意见	2013 年
22	荷兰 v. 俄罗斯	“北极日出号”案	临时措施	2013 年
23	加纳 v. 科特迪瓦	加纳和科特迪瓦在大西洋的海洋划界案	临时措施	2014 年
24	意大利 v. 印度	“恩瑞卡 · 雷克斯号”案	临时措施	2015 年
25	巴拿马 v. 意大利	“诺斯塔号”案	实质问题 (损害赔偿)	2015 年

注：主要根据国际海洋法法庭(http://www.itlos.org)有关资料整理。

2016 年联合国生物多样性大会综述

朱贞艳*

联合国生物多样性大会(UN Biodiversity Conference)于 2016 年 12 月 2 日至 17 日在墨西哥坎昆举行。本次大会由两部分组成:首先是 12 月 2 日至 3 日举行的部长级高级别会议,其次是大会的主要部分,即 12 月 4 日至 17 日举行的《生物多样性公约》(以下简《公约》)缔约方大会第十三次会议、作为《卡塔赫纳生物安全议定书》(以下简称《卡塔赫纳议定书》)缔约方会议的缔约方大会第八次会议和作为《关于获取遗传资源和公正和公平分享其利用所产生惠益的名古屋议定书》(以下简称《名古屋议定书》)缔约方会议的缔约方大会第二次会议(以下简称缔约方大会)。来自缔约国、非缔约国、联合国机构、其他政府间国际组织、非政府组织、土著和地方社区、学术机构和私营部门的 8000 多名代表参加了大会。

一、《公约》及议定书简介

《公约》于 1992 年 5 月 22 日通过,并于次年 12 月 29 日生效。目前共有 196 个缔约国。《公约》是全球范围内保护生物多样性的

---

* 第三世界网络(Third World Network)研究员。本文仅代表个人观点,不反映作者供职机构的观点和立场。

国际协议,旨在实现三项目标,即保护生物多样性、生物多样性组成部分的可持续利用和公平合理分享由利用遗传资源而产生的惠益。中国于1992年6月11日签署并于11月7日批准《公约》,是最早签署和批准公约的缔约国之一。

至今,《公约》框架下通过了三项议定书,除了前文提到的以外,还有《卡塔赫纳生物安全议定书关于赔偿责任和补救的名古屋-吉隆坡补充议定书》(以下简称《名古屋-吉隆坡补充议定书》)。《卡塔赫纳议定书》与其补充议定书是为了解决生物安全问题,《名古屋议定书》主要为了实现《公约》的第三项目标。

《卡塔赫纳议定书》于2000年1月28日在哥伦比亚卡塔赫纳通过,2003年9月11日生效。它以预先防范原则为基础,目的在于协助确保在安全转移、处理和使用凭借现代生物技术获得的、可能对生物多样性的保护和可持续利用产生不利影响的改性活生物体领域内采取充分的保护措施,同时考虑到对人类健康所构成的风险,并特别侧重改性活生物体的越境转移问题。议定书对有意引入环境的改性活生物体设立了提前知情同意程序(advanced informed agreement,AIA),还确立了以预防原则为基础的风险评估和风险管理机制。中国于2000年8月8日签署并于2005年4月27日核准议定书。《名古屋-吉隆坡补充议定书》是关于改性活生物体导致对生物多样性损害的赔偿责任和补救的国际规则和程序,目前尚未生效。

《名古屋议定书》于2010年10月29日在日本名古屋通过,2014年10月12日生效。议定书的目的是公正和公平地分享利用遗传资源所产生的惠益,主要内容包括获取遗传资源及相关传统知识的要求,“共同商定条件”下公正和公平地分享因利用遗传资源及相关传统知识所产生的惠益以及确保履约的措施等。中国于2016年6月8日加入该议定书。

《公约》除了缔约方大会作为最高权力与决策机构(governing body)外,还有三个附属性机构目前正在运作,分别是执行附属机构(Subsidiary Body on Implementation, SBI),科学、技术和工艺咨询附属机构(Subsidiary Body on Scientific, Technical and Technological Advice, SBSTTA)以及公约第8(j)条工作组[Working Group on Article 8(j)]。

二、大会基本情况及主要争议问题简析

部长级高级别会议首先拉开了本次大会的序幕。以"将生物多样性纳入主流以增进福祉"为主题的高级别会议重点审议了对生物多样性具有重大影响的4个部门:粮食和农业、旅游业、渔业和水产养殖以及森林,通过了《关于将保护和可持续利用生物多样性纳入主流以促进福祉的坎昆宣言》。参加部长级高级别会议的除了环境部长外,还包括了这四个部门的部长和其他高级代表。高级别会议还审议了生物多样性行动与气候变化的联系以及生物多样性对于联合国2030年可持续发展议程的重要性。

本次大会中,延续以往实践,公约及两个议定书各自会议议程下的事项被分派到第一工作组和第二工作组,这两个工作组为各事项分别设立联络组(Contact Group),缔约国在联络组会议上对附属性机构提交的各事项的决议草案进行磋商谈判并修改案文,两个工作组再将经过修改的决议草案提交大会全体会议审议通过。第一工作组处理的多为一般性事项,而第二工作组处理的多为技术类事项。

本次大会期间,公约缔约方大会审议了一系列实质性议题以及组织和资金方面的议题,包括《2011—2020生物多样性战略规划》的实施情况和生物多样性爱知目标(Aichi Targets)①的进展情况,并就合成生物学、生物多样性主流化等事项进行磋商和谈判,通过了37项决议。《卡塔赫纳议定书》缔约方大会考虑了履约委

① Aichi Targets: http://www.cbd.int/sp/targets/, visited on 4 February 2017.

员会的报告，审议了《能力建设框架和行动计划》，并就改性活生物体对生物多样性保护和可持续利用影响的社会经济考虑以及风险评估和风险管理等重要事项进行磋商和谈判，通过了 19 项决议。《名古屋议定书》缔约方大会主要审议了生物多样性爱知目标 16[①] 的进展情况，并就遗传资源基因序列信息、全球多边惠益分享机制的需求和模式以及获取和惠益分享信息交换所(Access and Benefit-sharing Clearing-House)与信息分享[②]等事项进行磋商和谈判，通过了 14 项决议。

篇幅所限，下文简单介绍本次大会中颇具争议的几个事项。

(一)合成生物学和遗传资源基因序列信息

合成生物技术是一项新兴生物技术，具有比较广阔的应用前景。许多国家正组织开展合成生物学的研究。合成生物学的应用研究主要集中在医药工业、生物能源及生物基化学品等多个领域，并在产业化方面取得了一定进展，具有巨大的商业利润空间。但带来机遇的同时，合成生物技术也存在诸多潜在风险，其技术发展具有很大的不确定性，对生物多样性可能产生不利影响。2014 年 10 月在韩国江原道平昌郡举行的《公约》缔约方大会第十二次会议上，合成生物学首次被正式列入《公约》缔约方大会的议程，之后还设立了“合成生物学问题特设技术专家组”(*Ad Hoc* Technical Expert Group on Synthetic Biology)进行讨论。

本次大会期间，各方在最初几次联络组会议上对决议草案中由特设技术专家组讨论形成的“合成生物学”业务定义(working definition)有很大分歧。马来西亚、古巴、圣基茨和尼维斯等国希

---

① 生物多样性爱知目标 16 是“到 2015 年，《关于获取遗传资源以及公正和公平地分享其利用所产生惠益的名古屋议定书》已经根据国家立法生效和实施”。

② 《名古屋议定书》第 14 条规定：“设立获取和惠益分享信息交换所作为公约第 18 条第 3 款下的信息交换所机制的一部分。信息交换所应成为分享同获取和惠益分享有关的信息的一种手段，特别是，信息交换所应提供各缔约国所提交的同执行本议定书有关的信息。”

望特设技术专家组提出的业务定义能得以通过,挪威提出特设技术专家组的定义不具有法律约束力,欧盟也希望这一定义不具有法律约束力,并且认为应将其作为在《公约》和议定书之下科学技术工作的起点继续特设技术专家组的工作,而毛里塔尼亚所代表的非洲集团、哥斯达黎加、加拿大、新西兰、印度、瑞士、日本和巴西等国表示反对,它们认为需要进一步讨论纳入和排除标准(inclusion and exclusion criteria)。经过多轮磋商,特设技术专家组提出的合成生物学定义未能通过,但各方最终对本事项决议草案中有关合成生物学定义的执行段落案文达成一致:“确认合成生物学问题特设技术专家组关于业务定义的工作的结果是:‘合成生物学是现代生物技术的进一步发展和新的层面,包括科学、技术和工程学,目的是促进和加快了解、设计、重新设计、制造和(或)改变基因物质、活生物体和生物系统’,并认为它有助于作为一个起点,促进公约及其各项议定书下的科学和技术审议。”因此,各方今后将继续就“合成生物学”的定义开展工作。

同时,各方在基因序列信息是否受《公约》以及《名古屋议定书》(特别是《名古屋议定书》第10条“全球多边惠益分享机制”)调整的问题上也有不同意见。近些年来,随着网络科技的发展,信息的传递越来越便捷,“云”的使用越来越普遍,遗传资源的基因序列信息和其他基因信息可以在“云”端共享或通过其他途径转移,商业公司或科研机构无须通过转移实体材料即可获取遗传资源,也无需签订任何材料转让协议(material transfer agreement, MTA),遗传资源提供者(多来自生物资源丰富的发展中国家)因而无法从遗传资源的利用中分享惠益,这极大地纵容了“生物剽窃(bio-piracy)”行为,违背《公约》精神。

一些国家提议本次大会应通过一项决议以澄清为了惠益分享之目的,遗传资源的基因序列信息应当与实体材料同样对待,惠益分享制度亦适用于基因序列信息。在第二工作组的会议上,多数公约缔约国同意通过《公约》和(或)《名古屋议定书》来解决这个问题，包括墨西哥、哥斯达黎加、厄瓜多尔、阿根廷等拉美国家，毛里塔尼亚所代表的非洲集团以及菲律宾、印度尼西亚、巴基斯坦和马来西亚等亚洲国家。发达国家的反对态度最初不甚明朗，欧盟保持沉默，新西兰认为讨论此事为时尚早，加拿大表示不应予以考虑，日本也持类似立场。

这一问题原本归在《公约》缔约方大会议程中的合成生物学事项下，并由各方在合成生物学的联络组会议上展开磋商，但经过几次会议后，分歧逐渐凸显并不断升级，各方遂同意在程序上将此问题从合成生物学事项下分离出来，单列为《公约》和《名古屋议定书》缔约方大会议程的共同事项，并设立新的联络组进行磋商。

在重压之下，发达国家缔约国承认基因序列信息是一个“尚待处理的问题”，但欧盟、澳大利亚等国还是坚持说由于未能预见这一问题的出现，因而尚未准备好在坎昆展开谈判，欧盟等国尤其不愿意进入实质性讨论。联络组最终不得不转向讨论未来形成此事项的决议需要经由哪些过程。根据全体会议最后通过的遗传资源基因序列信息的决议，《公约》执行秘书将先收集和综合各方提交的观点和信息并提交特设技术专家组考虑，特设技术专家组把讨论的结果向科学、技术与工艺咨询附属机构报告，由该附属机构形成建议并起草决议草案提交缔约方大会下次会议审议。①

（二）风险评估和风险管理

风险评估和风险管理是《卡塔赫纳议定书》缔约方大会的议程事项，它是本次大会最具争议的问题之一。风险评估是《卡塔赫纳议定书》的核心和支柱，这项工作是评估改性活生物体是否会对人类健康以及生物多样性的保护和可持续利用造成危害的必要和

① Decision Adopted by the Conference of the Parties to the Convention on Biological Diversity XIII/16. Digital sequence information on genetic resources, CBD/COP/DEC/XIII/16, 16 December 2016, https://www.cbd.int/doc/decisions/cop-13/cop-13-dec-16-en.pdf, visited on 4 February 2017.

重要步骤。但在本次大会上,议定书的缔约国对风险评估产生了严重分歧。产生这一分歧的导火索是《公约》秘书处于本次大会召开前夕对外公布了《风险评估背景下改性活生物体风险评估和监测指南》(Guidance on Risk Assessment of Living Modified Organisms and Monitoring in the context of Risk Assessment,以下简称《指南》)。《指南》的公布让部分缔约国感到非常不满,这些国家主要是生物技术发展较快并且在生物技术产品的国际贸易中具有巨大利益的国家,如巴西、哥伦比亚等国。

2008 年《卡塔赫纳议定书》缔约方大会第四次会议设立了"风险评估与风险管理特设技术专家组"(*Ad Hoc* Technical Expert Group on Risk Assessment and Risk Management)讨论如何根据《卡塔赫纳议定书》附件三设计风险评估必要步骤的"路线图"。在之后的八年中,特设技术专家组一直致力于风险评估和风险管理的研究工作,这项工作也得到了"风险评估与风险管理线上论坛"的支持,《卡塔赫纳议定书》的缔约国、非缔约国、各国学术界、产业界和公民社会组织都积极地参与了这一论坛。《指南》正是特设技术专家组多年工作的成果,包含了一份风险评估路线图以及由缔约国根据自身需求和优先性确定的若干具体主题的指南。在这八年中,《指南》经过了多轮同行评审、测试、修改而日益完善。《指南》对于很多生物技术欠发达但面临生物技术产品(如转基因粮食作物)大量进口的国家而言非常重要,这些国家往往缺乏能力和工具开展风险评估工作,国内立法、政策和制度建设方面也相对落后。为了履行《卡塔赫纳议定书》下的义务,它们迫切需要风险评估和风险管理方面的指引和能力建设。

但正是由于《公约》秘书处对外公布了这份指南文件,本次大会开始不久,巴西等国剑指《公约》秘书处,对该《指南》明确地提出反对,并反对特设技术专家组继续就风险评估的具体主题开发进一步的指南。反对国认为,未经缔约方大会同意(endorse)在《公约》秘书处出版的技术系列中公布《指南》为时过早(premature)。

但实践中,《公约》秘书处出版的技术系列通常是未经缔约国同意的技术性文件,此前从未有任何缔约国提出异议。为平息这一风波并解决这一分歧,第二工作组设立联络组展开磋商。在联络组会议上,毛里塔尼亚、乌干达、墨西哥、欧盟、瑞士和挪威等都支持《指南》并对其表示同意,墨西哥指出《指南》建立在议定书附件三基础上的独特性,并强调《指南》的内容集中在改性活生物体对生物多样性保护和可持续利用的影响上。反对国(尤其是巴西)重复其反对立场,并且认为《指南》不应设定任何标准,只能被看作众多有关风险评估的“其他指南性文件和国内方法(national approaches)”之一,从而弱化《指南》的地位和作用。巴西等国最为担心的是《指南》会使其生物技术产品的国际贸易变得异常艰难。支持《指南》的国家对此进行了反驳:《指南》本身并不是规定性的(prescriptive),也没有为缔约国设定任何义务,这一点在过去的决议中都有明确记录;而且,《卡塔赫纳议定书》显然不是讨论自由贸易问题的适当载体。但反对国仍在决议草案中坚持,一旦提及《指南》,必须在前面加“自愿性(voluntary)”一词,强调《指南》只是一项自愿性工具而已。

在最后几天的联络组会议上,各方对将要提交第二工作组并最终提交全体会议审议的“风险评估和风险管理”决议草案执行段落中针对《指南》的具体措辞僵持不下,支持《指南》的国家坚持“欢迎”(welcome)这份自愿性《指南》,因为2014年《卡塔赫纳议定书》缔约方大会在第七次会议通过的风险评估和风险管理的决议中已经“欢迎”这份《指南》了;如果“欢迎”不被接受,至少也要使用“认识到”(acknowledge)一词。而反对国认为至多使用“注意到”(take note of)一词。对具体措辞的分歧在第二工作组最后一次会议上一度剑拔弩张,当一些国家坚持要用“欢迎”时,巴西首席谈判代表甚至提出,如果要在决议草案中坚持使用“欢迎”《指南》的话,则提及《指南》的整个执行段落都要删除,意在完全抹杀《指南》的存在。陷入此种僵局后,各国不得不通过非正式双边和多边磋商寻求解决方案。根据全体会议最后通过的决议,各方达成妥协,一致同意使用“注意到”一词。[①]对支持《指南》的国家而言,这是为了确保日后有关风险评估和风险管理的讨论中《指南》仍有一席之地,包括特设专家组在内各界人士多年的努力也不至于付诸东流。

(三)资源调动

资源调动(resource mobilization)也是《公约》缔约方大会最近几次会议的争议焦点。各国尤其是生物资源丰富的发展中国家采取各种措施履行《公约》下的义务保护生物多样性需要大量资金投入,资源调动主要是为了保障这些国家有充足的资金、资源保护生物多样性以履行《公约》下的义务。

在2014年《公约》缔约方大会第十二次会议上,各方经过艰难的谈判,根据《2011—2020年生物多样性战略计划》的爱知目标20,在通过的决议中对这一战略计划的实施达成一系列资源调动的目标,[②]特别是决议第1段中的前两个目标,即目标1(a)“按照公约第20条,在2015年前,利用2006~2010年的平均年度生物多样性供资为基准,对发展中国家,尤其是对最不发达国家和小岛屿发展中国家及经济转型国家的生物多样性相关的国际资金流总额翻一番,并将这一水平至少保持到2020年,以期有助于实现《公约》的三项目标,包括在接受国发展计划中以国家推动的方式将生物多样性列为优先”和目标1(b)“努力在2015年之前使100%、

① Decision Adopted by the Parties to the Cartagena Protocol on Biosafety VIII/12. Risk Assessment and Risk Management, CBD/CP/MOP/DEC/VIII/12, 16 December 2016, para. 2, https://www.cbd.int/doc/decisions/mop-08/mop-08-dec-12-en.pdf, visited on 4 February 2017.

② Decision Adopted by the Conference of the Parties to the Convention on Biological Diversity XII/3. Resource mobilization, UNEP/CBD/COP/DEC/ XII/3, 17 October 2014, paras. 1-2, https://www.cbd.int/doc/decisions/cop-12/cop-12-dec-03-en.pdf, visited on 4 February 2017.

但至少70%的缔约方将生物多样性列入其国家优先事项或发展计划,并因此提供了适当的国内供资”。第十二次会议还通过了经过修改的资金报告框架(Financial Reporting Framework),用于各国报告它们对实现资金目标做出的贡献。本次大会有关资源调动的主要任务就是根据各国资金报告框架中的报告情况审议第十二次会议所设定的目标的进展情况。

《公约》第20条第2款规定:“发达国家缔约国应提供新的额外的资金,以使发展中国家缔约国能支付它们因执行那些履行本公约义务的措施而承负的议定的全部增加费用,并使它们能享受到本公约条款产生的惠益。”但很多年过去,发达国家缔约国逐渐退出它们在第20条中所作的承诺。在以往历次缔约方大会有关资金问题的决议中,措辞已由原先的“提供”资金转变为“调动”资金或资源。原本《公约》第20条中资金的来源是发达国家(尤指发达国家的公共资金),而现在资金或资源则来自所有渠道(from all sources),包括南南合作、私营部门、基金会、非政府组织和学术界,而且发展中国家自身也肩负“调动国内资源”的重任。2010年在日本名古屋举行的公约缔约方大会第十次会议虽然通过了《2011—2020年生物多样性战略计划》和爱知目标,却因众多发达国家的反对而未能通过具体的资金目标。

在本次大会召开前夕,《公约》执行秘书根据一些国家提交的资金报告框架出具了一份分析报告。根据该分析报告,截至2016年11月15日,共有66个缔约国提交了《资金报告框架》,其中28个是欧盟成员国,22个是经济合作与发展组织(Organization for Economic Cooperation and Development, OECD)发展援助委员会(Development Assistance Committee, DAC)成员。66个提交报告的缔约国中只有28个国家报告了其为支持发展中国家保护生物多样性而提供的资源情况。按各国报告的结果统计,一共只有6个国家分别达到目标1(a),即国际资金流动量翻一番,这6个国家分别是中国、克罗地亚、法国、德国、拉脱维亚和挪威。中国是在南南合作框架下提供的资金。但分析报告最后得出的结论却是:原则上,缔约国集体(collectively)实现了目标 1(a)。[①]

为此,玻利维亚在第一工作组会议的发言中就执行秘书的分析报告得出结论的逻辑提出质疑,并且再次强调《公约》第 20 条对于资金流向有明确规定,即由发达国家向发展中国家提供资金。在随后的联络组会议中,玻利维亚对资源调动的决议草案提出一系列修改案文。在决议草案序言部分,玻利维亚要求缔约方大会认识到发展中国家实现爱知目标存在的资金缺口需要填补,发达国家应提供新的、额外的、可预期的和充足的资金资源。但瑞士对此表示反对,称资金缺口确实存在,并且很多缔约国都报告了缺口,但是资源调动是为生物多样性调动资源而不是为发展中国家调动资源。

在决议草案的执行段落,玻利维亚提出应援引《公约》第 20 条,要求缔约方大会注意到(take note of)关于发达国家流向发展中国家的资金流的信息整合(即各缔约国提供资金或调动资源的报告信息)存在漏洞,而且没有实现资金资源翻一番的目标 1(a),并且认为执行秘书的分析报告并没有区分资金流的方向,这一立场得到菲律宾的支持。但瑞士认为《公约》第 20 条并不是关于资金报告的条款,加拿大认为已经提供了重要的资金资源,不愿意继续援引第 20 条。

其他国家也对决议草案提出修改意见。欧盟代表其成员国要求缔约方大会加以欣赏地注意到(take note with appreciation)报告国在实现目标 1(a)和目标 1(b)上所取得的重要进展,但玻利维亚表示反对,认为报告国并没有在这两项目标上取得重要进展。当各方对决议草案中这一部分案文无法达成一致并且也无法就目

① Analysis of the Information Provided through the Financial Reporting Framework and of Methodological Information and Definition as Provided by Parties, UNEP/CBD/COP/13/11/Rev. 1, 16 November 2016, paras 7 - 14, https://www. cbd. int/doc/meetings/cop/cop - 13/official/cop - 13 - 11 - rev1 - en. pdf, visited on 4 February 2017.

标 1(a)的国际资金流翻一番是否已实现得出结论时,中国提出了吸纳各方异议的折中方案,即要求缔约方大会关切地注意到(take note with concern)从缔约国提交的资金报告框架收集到的不充分信息限制了对实现目标作出全面评估的基础,这一折中方案最终被各方接受。

此外,菲律宾认为缔约方大会应敦促发达国家缔约国到 2020 年将国际资金流翻一番,并在决议草案中提出了相应的案文。中国也支持在谈及"国际资金流"时具体强调发达国家,但欧盟对这样的提法表示反对。经过一番观点的交锋,各方最后同意在这部分案文中使用惯用一致的术语:"敦促各缔约国加强努力,实现这些目标,包括将生物多样性有关的国际资金资源流入发展中国家,特别是最不发达国家和小岛国发展中国家以及经济转型国家的总量翻一番。"

从全体会议最后通过的资源调动的决议看,这也是一个各方妥协的结果,对发展中国家缔约国而言尚可以接受。

中国在本次大会上获得 2020 年《公约》缔约方大会第十五次会议的主办权。第十五次会议将制定生物多样性保护战略计划,并确定 2030 年生物多样性保护目标。中国将以举办大会为契机,展示生态环境保护成就,与国际社会共谋全球生态文明建设之路,为全球生物多样性做贡献。

文 件 资 料

推进落实《巴黎协定》共建人类美好家园

——张高丽副总理在《巴黎协定》高级别签署仪式开幕式上的讲话

（2016 年 4 月 22 日，纽约）

尊敬的秘书长，

女士们，先生们，朋友们：

我作为中国国家主席习近平的特使，很高兴出席会议，代表中国签署《巴黎协定》。《巴黎协定》旨在加强《联合国气候变化框架公约》的实施，提出了 2020 年后全球应对气候变化、实现绿色低碳发展的蓝图和愿景，是人类气候治理史上的里程碑。今天，我们共同签署这一协定，就是要进一步展示应对气候变化的决心，将蓝图化为行动，将愿景变为现实。

中国积极推动达成《巴黎协定》。习近平主席出席巴黎大会并发表重要讲话，提出了全球气候治理的中国理念和主张，得到各方热烈响应。在《巴黎协定》谈判过程中，中国与各方密切沟通，为推动解决谈判中的若干重大问题发挥了重要作用。

中国是负责任的发展中大国，中国人民崇尚言必信、行必果。我们将贯彻创新、协调、绿色、开放、共享的发展理念，认真落实《巴黎协定》，为应对全球气候变化坚持不懈努力。

第一，尽早参加《巴黎协定》。中国将在今年 9 月二十国集团杭州峰会前完成参加协定的国内法律程序。中国已向其他二十国集团成员发出倡议,并将与世界各国一道,推动协定获得普遍接受和早日生效。

第二,做好国内温室气体减排工作。中国明确了二氧化碳排放 2030 年左右达到峰值并努力尽早达标等一系列行动目标,并将行动目标纳入国家整体发展议程。中国“十三五”规划纲要确定,未来五年单位国内生产总值二氧化碳排放量下降 18% 。我们实行能源消费总量和强度双控制度,实施近零碳排放区示范工程,建设全国碳交易市场,大幅增加森林碳汇,为实现国家自主贡献打下坚实基础。我们建立系统完整的生态文明制度体系,实行严格的生态环境保护责任制,加强环境督察,确保行动目标落到实处。

第三,加强应对气候变化国际合作。中国将积极参加《巴黎协定》后续谈判,落实协定确定的一系列机制安排。我们将深化气候变化南南合作,今年启动了中国气候变化南南合作基金新的合作项目,包括帮助其他发展中国家提高应对气候变化融资能力。

各位同事,各位朋友!站在全球气候治理的新起点,让我们齐心协力,化挑战为机遇,共建气候安全、绿色发展的美好家园,造福人类和子孙后代。

谢谢大家。

互联网与中国司法

——最高人民法院副院长、世界法学家协会第二副主席陶凯元大法官在世界法学家协会2016年会议上的发言

（2016年5月21日，巴塞罗那）

尊敬的主持人，女士们、先生们：

感谢各位光临中国最高人民法院代表团专场。我和我的同事们很荣幸能有机会参加世界法学家协会的会议。我们乐意与各位交流和分享我们的观点与经验。

首先，我会就“互联网与中国司法”做一个全面而概括的介绍，然后我的同事们会就具体问题发言。

我的发言分为四个部分：

一、中国互联网发展状况

近年来，中国互联网迅速发展，互联网用户已经接近7亿，成为全球互联网用户最多的国家。互联网与传统行业相融合发展的趋势明显，线上线下实现了无缝对接，零售业、旅游业、教育业、金融业等传统行业都在互联网化。2015年11月11日，仅阿里巴巴商务平台达成的成交额就达到了900多亿元。互联网不再是传统的信息、通讯工具，在大数据、云计算等新技术的推动下已进入崭新的发展阶段。中国的移动互联网及其技术也发展迅速，截至

2015 年 12 月,使用手机上网的用户规模达到 6.2 亿,超过网络用户的 90%。中国政府已经将“互联网 +”上升至国家战略,作为未来经济发展的重要领域。

二、互联网的发展给中国司法带来的深刻变革

互联网的迅速发展,给中国法院工作带来了巨大影响。在中国法院工作中,信息化建设具有基础性、全局性、战略性的重要地位。当前中国一些法院已经使用信息化手段提高审判效率和改进审判方式,起到了很好的效果。

一是打造司法公开三大平台,中国最高人民法院充分依托信息技术,设立了审判流程公开、裁判文书公开和执行信息公开三大司法公开平台,截至 2016 年 5 月 10 日,各级法院已经公布生效裁判文书 1700 余万篇,每天新增近 4 万篇,总访问量达 7.6 亿人次,日均访问量近 500 万人次。“中国裁判文书网”已成为全球最大的裁判文书公开网。三大平台的设立,方便了公众参与诉讼、保障了公众的知情权,也促进了法院判决的执行。

二是拓展新媒体应用。中国法院利用官方微博微信加强与自媒体受众直接和广泛的沟通互动,利用网络途径听取社会公众意见,满足公众知情需求。

三是运用互联网为群众提供便捷的司法服务。中国法院运用互联网思维,建设诉讼服务网、“12368”诉讼服务热线等信息技术平台,打造全方位、立体式的“互联网 +”诉讼服务新机制。

四是司法数据管理实现全国法院全覆盖。最高法院充分运用信息化手段,以“大数据、大格局、大服务”理念为指导,主动采纳网络技术成果,对各类业务数据进行全方位整合,2015 年 10 月,实现全国法院 3512 个法院案件数据全面、准确、及时的自动汇聚和生成,据此可随时了解全国法院审判工作全貌。

此外，一些地方法院正在探索网络审判方式，比如网络送达、网络取证、网络提讯、网络开庭等。

三、互联网的发展给中国法律带来的挑战

互联网的迅速发展，不仅给社会生活带来了巨大的变化，也给法律提出了诸多挑战。

（一）互联网在一定程度和范围上改变了权力状态

互联网创造了一些新的权利类型，改变了一些传统行业的经营方式，产生了一些法律地位不明确的新技术，比如虚拟财产权、公民网络信息权、数据权等，而这些权利在中国法律上还没有得到正式认可。一些网络上的经营方式，也让现有的法律难以规范，比如网络出租车的合法性问题，一些互联网金融经营方式的合法性问题也日益显露出来。尤其是当前包括个人信息在内的数据，已经成为互联网企业竞争的核心内容，但是数据的法律意义却不明确，比如采集的公民个人信息数据归谁所有？如何使用、收益等等？个人信息如何保护已经成为中国立法和司法面临的重要问题之一。

（二）网络犯罪给刑法带来新挑战

互联网技术在造福人类生活的同时，也为犯罪开辟了新的渠道和领域，改变了传统犯罪的一些特点。传统刑法理论以及刑事司法，在现代信息社会已经呈现出愈益明显的体系性滞后，在惩治网络犯罪的应用上出现了不少问题。中国通过不断修订刑法以适应不断变化的网络犯罪。在网络信息条件下，犯罪的各个方面都出现了新的变化，犯罪嫌疑人更加隐蔽、难以抓获；犯罪手段更加复杂、碎片化现象日益突出；犯罪证据更加难以取得；犯罪行为与个人自由之间的界限更加模糊。

由于法律空白或者对法律认识不统一,导致司法机关对一些具有明显危害性的网络行为难以进行刑法惩罚。司法实践中经常出现对于网络犯罪行为难以正确区分此罪和彼罪,甚至无法入罪。

由于电子数据取证较难、对其证明力认识不一致,使一些司法机关虽然认定了网络犯罪事实,但在量刑时适用了畸轻的条款,导致网络犯罪行为更加猖獗,甚至越来越公开化、规模化。

中国的刑法虽然已经就网络犯罪进行了规定,并分别于 2009 年、2015 年出台了相应的修正案,但是相对于互联网的快速发展而言,仍面临巨大的挑战。

(三)惩处互联网恐怖活动

互联网技术的发展甚至也为恐怖活动所利用,网络上的恐怖主义者利用被广泛应用和深度依赖的互联网等信息基础设施以及自动化设备,将恐怖活动发展成一种超越疆域限制的新恐怖活动形式,融合暴力破坏和思想渗透,是影响力和破坏力更大的综合形式的恐怖活动类型,给一些国家和国际社会带来新的严峻挑战。在中国,网络恐怖活动犯罪主要表现为利用网络传播恐怖主义思想和利用网络传授恐怖活动犯罪方法,网络恐怖袭击造成的危害暂不明显。中国《刑法》《刑法修正案(九)》和《反恐怖主义法》均对恐怖犯罪作出了相关规定,共同构建了较为完善的法律防控体系。

——规定了网络服务提供者的责任。2016 年 1 月 1 日起正式实施的《反恐怖主义法》对电信业务经营者、互联网服务提供者在网络恐怖活动中应承担的责任进行了规定。

——打击利用互联网实施的恐怖活动行为。去年颁布实施的《刑法修正案(九)》通过修改罪状、增设新罪等方式,强化了刑法在应对网络恐怖主义、极端主义方面的作用。

——惩处针对互联网实施的恐怖活动。立法的完备程度超过了被广泛认同的国际立法标准,并在多方面达到了要求更高的欧洲理事会《关于网络犯罪的公约》。

四、对互联网与司法关系的展望

网络信息技术是当前人类的重要社会生产力，决定了我们这个时代的生产关系，必然要改变作为上层建筑的法律。司法也必须实现信息化、互联网化，只有跟上互联网的发展，法律才能完成调整互联网上社会关系的使命。我们希望国际社会在相互尊重、相互信任的基础上，加强对话合作，推动互联网全球治理体系变革，共同构建和平、安全、开放、合作的网络空间，建立多边、民主、透明的全球互联网治理体系。

外交部副部长、亚非法协第54届年会主席刘振民在亚非法协第55届年会开幕式上的致辞*

（2016年5月17日，新德里）

女士们，先生们：

作为亚非法协第54届年会主席，我非常荣幸能在法协60周年华诞之际完成诸位赋予我的职责。60年来，在“团结、友谊、合作”的万隆精神的指引下，法协为维护和促进亚非两大洲国家在国际法各领域的共同立场和共同利益发挥了重要作用。在当前新形势下，国际法和国际秩序正经历深刻演变，亚非法协的作用和价值愈发突显。法协成员国应继续致力于支持法协的发展振兴，进一步增强我们在国际法领域的集体影响力，推动建立一个更加有利于维护世界和平和促进亚非国家共同发展的更为公正合理的国际秩序。为此，我建议为庆祝法协成立60周年，在本届年会通过相关成果文件，例如在有关决议或报告中呼吁所有亚非国家以政治、资金和其他方式进一步支持法协的发展振兴，包括成为法协的新成员国。

女士们，先生们，

在我任主席期间，法协秘书处克服经费和人力资源有限的困

---

* 致辞原文为英文，本文系译文，略有删节。

难,组织了很多对成员国十分有益的项目与活动,我对此深表谢意。在此我仅提及几项重要活动:

一是在2016年1月和昨天下午在新德里举行的两次法律专家会间会,就秘书处起草的《打击暴力极端主义及其表现形式的原则和指南》草案进行了讨论。上述讨论加深了我们对各自关切的理解,有利于我们共同努力以更为全面的方式处理涉暴力极端主义所带来的复杂的法律问题。

二是在2015年11月初,在纽约第70届联合国大会期间举办了法协法律顾问会议。

三是在2015年5月,法协秘书长参加国际法委员会届会并在会上阐述了法协成员国对委员会相关工作的看法。

上述活动已成为法协日程中例行的重要事项。此外,值得一提的是,2015年8月在马来西亚举行了法协“习惯国际法的识别”法律专家会。我高兴地看到,自建立习惯国际法非正式专家组以来,法协秘书处一直致力于在该领域做出贡献。该专家组的报告员——武汉大学易显河教授——与国际法委员会“习惯国际法”议题特别报告员迈克尔·伍德爵士进行了对话。迈克尔·伍德爵士评价易教授代表专家组所做的工作“富有洞察力和建设性”。这代表了法协对国际法委员会工作的新贡献。

这些活动表明了法协致力于与各个机构加强协调,就当代国际法前沿问题保持对话和协商。我希望法协继续坚持这些努力,包括法协秘书处正致力于对当前两大重要问题,即“国家管辖范围外海洋生物多样性”和“网络空间国际法”开展专题研究。

女士们,先生们,

我也很高兴地向大家宣布,在过去一年,中国政府已启动了“中国-亚非法协国际法交流与研究项目”,这代表着中国政府对法协的新贡献。中国代表团将在本届年会期间举办该项目的图片展边会活动,热烈欢迎所有代表届时出席。

女士们,先生们,

除了庆祝法协成立六十周年华诞外,本届年会的重要性还体现在另一方面,即选举新一任秘书长。我想借此机会对现任秘书长拉马特·穆罕默德教授在履职中所展现的坚强领导力、坚定承诺和不懈努力表示深切敬意。他八年的任期堪称卓越,实实在在地推动了法协发展。

此次会议将推选一位来自非洲的秘书长。我确信新任秘书长将从拉马特·穆罕默德教授手中接过法协的接力棒,带领法协更上一层楼。

女士们,先生们,

在接下来的三天里,我们将讨论诸如“网络空间国际法”以及《打击暴力极端主义及其表现形式的原则和指南》草案等重要议题。面对这些国际法问题的巨大挑战,亚非国家,乃至整个国际社会需要携手合作,以富有建设性和创造性的努力寻求共同的解决方案。我相信法协成员国有勇气和智慧在此领域取得更大的成就。

我们在强调推动国际法治重要性的同时,还应警惕任何针对亚非国家滥用国际司法程序的行为。

女士们,先生们,

最后,我想再次感谢所有法协成员国、第54届法协年会副主席、法协秘书长以及秘书处对我履职所给予的支持与合作。我祝愿下任主席和副主席履职顺利。我坚信,在他们的有力领导下,法协将继续成为亚非国家对具有重要意义的问题开展法律讨论的平台。

谢谢大家!

外交部副部长刘振民在“中国－亚非法协国际法交流与研究项目”图片展招待会上的致辞

（2016 年 5 月 17 日，新德里）

尊敬的主席先生，
尊敬的现任秘书长先生，
尊敬的候任秘书长先生，
各位代表，各位来宾，
女士们、先生们：

欢迎出席此次图片展和招待会。

相信大家还记得，去年春天在北京召开的第 54 届亚非法协年会上，李克强总理在开幕式上宣布了中国政府出资设立“中国－亚非法协国际法交流与研究项目”的决定，撒播下一颗合作交流的种子。一年来，在各方共同努力下，这颗种子已经生根发芽，相关规划和活动已经开展：正如大家可以从展览所了解的，这个项目由中国政府资助，向亚非法协所有成员国开放，旨在促进国际法领域的相互交流和分享、加强能力建设，包括为成员国法律官员及秘书处官员提供培训和交流平台，为亚非法协的相关研究、下设工作组和专家组的相关会议、秘书处参与其他国际组织或会议等提供资助等。去年夏天，作为试点，已在厦门举办了首期培训班，今年八九月间，将在北京举办第二期培训班。其他活动也在规划中。希望图片展有助于大家了解项目,也热诚欢迎各方的积极参与、建议和支持,一起实现“相互借鉴、共同进步”的目标。

女士们,先生们!

这一项目也是中国政府对亚非法协60周年的一份献礼,代表着中国对亚非法协在新时期取得更大发展和发挥更大作用的殷切期望和坚定支持。60年来,在“团结、友谊、合作”的万隆精神指引下,亚非法协为促进亚非国家在国际法领域的协商合作和凝聚共识、维护共同利益发挥了不可或缺的作用,也为国际法治的发展做出了不可磨灭的贡献。当前,国际秩序正经历深刻演变,我们亚非国家,作为曾经的“国际体系的后来者、被动接受者”,迎来了在这一新旧体系演变中发挥更具实质影响作用的历史性的共同机遇。我们要以亚非法协60年的发展为新的起点,进一步加强团结合作,增强我们在国际法领域的集体影响力,推动建立一个更好维护亚非国家主权、更有利于亚非国家现代化发展的更为公正合理的国际秩序。中国愿继续和亚非国家加强合作,协力实现这一共同目标。

女士们,先生们,

今年是“联合国主要司法机关”国际法院成立70周年。我还想借此机会,就如何正确恰当运用司法程序和平解决争端和大家分享一些看法。众所周知,国际法院在促进和平解决争端的作用普遍受到各国重视和赞赏,但也有一些国际司法机构的做法引起极大争议,包括我们不少亚非国家提出了批评和关注。这给我们的启示是:运用国际司法程序,要充分尊重各国的意愿、以相关国家的事先同意和充分磋商为前提;在启动程序以及解释和适用国际条约方面,要坚持善意、公平、公正、客观、审慎原则,不得越权和滥用;争端解决程序应有利于促进缓和及解决争端,而不是挑动和激化争端;更不能借“法治”之名,行侵害他国权益之实。

我还愿强调,作为中国对国际法的忠实践行,中国坚定致力于通过谈判和平解决争端,这是各项国际法文件规定的解决争端的首要方式,这也是中国基于对国际实践的认识和丰富的国家实践作出的选择。中国通过友好谈判,按照“一国两制”的原则,妥善解决了历史遗留的香港和澳门问题,为通过友好谈判解决国际争端贡献了中国经验。中国与14个陆上邻国中的12国友好谈判解决了边界问题,划定了约20,000公里长的边界线,占中国陆地边界线的约90%。中国正与印度和不丹就解决边界问题举行积极磋商。中国同越南谈判划定了两国在北部湾的海洋边界。中国与越南商定将致力于谈判解决其他海洋划界问题。中国与韩国也于去年12月正式启动海洋划界谈判。通过谈判解决争议已成为东亚的地区规则。2002年,中国和东盟国家签署《南海各方行为宣言》,根据《宣言》第4条,有关各方承诺,由直接有关的主权国家通过友好磋商和谈判,以和平方式解决它们的领土和管辖权争端。这是中国与东盟国家的共同承诺。根据国际法、亚洲经验和中国实践,我们认为,双边谈判解决争端,在处理复杂敏感问题上具有独特优势,因为它能充分体现当事国的自主意愿和主权平等,谈判成果也更易为当事国人民所接受,能够得到有效实施,具有长久生命力。

我和大家分享以上看法,也符合这个项目“交流和分享经验”的主题,可以算是我对这个项目的一个贡献。时间有限,不便详细展开。大家如果感兴趣,可以稍后进一步交流。

最后,我提议,为亚非法协第55届年会的成功,为项目的成功,为亚非法协的振兴和国际法治的发展,为各成员国的团结和友谊,为各位的健康,干杯!

外交部副部长刘振民致“中国 – 亚非法协国际法交流与研究项目”第二期培训班的贺信

（2016 年 8 月 29 日，北京）

尊敬的加斯顿秘书长，
尊敬的黄进校长，
尊敬的贝纳斯科利秘书长，
各位参训学员，
女士们、先生们：

欢迎各位出席“中国 – 亚非法协国际法交流与研究项目”第二期培训开幕式。我谨代表中国政府，对出席此次开幕式的加斯顿秘书长、各位参训的亚非国家和亚非法协官员以及远道而来授课的海牙国际私法会议贝纳斯科利秘书长，表示诚挚欢迎！

去年春天，中国政府在北京举办亚非法协第 54 届年会，李克强总理在开幕式上宣布中国政府出资设立“中国 – 亚非法协国际法交流与研究项目”，播撒下一粒合作的种子。作为中国政府对亚非法协成立 60 周年的一份献礼，项目体现了中国对亚非法协的殷切期望和坚定支持，也开创了中国与亚非法协合作的新篇章。

一年来，这粒合作的种子逐步“开花结果”。去年夏天，首期试点培训成功举行，深受各方好评。今年 5 月，在项目的资助下，亚非法协秘书处在第 25 届联合国预防犯罪和刑事司法委员会会议期间举办“打击网络犯罪国际合作的亚非视角”边会，这是法协历史上首次在维也纳多边场合举办活动，传播了亚非国家在打击网络犯罪国际合作的立场和主张，有效提升了法协的影响力和能见度。今天，我们在这里举行项目第二期培训开幕式，刚才又举行了项目网站启用仪式，这将是我们项目结出的又一丰硕果实。

在今年5月法协第55届年会期间举办的项目图片展招待会上，各方对我们的工作表示高度赞扬，也纷纷表达了合作和参与意愿。这份信任与支持令我备受鼓舞，各方的期待更让我们深感责任重大。在此，我想就项目的定位和作用谈三点意见：

首先，项目是亚非国家开展交流互鉴的“加速器”。60年来，亚非国家在“团结、友谊、合作”的万隆精神指引下，以法协为平台在国际法领域开展协商合作、凝聚共识，有力维护共同利益。中国政府设立项目就是要发扬广大亚非国家交流互鉴的传统，不断拓展成员国交流的深度和广度。中国和亚非法协其他成员国在国际法广泛领域有各自的实践，也面临一些共同的任务和挑战，通过这个项目，我们可以交流有益经验和心得，共同探讨解决方法，促进共同进步。

其次，项目是亚非国家提升整体影响力的“助推器”。当前，国际秩序正经历深刻演变，我们亚非国家，作为曾经的“国际体系的后来者、被动接受者”，迎来了在这一新旧体系演变中发挥更具实质影响作用的历史性机遇。中国政府设立项目就是要促进法协成员国加强团结协作，通过能力建设，进一步增强我们在国际法领域的集体影响力，共同推动国际秩序朝着更加公正合理的方向发展。

最后，项目是亚非国家培养专业人才的“孵化器”。2015年，项目第一期培训共有22名学员来华接受培训，取得良好效果。今年培训规模进一步扩大，培训内容也进一步丰富，共有来自法协成员国、秘书处及港澳两特区的39名学员参加培训，还有贝纳斯科利秘书长等6名国际专家和12名中国学者授课，内容涵盖国际公法、国际私法和国际经济法三大领域,紧跟当前国际法难点和热点问题。今后,中国政府将继续向法协成员国提供更加完善、科学的培训课程,并考虑进一步扩大培训规模。相信在我们的共同努力下,项目会为法协各成员国培养出更多的国际法专业人才。

女士们,先生们,

过去的一年多来,“中国-亚非法协国际法交流与研究项目”得到各方的大力支持和协助,中国政府对此表示衷心感谢。首先,我要感谢加斯顿秘书长和他领导的秘书处对项目的大力支持,特别是秘书长先生刚刚履职便来京出席开幕式并授课,体现了秘书长先生对项目的重视。其次,我要感谢在座的各位参训学员所代表的成员国政府,正是有了成员国的积极参与和支持,项目才不断取得进展。我还要感谢各位授课专家为提升亚非国家国际法能力建设所做的贡献。同时,我还要感谢承办本期培训的中国政法大学,在黄进校长的领导下,中国政法大学的老师和同学们在课程安排、后勤保障等方面做了大量工作,为培训成功举办奠定了坚实的基础。

最后,预祝本期培训圆满成功!谢谢!

外交部副部长刘振民致国际法院前院长史久镛法官90华诞的贺辞

（2016年10月21日，北京）

尊敬的史久镛法官，各位嘉宾：

今天，我们国际法界的各位法官、专家、学者和实务工作者济济一堂，举行提升中国在国际司法机构影响力的座谈会，意义重大。会议恰逢我国在国际司法机构的一位杰出代表——国际法院前院长史久镛法官九十华诞，这无疑为我们的思考和讨论增加了特殊的意义。史老自青年时投身国际法的研究和实务迄今已70余年，始终坚持法学报国的情怀，始终以国家利益和需要为指向，先后在国际法教学研究、外交条法和国际司法机构等领域耕耘不辍，追求卓越，为中国国际法的发展和外交事业做出了重要贡献，同时，史老也代表中国、代表中国国际法人，为世界的和平、法治和正义事业做出了重要贡献。回顾史老在国际法领域不懈追求和精彩卓越的70年，有以下三个突出的闪光点值得我们学习：

第一，史老始终坚持知识报国，以精湛卓越的国际法研究和工作服务国家需要。史老青年时期，正值中国遭受内患外侮的动荡年代，他痛感“弱国无外交”，立志通过掌握和运用国际法为改变中国积贫积弱的命运奉献力量，先后在上海圣约翰大学和哥伦比亚大学打下了坚实的国际政治和国际法基础。20世纪50年代，他毅然抛弃在美国的优越条件,义无反顾地回到百废待兴的祖国,投身中国的国际法事业。此后60余年,他都是紧密围绕国家需要确定自己的国际法研究和工作重点,在不同岗位上做出了不凡的成绩和贡献。回国后的头30年,他投身国际法教学和研究工作,为我国早期的国际法人才的培养立下了汗马功劳。20世纪80年代起担任外交部法律顾问,围绕中英香港谈判和加入关贸总协定等重大历史事件开展国际法研究,并直接参加相关重要谈判,为破解重大法律难题做出了重要贡献,成为公认的国际法顶级专家。1987年以后的20多年里,史老作为中国国际法界的杰出代表,先后在联合国国际法委员会和国际法院任职,曾当选国际法委员会主席和报告员,更是当选国际法院院长的第一位中国人。他以渊博精湛的专业素养,维护法治的价值追求,公道正直的职业品格和认真勤勉的工作作风,为提升中国在国际法律机构和国际司法机构的影响力做出了具有典范意义的贡献。史老退休后,本可安享晚年,但史老仍然时时心系中国的国际法事业,欣然应邀担任外交部国际法咨询委员会顾问,继续为外交法律工作贡献智慧。特别是在应对菲律宾南海仲裁案的法理斗争中,史老不顾年事已高,积极就重大国际法问题提供咨询意见,他用放大镜逐字审阅浩繁材料,日夜思考应对策略,为破解法律难题提供富有智慧和务实管用的专业意见。可谓是丹心报国,愈老弥坚。

第二,史老始终坚持符合发展中国家正义诉求的国际法治观,为维护和促进国际法治和公正正义做出了独特的贡献。在联合国国际法委员会任职6年和国际法院任职16年的国际法律实践中,史老既严格遵守“独立”“公正”和“专业”的履职要求,更始终坚持从维护和促进发展中国家正当利益和正义诉求的角度解释和运用国际法。在联合国国际法委员会起草国家豁免原则草案的工作中,史老旗帜鲜明地制衡西方国家专家的片面观点,推进有利于发展中国家利益的规则制定。在国际法院16年的司法活动中,史老在法院判决中的多数意见以及重要特殊情况下发表的个别意见,始终代表着发展中国家的正义诉求,例如在1996年重要的“武装冲突中使用核武器合法性”咨询案中,史老发表个人意见,明确反对将西方霸权国家的“核威慑政策”作为评判相关习惯国际法基础的观点,代表了国际法的正义声音。特别是在史老担任国际法院院长的3年中,史老主持通过了多达16个案件的判决和咨询意见,通过判决数是迄今历届院长任内最多的,而且全部是以全体一致或绝大多数通过,其中很多具有重要政治和法律影响力,有力地维护了一系列重要的国际法基本原则:在著名的“在巴勒斯坦被占领土修建隔离墙的法律后果”咨询案中,法院作出了在法律上和政治上都具有历史意义的正确咨询意见,史老被阿拉伯国家的大使誉为“英雄”;在“刚果境内的武装活动案”判决中,确认并维护了“不使用武力、不干涉内政”国际法原则以及国际人权法和人道主义法相关规定;在墨西哥诉美国“阿韦纳和其他墨西哥国民案”判决中,维护了“领事通知和领事保护”等领事关系基本原则,史老还通过个别意见,鲜明地抵制认为《领事关系公约》创设个人权利的西方主张。

史老在国际法领域不仅是杰出的一线实践者,更是具有远见卓识的思想家。得益于数十年外交实践的磨炼和熏陶,史老对国际法和国际政治的关系、国际司法机构的性质、法官个人的作用等基本问题都有着深入的思考和独到的见解。史老准确地认识到,国际法院虽是独立司法机构,法官以个人独立身份任职,但法官的价值观对其司法活动具有深层次的影响;国家要在国际司法机构中发挥作用,在根本上要落实到在司法机构任职的个人,个人的专业能力、协调能力和品格魅力具有至关重要的影响。正是基于这些深刻的认识,史老在司法履职活动中,始终自觉在法律规则和程序范围内,推进有利于发展中国家正义诉求的国际法主张和价值观。他主张增加发展中国家在国际法院的代表性,呼吁将法院的官方语言扩大至英语、法语以外的其他联合国工作语言,从机制上维护发展中国家的共同利益。正是基于对发展中国家正义诉求的坚持,史老代表中国国际法人,对国际法治和公平正义事业做出了重要的独特贡献。

第三,史老始终保持虚怀若谷、公而忘私的高尚品格,充分展现了中国知识分子的优秀品质。长期以来,史老以其深厚的国际法学识、丰富的实践经验和在国际机构任职的卓越业绩,在国内和国际法学界赢得了崇高声望。但史老始终保持着谦虚谨慎、淡泊名利的为人之道。在职业生涯的所有阶段,他都是积极响应和服从国家的号召和需要,以服务国家需要为己任,但在工作和生活方面从未向单位和组织提出过任何个人要求和条件。作为国际法学界的前辈,他倾力培养人才,奖掖后学,提携后进,甘为人梯。中国国际法领域的许多专家、学者和实务工作者,都曾得到史老的指教和帮助。他大力关心中国国际法的发展,支持创办《中国国际法年刊》,为推进中国国际法的持续发展不遗余力。

历经九十载风风雨雨,跨越两世纪峥嵘岁月,史老用行动诠释着老一辈优秀知识分子的高尚品德和风范,将自己的全部心力都贡献给了国家、国际法的发展以及世界正义和平事业,为所有国际法工作者树立了楷模。在此,我谨代表外交部条法司、代表国际法同仁并以我个人的名义,向史法官表示崇高敬意和诚挚祝愿,祝愿史老生日快乐,福寿安康,阖家幸福!

中国代表、外交部条法司司长徐宏在第71届联大关于“国际法院的报告”议题的发言

主席先生：

很高兴在本届联大就“国际法院的报告”议题发言。首先，请允许我代表中国代表团，感谢亚伯拉罕院长所作的报告，也感谢法院全体法官和工作人员过去一年来的辛勤工作。

今年是国际法院正式投入运作70周年。70年来，国际法院依照《联合国宪章》和《国际法院规约》忠实履行司法职能，作出超过120项判决和近30项咨询意见，为国际法规则的解释、适用和发展，为和平解决国际争端发挥了重要作用，为维护国际和平与安全做出了应有贡献。国际法院的表现也许并不完美，但毋庸置疑的是，作为联合国六大机关之一和联合国主要司法机关，国际法院的权威性没有任何国际司法机构可以替代，影响力没有任何国际司法机构可以比拟。

回顾过去，国际法院的成功不是偶然。法院在行使管辖权方面始终慎重行事，遵循“国家同意”这一基础。法院法官代表世界各大文化及主要法系，保持高度的职业水准、负责任的态度和平衡的司法理念。法院法官及书记官处等内部行政部门一直秉持独立性，不受外来干预和影响。法院定期向联大和安理会报告工作，听取各国意见和评论，在一定程度上实现了国际社会对法院工作的监督。这些都为法院在客观、公正基础上高质量地开展司法活动

提供了坚实基础。

主席先生,

国际法院已经走过 70 年历程,如今正站在新的历史起点上。法院的工作量不断增加,寄托着国际社会特别是有关案件当事国的信任与期待。联合国和国际社会应当继续为法院依法履职提供强有力地支持,包括回应法院的呼吁与关切,确保法院获得与其职责和地位相匹配的人员、经费等资源保障。

中国作为国际社会负责任的一员,一贯积极倡导和平解决争端,致力于通过友好协商解决争议。我们将继续坚定维护以《联合国宪章》宗旨与原则为基础的国际秩序,坚定维护和促进国际法治。这其中当然也包括坚定支持国际法院依法履行司法职能。我们坚信,一个忠实按照《联合国宪章》与《国际法院规约》履职尽责的国际法院,将继续成为国际司法机构的模范和指引,也将为和平解决争端、维护国际和平与安全做出更大贡献。

谢谢主席先生。

中国代表、外交部条法司司长徐宏在第71届联大六委关于“国际法委员会第68届会议工作报告”议题的发言(一)

(2016年10月24日,纽约)

主席先生:

很高兴与各位同事再次相聚纽约。今天是我作为中国代表第一次在本届联大六委发言,请允许我祝贺您当选主席,相信在您的领导下,本次会议将取得圆满成功。我也感谢国际法委员会主席就第68届会议工作报告所作介绍,这对各国代表开展相关讨论有很大帮助。

委员会第68届会议取得了重要进展,首次审议了“强行法”专题,二读通过了“灾害中的人员保护”整套条款草案及其评注,一读通过了“习惯国际法的识别”和“与条约解释相关的嗣后协定与嗣后实践”两项专题结论草案,“国家官员的外国刑事管辖豁免”“危害人类罪”“保护大气层”等专题均有新的进展。中国代表团对委员会的积极工作表示赞赏和支持。

主席先生,

我首先介绍一下中国代表团对“发生灾害时的人员保护”专题的看法。中国代表团注意到,委员会第68届会议二读通过了包括序言和18条条款在内的整套条款草案及其评注,在一读基础上取得了重大进展。中国代表团赞赏并感谢特别报告员巴伦西亚·奥斯皮纳先生所做的杰出贡献,也感谢各位委员为此付出的努力和智慧。

与先前草案相比,二读通过的条款草案吸收了各国和国际组织提交的部分意见,对受灾国与援助方之间的权利义务进行了调整,包括为受灾国寻求外部援助的义务设定了更高的条件,由"灾害超出国家的应对能力"修改为"明显超出国家的应对能力";将援助方提供援助的"权利"(have the right to)修改为不具法律约束力的表述"可以"(may),并增加了援助方对受灾国寻求援助的请求应迅速予以适当考虑和答复的义务等。中国代表团认为,上述调整使双方的权利义务更加对等平衡,有助于促进国际救灾合作的实效。中国代表团对此表示赞同。

但中国代表团也注意到,草案的拟议法仍然偏多,如受灾国寻求外部援助的义务、不任意拒绝援助的义务等。这些条款对逐渐发展救灾领域的国际法规则、加强对受灾人员的保护有着积极作用,但尚未成为普遍接受的国家实践,远未成为现行法。这些条款是否对一国具有约束力,应取决于该国是否接受。

主席先生,

关于"习惯国际法的识别"专题,委员会审议了特别报告员伍德先生提交的第四份报告,并一读通过了整套 16 条结论草案及其评注。中国代表团赞赏委员会和特别报告员的出色工作。在以往发言的基础上,中国代表团强调以下四点:

第一,国家实践是习惯国际法规则形成的最重要证据,国家实践应是全面的、一贯的和具有充分代表性的,不仅要看以往国家实践,也要看当前国家实践。特别是在联合国成立后,发展中国家在国际舞台上愈发活跃,在国际规则和国际秩序发展中的作用更加明显,发展中国家的国家实践应受到足够重视,应被视为习惯国际法规则形成的重要证据。

结论草案 4"惯例的要求"提及"其他行为方的行为"在评估国

家和国际组织的惯例时“可能相关”。中国代表团认为,原则上,非国家实体或非政府间国际组织不是国际法的主体,其行为不具有创立习惯国际法的地位。而且,结论草案中“可能相关”这一表述含义不清,是否有必要保留这一规定值得商榷。

第二,审慎对待“不作为”是否构成法律确信的证据问题。国家同意包括“默示同意”,是习惯国际法的基础,但不能简单地将“不作为”视为国家“默示同意”。中国代表团认为,在认定“不作为”是否构成“默示同意”时,需要综合考虑各种因素,以确定国家的真实意图,包括有关国家是否知悉相关规则、是否有义务以及是否有条件作出反应等。

第三,正确看待国内法院判决和权威公法学家学说的作用。国内法院判决只是国内司法实践,只反映某一特定法律体系,对国际法的反映和影响极其有限。历史上,权威公法学家学说曾是国际法存在的重要依据,但随着国际立法日益增多,国际条约成为国际法的最主要渊源,公法学家学说更多代表的是一家之言。因此,国内法院判决和权威公法学家学说在习惯国际法的形成中只起有限的辅助作用。

第四,结论草案 15 关于“一贯反对者”的规定有待商榷。根据结论草案,如果有关国家对于一项形成中的习惯国际法规则,明确地、持续地和一贯地表示反对,则该国不受此规则约束。中国代表团认为,对“一贯反对者”的认定不能一概而论,需要根据具体情况综合考虑各种因素,包括该国对相关规则是否知悉,以及是否有义务作出明确的、持续的和一贯的反对。

此外,我们认为,在识别和适用习惯国际法规则时,应避免在已有条约明确规定的情况下,通过选择性适用习惯国际法,恶意规避应承担的条约义务。

主席先生,

关于“与条约解释相关的嗣后协定和嗣后惯例”专题,委员会审议了特别报告员诺尔特先生提交的第四份报告,并一读通过了

13 条结论草案及其评注。中国代表团对委员会和特别报告员的工作成果表示赞赏,认为本专题梳理审查了嗣后协定和嗣后惯例在条约解释方面的作用,为条约解释提供了有益指导。

中国代表团认为,条约的解释应严格遵循 1969 年《维也纳条约法公约》第 31 条规定,根据条约用语和上下文并参照条约的目的和宗旨进行善意解释。嗣后协定和嗣后惯例在条约解释中只起到辅助作用。中国代表团强调,不能通过扩大解释进行国际立法,嗣后惯例不应违反条约的目的和宗旨,不能成为任意扩大解释甚至变相修改条约的工具。

关于结论草案 13“专家条约机构的声明”,我们认为,对于此类声明是否产生嗣后协定或嗣后惯例应持审慎态度。专家条约机构在作出声明时尤其应避免超越其授权,并应充分听取缔约国的意见,以避免导致在理解条约义务方面出现混乱。

谢谢主席先生。

中国代表、外交部条法司司长徐宏在第71届联大六委关于“国际法委员会第68届会议工作报告”议题的发言(二)

(2016年10月27日,纽约)

主席先生:

下面我介绍一下中方对国际法委员会相关专题的意见。

关于“危害人类罪”专题,委员会第68届会议审议了特别报告员墨菲先生提交的第二次报告,并通过了第5~10条条款草案及其评注。中国代表团感谢委员会和特别报告员的出色工作。中国代表团谨对此发表以下几点看法:

第一,关于委员会的工作方式。中国代表团注意到,委员会将本专题目标设定为制定一项专门的危害人类罪国际公约,但从去年联大六委审议情况来看,各国显然并未形成广泛一致的意见。第二次报告以及委员会通过的条款草案,主要是采用整理、归纳其他打击国际罪行公约的有关条款,通过类推方法进行论证,这不是在编纂现行法中关于危害人类罪的规定,而是拟议新法。委员会虽然在国际水道非航行使用法等少数专题中使用过类似方法,但考虑到危害人类罪专题本身的复杂敏感,这种工作方式是否可取值得商榷。

第二,关于条款草案第5条规定各国立法将危害人类罪入刑问题。中国代表团认为,在是否立法以及如何立法问题上,应赋予各国一定的自主决定空间。在立法形式上,应允许各国根据本国立法的实际情况,将条款草案中所列的相关罪行,以危害人类罪的罪名或以其他罪名形式予以规定。

主席先生,

今年是首次审议“强行法”专题。中国代表团感谢特别报告员特拉迪先生提交首份报告。强行法规则涉及国际法的根本和基础性问题,委员会就此开展讨论以厘清强行法的相关法律问题,具有重要的理论和现实意义。中国代表团谨就本专题的首份报告和拟议的结论草案发表以下几点看法:

第一,审议该专题应当严格遵循 1969 年《维也纳条约法公约》(以下简称《公约》)第 53 条的规定,即强行法是指“国家之国际社会全体接受并公认为不许损抑且仅有以后具有同等性质之一般国际法规律始得更改之规律”。本专题工作重点应是,在总结国家实践地基础上,厘清上述强行法基本要素的含义,重在编纂现行法,而非拟议新法。如要引入新的要素,应有充分的国家实践支撑,并应得到各国地普遍接受或认可。

第二,中国代表团注意到,特别报告员提出强行法概念的核心要素包括“普遍适用性”“在规范等级上高于其他国际法规范”和“保护国际社会的基本价值观”。我们认为,这与上述《公约》第 53 条所确定的强行法基本要素存在明显差异,实质上是对强行法的更改。强行法要素涉及所有国家的重大利益,直接影响国家的权利义务和责任。强行法是否有必要引入新的核心要素,引入这些核心要素的依据是什么,以及会产生什么样的影响,我们建议作进一步研究。

第三,中国代表团还注意到,特别报告员提出强行法在“在规范等级上高于其他国际法规范”。这是否意味着强行法要高于《联合国宪章》,包括安理会有关决议?《联合国宪章》第 103 条明确规定“宪章义务优于其他国际协定义务”,如何处理强行法与

《联合国宪章》的关系？我们认为这些问题有待进一步说明。

第四，我们认为，在现阶段编制强行法规则的有关清单或附件并不合适，正确的做法应是在收集和研究有关强行法的国家实践基础上，厘清强行法的具体标准，之后再看有无必要制订清单或附件。

主席先生，

关于“保护大气层”专题，中国代表团感谢委员会和特别报告员村濑信也先生所做的工作。中国代表团认为，委员会会议通过的指南草案基本遵循了委员会2013年设定的谅解条件，也比较客观地反映了保护大气层的有关研究成果。中国代表团谨发表以下看法：

第一，第四个序言段“认识到发展中国家的特殊情况和需要”的表述较弱，未对发展中国家的特殊情况和实际需求予以充分考虑。相对而言，特别报告员提交的第三份报告中的表述“强调需要考虑发展中国家的特殊情形”更为合适。

第二，指南草案7“有意大规模改变大气层”活动通常指地球工程活动，目前科学界对地球工程的利弊仍在争论，而且如果相关活动违反了保护大气层的义务，完全可以依据指南草案3来加以处理，目前似无必要专门对这一问题作出规定。

保护大气层是当前人类面临的共同问题，更是一个集政治、法律、科学于一体的综合问题。中国代表团希望委员会充分认识该问题的复杂性和敏感性，充分尊重现有机制和努力，综合考察更多区域机制下的国际实践，继续扎实推进本专题有关工作。

主席先生，

由于我因工作安排无法参加下周会议，所以我想借此机会先介绍一下对其他三项专题的意见。

今年，“国家官员的外国刑事管辖豁免”专题审议了非常复杂、敏感的官员豁免例外问题。委员会初步审议了特别报告员埃尔南德斯女士提交的第五次报告，中国代表团感谢特别报告员和委员会所做的工作。

中国代表团赞同不存在属人管辖豁免例外的结论,但不赞同特别报告员提出的属事豁免的三项例外,即严重国际刑事犯罪、法院地国领土内造成人身伤害或财产损害的罪行和腐败罪行。中国代表团认为,报告在论证上述例外是否存在时,主要援引的证据只是国际法院相关判决的少数反对意见以及一些国家或国际司法机构如欧洲人权法院的民事案件,这些论据缺乏相关性,且倾向性明显,难以让人信服。

第一,严重国际刑事犯罪不构成外国刑事管辖豁免的例外。首先,豁免属于程序性规则,与判断行为合法性的实体性规则(包括强行法)分属两种不同的规则范畴,不应因违反实体性规则而否定程序性规则的适用,这在国际法院逮捕令案和国家管辖豁免案中相继得到确认。其次,打击严重国际犯罪的国际公约要求缔约国确立管辖权或承担调查、逮捕、引渡等合作义务,但并不影响外国官员根据习惯国际法享有的不受外国刑事管辖的豁免,这在国际法院逮捕令案中也已得到确认。

第二,对于法院地国领土内造成人身伤害或财产损害的罪行,我们注意到,报告主要依据是关于领事豁免及国家豁免的国际条约和英、美、俄、澳等国的国家豁免法。但这些条约和国内立法确立的人身伤害或财产损害例外,仅限于民事诉讼领域。报告直接将这些例外类比适用到国家官员的刑事管辖豁免例外上,混淆了民事管辖豁免和刑事管辖豁免,缺乏立法和实践支持。

第三,对于腐败罪行,我们认为这类犯罪一般不涉及在外国法院的刑事管辖豁免问题,没有必要将其专门作为一项例外进行研究。对涉案官员,主要通过本国起诉追究责任,如逃至国外,也可通过引渡、遣返或劝返等方式回国起诉。如确需协助在他国起诉,则由本国放弃其官员享有的豁免。

关于“与武装冲突有关的环境保护”专题,中国代表团赞同特别报告员在第三份报告中继续采用武装冲突前、武装冲突中和武装冲突后三阶段审议方法，并建议在今后的研究中，进一步梳理原则草案的适用时间段，确定哪些原则适用于所有阶段，哪些原则分别适用于三个不同阶段。同时，我们认为，目前报告偏重于立法实践和相关条例，缺乏对武装冲突中实例和行为的分析作为支撑。

主席先生，

关于“条约的暂时适用”，中国代表团认为，条约必须遵守的原则与条约的暂时适用既相关联又有区别，实践中可能存在矛盾。解决这一问题，主要是在条约暂时适用和国内法之间达成合理平衡。一方面确保暂时适用作为国际法规则的效力；另一方面为各国根据国内法选择适用留有余地。我们还认为，鉴于该专题与条约保留、条约失效、国家继承等其他条约法制度密切相关，需对此进行统筹考虑。现有结论是否合理，仍需援引更多实例加以论证。

谢谢主席先生。

中国的空间外交:政策与实践

——外交部条法司副司长马新民在“联合国外空会议50周年”高级别论坛上的发言

(2016年11月22日,迪拜)

朋友们,女士们,先生们:

大家好!

很高兴参加由联合国外空司和阿联酋政府共同举办的“外空会议+50”高级别论坛,与大家就“空间外交”这一主题进行交流。“空间外交”是外空委确立的未来规划基础四大支柱之一,对未来50年各国妥善应对外空领域面临的各项挑战、促进外空活动健康有序发展具有重要意义。

空间外交既是中国对外开展外空合作的重要形式,也是中国整体外交的重要组成部分。今年是中国航天事业创立60周年。60年来,中国空间事业成就斐然,在航天发射、载人航天、卫星导航、月球探测以及空间科技应用等领域取得了重大进展。与此同时,中国空间外交的形式也日益多样,内容不断丰富,领域更加广泛。借此机会,我想与各位分享中国空间外交政策的主张和实际做法。简言之,中国的空间外交有三个鲜明特点,即坚持承诺、加强合作和实现共赢。

一、坚持“承诺”

中国政府分别于2000年、2006年和2011年三次发布了《中国的航天》白皮书，全面阐述中国的空间政策主张。今年年底，中国将颁布第四版白皮书，系统介绍未来五年中国航天事业发展的主要任务、政策主张和具体规划。根据上述文件，中国的空间政策有四个核心目标，就是和平探索和利用外空、保护外空、治理外空和共享外空。下文将分别予以说明：

（一）中国政府始终坚持为和平目的探索和利用外空

外空活动应用于和平目的是中国的基本政策主张。2015年，中国颁布了《国家安全法》，首次从法律层面明确“中国坚持和平探索和利用外层空间”。从2008年起，中国和俄罗斯向联合国裁谈会共同提交了《防止在外空放置武器、对外空物体使用或威胁使用武力条约》草案，受到许多国家支持。2014年，中国与俄罗斯等国共提“不首先在外空部署武器”决议并获得高票通过。这充分反映了国际社会对防止外空武器化的共同呼声。

中国不断提高认识和探索外空的能力和水平。认知外空是利用和保护外空的前提。中国致力于空间科学研究和探索，在空间科学领域取得了积极进展。自2016年起，中国将每年4月24日设立为“中国航天日”，旨在普及航天知识、激励科学探索、培养航天意识和文化。2015年12月，中国自主研制的暗物质粒子探测卫星成功发射，这是目前世界上观测能段范围最宽、能量分辨率最优的暗物质粒子探测器。2016年8月，中国将世界首颗量子科学实验卫星“墨子号”送入太空轨道，标志着人类将首次完成卫星与地面之间的量子通信。

中国不断提高外空科技及其应用能力和水平。运用外空科技提高人民生活水平和促进经济社会发展，是中国外空政策的重要目标。中国将空间科技广泛应用于教育、文化、医疗、通信、气象、交通运输、海洋、渔业、减灾防灾、环境监测等领域。截至 2015 年年底,中国陆地遥感卫星数据分发量超过 1000 万景,已成为改善百姓生活的重要大数据来源,带动了航天应用产业的发展。在防灾减灾方面,中国先后就巴西、尼泊尔等多国的重大自然灾害提供卫星遥感数据,为国际减灾工作做出积极贡献。近年来,中国加强外空商业化和产业化,大力发展空间经济。《中国国民经济和社会发展十三五规划》已将航天产业作为“十三五”期间重要的战略性新兴产业。

(二)中国政府积极维护外空环境安全和可持续性

中国重视空间碎片监测、减缓、碰撞预警和陨落预报研究,2015 年成立了国家航天局空间碎片监测与应用中心,多次实施“长征”系列火箭末级钝化和废弃卫星离轨处置。在应对核动力源方面,中国政府大力应用和推广联合国《外层空间核动力源应用安全框架》,特别是在“嫦娥三号”任务中成功开展空间核动力源安全实践,建立了安全管理制度和应急响应机制。

(三)中国政府坚定依法推进外空治理进程

在国际层面,中国政府不仅积极推动现有外空条约的普遍适用和有效实施,而且积极参与当前全球外空治理进程,除与俄罗斯推动制定防止在外空部署武器条约草案之外,还积极参与联合国外空透明与建立信任措施、外空活动长期可持续性指南、欧盟外空活动国际行为准则这三个进程。中国政府认为,联合国应在外空机制建设和规则制定方面发挥主导作用。

在国内层面,中国政府在外空活动中始终严格遵循已加入的《外空条约》《营救协定》《责任公约》和《登记公约》,切实履行条约义务。同时,中国政府制定了相应的法律法规,以此规范、管理和监督各项空间活动。中国先后颁布了 2001 年《空间物体登记管理办法》、2002 年《民用航天发射项目许可证管理暂行办法》和 2009 年《空间碎片减缓与防护管理暂行办法》，并于 2015 年颁布修订后的《空间碎片减缓与防护管理办法》。目前，中国航天法立法工作已经纳入国家立法规划并正在抓紧推进。

（四）中国政府坚持探索和利用外空为全人类谋福利

中国政府认为，《外空条约》赋予各国自由探索和利用外空的权利，但这种权利应以“为所有国家谋福利和利益”为目的、以“不得据为己有”“妥善照顾其他缔约国的同等利益”等为限。这要求各国在维护和拓展其本国利益的同时，应兼顾他国利益和全人类共同利益。

在载人航天、北斗导航、深空探测等领域，中国积极寻求同各国合作共享外空惠益，为全人类谋福利。2016 年 3 月，中国载人航天工程办公室与联合国外空司签署了《关于中国空间站使用合作的框架协议》，计划在联合国“载人航天技术倡议”项目下，将中国空间站向世界各国和国际组织开放合作，并推进共同培养航天员计划。中国自主发展、独立运行的北斗卫星导航系统，不仅将为全球用户提供高质量的免费服务，并积极促进各卫星导航系统间的兼容与互操作。在 2015 年第 33 届国际深空探测协调组机构间深空探测研讨会上，中国向全球发出倡议，邀请各国共同利用“嫦娥四号”平台开展对月球的探测和研究。

二、加强“合作”

空间外交的核心内容是通过各国开展多层次、宽领域、各种形式的外空交流与合作，实现互惠和共进。通过国际合作探索和利用外空是中国一以贯之的政策主张和实践。

在双边领域，中国已形成了以政府间双边协议为法律框架、以联合委员会为主要合作机制、以合作大纲为具体实施方案的国际合作形式。截至目前,中国已经与俄罗斯、巴基斯坦、巴西等30多个国家和国际组织签署了100多项合作协定,涵盖遥感、通信、科学实验卫星及其地面设施和设备、发射服务、数据交换与地面应用、空间科学、载人航天、深空探测等多个领域。中国还与阿根廷、阿尔及利亚、印度、印尼、哈萨克斯坦、埃及等国和多个国际组织形成了近20个双边合作机制,目前正在执行9个双边航天合作大纲。中国在对外合作中始终坚持开放包容、平等互利的原则,高度重视与发展中国家开展航天合作,为尼日利亚、委内瑞拉、玻利维亚、老挝等发展中国家研制并发射了9颗卫星,中巴(西)地球资源卫星被誉为“南南合作的典范”。此外,中国还积极推动与美俄等大国加强在外空领域的交流与合作。从2015年起,中美迄今已举行了两次政府间民用航天合作对话会议,并在2016年举行首次外空安全对话。从2014年至今,中国与俄罗斯已举行了三次外空安全对话。

在多边领域,中国已加入并积极参与包括联合国外空委、空间与重大灾害国际宪章、机构间空间碎片协调委员会在内的16个政府间航天国际组织的交流和合作,并与国际宇航科学院、国际宇航联合会等非政府间组织保持了良好合作。2015年9月,中国国家航天局与联合国签署了《对地观测数据和技术支持谅解备忘录》,将利用联合国外空司的平台推动中国对地观测数据为更多国家服务。2015年11月,中国还向其他金砖国家提出了共同创建金砖国家遥感卫星星座的倡议,得到了有关国家的积极响应。

三、实现“共赢”

实现共赢是中国空间外交的最终目标。中国政府致力于统筹整合现有资源,建立并依托科学有效的平台,通过经验、知识和技术等共享,协同推进外空科学及其应用能力建设,应对共同挑战,实现共同发展和共同进步。

在2008年成立的亚太空间合作组织(APSCO)框架下,中国政府积极参与空间数据共享服务平台及其示范应用等多个项目合作的研究,协助制定并发布亚太多边合作小卫星数据政策,促进了亚太地区国家在相关领域的合作。自2010年11月成立以来,联合国灾害管理与应急响应天基信息平台(UN-SPIDER)北京办公室在应急服务、专家咨询、技术培训等方面开展了许多卓有成效的工作,显著提高了区域国家利用空间信息技术提高灾害管理能力,成为联合国框架内利用空间技术开展防灾减灾国际合作的一大亮点。

2014年11月,中国政府的联合国附属空间科学与技术教育亚太区域中心(中国)正式在北京航空航天大学成立,迄今已有阿尔及利亚、玻利维亚、巴西、印度尼西亚、巴基斯坦、秘鲁、委内瑞拉等10个国家的航天机构成为该中心理事会成员。中心重在为区域内发展中国家培养所需空间技术人才,加强能力建设。中心开设了遥感与地理信息系统、卫星通信、卫星导航、小卫星技术、空间法律与政策五个专业方向的研究生教育与培训项目,共计培养59名硕士和23名博士。中心每年举办多期短期培训班,先后为来自20多个国家的412名学员提供了空间法和空间技术培训。

同时,中国政府还通过主办国际会议和研讨会,搭建集思广益的对话平台,共享空间经验,共同应对挑战。2013年9月,中国成功举办了第64届国际宇航联大会,参会人数和与会航天局局长人数均为历届之最。2014年,中国先后举办了第31届空间与重大灾害国际宪章(CHARTER)理事会议、第32届机构间空间碎片协调委员会(IADC)会议、国际空间探索协调组(ISECG)会议等8个国际会议,邀请各界人士齐聚北京,探讨航天事业未来的发展,共同应对外空探索面临的新挑战。2015年10月,中国国家航天局与亚太空间合作组织首次在北京共同举办了航天机构高层论坛,通过了《亚太空间合作组织发展战略高层论坛北京宣言》。

女士们、先生们,

总之,空间外交是各国和平探索和利用外空不可或缺的组成部分,也是国际社会应对下一个50年挑战的重要议题。中国愿与各国和国际组织一道,以合作、可持续性和共赢理念为指导,以《外空条约》为核心的现有国际规则为基础,以联合国为主导的多形式合作机制为依托,共享机遇,共迎挑战,为建设和平、安全、法治、共享的外空贡献力量。

谢谢!

外交部条法司副司长马新民在“联合国利用天基技术进行灾害风险管理国际会议”开幕式上的发言

（2016 年 9 月 19 日，北京）

尊敬的殷本杰副司长、谢瑞什（Shirish Ravan）主任、余琦副司长、
埃盖曼·厄扎尔普（Egement Ozalp）副秘书长，
各位来宾、各位同事：

大家上午好！

很高兴出席“联合国利用天基技术进行灾害风险管理国际会议”，我谨代表中国外交部，对来自各国、各地区的代表和专家表示诚挚欢迎，并预祝本次会议取得圆满成功。

各位来宾，

多年来，联合国外空司在促进有效利用空间技术进行灾害管理和应急响应方面进行了积极有益的探索。UN-SPIDER 北京办公室始终致力于天基技术的应用推广，提升了有关国家利用天基技术进行灾害管理的能力。中国政府对此表示赞赏，并将继续给予支持。

本次会议延续去年的主题，强调以《仙台减灾框架》为指导，着重围绕首个优先行动领域即“理解灾害风险”进行探讨，必将有助于进一步提高各国的灾害风险认识和防灾减灾能力。今年恰逢

北京办公室第二个资助周期的最后一年。值此第三个四年的承上启下关键时刻,对于北京办公室的未来发展,特别是如何更有效地推进落实《仙台减灾框架》,发挥天基技术在灾害管理中的支撑作用,推动社会经济可持续发展,我提出以下三点建议:

第一,明确发展方向,做灾害管理领域的引领者。以空间技术为支撑,以国际合作为手段,是破解减灾这一难题的必然选择。北京办公室应进一步明确在 UN-SPIDER 全球布局中的定位,找准目标,明确重点,重视中长期规划,以加强各国的灾害风险认识为开端,重点围绕《仙台减灾框架》确定的四项优先领域采取务实行动,逐步稳妥搭建覆盖范围广、信息层次丰富的全球性平台,在国际社会利用天基技术进行灾害管理领域发挥核心作用。

第二,优化资源整合,做国际合作机制的协调者。全面理解灾害风险,离不开各类数据和实用信息的收集、分析、管理和使用。UN-SPIDER 作为沟通空间技术界和灾害管理界的桥梁,一方面,应加强与科技界、学术界和私营部门的合作,收集更多优质数据资源和专家资源;另一方面,应对各类资源进行优化整合、合理配置,推动"全球、区域、国家和地方"四个层级的良性互动和资源共享,切实提高资源利用效率和协同减灾能力,提供更加全面和可靠的服务。

第三,兼顾各方需求,做国家能力建设的促进者。当前,各国空间能力和技术转化水平并不平衡,发展中国家运用空间技术应对灾害的能力还较弱。UN-SPIDER 北京办公室应充分考虑各国的具体情况和不同需求,在促进天基技术整体发展的同时,特别关注易受灾害影响和空间能力不足的发展中国家,加大技术支持和人员培训力度,在帮助其全面理解灾害风险的基础上,不断提高发展中国家利用天基技术进行防灾减灾的能力。

各位来宾,

灾害是各国共同面临的挑战,涉及国际社会的整体利益,也需要全人类的共同努力。作为灾害多发国,中国政府将一如既往地重视与各国加强灾害管理及应对合作，以实际行动积极落实《仙台减灾框架》，共同提高对灾害风险的认识与理解，加强与联合国外空司的沟通与联系，继续支持 UN—SPIDER 北京办公室各项工作，推动和平利用外空的国际合作，实现互利共赢和共同发展。

最后，祝愿本次会议取得丰硕成果，祝各位来宾在北京愉快！

谢谢大家！

外交部条法司副司长马新民在厦门大学国际法高等研究院国际法研修班开幕式上的发言

(2016 年 7 月 4 日,厦门)

尊敬的朱崇实校长,
尊敬的钟兴国副主席,
尊敬的罗伯特·斯隆教授,程家瑞教授,曾华群教授,
尊敬的厦门大学法学院和国际法高等研究院的老师们,
各位老师,各位同学:

很高兴再次来到美丽的厦门。首先,请允许我代表中国外交部条法司,向参加研修班的师生,特别是远道而来的外国朋友,表示热烈欢迎。厦门是做学问的好地方。正如 300 年前中国民族英雄郑成功所言,厦门既有"东海酿流霞"的旖旎风光,又有"文章孔孟家"的学术氛围,相信大家在这里一定能学有所得,不虚此行。

我也要再次感谢厦门国际法高等研究院以及厦门大学。长期以来,研究院依托学术底蕴深厚的厦门大学,通过举办研修班,让大批国际法从业者近距离感受到一流国际法专家的思想火花。我很高兴地看到,经过 11 年的努力,研究院已建立起国际声誉,正在成为各国学子研习国际法的又一重镇。

各位朋友、各位同学,

国际法是外交和法律的"世界语"。英国国际法学家、国际法

院前院长詹宁斯说:“国际法是一种超越语言、文化、种族和宗教的语言。”国际法既是连接各国的纽带,也是沟通我们来自世界各地近百名师生的桥梁。我们因国际法而结缘。作为中国的国际法实践者,我想借此机会,谈谈国际法在中国外交中的角色。换言之,中国法律外交的使命是什么?

美国国际法学家亨金曾有一句名言:“在国家间关系中,文明的进步表现为从武力到外交,又从外交到法律的运动。”国家间“弱肉强食”的丛林法则已被时代抛弃,遵守国际规则、追求国际公平正义成为普遍共识。国际关系日益法治化是大势所趋,国际法在外交事务中的作用也日益突出,如今,国际法既是服务外交战略的尖兵,也是拓展国家利益的利器,更是维护国际和平与安全、促进经济发展与社会进步的重要手段,对国际关系和外交决策的影响力史无前例。

推动国际关系法治化,是中国外交坚定不移的政策。在国际关系中遵守国际法,既是中国外交的庄严承诺,也是中国外交的一贯实践。中国历来坚持善意、全面、完整解释或适用国际法,反对“取其所好、弃其所恶”的实用主义,反对因国而异的双重标准。因为这种做法将极大地损害国际法的权威性,危害公正合理的国际秩序。

我所在的部门——外交部条法司,作为主管中国外交法律事务的部门,是中国国际法实务领域的国家队,肩负着中国法律外交重任,主要履行以下四大使命。

第一项使命,是当好中国外交的法律顾问。国际法是国家行为的准则和外交政策的依据,其基本目的在于维护国家利益与国际和平、安全和正义。我们法律外交的一项重要职责是,为外交决策和行动提供法律依据,包括为总体外交、国别、区域外交和领域外交提供法律保障,确保各种外交行为符合国际法。既要为拟出台的外交政策和行动是否合法出具法律意见,也要为已出台的外交政策和行动的合法性问题提供法律支撑,以实现中国的外交决策和行动,在政治上有利,道义上有理,法律上有据。

第二项使命,是当好国际立法的谈判专家。国际法是国际关系的法律化。国际关系的演变,国际秩序的变革,全球治理的发展,往往都通过国际法律形式来体现,最后的博弈都是"规则之争"。参与国际条约制定和全球治理,为国家争取规则等制度性权力,是我们法律外交的职责所在。为了履行好这项使命,我们法律外交官员奔波于五洲四海,积极参与各个领域的双边、多边条约的谈判和各种国际治理机制,包括深海、外空、极地、网络等"新疆域"和重要领域。我们与各方合作,提出中国方案,为推进国际立法和全球治理做贡献。

第三项使命,是当好国家利益的捍卫者。为国家利益而斗争是外交法律官员的天职。我们的法律外交,既要维护国家主权、安全和发展利益和海外公民利益,妥善处理国家间或涉国家纠纷。也要维护以《联合国宪章》为核心的国际秩序,推动国际关系的民主化、法治化,维护中国的长远和战略利益。

第四项使命,是当好中国国际法治观的传播者。世界上只有一个国际法,但却存在着不同的国际法观。一个国家的国际法治观取决于其国家利益、政策理念及其国际地位。我们法律外交的一项重要任务就是,向国际社会准确传递中国的国际法政策主张。通过各种形式,包括与中外国际法学界的交流合作,推介中国的国际法实践,阐释中国的国际法治政策理念,对习惯国际法的形成、国际法的解释或适用产生影响。实际上,我今天出席这次开幕式,也是这种努力的一部分。

总之,中国法律外交的根本职责就是用国际法的方式服务外交,维护国家利益。这里是一个大有可为的国际法实践的舞台,也是一个充满挑战的舞台,要成为这个舞台上的一个优秀国际法实践者,需要多方面的素质和能力,也需要长期的积累和历练。今天,看到这么多青年才俊有志于投身国际法,我感到由衷的高兴。

在国际格局深刻演变的今天,国际法从业者无疑正迎来一个大有作为的时代。希望大家抓住机会,博学之,慎思之,笃行之,学有所成,学有所为。接下来的时间,我愿继续就一些重要国际法问题与大家深入交流。

最后,预祝本次研修班取得圆满成功!

谢谢大家!

亚洲国际法学者如何为国际法的逐渐发展和编纂做出更大贡献

——亚洲国际法学会副会长、外交部条法司副司长马新民在亚洲国际法学会区域会议开幕式上的发言

（2016 年 6 月 14 日，河内）

尊敬的白珍铉会长（Judge Jin-Hyun PAIK），
尊敬的各位副会长，
尊敬的学会执行理事 NGUYEN Dang Thang 先生，
女士们、先生们：

大家好！首先我要感谢我们的东道主——越南外交学院为我们这次会议所做的周到细致的安排和热情接待。

这次区域会议的主题是“国际法与一个充满活力的亚洲”，这个主题恰如其分，充分反映了当前国际关系的新发展，那就是亚洲已成为全球最具活力和发展潜力的地区，我们看到越来越多的亚洲国家正在走向国际舞台，发挥日益重要的作用。从根本上讲，国际法是国际关系的法律化，这一重要变化必将对国际法的发展产生深远影响。如何在国际法中反映亚洲国家的利益和共识，反映亚洲国际法学者的智慧，是我们亚洲国家和亚洲国际法学者面临的前所未有的机遇和挑战。

女士们,先生们,

我愿借此机会,就亚洲国际法学者如何为国际法的逐渐发展和编纂做出更大的贡献,谈几点个人看法:

一是为国际条约的制定做出更大贡献。众所周知,条约是调整国际关系的重要法律工具,也是国际法最重要的渊源。不管是上个世纪末的《国际刑事法院罗马规约》,还是刚刚结束的联合国气候变化框架公约下的《巴黎协定》,在有关条约谈判进程中,国际法学者都发挥了重要的推动作用,功不可没。当前,网空、外空、深海和极地等“新疆域”国际立法活跃,特别是谈判制定关于国家管辖范围以外区域海洋生物多样性的养护和可持续利用(BBNJ)问题国际协定,是当前海洋法领域最重要的立法进程,欧洲的非政府组织,如国际自然保护联盟(IUCN)一直深入参与这项立法进程,它们做了大量基础性研究,为相关立法进程提供菜单式的详尽解决方案与选项。我们亚洲国际法学者同样要与时俱进,结合亚洲国家的需要和关切,发出“亚洲声音”,提交有分量、有深度的研究报告,助力亚洲国家参与缔约进程,为催生符合亚洲利益的国际条约积极献计献策。

二是为国际法的编纂做出更大贡献。习惯国际法也是国际法的重要渊源。毫无疑问,联合国国际法委员会应在编纂国际法的国家实践中发挥核心作用,但国际法学者的非官方编纂对国际法发展的作用也不容忽视。例如,由国际上知名国际法学者组成的国际法研究院(the Institute of International Law, IDI)成立100多年来,一直致力于通过制定国际法专题决议,总结梳理国际法的“现有法”和“应有法”,以影响国际立法、国际法的解释或适用。2005年红十字国际委员会(ICRC)曾编纂了161条习惯国际人道法规则,对国际人道法的发展产生了重要影响。近年来,美欧国际法学者在北约网络防御合作卓越中心的推动下,于2013年编纂完成《网络战国际法适用的塔林手册》,目前正在继续编纂和平时期国际法如何适用网络空间的所谓“塔林手册2.0”,拟于2016年发布，旨在实现对网络空间“战时法”与“平时法”的全覆盖。目前，加拿大麦吉尔大学发起编写了《适用于外空军事利用的国际法手册》，编纂可适用于外空军事利用的空间法、武装冲突法和国际人道法规则。对我们亚洲国际法学者来说，我们有责任，一方面要积极参与美欧国际法学者主导的国际法编纂项目；另一方面也要努力推动设立我们亚洲国际法学者自己的国际法编纂项目，总结我们亚洲国家的国家实践，梳理我们亚洲国家的国际法法理学，使之成为习惯国际法存在的证据和法律确信。

三是为国际法的解释和适用做出更大贡献。各国权威公法学家的学说，作为国际法的辅助渊源，在解释或适用国际法中的作用不可小觑。传统上，解释和适用国际法规则主要依据西方学者的著述，鲜有亚洲国际法学者的贡献。我们亚洲国际法学者要抓住亚洲大发展的历史机遇期，建基于亚洲的国家实践、国家利益和价值观，总结提炼亚洲视角的国际法法理学(Jurisprudence)，写出有思想深度的国际法权威著作，成为解释和适用国际法规则的权威公法学家学说。我这里举一个例子，近年，联合国国际法委员会在研究“习惯国际法的识别”问题，为对委员会工作作出回应，发出亚非声音，亚非法协2014年成立了一个“习惯国际法非正式专家组”，许多亚洲国家的国际法专家参加了专家组工作和报告起草。专家组有关报告受到了委员会的高度重视，亚洲学者的影响力也得以提高。

女士们，先生们，

我们深知，我们亚洲多数国家，作为国际法的后来者和追赶者，无论是在国际法的学术研究、人才培养，还是综合运用国际法的能力等方面，与西方国家均有不小的差距。我们需要进一步加强国际法能力建设，不断提高参与国际法制定、运用国际法的意识和能力。

我深信，亚洲国际法学者只要齐心协力，坚持不懈，不断为国际法的发展贡献亚洲智慧，提出亚洲方案，就一定能为当代国际法的发展注入更多亚洲特色。

最后,预祝这次区域会议取得圆满成功！祝大家在热切交流中,收获更多知识和友谊!

谢谢大家。

外交部条法司副司长马新民等在国家管辖范围以外海域生物多样性国际协定谈判预备委员会第一次和第二次会议上的发言：在预备委员会第一次会议上的发言

（2016 年 3 月 28 日至 4 月 8 日，纽约）

一、一般性发言

中国代表团支持预委会以 2011 年各方达成的共识为基础，一揽子同步推进海洋基因资源、划区管理工具、环境影响评估、能力建设和海洋技术转让等问题。在此，中国代表团愿就谈判制订 BBNJ 国际文书提出四点看法：

第一，新国际文书不能与现行国际法以及现有全球性、区域性和专门性的海洋机制相抵触。新国际文书是在《联合国海洋法公约》（以下简称《公约》）框架下制定的国际法律文件，应是对《公约》的补充和完善，不能偏离《公约》的原则和精神，不能损害《公约》建立的制度框架，不能损害《公约》的完整性和微妙平衡。

第二,新国际文书应兼顾各方利益和关切,立足于国际社会整体和绝大多数国家的利益和需求,特别是应顾及广大发展中国家的利益。预委会最终就实质要素所提出的建议,应尽最大努力在协商一致的基础上反映各方共识。

第三,新国际文书的有关制度设计和安排应在海洋环境保护与可持续利用之间保持合理平衡。

第四,新国际文书的有关制度设计和安排应有充分的法律依据、坚实的科学基础,并符合客观实际需要。

中国政府高度重视海洋的可持续发展及海洋生物多样性的养护与可持续利用,愿与各方加强交流与合作,共同推进预委会对BBNJ 国际文书实质要素的磋商和讨论。

二、海洋保护区等划区管理工具

海洋保护区等划区管理工具是 2011 年“一揽子”共识中的重要要素。中国代表团支持泰国代表 77 国集团和中国就该问题所作发言,并愿补充提出五点看法:

第一,养护和可持续利用是新协定的两大目标,设立海洋保护区等划区管理工具应保持养护和可持续利用的合理平衡,不能厚此薄彼。

第二,设立海洋保护区等划区管理工具应符合《公约》的目的和宗旨,不能影响各国依照《公约》享有的公海自由和权利,不能影响沿海国依据《公约》享有的对 200 海里外大陆架的主权权利。

第三,设立海洋保护区等划区管理工具应以养护的实际需要为前提,并应具备坚实的科学基础。保护区的设立既要建立一般门槛和标准,也要考虑不同海域的具体情况,不能搞“一刀切”,应具体海域具体分析。同时,保护区的范围和保护的具体措施应与实际需求相适应。

第四,应在《公约》框架下为海洋保护区等划区管理工具作出制度性安排,包括对保护区设立的申请和审查,以及对保护区的管理、监督、期限、撤销等作出规定。

第五,海洋保护区等划区管理工具的设立和管理应与现有全球、区域和专门的制度和机制相协调。

中国代表团愿一如既往,继续以建设性和开放的态度同各方就相关问题进行深入的讨论和磋商。

三、环境影响评价(国家海洋局国际合作司司长张海文代表中国代表团发言)

环境影响评估是保护海洋生物多样性的重要手段,但有关评估内容、标准和方法等并不确定。中国代表团愿就该问题发表以下看法:

第一,环境影响评估的制度设计应符合《公约》的规定。根据《公约》第206条,只有在相关活动可能对海洋环境造成"重大污染或重大和有害的变化"的情况下,才能就这种活动对海洋环境的可能影响作出评估。

第二,环境影响评估是保护和保全海洋环境的预防性措施,有关制度安排不仅应有利于促进海洋环保,而且应符合可持续利用的目标。

第三,应明确评估的区域和范围。评估的范围应主要限于国家管辖范围以外的公海和国际海底区域发生的活动。环境影响评估应不妨碍各国依据《公约》在公海和"区域"享有的自由和权利;应充分顾及沿海国依据《公约》享有的主权权利和管辖权,非经沿海国同意,第三方不得对国家管辖范围内的海域进行环境影响评估。

第四,应建立一套完整的评估程序。应明确如何启动环境影响评估,在评估过程中应运用最佳科学数据,符合国际最佳做法,评估程序应公开、透明和包容，并照顾所有利益攸关方的利益和关切，同时还应加强对环评的管理和监督。

第五，BBNJ 国际文书中环境影响评估的制度设计应充分借鉴现有国际机构制定的有关规则，并与之加强协调。

中国代表团愿继续就上述有关问题与各方加强沟通和交流，寻求各方都能接受的方案。

四、能力建设和技术转让（国家海洋局海洋发展战略研究所副所长贾宇代表中国代表团发言）

中国代表团支持泰国代表 77 国集团和中国就能力建设和技术转让所作的发言，并愿补充以下看法：

第一，BBNJ 国际文书应充分照顾发展中国家的需要和利益。能力建设和技术转让是提升发展中国家养护和可持续利用海洋生物多样性能力的重要手段，也是实现海洋环境保护和可持续发展整体目标不可或缺的重要方面。

第二，新文书应就能力建设和技术转让作出制度性规定，以全面落实《公约》第十四部分规定的有关义务，促进 2030 年可持续发展议程的全面实施。

第三，新文书应鼓励通过多种形式的国际合作加强发展中国家能力建设，特别是照顾小岛屿发展中国家、最不发达国家以及有特殊利益需求的国家的利益和关切，切实使包括这些国家在内的所有国家从海洋生物多样性的养护和可持续利用中获益。

五、关于预委会下步工作

中国代表团支持泰国代表 77 国集团和中国所作发言，并愿就 BBNJ 国际文书和预委会的下步工作重申以下看法：

第一,BBNJ 国际文书应旨在实施《公约》第十二部分、第十三部分、第十四部分等的精神和内容,而不是根本改变《公约》的基本原则和固有平衡。新协定是对《公约》的补充,应按照《公约》的精神和原则填补有关具体规则的法律空白,重在编纂现有国际实践,并在此基础上逐渐发展。

第二,根据联大第 69/292 决议,BBNJ 预委会的职权应在 2011 年一揽子共识的基础上,就新协定的实质要素提出建议。目前阶段,预委会应重点就实质要素的各个方面,包括范围问题广泛听取各方意见,就有关问题展开充分讨论,以不断积累和凝聚共识。

第三,根据联大 69/292 号决议,BBNJ 国际文书不能损害现有国际法律文书和框架以及全球性、区域性和专门性机构。但现有国际法律文书和框架的范围和具体内容是什么,会议还需进一步加以确认。中国代表团认为,必要时可考虑邀请相关国际组织作技术报告,以厘清新协定与现有国际机构和规则的关系。这将有助于各代表团全面了解有关海洋保护区与环境影响评估的“现有法”(Lex Lata),深化我们对 BBNJ“应有法”(Lex Ferenda)的讨论。

在预备委员会第二次会议上的发言

（2016 年 8 月 26 日至 9 月 9 日）

一、海洋基因资源及其惠益分享

海洋基因资源的定义关乎其获取和惠益分享的范围和制度安排。《生物多样性公约》（CBD）对基因资源和基因材料作出了界定，为定义海洋基因资源提供了必要参考，但其主要是针对国家管辖范围内的基因资源。这些基因资源与国家管辖范围外区域的基因资源在种类和特性等方面不尽一致，BBNJ 国际文书不宜直接照搬上述定义，而应根据国家管辖范围以外的实际情况进行适应化调整。中国代表团认为，BBNJ 国际文书中关于海洋基因资源的定义应包括以下四个核心要素：一是来自于海洋的动物、植物和微生物或其他来源；二是含有遗传功能单位的遗传材料；三是具有实际或潜在价值；四是地理范围是国家管辖范围以外区域。

关于海洋基因资源的定义是否应包括衍生物，目前尚未形成普遍共识。CBD 中的"基因资源"定义仅包括遗传物质本身，未包括衍生物。尽管《名古屋议定书》对"利用遗传资源"和"衍生物"作出了界定，但各国对"衍生物"是否属于基因资源的认识仍然不同。世界知识产权组织的"知识产权与遗传资源、传统知识和民间文学艺术政府间委员会"就与基因资源相关的知识产权问题进行反复磋商，但各方未对"利用遗传资源""衍生物"等定义达成一致。中国代表团认为，BBNJ 国际文书中海洋基因资源的定义原则上不应包括衍生物。

二、海洋保护区等划区管理工具

(一)关于划区管理工具的定义

中国代表团注意到,划区管理工具包括一系列不同管理方法,在实践中形式多种多样,现阶段对其作出定义有一定难度。中国代表团初步认为,划区管理工具定义包括但不限于以下三个基本要素:一是目标要素,划区管理工具应以养护和可持续利用海洋生物多样性为目标;二是地理范围要素,划区管理工具适用的地理范围应是公海和国际海底区域的特定区域;三是功能和手段要素,划区管理工具应包括不同功能和管理方法。

(二)关于指导原则和方法

中国代表团认为,设立海洋保护区的一个重要方面是考虑当前国际上倡导的一体化海洋管理方法,以弥补目前分区域、按部门管理方法的不足。这一点得到《联合国海洋法公约》(以下简称《公约》)的确认。《公约》序言明确规定:“意识到各海洋区域的种种问题都是彼此密切相关的,有必要作为一个整体来加以考虑。”

关于设立海洋保护区的指导原则和方法,中国代表团原则支持泰国代表 77 国集团加中国所作发言。此外,中方愿强调补充以下原则:

1. 必要性原则。海洋保护区是工具,而不是目标,建立海洋保护区应以确有必要为前提。

2. 成本效益原则。保护措施必须与保护目标和效果相适应。

3. 科学证据原则。保护区的设立需有坚实的科学证据。

4. 国际合作原则。各国或国际组织有义务就建立保护区问题进行合作。

中国代表团认为,在讨论设立海洋保护区等划区管理工具时,以上原则也应予充分考虑。

(三)关于海洋保护区的要素

中国代表团认为,BBNJ 国际文书中海洋保护区问题涉及实体要素和程序要素两个方面。

1. 实体要素可包含但不限于以下方面:

(1)必要性。海洋保护区的设立应以确有必要为前提。

(2)法律和科学依据。海洋保护区应依法设立,并根据科学证据原则,进行充分科学论证,以养护的实际需要为前提。

(3)保护对象和目标。海洋保护区的设立应根据不同海域的具体情况和特殊性,确定具体的保护对象和目标。

(4)保护范围。海洋保护区应有明确的地理界限和范围,并合理确定保护的面积。

(5)保护措施。相关保护措施应具体,并与保护的具体对象和目标相适应,具有可操作性。

(6)保护期限。海洋保护区应根据保护目标的需要设定合理的期限。CCAMLR 关于设立海洋保护区一般框架的养护措施(CM91 - 04)也明确规定了保护期限问题。

2. 程序要素可包含但不限于以下方面:

(1)谁有权提出提案。

(2)谁有权对提案进行审查。

(3)谁有权对提案作出决定。

(4)由谁执行,包括遵约、监测和审查等。

上述要素涉及新协定对海洋保护区的整体制度设计,应充分考虑各国和相关利益攸关方的关切和利益,应在各方充分讨论和磋商的基础上达成共识。

三、环境影响评价

BBNJ 国际文书是在《公约》框架下制定的法律文件,应是对《公约》的执行和实施。《公约》第 206 条为国家管辖范围以外区域的活动开展环境影响评价提供了法律框架。中国代表团认为, BBNJ 国际文书有关环境影响评价制度应遵循《公约》第 206 条的框架,主要包括以下要素:

(一)评价的主体是国家。环境影响评价由各国自主进行和决策。

(二)评价的对象是发生在国家管辖范围以外区域的"活动"。原则上,我们理解战略环评不在此内。

(三)评价的启动门槛是"有合理依据认为","可能对海洋环境造成重大污染或重大和有害的变化"。只有在相关活动可能对海洋环境造成"重大污染或重大和有害的变化"的情况下,才需要进行环境影响评价。

(四)评价具有可操作性。环境影响评价应"在实际可行范围内"进行,这意味着有关评价需在实体和程序上都具有可操作性。

(五)评价内容是有关活动"对海洋环境的可能影响"。在 BBNJ 语境下,各国应主要就有关活动对国家管辖范围以外区域的海洋生物多样性的可能影响作出评价。

(六)评价结果报告。根据《公约》规定,各国应发表有关评价报告,并向主管的国际组织提供。

中国代表团认为,上述环境影响评价的要素是 BBNJ 国际文书相关规定的依据,希望各方积极考虑。

四、能力建设和技术转让

中国代表团支持泰国代表 77 国集团和中国就本议题所作发

言,并愿补充以下看法:

第一,BBNJ 国际文书在能力建设和技术转让方面应遵循针对性、有效性、平等互利、合作共赢等原则。

第二,BBNJ 国际文书应着力加强信息和技术的便利获取和分享,积极探讨建立 BBNJ 各相关领域全面的信息分享机制,充分利用政府间海洋学委员会(IOC)、海洋生物地理信息系统(OBIS)等已有国际信息交换平台。

第三,有关制度安排应充分考虑发展中国家的利益和实际需求,特别是照顾小岛屿发展中国家、最不发达国家、内陆国和地理不利国以及有特殊利益需求国家的利益和关切。还应特别考虑不同国家在不同发展阶段的切实需要。我们赞同非洲集团所提出的相关能力建设需是"有意义的"。

第四,针对发展中国家开展的能力建设项目,既要"授人以鱼",更要"授人以渔",通过教育、科技培训、联合研究等方式,切实提升发展中国家在养护和可持续利用 BBNJ 方面的内生能力。

第五,BBNJ 国际文书应鼓励通过多样形式的国际合作加强能力建设和技术转让,努力搭建国际合作的平台,充分发挥相关国际组织的作用。

五、有关跨领域问题

中国代表团支持泰国代表 77 国集团和中国就本议题所作发言,并愿就该议题提出以下看法:

(一)BBNJ 国际文书是在《公约》框架下制定的法律文件,应是对《公约》的补充和完善,不能偏离《公约》的原则和精神,不能损害《公约》建立的制度框架,不能损害《公约》的完整性和微妙平衡。各国根据《公约》享有的航行、科研、捕鱼等方面的权利和义务不应受到减损。沿海国依据《公约》享有的权利和义务,包括对 200 海里以外大陆架的权利和义务,不应受到减损。

(二)预委会相关工作应严格遵循联大第69/292号决议授权。未来的BBNJ国际文书不能损害现有相关法律文书或框架以及相关全球性、区域性和专门性机构,特别是不能干预联合国粮农组织、区域性渔业组织、国际海事组织、国际海底管理局等机构的职权,不能改变上述组织在各自框架下相关条约规定的权利和义务。

(三)BBNJ国际文书应致力于促进与现有相关国际机构和机制的协调与合作,避免有关工作或权限的重复或重叠。

中国代表团团长、北极事务特别代表高风在第四届北极圈论坛一般性议题下的发言

（2016 年 10 月 7 日，雷克雅未克）

尊敬的奥拉维尔·拉格纳·格里姆松总统阁下，
女士们、先生们：

大家上午好。

首先，我谨对第四届北极圈论坛大会的顺利召开表示祝贺，对总统阁下为北极事务的倾情投入及会议主办方的周到安排表示感谢。四年来，北极圈论坛大会蓬勃发展，日益成熟，已成为讨论北极问题的重要多边平台，不仅是北极事务政府间机制的有益补充，也是北极国家及北极各利益攸关方相互交流的年度盛会。

在去年大会上，中国成功举办了国别专题会议，全面阐述了中国参与北极事务奉行的尊重、合作与共赢三大政策理念，并提出了六项政策主张，包括推进探索和认知北极，倡导保护与合理利用北极，尊重北极国家和北极土著人的固有权利，尊重北极域外国家的权利和国际社会的整体利益，构建以共赢为目标的多层次北极合作框架，以及维护以现有国际法为基础的北极治理体系。在此，我愿再次重申中国将继续秉持上述理念和主张，以负责任的态度建设性参与北极治理。

女士们、先生们,

在北极气候变化加剧、环境日益脆弱的背景下,以合作的方式认知、保护、利用和治理北极已成为国际社会的共同期待,是北极走向共赢的必经之路。今天,我愿就如何开展北极合作提出以下主张和建议:

一是要积极开展包容性合作。包容性合作就是认可北极问题不仅是区域内问题,也是跨区域问题和全球问题,需要北极国家与非北极国家及各利益攸关方合作应对。有关各方既要共担维护北极和平与稳定、保护北极生态环境、应对北极多领域问题、呵护北极传统文化的责任,也要共享北极商业开发机遇,通过合作逐步缩小各方矛盾点、增强共识融合点,扩大利益交汇点,增加互信凝聚点。

二是要继续深化全方位合作。全方位合作就是要充分认识到北极问题所涉及的各个方面之间的密切联系,并统筹分析应对。各方应将北极合作由科学研究拓展至北极事务的各个层面,在生态环境、气候变化、经济开发和人文交流等多个领域中积极互动,共同探索北极变化和发展的客观规律,共同提高人类应对北极变化的适应能力。

三是要全面拓展多元化合作。多元化合作就是要不断完善和发展全球、区域和双边的涉北极机制,不仅要推动国家间合作,也要促进国家和非国家实体的合作,共同应对北极的传统和非传统挑战,为北极的可持续发展创造良好的制度环境。

女士们、先生们,

北极在全球气候变化中占据独特地位,气候变化是北极快速变化的主要动因,也是北极当前挑战中的重要一环,亟待国际社会共同应对。去年年底达成的《巴黎协定》在全球应对气候变化进程中具有里程碑意义。作为负责任的发展中国家,中国为推动其生效落实发挥了积极建设性作用。在不久前召开的二十国集团杭州峰会前,中国和美国共同向联合国秘书长交存了《巴黎协定》批准书,展现了中国应对气候变化的决心和努力。中国将继续关注全球气候系统与北极的相互影响,致力于实现2030年可持续发展目标。

女士们、先生们,

包容凝聚力量,合作缔造共赢。北极未来不仅关乎北极国家和本地区居民的福祉,也关乎国际社会的共同利益,更承载着人类生存和可持续发展的未来。建设一个环境友好、科技进步、和平稳定和可持续发展的北极,符合国际社会的共同利益,也是国际社会的共同责任。中国愿与各方一道,积极推动包容性、全方位和多元化的北极合作,为北极更加美好的未来做出贡献。

中国代表团团长、驻维也纳联合国办事处代表史忠俊大使在第59届联合国外空委会议一般性议题下的发言

（2016年6月8日，维也纳）

主席先生：

首先，请允许我代表中国代表团，祝贺您及新一届主席团当选。相信在您的领导下，本届会议将取得圆满成功。我们也感谢上届主席奥塞迪克先生及主席团其他成员，以及迪皮蓬女士领导的外空司一年来卓有成效的工作。同时，中国代表团赞赏并支持纳米比亚代表“77国集团加中国”所作发言。

主席先生，

为纪念1970年4月24日成功发射第一颗人造地球卫星“东方红一号”，中国政府从今年起将4月24日设立为“中国航天日”，展现了中国秉持和平利用外空、为全人类造福的一贯立场。今年年底，中国政府将颁布第四版《中国的航天》白皮书，对未来五年中国航天事业发展的主要任务、政策措施以及国际合作规划进行系统介绍。

主席先生，

过去一年，中国在航天发射、载人航天、北斗导航等重要领域取得新进展，共进行19次航天发射，成功将45个航天器送入太

空。今年以来,中国已成功发射了5颗卫星。预计于今年9月发射天宫二号空间实验室,10月发射神州十一号飞船与天宫二号对接,将2名宇航员送入太空进行中期驻留试验。自2015年至今,中国已成功组网发射5颗新一代北斗导航卫星,为系统服务向全球拓展奠定坚实基础。2015年12月17日,中国自主研制的暗物质粒子探测卫星成功发射,这是目前世界上观测能段范围最宽、能量分辨率最优的暗物质粒子探测器。遥感、通信、导航卫星广泛应用于国土资源调查、农林业遥感、城市规划和交通管理、环境保护监测、防灾减灾等各个领域,社会经济效益显著提高。

主席先生,

中国政府高度重视加强国际交流与合作,特别是帮助发展中国家提高空间技术应用能力,与各国人民共享外空探索和利用的惠益。

2015年,中国先后与俄罗斯、巴西、阿根廷、墨西哥、秘鲁、比利时、埃及等14个国家和国际组织签署了17个航天合作协议,与阿根廷、阿尔及利亚、印度、印尼、哈萨克斯坦、埃及等国建立了航天合作机制。务实推进双边合作项目,包括成功发射老挝一号通信卫星、完成中国与巴西地球资源卫星04星在轨交付、全面开展中国与巴西空间天气联合实验室建设、与欧空局在月球与火星测控方面开展合作。

中国政府积极参与联合国外空委、机构间空间碎片协调委员会、空间重大灾害国际宪章等多边组织或平台的交流与合作。2015年9月,中国国家航天局与联合国签署了《对地观测数据和技术支持谅解备忘录》,将利用联合国外空司的平台推动中国对地观测数据为更多国家服务。2016年3月,中国载人航天工程办公室与联合国外空司签署了《关于中国空间站使用合作的框架协议》,计划在联合国"载人航天技术倡议"项目下,将中国空间站向世界各国和国际组织开放合作。2015年,中国共执行了5次空间重大灾害国际宪章国际值班,及时安排国际卫星资源对灾区成像

22 次,为世界范围重大自然灾害救灾提供了有力援助。

目前,设在中国北京航空航天大学的联合国附属空间科技教育亚太区域中心已经成功运行,2015 年招收了首批 42 名研究生学员,全年共举办三期专题培训班,为来自 20 个国家的 120 余名学员提供了空间法和空间技术培训。2016 年,中心计划继续招收卫星导航、遥感与地理信息系统、空间法律与政策等三个方向的硕士及博士研究生,帮助区域内国家提升空间能力建设。

主席先生,

外空活动的长期可持续性是当前外空领域一个非常重要的问题,中方一直支持并积极参与相关工作。中方一贯主张,有关指南文件应适当兼顾外空平等自由利用和外空活动健康有序发展,统筹考虑不同国家关切,使之真正有利于人类和平利用外空事业的持续、健康、协调发展。

中方赞赏并支持科技小组委员会和法律小组委员会通过的 2018 年"外空会议 +50"纪念活动倡议,愿同外空司和各方一同做好筹备工作。中方认为,这是继第三次外空会议以来的又一次外空国际盛会,也是外空委总结经验、规划未来的重要契机,以因应外空新形势和新挑战,更好地发挥其外空法治推动者、外空事务协调者、外空能力建设引领者的重要作用。

主席先生,

中国一贯致力于和平利用外空,反对外空武器化和军备竞赛,并积极致力于同各方谈判达成一项防止外空武器化和军备竞赛的国际条约,从根本上消除外空安全威胁,确保外空完全用于和平目的。中国将始终恪守外空条约确立的各项基本原则,并愿与各国加强合作,共同为外空和平、安全和发展贡献力量。

谢谢主席先生。

中国代表团团长、驻维也纳联合国办事处代表史忠俊大使在《联合国打击跨国有组织犯罪公约》第八次缔约方会议上的发言

（2016 年 10 月 17 日，维也纳）

尊敬的主席先生：

首先，我谨代表中国代表团，祝贺您当选本次大会主席，相信在您和主席团其他成员的领导下，本次会议将成功举行并在推动缔约国更好地履行公约方面取得新的进展。同时，中国政府赞赏和感谢《联合国打击跨国有组织犯罪公约》（以下简称《公约》）秘书处为推进《公约》落实所做的大量工作以及发挥的重要作用。

我们欣喜地看到，《公约》自 2003 年生效以来，缔约国数量已达 187 个，普遍性和接受度不断提升。这充分表明，《公约》顺应了加强打击跨国有组织犯罪国际合作的迫切需要，是国际社会应对跨国犯罪威胁的重要工具和平台。

主席先生，

中国政府高度重视打击跨国有组织犯罪，全面、认真地实施《公约》，积极开展国际合作。自上届缔约国会议以来，中方根据有组织犯罪发展的新形势，在履约方面不断取得新进展。

第一，完善国内立法，有力应对暴力恐怖犯罪、网络犯罪等有组织犯罪活动。中国于 2015 年 8 月通过了《刑法修正案（九）》，

针对暴力恐怖犯罪的新情况、新特点,将为实施恐怖活动进行策划、准备工具,联系境外恐怖组织或人员,以及组织、参与或资助恐怖活动培训等预备行为规定为犯罪,规定了制作、散发宣扬恐怖主义、极端主义的图书、音频视频资料等犯罪,并对组织、领导、参加恐怖组织罪增加规定了没收财产的刑罚。为应对网络犯罪,增加了侵害公民个人信息、网络服务提供者拒不履行信息网络安全管理义务,以及利用信息网络实施诈骗、传授犯罪方法,编造、故意传播虚假信息等罪名。

第二,积极开展国际合作,构筑打击跨国犯罪合作网络。自《公约》生效以来,中国根据《公约》处理了数十起司法协助请求。目前,中国已与外国缔结了46项引渡条约、59项刑事司法协助条约。通过中美执法合作联合联络小组、中美打击网络犯罪及相关事项高级别对话、中加(拿大)司法执法合作磋商等机制与相关国家开展合作,拓展与澳大利亚、瑞士、新西兰、肯尼亚等国的双边司法执法合作。

第三,对拐卖犯罪开展全面综合治理,认真履行贩运人口议定书。中国政府自2013年发布《反对拐卖人口行动计划(2013~2020年)》以来,成立由公安部、民政部等35个中央部门组成的国务院反拐部际联席会议,统筹协调反拐工作,通过立法对收买被拐卖妇女、儿童的行为追究刑事责任,明确相关法律适用,严惩拐卖妇女儿童犯罪;深入开展全国"打拐"专项行动,建立国家打拐DNA信息库,着力解决被拐儿童难辨认等问题;不断深化国际合作,深度参与湄公河次区域反拐合作项目,与周边国家共同打击边境跨国拐卖犯罪,与国际刑警组织、联合国毒罪办等国际组织加强反拐案件与项目合作。

主席先生,

当前全球面临的跨国有组织犯罪威胁依然严重,各国有必要更有效地实施《公约》规定,加强打击跨国犯罪务实合作。中国代表团对《公约》的实施有以下几点看法:

（一）继续加强《公约》框架下的国际合作。《公约》就引渡、司法协助和没收事宜作出了全面规定，但以《公约》为基础开展的合作仍然受到法律差异以及法律以外因素的影响和制约，效果有限。例如，一些国家由于国内法原因不将《公约》作为引渡基础，却又对与其他缔约国签订引渡条约态度消极。中国政府呼吁各国采取更加积极、灵活、务实的态度，充分利用《公约》开展引渡、司法协助和资产返还合作，让《公约》发挥最大作用。

（二）为了推动条约更好的实施，中国支持建立一个适度、高效的履约审议机制。履约审议机制要借鉴《联合国反腐败公约》履约审议的经验，坚持政府间进程，采用同行审议，以促进履约、推动国际合作为目标，恪守主权平等和不干涉内政原则，体现“不排名”“非侵入性”等特点。机制核心职能应由经常性预算供资，并适当引入灵活的供资方式。中方愿与各方一道，继续就建立机制进行深入讨论，达成一个各方共同认可的方案。为此，中方呼吁其他各方都能展现灵活、务实的态度。

（三）要加强打击网络犯罪国际合作与立法。跨国网络犯罪日益猖獗，危害巨大，但打击网络犯罪合作还缺乏国际法律框架。中国政府高度重视并积极参与打击网络犯罪国际合作，呼吁各国展现灵活务实态度，支持在联合国框架下谈判制定一份全面、权威的打击网络犯罪国际法律文书。中国政府赞赏联合国网络犯罪政府专家组所做工作，支持专家组继续开展工作。

（四）有效开展技术援助。开展技术援助应尊重各国根据本国国情制定战略的自主权，重点照顾发展中国家的需求，协助其加强能力建设，这些协助不应附加前提条件。中国政府将在力所能及的范围内，继续向有需要的国家提供各类技术援助，也愿与各国加强这一领域的经验交流。

主席先生，

跨国有组织犯罪没有国界。面对犯罪威胁，各国是一个命运和利益共同体，唯有通力协作，携手应对。中方期待此次缔约方会议成为各方凝聚共识、形成合力的新起点,愿同各国一道继续推动《公约》的有效、全面实施。

预祝会议取得圆满成功。

谢谢主席。

中国出席国际海底管理局第22届会议代表团团长常驻国际海底管理局代表牛清报大使在一般性议题下的发言

(2016年7月19日,金斯敦)

主席先生:

中国代表团就近日发生的恐怖袭击向法国、德国和喀麦隆致以哀悼和同情。中国一贯坚决反对并强烈谴责任何形式的恐怖主义,呼吁各国共同打击恐怖主义。

中国代表团首先祝贺您当选本届大会主席,我们将一如既往地支持主席及主席团工作。相信在您的有力领导下,本届会议将取得圆满成功。我们还要感谢牙买加政府和人民对海管局工作的大力协助和宝贵支持。

主席先生,

中国代表团感谢秘书长所作年度报告,对报告内容总体满意,对管理局及秘书处所作大量卓有成效的工作表示赞赏,并期待在各方共同努力下,海管局工作不断取得新的进展。

主席先生,

当前,国际海底活动正处在勘探和开发准备并行的关键时期。一方面,越来越多的国家和实体申请勘探矿区,迄今海管局已核准了28项勘探工作计划,首批多金属结核勘探合同延期申请获得核准。另一方面,尽管各方都在为开发预作准备,但受全球经济形势影响,国际金属市场持续低迷,短期内实现深海资源商业开发的可能性较小。国际海底事业在相当一段时期内仍将以勘探活动为主。

主席先生,

中国代表团高兴地注意到,理事会日前核准了包括中国大洋协会在内的全部6项勘探合同延期申请,这对于坚定承包者的信心,保持国际海底事业向前发展的势头和动力具有重要意义。中方对上述6家承包者表示祝贺,并承诺将继续严格履行担保国责任,敦促中国大洋协会在合同延续期间忠实履行相关责任和义务。

中方高度关注海管局正在进行的开发规章制定工作。开发规章为"人类共同继承财产"原则的实现提供坚实保障,其研究制定涉及采矿、财务、环保、法律等多个领域,是一项复杂和艰巨的工程,决不能一蹴而就、急于求成。开发规章应符合包括《联合国海洋法公约》(以下简称《公约》)在内的国际法,应与管理局已制定的勘探规章良好衔接,充分顾及国际社会整体利益和世界上绝大多数国家特别是发展中国家的利益,相关标准必须有事实和科学依据,且平衡处理资源开发和环境保护问题。我们愿继续本着建设性精神,积极参与有关工作。

主席先生,

海管局于去年首次启动了国际海底制度定期审查程序。

这既是对海管局过去20多年来工作的综合盘点,也关系到海管局未来的发展方向。中方感谢审查委员会提交的临时报告,赞赏他们的辛勤工作。

中方认为,海管局自成立以来,在建章立制、矿区申请、促进深海认知和环保等方面取得显著成绩,充分证明现行海底制度总体有效,审查不应动摇其基本框架。临时报告以"海底矿产开发马上到来"为前提,建议设立经济规划委员会、监督委员会等新机构,这既过于乐观地估计了当前国际海底形势,也不符合《公约》相关执行协定有关机构设置所遵循的渐进原则。中方主张客观地看待海底开发前景,慎重设立新机构,避免为缔约国增加不必要的负担。另外,定期审查应是对国际海底制度运作的审查,澄清"发展中国家定义"的内容显然超出其职权范围,不应作为报告建议。

主席先生,

公海和"区域"内各项活动密切相关。当前联大已启动国家管辖范围以外海域生物多样性保护与可持续利用相关国际协定的制定进程。中方高兴地注意到海管局已积极地参与了这一进程,希望海管局在该进程中继续发挥重要作用。

主席先生,

中国是国际海底事务的积极参与者和建设者,一贯支持海管局的工作。今年 2 月,中国全国人大常委会通过了《深海海底区域资源勘探开发法》,全面规范了中国自然人、法人或其他组织在国际海底区域从事勘探和开发活动的权利义务。该法的出台有助于中国更好地履行担保国责任。有关法律已向海管局提交备案。

今年 5 月,中国在南京举办了第五届大陆架和"区域"问题国际研讨会,海管局秘书长和副秘书长以及部分法技委委员应邀出席会议。系列研讨会为促进各方加深对"区域"相关法律和科学问题的认识发挥了积极作用。

作为发展中国家,中国在参与国际海底事务的同时,也积极为其他发展中国家参与国际海底事务提供支持。多年来,中国持续向海管局自愿信托基金捐款。今年 5 月,中国再次向该基金捐款两万美元,以资助发展中国家委员出席法技委和财委会议。

由中国担保的勘探矿区承包者大洋协会认真履行承包者义务,积极为发展中国家人员提供培训机会。2014 年至 2015 年年底,受大洋协会委托,中国国家海洋局第二海洋研究所对来自喀麦隆、阿根廷、泰国、基里巴斯、孟加拉、格鲁吉亚等国的 6 名学员进行了多金属硫化物海上勘探技能培训和理论课程培训,取得良好效果。

主席先生,

国际海底是人类的新疆域。中方愿与各方一道,继续践行“人类共同继承财产”原则,为实现国际海底资源的可持续开发,为促进全人类共同利益做出更大贡献。

谢谢主席先生。

中国代表团团长、外交部条法司参赞郭晓梅在《烟草控制框架公约》第七届缔约方大会上的一般性发言

（2016 年 11 月 7 日，新德里）

主席先生：

请允许我代表中国代表团对您担任本届缔约方大会主席表示祝贺，相信在您的领导下，本届大会一定能取得成功。我还要对会议东道国印度政府为与会代表提供的帮助表示衷心的感谢。

主席先生，

自 2014 年第六届缔约方大会以来，《烟草控制框架公约》（以下简称《公约》）继续在控烟方面发挥不可替代的作用。中国政府高度重视公众健康，支持《公约》的目的和宗旨，善意履行《公约》义务，采取多种措施扎实推进控烟，取得了显著效果。在此，我想介绍一下中国在过去两年来的控烟工作情况。

第一，政策法律方面。中国积极通过立法推动无烟环境建设，已将公共场所禁烟全面纳入国家发展规划，在国民经济和社会发展第十三个五年规划纲要中明确提出“大力推进公共场所禁烟”。国家《公共场所控制吸烟条例》目前正在审议过程中。北京等 18 个城市制定了地方性控烟法规。2015 年新修订的《广告法》禁止了所有的烟草广告，特别是明确规定禁止向未成年人发送任何形

式的烟草广告。

第二,行政措施方面。2015年,中国提高了烟草制品的税率并加征从量税,提税后12个月内卷烟销量下降3.3%,估计提税后1年内中国吸烟人数减少388万,未来归因于吸烟的死亡人数将减少86万人。中国还加入了世界卫生组织全球烟草监测体系,为评估烟控工作效果、制定烟控政策提供科学依据。同时,中国政府大力加强监管,严查各种烟草广告违法案件,严厉打击烟草制品非法贸易,集中无害化销毁查获的走私卷烟。

第三,公众推广和服务方面。中国政府利用"世界无烟日"等机会,举办形式丰富的控烟宣传活动,发布《中国控制吸烟报告》等宣传信息,并动员媒体参与控烟宣传报道。调动全社会参与控烟,推动各地创建无烟医院、无烟学校、无烟企业、无烟政府机关等。另外,中国政府在30个省份开通"12320"戒烟服务热线,31个省份建立戒烟门诊,加强戒烟服务。

主席先生,

根据"一国两制"方针与香港和澳门特区基本法,《公约》适用于香港和澳门特区。中国代表团愿简要介绍两个特区在控烟领域所做的工作。

近年来,香港特区政府通过立法、执法、宣传、教育、推广戒烟服务及征税等方式,抑制烟草使用,努力降低二手烟对公众的影响。卫生署辖下控烟办公室在2015年进行了29,000余次巡查,发出7600多张定额罚款通知书。香港特区将继续加强控烟工作,希望把香港吸烟率降低至个位数。

澳门特区政府继续通过"立法、执法、宣传"三管齐下的方式加强控烟,特别是严格执行娱乐场所控烟措施。2014年至2015年控烟执法人员巡查场所560,369间次,平均每日巡查768间次,检控总数为14,799宗。

主席先生,

结合中国的控烟工作,我愿与大家分享如何促进《公约》履约、做好控烟工作的看法：

一是要尊重各国国情。回顾《公约》的谈判历史，我们不难发现，《公约》成功的关键不仅在于其确立的促进民众卫生健康的宏伟目标，也在于其为实现这一目标所规定的具体措施，体现了尊重缔约方主权的原则，为各缔约方根据本国国情开展履约控烟工作提供了灵活空间。这也是包括中国在内的很多缔约方选择参加《公约》的一个最重要原因。在国家履约过程中，国际社会可以提供帮助和支持，但不能以损害缔约方的主权为代价，不顾缔约方基本国情，强行推动采取某种具体履约措施。

二是要实现均衡发展。对各缔约方而言，公众健康利益都应放在十分优先的地位，但同时也需要考虑其他合法和正当利益。特别是广大发展中国家和地区，面临发展经济的共同任务。如何平衡好保护民众健康与促进经济、消除贫困的关系十分关键。由于历史原因，中国存在烟草种植，70%以上的烟叶生产和60%以上的卷烟生产均集中在经济欠发达地区，从事该行业的相当一部分人还需要摆脱贫困，解决温饱。控烟不能用简单的行政手段一禁了之，需要考虑社会的承受力，循序渐进地推进。例如就烟草种植而言，在减少烟草种植面积的同时，必须大力促进替代种植。2012～2015年，中国通过替代种植使烟草种植面积减少23%，较好地平衡了经济发展与卫生健康的关系。

三是要推动多利益攸关方参与。当今国际合作的一个重要理念就是多利益攸关方参与，该理念的特点是尊重差异、强调包容、注重对话。第一，在国际层面，控烟工作需要各相关国际组织的支持与配合，为此，秘书处应该尽可能与各方多做沟通。第二，在各缔约方国内层面，控烟需要多部门共同参与，不同部门根据法律赋予的职责，从不同的角度实施控烟工作，才能形成合力。第三，在社会层面，控烟需要增强包容性，提升不同利益群体的参与度，平衡考虑各种合法的利益。

主席先生，

近年来秘书处为实施《公约》做了不少工作，中方表示赞赏。希望秘书处充分听取缔约方意见，更严格地根据《公约》规定履行职责，并加强与各方沟通。

主席先生，

控烟工作不是一夜之功，需要一点一滴地积累成果。中国政府愿同各国一道不懈努力，继续全面推进控烟工作，维护民众健康。

谢谢大家。

中国观察员代表团团长、外交部条法司参赞胡斌在《国际刑事法院罗马规约》第15届缔约国大会上的发言

主席先生：

本届会议是在国际刑事法院发展的一个特殊时期召开的。法院这一年来取得的重要进展受到赞扬，但关于法院实际运作的严重关切仍尚待解决。最近一些国家相继宣布退出《罗马规约》正说明了这一点。我们注意到，这些国家行使主权权利作出的退约决定，是因为他们严正表达的合理关切长期得不到充分解决，值得尊重。

为了法院的完整性和未来发展，我们显然应该深入思考这一现象背后的根本原因：许多国家曾期盼法院成为一个真正独立、公正、普遍且有效的国际刑事司法机构，以伸张正义和打击有罪不罚，为何如今却深陷于争议和质疑？中方认为，法院在此特殊时期迫切需要听取并以更负责任的方式解决各方关切，同时审慎行使职责，尤其是平衡好伸张司法正义与推进和平进程，尊重国家主权与消灭有罪不罚等目标的关系。为此，法院一方面应忠实于《罗马规约》及其他配套法律文书，特别是避免对《罗马规约》未涵盖的犯罪行为行使管辖权；另一方面也要充分考虑和遵守一般国际法，包括有关豁免权的习惯国际法，后者对于维持正常的国际关系交

往必不可少。为此,中国代表团同意一些代表团的提议,即缔约国大会应对这些一般国际法规则与《罗马规约》有关条款的关系问题进行充分讨论,增进共识。

主席先生,

关于侵略罪修正案的最新进展,中方在此重申以下一贯立场:首先,认定和惩罚侵略罪在根本上牵涉维持国际和平与安全,因此与安理会的职权和责任密切相关。法院管辖有关犯罪,不应对安理会根据《联合国宪章》维护国际和平与安全的首要职责形成干扰。其次,中方认为,各方对于修正案的一些关键问题依然存在分歧,缔约国大会应继续就有关问题进行讨论和澄清,以便为修正案的适用创造必要的广泛共识。

主席先生,

中国代表团在此重申,将在追求和平、发展和公正的框架内,继续支持预防和惩治严重罪行的努力。中方希望法院不辜负国际社会的期待,为实现上述共同目标做出贡献。

谢谢主席先生。

中国代表、外交部条法司参赞胡斌在亚非法协第55届年会一般性辩论议题下的发言

（2016年5月18日，新德里）

主席先生：

我代表中国代表团对您当选亚非法律协商组织第55届年会主席表示祝贺。相信在您的卓越领导下，本届年会一定会成功和富有成效。我愿借此机会，对秘书长拉马特·穆罕默德博士及其秘书处同事在过去一年的工作表示赞赏，对新当选的候任秘书长肯尼迪·加斯顿教授表示祝贺，对秘书处及印度政府为本次年会做出的周到安排表示衷心感谢。

今年是亚非法协成立60周年。作为万隆会议的最重要有形成果之一，亚非法协体现了亚非国家携手努力，追求自立、自强、平等，建立公正合理的国际法律秩序的愿望和努力。60年来，法协为亚非国家在国际法领域的协商合作、凝聚共识、维护共同利益方面发挥了重要作用，也为国际法治的发展做出显著贡献。亚非法协成为成员国相互学习借鉴彼此有益经验、加强国内法治建设，推进国际法治合作、促进国际公平正义的重要平台。

纵观法协60年发展史，它不仅为国际社会谈判制定外交法、条约法、海洋法等基础性条约做出了应有贡献、留下了重要印迹，同时，通过自身的讨论成果，积极为国际社会提供公共产品。近年

来,在拉马特·穆罕默德秘书长的坚强领导和各成员国的共同努力下,法协加强机制体制建设和内部管理,推进对外合作,积极开展对网空国际法、反暴力极端主义、海洋生物多样性等新兴议题的讨论和研究,其发展振兴呈现生机勃勃的新气象。我们对法协的未来充满信心。

中国政府重视法协的作用,积极支持法协的发展振兴。去年,中国在北京举办盛况空前的第54届法协年会,李克强总理出席年会并宣布设立"中国-亚非法协国际法交流与研究项目",助力亚非法协发展,促进国际法治合作。该项目于去年举办首期培训班,为14个亚非国家、地区及法协秘书处的22位官员和专家进行为期三周的培训。目前,中方正筹备于今年8月底举行第二期培训。为鼓励各成员国积极参与,中方在本次年会期间举办了项目图片展及招待会。此外,中方还提议法协设立"网络空间国际法议题"及成立相关工作组,增强法协在这一全球性新兴问题上的影响力。中方还资助法协在下周举行的联合国犯罪委届会期间举办"打击网络犯罪国际合作"边会,在联合国平台就打击网络犯罪法律问题发出亚非国家的声音。今后,中方将一如既往地支持法协工作,通过上述项目等为法协提供更多的支持。

当前,国际格局正处在历史转折点上。亚非国家日益成为维护和促进国际法治的重要力量,在新旧体系演变中面临历史性的共同机遇。我们要以法协60年的发展为新的起点,进一步加强团结合作,包括共同努力振兴法协,增强我们在国际法领域的整体影响力,推动建立一个更好维护亚非国家主权、更有利于亚非国家现代化发展的更为公正合理的国际秩序。为此,中方建议法协重点做好以下几方面工作:

一是更加积极参与国际立法和全球治理,提高亚非国家在国际法领域的话语权和影响力。要与时俱进地跟踪国际法的发展变化趋势,及时更新和补充议题,使成员国能够关注网络、外空、海洋、极地等新领域的国际规则发展,交流和协调看法,积极参与国际规则的形成和制定。"网络空间国际法"工作组将在本届年会召开首次会议并选举主席、副主席和报告员，中方希望会议取得积极进展，期待工作组有助于我们在这一影响我们共同利益的问题上深入交换意见，形成共识，以使我们相互借鉴有益做法和实践，并在网络空间相关国际讨论中推进我们共同立场。

二是提升法协的国际影响力。进一步加强与联合国各专门机构、国际法委员会，以及其他国际和地区组织等机构的联系与合作，提高参与重要国际立法议程的能力和水平，不断增强自身的国际影响力。中方支持法协在维也纳联合国犯罪委届会期间举办"打击网络犯罪国际合作"边会，这将有助于推介法协在这一重要全球性问题上的立场的观点，希望今后在成员国的支持下法协能举办更多类似活动。

三是更加重视加强能力建设。中方欢迎秘书长报告中所提出的加强与院校智库交流与合作、加大对网空国际法、国家管辖范围之外的海洋生物多样性等前沿问题的研究及成果出版等措施。同时，鼓励法协以研讨会、专题培训等形式，提高发展中国家成员参与国际法制定、运用国际法的意识和能力。中方将与秘书处及全体法协成员国密切协作，充分发挥"中国－亚非法协国际法交流与研究项目"作用，促进我们的相互学习借鉴，共同加强能力建设。

四是加强对法协未来发展的总体规划。中方期待秘书处以法协成立60周年为契机，积极稳妥吸收更多亚非发展中国家加入法协，扩大法协在亚非两大洲和国际事务中的代表性，为法协发展注入新的血液。加强与成员国的沟通协调，适应新时期成员国对法协更大的期待和更多的需求，加强对法协工作的战略谋划。同时，各成员国应继续大力支持秘书处和秘书长工作，积极参与法协年会等活动，为法协在国际法律事务中发挥更大作用提供坚实保障。

中方愿与其他法协成员国一道，继续加大对法协的投入和支持，使其真正成为2009年布城(Putrajaya)宣言所期待的亚非国家国际法事务方面的协调中心。

中国代表、外交部条法司代表徐峰在亚非法协网络空间国际法工作组会议上的发言

（2016 年 5 月 19 日，新德里）

主席先生：

我代表中国代表团对当选法协网络空间国际法工作组的主席、副主席及报告员表示祝贺，相信在主席的卓越领导下，工作组首次会议及未来进程一定会取得成功。

网络空间国际法问题涉及各国的安全发展，日益受到国际社会的高度重视，是各平台的核心关切问题之一。法协不应缺席对这一问题的讨论，因此，法协成立网络空间国际法工作组并召开首次会议非常有必要。根据第 54 届年会决议的授权，工作组将讨论网空国家主权、和平利用网空、打击网络犯罪国际合作法律规则以及《联合国宪章》和其他国际文书相关的规定。为使工作组取得具体成果，展现法协在网空国际法领域的影响力，中方建议，各国在就上述问题深入交换意见的基础上，可根据当前国际社会、特别是法协成员国加强打击网络犯罪国际合作的迫切需要，并根据上述决议关于讨论打击网络犯罪国际合作规则的授权，在参考现有国际法律文书的基础上，考虑就加强法协成员国打击网络犯罪国际合作制定示范条款，便于各国深入讨论。工作组可通过非常规预算（extra-budget）视情况举办数次会间会，中方愿积极考虑主办

或为会间会提供相关支持。

下面,我结合议题说明,就网络空间的国家主权、和平利用网络空间、打击网络犯罪国际合作的法律规则以及《联合国宪章》和其他国际文书相关的规定简要阐述中方立场:

第一,网络空间的国家主权。《联合国宪章》确立的主权平等原则是当代国际关系和国际法的基本准则,覆盖国家间关系各个领域。网络空间的存在依赖于主权国家领土内的网络基础设施,其“网民”也都是各主权国家的公民,从这一意义上说,网络空间自始至终都受国家主权的支配和管辖。联合国信息安全政府专家组报告确认国家主权适用网络空间,国家对其境内的网络设施拥有管辖权。国家主权原则及其衍生的规范适用于网络空间已得到国际社会普遍认可。

另外,国际社会对国家主权在网空的具体内容及适用的认识仍存在分歧。中方认为,网空国家主权既包括对有形网络基础设施的主权,也包括对无形网络信息和数据的主权,二者构成网空国家主权的完整内容。在行使网空国家主权时,应该尊重各国自主选择的网络发展道路、网络管理模式、互联网公共政策和平等参与国际网空治理的权利,不干涉他国内政,不从事、纵容或支持危害他国国家安全的网络活动。同时,由于网空的特殊性以及云计算等新技术的发展,如何处理好数据主权和安全、数据自由流动、隐私保护等关系,如何界定根服务器等对全球网络正常运行至关重要的关键设施的国际法地位等问题,值得国际社会进一步探讨。

第二,和平利用网络空间。不使用武力、和平解决国际争端是现代国际法的基本原则,也是各国利用网空应当遵循的基本原则。近年来,一些国家在不断推进自身网络军事力量的同时,夸大和渲染网络攻击问题,一概将其定性为网络战,并援引《联合国宪章》“使用武力或武力威胁”和“武力攻击”,主张行使自卫权和适用武装冲突法。上述主张有可能对国际和平与安全产生不利影响,加剧网络军备竞赛,影响大国间战略互信,增加国家间发生误判甚至冲突的风险。

在缺乏国际共识和国家实践的情形下,中方不赞成将自卫权和武装冲突法简单套用网络空间。由于网络空间的特殊性,上述规则的适用面临溯源、国家责任认定等诸多难题,历届联合国信息安全政府专家组都未能就这些问题达成共识。中方认为,网络犯罪等和平时期的网络安全威胁是当前最主要的挑战,各方应加强应对和平时期网络安全威胁的合作,抵制网空军事化,确保网空用于和平目的,增进人类福祉,共同构建网络空间命运共同体。

第三,打击网络犯罪国际合作的法律规则。当前打击网络犯罪国际合作缺乏共同的国际法律规则,与国际社会应对日益严峻的网络犯罪挑战的需要不相适应。中方在 2010 年就提出制定打击网络犯罪全球性公约的主张,联合国预防犯罪委也在 2011 年成立了网络犯罪政府专家组,全面研究网络犯罪问题及会员国、国际社会和私营部门应采取的对策,专家组秘书处——联合国毒罪办根据专家组的授权完成了 300 多页的《网络犯罪问题综合研究报告(草案)》,涉及网络犯罪在全球的趋势、特点、危害程度、当前国际应对的状况和局限等,并提出制定综合性全球文书,包括示范条款等应对方案,得到多数国家支持。但遗憾的是,多年来,一些国家以已有欧洲委员会《布达佩斯公约》为由不赞成全球性文书的讨论。无论是从打击跨国犯罪还是其他领域的国际和地区实践看,以区域性公约为由,反对制定全球性公约的观点和做法均缺乏说服力。

中方呼吁法协成员国积极就此问题发表看法。中方支持法协于下周在维也纳联合国犯罪委届会期间举办“打击网络犯罪国际合作”边会,中方已提名发言人,鼓励法协各成员国积极提名专家参会讨论。

第四,《联合国宪章》和其他国际文书相关的规定在网络空间的适用问题。首先,应坚持以联合国为主渠道和平台,以《联合国宪章》为基础,讨论网空国际法文书的制定、解释和适用问题。其次,要坚持全面平衡处理网空国际法适用问题,当前,少数国家一方面反对他国推动制定新的网空国际法规则,另外又将自身关切的第 3 ~4 条“规范”作为普遍适用的“负责任国家行为规范”加以推销,有关做法很难为国际社会普遍接受。最后,在适用现有国际法的同时,要根据网空特性及其实际需要,制定和发展网空新的国际法规则,例如打击网络犯罪、网络恐怖主义的规则等。

中华人民共和国和俄罗斯联邦关于促进国际法的声明

一、中华人民共和国和俄罗斯联邦重申全面遵守《联合国宪章》、1970年《关于各国依〈联合国宪章〉建立友好关系及合作之国际法原则之宣言》所反映的国际法原则。两国遵循和平共处五项原则。国际法原则是构建以合作共赢为核心的公正合理的国际关系、打造人类命运共同体、建立平等和不可分割的安全与经济合作共同空间的基石。

二、中华人民共和国和俄罗斯联邦共同认为,主权平等原则对国际关系的稳定至关重要。各国在独立、平等的基础上享有权利,并在相互尊重的基础上承担义务和责任。各国享有平等地参与制定、解释和适用国际法的权利,并有义务善意履行和统一适用国际法。

三、中华人民共和国和俄罗斯联邦重申关于国家不得违反《联合国宪章》使用或威胁使用武力的原则,并因此谴责单边军事干预。

四、中华人民共和国和俄罗斯联邦坚定支持不干涉他国对内与对外事务的原则,谴责违反该原则的以强行改变他国合法政府为目标的任何干预他国内政的行为。中俄谴责与国际法不符、将一国国内法进行域外适用的做法,认为这种做法是违反不干涉他国内政原则的又一例证。

五、中华人民共和国和俄罗斯联邦重申和平解决争端原则,并坚信各国应使用当事方合意的争端解决方式和机制解决争议,各种争端解决方式均应有助于实现依据可适用的国际法以和平方式解决争端的目标，从而缓解紧张局势，促进争议方之间的和平合作。这一点平等适用于各种争端解决类型和阶段，包括作为使用其他争端解决机制前提条件的政治和外交方式。维护国际法律秩序的关键在于，各国应本着合作精神，在国家同意的基础上善意使用争端解决方式和机制，不得滥用这些争端解决方式和机制而损害其宗旨。

六、中华人民共和国和俄罗斯联邦共同认为，应善意履行公认的国际法原则和规则，反对采取双重标准或某些国家将其意志强加于其他国家的做法；认为采取与国际法不符的单边强制措施，即单边制裁，是此类做法的一个例证。某些国家在联合国安理会采取的措施之外另行实施单边强制措施，将妨碍安理会所采取措施的目的和宗旨，削弱这些措施的完整性和有效性。

七、中华人民共和国和俄罗斯联邦谴责一切形式和表现的恐怖主义，认为恐怖主义是削弱以国际法为基础的国际秩序的全球性威胁，应对这一威胁要求完全依据包括《联合国宪章》在内的国际法采取集体行动。

八、中华人民共和国和俄罗斯联邦主张，各国在任何时候均须履行与其他国家及其财产和官员豁免相关的国际义务。违反这些国际义务的做法不符合国家主权平等原则，可能会导致紧张局势升级。

九、中华人民共和国和俄罗斯联邦强调，1982 年《联合国海洋法公约》在维护海洋活动的法治方面具有重要作用。至关重要的是，这项具有普遍性的条约的规定应统一适用，不能损害缔约国的权利和合法利益，同时不能破坏《联合国海洋法公约》所建立的法律制度的完整性。

十、根据双方战略伙伴关系，中华人民共和国和俄罗斯联邦决心进一步加强合作，以捍卫和促进国际法，建立以国际法为基础的公正、合理的国际秩序。

本声明于二〇一六年六月二十五日在北京签署。

中华人民共和国外交部
王毅(签字)

俄罗斯联邦外交部
拉夫罗夫(签字)

《中国国际法年刊》稿约

《中国国际法年刊》(以下简称《年刊》)是由外交部主管、中国国际法学会主办的学术出版物。《年刊》创办于1982年,是改革开放后全国最早的学术年刊。《年刊》现已进入中国社会科学研究评价中心“中文社会科学引文索引”(CSSCI)的核心集刊目录。

《年刊》设有论文、述评、书评、动态和资料汇编等栏目。欢迎国内外学者赐稿。

《年刊》来稿要求如下:

1. 向《年刊》的投稿,必须是未经发表过的原创作品。

2. 投稿年刊的稿件,请将稿件 Word 格式的电子版发送至编辑部的邮箱。

3. 年刊稿件格式请参照《年刊》的注释体例。

4. 来稿包括论文题目、正文和作者简介(作者的姓名、单位、职务或职称、电子邮箱和电话),并请附中文摘要和关键词(不超过500字)、英文摘要和关键词(包括英文文章名,不超过300字)。来稿字数限定在2万字以内。

5. 稿件在评审过程中提交修改稿时请务必保留修订模式,以方便评审专家再次审阅。

《年刊》采用双匿名审稿制。从编辑部收到稿件起3个月内未收到采纳通知,可自行处理稿件。

投稿地址:100037　北京市西城区展览路24号

中国国际法学会《中国国际法年刊》编辑部

联系人：王媚　　联系电话:010 - 68323098
电子邮箱:csil@ cfau. edu. cn,wangmei@ cfau. edu. cn

中国国际法学会
《中国国际法年刊》编辑部

图书在版编目(CIP)数据

中国国际法年刊. 2016 / 中国国际法学会主办. —北京:法律出版社,2017.5
ISBN 978-7-5197-0808-5

Ⅰ. ①中… Ⅱ. ①中… Ⅲ. ①国际法—2016—年刊 Ⅳ. ①D99-54

中国版本图书馆 CIP 数据核字(2017)第 095150 号

中国国际法年刊(2016)
ZHONGGUO GUOJIFA NIANKAN (2016)

中国国际法学会 主办

策划编辑 黄琳佳
责任编辑 黄琳佳
装帧设计 李 瞻

出版 法律出版社
总发行 中国法律图书有限公司
经销 新华书店
印刷 固安华明印业有限公司
责任校对 王晓萍
责任印制 陶 松

编辑统筹 学术·对外出版分社
开本 A5
印张 24.75
字数 607千
版本 2017年5月第1版
印次 2017年5月第1次印刷

法律出版社/北京市丰台区莲花池西里7号(100073)
网址/www.lawpress.com.cn
投稿邮箱/info@lawpress.com.cn
举报维权邮箱/jbwq@lawpress.com.cn
销售热线/010-63939792
咨询电话/010-63939796

中国法律图书有限公司/北京市丰台区莲花池西里7号(100073)
全国各地中法图分、子公司销售电话:
统一销售客服/400-660-6393
第一法律书店/010-63939781/9782 西安分公司/029-85330678 重庆分公司/023-67453036
上海分公司/021-62071639/1636 深圳分公司/0755-83072995

书号:ISBN 978-7-5197-0808-5 **定价**:72.00元
(如有缺页或倒装,中国法律图书有限公司负责退换)